CAMBODIAN LITERARY READER AND GLOSSARY

Cambodian Literary Reader and Glossary
Franklin E. Huffman and Im Proum

This is the third in a series of Cambodian readers prepared by Franklin Huffman and Im Proum, following their *Cambodian System of Writing and Beginning Reader and Intermediate Cambodian Reader.* The reader contains thirty-two selections from some of the most important and best-known works of Cambodian literature in a variety of genres—historical prose, folktales, epic poetry, didactic verse, religious literature, the modern novel, poems and songs, and so forth. The introduction is a general survey in English of Cambodian literature, and each section has an introduction in Cambodian. For pedagogical reasons, the selections are presented roughly in reverse chronological order, from modern prose to the very esoteric and somewhat archaic verse of the Ream-Kei (the Cambodian version of the Ramayana). The reader concludes with a bibliography of some sixty items on Cambodian literature.

The glossary combines the 4,000 or so items introduced in this reader with the more than 6,000 introduced in the previous two readers. The definitions are more general and complete than one usually finds in a simple reader glossary, in which definitions are normally context-specific.

Other Cambodian-language texts available from Cornell Southeast Asia Program

Cambodian System of Writing and Beginning Reader
Franklin E. Huffman with the assistance of
Chhom-Rak Thong Lambert and Im Proum

Intermediate Cambodian Reader
edited by Franklin E. Huffman with the assistance of
Im Proum

Modern Spoken Cambodian
Franklin E. Huffman with the assistance of
Charan Promchan and Chhom-Rak Thong Lambert

អត្ថខេមរភាសា

INTERMEDIATE CAMBODIAN READER

edited by Franklin E. Huffman

with the assistance of Im Proum

Southeast Asia Program
120 Uris Hall
Cornell University, Ithaca, NY 14853

Reprinted with permission, 1988
by Cornell University, Southeast Asia Program,
Ithaca, New York 14853

Library of Congress Cataloging in Publication Dates

Huffman, Franklin E.
Cambodian literary reader and glossary.
(Yale linguistic series)
Bibliographer: p.
1. Khmer language—Readers. I. Proum, Im, joint author. II. Title. III. Series.
PL4325.H8 495.9'3'286421 76-50538

ISBN: 978-0-87727-523-7

TABLE OF CONTENTS

TABLE OF CONTENTS

INTRODUCTION

This book is the third and final volume of a series of Cambodian readers which began with the authors' Cambodian System of Writing and Beginning Reader (New Haven, Yale University Press, 1970) and their Intermediate Cambodian Reader (New Haven, Yale University Press, 1972). However, it may be used independently as a survey of Cambodian literature, since it includes a cumulative glossary of the vocabulary introduced in all three volumes.

Cambodian literature as a topic is vast; it covers a period of thirteen centuries, from the earliest Khmer inscriptions of the seventh century to the present; it includes a variety of genres: historical prose, folktales, epic poetry, didactic verse, religious literature, modern novel, etc.; and, like any great literature, draws its inspiration from a variety of sources: native Khmer, Chinese, Hindu, Buddhist, Thai, French, etc. Obviously one can only scratch the surface in a textbook of this kind; our objectives are to give the student some understanding of the richness and complexity of Cambodian literature, and to provide him with the linguistic tools to pursue it further on his own.

Part One of the book consists of thirty-two reading selections taken from some of the most important and best-known works of Cambodian literature; these are in turn divided into nine major categories or 'genres' which they seem to typify. The introductions in Cambodian preceding the major sections, as well as the introductory notes preceding the individual readings, were written by Im Proum. It should be pointed out, however, that the pervasive blending of seemingly contradictory elements - the secular with the religious, the human with the supernatural, the historical with the legendary - characteristic of much of Cambodian literature renders its classification extremely problematic; perhaps this explains the fact that most previous attempts at classification have been primarily chronological (Aymonier 1900, Maspero 1929, Coedès 1931, Bernard-Thierry 1955b, Ly-Theam-Teng 1960).

With considerable trepidation, then, we present the following classification and description of the readings contained in this volume:

I. Political Criticism

Reading 1 is a typical example of journalistic political criticism by allusion or parable; it involves a dialogue between a wolf (the government) and a lamb (the citizen), which appeared in the journal 'National Salvation Youth' in 1970.

II. Modern Novel

The prose novel is a relatively recent phenomenon in Cambodian literature, having developed as recently as about 1940 as a result of Western influence; prior to that time prose fiction would not have been considered a respectable form of literature, since traditional literature was almost by definition in verse. Today there is a great proliferation of modern novels, some dealing with popular contemporary themes, such as /pkaa krɑpum/ [The Unopened Flower] by R. Kovid (Reading 2), while others are modern renditions of traditional legends, such as /baqsəy cam kroŋ/ [The Protected One] by Biv-Chhay-Leang (Reading 3).

III. Historical Prose

There is a lively debate among historians concerning the status of Southeast Asian historical documents. With regard to the Cambodian chronicles, Henri Maspero states: 'Cambodian literature does not contain historical documents in the sense in which we understand them. It possesses only chronicles, of which none, unfortunately, has come down to us in its original form, the successive kings of Cambodia having modified them following their own fancies, and the scribes having injected legends to which they attach much more importance than to historical fact' (Maspero, 1929, p. 300). Coedès adds that 'The accounts are rarely in proportion to the importance of the facts being related; cremations [and] insignificant ceremonies are described at great length, while the essential events are disposed of in a few lines' (Coedès, 1931). The crucial point would appear to be what the writer considers to be 'essential'; and in fact Coedès goes on to say, 'In spite of all their faults, these Cambodian documents are nevertheless a source of primary importance for the history of the country' (Coedès, 1931). These chronicles are of two kinds: 1) the Royal Chronicles, of which the oldest version in existence was commissioned by King Ang Duong in 1813, and which are kept in the National Library in Phnom Penh, and 2) privately commissioned chronicles, which are for the most part inscribed on palm-leaf manuscripts and which reside either in the National Library or in various monasteries around the country; it is safe to assume that many of these have yet to be brought to light by historians. The most recent of these to be published in book form is the /qaekkəsaa məhaaboroh kmae/ [Documents on Great Khmer Figures] (Eng-Sot, 1969), from which Readings 4-7 are taken. Reading 8 is an excerpt from a more modern form of historical prose - an autobiography by Bunchan-Mol which sheds light on political events in Cambodia during the first half of the 20th century (Bunchan-Mol, 1971).

IV. Miscellaneous Short Poems and Songs

Traditional Cambodian literature is almost exclusively in verse; thus while Readings 1-8 are in prose, the remainder, except for 16 and 30, are in verse. Cambodian poetry is composed in a great number of styles or meters of varying complexity, each with its individual name and rhyme pattern. Styles are defined in terms of number of stanzas, number of lines per stanza, number of syllables per line, and rhyme position, which may be both internal (e.g. syllable 2 with syllable 4 in the same line) and external (e.g. syllable 4 of line 1 with syllable 2 of line 2); 'rhyme' itself is of three kinds: 1) same initial (alliteration), 2) same vowel and final (rhyme in the Western sense), and 3) repetition of the entire syllable. The specification of all these features results in styles of extreme complexity, and places stringent demands on syntax. In fact a fascinating linguistic question which deserves further study is whether Cambodian poetry simply admits of great 'poetic license' in its word order, or whether in fact Cambodian verse should be interpreted more impressionistically as a kind of 'word painting'. Reading 9, which was written by Im Proum, describes and illustrates forty-one of the most common /bɑt/, or metric styles, drawn from various sources on Cambodian versification (Roeské 1913, Chim-Peov 1959, Ieng-Say 1966, Jacob 1966, Leang-Hap-An 1971); each subsequent reading is preceded by the name of the /bɑt/ in which it is composed, so that the student can refer to its explication in Reading 9. Reading 10 is a traditional chant used in the invocation of spirits through a medium in the event of serious illness; since it exists only as an oral tradition, we are grateful to Mme. Pich-Sal, former member of the Commission des Moeurs et Coutumes du Cambodge, for supplying us with the Cambodian text, through the intermediary of Mr. Jay Scarborough. Reading 11 is a short love poem by Kim-Samon, a modern poet who writes on traditional themes (Kim-Samon, 1972). Reading 12 consists of two traditional wedding songs, the first entreating the prospective bride to emerge from her chamber, the second originally a royal lullaby which has come to be associated with wedding ceremonies in general (Neov and Nhek-Nuv, 1965). Reading 13, the title of which could be translated 'In Praise of Winter', is a romantic poem ascribed to the poet king Sri Dhammaraja (1627-30). Readings 14 (Srey-Ou and Nhong-Soeung, 1951) and 15 (Chhim-Sum, 1951) are typical examples of the popular /qaayay/, or extemporaneous musical dialogue between a man and a woman, usually sung by more-or-less professional performers skilled in the art.

V. Didactic Literature

Reading 16 is the philosophical introduction to the Gatiloka, or 'Art of Good Conduct', which is a 10-volume collection of moralistic fables, most of which have the same Indic origin as the fables of Aesop and La Fontaine, but some of which have entirely local origins, compiled by Oknha Suttantaprija In, a well-known Cambodian author and scholar.

The space accorded in this volume to the /cbap/ or 'Codes of Conduct' reflects the importance of this didactic verse in the curriculum of Cambodian students and in Cambodian life and culture in general. Composed between the 14th and 18th centuries, of uncertain date and authorship, repeatedly recopied and passed on orally from generation to generation, these Codes provide invaluable insight into both traditional and contemporary Cambodian society and morality. Solange Bernard-Thierry describes them as follows: 'The language is archaic, full of Sanskrit and Pali words in the interest of erudition. The syntax is poetic, almost entirely devoid of linking particles [author's translation of the original 'presque entièrement dépourvue d'articulations'], which renders translation difficult, or using archaic particles no longer current in the modern language. The style, very concise, is characterized by the juxtaposition of antitheses, the sentences grouped two by two or three by three, developing striking comparisons, metaphors, or parallel ideas... The /cbap/ are musical, lyrical, designed to be easily retained' (Bernard-Thierry, 1969, p. 175). Of the some twenty existing /cbap/, we have chosen four of the best-known, in the order in which they are traditionally taught to students. The /cbap krɑm/, or 'Code of Conventions' (Reading 17), deals with the conventions of proper conduct of a student toward his teacher. The /cbap kei kaal/, or 'Code of the Glorious Tradition' (Reading 18), deals primarily with principles of domestic economy and practical success, and might be considered a kind of 'Poor Richard's Almanac'. The /cbap piəq cah/, or 'Traditional Morality' (Reading 19), is a collection of pithy admonitions about successful human relations in everyday life, many of which are known and recited as proverbs. The /cbap proh/, or 'Codes of Conduct for Men' (Reading 20), deals with prescriptive morality for young men in the successful conduct of family life; our exegesis of this latter /cbap/ owes a great deal to the translation by Philip Jenner (Jenner, typescript).

VI. Romantic Epic

Reading 21 is from the classic Cambodian romantic poem Tum-Teav, sometimes known as Teav-Ek, which is generally thought to have been composed (or put into writing) by the poet Santhor Mok at the end of the nineteenth century (Som, 1966). Although it is certainly one of the best known and loved of all Cambodian poems, certain characteristics appear to justify assigning it to a unique category in Cambodian literature which might be best described by the Western term 'romantic epic':

1) it appears to be purely Cambodian, rather than Indic, in its inspiration;

2) set in the 16th century, its characters and events are human and ordinary; it is almost devoid of the supernatural and mystical elements characteristic of stories of Indic inspiration;

3) unlike most Cambodian epics, which are tragi-comedies, it is unrelieved tragedy; Keng Vannsak remarks that 'Tum and Teav, our Romeo and Juliet, made the mistake of abandonning themselves to love, and of searching for the absolute in death', by consequence of which they 'are not unanimously considered to be true heroes' (Keng Vannsak, 1967, p. 46).

VII. Mythological Epic

Cambodia's literary debt to India cannot be denied, but it has been by no means a slavish imitation: in the course of retelling and recopying over the centuries, the themes, characters, and settings have taken on a peculiarly Cambodian flavor, and indigenous episodes, themes, and attitudes have been inserted; their skillful versification by Cambodian poets alone assures their status as an indigenous form of expression. While abounding in supernaturalism, magic, monsters, demons, and characters of royal estate, the Cambodian mythological epics tend to be more human, more realistic, and more pragmatic, not to say cynical, than their Indic counterparts. Of uncertain date and authorship, these epics are either sung to the accompaniment of the /caapəy/, or enacted as drama. Reading 22 is from the epic love poem /kaakəy/ [Kākī], a fickle beauty whose amorous inclinations lead to disaster (Ang Duong, 1966). Reading 23 is from the story of /miə yəəŋ/ [Mea Yoeung], and deals with the theme of loyalty to one's king (The Story of Mea Yoeung, 1961). Reading 24 is an excerpt from the tale of the /hɑŋ yŭən/ [Mechanized Swan], which abounds in magical acts and fantastic contraptions (The Story of Hang-Yon, 1966). Reading 25 is from the five-volume epic of /tɨp-sɑŋwaa/ [Tip-Sangvar], a valiant princess who fought against an army of wicked giants whose king wanted her as a daughter-in-law (The Story of Tip-Sangvar, 1963). Reading 26 is from the four-volume epic /prĕəh-cɨnnəwŭəŋ/ [Preah Chinavong], attributed to the poet Hing during the reign of King Ang-Duong; it deals with the adversities of a prince cast out of his father's palace at an early age through the machinations of a concubine, and his ultimate triumph over them through virtue and considerable divine intervention (Hing, 1964); this story is one of the most popular subjects of dramatization in the Cambodian theater.

VIII. Religious Epic

There are two categories of religious literature in Cambodia:

1) that written and studied in the Pali language, notably the Tripitaka (Three Baskets), or Buddhist canon, consisting of a) the Vinaya (discipline or rules of conduct for the Sangha), b) the Sutras (which include the Buddha's discourses and the 547 Jataka tales or stories of the Buddha's earlier reincarnations as a Bodhisatva), and c) the Abhidhamma (metaphysics or highest law of Buddhism, in the form of questions and answers), and

2) that which, although religious in origin, has been composed in Cambodian and popularized as literature among the laity.

The readings in this section fall in the latter category. Although essentially Buddhist in origin, the Cambodian versions exhibit a syncretism of Buddhist elements, both Theravada and Mahayana, Brahman influences, animistic beliefs, and traditional Khmer morality. Reading 27, /sobən-komaa/ [Soben Komar], is a traditional vehicle for teaching morality in the pagoda schools (The Story of Soben Komar, 1966). Reading 28, /kroŋ-sopphəmɨt/ (Kao, Krungsubhamitra, 1967), and Reading 29, /sɑp-sɨt/ (Tan, Sabhasiddhi, 1966), are stories from the Paññasajataka, fifty apochryphal birth stories not included in the Tripitaka, but very popular in Cambodia, Thailand, and Laos. Reading 30 is from the /mɔhaa-weesəndɑɑ-ciədɑq/ [Mahā Vessantara Jātaka], which is the most popular of the original 547 Jatakas of the Tripitaka, and which is recited (in Pali), with Cambodian translation and commentary, for hours on end to patient listeners at religious festivals (Nhok-Thêm, 1964). Concerning the Jatakas, Keng Vannsak says, 'The Bodhisatvas, tragic or mystical heroes, are known to the Khmers, but are neither admired nor venerated... Only the human and pathetic Bodhisatva Preah Vesantar is remembered and repeated, because he accepted the worst contradictions between the quest for perfection and social, familial, and sentimental exigencies' (Keng Vannsak, 1969, p. 43). In Reading 30 we have omitted the verses in Pali as being beyond the scope of this textbook, leaving only the Cambodian translation and commentary.

IX. Ream-Kei

Readings 31 and 32 are from the Ream-Kei, or Cambodian version of the Rāmāyana (Reamker, Vol. 1, 1964, and Vol. 6, 1961), of which only Fascicles 1-10 and 75-80 have been found and published by the Buddhist Institute. The Ream-Kei deserves to be placed in a category of its own, both because of the archaism of its vocabulary and metric style and because of its unique place in Cambodian literature. Although obviously based originally on the Hindu epic of Rama and Sita by Valmiki, it contains many passages of purely Cambodian origin, and its concise and elegant style leads many to consider it the unchallenged chef-d'oeuvre of Cambodian literature.

For pedagogical reasons, the reading selections are presented roughly in reverse chronological order, from the modern prose of Section I through the very esoteric and somewhat archaic verse of the Ream-Kei in Section IX. Although a broad definition of Cambodian literature would include also the Pre-Angkorian and Angkorian inscriptions, their study is an exercise roughly equivalent to the exegesis of Old and Middle English, and we have therefore omitted them as being beyond the scope of this textbook. The only other important category of Cambodian literature not represented in this volume are the numerous and popular folktales (Buddhist Institute, Collection of Cambodian Folktales, 8 vols., 1959-72), which, due to their relatively simple style, were more suitable for inclusion in the Beginning and Intermediate volumes.

Part Two of this volume consists of a final alphabetical Cambodian-English Glossary containing not only the some 4,000 vocabulary items introduced in this volume, but also the 6,000 items contained in the previous two volumes. This rather comprehensive glossary makes the book independently useful as a textbook on Cambodian literature, and constitutes a Cambodian-English dictionary of some 10,000 entries.

We would like to take this opportunity to express our gratitude to Mrs. Sivone Kong Proum, wife of the co-author and Cambodian Lecturer at Cornell University, for her patient and masterful typing of the Cambodian text for this volume.

Although this work was begun in response to the needs of our advanced students of Cambodian at Cornell University, it soon developed into a far more fascinating (and ambitious) project than we had anticipated, one to which we have devoted untold hours of work over a period of three years, often to the neglect of more urgent priorities. Our reward - and, we hope, that of potential users of the book - is a fuller appreciation of the incredible richness and complexity of Cambodian literature.

F.E.H.
I.P.

Ithaca, New York
May 1976

Part One

Reading Selections

I. POLITICAL CRITICISM

១. ចចកចង់ស្បកកូនចៀមហើយ

(គ្មានឈ្មោះអ្នកនិពន្ធ)

បុព្វកថា

'ចចកចង់ស្បកកូនចៀមហើយ' ជាអត្ថបទមួយដកស្រង់ចេញពីទស្សនាវដ្ដី 'យុវជនស្រោចស្រង់ជាតិ' ។ អត្ថបទរបៀបនេះមានកន្លែងយ៉ាងធំទូលាយនៅក្នុងទស្សនាវដ្ដីនិងសារពត៌មានផ្សេង ៗ នៅស្រុកខ្មែរសម័យថ្មី ។ មានកត្តាមួយយ៉ាងសំខាន់ដែលបណ្ដាលឲ្យស្រុកខ្មែរសម្បូណ៌ទៅដោយអត្ថបទយ៉ាងនេះ : តាំងពីដើមរហូតមកដល់ឆ្នាំ ១៩៧០ ស្រុកខ្មែរជាស្រុកមានស្ដេច ។ នៅក្រោមអំណាចស្ដេច ការរិះគន់មន្ត្រីអ្នករាជការ ឬរបបគ្រប់គ្រងមិនសូវមានទាល់តែសោះ ។ បើអ្នកឯណាមួយហ៊ានធ្វើរិះគន់ អ្នកនោះត្រូវចោទថាមើលងាយ 'ព្រះចេស្ដា' ...ទោស : កំបុតក ។ ម្ល៉ោះហើយគេមិនដែលរិះគន់ស្ដេចទេ ។ បើគេយល់ឃើញថា មន្ត្រី ឬស្ដេចណាមួយធ្វើខុសឆ្គងខ្លាំងពេក គេទៅបញ្ចុះបញ្ចូលរាស្ត្រឲ្យធ្វើសង្គ្រាមប្រឆាំងតែម្ដង ។ ក្នុងអតីតកាលដ៏មិនយូរអង្វែងមកនេះ ថ្វីបើមានការបើកឲ្យមានសេរីភាពខ្លះក្នុងការសំដែងគំនិតក៏ដោយ ការរិះគន់មិនចំ ឬបញ្ឆិតបញ្ឆៀងនៅតែមានហូរហែរដូច្នោះ ព្រោះតែគេនៅតែញញើត ។ 'ចចកចង់ស្បកកូនចៀមហើយ' ជាឧទាហរណ៍មួយដ៏ជាក់ស្ដែងនៃការរិះគន់បញ្ឆិតបញ្ឆៀងយ៉ាងខ្លាំង យ៉ាងក្លាហាន និងយ៉ាងប៉ិនប្រសប់ ។

អត្ថបទ

- ថែ អាប្រចម៉ក់ ឯងអីក៏ក្លាហានម្ល៉េះឥឡូវហ្នឹង ?
- បាទ ឥឡូវនេះខ្ញុំធ្វើដំណើរទៅកាន់សាធារណរដ្ឋទេ ខ្ញុំមិនមែនចង់កាច់រាងដាក់លោកឯណា ។
- ចុះឯងដើរនៅមុខអញហើយ ឯងថាមិនឃើញអញឬ ?
- ខ្ញុំដើរតាមផ្លូវសាធារណរដ្ឋ ខ្ញុំត្រូវតែខំព្យាយាម ខ្ញុំគ្មានពេលមើលលោកឈរទាំងផ្លូវគេនុះទេ ព្រោះគេទាំងអស់គ្នា មានទីដៅគ្រប់ ៗ រូប គឺដើរឆ្ពោះទៅកាន់របបសាធារណរដ្ឋនិយម ។
- ទឹ! គ្រាន់តែបានដើរទៅរករបបថ្មីនេះ ឯងលែងគោរពអ្នកធំហើយ ឯងហ៊ានវាយឫកដាក់អញផង ។
- នែម្នាលចចកអើយ បើខ្លួនយកតែបង្ខូមមកប្រើជំនួសគំនិតទេ កុំប្ញាច់មករារាំងផ្លូវគេធ្វើអី គឺគិត

ធ្វើដូចម្ដេចរកតែកន្លែងខ្លួនឲ្យបានស្រួលទៅបានហើយ ចំណែកគេ គេត្រូវការឯករាជ្យ សន្តិភាព អាព្យាក្រិត្យ សមភាព សេរីភាព និងយុត្តិធម៌ ។

- ចុះបើគ្រាន់តែត្រូវការអារបស់អស់នេះ ហេតុដូចម្ដេចបានជាឯងមិនលំអានកាយខ្លះផង? នឹងអញជាស្អីទេ?

- អូអើ ភ្លេចគិតទៅ ចចកគឺជាអ្នកប្រហារឬអ្នកចាប់ចងធ្វើបាបម្រឹគតូចតាច តាមតែកម្លាំងកំហឹងរបស់ខ្លួន គ្មានបានយកច្បាប់ក្បួនមកពិនិត្យឲ្យបានហ្មត់ចត់ទេ គេយកតែអំណាចអំពើសាហាវមកធ្វើជាត្រីមុខជនរាប ។ នេះហើយចំណេះចេះតែឯង ព្រោះឃើញគេជាឫលី មិនថាអញ្ចឹងឬលោកចចក?

- ឃើ ឯងនេះឥឡូវចេះប្រទីស្ដីសំបើមណាស់ ឯងនៅក្មេងណាស់កុំចេះតែបញ្ចេញពេក ក្រែងវាផុតអំនួតណាំអានាង ។

- កាលលោកចចកឯងពីក្មេងក៏បៅទឹកដោះម៉ែដែរ ខ្ញុំពីក្មេងក៏បៅទឹកដោះម្ដាយខ្ញុំដែរ គិតទៅយើងតាំងពីកើតមកមានទំហំជីវិតប៉ុន ៗ គ្នា គ្មានធ្ងន់ឬស្រាលជាងគ្នាទេ ។ ទើបតែដល់ខ្លួនធំទេ ទើបឯងភ្លេចជាតិទឹកដោះព្រោះមកពីបរិភោគសាច់-ឈាម-ឆ្អឹងម្រឹគនានាវាច្រើនពេក ។ ចំណែកខ្ញុំមានតែស្មៅខ្ចីទេ តែហ៊ានស៊ីសាច់ម្រឹគឯទៀត ៗ មុខជាបាក់ធ្មេញភ្លាម ហើយជីវិតខ្ញុំក៏អត់ន័យដែរ ។ ការនិយាយនេះមិនមែនខ្ញុំបញ្ចេញគូវប្រទីស្ដីជូនលោកស្ដាប់ទេ គឺខ្ញុំនិយាយទៅតាមដំណើរថ្មី ដែលមានចែងក្នុងច្បាប់ក្បួនរបស់អ្នកដឹកនាំថ្មីយើង គឺរដ្ឋាភិបាលស្រោចស្រង់ជាតិ ។ ម៉េចលោកយល់ហើយឬនៅ?

- អញ្ចេះពោលប៉ុណ្ណឹងហើយ ឯងនៅតែរឹងមាត់ទៀតឬអាក្មេងកំសាក !

- ឱមហាចចក ឯងកំសាកឬខ្ញុំកំសាក ។ ខ្ញុំនិយាយទៅរកឯងគោរពឯងជាចាស់ចំណាស់ ព្រោះឯងជាសត្វធ្លាប់មានការពិសោធនិគ្រប់ផ្លូវ តែបែរជាសំដីឯងវិញប្រៀបបានទៅនឹងសត្វត្មាតដែលវាស្រែកទាសាច់ស្អុយបរិភោគដូច្នោះ ។ ឯងអួតខ្លួនសុទ្ធជាអ្នកកាន់អំណាចត្រឹមត្រូវតាមច្បាប់ តាមតម្រា តែដល់ឯងប្រើការវិញឯងយកច្បាប់ព្លុស ច្បាប់ក្ដាម ច្បាប់ស្វាមកប្រើ នេះមិនគឺការកំសាករបស់ឯងទេឬ? តែនម្នាលស៊ីសាច់ហុតឈាមគេអើយ ល្មមកែសតិសម្បជញ្ញៈខ្លួនខ្លះទៅ ព្រោះពេលនេះគេលែងប្រើរបៀបស៊ីរន្ទុកទៀតហើយ ឯងក៏ល្មមដូរចំណី ដូរខួរក្បាលចេញទៅ ។

- ឯងជាក្មេងជាន់ក្រោយ ឯងម៉េចក៏ព្រហើនហ៊ានប្រដៅអញជាមនុស្សចាស់ផងឬ?

- មនុស្សចាស់បានបង្រៀនក្មេងឲ្យចេះគិតគូរ ដល់ក្មេងចេះគិតហើយគេមិនអាចចាត់ទុកថាក្មេងវាខ្វាក់រហូតទេ ហើយគេក៏មិនអាចចាត់ទុកថាក្មេងនោះវាចេះជាងចាស់ដែរ ។ ប៉ុន្តែក្មេងវានៅមានស្មារតីថ្មី អវៈយវៈថ្មី គឺមិនដែលប្រឡាក់កំអែលស្អុយគគ្រុក ដូចពួកចចកឯងដែលមានក្លិនអសោជខ្លះមកហើយនោះទេ ។ ក្មេងឃើញចាស់ធ្វើខុសគេថាខុស ឃើញធ្វើត្រូវគេថាត្រូវ

មិនមែនដូចចាស់ៗទេ មួយថ្ងៃៗ គិតត្រិះរិះរកបែបថ្មី រកថ្នាំថ្មីមកលួងក្មេងឱ្យពុលទៅតាមឆន្ទៈរបស់ខ្លួន ។ តើរបៀបនេះឬដែលគេហៅថាសេរីភាពរបស់មនុស្ស ។

- ចុះយើងមានទាន់ខ្វាក់ឯណា ម៉េចឯងថាមិនឃើញសេរីភាព ។

- អញមានថាឯងខ្វាក់ពីកាលណា ប៉ុន្តែអញថាឯងឃើញសេរីភាពវាមិនច្បាស់ ទាល់តែទៅវិញ 'វែនតា' ពីស្ថានព្រះឥន្ទមកទើបឯងយល់ច្បាស់ពាក្យសេរីភាព និងសមភាព ។ គេមិនមែនយករបស់ដែលមានតម្លៃនេះ មកដាក់ញីនឹងជើងដូចពួកឯងទេ គេត្រូវចេះយកវាមកប្រើឱ្យសមទៅតាមកាលៈទេសៈ និងតាមព្រំដែនរបស់វា ។ គេមិនដែលយកវាមកប្រើឱ្យហួស ឬមកញីចោលដូចមហាត្មាតឯងអស់នោះទេ កុំស្តីបន្តិចមកហៅគេទៅសំឡុតនោះ ។ ស្រុកយើងសម័យ ១៨មីនា ១៩៧០ គេលែងលេងល្បែងចាហ៊ីដូចជំនាន់អុំម៉ាល្ងិនទៀតហើយ ។ កុំប្រើមេអាចម៉ាងចាស់ទៀតក្រែងវាចាក់ស្លូល ។

- ម៉េចឯងចង់សាកជាមួយអញឬ?

- ទេ យើងជាក្មេងឆ្អឹងទន់ ទៅសាកកម្លាំងជាមួយឯងម្តេចនឹងឈ្នះ ។ ប៉ុន្តែបើកម្លាំងចិត្តគំនិតយើងមិនខ្លាច ។ យើងយកការពិចារណា ការត្រិះរិះមកសាកល្បង យើងយកការពិតមកលាតត្រដាង ដើម្បីស្លាតស្លុំដល់សង្គមយុវជនជាន់ក្រោយ យើងនិយាយពីសេចក្តីល្អដើម្បីឱ្យសាធារណជនដើរបានល្អ ដូច្នេះយើងគ្មានខ្លាចស្លាប់ទេគ្រាន់តែនិយាយ បើនិយាយហើយស្លាប់ក្រោយចុះវាប្រសើរជាងស្លាប់មិនបាននិយាយ គឺយើងបរិភោគដើម្បីរស់មិនមែនរស់ដើម្បីតែស៊ីដូចហ្វូងចចកឯងទេ ជាចុងក្រោយនេះឯងចង់ធ្វើអ្វីយើងធ្វើចុះ ព្រោះអំណាចរាស្ត្រនៅលើឯងហើយ តែឯងកុំភ្លេចថាយើងជាកូនរាស្ត្រតូចមួយដែរ ។

- សូមលាហើយម្ចាស់ចចកអើយ ព្រោះយើងគ្មានពេលយូរមកជជែកជាមួយឯងទេ យើងយកពេលនេះកសាងជាតិវិញវាប្រសើរជាង ដូច្នេះឯងត្រឡប់ទៅផ្ទះវិញសំរាន្តយ៉ាងស្កប់ ហើយឱ្យយល់សប្តិល្អចុះ ។

យើងសូមអរគុណម្ចាស់ឯងច្រើនណាស់ហើយ ។

-កូនចៀម-

(យុវជនស្រោចស្រង់ជាតិ , ឆ្នាំទី ១, លេខ ២២ , ទំព័រ ២១ - ២៣)

POLITICAL CRITICISM

ចចកចង់ត្បូកកូនចៀមហើយ

Introductory Note

ចចក wolf

ត្បូក to rap the head with the knuckles

ចៀម sheep

បុព្វកថា /boppəkəthaa/ foreword, introduction

អត្ថបទ /qattəbɑt/ article, text, composition

ស្រង់ to extract

ដកស្រង់ to extract, to excerpt, to take out (a passage from a book)

ទស្សនាវដ្ដី /tŭəhsənaawədəy/ journal, magazine

ស្រោចស្រង់ to save, to salvage

សារពត៌មាន /saa-pɔədɑmiən/ news, newspaper

សម័យថ្មី modern times, recent times

កត្តា /kattaa/ factor

រិះគន់ to criticize

របបគ្រប់គ្រង system of government

ព្រះចេស្ដា /prĕəh-ceihsdaa/ king

កំបុត truncated

កំបុតក decapitated

ធ្វើខុសឆ្គង to make mistakes, misbehave, be in the wrong

បញ្ចុះបញ្ចូល to persuade

សំដែងគំនិត to express one's ideas

បញ្ឆិតបញ្ឆៀង to equivocate, allude to indirectly

ប៉ិនប្រសប់ clever

Text

ប្រចម៉ក់ tiny; little one

អីក៏...ម្ល៉េះ why...so?, why...like that?

ឥឡូវហ្នឹង now, this time

កាច់រាង to perform or utter with affected elegance

រាំង to obstruct

រាំងផ្លូវ to obstruct one's way

នុះ general demonstrative used to refer back to a previously expressed (or implied) action or idea

ទីដៅ goal, objective, destination

រូប person

សាធារណរដ្ឋនិយម republicanism

វាយឫក (ដាក់) to be affected, put on airs (toward)

អ៊ើយ conciliatory final particle

ខ្លួន you (familiar)

រារាំង to obstruct

ណ៎យ(=ណ៎្រ)

កន្លែង position, office

លំអោន to bow, bend over

អើ say, by the way (Coll. resp. part.)

ប្រហារ to kill (Lit)

ម្រឹគ four-legged wild animal (tiger, deer, etc.)

តូចតាច little, small, insignificant

ហ្មត់ចត់ thorough(ly), careful(ly)

ត្រីមុខ primary importance, supreme authority

ចំណេះចេះតែឯង you're always right, you know everything

ធូលី dust

មិនថាអញ្ចឹងឬ...? isn't that right?

ហើ exclamation of astonishment, indignation, or disapproval (superior to inferior)

សំបើម impressive; here: a lot

បញ្ចោញ to show off

អំនួត a boast

ផុតអំនួត be dead (lit: have nothing more to boast about)

អានាង My Boy, My Dear Young Fellow (condescending)

បៅ to suck (teat or rubber nipple)

ជាតិ taste, flavor

រដ្ឋាភិបាលស្រោចស្រង់ជាតិ Government of National Salvation (it is traditional in Cambodian politics to designate each new cabinet by a different name; e.g. the last administration under Sihanouk was called the 'government of last chance')

រឹងមាត់ to be stubborn

អាក្មេង you kid (disrespectful)

កំសាក coward

ចំណាស់ elderly

ការពិសោធន៍ experience; experiment

គ្រប់ផ្លូវ every field

ប្រៀបបានទៅនឹង is like..., is comparable to...

ត្មាត vulture

ស្រែកទា to cry out for, to clamor for

អួតខ្លួន to brag, to boast

ប្រើការ to actually do, to put into practice

ឈ្លូស a small deer

ច្បាប់ឈ្លូស code of the deer

ក្ដាម crab

ច្បាប់ឈ្លូស ច្បាប់ក្ដាម ច្បាប់ស្វា 'the law of the jungle'

នែ៎ particle used to get one's attention, usually disapproving

ស៊ីសាច់ហុតឈាម to take the very life-blood of the people (lit: eat the flesh and drink the blood)

ល្មម it's about time...

សតិសម្បជញ្ញៈ /satteqsɑmpañcəññeə̆q/ conscience

រនុក bolt, lock

ស៊ីរនុក to destroy one's support, to bite the hand that feeds you

ដូរ to change, to exchange

ក្មេងជំនាន់ក្រោយ later generation, the younger generation

ចេះគិតគូរ to be wise, to know right from wrong

ចាត់ទុកថា to consider as

អវៈយវៈ arms and legs, limbs (Lit)

ប្រឡាក់ to be soiled, stained, dirty

កំអែល dirt, filth

គគ្រុក stinking and full of worms; here: instensifier

ក្លិន smell, odor

អសោច stinking, disgusting

ពុល to be poisoned

ពីកាលណា when, since when... (used here as conj)

វ៉ែនតា eye glasses

ពីស្ថានព្រះឥន្ទ from the realm of Indra (i.e. magic, supernatural)

ជាន់ to step on

ពៀ to crumple (tv)

កំស្ពីបន្តិច whatever comes up

សំឡុត to threaten

ប៉ាហ៊ី charlatan, purveyor of folk remedies

អ៊ុំម៉ាញ្ញរិន (personal name)

មេអាញ៉េង a kind of dice with six faces

ស្នូល axle

សាក to try, to challenge, to test

ប៉ុន្តែបើកម្លាំងចិត្តគំនិត but if [you want to match] wits

ស្អាតស្អំ clean

ជាចុងក្រោយនេះ finally, after all, in the end

កសាង to build

សំរាន្ត to sleep (polite)

ស្កប់ to have slept well, be well-rested

យល់សប្តិ /yuə̆l-sɑp/ to dream, have a dream

II. MODERN NOVEL

លោករទិវង្សគោវិទ និងលោកប៊ិវឆៃលាង ជាអ្នកនិពន្ធពីរនាក់ក្នុងចំណោមអ្នកនិពន្ធជាច្រើននៃចលនាអក្សរសាស្ត្រខ្មែរសម័យទំនើប ។ យើងបានស្រង់យកជំពូកទីមួយនៃរឿងផ្កាក្រពុំរបស់លោករទិវង្សគោវិទ និងជំពូកទីដប់បីនៃរឿង បក្សីចាំក្រុង របស់លោកប៊ិវឆៃលាង ជាឧទាហរណ៍នៃប្រលោមលោកសម័យទំនើប ។

ប្រលោមលោកសម័យទំនើប មានលក្ខណៈប្លែកពីសម័យមុនៗ ច្រើន :

១. សរសេរជាពាក្យរាយ

២. គ្មានអច្ឆរិយៈ

៣. លែងយកគំនិតពីអក្សរសាស្ត្រនិងវប្បធម៌ឥណ្ឌៀ

៤. មិនសូវទាក់ទងនឹងរឿងសាសនា (ពុទ្ធសាសនា)

៥. យកលំនាំតាមអក្សរសាស្ត្រនិងវប្បធម៌បារាំង

ឯចំណែកផ្ទៃរឿងវិញ មានពីរដែលលើសលុបអ្វីឯទៀតគឺ :

១. បញ្ហានៃជីវិតរបស់មនុស្សក្នុងសង្គមដែលគេរស់នៅ ដូចជារឿង ផ្កាក្រពុំជាដើម

២. រឿងបុរាណដែលមាននៅក្នុងឯកសារផ្សេងៗ ឬគ្រាន់តែនិទានតៗគ្នាមក ឥតមានជាលាយលក្ខណ៍អក្សរទេឡើយ ដូចមានរឿងបក្សីចាំក្រុង របស់លោកប៊ិវឆៃលាង ជាគំរូស្រាប់ ។

២. ផ្កាក្រពុំ

ដោយ

រទិវង្សគោវិទ

បុព្វកថា

នាងណារ៉ាន់ ក្រោយមាតាបិតានាងស្លាប់ទៅ ក៏ទៅនៅជាមួយនឹងលោកផាន់ដែលជាឪពុកធំរបស់នាង ។ នាងត្រូវប្រពន្ធលោកផាន់ធ្វើទុក្ខទោសឥតប្រណីឡើយ ។ សេចក្ដីដកស្រង់មកនេះបង្ហាញឲ្យឃើញនូវចិត្តកំណាចឃោឃៅរបស់លោកស្រីផាន់ ។

អត្ថបទ

- នរណាធ្វើស្អីនៅក្នុងបន្ទប់ហ្នឹង ?

លូវស្រែកសួរពីផ្ទះធំមក ។ ម្ចាស់របស់សំឡេងនេះគឺជាស្ត្រីចំណាស់ម្នាក់អាយុប្រមាណ ៤៥ ឆ្នាំ ។ រូបរាងស្រស់បស់តាមសម្រស់ភាពមនុស្សចាស់ ។ ប៉ុន្តែទឹកមុខគាត់ប្រៀបបាននឹងសត្វខ្លាមួយយ៉ាងកាចសាហាវ ។

- ចា៎ះ ខ្ញុំ ។ លូវឆ្លើយតបមកវិញ ប៉ុន្តែមិនសូវជាច្បាស់ប៉ុន្មានទេ ។
- នរណា ហ៎ះ? លូវសួរផ្ទួនមកម្តងទៀត រួចហើយម្ចាស់សំឡេង ក៏ដើរបង្គួលចូលទៅក្នុងបន្ទប់នោះ ។

នៅមុខនារីចំណាស់នេះ កញ្ញាម្នាក់កំពុងរអិលខ្លួនចុះអំពីកៅអី មៀងភ្នែកមករកម្ចាស់សំឡេង ដែលកំពុងតែឈរប្រែងដែលសម្លឹងតែទ្រូរទៅរក ។

- ចុះឯងចូលមកសម្ងំនៅធ្វើអី ក្នុងកន្លែងនេះ? គាត់សួរទុកកន្ទុយសំឡេងបញ្ជាក់ថា មានអំណាចជាទីបំផុត ។
- សាលនី...អានសៀវភៅ ។
- អើ! មើលម៉ោងមើលិ៍ ប៉ុន្មានហើយ?
- ចា៎ះ! ម៉ោងនៅមិនទាន់ ៥ ទេ ។
- ម៉េចក៏ម៉ោងមិនទាន់ ៥ ?
- សាលនីក្មេងសាលានេះទើបតែនឹងចេញលេងម្តង ។

ដោយសារមានហេតុផលច្បាស់លាស់ដូច្នេះ ម្ចាស់សំឡេងត្រូវនៅស្ងៀម ព្រោះគាត់គ្មានពាក្យនឹងបន្ថែមតទៅទៀត ។

ប៉ុន្តែដោយគាត់ប្រកាន់អំណាចជាអ្នកខ្ពស់ លោកស្រីខំបញ្ចេញសំឡេងទាំងកម្រោលមកទៀត

- អានសៀវភៅ ម៉េចចាំបាច់បិទទ្វារផង? ប្រយ័ត្នខ្លួនឱ្យមែនទែនណ៎ះ ស្អីទៀងអាងយកការអានសៀវភៅមកធ្វើជាម្ចាស់ ។ ល្ងើយ! ល្មមហើយ ល្មមចេញមកមើលខាងក្រៅខ្លះផង ។ ផ្ទះសំបែងមិនទាន់បោស តុទូនៅក្រខ្វក់ទាំងអស់ ។ ទៅ! ចេញទៅ ដល់បោសជូតរួចហើយ ល្មមបង្កាត់ភ្លើងដាំបាយតែម្តងទៅ ។

សន្ទ្រឹម ៗ ដើរត្រុន ៗ ជៀសផ្លូវម្ចាស់អំណាចចេញមកក្រៅ ។ លុះផុតទ្វារបន្ទប់ហើយទើបក្រោកឈរដើរ ។ ឯម្ចាស់សម្លេងដែលបរិបូណ៌ទៅដោយមហាអំណាចនោះ លុះបានបញ្ចេញសម្លេងមហាកំដៅអស់ចិត្តហើយ ក៏គេចចេញទៅឯខាងក្រៅបាត់ទៅ ។

នេះគឺជាជីវភាពរស់នៅសព្វថ្ងៃរបស់ណារ៉ាន់ ។

ណារ៉ាន់ជាកញ្ញាកំព្រាឪពុកម្តាយតាំងតែពីនៅតូចម្ល៉េះ ។ មាតាបិតានាងនៅភូមិព្រែក

កុយរការកោង ។

ថ្ងៃមួយ ឪពុកម្ដាយកញ្ញាណារ៉ាន់ នាំគ្នាពីរនាក់ប្ដីប្រពន្ធទៀងកប៉ាល់ចុះមកភ្នំពេញ ដើម្បីលក់ពោត ។ លុះមកដល់កោះថ្មី ស្រាប់តែកប៉ាល់កើលលើដង្គត់ក្រឡាប់លិចទៅ ។ ជនអភ័ព្វទាំងពីរក៏ដល់នូវក្ដីមរណៈក្នុងពេលនោះ ដោយបន្សល់ទុកនូវកូនស្រីកំសត់ឱ្យនៅជាមួយបងផាន់របស់គាត់ ។

លោកផាន់ជាចៅហ្វាយស្រុកមុខកំពូល ។ លុះណារ៉ាន់អាយុបាន ៤ ខួប លោកត្រូវផ្លាស់មកធ្វើការនៅភ្នំពេញវិញក្នុងតំណែងជានាយការិយាល័យកិច្ចការទូទៅ នៅក្រសួងមហាផ្ទៃ ។ ឯលោកស្រីផាន់ហៅសាផែ ចិញ្ចឹមណារ៉ាន់ទាំងទើសទាំងទាល់ ព្រោះលោកប្រុសបានអង្វរអ្នកស្រីពេក ។ លោកសំ-ផាន់មានសេចក្ដីអាណិតមេត្តាណារ៉ាន់ណាស់ ។ លោកបានតាំងចិត្តថានឹងជួយទំនុកបម្រុងកញ្ញាឱ្យបានរៀនសូត្រចេះដឹងជ្រៅជ្រះនឹងគេ ។ ចំណេះនេះឯង អាចសាងជីវិតណារ៉ាន់ឱ្យឈោងទៅកាន់ឋានៈឧត្តុង្គឧត្តមបាន ។

ប៉ុន្តែផ្ទុយគ្នាស្រឡះ នេះគ្រាន់តែជាការគិតរបស់លោកផាន់ប៉ុណ្ណោះ ព្រោះធម្មតាស្រីតែងមានអំណាចលើបុរស ។ ដូច្នេះលោកផាន់មិនអាចរឹងទទឹងនឹងអ្នកស្រីបានឡើយ ។ បើសិនជាចចេសក្រែងលោអ្នកស្រីខឹង...

ទីបំផុតធំសាផែគិតតែពីឃ្លានីសណារ៉ាន់មិនឱ្យនាងបានរៀនសូត្រកើតសោះ ដោយគាត់ខ្លាចក្រែងកញ្ញាអភ័ព្វនេះ ដណ្ដើមសេចក្ដីសុខអំពីគាត់...

មិនតែប៉ុណ្ណោះ ធំផែនៅមានធីតាម្នាក់ទៀតអាយុស្របាលគ្នានឹងណារ៉ាន់ដែរ ។ រូបសម្បត្តិក្ដី ចរិយាសម្បត្តិក្ដី ណារ៉ាន់ផ្ដាច់ធីតាធំសាផែ ចិតសិបភាគរយ (៧០ %) ។ ឯការរៀនសូត្រទៀត ក៏ណារ៉ាន់ឆ្លៀវឆ្លាតលើសកូនស្រីរបស់គាត់ ។ ដូច្នោះបានជាធំផែគាត់ដឹងច្បាស់ថា បើសិនជាមិនបង្ខាំងណារ៉ាន់ឱ្យធ្វើការផ្ទះទេ មុខជាណារ៉ាន់ត្រូវមានឋានៈអណ្ដែតលើធីតារបស់គាត់ ទៅក្នុងពេលអនាគតជាមិនខាន...

ហេតុហ្នឹងហើយបានជាណារ៉ាន់ នាងត្រូវឈប់សិក្សាក្នុងពេលដែលនាងទើបតែបានអាយុ ១៤ ឆ្នាំម៉្លេះ...

ឥឡូវនេះធីតាកំព្រា កំពុងតែអង្គុយបង្កាត់ភ្លើងនៅក្នុងផ្ទះបាយ ដោយសេចក្ដីប្រយ័ត្នជាទីបំផុត ដ្បិតអ្នកស្រីកម្រិតគ្រាប់ឈើគូសឱ្យក្នុងការធ្វើម្ហូបមួយពេល ត្រឹមតែមួយគ្រាប់ប៉ុណ្ណោះ ។ រាល់ ៣ ថ្ងៃ នារីកំសត់ត្រូវប្រតិបត្តិនាទីជាអ្នកចំអិនអាហារបម្រុងគ្រួសារ ហើយនាងត្រូវធ្វើកិច្ចការក្នុងផ្ទះទាំងអស់ ដោយយកចិត្តទុកដាក់ ។ បើទុកជានាងនឿយហត់ដល់ទៅម៉្លោះក្ដី អ្នកស្រីសាផែនៅតែរករឿងស្ដីបន្ទោសបានទៀត ។ ស្ដីនេះមិនតិចអី ស្ដីស្ទើរមិនលស់ពេលណា...

អឺយ៉ូយ! ណារ៉ាន់បន្លឺវាចាក្នុងពេលដែលនាងគូសឈើគូសរលត់ ។ នាងភ័យណាស់ ព្រោះអ្នក

មីងកម្រិតឲ្យត្រឹមតែមួយគ្រាប់ផុសផ្ទះ តើបានពីណាមកទៀត ? កញ្ញាខំក្រឡេកមើលឆ្វេង-ស្តាំចុះឡើង ៗ លុះមិនឃើញអ្នកស្រីទេ នាងក៏ក្រោកដើរទៅរកឡទូចាន ព្រោះទីនោះមានឈើគូសមួយប្រអប់ដែលនាងបានលួចលាក់ទុក ។ សន្សឹម ៗ លួចយកប្រអប់ឈើគូសនោះយ៉ាងថ្នម ៗ ហើយដកយកមួយគ្រាប់ចេញមក ក្រៅពីនោះលាក់ទុកនៅក្នុងទីដើមវិញ ។ ប៉ុន្តែលុះគ្រាន់តែងាកខ្លួនបំរុងដើរមករកជើងក្រាន ស្រាប់តែសម្រែកមីងសារ៉ែផងបន្ទរឡើងយ៉ាងខ្លាំង ៗ

- ធ្វើស្តីហ៎ះ? ...

ណារ៉ាន់ស្ទើរតែរលំទាំងឈរ ព្រោះសេចក្តីតក់ស្លុតតែខំឆ្លើយតែក :

- ចា៎ះ ឥតអីទេ !

- ឥតអីទេ? ...នារីចំណាស់ផ្ទួនពាក្យ ព្រមទាំងវាយឫកខ្លារដើរចូលមករក លូកដៃមកចាប់កដៃស្តាំណារ៉ាន់ប្រញាប់ផ្ញាប់ ។ គ្រាប់ឈើគូសនោះនៅជាប់នឹងដៃកញ្ញា ។ ឯសម្រែកអ្នកមីងឃើញក៏រឹតតែខ្លាំងឡើង ៗ

'ឈើគូស'! យកឈើគូសមកលាក់ទុកកន្លែងនេះ

- ចា៎ះ?

ណារ៉ាន់ញ័រខ្លួនដូចកូនកណ្តុរត្រុន ! នៅស្ងៀមពុំឆ្លើយមួយម៉ាត់សោះ

- សួរ...ម៉េចក៏មិននិយាយ ?

-'ចា៎ះ វារលត់ទៅ! ...' សំឡេងញ័រ ៗ តិច ៗ

- រលត់? ...ម៉េចបានជារលត់ ? មិនដឹងឈើគូសថ្លៃទេលើយឥឡូវ ? ចុះបានឈើគូសពីណាមកលាក់ទុកនៅទីនេះ?

- ចា៎ះ! ទិញមក! ...

- ឱ! ...អ្នកមុំអ្នកមានផង? ចុះអ្នកមានបានប្រាក់ពីណាមកហ៎ះ?

- ចា៎ះ! សន្សំទុកអំពីប្រាក់ដែលលោកអ៊ំឲ្យទុកទទួលទានចំណី ។

- វានៅសល់ច្រើនដល់ម្លឹងឬ ? ល្អហើយ ពេលក្រោយវាស្រណុកនឹងបន្ថយទៀត ។

គ្រាន់តែបោលក៏ទេចពាក្យមហាអំណាចបានប៉ុណ្ណោះ រំពេចនោះ អ្នកមីងសារ៉ែផ្ទុះតម្រង់ទៅមើលកន្លែង ដែលណារ៉ាន់លាក់ឈើគូស ។ អ្នកស្រីលូកដៃទៅកន្ត្រៀតសសរនិងទូចានហើយដកយកឈើគូសប្រអប់នោះចេញមក ។ ដែលស្តីអ្វីទាំងអស់ គាត់យកឈើគូសនោះដើរចេញតែម្តងទៅ ។ ធីតាឃើញខំសំឡឹងមើលតាមយ៉ាងសែនស្តាយ ។ ឈើគូសហ្នឹងឯងផ្លាប់ជួយនាងមិនឲ្យអ្នកស្រីខឹង ចុះបើនារីចាស់ដណ្តើមផ្តាច់យកទៅទៀត ចាប់តាំងពីពេលនេះទៅ នឹងត្រូវរកិនរាល់ពេលធ្វើម្ហូបទៀតជាមិនខាន...

សំឡឹងទៅជើងក្រាន ភ្លើងមិនទាន់ឆេះ ដួងភក្ត្របស់ណារ៉ាន់ធ្លាក់ស្រពោនមួយរំពេច ។

នឹងធ្វើម្ដេចទើបអាចឲ្យភ្លើងឆេះបាន ? ក្រឡេកទៅក្រឡេកមក ស្រាប់តែឃើញឈើគូសមួយគ្រាប់នៅត្រង់កន្លែងតគំនរឧស ទឹកមុខកញ្ញាក៏បានថ្លាឡើងវិញ តែមិនទាន់ជាទីករាយប៉ុន្មានទេ ព្រោះនៅមិនទាន់ដឹងជាដូចម្ដេចទៀត ? ធីតាក៏ទៅយកឈើគូសនោះមកចាត់ការបង្កាត់ភ្លើងជាថ្មី ។ នាងខំប្រយ័ត្នប្រយែងជាទីបំផុតដើម្បីកុំឲ្យឈើគូសនោះរលត់ទៅបាន... ទីបំផុត ភ្លើងក្នុងជើងក្រានក៏បានឆេះឡើង ។ នារីកំសត់បញ្ចេញខ្យល់ស្មុគស្មាញមួយភឺលស៊ិន... ហ៊ឺះ!... ហើយយកផ្លិតបក់ភ្លើងឲ្យរឹតតែឆេះល្អឡើង ។ នាងក្រោកទៅវាល់អង្ករដាក់ឆ្នាំង លាងយ៉ាងស្អាត យកមកដាក់លើជើងក្រានវិញ ។ លំដាប់តមកក៏បែរមកចិតបន្លែ និងធ្វើកិច្ចការដទៃ ៗ ទៀត...

មិនយូរប៉ុន្មាន សំឡេងមហាអំណាចក៏លាន់ឮឡើង :

- បាយឆ្អិនហើយនៅ?

កញ្ញាកំព្រាងាកមករកម្ចាស់របស់សំឡេង បែរជាឃើញធីតាលោកដាន់វិញ

- 'នៅទេអ្នកបង!...'

ឡារីធីតាធំសារ៉ៃផ សម្លឹងណារ៉ាន់ដោយបញ្ចេញអាការក្នាញ់ !

- 'ប្រញាប់ប្រញាល់បន្តិចឡើង ! ខ្ញុំឃ្លានជិតស្លាប់ទៅហើយ !'
- 'ចុះឲ្យខ្ញុំបង្ខំឲ្យលឿនជាងនេះទៅទៀតឯណាបាន ដូចអ្នកបងឃើញស្រាប់'
- 'ឃី! នៅតបតរកអញទៀតអ្ហះ? បន្តិចប្ដឹងអ្នកម៉ាក់ឲ្យល្អមើលឥឡូវហ្នឹង!' ឡារីចោលមហាអំណាចហើយក៏ដើរចេញទៅ...

អកុសលផ្ដល់ឲ្យណារ៉ាន់មិនស្រាកស្រាន្តសោះ ។ ទឹកភ្នែកជូតក្បាលជង្គង់ស្ទើររាល់តែម៉ោង គេថ្កៀបគេរឹតសេរីភាពរបស់នាងមិនឲ្យមានបន្តិចបន្តួចឡើយ ។ ចុះដល់ពេលណាទើបណារ៉ាន់បានគេចផុតអំពីរណ្ដៅនរកនេះ? ...

ហេតុតែជីវភាពរបស់នាង អាស្រ័យនៅដោយសារគេ ណារ៉ាន់ត្រូវតែតស៊ូនូវសេចក្ដីឈឺចាប់ និងសេចក្ដីទុក្ខទោមនស្សនេះទទាចិត្តទាំងប៉ុន្មាន ដោយលេបទឹកភ្នែករាល់ពេលព្រលឹមនិងព្រលប់ ។ នារីនឹកថា នេះជាកម្មរបស់នាងមកពីអតីតជាតិ ។ ប៉ុន្តែគង់មានថ្ងៃណាមួយ ព្រះជាម្ចាស់នឹងទ្រង់បើកព្រះនេត្រប្រោសនាងខ្លះជាមិនខាន បើសិនជានាងចេះតែធ្វើសេចក្ដីល្អឲ្យរហូតតែដូច្នេះទៅ ។

ឥឡូវកញ្ញាមានអាយុ ១៦ ឆ្នាំហើយ នាងបានលាសាលាចេញមកអស់ថេរៈវេលា ២ ឆ្នាំគត់ ព្រោះតែមីងសារ៉ៃផ្សារនឹងនាង ។ ធីតាកំសត់រៀនបានត្រឹមថ្នាក់ទី ៥ ទំនើបប៉ុណ្ណោះ ដោយត្រូវអ្នកមីងសំ-ដាន់បង្ខំឲ្យឈប់ ឯឡារីធីតាលោកសំ-ដាន់បានរៀនបន្តទៅទៀត នាងបានរៀនដល់ថ្នាក់ទី ៣ ទំនើបជាតិ នៃអនុវិទ្យាល័យព្រះនរោត្តម ហើយក៏លាសាលាឈប់ដែរដោយសារ

ចេះតែប្រឡងធ្លាក់ជាញឹកញាប់ និងអាល័យតែបញ្ចេញរាងផង ហើយក៏ខ្ជិលរៀនតែម្តងទៅ...

ប៉ុន្តែឡារីមានជោគប្រសើរជាងណារ៉ាន់ ព្រោះនាងបានធ្វើការនៅក្នុងហាងជំនួញមួយ ប្រកបដោយប្រាក់ខែយ៉ាងគ្រប់គ្រាន់ ។ ចំណែកនារីកំសត់យើង នៅតែនឹងផ្ទះធ្វើការក្នុងផ្ទះគ្រប់បែបយ៉ាង ស្រដៀងនឹងស្រីបម្រើរបស់គេដូច្នោះ ។ នាងបានទទួលប្រាក់បំណាច់ក្នុងមួយខែ ៗ ត្រឹមតែ ៧០-៨០ រៀលប៉ុណ្ណោះ ។ ហេតុនោះបានជាកញ្ញាគ្មានសំពត់អាវគ្រឿងអលង្ការអ្វីផ្សេង ៗ សម្រាប់តាក់តែងខ្លួននឹងគេឡើយ ។ នាងស្លៀកពាក់តែមួយបន្លាស់តាំងពីថ្មីរហូតដល់ចាស់ ។

ឯឡារី សម្បូរណ៌សប្បាយចាយ ដោយឥតនឹកខ្លាចខ្វះឡើយ ។ ក្រៅពីប្រាក់ខែរបស់នាង នៅមានប្រាក់ជំនួយអំពីអ្នកមីងសារីផងជាច្រើនទៀត ។ ព្រោះហេតុដូច្នេះឯកធីតានៃលោកសំ-ផាន់ ខំតាក់តែងកាយដោយគ្រឿងអលង្ការផ្សេង ៗ តាមតែចិត្តនឹកចង់ តែងស្អាតហួសខ្លួន នាំឲ្យមើលដូចជាប្រជៀវចងគ្រឿងទៅវិញ ។ ចេញដើរទៅមួយគ្រា នាងផ្លាស់មួយឈុត សូម្បីតែពេលទៅធ្វើការក៏ដូចគ្នា...

អ៎ ! គួរឲ្យអាណិតអ្នកស្រីសារីផងណាស់ដែរ ! មិនយូរប៉ុន្មាន ស្វាមីអ្នកស្រីក៏ធ្វើមរណកាល លាអ្នកស្រីទៅកាន់ភពថ្មីបាត់ទៅ ។ ដោយសារតែលោកប្រុសនេះអាស្រ័យសុរាច្រើន ដល់ខែក្តៅដូចជាខែចេត្រនេះ ក៏លោកពិសាច្រើនដែរ ម្ល៉ោះហើយនាំឲ្យលោកខ្យល់ចាប់ក្តៅអន្ទះអន្ទែង រហូតដល់លាអ្នកស្រីទៅកាន់ឋានថ្មីតែម្តងទៅ...។

មិនមែនត្រឹមតែអ្នកស្រីសោកសៅទេ ណារ៉ាន់ក៏រងទុក្ខជាងគេ ។ កាលដែលលោកប្រុសនៅរស់ លោកជួយទំនុកបំរុងនាង តែងលួចឲ្យប្រាក់កាសចាយរាល់ ៗ ថ្ងៃ មិនឲ្យលោកស្រីជ្រាបទេ ។ មួយទៀត បើសិនជាលោកនៅរស់ ទុកជាដូចម្តេចក៏អ្នកស្រីញញើតខ្លះដែរ ។ លុះដល់អត់ពីលោកទៅ មហាអំណាចអ្នកស្រីសពលោកសំ-ផាន់ រឹតតែផ្សាយធំឡើង ៗ ទ្វេមួយដល់ដប់ ។

វេលាល្ងាចថ្ងៃមួយ គ្រួសារអ្នកមីងសារីផងបានបញ្ចប់ការបរិភោគពេលល្ងាចរួចហើយ ។ ណារ៉ាន់បានទំនេរដែលបន្តិច នាងទើបតែនឹងទុកដាក់ចានក្បានរួច ស្រាប់តែត្រូវអ្នកស្រីសពលោកសំ-ផាន់មានប្រសាសន៍ :

- ' អីណារ៉ាន់ ! មកអាយ ! '

មិនបង្អង់យូរ កញ្ញាកំសត់ដើរត្រុក ៗ ចូលមករកម្តាយធំដែលកំពុងពាក់មុខខ្លា ។ ដល់ហើយដាក់ខ្លួនអង្គុយបត់ជើងដោយសុភាព ចាំស្តាប់ពាក្យបញ្ជារបស់អ្នកមានអំណាច ។

- ' ណារ៉ាន់ ! ' ពេលនេះ អញសុំរលឹកឯងម្តង ថ្ងៃមុខថ្ងៃក្រោយ បើសិនជាលោកមានីមក

ម៉ែរ៉ាន់ឯងកុំចង់មកបញ្ចេញមុខបញ្ចេញមាត់ឲ្យគេឃើញអ្វី នាំឲ្យអញអាម៉ាស់មុខណាស់ ឮទេ?

នារីកំសត់មិនសូវជាបានពិចារណាឲ្យវែង ក៏ឆ្លើយកាត់មកវិញ :

- ចុះបើគេចេះតែនិយាយមករកខ្ញុំ ។
- កុំនិយាយ! កុំតវ៉ា! ឮទេ?

ណារ៉ាន់ត្រូវតែទទួលពាក្យ :

- ចា៎ះ! ។
- លោកមានីគេមានឋានៈខ្ពង់ខ្ពស់ណាស់ ជាកូនលោកអ្នកមានធំមួយរូបនៅទីក្រុងភ្នំពេញនេះ ។ កាលគេឃើញឯងក្រខ្វក់យ៉ាងនេះ គេខ្ពើមគេ ហើយការដែលគេមកលេងផ្ទះនេះ គឺគេជាមិត្តនិងឡារីកូនស្រីអញ ។
- សេចក្ដីពិត គឺគេមកឃើញខ្ញុំខាងក្នុងដោយខ្លួនគេ ។
- មិនត្រូវតវ៉ា! ស្ដាប់តែអញនិយាយបានហើយឮទេ?

ណារ៉ាន់ត្រូវបិទមាត់ លេបសេចក្ដីទុក្ខទោមនស្សក្នុងពោះដោយអាការៈយ៉ាងអន្ទះអន្ទែង ។

អ្នកស្រីសារ៉ែផពោលបន្ត :

- លោកមានីនិងឡារី គេស្រឡាញ់គ្នា បើអីចឹងឯងកុំមកទទាក់ទទាមពីមុខពីមាត់គេអ្វី នាំឲ្យគេយករឿងយកកេរទៅនិយាយប្រាប់អ្នកដទៃថា នៅផ្ទះអញមានមនុស្សឈ្លើយ អញមិនគិតប្រៀនប្រដៅឲ្យចេះរបៀបរបបគួរសមមិនស្គាល់មនុស្សទាបមនុស្សខ្ពស់សោះ ។

ណារ៉ាន់ត្រូវនៅស្ងៀម ព្រោះគ្មានអ្វីឲ្យប្រសើរក្រៅពីនៅស្ងៀមឡើយ...

(ឫវិវង្ស - គោវិទ, ផ្កាក្រពុំ, ទំព័រ ១ - ១៣)

MODERN NOVEL

ប្រលោមលោក novel

ឫវិវង្ស - គោវិទ /reəqwiwŭəŋ koowɨt/ R. Kovit (a contemporary author)

ប៊ីវ - ឆៃលាង Biv Chhay Leang (a well-known contemporary author of historical fiction)

ក្រពុំ unopened, still in the bud

ផ្កាក្រពុំ name of a modern novel (lit: Unopened Flower)

បក្សី /baqsəy/ female bird; birds in general (Lit)

ក្រុង to cover, to protect off-spring (hens and some birds)

បក្សីចាំក្រុង hero of the novel of the same name (lit: [the one that] the bird protected)

ឧទាហរណ៍ /qutiəhαα/ example

ផ្លែក (=ប្លែក) different, strange

អច្ឆរិយៈ /qacchariyeǝq/ supernatural

វប្បធម៌ /wappǝthɔǝ/ culture; cultural

យកលំនាំតាម to imitate, draw inspiration from

ទិផ្ទុរឿង theme

លើសលុប to exceed, predominate over; exceeding(ly), predominant(ly)

ឯកសារ document, chronicle

ជាលាយលក្ខណ៍អក្សរ in writing

ផ្កាក្រពុំ

Introductory Note

ណារ៉ាន់ Naran (heroine of the story)

ផាន់ Phan (Naran's uncle)

ឪពុកធំ uncle, older brother of either parent

ទុក្ខទោស suffering

ធ្វើទុក្ខទោស to mistreat, to abuse

ត្រាប្រណី to have compassion for

ឥតត្រាប្រណី mercilessly

ឃោរឃៅ cruel, harsh

Text

តម្លៃ value

អ្វី what?

ចំណាស់ elderly; rather old; age

សម្រស់ charm (n)

ប្រៀបបាននឹង is like, can be compared with

អ៎ះ /qǝh/ coll. question particle

ផ្ទួន to repeat; again, over again

បង្ហួស to go beyond (an original or intended destination)

រំអិលខ្លួន to slide over, move over

មៀងភ្នែក to glance sidelong, to look out of the corner of one's eyes

ច្រែងដៃ to put hands on hips (as a sign of authority)

ភ្លែវ staringly, wide-eyed

ទុកកន្ទុយសំឡេង to emphasize a word by drawing it out

ជាទីបំផុត supreme, highest; supremely, extremely

សាលទិ...(=ជំរាបប្រសាលទិ)

polite response (inferior to superior)

អាន to read, to pronounce (Lit)

...មើល... /mǝǝ/ ...and see; imperative final particle

ចេញលេង take a break between classes

ហេតុផល proof

ច្បាស់លាស់ clearly

អ្នកខ្ពស់ a person of the upper class, member of the elite

កម្រោល brutish, crude, volatile

ប្រយ័ត្នខ្លួន you be careful!

ណ៎ះ /nǝh!/ hortatory particle

អ្វីទៀង whatever comes up, in every case, invariably

ក្រខ្វក់ ugly, dirty

បង្កាត់ភ្លើង to start a fire

ត្រុន ៗ in a subdued manner, bent over and inconspicuous (indicative of self-effacement in Southeast Asia)

ជៀសផ្លូវ to go around, to bypass

បញ្ចេញសំឡេង to utter

អស់ចិត្ត to be satisfied

ព្រែកកុយ place name

វកាកោង place name (lit: bent tree)

កោះថ្មី place name (lit: new island)

កឿង to run aground

ជល់នូវក្ដីមរណៈ met with death, went to [their] deaths

បន្សល់ទុក to leave [something] behind (a legacy, amount, etc.)

ចៅបា្លត់ស្រុក Assistant District Chief

មុខកំពូល a district in Kandal Province

ខួប year of age (for children); anniversary

សាផៃ Saphay (Naran's aunt)

ទាំងទើសទាំងទាល់ reluctantly

សំផាន់ Samphan (personal name)

មេត្តា to have pity on

តាំងចិត្ត to resolve, intend, be determined to

ចេះដឹង be learned, be educated

នឹងគេ like other people

នេះឯង this (previously referred to)

ទៅកាន់ toward

ឧត្ដុងឧត្ដម /qutdoŋ-qutdɑm/ eminent, high, excellent

ផ្ទុយគ្នាស្រឡះ completely different (here: contrarily)

រឹងទទឹង stubborn, unyielding

ខ្លាចក្រែងលោ to fear, be afraid (that)

ធំ (= ធំសាផៃ) short form of /qəwpuk-thom, mdaay-thom/; here: Aunt

ធំផៃ Aunt Phai

ធីតា /thidaa/ girl, daughter (Lit)

ស្រឡាល same, equal (with regard to time or age)

ស្រឡាលគ្នានឹង same age as

រូបសម្បត្តិ /ruup-sɑmbat/ physique, looks

ក្ដី...ក្ដី whether...or

ចរិយាសម្បត្តិ /caqriyaa-sɑmbat/ personality, manner

ផ្ដាច់ better; to surpass

ឆ្លៀវឆ្លាត smart, intelligent

បង្ខាំង to confine, to shut up

ការផ្ទះ housework

ហេតុហ្នឹងហើយបានជា this is the reason why

កម្រិត to fix, decree; to allot

គ្រាប់ classifier for matches, grains, pills, etc.

គ្រាប់ឈើគូស a match

នាទីជា to have the duty of

ចំអិន to cook (until done)

បម្រុង for, intended for

ជល់ទៅម៉្លេះក្ដី even to such an extent

រករឿង to find fault, to provoke

អី (មិនតិចអី) so, very, to any extent (not just a little)

លស់ to skip, miss; intermittent

មិនលស់ពេលណា all the time, incessantly

អីយ៉ូយ exclamation of pain or despair

បន្លឺ to make a sound, cause to be heard, utter; to sound

គូស to strike (a match); to draw (a line), mark through

ចុះឡើង ៗ back and forth

ថ្នម ៗ gently

ក្រៅពីនោះ the rest, the others

ដើម origin; original

បំរុង in order to, with the intention of

សំរែក yell, shout (n)

បន្ទរ to join in (singing); here: to speak up

ស្អី (ធ្វើស្អី) what? (what are you doing?)

ដួល to fall down

ដួលទាំងឈរ to fall down from a standing position, to collapse

ឆ្លើយទើក to find an excuse

ផ្ទួនពាក្យ to repeat (in agreement)

វាយឫកខ្លា to act ferocious (lit: act like a tiger)

លូកដៃ to reach for

ច្របាច់ to squeeze (with the hand)

ជាប់នឹងដៃ in the hand

ញ័ររខ្លួន to tremble

កណ្ដុរ /kandao/ mouse, rat

អ្នកមុំ Young Lady (sarcastic)

បន្ថយ to lessen, decrease (tv)

ចោលកំទេចពាក្យ to get in the last word, to make a sarcastic response

កន្លៀត nook, corner

ធីតាយើង the daughter (lit: our daughter, i.e. the one we're talking about)

ហ្នឹងឯង that same thing

ចុះបើ but if

កិន to blame, to scold (Coll; lit: to crush)

ដួងភក្ត្រ /duəŋ-phĕəq/ face (Lit)

ធ្លាក់ស្រពោន to sadden, to fall (of one's face)

ក្រឡេកទៅក្រឡេកមក look here and there

គំនរ pile, stack (n)

អុស /qoh/ logs, firewood

ចាត់ការ to prepare (to)

ប្រយ័ត្នប្រយែង be careful

បញ្ចេញខ្យល់ស៊ុកស្លាញ to sigh in relief

ភឹស expulsion of breath (verbal classifier)

ហ៊ឹះ /hɨh/ interjection of frustration, sigh of relief

ផ្លិត a hand fan

ចិត to slice, to cut up

បែរជា instead

ឡាវី Lavi (Saphay's daughter)

ភ្នាញ់ exasperated

ប្រញាប់ប្រញាល់ to hurry

ឯណាបាន where can one...?

តបតរក to sass, talk back to

បន្តិច Watch out or I'll...

អ្នកម៉ាក់ Mother (in snobbish circles)

និរល្អមើល really make a spectacle

ឥឡូវហ្នឹង right this minute

ចោលមហាអំណាច to show one's authority

ផ្ដល់ឲ្យ to happen to

ស្រាកស្រាន្ត to be abated, relieved

ទឹកភ្នែកជូតក្បាលជង្គង់ to cry, to suffer (lit: to dry one's tears with one's knees)

ថ្កៀប to grip with pincers

រណ្ដៅ ditch

ដោយសារគេ to depend on others

តស៊ូ to struggle, resist, bear up

ទោមនស្ស /too-mənŏəh/ frustrated, disgusted with oneself

វេទនាចិត្ត to suffer (mentally)

លេបទឹកភ្នែក to suffer (lit: to swallow one's tears)

គង់មានថ្ងៃណាមួយ one of these days

ថេរៈ period of time, duration

ប្រឡងធ្លាក់ to fail examinations

បញ្ចេញរាង to show off (one's body)

ជោគ luck

ហាងជំនួញ store, business office, commercial firm

ប្រាក់ខែ salary

នៅតែនឹងផ្ទះ just stay home

គ្រប់បែបយ៉ាង of all kinds

ស្រដៀងនឹង just like

ស្រីបម្រើ female servant

ប្រាក់បំណាច់ bonus, commission; here: allowance

គ្រឿងអលង្ការ /krɨəŋ-qalaŋkaa/ jewelry

បន្លាស់ classifier for changes of clothing

សម្បូរណ៌សប្បាយ affluent

ប្រាក់ជំនួយ supplementary allowance, subsidy

ឯកធីតា the only daughter

តាមតែចិត្តនឹកចង់ according to the whims

ហួសខ្លួន excessive, exaggerated

ដូចជាប្រចៀវចងគ្រឿង gaudy, garish, overdressed (lit: like a bat wearing jewelry)

ឈុត classifier for sets (of dishes, clothes, etc.)

សូម្បីតែ even

គួរឲ្យអាណិត too bad for..., unfortunate, one should pity

មិនយូរប៉ុន្មាន not too long

ភព /phup/ world

លោកប្រុស the husband (polite, very formal)

សុរា liquor

ខ្យល់ចាប់ to have a fainting spell

អន្ទះអន្ទែង agitated, impatient, restless

សោកសៅ to grieve

ទំនុកបំរុង to take responsibility for, provide for

ទុកជាដូចម្ដេច somehow, one way or another

អត់ពី without

អត់ពីលោកទៅ after he was gone (here: when he had died)

ទ្វេមួយដល់ដប់ ten-fold

ទំនេររំផែ to have free time

ចានក្បាន dishes

អី hey! (interjection)

មកអាយ come here (archaic)

ម្ដាយធំ aunt, older sister of either parent

ពាក់មុខខ្លា to glower, scowl (lit: wear a tiger's face)

ដាក់ខ្លួន to stoop

អង្គុយបត់ជើង to sit with legs folded to one side

ថ្ងៃមុខថ្ងៃក្រោយ in the future

មោនី Moni (personal name)

ម៉ែ term of address for woman of same age (used sarcastically here)

បញ្ចេញមុខបញ្ចេញមាត់ to show (oneself) often, put (oneself) in the public view, make (oneself) conspicuous

អាម៉ាស់មុខ to be ashamed, to lose face

ទទួលពាក្យ to accept (criticism, orders, etc.) without question, to obey

មួយរូប a person

ខ្ពើម to be disgusted by

ការដែលគេមកលេង... the fact that he comes to visit

សេចក្ដីពិត the truth

ខាងក្នុង inside (the other room, not in the living room)

ដោយខ្លួនឯង by himself, of his own accord

អីចឹង(=អញ្ចឹង) therefore (Coll)

ទទាក់ទទាម to be in the way, to interfere

មកទទាក់ទទាមពីមុខពីមាត់គេ to come and bother them, get in their way

កេរ(=កេរ្តិ៍) reputation

ល្លើយ odd, droll, not appropriate

ប្រៀនប្រដៅ to educate, instruct, advise

របៀបរបប manner, manners

ស្ងៀម quiet, still

ប្រសើរ good, proper

៣. បក្សីចាំក្រុង

ដោយ

ប៊ិវ ‑ឆៃ ‑លាង

បុព្វកថា

បក្សីចាំក្រុងលុះអាយុបាន ២៣ ឆ្នាំក៏បបួលតាគោហ៊ីទៅព្រះរាជធានីមហានគរដើម្បីនឹងរកម្ដាយអ្នក ។ លុះទៅដល់កណ្ដាលផ្លូវ បក្សីចាំក្រុង តាគោហ៊ី និងនាយហួ ជួយរំដោះនាងបុស្បាគន្ធ ពីកណ្ដាប់ដៃ ពលក្ការឱ្យរួចពីទុក្ខទោស ។ ដំណើរទៅព្រះរាជធានីមហានគរក៏ត្រូវអាក់ខាន...

អត្ថបទ

មិត្តយើងធ្វើដំណើរអស់ ១ ថ្ងៃ ១ រាត្រី ទើបបានមកដល់ជាយទីក្រុង វេលាថ្ងៃរសៀល ។ យើងឈប់សំរាកនៅក្រោមម្លប់ឈើ ចងសេះឱ្យស៊ីស្មៅនៅជិតនោះ ។ បក្សីចាំក្រុងទាញព្រួញ ១ មកដាក់ផ្ទាប់នឹងខ្សែធ្នូ ដើម្បីនឹងល្បងថ្វីដៃមើល ប៉ុន្តែខណៈនោះស្រាប់ឮសូរសំឡេងស្នែងប្រកូក នឹងសូរសន្ធាប់ជើងសេះលាន់ទ្រហឹងពេញទីព្រៃ អ្នកក៏ដាក់ធ្នូចុះ ។ បន្តិចទៀត យើងឃើញកងទ័ព ១ ក្រុមកំពុងដេញចាប់ប្រើសមួយ ។ ប្រើសនេះរត់មកដល់មុខមិត្តយើងទាំងបីក៏ដួលដេកទៅ ដ្បិតវាត្រូវរបួសនឹងអស់កម្លាំងខ្លាំងពេក ។

តាគោហ៊ីនឹងបក្សីចាំក្រុង មានសេចក្ដីអាណិតជាប់ចិត្តធម៌មេត្តា ក៏ទៅលើកសត្វរងគ្រោះយកទៅលាក់ក្នុងគុម្ពោតជិតខាង ធ្នូនិងដាវលាក់នៅទីនោះដែរ រួចត្រឡប់មកអង្គុយកន្លែងដដែលវិញ ធ្វើឫកពាជាអ្នកដំណើរទុគ៌ត ។

លំដាប់នោះ ទ័ពសេះក៏មកដល់ ឈប់នៅចំពោះមុខយើង ។ ទាហានទាំងនោះនៅក្រោមបញ្ជាការរបស់ឧកញ៉ាក្រឡាហោមពលក្ការ ដែលយើងខានឃើញមុខលោកចំនួន ១៦ ឆ្នាំហើយ ។ វ័យពលក្ការមិននៅក្មេងដូចកាលគ្រាមុនទេ ឆ្នាំទី ៣៨ បានរត់មកទាន់លោកក្នុងថ្ងៃនេះ ។

តាស់ឯងបីនាក់ហ្នឹងមកពីស្រុកណា? ពលក្ការស្រែកសួរ ឃើញប្រើសមួយរត់មកទីនេះទេ?

‑ ទានប្រាស តាគោហ៊ីឆ្លើយយ៉ាងគោរព ពួកយើងជាអ្នកដំណើរស្វែងរកទទួលទាន ហើយពុំបានឃើញប្រើសរបស់លោកទេ ។

ក្រឡាហោមមិនចេញស្ដី ចោលភ្នែកទៅលើរូបរាងកាយនាយហួមិនដាក់ភ្នែក ព្រោះគេឃើញមាឌវាធំសម្បើមចំឡែកគួរឱ្យខ្លាច ។ ពលក្ការលោតចុះពីខ្នងសេះ សំដែងអាការយោរយៅមើលងាយអ្នកខ្សត់ខ្សោយ ។

- កញ្ញាសុងងនិយាយថា មិនឃើញប្រើសព្ទដូចជាមិនទំនងសោះ ក្រឡាហោមនុញ្ញា តាគោហ៊ី ដោយសំដីប្រមាថ ឯងយកទៅលាក់ឯណា ឲ្យមកអញយ៉ាងឆាប់?

ខណៈនោះ ចតុប្បាទដែលតាយកទៅលាក់ដើម្បីជួយសង្គ្រោះវានោះក៏ប្រកាច់ប្រពុលប្រាលទធាក់ដៃជើង ជាហេតុឲ្យពលការសើច ចាប់សក់ក្បាលតាគោហ៊ីជាប់ថែមទាំងវាយគាត់ ១ ដៃទៀតផង ។

- ម្តេចក៏លោកហ៊ានវាយឪពុកខ្ញុំ? បក្សីចាំក្រុងស្រែកសួរ ដោយចាប់ដៃពលការ ។

ពលការលែងសក់ក្បាលបុរសចាស់ ងាកមកវាយចៅកម្លោះ តែវាយមិនបានដោយអ្នករហ័សចាប់កដៃវាជាប់មាំដូចដង្កាប់ ។ នាយហ្វូឃើញដូច្នោះក៏ស្ទុះរត់ទៅយកដាវដែលលាក់នោះមកឲ្យបក្សីចាំក្រុង តែមិនបានដូចបំណងព្រោះពួកវរជនចូលទៅប្រយុទ្ធជាមួយវា ។ ហ្វូមិនជាអ្នកកំឡាំងខាងដាវទេ វាបានចាប់បោកខ្ទាំងរលំដួលដេកអស់ជាច្រើននាក់ ។

ពួកទាហានប្រួតចាប់ហ្វូវីវក់ ខ្លះកាប់ ខ្លះចាក់ តែធ្វើហ្វូមិនបែក ហ្វូចាប់បានអាម្នាក់លើកឡើងរងកាត់ធ្វើជាអាវុធ មនុស្សបែបនេះគ្រវីម្តង ៣ បោកត្រូវក្បាលពួកសត្រូវដួលរលំដូចគេហាល អាខ្លះបាក់ភ្លៅ អាខ្លះបែកក្បាល ស្លាប់មិនតិចទេ ។ ឯតាគោហ៊ីត្រូវខ្ទាំងពីទ្វជាប់តាត់កាប់ដកឃ្លារត់ ។ បក្សីចាំក្រុង ដៃទទេត្រូវអាពលការដេញកាប់ម្តង ៣ រហើយសក់ប្រហោងអស់ពោះពុង ។ អ្នកដោះខ្លួនមកដល់ទីលាក់ដាវហើយ ក៏ចាប់អាវុធនេះក្រោកឡើងស៊ីសងគ្នាយ៉ាងពេញកម្លាំង ។

កំពុងប្រយុទ្ធជាប់ដៃ ស្រាប់តែទាហានម្នាក់ជិះសេះមកដល់ហើយស្រែកថា :

- ប្រុង! ព្រះករុណាជាអម្ចាស់ស្តេចយាងមកហើយ ។ ពលការលែងតដៃនឹងគូសត្រូវ បញ្ជាឲ្យប្រមូលកងសេនាឈរជាពួកតាមបណ្តោយផ្លូវ ដើម្បីនឹងធ្វើគារវភាពជាកិត្តិយសដល់ព្រះមហារាជ ។ ចំណែកមិត្តយើងទាំងបីនាក់ ពេលនោះតើមានសភាពដូចម្តេចខ្លះ?

តាគោហ៊ី បក្សីចាំក្រុងនឹងនាយហ្វូយល់ថាជាឱកាសដ៏ប្រសើររបស់ខ្លួនហើយ ។ មិត្តយើងឡើងជិះសេះប្រុងដោះខ្លួនរត់ តែត្រូវទាហានពលការ ២០ នាក់ពីទ្វជាប់ក្រញង់ ។

លំដាប់នោះ ព្រះទីនាំងមួយទឹមដោយអាជានេយ្យបានពួតដែរងពពកធូលីមកឈប់ង៉ក់នៅកណ្តាលជួរមនុស្ស ។ អ្នកបររទេះនេះមានភេទជាស្ត្រី មិនមែនតួអង្គព្រះចមពលទឡើយ ។ គឺជានារីឆើតឆាយ ១ រូប មានវ័យប្រមាណ ២០ ឆ្នាំប៉ុណ្ណោះ សាច់សភ្លឺ វង់ភក្ត្រក្រពុំខ្ចី បបូរមាត់ស្រីក្រហមតាមធម្មជាតិ សម្លៀកបំពាក់រំលេចដោយក្បាច់សុវណ្ណយ៉ាងវិចិត្រ ។ កញ្ញាចុះមកដី នាំយកទឹកមុខដ៏ភិតភ័យមកបង្ហាញលោកក្រឡាហោម ៣ ហាក់ដូចជាភ្ញាក់ តែពុំបានបង្គាប់ឲ្យកងឯកភាពរបស់ខ្លួនសំដែងសេចក្តីគោរពដល់យុវតីនេះទេ ។ លោកធ្វើមុខយ៉ាងមាំ ស្ងាត់ស្ងៀម ចាំស្តាប់វាចានាង ។

ថ្វីដ្បិតតែទ្រង់យាត្រាមក ១ អង្គឯង កណ្ដែងកណ្ដោចកណ្ដាលព្រៃ ព្រះនាងបុស្បគន្ធ ព្រះទេពីព្រះចៅសទ្ធាអនុរាជ នៅតែរក្សាព្រះទ័យក្លាហានជាដរាប ។ ម្ចាស់ក្សត្រីគួរណាស់តែបានទទួលកិត្តិយសពីឧកញ៉ាក្រឡាហោម តែទ្រង់បែរជាត្រូវកងទ័ពបែរខ្នងទទួលវិញ ។ ពុំមានព្រះសវនីយថាដូចម្ដេច ព្រះនាងបានយាងទៅកាន់ដៃពលការ ហើយទ្រង់បន្លឺព្រះវាចារន្ធត់ញាប់ញ័ររឡើង ។

- ជួយខ្ញុំផងលោក ! ... ជួយខ្ញុំផង ! ព្រះអង្គកាត់ទោសប្រហារជីវិតខ្ញុំហើយ ! ... ខ្ញុំដឹងខ្លួនមុនក៏បានរត់មកសុំឲ្យលោកជួយ ! ខ្ញុំមិនត្រឡប់ទៅឯប្រាសាទវិញទេ ។

មិត្តយើងទាំងបីបានចាប់អារម្មណ៍ទៅលើព្រឹត្តិការណ៍នេះជាខ្លាំង ។ បក្សីចាំក្រុងទើបនឹងឃើញរូបស្រីក្នុងវាំងជាលើកដំបូង អ្នកព្រឺព្រួចសម្លឹងភក្ត្រព្រះនាងមិនដាក់ភ្នែក ហើយខំផ្ទៀងត្រចៀកស្ដាប់វាចានាងតទៅទៀត ។

លុះមិនឮសំដីពលការ ឆ្លើយតបមកវិញដូចម្ដេចនោះ បុស្បគន្ធក៏មានព្រះសវនីយទៀតថា :

- ឱ ! លោកមិនអាណិតខ្ញុំទេ? ម្ដេចលោកធ្វើព្រងើយតោះតើយដូច្នេះ ? ខ្ញុំប្រថុយដោះខ្លួនមកនេះសង្ឃឹមតែលើរូបលោកប៉ុណ្ណោះ ។

- ចាប់ព្រះនាងឲ្យជាប់ ! ពលការបង្គាប់ ទូលព្រះបង្គំត្រូវនាំព្រះនាងទៅថ្វាយព្រះករុណាជាម្ចាស់វិញ ។

សម្លេងនេះហាក់នឹងមកក្ដិចបេះដូងស្រីតន់ឲ្យរបូតចេញទៅ សេនាបានចោមរោមព្រះនាងមួយរំពេច ។

- សុំលោកអាណិតខ្ញុំទៅ ! បុស្បគន្ធស្រដីគួរឲ្យអាណិត ឱ! ... ជួយខ្ញុំផងលោកអើយ ! ខ្ញុំគ្មានធ្វើអ្វីខុសទេ ! កំហុសរបស់ខ្ញុំគ្រាន់តែដោះលែងមនុស្សទោសពីរនាក់ប៉ុណ្ណោះ ... ។

ទោះនាងខំស្រែកខំអំពាវនាវ បញ្ចេញរ៉េរៀងហេតុឲ្យគេដឹងយ៉ាងណាក៏ទាហានទាំងនោះមិនអាចស្ដាប់ឮឡើយ ។ គ្មាននរណាម្នាក់ហ៊ានចេញមុខទៅជួយព្រះនាងឡើយ... បក្សីចាំក្រុងមានបេះដូងលោតកញ្ច្រាល ហាក់នឹងរបើកសន្ទុះទ្រូងចេញមក ។ អ្នកបានស្រង់រសផ្អែមនៃវាចាស្រីមិនមានភ្លេចឃ្លាណាមួយសោះ អ្នកឮថា កំហុសរបស់នាងគ្រាន់តែដោះលែងមនុស្សទោសពីរនាក់ប៉ុណ្ណោះ ។ មាណពក៏ញាក់សេះបំបោលផ្លោះផ្លាំងកាត់ខ្មាំងសត្រូវ ពួកវាដួលប្រងាប់ប្រងើល តាគោហ៊ិនឹងនាយឃ្លូក៏ឆ្លៀតឱកាសនោះបង្ហោះជិះទៅជាមួយដែរ ។

ពួកកងទ័ពផ្អើលដេញតាមយ៉ាងកងរំពង ។ មិត្តយើងមកដល់ផ្លូវបែកមួយ ក៏បែកគ្នាហើយសន្មតទៅជួបគ្នានៅផ្លូវខាងមុខ ។ តាគោហ៊ិដោះខ្លួនចូលព្រៃ បក្សីចាំក្រុងនឹងនាយបំរើទៅកាន់មាត់ ១ ដែលយើងឃើញព្រះទីនាំងកំពុងបរយ៉ាងលឿន ដោយមានទ័ពសេះ ១ ក្រុមតូចនៅអមមុខក្រោយ ។ មាណពនឹងសហការីបានបង្ហំពាជី ឲ្យបោលមានល្បឿនដូចខ្យល់ ។ មិនយូរប៉ុន្មាន

ដំហានសេះមិត្តយើងទាំងពីរក៏មកទាន់រទេះសេះ ។ ហួយីតផ្ទូច្បាញ់ បក្សីចាំក្រុងក៏ច្បាញ់ដែរ ច្បាញ់ត្រូវខ្មាំងស្លាប់ធ្លាក់រាយតាមផ្លូវ ។

រថយានបរមកដល់ដំបូកធំ ១ ក៏ឈប់ស្ងៀមត្រង់នោះ ។ ទាហាន ៨ នាក់ដែលនៅរស់បានឈមមុខមកតយុទ្ធដោយដាវនៅលើខ្នងសេះ ។ នាយកងទ័ពម្នាក់បានបាត់ពល ៤ នាក់នៀបន្ដដំណើរពង្រត់ព្រះនាងក្សត្រីទៅមុខទៀត ។ គ្នាយើងពីរនាក់តនឹងដាវ ៤ របស់បច្ចាមិត្ត ការប្រឡូកអាវុធនេះអស្ចារ្យណាស់ ហួកាច់ដាវចោលព្រោះវាខឹងនឹងដាវមិនដូចចិត្តវា វាស្ទុះទៅខាំអាមួយនោះធ្លាយបំពង់ក...អាម្នាក់ទៀតលោតមកជួយ ហួចាប់យួរដែដម្ខាងច្បាក់ខ្ទាក់ទៅលើដីទល់ផ្លូវធ្វើមាត់ស្ញេញ...ដាវចៅបក្សីចាំក្រុងបានហូតជីវិតអាសត្រូវទាំងពីរស្ទួនៗ នៅគ្រាជាបន្ទាប់ រួចអ្នកទាំងពីរញាក់អាជានេយ្យដេញតាមអាបួននាក់ខាងមុខទៀត ។

ខណៈនោះតាគោហ៊ិបានមកទាន់ហើយ គាត់ក៏ស្រែកឡើងថា :

- អាពលក្ការលើកគ្នាសន្ធឹកមកតាមក្រោយហើយ ។

មិត្តទាំងបី បានមកទាន់ព្រះទីនាំងនៅក្នុងព្រៃដីមានឈើខ្ពស់ធំ ៗ ។ ចៅបក្សីហក់ពីសេះទៅកាប់សារថីត្រូវ ១ ដាវធ្លាក់ស្លាប់ ១ រំពេច រទេះឥតអ្នកបរក៏នៅតែវិលកង់ទៅមុខដរាប

តាគោហ៊ិនឹងនាយហួបំផ្លាយជំនិះ ដ៏ក្លាហានរបស់ខ្លួនដេញតាមរទេះនោះជាបន្ទាន់ ។ ឯបក្សីចាំក្រុងត្រូវពួកវាបីនាក់ព័ទ្ធជាប់ វាបង្ហើរដាវយ៉ាងសាហាវមកលើខ្លួនអ្នកកម្លោះ ៗ បានមុជគេចពួនទៅក្រោមមែកឈើធំ ១ ដែលមានរាងកោងដូចឥន្ទធនូ ។

អាពាលទាំងពីរកាប់ទបើកសាច់ឈើ បើសិនជាត្រូវម្ល៉េះអ្នកគ្មានឆ្អឹងធ្វើបុណ្យទេ ។ ស្នូរសន្ធឹកជើងសេះកាន់តែមកជិត មាណពយល់ថាជាពេលគ្រោះថ្នាក់យ៉ាងធំរបស់អ្នកពិត ។ អ្នកដោះខ្លួនរត់ ដែអាពីរនាក់នៅតែតាមកាប់យ៉ាងកិតពីក្រោយ ។ អ្នកធ្វើជាទាក់ជើងដួលហើយតម្រង់ចុងអាវុធពេញអំណាចចំពោះវាទាំងពីរនាក់ ដូចយកដែកទៅដេរខ្លួនវាផ្ទាប់តែម្ដង ។

យុវជនហូតដាវដែលមានពណ៌ក្រហម មកបញ្ចូលក្នុងស្រោមរួចឡើងផែលសេះទៅតាមមិត្តអ្នកទាំងពីរ ។ សេះអ្នកលឿនអស្ចារ្យ អ្នកបានមកទាន់តាគោហ៊ិនឹងនាយហួដែលខំប្រឹងបំបោលជំនិះឥតងាកក្រោយ ។ ក្នុងព្រះទីនាំងព្រះនាងបុស្បុគន្ធពុំមានកម្រើក ព្រះវរកាយដល់តិចតួចឡើយ ដោយក្រទង់សន្លប់ បាត់ព្រះស្មារតីទៅហើយ ។ សេះចេះតែបោលគ្មានស្គាល់ទិសដំបន់អ្វី ។ កម្លោះបានលោតពីខ្នងសេះទៅចាប់ទប់ខ្សែព្រះទីនាំងជាប់ កង់យានវិលមួយ ៗ រួចក៏ឈប់ស្ងៀម ។ បក្សីចាំក្រុងលើកត្រកងខ្លួននារីផ្ទុកលើខ្នងសេះ កាត់ចំណងចេញពីដៃនាង គឺជាលើកដំបូងហើយដែលមាណពបានប៉ះពាល់ខ្លួនស្ត្រីភាពក្នុងចែជន្យនេះ ។

សំឡាញ់យើងទាំងបីបានគេចសេះចូលទៅក្នុងព្រៃនាំព្រះវររាជទេពីទៅជាមួយ ដោយឥត

បានជួបប្រទះនឹងឧបសគ្គអ្វីទៀយ ៗ កងទាហានពលក្ការបាត់ដាន រកសាយហើងមិនបាន ៗ

(ប៊ិវ-ទិន-ណាង , បក្សីចាំក្រុង, ទំព័រ ១៤០-១៥១)

បក្សីចាំក្រុង

Introductory Note

ទេតាទេហ៊ិ personal name

មហានគរ Angkor

អ្នក his or her (3rd person possessive pronoun; Lit)

ហ្វូ personal name

បុស្សគុន /bohsəkŭən/ personal name

ពលក្ការ /pŭəlləkaa/ personal name

អាក់ខាន interrupted

Text

មិត្តយើង our friends (the three who took the trip)

ព្រួញ arrows

ខ្សែធ្នូ the string of a bow

ស្នែងប្រកូក a wind instrument made of animal horn

សន្ធាប់ (=សន្ធឹក) a deafening noise

ប្រើស deer, elk

ជាប់ចិត្ត attached (to), involved (with)

ធម៌មេត្តា compassion

រងគ្រោះ victimized

លំដាប់នោះ at that time

បញ្ជាការ command (n)

វ័យ age (Lit)

តាស់ឯង you (Pej)

ចេញស្តី to speak

រូបរាងកាយ body, figure

មិនដាក់ភ្នែក fixedly (of staring)

កញ្ចាស់ឯង you old goat, old man (disrespectful)

ទំនង likely, credible

មិនទំនង doesn't make sense

ចតុប្បាទ /cattobaat/ quadruped

ប្រកាច់ to twitch, to have muscular spasms

ព្រុស sound of falling or thrashing about

ព្រុសប្រាស id.

ទាត់ដៃជើង to kick the arms and legs (iv)

ចៅកម្លោះ young man

ម៉ឹង tightly

ដង្កាប់ pliers

រលំ to fall from a standing position

កំទ្រាំងខាង good at...

ព្រួត to join forces against, gang up on

វីវក់ frantically, violently

ធ្វើ...បែក to be able to beat off, overcome

អាម្នាក់ one (of them)

រងកាត់ to ward off a blow (here: use as a shield)

រេល to collapse, to spread out (from a pile)

រេលដូចគេហាល lying all over the place (lit: spread about as if someone had laid [them] out [on purpose])

ភ្លៅ thigh(s)

ផកឃ្លា to pause

ដៃទទេ empty-handed

ទហើយសក់ brushing the hair (i.e. barely missing the head)

ពោះពុង stomach

ប្រហោងពោះពុង to have an empty or sinking feeling in the stomach

ដោះខ្លួន to escape, to make a getaway

ស៊ីសងគ្នា to contest, challenge, compete (with)

ជាប់ដៃ engaged, engrossed

ប្រុង to be on guard, alert

តដៃ to fight back

គូសត្រូវ /kuu-sattrəw/ adversaries, opponents

គារវភាព /kiərəweəq-phiəp/ salute, greeting

ព្រះមហារាជ the king

ក្រញង់ stiff, rigid; here: unable to move or escape

ព្រះទីនាំង royal conveyance

អាជានេយ្យ /qaacəniy/ horse (Lit)

ញួត to wring, to twist; here: to stir up, to churn up

ង៉ក់ abruptly (of stopping)

តួអង្គ body, person (Roy)

ព្រះចមពល /preəh-caam-puəl/ the king (Lit)

វង់ភក្ត្រ /wuəŋ-pheəq/ face (Lit)

ក្រពុំខ្ចី young, tender

សុវណ្ណ /sowan/ gold (Lit)

វិចិត្រ nice, refined

កងឯកភាព personal guard unit

មុខយ៉ាងមាំ serious face, stern face

យាត្រាមក to come (Roy)

មួយអង្គឯង alone (Roy)

កណ្ដែងកណ្ដោច (=កណ្ដោចកណ្ដែង) lonely, desolated

ព្រះទេវី wife (Roy)

ព្រះចៅ the king

សព្វពអនុរាជ personal name

រក្សាព្រះទ័យ to comport oneself (Roy)

ម្ចាស់ក្សត្រី queen

គួរណាស់តែបាន really should have

ព្រះសវនីយ /saqwənəy/ to talk (Roy)

រន្ធត់ frightened

កាត់ទោស to condemn, to sentence

ដឹងខ្លួនមុន to know in advance

ផ្ទៀងត្រចៀក to give ear, pay strict attention

គោះគើយ unconcerned

ក្ដិច to pinch

បេះដូង heart

ក្ដិចបេះដូង...ទៀរបូតចេញទៅ break one's heart (lit: pinch the heart until it falls out)

តន់ precious, beloved

ទោម to encircle, to surround

មនុស្សទោស prisoner

ទោះយ៉ាងណា...ក៏ no matter what, even though...

ចេញមុខ to dare, defy, stand up

កញ្ច្រោល to rear up, buck, jump (of a horse, etc.)

សន្ទះទ្រូង sternum, chest

ស្រង់ to taste, hear, smell, partake of

ស្រី her (i.e. of the girl)

មាណព /miənup/ young unmarried man

ញាក់ to jerk, to shake

ញាក់សេះ to shake (the reins) of a horse (to make him go)

បំបោល to cause (animals) to run

ផ្លោះ to make a flying leap

ផ្លោង to throw over

ផ្លោះផ្លោង flying over, soaring over

ប្រងាប់ប្រងើល falling and rolling, higgledy-piggledy

បង្ហោះ to fly (something), to cause to fly

កងរំពង tumultuous(ly), noisi(ly)

ផ្លូវបែក crossroads

នាយបំរើ male servant

មាគ៌ា /miəkiə/ route, road; way, line, policy

សហការី /sahaqkaarəy/ colleague, collaborator

ពាជី horse (Lit)

រថយាន carriage

ឈមមុខ to face, face up to

ប្រឡូក to be entangled (in a fight, etc.)

មិនដូចចិត្ត not satisfactory

យួ to hold or carry in one hand

ទល់ផ្អក to get hurt (from falling)

ហូតជីវិត to kill (Eleg)

លើកគ្នា to join forces, cooperate

សន្ធឹក many, a large number, in great numbers

ហក់ to jump at, to lunge

សារថី driver (of a carriage)

បំផាយ to cause to gallop

បង្ហើរ to cause to fly (here: to brandish)

ឥន្ទធនូ /qəntənuu/ rainbow (Indra's crossbow)

ពាល young wicked person, ruffian

សាច់ឈើ inner flesh, core (of a tree), meat (fruit)

កាប់របើកសាច់ឈើ lay open the flesh of the tree

អ្នកគ្មានឆ្អឹងធ្វើបុណ្យទេ there would be nothing left of him (lit: he would have no bones left to have a [funeral] ceremony)

កិត on the tail, close behind

ទាក់ជើង to trip (iv)

តម្រង់ to aim, direct (at)

ពេញអំណាច in full force

ហូត withdraw, pull out, extract (from a sheath, etc.)

ស្រោម sheath

ផែល to jump on (horse, bicycle, etc.), to jump astride

វរ /wɔreə̆q/ beautiful, precious, desirable

ព្រះវរកាយ beautiful body (Roy)

ព្រះស្មារតី consciousness (Roy)

គ្មានស្គាល់ទិសដំបន់អ្វី without knowing where to go, uncontrolled

ស្ត្រីភាព /sətrəy-phiəp/ woman, 'a real live girl'

ចៃដន្យ /cay-dɑn/ circumstance

ព្រះវររាជទេវី queen

បាត់ដាន to lose track, lose the trace

III. HISTORICAL PROSE

ស្រុកខ្មែរមានភ័ព្វវាសនាដ៏ក្រៃលែង ដោយមានឯកសារជាលាយលក្ខណ៍អក្សរដ៏ច្រើនដែលអ្នកប្រាជ្ញខ្មែរជំនាន់មុន បានព្យាយាមយកចិត្តទុកដាក់ចារជាសាស្ត្រាជាច្រើន ទុកមកដល់សព្វថ្ងៃនេះ ។ ក្នុងពេលនេះយើងលើកយកតែឯកសារមួយប្រភេទមកនិយាយសិនគឺ : 'ឯកសារប្រវត្តិសាស្ត្រ' ។ ឯកសារប្រវត្តិសាស្ត្រ ក៏ដូចជាឯកសារប្រភេទផ្សេង ៗ ទៀតដែរ ច្រើនតែតម្កល់ទុកនៅក្នុងវត្តអារាមផ្សេង ៗ នៅក្នុងស្រុកខ្មែរ ។ លុះមកដល់ពេលថ្មី ៗ នេះ ទើបគេយកមកតម្កល់នៅបណ្ណាល័យផ្សេង ៗ នៅភ្នំពេញ ។ ប៉ុន្តែយើងស្មានថានៅមានឯកសារជាច្រើនទៀតដែលរាត់រាយរប៉ាត់រប៉ាយ មិនទាន់បានរកឃើញយកមកពិនិត្យមើល ឬបោះពុម្ពផ្សាយនៅឡើយទេ ។

ឯកសារទាំងនេះ ដូចឯកសារទាំងឡាយនៅប្រទេសនានាដែរ មិនសូវស្របគ្នាប៉ុន្មានទេ ។ ដូចជារឿងឃ្លាំងមឿង សាស្ត្រាវត្តកំពង់ត្រឡាចក្រោមថា គាត់ជាអ្នកទំនុកបំរុងធ្វើការថ្វាយព្រះចន្ទរាជា ។ ឯកសារក្រុមល្ខោនជាតិថា ឃ្លាំងមឿងធ្វើការបំរើព្រះជ័យអស្ចារ្យ បុត្រព្រះចន្ទរាជា ។ ប៉ុន្តែមានសេចក្តីខ្លះក្នុងឯកសារទាំងពីរនេះដែលគួរឱ្យចាប់អារម្មណ៍ : ឯកសារកំពង់ត្រឡាចក្រោមនិយាយថា ឃ្លាំងមឿងជួយទំនុកបំរុងព្រះចន្ទរាជានៅពេលដែលទ្រង់ចូលមកដល់ដែនដីខ្មែរវិញ ក្រោយទ្រង់បោកស្តេចសៀមថាទ្រង់ទៅទាក់ដំរីសមកថ្វាយ ។ ឯឯកសារក្រុមល្ខោនជាតិថា ឃ្លាំងមឿងទៅក្រាបថ្វាយបង្គំសុំបំរើព្រះជ័យអស្ចារ្យ ក្រោយស្តេចចូលក្នុងដែនកម្ពុជា ដោយបោកស្តេចសៀមថាទ្រង់ទៅទាក់ដំរីសយកទៅថ្វាយដែរ ។

អស់លោកអ្នកដែលធ្លាប់មានការទាក់ទងស្រាវជ្រាវខាងឯកសារប្រវត្តិសាស្ត្រ គង់ជ្រាបបានថាឯកសារប្រវត្តិសាស្ត្រ ជាឯកសារដែលចាត់ថាទៀងទាត់ឬបានការទាំងស្រុងនោះពុំបានឡើយ ។ ផ្នែកភាគច្រើននៃឯកសារប្រវត្តិសាស្ត្រជំនាន់ដើម នៃប្រទេសកម្ពុជា គេសឹងនឹងចាត់ទុកបានថា ជារឿងព្រេង ។ រឿងរ៉ាវនឹងព្រឹត្តិការណ៍ជាច្រើន វាហួសនិស្ស័យពេករកជឿមិនកើត ។

កង្វះនៃការទៀងទាត់នៅក្នុងឯកសារប្រវត្តិសាស្ត្របុរាណ មានឡើងដោយសារកត្តាដូចតទៅ :

១ - អ្នកសរសេរឯកសារមិនខំយកចិត្តទុកដាក់តែក្នុងសាច់រឿងទេ តែខំបញ្ចេញនូវវិធីកាលល្បួនឹងចំណេះផ្សេង ៗ របស់គេ ។

២ - អ្នកសរសេរឯកសារជំនាន់បុរាណ ត្រូវស្តេចឬនាហ្មឺនធំ ៗ ចាត់តាំងស្ទើរតែទាំងអស់ ។ គោលបំណងរបស់គេមិនមែនខិតខំយកព្រឹត្តិការណ៍ពិត មកលាតត្រដាងទេ តែផ្ទុយទៅវិញគេខំបំពេញចិត្តអ្នកដែលចាត់តាំងគេ ឱ្យធ្វើជាអ្នកសរសេរឯកសារ ។

យើងបានស្រង់យកអត្ថបទ ដែលលោក អេង-សុត បានចម្លងចេញមកពីសាស្ត្រាវត្តកំពង់ត្រ

ទង្វាយបក្រោម ។ អត្ថបទទាំងនោះគឺ :

១. - ព្រះសុរិយោវង្ស

២. - ពញាស្លឹកលោក មឿង (ឃ្លាំង- មឿង)

៣. - ព្រះចន្ទរាជា

៤. - អាចារ្យលាក់

ឯកសារប្រវត្តិសាស្ត្រដែលយើងស្រង់មកនេះសរសេរជាពាក្យរាយងាយយល់ ប៉ុន្តែគេឃើញមានពាក្យខ្មែរបុរាណលាយទៅខ្លះដែរ ។ សេចក្តីឬន័យខ្លះក្នុងឯកសារនេះ ឥតមានកែប្រែឬបញ្ចេញបញ្ចូលទេ ទោះបីយើងឃើញខុសត្រង់យ៉ាងណាក៏ដោយ ។

ឯកសារប្រវត្តិសាស្ត្រមួយទៀត ដែលដកស្រង់ចេញមកពីសៀវភៅមួយនិពន្ធដោយលោក ប៉ិណ្ឌចន្ទ - មុល ដែលមានឈ្មោះថា : 'គុកនយោបាយ' ។ សៀវភៅគុកនយោបាយជាស្វ័យជីវប្រវត្តិ (ក្រុមមានណាស់នៅស្រុកខ្មែរ) ជាឯកសារមួយយ៉ាងសំខាន់ដែលអាចបញ្ចេញពន្លឺខ្លះអំពីចលនាប្រឆាំងនឹងបារាំង ក្នុងសម័យអាណានិគមនិយម ។

៤ - ព្រះសុរិយោវង្ស

(គ្មានឈ្មោះអ្នកនិពន្ធ)

បុព្វកថា

(តាមឯកសារ)

ព្រះសុរិយោវង្ស នៅពេលដែលទ្រង់លើកទ័ពមកជួយវាយព្រះជេដ្ឋារបស់ព្រះអង្គ ត្រូវទ័ពសៀមវាយបែកបាក់ខ្ចាត់ខ្ចាយ ហើយព្រះអង្គក៏ទ្រង់រត់ទៅស្រុកលាវទៅ ។ ឯព្រះបាទសម្តេចព្រះលំពង់រាជធិបតីកំពុងតែច្បាំងនឹងទ័ពសៀមនៅមហានគរមិនទាន់ចាញ់ឈ្នះផង ក៏ព្រះអង្គមានទោគាព្យាធិមកបៀតបៀន ហើយក៏ទ្រង់ទិវង្គតទៅ ។ បន្តិចក្រោយមក មហានគរក៏ធ្លាក់ទៅក្នុងកណ្តាប់ដៃសៀម ។

អត្ថបទនេះថ្លែងអំពីព្រះបាទសុរិយោវង្ស កាលដែលព្រះអង្គត្រឡប់ពីស្រុកលាវមក ហើយវាយដណ្តើមយកមហានគរ បានពីកណ្តាប់ដៃសៀមវិញ ។

អត្ថបទ

ព្រះចៅកំបង់ពិសីទឡើងសោយរាជ្យស្នងព្រះជេដ្ឋា ក្នុងឆ្នាំកុរឯកស័កព.ស. ១៩០៣ គ.ស. ១៣៥៩ ម.ស. ១២៨១ ច.ស. ៧២១ ។ ស្តេចថ្មីនេះសោយរាជ្យបានមួយខែ ទទួលពេលនោះព្រះសុរិយោវង្ស ដែលស្តេចបានប្រជុំទ័ពនៅខេត្តបាសាននោះបានឮក្រហើយ ព្រះអង្គ

ក៏លើកទ័ពទាំងជើងទឹកជើងគោក ចេញតាមវយៈផ្លូវទៅព្រះមហានគរ (អង្គរធំ) ។ ចំណែកឯសម្តេចព្រះទេពី ស្តេចបានចុះព្រះទីនាំងនាវាបណ្តោយតាមក្រោយកងទ័ព ទៅដល់ទីមួយអន្លើហើយ ក៏សម្តេចព្រះមហេសីស្តេចទតទៅឃើញភ្នំមួយឈ្មោះភ្នំព្រាយ មានទីវហោថានល្អជាទីមនោរម្យ ។ ស្តេចចតព្រះទីនាំងនៅទីនោះ ហើយយាងឡើងទៅលើកំពូល ស្តេចទតឃើញមានសាលាទេវរុក្ខមួយស្តុកស្តម្ភប្រពៃណាស់ ។ ស្តេចទ្រង់បន់ស្រន់បួងសួងថា : សូមឲ្យព្រះទេវរុក្ខដែលស្ថិតនៅក្នុងទីភ្នំព្រាយនេះ ជួយបីបាច់ថែរក្សាកងទ័ពព្រះស្វាមីរបស់ព្រះអង្គ ឲ្យបានជ័យជំនះផង ។ ថាបើព្រះស្វាមីស្រេចការសង្គ្រាមហើយកាលណា ព្រះអង្គនឹងតាំងតែងសាងថានទេវរុក្ខឲ្យប្រពៃថ្វាយជាពុំខាន ។

លុះសម្រេចសង្គ្រាមហើយ សម្តេចព្រះទេពីក៏ឲ្យជាងធ្វើថ្វាយ តាមសេចក្តីដែលបួងសួង ព្រោះហេតុនោះហើយទើបបានជាភ្នំព្រាយនោះប្រែឈ្មោះមកហៅថា ភ្នំព្រះទេពី រៀងមកវិញ ។

កាលព្រះសុរិយោវង្សទ្រង់លើកទ័ពចូលទៅវាយព្រះនគរ ក្នុងគ្រានោះមន្ត្រីខ្មែរដែលនៅក្នុងព្រះមហានគរ ដឹងថាអម្ចាស់របស់ខ្លួនលើកទ័ពមកដល់ហើយ ក៏ពុំបានយកចិត្តទុកដាក់ជួយច្បាំងសៀមឡើយ គឺងាកចិត្តមករកអម្ចាស់របស់ខ្លួន ។ កាលព្រះចៅកំបង់ពិសី លើកទ័ពចេញទៅតតាំងច្បាំងនឹងព្រះស្រីសុរិយោវង្សនោះ ទ័ពខ្មែរដែលនៅជាមួយសៀម ក៏ជួយវាយពីខាងក្រោយខ្នប់កងទ័ពសៀមឥតសំចៃដៃឡើយ ។ កងទ័ពសៀមដែលនៅជាកណ្តាលនៃកងទ័ពខ្មែរ ត្រូវកងទ័ពខ្មែរបាញ់ចាក់កាប់សម្លាប់ ស្លាប់ពលសៀមអស់ជាច្រើន ទាំងព្រះចៅកំបង់ពិសីក៏សុគតក្នុងសង្គ្រាមដែរ ។ ព្រះស្រីសុរិយោវង្សទ្រង់ឲ្យចាប់ឈ្លើយសៀម ក្នុង ១០ ភាគបាន ៩ ភាគ រត់រួចតែមួយភាគប៉ុណ្ណោះ ។ ព្រះអង្គយកនគរវិញបានក្នុងឆ្នាំកុរឯកស័ក ព.ស. ១៩០៣ គ.ស. ១៣៥៩ ។ ដោយព្រះតេជានុភាពដែលទ្រង់បានជ័យជំនះ ហើយព្រះសុរិយោវង្សក៏ទ្រង់ឡើងរាជាភិសេក (អភិសេកក្សត្រិយ៍ដែលបានជ័យជំនះលើសឹកសត្រូវ ហើយបានទទួលរាជ្យ) ជាក្សត្រខត្យាវង្ស តព្រះមហាប្រយូរវង្សរៀងមក ។

ព្រះស្រីសុរិយោវង្សព្រះអង្គឡើងសោយរាជ្យ ទទួលរាជាភិសេកក្នុងឆ្នាំកុរឯកស័កព.ស. ១៩០៣ គ.ស. ១៣៥៩ ម.ស. ១២៨១ ច.ស. ៧២១ ក្នុងព្រះជន្មាយុ ៤១ ឆ្នាំ ព្រះអង្គទ្រង់ព្រះនាមថាព្រះបាទសម្តេចព្រះស្រីសុរិយោវង្ស ហើយទ្រង់ប្រទានរង្វាន់ពិសេសជាយសស័ក្តិទ្រព្យសម្បត្តិ ឲ្យសេនាទាហានដែលមានបំណាច់បានជួយបង្ក្រាបអរិន្ទ (មកពី អរិ = ឥន្ទ ប្រែថា សត្រូវជាធំ) រាជភ័យរី (ប្រហែលជាបានន័យថា ភ័យ កើតមកពីស្តេចជាសត្រូវ) ។ ព្រះអង្គទ្រង់តាំងសេនាបតីមន្ត្រីគ្រប់តំណែង ។ អស់ពួកបរមរាជវង្សានុវង្ស ក៏ចូលមកជួបជុំជាបរមសុខរៀងមក ។ ព្រះអង្គទ្រង់ព្រះករុណាប្រោសប្រទានព្រះរាជបុត្រព្រះសុរិយោទ័យជាមហាឧបរាជ

ដែលសុគតក្នុងសង្គ្រាមនោះ ដែលត្រូវជាក្មួយព្រះទូតនឹងព្រះអង្គ ឱ្យឡើងជាទីសម្តេចមហាឧបរាជស្នងព្រះបិតា ។

គិតតាំងពីសៀមវាយបានព្រះនគរ ក្នុងឆ្នាំមមីឆស័កដល់មកឆ្នាំកុរឯកស័ក ត្រូវជា ៦ ឆ្នាំ ទើបព្រះបរមបពិត្រព្រះស្រីសុរិយោវង្ស ស្តេចបង្ក្រាបរាជសត្រូវបាន ហើយយកបានព្រះនគរវិញ ទ្រង់គង់នៅជាសុខស្ថាពរ (ពាក្យនេះមានតាំងពីបុរាណកាលមក) រៀងមក ។ ទ្រង់ត្រាស់បង្គាប់ឱ្យចៅពញាចក្រីនាំសេនាទាហានរេហ៍ពល លើកទៅវាយស្រុករាយរងចុះចូលមកជាស្រុកខ្មែររៀងមក ។

នេះនឹងស្រដីពីក្រុងស្រីអយុធ្យាវិញ ។ កាលព្រះរាមាធិបតី (ស្តេចសៀម) សុគតទៅ ព្រះបរមរាជាជាបងថ្លៃឡើងសោយរាជ្យ ស្នងព្រះរាមាធិបតី ។ ព្រះបរមរាជាសុគតទៅ ព្រះចៅឡាន ដែលជាព្រះរាជបុត្រព្រះបរមរាជា ឡើងសោយរាជ្យស្នងព្រះបិតា ។ ព្រះចៅឡានសោយរាជ្យបាន ៧ ថ្ងៃ ព្រះរាមាសួរដែលជាព្រះរាជបុត្រព្រះរាមាធិបតី ចាប់ព្រះចៅឡានសុគតទៅ ហើយឡើងសោយរាជខ្លួនឯងវិញ ។ ដល់ឆ្នាំជូតទោស័ក ព្រះរាមាសួរលើកទ័ពទៅវាយនគរឈៀងរ៉ាយឬជាងរ៉ាយ (លាវពោះខ្មៅ) ។ ក្នុងពេលដំណាលគ្នានោះ សៀមដែលនៅប្រទល់ដែនទល់នឹងប្រទេសខ្មែរ បានលើកទ័ពមកកំហែងទារយកប្រជានុរាស្ត្រខ្មែរបានជាងមួយរយភាគយកទៅស្រុកវា ។ ចៅហ្វាយស្រុក ក្រមការខេត្តខាងខ្មែរ លើកទ័ពតាមទៅដណ្តើមពីសៀមមកវិញ ។ សៀមក៏លើកពលជាងពីរពាន់នាក់មកច្បាំងនឹងទ័ពចៅហ្វាយស្រុកខ្មែរ ។ ចៅហ្វាយស្រុកនឹងក្រមការខេត្តខ្មែរតស៊ូនឹងទ័ពសៀម ហើយប្តឹងបកសំបុត្រជូនមកលោកសេនាបតីឱ្យយកសេចក្តីក្រាបបង្គំទូលព្រះករុណា ក៏ទ្រង់ជ្រាបគ្រប់ប្រការ ។ ព្រះបរមបពិត្រព្រះស្រីសុរិយោវង្ស ជាអម្ចាស់ផែនដីប្រទេសកម្ពុជា កាលទ្រង់ជ្រាបដំណឹងនេះហើយ ក៏បង្គាប់ទៅចៅហ្វាយស្រុក ឱ្យកេណ្ឌរាស្ត្រខេត្តទ្រាំងមួយ បាសាក់មួយ ព្រះត្រពាំងមួយ និម៉ោមួយ ក្រមួនសមួយ ទឹកខ្មៅមួយ ពាបកំពតកំពង់សោមមួយ បានពលប្រាំម៉ឺននាក់ ហើយទ្រង់ចាត់ចៅពញាពិស្ណុលោកចៅហ្វាយស្រុកទ្រាំង ឱ្យធ្វើជាមេទ័ពធំ ឱ្យចៅហ្វាយស្រុកបាសាក់ធ្វើជាមេទ័ពមុខ ចូលទៅច្បាំងនឹងសៀម ។ ទ័ពនេះឈ្នះសៀមហើយក៏លើកទៅវាយស្រុកសំរ៉ែមួយ ស្រុករយ៉ង់មួយ ស្រុកចន្ទបូរ (ចាន់តាប៊ុន) មួយ ស្រុកជលបូរីមួយ ហើយកៀរគ្រួសៀមបាន ៥០០០ នាក់ទើបលើកទ័ពត្រឡប់មកប្រទេសកម្ពុជាវិញ រួចឡើងទៅក្រាបបង្គំទូលថ្វាយព្រះករុណាសូមទ្រង់ជ្រាបគ្រប់ប្រការ ។ ព្រះករុណាទ្រង់ព្រះអំណរណាស់ ទ្រង់ប្រទានរង្វាន់ដល់នាយកងនាយទ័ព ដល់នាយទាហាននឹងសេនាទាហានតាមគុណបំណាច់ ។ តមក ព្រះករុណាទ្រង់ព្រះរាជកំណត់ទៅគ្រប់ចៅហ្វាយស្រុកតូចធំ ឱ្យត្រៀមខ្លួនប្រុងប្រៀបរៀបរៀងទៅបង្ហាត់សេនាទាហាន ឱ្យមានគ្រប់ខែត្រជាទីបង្ការរក្សាព្រះនគរតទៅ ។

ព្រះរាមាសួរ ក្រុងទេព ដែលលើកទ័ពទៅវាយស្រុកលាវនោះ កាលបានជ័យជំនះឈ្នះលាវ យកបានស្រុកជាងទ៉ាយហើយកៀរគ្រួសារលាវបានជាច្រើន ហើយទើបលើកទ័ពត្រឡប់ទៅក្រុងស្រីអយុធ្យាវិញ ។ លុះមកដល់ហើយ ទ្រង់ជ្រាបថាខ្មែរលើកទ័ពមកវាយបានស្រុកបួនដំបន់ ព្រមទាំងកៀរគ្រួយកទៅជាច្រើនទៀតផង ។ ទ្រង់ខ្ញាល់ណាស់ ទើបត្រាស់ឱ្យកេណ្ឌកងទ័ពលើកមកធ្វើសង្គ្រាមនឹងខ្មែរ ។ លុះដល់ឆ្នាំឆ្លូវត្រីស័ក ទ្រង់ត្រាស់បង្គាប់ចៅពញាជ័យដំរុងឱ្យធ្វើជាមេទ័ពមុខ ព្រះរាមាសួរអង្គឯងជាទ័ពហ្លួង លើកមកវាយស្រុកទាំងបួនតំបន់បានទៅវិញ ហើយបំរុងនឹងលើកទ័ពមកវាយមហានគរទៀត ។ ប៉ុន្តែនាយគយខ្មែរដែលនៅល្បាតព្រំដែន កាលបើដឹងថាទ័ពសៀមលើកមកហើយ ក៏ចាត់សំបុត្រឱ្យបំរើសេះចូលមកប្តឹងសេនាបតី ឱ្យនាំឡើងក្រាបបង្គំទូលព្រះករុណាសូមទ្រង់ជ្រាបគ្រប់ប្រការ ។ ព្រះករុណា កាលបើបានទ្រង់ជ្រាបហើយ ក៏ត្រាស់ឱ្យប្រមូលសេនាទាហាន ដែលបានហាត់ហ្វឹកហ្វឺនបំរុងការណ៍ក្នុងខែត្រជិត ៗ នោះមកប្រជុំគ្នា ទ្រង់ត្រាស់បង្គាប់ឱ្យមហាឧបរាជ ធ្វើជាមេទ័ពធំ នាំទាហានជើងទឹកចេញទៅរាំងទ័ពសៀម ។ ព្រះមហាឧបរាជលើកទ័ពចេញទៅប្រទះនឹងសត្រូវនៅស្ពានដែក ទើបទ្រង់ចាត់ឱ្យតាំងបន្ទាយរាយប្រមូង ទប់ទល់នឹងទ័ពសៀមនៅទីនោះឥតមានរុញរាឡើយ ។ ចៅពញាពិជ័យដំរុងនាយទ័ពមុខ កាលបើឃើញទ័ពខ្មែរមកដល់ហើយ ក៏បរពលឱ្យចូលវាយបន្ទាយខ្មែរ ខ្មែរក៏បរពលច្បាំងទល់មកវិញ ។ ចម្បាំងពុំទាន់ចាញ់ឈ្នះទាំងសងខាងនៅឡើយផង ក៏ស្រាប់តែព្រះរាមាសួរចាត់ឱ្យធ្វើបន្ទាយឆាក (បន្ទាយឆាកគឺបន្ទាយដែលចាក់ជែង ខុសពីទិសដែលត្រូវធ្វើ) ពីទូឆ្វេងស្តាំ ហើយបាញ់ផ្ទប់ចូលមក ។ ព្រះមហាឧបរាជខ្មែរដែលនៅក្នុងចំណោម យល់ឃើញថាទ័ពសត្រូវលើកថែមមកច្រើនលើសកម្លាំងណាស់នឹងទ្រាំពុំបាន ក៏រាថយចុះមកនៅក្នុងពាម គង់ក្នុងព្រះទីនាំងនាវា ដើម្បីឱ្យកងទ័ពជើងទឹកលើកទៅជួយកងទ័ពជើងគោក ។ ខណៈនោះ ទ័ពសៀមក៏ចោមរោម បាញ់តម្រង់ព្រះទីនាំងនាវាសន្ធាប់យ៉ាងខ្លាំងឥតសំចៃឡើយ ។ មួយស្របក់ក្រោយមក គ្រាប់កាំភ្លើងសត្រូវក៏រត់មកត្រូវធុងរំសេវខាងខ្មែរ បែកឆេះធ្លាយហើយត្រូវសម្តេចព្រះមហាឧបរាជនឹងទាហានក្នុងកងទ័ព ស្លាប់នឹងពិការជាច្រើននាក់ ។ ទ័ពខ្មែរឃើញហេតុដូច្នេះហើយ ក៏ផ្អើលភ្ញាក់បរាជ័យ រត់បែកខ្ញែកប្រួសយកតែអាយុសព្វ ៗ ខ្លួន ។ ទ័ពសៀមដេញសន្ធាប់ ហើយចាប់បានសម្តេចព្រះមហាឧបរាជ យកមកទុកបាន ៣ ថ្ងៃព្រះអង្គក៏ទ្រង់សុគតទៅ ។

ព្រះបាទសម្តេចព្រះសុរិយោវង្ស កាលទ្រង់បានជ្រាបថា : ទ័ពព្រះអង្គបែកហើយ ព្រមទាំងសៀមចាប់បានព្រះមហាឧបរាជទៅទៀតនោះ ស្តេចក៏លើកសេនាយោធាជាកងទ័ពធំចេញទៅពីទូ ចោមច្បាំងនឹងទ័ពសៀមទៀត ។ ទ័ពសៀមរអារដែអស់កម្លាំងច្បាំងតថ្វីដែនឹងទ័ពសម្តេចព្រះសុរិយោវង្សពុំបាន ក៏រាថយមកវិញ ។ ខណៈនោះ ទ័ពខ្មែរយល់ថាបានការហើយ

ក៏ដោយចាក់កាប់សម្លាប់ពួកទ័ពសៀម ឥតត្រាប្រណីឡើយ ។ សៀមនឹងតតាំងច្បាំងពុំកើត ក៏បែកទ័ពរត់ខ្ចាត់ខ្ចាយ ហើយបាក់ទ័ពរត់ទៅស្រុកវិញអស់ ។ ទ័ពខ្មែរចាប់បានឈ្លើយសៀមជាច្រើននាក់ នាំមកក្រាបបង្គំទូលថ្វាយ រួចហើយដេញទ័ពសៀមឱ្យចេញផុតពីដែនដីខ្មែរ ទើបត្រឡប់មកប្រទេសកម្ពុជាវិញ ។

ព្រះបាទសម្ដេចព្រះស្រីសុរិយោវង្ស ព្រះអង្គបង្ក្រាបទ័ពសៀមរាបទាបហើយ ស្ដេចក៏យាងចូលទៅព្រះមហានគរ សោយរាជសម្បត្តិ ប្រកបដោយនូវយុត្តិធម៌ អាណាប្រជានុរាស្ត្រក្នុងព័ទ្ធសីមា (ព័ទ្ធសីមា = សីមាមួយយ៉ាងដែលព្រះសង្ឃទុកជាគោល សម្រាប់កំណត់ព្រំដែន ក្នុងការធ្វើសង្ឃកិច្ចផ្សេង ៗ ។ ព័ទ្ធសីមាក្នុងទីនេះ គឺព្រំដែនប្រទេសនីមួយ ៗ ។) ក៏បានសុខសប្បាយគ្រប់ ៗ គ្នា ។

(ឯកសារមហាបុរសខ្មែរ, ទំព័រ ៣៥ - ៤០)

HISTORICAL PROSE

វាសនា fortune, destiny, fate

ភ័ព្វវាសនា /phŏəp-wiəhsənaa/ fortune

មានភ័ព្វវាសនា to be fortunate, lucky

ឯកសារ /qaekkəsaa/ document(s), evidence

តម្កល់ទុក to keep, to preserve

វត្តអារាម wat, pagoda

រាត់រាយ dispersed, disseminated

ខ្ចាត់ខ្ចាយ scattered

ឃ្លាំងមឿង the best known of all Cambodian heroes

វត្តកំពង់ត្រឡាចក្រោម Vat Kompong Tralach Krom

ទំនុកបម្រុង to take care of, to support

ព្រះចន្ទរាជា /preəh-can-riəciə/ (King) Chan Raja (1516-1568)

ល្ខោនជាតិ National Theater (drama school run by the government)

ព្រះជ័យអស្ចារ្យ name of a king (perhaps legendary)

គួរឱ្យចាប់អារម្មណ៍ captivating, interesting

បោក to deceive

ក្រាបថ្វាយបង្គំ to prostrate oneself (here: to put oneself at the service of the king)

បានការ to be useful, effective

ទាំងស្រុង completely, wholly, entirely

ហួសនិស្ស័យ incredible

កង្វះ /kɑŋwah/ lack, insufficiency

កត្តា /kattaa/ factor

វចីកោសល្យ /weəqcəykaosɑl/ eloquence; oratory

លាតត្រដាង to lay out, spread out; expose

អេង - សុត Eng Sot (pers. n.)

ព្រះសុរិយោវង្ស /preəh-souriyaowŭəŋ/ (King) Soriyavong

(1416-1425)
ពញ្ញា /puə̆ññiə, pəñiə/ title replaced later by /qoknaa/; the term /pəñiə/ remained in use, but for a much lower-ranking official
ពញ្ញាសួគ៌ាលោក /pəñiə-suəkiə-look/ a title
អាចារ្យលាក់ Leak the Wise (name of a rebel leader)
លាយឡំ mixed with, mixed together
ថ្ងៃខែ date
បញ្ចេញបញ្ចូល to change, alter (lit: to invent and add)
ខុសឆ្គង to make mistakes, to be wrong
ប៊ុណ្ណចន្ទ-ម៉ុល Bunchan Mol (pers. n.)
គុកនយោបាយ name of a novel by Bunchan Mol (lit: Political Prison)
ស្វ័យជីវប្រវត្តិ autobiography
កម្រមាន rare
បញ្ចេញពន្លឺ to brighten, to shed light

ព្រះសុរិយោវង្ស

Introductory Note

ព្រះជេដ្ឋា older brother (Roy)
បែកបាក់ to disperse, break up (iv)
ព្រះបាទសម្តេចព្រះលំពង់រាជាធិបតី King Lampong Rajathipati
មហានគរ Angkor
មិនទាន់ចាញ់ឈ្នះផង inconclusive, outcome (of the battle) not yet decided
ទិវង្គត /tiq-wuə̆ŋkuə̆t/ death; to die (Roy)

Text

ព្រះចៅកំបង់ពិសី (King) Kambong Pisei
ស្នង replacement, succession; replacing, in place of
ឆ្នាំកុរ /cnam kao/ year of the pig (of the 12-animal cycle)
ឯកស័ក /qaekkəsaq/ first year (of the 10-year cycle)
ម.ស. /məhaasaqkəraac/ an era that started in 78 A.D.
ច.ស. /colləsaqkəraac/ an era that started in 638 A.D.
ទទួលពេលនោះ it so happens that, it happened that
បាសាន name of a former province
ឫក្ស /rɨk/ propitious time (in astrology)
បានឫក្ស propitious
ជើងទឹក by water; navy
ជើងគោក by land; army
តាមរយៈផ្លូវ by way of
ព្រះមហានគរ (អង្គរធំ) Angkor
ព្រះទីនាំងនាវា royal ship or barge
ព្រះមហេសី /preăh-məhaesəy/ queen
ព្រាយ demon, malevolent spirit
ភ្នំព្រាយ name of a mountain
រហោឋាន isolated, remote
មនោរម្យ /mənoorum/ enchanting
ទេវរុក្ខ /teewəruk/ spirit of the forest
សាលាទេវរុក្ខ a small square pavilion built for the forest spirit
តាំងតែង to institute, to erect
រៀងមក from then on
ងាកចិត្ត to switch one's loyalty or devotion
តតាំង to fight
ឥតសំចៃដៃ vigorously, with all one's force (lit: without sparing the hands)
នៅជាកណ្តាល in the middle
តេជានុភាព /daeciənuphiəp/ power
រាជាភិសេក /riəciəphisaek/ to be crowned as official king;

coronation
អភិសេក /qaqphisaek/ to crown

ខត្យាវង្ស /khatsaawuŏŋ/ noble family, warrior family
ប្រយូរវង្ស royal lineage

ព្រះជន្មាយុ /preăh-cuănnəmiəyuq/ age (Roy)
ប្រទាន to give (Roy)

បំណាច់ service

បង្ក្រាប to put down (a rebellion, etc.)
អរិន្ទ /qaqrɨn/ principal enemy

រាជភ័យរី /riəccəphɨyrii/ betrayer of the king, traitor against the crown
បរមរាជវង្សានុវង្ស family (Roy) /barommariəccəwuŏŋsaanuwuŏŋ/
បរមសុខ /barommasok/ to be well (Roy)
ប្រទាន to give (Roy); here: to appoint
ព្រះសុរិយោទ័យ (King) Soriyotey

មហាឧបរាជ /məhaa-qupperaac/ Vice-King
ក្មួយព្រះទួត great-nephew (?)

ឆ្នាំមមី year of the horse (of the 12-animal cycle)
ឆស័ក /chaasaq/ 6th year (of the 10-year cycle)
បរមបពិត្រ /barommabapɨt/ title

ចៅពញាចក្រី /caw-pəñiə-cakrəy/ title
រាយរង unimportant

ចុះចូល to submit, to give in

ក្រុងស្រីអយុធ្យា Ayuthia (capital of Thailand 1350-1767)
ព្រះរាមាធិបតី Rama Thibodi, King of Ayuthia 1350-1369
ព្រះបរមរាជា (King) Boromaraja

ព្រះចៅឡាន (King) Chao Lan

ព្រះរាជបុត្រ /preăh-riəccəbot/ son (Roy)
ព្រះរាមេសូរ (King) Ramesuen, son of Rama Thibodi

ចាក់ to stab

ឆ្នាំជូត Year of the Rat

ទោស័ក 2nd year (of the 10-year cycle)
ឈៀងរ៉ាយ Chiengrai (Thailand)

ជាងរ៉ាយ = ឈៀងរ៉ាយ

លាវពោះខ្មៅ Lao of Chiengrai (lit: black-stomach Lao)
ក្នុងពេលជំណាលគ្នានោះ at that same time, concurrently

មួយរយភាគ 100 percent (?)

បកសំបុត្រ to return a letter (commonly used to mean to write or send a letter)
គ្រប់ប្រការ everything, every aspect
អម្ចាស់ (=ម្ចាស់)

អម្ចាស់ផែនដី the king (lit: the owner of the land)
ទ្រាំង name of a former province (now a /srok/ in Takaew)
ព្រលាក់ name of a former province

ព្រះត្រពាំង name of a former province
ទ្រីម៉ៅ name of a former province

ក្រមួនស name of a former province (lit: white wax)
ទឹកខ្មៅ name of a former province (lit: black water)
ពាមកំពត name of a former province (now Kompot city)
កំពង់សោម name of a former province (now Kompong Som city)
ពញាពិស្ណុលោក /pəñiə-pihsnulook/ a title
សំរ៉ែ name of a former province

រយ៉ង Rayong (Thailand)

ចន្ទបូរ = ចាន់តាប៊ុន Chantaburi (Thailand)
ជលបុរី Chonburi (Thailand)

កៀរ to round up, herd together

គ្រួ family

ព្រះអំណរ to be pleased, happy (Roy)

ត្រៀមខ្លួន to be ready, be prepared to

រៀបរៀង to be organized, systematized, or coordinated

បង្ការ to prevent, to deter

ជាទីបង្ការ as a precaution

ក្រុងទេព Krungthep (lit: city of the angels; here: Ayuthia)

ខ្ញាល់ to be angry (Roy)

ឆ្នាំឆ្លូវ Year of the Ox

ត្រីស័ក 3rd (of the 10-year cycle)

ពញ្ញាជ័យ title

ដំរុង Damrong (pers. n.)

ចាត់សំបុត្រ to send a message or letter

បំរើសេះ messenger, circuit rider

ការណ៍ event, happening; affair; eventuality

ហ្វឹកហ្វឺន /wək-wəɨn/ to train, drill

បំរុងការណ៍ to be prepared for any eventuality

ស្ពានទ័ញ្ញក name of a bridge

ចម្រូង a spike, sharpened stake

រាយ distributed (here: planted)

រុញរា to dilly-dally, to delay

ឥតមានរុញរា without delay, immediately

បន្ទាយឆរាក a fortress with extended wings or parapets

ផ្ទប់ from both sides

រា to back up

រាថយ to back up, to retreat

ពាម (=ពាមកំពត) Kompot

ពិការ wounded

ឡោម to surround

ឡោមរោម to surround

សន្ធាប់ to shout loudly and menacingly (in order to cause panic or to intimidate)

ឥតសំចៃ vigorously

ធុង barrel, cask

រំសេវ gunpowder

រន្ធើល to be startled, surprised

ប្រាស to run off, scurry away

ប្រាសយកតែអាយុ to run for one's life

រអារ៉ៃ weary

បានការទើយ to be an opportune moment, to have an advantage

បាក់ទ័ព [with the] forces broken, in disarray

ឈ្លើយ prisoner of war

រាបទាប flat, level (here: levelled)

ព័ទ្ធសីមា to plant a boundary stone (here: border, boundary)

សង្ឃកិច្ច /saŋkhəkəc/ religious ceremony

៥. ពញាសួគ៌ាលោកមឿង (ឃ្លាំងមឿង)

(គ្មានឈ្មោះអ្នកនិពន្ធ)

បុព្វកថា

(តាមឯកសារ)

ឃ្លាំងមឿង លុះបានដឹងថាពញាចន្ទរាជា ស្ដេចត្រឡប់មកដល់បាត់ដំបងហើយ ក៏ដើរបញ្ចុះបញ្ចូលបានស្បគ្របក្សពួកជាច្រើនទៅសម្លាប់ចៅហ្វាយស្រុកខេត្តពោធិ៍សាត់ ដែលជារាជការរបស់ស្ដេចកន ។ រួចហើយក៏នាំទ័ពរបស់គាត់ទៅថ្វាយបង្គំព្រះចន្ទរាជា ។ ព្រះចន្ទរាជាទ្រង់មានព្រះអំណរណាស់ ហើយទ្រង់តាំងគាត់ជា 'ចៅពញាសួគ៌ាលោក' ចៅហ្វាយស្រុកខេត្តពោធិ៍សាត់និងជាមេទ័ព ។ ឯកូនប្រុសគាត់ទាំងបួននាក់ ក៏បានទទួលឋានន្តរសក្តិជាមេទ័ពមុខ ក្រោយ ឆ្វេង ស្តាំ ដែរ ។ តមកមេទ័ពទាំងប្រាំនាក់ក៏ចេញទៅច្បាំងនឹងទ័ពស្ដេចកន ។ លុះដល់ឃើញថាច្បាំងមិនឈ្នះទេ ទើបថយត្រឡប់មកចូលបន្ទាយពោធិ៍សាត់វិញ ។

ក្រោយមក ដោយគាត់មិនដឹងធ្វើដូចម្តេចដើម្បីនឹងបំផ្លាញកងទ័ពរបស់ស្ដេចកនបាន ឃ្លាំងមឿងក៏សម្រេចចិត្តសម្លាប់ខ្លួនឯង ដោយអះអាងថាខ្លួនគាត់នឹងទៅកេណ្ឌកងទ័ពខ្មោចឲ្យមកជួយវាយកំចាត់ កងទ័ពរបស់ស្ដេចកន ។ នៅពេលដែលគាត់ធ្វើអត្តឃាតកម្មនោះ អ្នកមនាងទេវ និងកូនប្រុសរបស់គាត់ពីរនាក់ក៏បានធ្វើអត្តឃាតកម្មដែរ ។

អត្ថបទ

ចៅពញាសួគ៌ាលោកមឿងនិងកូនទាំងបួននាក់ នាំសេនាទាហានទាំងពលថយទ័ពទៅក្រាបបង្គំគាល់ ព្រះចៅពញាចន្ទរាជានៅបន្ទាយពោធិ៍សាត់ ព្រមទាំងក្រាបបង្គំទូលតាមហេតុគ្រប់ប្រការ ។ ចៅពញាចក្រី ឃើញចៅពញាសួគ៌ាលោកបន្ថយទ័ពទៅនោះ មិនហ៊ានដេញតាមទៅទេ ដោយខ្លាចចាញ់កលតាមឿងផង ដោយព្រះអាទិត្យអស្តង្គតរលត់រស្មីហើយផង ។

លុះព្រឹកឡើង ចៅពញាចក្រីបម្រុងនឹងលើកទ័ពតាមចៅពញាសួគ៌ាលោក តែទទួលពេលនោះ សម្តេចចៅហ្វាកែវនាំពល ៥០.០០០នាក់ឆ្លងមកដល់ដែរ ចៅពញាចក្រីក៏បញ្ឈប់ទ័ពរង់ចាំចៅហ្វាកែវ ដែលនឹងចាត់ទ័ពជាថ្មីវិញ ។

វេលានោះចៅហ្វាកែវ បានចាត់ទ័ពជា ៥ កងដូចតទៅនេះ៖

១. ឲ្យចៅពញាចក្រីកែវឃុំពល ៣០.០០០នាក់ ជាមេទ័ពមុខ (ទ័ពស្រួច) ។

២. ឲ្យចៅពញារាជាមេត្រីទិព្វ ចៅហ្វាយស្រុកខែត្រភ្នំពេញ ឃុំពល ២០.០០០ នាក់ជាមេកងទ័ព ប៉ែកឆ្វេង ។

៣. ឲ្យចៅពញាស្រែលន្យសេនាឫទ្ធីជ័យ ចៅហ្វាយស្រុកខែត្រលង្វែក ឃុំពល ១៥.០០០

នាក់ ជាទ័ពកណ្ដាល ។

៤. ឱ្យចៅពញាសេនាសង្គ្រាមសួស ចៅហ្វាយស្រុកខែត្រអមរគិរិន្ទបូរឬអគ្រមិន្ទបូរ គឺស្រុកបរិបូណ៌ ឃុំពល ១៦.០០០នាក់ ជាទ័ពក្រោយ ។

៥. ឯខ្លួនសម្ដេចចៅហ្វាកោឯង ឃុំពល ៤០.០០០នាក់ ជាមេទ័ពធំ ។

សម្ដេចចៅហ្វាកោ លើកទ័ពដេញតាមទ័ពចៅពញាសួគ៌ាលោកមឿង ដែលថយទ័ពមកក្រាបបង្គំទូលចៅពញាចន្ទរាជានោះ ។ គ្រាដែលចៅហ្វាកោលើកទ័ពដេញតាមមកនោះ កងទ័ពចៅពញាសួគ៌ាលោកមឿង បានចូលទៅក្នុងបន្ទាយអស់ទៅហើយ ។

សម្ដេចចៅពញាចន្ទរាជា កាលទ្រង់បានជ្រាបថា : កងទ័ពខាងគេលើកមកច្រើនណាស់ដូច្នេះហើយ ទ្រង់ក៏ត្រាស់ឱ្យកេណ្ឌពលបាន ២០.០០០នាក់ ឱ្យឡើងការពារបន្ទាយ ។ លុះកងទ័ពខាងចៅហ្វាកោ មកចោមវាយបន្ទាយ ទ្រង់ក៏ឱ្យទ័ពក្នុងបន្ទាយបាញ់ព្រួញ ចោលដុំថ្មទៅ ត្រូវកងទ័ពសម្ដេចចៅហ្វាកោស្លាប់អស់ជាច្រើន ។ ចៅហ្វាកោខំដេញពលឱ្យពានកំផែងបន្ទាយ ណែនណាន់តាន់តាប់ ដូចស្រមោចរោមស្កុរ តែវាយមិនបាន ។ កាលដឹងថាវាយយកបន្ទាយសម្ដេចចៅពញាចន្ទរាជាពុំបាន ក៏ឱ្យចៅហ្វាកោបោះទ័ពព័ទ្ធចោមបន្ទាយនោះឱ្យជាប់ ដើម្បីទប់ទ័ពខាងក្នុងមិនឱ្យចេញរួចផង ឱ្យអត់បាយបរិភោគដរាបត្រូវស្លាប់ឬត្រូវដាច់ពោះគ្រប់ ៗ គ្នាផង ។

សម្ដេចចៅហ្វាកោ ចៅហ្វាបក្រីកែវ ឱ្យពលចោមបន្ទាយរហូតដល់ ១២ខែ ។ កងទ័ពខាងសម្ដេចចៅពញាចន្ទរាជាចេញពីបន្ទាយពុំរួចមែន ស្បៀងអាហារក្នុងបន្ទាយក៏ចេះតែហោចទៅ ៗ គួរឱ្យបារម្ភណាស់ ដោយបន្ទាយនោះមិនទាន់មានការប្រុងប្រៀបមាំមួន ប៉ុន្តែដោយតេជះព្រះបារមីរបស់ព្រះអង្គ ដែលបានសាងមកពីអតីតកាល បណ្ដាលឱ្យកងជញ្ជូនស្បៀងខាងសម្ដេចចៅហ្វាកោ បញ្ជូនទៅពុំទាន់ ។ ដូច្នេះសម្ដេចចៅហ្វាកោក៏ឱ្យថយកងទ័ព មកតាំងបន្ទាយឆ្ងាយពីបន្ទាយព្រះចន្ទរាជា ចម្ងាយ ៣សិនឱ្យទ័ពព័ទ្ធជុំវិញទៀត ។ ការណ៍ដែលចៅហ្វាកោឱ្យថយទ័ពនេះ ប្រយោជន៍ឱ្យកងទ័ពផ្លាស់ប្ដូរគ្នា ចេញទៅរកស្បៀងអាហារក្នុងភូមិជិតខាង ។

សម្ដេចចៅពញាចន្ទរាជា កាលទតឃើញថាកងទ័ពសត្រូវថយឃ្លាតពីបន្ទាយព្រះអង្គហើយ ព្រះអង្គក៏ទ្រង់ត្រាស់ប្រឹក្សានឹងនាយកង នាយទ័ពថា : 'ទ័ពសត្រូវនំលៀកចេញពីបន្ទាយយើងបន្តិចហើយ ការណ៍នេះល្អប្រពៃហើយ ជាឱកាសឱ្យយើងគិតដោះដៃចេញពីសត្រូវបានដោយស្រួល ចុះយើងនឹងគិតធ្វើយ៉ាងណា ដើម្បីឱ្យចេញរួចពីចំណោមនេះ?' ។ ចៅពញាសួគ៌ាលោកមឿងក្រាបទូលថា : 'បើយើងនឹងគិតវាយទំលាយចេញនោះក៏ចេញមិនរួចដែរ ពីព្រោះពលយើងមានតែ ២០.០០០នាក់ ឯពលខាងគេ មានដល់ទៅជាង ១០០.០០០នាក់ បើយើង

ចេញរួចទៅ ទ័ពទាំងសងខាងក៏គង់ស្លាប់ច្រើនជាមិនខាន បើយើងរឹងតែនៅក្នុងបន្ទាយនេះ មិនចេញទទួលច្បាំងសោះក៏មិនបានដែរ ពីព្រោះបន្ទាយរបស់យើងទើបនឹងសាងថ្មី ឯស្បៀងអាហារក៏ពុំទាន់មានបរិបូរណ៍ ដល់យូរទៅក្រែងលំបាកក្នុងការខ្វះខាតគ្រប់យ៉ាង ទូលព្រះបង្គំជាខ្ញុំគិតយកគំនិតមួយមកសូមទទួលអាសា គឺទៅកេណ្ឌកងទ័ពបីសាចឱ្យមកចោមវាយទ័ពចៅហ្វាកៅ បើទ្រង់ព្រះរាជានុញ្ញាត ទូលព្រះបង្គំយល់ឃើញច្បាស់ថា មុខជានឹងឈ្នះសត្រូវងាយងាយ បើទ្រង់ព្រះករុណាពិសេសយល់ព្រមផងនោះ សូមឱ្យជីករណ្ដៅកណ្ដាលបន្ទាយនេះឱ្យបានជាប្រញាប់ ដើម្បីទូលព្រះបង្គំនឹងបានគិតការថ្វាយឱ្យទាន់ពេលវេលា' ។

សម្ដេចចៅពញ្ញាចន្ទរាជា កាលទ្រង់ព្រះសណ្ដាប់ចៅពញ្ញាសួគ៌ាលោកទូលសុំយ៉ាងនេះ ទ្រង់ពុំជឿសោះទេ ទើបទ្រង់គ្រវីព្រះសិរសាហើយត្រាស់ថា : 'ពីបុរាណរៀងមក យើងពុំដែលឮថា មានឈ្មោះណាទៅកេណ្ឌយកខ្មោចបិសាច មកជួយច្បាំងមនុស្សដល់ម្ដងឡើយ ល្ហើយ អ្នកចៅពញ្ញា លែងគិតគំនិតបែបនេះទៅចុះ ព្រោះជាគំនិតមិនដែលមានអ្នកណាគិតមកពីមុនផង នឹងជាកិច្ចការមួយដែលខ្ញុំមិនជឿថាមានប្រសិទ្ធភាពទាល់តែសោះផង' ។

ចៅពញ្ញាសួគ៌ាលោកមឿងក្រាបទូលថា : 'បើទ្រង់មិនសព្វព្រះហឫទ័យឱ្យគិតធ្វើតាមចំណេះនឹងតាមមន្តវិជ្ជាការទូលព្រះបង្គំទេ នោះទូលព្រះបង្គំនឹងអារកឱ្យស្លាប់នៅទីនេះក្នុងឥឡូវនេះហើយ ព្រោះបើនឹងរស់នៅតទៅ ក៏មិនបានជួយយកអាសាដែនដីថ្វាយព្រះអង្គដល់ក្រមិតដែរ' ។

ថាហើយ ចៅពញ្ញាសួគ៌ាលោកមឿងក៏ហូតដាវនឹងអារក តាមពាក្យដែលខ្លួនបានក្រាបទូល ។ ខណៈនោះ សម្ដេចចៅពញ្ញាចន្ទរាជាទ្រង់ក្រឡេកព្រះនេត្រាឃើញទាន់ ក៏ទ្រង់ស្ទុះទៅចាប់ដាវនោះចេញពីដៃ ហើយទ្រង់ត្រាស់ថា : 'កុំ ! កុំ ចៅពញ្ញា កុំសម្លាប់ខ្លួន ខ្ញុំស្ដាយលោកណាស់ ខ្ញុំព្រមតាមចៅពញ្ញាហើយ ដូច្នេះបើចៅពញ្ញាគិតឃើញដូចម្ដេចស្រួល សូមចៅពញ្ញាធ្វើតាមគំនិតនោះចុះ' ។

ចៅពញ្ញាសួគ៌ាលោកឮហើយ មានអំណរណាស់ ទើបថ្វាយបង្គំលាចេញមកក្រៅដំណាក់ ហើយក៏ចាត់កូនទាហានឱ្យជីករណ្ដៅធំមួយ ជម្រៅ ៨ហត្ថ ៤ ជ្រុង ឱ្យធ្វើរានទេវតា ៧ ថ្នាក់ ដាក់បាយសី ទឹកអប់នឹងគ្រឿងបូជា ហើយឱ្យធ្វើរាជវតិព័ទ្ធជុំវិញ ។ លុះពួកពលធ្វើតាមបង្គាប់សព្វគ្រប់ហើយ ចៅពញ្ញាសួគ៌ាលោកមឿងក៏ស្លៀកសពាក់ស ហើយឱ្យរៀបភ្លើងចាំប្រគំទាំង ៨ទិស ។

ខណៈនោះ ពញ្ញាមឿងកាលឱ្យពលជីករណ្ដៅជម្រៅ ៨ហត្ថ ៤ជ្រុងហើយ ក៏ថ្វាយបង្គំលាសម្ដេចចៅពញ្ញាចន្ទរាជា ទៅកេណ្ឌបីសាចឱ្យជួយធ្វើសង្គ្រាម ។ មុននឹងទៅកេណ្ឌបិសាចនោះ ពញ្ញាមឿងបានផ្ដាំនឹងពញ្ញាចន្ទជាសំឡាញ់ ដែលជាជំទប់មឿងភ្នំក្រវាញថា 'ឱ្យសម្លាញ់ឯង

នៅជាមេស្នើងជំនួសអញ ដើម្បីនិយាយតពីព្រះមហាក្សត្រមកអញ កុំបីឲ្យព្រះអង្គនិយាយផ្ទាល់នឹងអញឡើយ មួយទៀត បើដល់ថ្ងៃស្អែកពេញបូណ៌មីខែពិសាខ វេលាយប់ បើឯងឮសូរសន្ធឹកខ្ទរខ្ទារមេឃ ក្នុងដីហើយ ឲ្យឯងក្រាបបង្គំទូលព្រះបរមបពិត្រ សូមឲ្យទ័ពទៅចោមបន្ទាយសត្រូវជាប្រញាប់ចុះ' ។

ឯអ្នកមេនាងខៀវ កាលឮថាពញាមឿងសម្លាប់ខ្លួនទៅកេណ្ឌទ័ពបិសាចហើយ ក៏មានចិត្តឈឺឆ្អាលជួយផែនដីដែរ ។ កាលឃើញពញាមឿងចូលក្នុងរោងរាជវតិ តាំងពិធីបួងសួងទេវតាដូច្នោះ អ្នកមេនាងក៏ថ្វាយបង្គំលាសម្តេចចៅពញាចន្ទរាជា ចូលទៅក្នុងទីព្រះរាជពិធីដែរ ។ លុះបួងសួងទេវតាស្រេចហើយ អ្នកមេនាងខៀវនឹងពញាសួគ៌ាលោកមឿងក៏លោតទាំងពីរនាក់ទៅក្នុងរណ្តៅ ។ ព្រះបរមបពិត្រនឹងបណ្តាខ្ញុំ ក្រុមរាជការជួយឃាត់ផងក៏ពុំស្ដាប់ ។ ក្នុងគ្រានោះ កូនពញាមឿង ៤នាក់ ដែលព្រះបរមបពិត្រស្ដេចបានតាំងជាមន្ត្រីទាំង ៤នាក់រួចហើយនោះគឺ

១. ឈ្មោះកែវ ទ្រង់បានតាំងជា 'ចៅពញាវង្សាអគ្គរាជ'

២. ឈ្មោះកែ ទ្រង់បានតាំងជា 'ចៅពញាបវរទេសរាជ'

៣. ឈ្មោះទេព ទ្រង់បានតាំងជា 'ចៅពញាវិបុលរាជ'

៤. ឈ្មោះសុខ ទ្រង់បានតាំងជា 'ពញារាជតេជះ' ។

កូនទាំង ៤នាក់នោះ កាលឃើញបិតាលោតសម្លាប់ខ្លួនទៅកេណ្ឌបិសាចដូច្នោះ ក៏និយាយគិតគ្នាថា : 'បិតាយើងទៅតែម្នាក់ឯង គ្មានគេទៅជួយបម្រើជួយគិតកេណ្ឌបិសាចផងសោះ បើយ៉ាងនេះក្រែងឪពុកយើងធ្វើការនេះពុំទាន់ការ ដូច្នេះត្រូវយើងទៅកេណ្ឌទ័ពខ្មោច ជាមួយនឹងគាត់' ។ ថាតែប៉ុណ្ណោះកូនទាំង ៤នាក់នោះ ក៏ស្ទុះលោតទៅតាមបិតាទាំងអស់គ្នា ។ តែខណៈនោះ ខ្ញុំរាជការចាប់មិនឲ្យលោតតាម ដើម្បីឃាត់ឲ្យនៅធ្វើរាជការបានពីរនាក់មកវិញគឺ ចៅពញាវិបុលរាជទេព ១ ចៅពញារាជតេជះសុខ ១ ។ ឯចៅពញាវង្សាអគ្គរាជកែវនឹងចៅពញាបវរទេសរាជកែ (ឬអង់) ជាកូនទី ១ ទី ២ នោះ ខ្ញុំរាជការចាប់ឃាត់ពុំទាន់ ក៏លោតចុះទៅក្នុងរណ្តៅស្លាប់ជាមួយបិតាទៅ ។ អ្នកមេនាងខៀវក៏លោតសម្លាប់ខ្លួនទៅក្នុងរណ្តៅ រួមជា ៤នាក់ ។ (ខ្មោចទាំង ៤នាក់នោះបានកើតឡើងជាដំបូកឃ្លាំងមឿង ដល់សព្វថ្ងៃនេះ) ។

លុះដល់ព្រះចន្ទចរត្រង់ ក្នុងថ្ងៃពេញបូណ៌មីខែពិសាខនោះ ក៏ស្រាប់តែឮសូរសន្ធឹកខ្ទរខ្ទារមហិមានៅពីលើមេឃនឹងនៅក្នុងដី នាំឲ្យភិតភ័យតក្កមាទ្រែកលែង ហាក់បីដូចជាកក្រើកក្រឡាមហាប្រថពី ។ ខណៈនោះ ពញាចន្ទមេស្នើងយកសេចក្តីក្រាបបង្គំទូលសម្តេចចៅពញាចន្ទរាជាតាមបណ្តាំចៅពញាសួគ៌ាលោកមឿង ដែលបានផ្តាំនោះ ។ សម្តេចចៅពញាចន្ទរាជា

ក៏លើកទ័ពចេញទៅចោមបន្ទាយសត្រូវ ។ ឯកងទ័ពសត្រូវបានឮសូរសន្ធឹកខ្ទរខ្ទារ លើកមកក្នុងដី លើមេឃ សន្ធឹកដូចជារន្ទះដូចផ្គារ ក៏ភិតភ័យញ័ររជើងញ័ររដៃ ជនខ្លះតក់ស្លុត រត់ចោលបន្ទាយ ចោលសស្ត្រាវុធ រត់គេចវេះខ្លួនឱ្យរួចជីវិតតែសព្វខ្លួន ។ សម្តេចចៅពញាចន្ទរាជា ព្រះអង្គ លើកពលយោធាចូលក្នុងបន្ទាយអាសត្រូវ ហើយទ្រង់ចាត់កងទ័ពឱ្យដេញតាមទ័ពអាសត្រូវទៅ ។ ព្រះអង្គបានគ្រឿងសស្ត្រាវុធ ស្បៀងអាហារ សេះ ដំរីជាច្រើនដែលនៅក្នុងបន្ទាយនោះ ទាំងប៉ុន្មាន ។

(ឯកសារមហាបុរសខ្មែរ , ទំព័រ ១៨៦ - ១៩១)

ពញាសួគ៌ាលោកទម្រីង

Introductory Note

ស្មគ្របក្សពួក supporter, partisan

ស្តេចកន a usurper (King of Cambodia 1512-1525)

តាំង to appoint

មេទ័ពធំ commander of the main army

ឋានន្តរសក្តិ /thaanantəraqsaq/ rank, position

មេទ័ពមុខ commander of the vanguard

មេទ័ពក្រោយ commander of the rear guard

មេទ័ពឆ្វេង commander of the left flank

មេទ័ពស្តាំ commander of the right flank

អត្តឃាតកម្ម /qattaqkhiətəkam/ suicide (Lit)

អ្នកមនាង (=អ្នកម្នាង) concubine or unofficial wife

Text

តាមហេតុគ្រប់ប្រការ concerning all the events, about the whole situation

សម្តេចចៅហ្វា title indicating a high-ranking prince (here: conferred)

កៅ Kau (uncle of Sdac Kân)

ចាត់ to organize

កែវ (personal name)

ឃុំពល to raise and command forces

ទ័ពស្រួច vanguard, front-line forces

ចៅពញារាជាមេត្រី (title)

ទិព Tip (pers. n.)

ខែត្រភ្នំពេញ name of a former province

ចៅពញាស្រែនួរសេនាឫទ្ធី (title)

ជ័យ Chey (pers. n.)

ខែត្រលង្វែក name of a former province

ចៅពញាសេនាសង្គ្រាម (military title)

អមរគិរីន្ទបូរ (= អម្រិន្ទបូរ = បរិបូណ៌) name of a former province

ពាន to storm, go over

ណែនណាន់តាន់តាប់ crowded, in great crowds, packed together

ដូចស្រមោចរោមស្ករ all over the place (lit: like ants surrounding sugar)

បោះ (ទ័ព) to encamp, pitch camp

ព័ទ្ធ /poət/ to surround

ដាច់ពោះ to starve

ចេះតែហោចទៅ ៗ /ceh-tae haoc tɨw, haoc tɨw/ increasingly scarce

ឫទ្ធី power, virtue, chastity

សិន = ២០ព្យាម (ព្យាម = distance across out-stretched arms)

ប្រយោជន៍នឹង for the purpose of

ព្រឹក្សា (= ប្រឹក្សា) to advise, consult

រំលៀក to move out

ចំណោម encirclement

ទំលាយ to pierce, penetrate, traverse, push through

ចេញរួច to be able to get out

រឹងរឹត to insist on

ទទួលច្បាំង to accept the challenge (to fight)

ការខ្វះខាត lack, shortage

អាសា (= រក្សា)

រាជានុញ្ញាត to give royal permission; royal permission

ព្រះករុណាពិសេស the King

គ្រវី to shake

សិរសា /seirəsaa/ head (Roy)

បិសាច (=បីសាច) /bəysaac/ ghost, spirit

ប្រសិទ្ធិភាព /prɑsətthəphiəp/ effectiveness

មានប្រសិទ្ធិភាព effective

សព្វព្រះហឫទ័យ = សព្វព្រះរាជហឫទ័យ happy, pleased, satisfied (Roy)

មន្តវិជ្ជាការ magic formula

អារ to cut, to slash, to saw

ដល់កម្រិត to the utmost, extremely

ហូត to draw out, extract (as a sword from a sheath, a paper from among others)

ព្រះនេត្រា eye (Roy)

ដំណាក់ residence (Roy)

ហត្ថ /hat/ cubit (distance from elbow to fingertips)

បួនជ្រុង square

រានទេវតា an altar

ប្រគំ to play (orchestra)

ពញាចន្ទ a friend and deputy of /kleǎŋ mɨəŋ/

ជំទប់ assistant, deputy to the /mee-khum/

ស្មឹង hermit

មេស្មឹង spiritual medium

ភ្នំក្រវាញ Cardamom Mountains (here: probably a region in Pursat Province)

និយាយតពីព្រះមហាក្សត្រមកអញ act as a medium between the king and me

កុំបីនឹង so as not to have...

ខ្ទរខ្ទារ vibrant, resonant

ព្រះបរមបពិត្រ /preǎh-bɑrommәbɑɑpɨt/ (title for the king)

ខៀវ (pers. n.)

តាំងពិធី to perform a ceremony

បណ្ដាជាខ្ញុំ entourage (lit: servants, slaves)

កែវ Kev (one of the four sons of /kleǎŋ mɨəŋ/)

ចៅពញាវង្សាអគ្គរាជ (title)

កែ = អង one of the four sons of /kleǎŋ mɨəŋ/

ចៅពញាបវរទេសរាជ /caw-pəñiə-bɑɑrətehsəriəc/ (title)

ទេព one of the four sons of /kleǎŋ mɨəŋ/

ចៅពញាវិបុលរាជ (title)

សុខ one of the four sons of /kleǎŋ mɨəŋ/

ចៅពញារាជដេជះ: /caw-pəñiə-riəccədae ceǎh/ (title)

ពុំទាន់ការ not be able to do [it] in time

អង (= កែ) one of the four sons of /kleǎŋ mɨəŋ/

ចរ (= ដើរ) to go, walk (Lit)

ព្រះចន្ទចរត្រង់ the moon is directly overhead
ពេញបូរមី full moon

មហិមា /məheqmiə/ extremely

ក្រឡា surface (of earth); court, yard
រន្ទះ lightning

សស្ត្រាវុធ /sattraawut/ weapon

៦. ព្រះចន្ទរាជា

(គ្មានឈ្មោះអ្នកនិពន្ធ)

បុព្វកថា

(តាមឯកសារ)

ព្រះចន្ទរាជា លុះឮដំណឹងថា ស្តេចកនធ្វើគត់ស្រីសុគន្ធបទ ជាព្រះជេដ្ឋាហើយ ទ្រង់ក៏រកឧបាយកលរត់ចេញពីស្រុកសៀម ។ នៅឆ្នាំ ១៥១៦ ព្រះអង្គទ្រង់បោកស្តេចស្រុកសៀមបានពលសៀម ៥.០០០នាក់ រត់ចូលមកស្រុកខ្មែរ ដោយកុហកស្តេចសៀមថា ទៅទាក់ដំរីមកថ្វាយ ។ លុះមកដល់ស្រុកខ្មែរកាលណា ស្តេចក៏ចាប់ធ្វើសង្គ្រាមនឹងស្តេចកន ។ នៅឆ្នាំ ១៥២៥ ព្រះអង្គមានជ័យជំនះលើស្តេចកន ស្រុកខ្មែរបានសុខសាន្តត្រាណ ។ ព្រះអង្គក៏ឡើងសោយរាជ្យជាមហាក្សត្រពេញបរិបូណ៌លក្ខណៈតរៀងទៅ ។

សេចក្តីស្រង់មកនេះថ្លែងអំពីស្តេចសៀម ក្រោយដែលព្រះចន្ទរាជាទ្រង់បានឡើងសោយរាជ្យហើយ ក៏ធ្វើចុតហ្មាយបង្គាប់ឱ្យព្រះចន្ទរាជាយកសួយសារអាករទៅថ្វាយ ។ ព្រះចន្ទរាជាមិនព្រមធ្វើតាមបង្គាប់ ស្តេចសៀមក៏លើកទ័ពចូលមកស្រុកខ្មែរ ។

នៅក្នុងសង្គ្រាមជាក្រោយមក ទ័ពខ្មែរមានជ័យជំនះលើទ័ពសៀម ។ ព្រះចន្ទរាជាសោយរាជ្យជាសុខសាន្តរហូតដល់ទិវង្គត់ (១៥៦៦) ។

អត្ថបទ

ផែនដី ព្រះបរមខត្តិយាមហាចន្ទរាជា

នេះនឹងនិយាយអំពីក្រុងទេពបូរីស្រីអយុធ្យា ប្រទេសសៀមវិញ ។ សម្តេចព្រះចៅចក្រពត្រាធិរាជ សម័យថ្ងៃមួយនោះ ចេញគង់ចុងព្រះរោងរម ជួបជុំអគ្គមហាសេនា សេនាធិបតី មន្ត្រីតូចធំ ខ្ញុំរាជការ ក្រាបបង្គំគាល់តាមតំណែង ទើបព្រះអង្គទ្រង់មានព្រះរាជឱង្ការត្រាស់ប្រឹក្សាថា ៖ ចៅពញាចន្ទរាជាបានត្រឡប់ទៅក្រុងកម្ពុជា ប្រាបសឹកសង្គ្រាមបានជាធំនោះ ព្រោះដោយអំណាចរេហ៍ពល ស្បៀងអាហារ គ្រឿងសស្ត្រាវុធ ដំរីសេះរបស់យើងឱ្យទៅ ។ ឥឡូវបានសម្រេចហើយ តែពុំឃើញឱ្យនាំសួយសារមកថ្វាយយើងនៅឡើយ ។ ដូច្នេះ យើងគួរលើកទ័ពទៅប្រាបប្រាម ឬធ្វើដោយប្រការដូចម្តេច ។ ទើបអគ្គមហាសេនា សេនាបតី មន្ត្រីតូចធំ ខ្ញុំរាជការ ទទួលព្រះរាជបរិហារប្រឹក្សាយល់ព្រម ក្រាបបង្គំទូលថា ៖ កាលចៅពញាចន្ទរាជាទទួលព្រះរាជឱង្ការទៅទាក់ដំរីល ហើយមានពុតត្បុតរត់ទៅស្រុកនោះ យើងបានឱ្យបម្រើទៅតាមយកខ្លួនមកនោះ ពញាចន្ទរាជាបានសញ្ញាថា បើខ្លួនបានសម្រេចព្រះនគរកាលណា នឹងនាំសួយសារមកក្រាបទូលថ្វាយ ។ ឥឡូវនេះ ពញា

ចន្ទបានសម្រេចហើយ តែកន្តើយព្រងើយទៅនេះ គួរតែយើងលើកយោធាទាហានទៅប្រាបប្រាមឲ្យដឹងថ្វីដៃ ។ តែថាធ្វើដូច្នេះ ដូចជាទាស់នឹងច្បាប់ទំនៀមទៅហើយ ព្រោះដែនដីក្រុងកម្ពុជានេះ ពីដើមជាឯករាជ្យដែរ តែក្រោយមកបានពឹងបារមីដែនដីក្រុងទេពនេះជាច្រើនដង មានទាំងខ្លួនពញាអុង សុវណ្ណខៈលោក នៅជាតួយ៉ាងសព្វថ្ងៃនេះស្រាប់ ។ ដូច្នេះ ទូលព្រះបង្គំយល់ថា គួរតែមានព្រះរាជសារឲ្យទៅរំលឹកម្តងសិន បើកាលណាឃើញថា ចៅពញាចន្ទរឹងទទឹង សឹមយើងលើកទៅធ្វើទោសឲ្យបានសម្រេច ។

ព្រះចៅចក្រពត្រាធិរាជទ្រង់ព្រះសណ្តាប់អស់មន្ត្រីទៅ ទ្រង់យល់ផ្លូវត្រូវសេចក្តីហើយ ទើបទ្រង់ត្រាស់ឲ្យតែងព្រះរាជសារ ចាត់ឲ្យចៅពញាមហាទេព មហាមន្ត្រី និងព្រះរាជវរានុកូល ជារាជទូត ឧបទូត ត្រីទូត អញ្ជើញព្រះរាជសារនោះមកដល់ក្រុងកម្ពុជាធិបតី ។ ទូតទាំង ៣នាក់មកដល់ក្រៅបន្ទាយនគរ ក៏ឲ្យបម្រើទៅប្តឹងសេនាបតី តាមដើងសារដែលចៅហ្វាយស្រុកពោធិសាត់បញ្ជូនមកនោះគ្រប់ប្រការ ។

ក្នុងខណៈនោះ សម្តេចចៅហ្វាទឡ្ហៈ និងសេនាបតីទាំង ៤សម្រាប់ នាំយកសេចក្តីក្រាបបង្គំទូលព្រះបាទបរមនាថបរមបពិត្រ ជាអម្ចាស់ជីវិតលើត្បូង ទ្រង់ជ្រាបសព្វគ្រប់ហើយ ព្រះបរមនាថបរមបពិត្រ ស្តេចត្រាស់ថា : ជាតិអាសៀមនេះ ចិត្តវាលាមកអាក្រក់ពន់ប្រមាណណាស់ បានជាកាលដែនដីប្រថមក្សត្រខត្តិយាវង្សគ្រងរាជ្យ ក្នុងមហានគរនោះនៅឯមកទ្រង់ឲ្យសាងប្រាសាទរាជដំណាក់ជាន់ក្រៅ ចាំទទួលព្រះរាជទូតគ្រប់ប្រទេស ច្រើនតំបន់នោះផងឡូវ សៀមវាឲ្យរាជទូតវាអញ្ជើញព្រះរាជសារវាមកនេះ ត្រូវយើងឲ្យធ្វើព្រះទេវាងព្រះពន្លា ទទួលព្រះរាជសារនោះក្រៅកំផែងព្រះនគរដែរ ។ អគ្គមហាសេនា សេនាបតី ទទួលព្រះរាជឱង្ការហើយ ចាត់មន្ត្រីក្រុមមេការ ឲ្យកេណ្ឌរាស្ត្រធ្វើព្រះទេវាង ព្រះពន្លា រាយទ័ពទាហានឲ្យចាំរក្សាច្រើនសង្កាត់ កំណត់តែ ៣ថ្ងៃ ៣យប់ ក៏រួចដូចព្រះរាជបញ្ជាការ ទើបក្រុមមេការក៏យកសេចក្តីចូលទៅប្តឹងសេនាបតី សេនាបតីយកសេចក្តីនាំទៀងក្រាបបង្គំទូល ទ្រង់ជ្រាបគ្រប់ប្រការ ។ សម័យថ្ងៃនោះ ព្រះបរមបពិត្រទ្រង់ព្រះចិន្តាថា : រាជទូតសៀមមកនេះ យើងនឹងចេញទទួលវាឲ្យរួសរាន់ពេក ហាក់ដូចជាយើងកោតខ្លាចវាខ្លាំងណាស់ ទើបទ្រង់ត្រាស់បង្គាប់ល្ងងរាជាមាត្យ មហាមាត្យថា : ឲ្យទៅប្រាប់រាជទូតសៀមថា ឲ្យវារង់ចាំ ១៥ថ្ងៃទៀត ព្រះករុណានឹងចេញទទួល ។ តែស្តេចបានអាយ័តរាជាមាត្យ មហាមាត្យថា : ឲ្យចាត់ស្បៀងអាហារនាំយកទៅឲ្យវាឲ្យបរិបូណ៌ ។ ព្រះរាជបម្រើទាំងពីរក៏ថ្វាយបង្គំលា ចេញទៅធ្វើតាមព្រះរាជបញ្ជាគ្រប់ប្រការ ។

ក្រោយនោះ ១៥ថ្ងៃ ព្រះបាទបរមនាថបរមបពិត្រ ជាអម្ចាស់ជីវិតលើត្បូង ស្តេចទ្រង់គ្រឿងអលង្ការ មហាឧត្តម ព្រមទាំងព្រះបរមវង្សានុវង្ស និងអគ្គមហាសេនា សេ

នាបតី មន្ត្រីតូចធំ ខ្ញុំរាជការ ចាំដង្ហែស្ដេចព្រះរាជដំណើរទៅប្រថាប់នៅព្រះពន្លាភាក់ ។ លង់លុះព្រឹកព្រាងហើយ ព្រះបរមបពិត្រ ជាអម្ចាស់ជីវិតលើត្បូង ព្រះអង្គចេញទៅគង់លើព្រះរាជយានុកាមាត្យមាល ទិភាលឧត្តម ព្រះបរមវង្សា សេនាបតី មន្ត្រីតូចធំ ខ្ញុំព្រះរាជការ ហែស្ដេចចេញប្រថាប់ លើព្រះពន្លាភាក់ខាងជើងបន្ទាយព្រះនគរ ១០សិនព្លួយ ។ រាជទូតសៀមទាំង ៣ក៏ក្រាបថ្វាយបង្គំ ថ្វាយព្រះរាជសារ ។ ព្រះបរមនាថបរមបពិត្រ ទ្រង់ត្រាស់ឲ្យលាមប្រែសេចក្ដី ។

អាលក្សប្រែថ្វាយថា :

'ព្រះរាជសារ សុន្ទរបវរសេដ្ឋា មហាវិមល ពលាការ សម្ដេចព្រះចៅចក្រពត្រាធិរាជ ព្រះចៅក្រុងមហានគរ បវរធារាវតី ស្រីអយុធ្យា មហារដ្ឋរាជធានីបុរីរម្យ ឧត្តមមហាឋាន ជាសម្ដេចព្រះបិតុលាធិរាជ ។

ចម្រើនផ្លូវព្រះរាជមេត្រីមក សម្ដេចព្រះបរមរាជា រាមាធិបតី ព្រះចៅក្រុងកម្ពុជា ជាសម្ដេចព្រះភាគិនេយ្យា

បានទ្រង់ជ្រាប ,

ដ្បិតក្រុងកម្ពុជានេះ កាលពីដើម តាំងពីផែនដីព្រះលំពង់រាជា ព្រះបាទសម្ដេចព្រះស្រីសុរិយោវង្សនោះ សៀមបានវាយបែកមហានគរ ពីរបីដង ហើយបានយកមហានគរនេះជាចំណុះទៀត ។ ក្រោយមកទៀត ក្នុងផែនដីព្រះបាទសម្ដេចព្រះធម្មរាជា ព្រះធម្មរាជាក៏មានព្រះរាជសារទៅដល់យើងឲ្យសង្គ្រោះព្រះអង្គផង ។ យើងក៏បានជួយ បានយកទាំងសម្ដេចព្រះស្រីរាជា ព្រះសុរិយោទ័យទៅទុកក្នុងក្រុងយើង ហើយរាជសម្បត្តិខ្មែរ ក៏យើងឲ្យស្រេចជារបស់សម្ដេចព្រះធម្មរាជា ជាព្រះបិតារបស់សម្ដេចព្រះក្ឫយ ។ ចំពោះព្រះក្ឫយទៀត កាលភិតភ័យក្នុងគ្រាអាព្រះស្ដេចកនវាយបែកព្រះនគរនោះ សម្ដេចព្រះក្ឫយក៏បានរត់ចូលទៅពឹងបុណ្យបារមីក្រុងទេពបុរី ស្រីអយុធ្យាដែរ ក្រុងទេពបូរីក៏ចាត់ពលថ្មើរជើង នឹងពលសេះដំរីឲ្យជូនសម្ដេចព្រះក្ឫយត្រឡប់មកក្រុងកម្ពុជា ហើយព្រះក្ឫយបានសន្មតនឹងម៉ឺនពេជ្រពិចិត្តថា : តែព្រះក្ឫយបានសម្រេចព្រះនគរកាលណា ព្រះក្ឫយនឹងនាំសួយទៅថ្វាយយើង ជាព្រះបិតុលា ។ ឥឡូវព្រះក្ឫយសម្រេចព្រះនគរហើយ ម្ដេចឡើយក៏ពុំឃើញនាំសួយសារ ផ្កាមាសទៅថ្វាយយើងតាមទំនៀម ដូច្នេះឲ្យព្រះក្ឫយចាត់ឲ្យនាំសួយសារ ផ្កាមាស ប្រាក់ ទៅថ្វាយយើងជាព្រះបិតុលាឲ្យត្រឹមត្រូវតាមទំនៀម' ។

ព្រះបរមនាថបរមខត្តិយាមហាចន្ទរាជាធិរាជ ជាអម្ចាស់ជីវិតលើត្បូង ទ្រង់ជ្រាបសេចក្ដីក្នុងព្រះរាជសារហើយ ទ្រង់ព្រះពិរោធណាស់ តែទ្រង់ខំសង្កត់អត់ទុកក្នុងព្រះរាជហឫទ័យ ហើយក្លែងធ្វើជាទ្រង់ព្រះសម្រួលក្អាកក្អាយ ទើបទ្រង់ត្រាស់ថា : ក្រុងកម្ពុជាធិបតីមហាឥន្ទបត្តបុរី

នេះ កាលដើមឡើយ ជានាយកលើនគរនានាទាំងអស់ ទាំងអាសៀមនេះ ក៏តែងនាំសួយសារមកក្រាបទូលថ្វាយព្រះមហាក្សត្រខ្មែរ ក្នុងមហានគរនេះ ពុំដែលខាតខានមួយរដូវឡើយ ៗ លុះក្រោយមក ដល់ផែនដីព្រះបទុមសុរិយវង្ស ព្រះអង្គមានព្រះនេត្រទិព្វទ្រង់យល់ថា : ពញ្ញារោងនោះ ជាព្រះរៀមផ្ទាល់ព្រះអង្គរួមព្រះមាតាមួយ បែកទៅនៅស្រុកសុខោទ័យ ក៏ទ្រង់តាំងឱ្យជាឯករាជ្យនៅក្នុងស្រុកនោះ ឱ្យសៀមទាំង ៧ស្រុកឡើងស្តាប់បង្គាប់សម្តេចព្រះជេដ្ឋា ៗ ទ្រង់ខ័ណ្ឌព្រំបុរី ត្រឹមនគររាជសីមា ៗ លុះផុតពីព្រះរោងទៅ ស្រុកសៀមក៏នៅឱ្យនាំសុវណ្ណបុប្ផា តម្បារផ្កាមាស មកក្រាបទូលថ្វាយជាចំណុះស្រុកមហានគរតមកទៀត ៗ លុះដល់ស្រុកសៀមកើតសង្គ្រាមនឹងលាវពោះខ្មៅ លាវនោះតាំងឡើងជាព្រះមហាក្សត្រ ហើយបានបង្ក្រាបព្រះរាជត្រកូលពញ្ញារោងបាន ក៏តាំងខ្លួនជាឯករាជ្យ ៗ លុះដល់មកផែនដីសម្តេចព្រះបរមរាជា សៀមឡើងរាជ្យ ជាសម្តេចព្រះរាមាធិបតី សៀមលើកទ័ពមកធ្វើសង្គ្រាមនឹងព្រះបរមរាជា តែពុំបានធ្វើតាមទំនៀមព្រះមហាក្សត្រ គឺឱ្យសំបុត្រចុតហ្មាយមកប្រាប់ជាមុនថា សុំធ្វើសង្គ្រាមទេ ៗ ស្រាប់តែឱ្យលបលើកជាទ័ព មកចោមបំបែកមហានគរ ដោយខ្មែរពុំដឹងខ្លួន ៗ ជ័យជំនះនេះនឹងរាប់ថា មានរិទ្ធិអានុភាពក៏ពុំបាន ៗ កាលយើងទៅនៅស្រុកសៀម ៤ ឆ្នាំនោះទៀត យើងបានសុំឱ្យកងទ័ពមកជួយយើងច្រើនផង ក៏ព្រះចៅចក្រពត្តិពុំឱ្យកងទ័ព នឹងស្បៀងអាហារយើងសោះ ៗ ហេតុតែកុសលផលរបស់ក្រុងកម្ពុជាធិបតីមិនឱ្យប្រទេសយើងទាបថោក ក៏បណ្តាលឱ្យព្រះចៅចក្រពត្តិចាញ់ឧបាយកលយើង ឱ្យយើងទៅទាក់ដំរីស យើងក៏រត់មកច្បាំងបាន ដោយបញ្ញាធិការនឹងតម្រិះប្រាជ្ញា បុណ្យវាសនារបស់យើងទៅ ៗ តើព្រះចៅចក្រពត្តិ មានឱ្យអ្វីជាកម្លាំងមក ក៏បានជាឱ្យមកតាមទារសួយសារដូច្នេះ ឥឡូវនេះបើយើងព្រមថ្វាយ ក៏ជាការឥតប្រយោជន៍ដែរ ៗ ទ្រង់ត្រាស់តែម្ល៉ោះហើយ ក៏ទ្រង់ឱ្យអាលក្សតែងព្រះរាជសារ ប្រគល់ឱ្យព្រះរាជទូតទាំង ៣នាយ នាំត្រឡប់ទៅក្រុងទេពបុរី ស្រីអយុធ្យាវិញ ៗ ព្រះរាជទូតទាំង ៣នាក់ បានឮព្រះបរិហារត្រាស់កណ្តាលជំនុំ ជាសេចក្តីផ្ទុញផ្ទាល់ដូច្នោះ ក៏នឹកក្រេវក្រោធពន់ប្រមាណ តែពុំអាចហ៊ានឆ្លើយទាស់ព្រះរាជឱង្ការ ព្រោះសេចក្តីដែលព្រះអង្គត្រាស់ទាំងប៉ុន្មាននោះ ជាសេចក្តីសុចរិតពិតត្រង់ប្រាកដទាំងអស់ ក៏ថ្វាយបង្គំទទួលព្រះរាជសារ ហើយនាំត្រឡប់ទៅក្រាបទូលថ្វាយព្រះចៅចក្រពត្តិវិញ ៗ

ស្តេចសៀមឱ្យសៀមប្រែព្រះរាជសារទៅ មានសេចក្តីថា :

'ព្រះរាជសុន្ទរបវរ ព្រះបាទសម្តេចព្រះរាជឱង្ការ ព្រះបរមរាមា មហាចន្ទរាជាធិរាជ រាមាធិបតី សិរីយសោធរ បវរវង្សក្សូល កំពូលកម្ពុជា មហាឥន្ទបត្តបុរីរម្យ ឧត្តមកុររដ្ឋ រាជធានី ៗ

ចម្រើនផ្លូវព្រះរាជមេត្រី តបមកសម្តេចព្រះចៅចក្រពត្តិ ព្រះចៅក្រុងទេពបុរីស្រីអយុធ្យា ជាសម្តេចព្រះបិតុលា

បានទ្រង់ជ្រាប,

ដ្បិតយើងជាក្មួយ បានឃើញព្រះរាជសារ មើលឃើញសេចក្តីទាស់ច្រើនប្រការណាស់ ពុំត្រូវតាមប្រវេណីអំពីបុរាណរាជវង្សរៀងមកទេ ។ ឯក្រុងកម្ពុជាធិបតីមហានគរនេះ ជានគរធំឧត្តមប្រសើរណាស់ ក្រុងស្រីអយុធ្យាធ្លាប់តែជាចំណុះចុះចូល ថ្វាយសួយសាររៀងមក ច្រើនផែនដី ។ កាលយើងធ្វើសង្គ្រាមនឹងអាព្រះស្តេចកននោះទៀត ក៏សៀមពុំបានជួយកម្លាំងសឹកអ្វីសោះ នឹងឲ្យនាំសួយសារមកថ្វាយសម្តេចព្រះបិតុលានេះ មិនគួរ ។ យើងបានជំនុំយល់ព្រមនឹងព្រះវង្សានុវង្ស អគ្គអគ្គមហាសេនា សេនាបតី មន្ត្រីតូចធំ ខ្ញុំព្រះរាជការទាំងប៉ុន្មានទៅ យល់ថា សៀមពុំបានមានគុណជួយអ្វីសោះទេ មានតែលបលើកជាទ័ពចោរទៅប្លន់រាស្ត្រយកព្រះនគរ ពុំមានព្រះរាជសារណាត់សង្គ្រាម តាមប្រវេណីក្សត្រ ហើយក៏តែងកៀរគ្រួខ្មែរ ប្រែទុច្ចរិតខ្លាំងណាស់ នឹងជឿស្តាប់យកជាទីពឹងពុំគួរ ' ។

សម្តេចព្រះចៅចក្រពត្រាធិរាជ ទ្រង់ព្រះសណ្តាប់ចប់ទ្រង់ព្រះពិរោធណាស់ ទ្រង់ត្រាស់ថា ៖ ពញាលង្វែកនិយាយតមកយើងក្នុងព្រះរាជសារនេះ ឃើញថាជាសេចក្តីព្រហើនភ្លើនព្រះរាជអាជ្ញាខ្លាំងណាស់ ដូច្នេះមានតែយើងគិតធ្វើសង្គ្រាមនឹងពញាលង្វែក ឲ្យឃើញថ្វីដៃម្តង ។ ខ្មែរធ្លាប់បែកនគរនឹងដៃសៀមពីរបីដងហើយ នៅតែពុំទាន់រាង បើយើងឈ្នះបានព្រះនគរម្តងនេះទៀត យើងនឹងកៀរយករាស្ត្រឲ្យអស់ពីនគរវា មកទុកក្នុងនគរយើងឲ្យស្ងាមប្រទេសនេះរាងចាលថ្វីដៃយើងតទៅ ។ តើអស់សេនាបតី មន្ត្រីគ្រប់ក្រសួង យល់ដូចម្តេច ។ សេនាបតី មន្ត្រីទាំងពួង ក៏ថ្វាយបង្គំក្រាបទូលថា ៖ ទ្រង់ព្រះតម្រិះនេះ យើងខ្ញុំទូលព្រះបង្គំយល់ថាត្រូវព្រម ៗ គ្នា ។

ព្រះបាទចក្រពត្តិរាជាធិរាជ បានទ្រង់ព្រះសណ្តាប់អស់មុខមន្ត្រី យកសេចក្តីក្រាបបង្គំត្រូវនឹងព្រះតម្រិះនោះ ពេញព្រះរាជហឫទ័យណាស់ ទើបទ្រង់ត្រាស់ឲ្យកេណ្ឌកងទ័ព ។ លុះបានរេហ៍ពលមកជួបជុំហើយ នៅព.ស. ២០៧៤ គ.ស. ១៥៣០ ម.ស. ១៤៥២ ច.ស. ៨៩២ ឆ្នាំខាលទោស័ក សម្តេចព្រះចៅចក្រពត្តិរាជាធិរាជ ត្រាស់ចាត់មេកងទ័ពមុខក្រោយ ឆ្វេងស្តាំស្រេច សម្តេចព្រះចៅចក្រពត្រាធិរាជ ទ្រង់គ្រឿងសម្រាប់ពិជ័យយុទ្ធនាស្រេច ស្តេចឡើងគង់ព្រះទីនាំងគជេន្ទ្រឈ្មោះបាយមង្គលទ្វីប ហើយក៏ឲ្យគោះគងទូងភេរី លើកយោធាមុខក្រោយ ឆ្វេងស្តាំ តាមក្បួនពិជ័យសង្គ្រាមដើរ ។ ទ័ពធំមកត្រូវនគររាជសីមានឹងមហានគរ ។

(ឯកសារមហាបុរសខ្មែរ, ទំព័រ ៣២១ - ៣២៨)

ព្រះចន្ទរាជា

Introductory Note

ធ្វើគត់ to kill (Roy)

ស្រីសុគន្ធបទ /srəy-sokŭənthəbαt/ King of Cambodia 1504-12, brother of Chan Raja

សុខសាន្តត្រាណ peaceful, quiet, at peace

ពេញបរិបូណ៌លក្ខណៈ legally, with full rights and attributes

ចុតហ្មាយ letter, message (Roy)

ជាសុខសាន្ត peacefully

ទិវង្គត់ /tiq-wuŏəŋkuŏət/ death; to die (Roy)

Text

ផែនដី world; kingdom

ព្រះបរមខត្តិយាមហាចន្ទរាជា (King) Chan Raja

ចៅពញាចន្ទរាជា (King) Chan Raja

ក្រុងទេពបុរីស្រីអយុធ្យា Ayuthia

ព្រះចៅចក្រពត្រាធិរាជ /preŏəh-caw-caqkrəpoŏətraathiriəc/ title of Ramathibodi II

សម័យថ្ងៃមួយនោះ one day

ព្រះរោងរម /preŏəh-rooŋ-rum/ secondary or auxiliary hall

សេនា commander, officer (lower than /seinaapədəy/)

អគ្គមហាសេនា very high-ranking military officer (higher than /seinaapədəy/)

សេនាធិបតី commander (higher than /seinaa/)

ក្រាបបង្គំគាល់ to have an audience with (Roy)

ត្រាស /trah/ to say, decree (Roy)

ប្រឹក្សា to advise, consult

ក្រុងកម្ពុជា Cambodia

សួយសារ tribute (material)

ប្រាប to subdue

ប្រាម to warn

ប្រាបប្រាម to subdue, bring under subjection

បរិហារ to fulminate, rant; to talk, comment

ទទួលព្រះរាជបរិហារ having heard the King's comments

ទទួលព្រះរាជឱង្ការ undertake [to carry out] the King's words

សញ្ញា to promise

សម្រេចព្រះនគរ gain accession to the throne

ឲ្យដឹងថ្វីដៃ to show [our] power, let [him] know who's boss

តែថា but if

សុវណ្ណខៈលោក /sowannəkhaqlook/ (title?)

តួយ៉ាង example

ព្រះរាជសារ royal letter, royal communication

រំលឹក to remind

រឹងទទឹង obstinate, dogged, stubborn

លើក (= លើកទ័ព)

ព្រះសណ្ដាប់ to listen (Roy)

យល់ផ្លូវត្រូវសេចក្ដី come to a decision based on the situation

តែង to write up, to draft, to compose

ចៅពញាមហាទេព (title)

មហាមន្ត្រី (title)

ព្រះរាជវង្សានុកូល royal family (here: members)

ឧបទូត deputy ambassador

ត្រីទូត third-ranking diplomat

អញ្ជើញ to take, to carry

ក្រុងកម្ពុជាធិបតី Kingdom of Cambodia

ដើងសា messenger

ចៅហ្វាទឡ្ហៈ /cawwaatəlaq/ Prime Minister

សេនាបតីទាំង ៤ សម្រាប់ commanders of all four ministries: Army, Navy, Interior, and Justice

ព្រះពុទ្ធបរមនាថបរមបពិត្រជាអម្ចាស់ជីវិតលើត្បូង the King (Chan Raja)

លាមក /liəmuə̆q/ excrement (Lit)

ចិត្តលាមក dirty, crooked, vile-hearted

ពន់ប្រមាណ extremely

ប្រថម (=បឋម)

ប្រថមក្សត្រ earlier kings

ខត្តិយាវង្ស (=ខត្យាវង្ស)

គម្រង (=គ្រង)

ជាន់ក្រៅ outside (of the city)

មេការ head of provincial public works

ក្រុមមេការ construction forces

សម័យថ្ងៃនោះ that day

យើងនឹងចេញទទួលវាន៏រួសរាន់ពេក [if] we are too quick to receive them

រាជាមាត្យ /riəciəmaat/ royal servant, royal aide

មហាមាត្យ palace official (same rank as /seinaapədəy/)

អាយ័ត to give strict orders to, to instruct

អលង្ការ /qalaŋkaa/ jewelry, regalia

ទ្រង់ auxiliary which typically precedes verbs describing royal action; sometimes precedes nouns with the meaning: to do; to put on; to hold

ទ្រង់គ្រឿងអលង្ការ to don [his] regalia

មហាឧត្តម excellent (here: impressive)

លង់លុះ when

លង់លុះព្រឹកព្រាងហើយ when it was light, at daybreak

ឱភាស light (here: shining, brilliant)

ព្រះរាជយានុកាមាត្រមាស golden palanquin

ព្រះបរមវង្សា Royal Family

ព្លួយ approximately

លាម translator, interpreter

អាលក្ស /qaalaq/ palace officials in charge of inventory and royal treasury

សុន្ទរ (=ពីរោះ) /sontəreə̆q/ euphonious

បវរ /baa-woo/ excellent, superior

សេដ្ឋា /setthaa/ extraordinary, great

វិមល /wiqmuə̆l/ pure, clean

ពលាការ (=ពលិការ) offering, tax, tribute (here: tributary)

សម្តេចព្រះចៅចក្រពត្រាធិរាជ---ឧត្តមថាន title of King Rama Thibodi of Ayuthia

ព្រះបិតុលា /preə̆h-peqtolaa/ paternal uncle

សម្តេចព្រះបិតុលា royal uncle

មេត្រី friendship, affection

ចម្រើនផ្លូវព្រះរាជមេត្រីមក standard form of written salutation between kings: to (lit: with growing royal friendship to)

សម្តេចព្រះបរមរាជារាមាធិបតី title of Chan Raja

សម្តេចព្រះភគិនេយ្យា /-pheə̆qkineeyoo/ royal nephew

លំពង់រាជា Lampong Raja (king of Angkor 1409-1416)

ព្រះស្រីសុរិយោវង្ស (=ព្រះសុរិយោវង្ស)

វាយបែក to sack, capture, defeat

ចំណុះ vassal, dependant; to be under the suzerainty of

ធម្មរាជា Dhammaraja (king of Cambodia 1473-1504; father of Chan Raja)

ព្រះស្រីរាជា Sri Raja (king of Cambodia 1459-1473)

ព្រះសុរិយោទ័យ name of a Prince

រាជសម្បត្តិ /riəccəsαmbat/ throne

បុណ្យបារមី power

ពលថ្មើរជើង army, ground forces

ម៉ឺនពេជ្រពិចិត្ត /məɨn-pɨc-picət/ title of a Thai official

សួយ tribute

ផ្កាមាស artificial flower made of gold and traditionally presented to an overlord as a symbol of vassalage

ពិរោធ anger; to be angry (Roy)

សង្កត់អត់ទុកក្នុងព្រះរាជហឫទ័យ to control oneself, keep one's composure (Roy)

ក្លែង to pretend, to disguise

ព្រះស្រួល to be at ease, composed, relaxed; to laugh (Roy)

ក្អាកក្អាយ jovial, genial, vivacious

ក្រុងកម្ពុជាធិបតីមហាឥន្ទបត្តបុរី /-qəntəbɑt-borəy/ Cambodia

នាយក /niəyŭəq/ chief, head, sovereign

ពុំដែលខាតខានមួយរដូវទៀយ never missing a single time

បទុមសុរិយវង្ស /bɑtum-soriyawŭəŋ/ Batom Suryavong

ទិព្វ /tɨp/ magic

ពញារោង legendary Cambodian prince, builder of Sukhothai

ព្រះរៀម elder brother (Roy)

រួមព្រះមាតាមួយ having the same mother

សុខោទ័យ /sokhaotɨy/ Sukhothai

ទៀងស្តាប់បង្គាប់ come under the control (of)

ព្រំបុរី border, territorial limit

នគររាជសីមា Nokor Raja Sima (the present Thai province of Nakorn Ratchasima)

ឥតពី (=អត់ពី)

ព្រះរោង (=ពញារោង)

សុវណ្ណបុប្ផា (=ផ្កាមាស) /sowannəbopphaa/ gold flower tribute

តម្បារ (=ស្លឹក=សន្លឹក) leaf, sheet, surface

លាវពោះខ្មៅ Lao of Chiengrai (lit: black-stomach Lao)

រាប់ថា...ពុំបាន cannot be considered as...

រិទ្ធីអានុភាព power

កុសលផល /kosɑl-phɑl/ accumulated merit

ទាបថោក cheap, lowly

បញ្ញាធិការ superior intelligence, great intelligence

តម្រិះប្រាជ្ញា intelligence

នាយ chief, head (functions like /nĕəq/)

កណ្ដាលជំនុំ in the midst of the assembly

ផ្ទុញផ្ទាល់ to treat with contemptuous mirth

ក្រេវក្រោធ to be angry

លៀម (=លាម)

ព្រះបាទសម្ដេច---កុររដ្ឋរាជធានី title of Chan Raja

សេចក្ដីទាស់ objectionable or inappropriate things

ប្រវេណី (=ប្រពៃណី) custom, tradition

បុរាណរាជ្យ earlier reigns

ចុះចូល to surrender, submit, concede

ព្រះវង្សានុវង្ស (=ព្រះរាជវង្សានុវង្ស)

ណាត់សង្គ្រាម to declare war

ក្រស័ត្រ (=ក្ស័ត្រ)

ប្រែ to become

ជឿស្ដាប់ជាទីពឹងពុំគួរ can't be relied on, unworthy of trust

ពញាល្វែក Chan Raja

សេចក្ដីព្រហើនភ្លើន disrespect, arrogance (for)

ព្រះរាជអាជ្ញា royal order, royal authority

រាង to have learned one's lesson, be properly taught

ស្យាមប្រទេស Siam (here: Siamese territory)

នាងចាល (=នាង)

ព្រះតម្រិះ to think, decide (Roy)

ព្រម ៗ គ្នា all together (here: unanimously)

ពេញព្រះរាជហឫទ័យ satisfied, happy (Roy)

ឆ្នាំខាល year of the Tiger

ពិជ័យ victory

យុទ្ធនា /yutthəniə/ war

គ្រឿងសម្រាប់ពិជ័យយុទ្ធនា paraphernalia of war

គង់ to sit on, to ride on (Roy, Clergy)

គជេន្ទ្រ /kəceen/ elephant (Lit)

ឮយមង្គលទ្វីប name of the king's elephant

គង gong

ទូង to sound, to strike (gong, drum, etc.)

ភេរី big drum

តាមក្បួនពិជ័យសង្គ្រាម in martial fashion (lit: in accordance with the principles of victorious battle)

៧. អាចារ្យលាក់

(គ្មានឈ្មោះអ្នកនិពន្ធ)

បុព្វកថា

(តាមឯកសារ)

នៅក្នុងរជ្ជកាលព្រះបាទនរោត្តម មានការបះបោរកើតឡើងស្ទើរតែគ្មានឈប់ឈរសោះ ជាពិសេសនៅពេលដែលព្រះអង្គទើបនឹងចាប់ឡើងសោយរាជ្យ ។ ការបះបោរនៅពេលនោះមិនដូចជាការបះបោរនៅគ្រាមុនៗទេ...ការបះបោរក្នុងសម័យព្រះបាទនរោត្តម ភាគច្រើនមានហេតុពីរប្រការ ទីមួយ គេប្រឆាំងនឹងស្ដេចនរោត្តម ដែលគេយល់ថាជាអ្នកលក់ស្រុកខ្មែរទៅឱ្យបារាំង ទីពីរ គេចង់កំចាត់អាណានិគមនិយមបារាំងឱ្យផុតពីដីខ្មែរ ។ នៅពេលនោះ ប្រជាជនខ្មែរត្រូវស្លាប់ជាច្រើន ដោយទ័ពរបស់ស្ដេចឯងផង និងដោយទ័ពរបស់បារាំងផង ។

សេចក្ដីដកស្រង់មកនេះ គ្រាន់តែជាឧទាហរណ៍នៃការតស៊ូយ៉ាងក្លាហាននៃប្រជាជនខ្មែរប្រឆាំងនឹងអំណាចអាណានិគមនិយម ។

អត្ថបទ

នៅក្នុងខែជេស្ឋឆ្នាំខាលអដ្ឋស័កនោះ មានជនក្បត់ឈ្មោះអាលាក់ តាំងខ្លួនធ្វើជាអ្នកសិល ហើយលើកខ្លួនជាកូនល្បងពោធិកំបោរ ។ វាបញ្ចុះបញ្ចូលកួយ ស្ទៀង និងរាស្ត្រខ្មែរព្រៃលើ ហើយលើកជាទ័ពទៅច្បាំងនឹងសេនាទាហានបារាំងដែល នៅបន្ទាយរោងដំរី រួចវាលើកទ័ពត្រឡប់មកខេត្តត្បូងឃ្មុំ ។ ឧកញ៉ាអរជូនស៊ូបានដឹង ក៏កេណ្ឌពលបញ្ចូលជាកងទ័ពជាប្រញាប់ ។ អាលាក់លើកទ័ពមកច្បាំងនឹងទ័ពឧកញ៉ាអរជូនស៊ូ បាក់ព្រួញត្រូវឧកញ៉ាអរជូនរបួសជាខ្លាំង ។ សេនាទាហានក៏នាំឧកញ៉ាអរជូនជិះទូកឆ្លងទន្លេពាមមង្គល មកមើលរបួសក្នុងខែត្រកំពុងសៀម ។ ចំណែកខាងអាលាក់លើកទ័ពត្រឡប់ទៅសង្កត់រាស្ត្រខែត្របាភ្នំ រំដួល ស្វាយទាប ខាងព្រៃលើ សឹងចុះចូលច្រើន ។ ឧកញ៉ាអរជូនស៊ូ ក៏ធ្វើសំបុត្រមកក្រាបបង្គំទូល សូមទ្រង់ជ្រាបគ្រប់ប្រការ ។ ក្រោយពីនោះ ឧកញ៉ាអរជូនលើកទ័ពត្រឡប់ឆ្លងទៅបោះនៅពាមមង្គល ខែត្រត្បូងឃ្មុំ ។ អាលាក់បានដឹង លើកទ័ពមកច្បាំងទៀត ។ ឧកញ៉ាអរជូនស៊ូត្រូវនឹងគ្រាប់កាំភ្លើង ទទួលអនិច្ចកម្មក្នុងសង្គ្រាម ។ កងទ័ពខ្មោចឧកញ៉ាអរជូន បរាជ័យរត់ខ្ចាត់ខ្ចាយអស់ទៅ ។ អាលាក់បានបោះទ័ពនៅទីនោះ ។ ព្រះបាទសម្ដេចព្រះនរោត្តមទ្រង់បានជ្រាបថា 'ឧកញ៉ាអរជូនស៊ូទទួលអនិច្ចកម្មហើយ' ទ្រង់ព្រះមេត្តាប្រោសតាំងឧកញ៉ាពិភក្ដិទិព្វរាជរស់ ឱ្យឡើងយសស័ក្ដិជា 'ឧកញ៉ាអរជូន' រួចទ្រង់ចាត់ឱ្យចេញទៅឈររក្សាខេត្តត្បូងឃ្មុំ ទ្រង់ចាត់ឧកញ៉ាក្រឡាហោមប៉ាន ឱ្យនាំសេនាទាហានចេញទៅច្បាំងនឹងអាលាក់ ។ លោកឧកញ៉ាប៉ាន លុះ

បានទៅដល់ខេត្តបាភ្នំ ជួបនឹងឧកញ៉ាធម្មាតេជោទែន ឧកញ៉ាចក្រីពេជ្រ ឧកញ៉ាជ័យយោធាសង្គ្រាមទុំ បានបញ្ចូលទ័ពជាមួយគ្នាលើកចេញពីខែត្របាភ្នំ កាត់ទៅខែត្រត្បូងឃ្មុំដល់ខែត្រព្រះត្រពាំងវាំង បោះទ័ពនៅភូមិព្រៃល្វាយ ។ អាលាក់បានដឹង លើកទ័ពត្រឡប់មកច្បាំងនឹងទ័ពឧកញ៉ាក្រឡាហោមប៉ាន នៅខេត្តពារាំង ។ ថ្ងៃអង្គារ ៥ កើត ខែអាសាធ ឆ្នាំខាលអដ្ឋស័ក កងទ័ពអាលាក់ចោមព័ទ្ធធ្វើគត់ឧកញ៉ាក្រឡាហោមប៉ាន ៗ ទទួលអនិច្ចកម្មក្នុងសង្គ្រាម នៅភូមិព្រៃល្វាយខេត្តពារាំង ។ សេនាទាហានខ្មែរខ្លាចឧកញ៉ាប៉ាននាំគ្នារត់ខ្ចាត់ខ្ចាយ ។ ពួកកងទ័ពអាលាក់ចាប់បានឧកញ៉ាធម្មាតេជោទែន ឧកញ៉ាចក្រីពេជ្រ ឧកញ៉ាជ័យយោធាសង្គ្រាមទុំ តែវាមិនសម្លាប់ទេ វាចាត់សេនាទាហានឲ្យឃុំទុកកុំឲ្យរត់រួច ។ អាលាក់ក៏បោះទ័ពនៅទីនោះ ។

ព្រះបាទសម្តេចព្រះនរោត្តមទ្រង់ជ្រាបថា 'ឧកញ៉ាក្រឡាហោមប៉ានទទួលអនិច្ចកម្មទៅហើយ' ក៏ទ្រង់ចាត់ឧកញ៉ាបវរនាយកម៉ៅ ១ ឧកញ៉ាបវរនាយកសេក ១ ឲ្យនាំសេនាទាហានទៅបោះនៅកំពង់ខ្សាច់ស ខេត្តបាភ្នំ ឲ្យកេណ្ឌបណ្ដារាស្ត្របញ្ចូលក្នុងកងទ័ព លើកទៅច្បាំងនឹងទ័ពអាលាក់ទៀត ។ មិនតែប៉ុណ្ណោះ ទ្រង់ចាត់ឧកញ៉ាវិបុលរាជប៉ែនឲ្យលើកទ័ពទៅបោះនៅពាមមង្គល ខេត្តបាភ្នំ ត្បូងឃ្មុំ រួបរួមនឹងចៅហ្វាយស្រុកខាងទន្លេធំ ឲ្យលើកទៅច្បាំងនឹងអាលាក់ ឲ្យចោមព័ទ្ធចាប់សម្លាប់វា ។ រួចទ្រង់ចាត់ព្រះស្រែនជ័យលឹងឲ្យចុះទៅស្រុកព្រៃនគរ សុំទ័ពអាត់មួរវ៉ាល់មកច្បាំងនឹងទ័ពអាលាក់ ។ អាត់មួរវ៉ាល់ចាត់អំប្រេយ៉ាសីបូរវ៉ា លាព៉្យូចេវ ឲ្យនាំសេនាទាហានបារាំងសែស ៥០ ចុះកប៉ាល់បើកចេញពីស្រុកព្រៃនគរឡើងមកដល់ស្រុកភ្នំពេញ ហើយឡើងគំនាប់ថ្វាយបង្គំគាល់ព្រះបាទសម្តេចព្រះនរោត្តម ក៏ចុះកប៉ាល់បើកទៅទន្លេធំ ជួបនឹងឧកញ៉ាវិបុលរាជប៉ែននៅពាមមង្គល ចាំទទួលច្បាំងនឹងអាលាក់ ។

ថ្ងៃអាទិត្យ ១០ កើត ខែអាសាធ ឆ្នាំខាលអដ្ឋស័ក ព្រះបាទសម្តេចព្រះនរោត្តម ទ្រង់ព្រះមេត្តាប្រោស តាំងនាមអ្នកអក ៤ គឺ អ្នកអកមង្គលនារី ១ អ្នកអកវររាជវង្សា ១ អ្នកអកអង្គអគ្គកញ្ញា ១ អ្នកអកស្រីគ្គានុរក្ស ១ ។ ទ្រង់តាំងអ្នកយាយ ៤ គឺ អ្នកយាយទេពយុវយារ ១ អ្នកយាយចិត្តាភិសេក ១ អ្នកយាយកោមលធិរាជ ១ អ្នកយាយឯកអគ្គវង្សា ១ ។ ក្នុងឆ្នាំខាលអដ្ឋស័កនោះ ព្រះអង្គម្ចាស់ឧបលប្រសូតព្រះរាជបុត្រ ១ អង្គព្រះនាមព្រះអង្គម្ចាស់ពារ ។ ព្រះនាងចមសុជាតិបុប្ផានួនសម្ភពព្រះរាជបុត្រី ១ អង្គព្រះនាមព្រះអង្គម្ចាស់គន្ធា ។ ព្រះនាងចមព្រះញាតិញិកសម្ភពព្រះរាជបុត្រី ១ អង្គព្រះនាមព្រះអង្គម្ចាស់សុតាវតី ។

ថ្ងៃព្រហស្បតិ៍ ៦ កើត ខែមិគសិរ ឆ្នាំខាលអដ្ឋស័ក អាលាក់លើកទ័ពឆ្លងមកត្រើយខាងលិច ចូលដល់ក្រុងឧដុង្គមានជ័យ ច្បាំងដេញទ័ពឧកញ៉ាវង្សាអគ្គរាជអ៊ុម ឧកញ៉ាពិស្ណុលោកព្រំ រត់ខ្ចាត់ខ្ចាយ ហើយវាលើកទ័ពដេញតាមមកដល់ខែត្រភ្នំពេញ បោះទ័ពនៅខាងកើតវត្តកំពែង

ជាខាងលិចវាលសម្លាប់នាយ ។ ឯអំប្រយ៉ាដឺបូវ៉ាសាពាញចេរបានដឹងថាអាលាក់លើកទ័ពឆ្លងមកត្រើយខាងលិចហើយ ក៏នាំសេនាទាហានចុះកប៉ាល់មកក្រុងភ្នំពេញ ។ ថ្ងៃ ៦ រោច ខែមិគសិរ ឆ្នាំខាល អាលាក់លើកទ័ពចូលដល់ស្ពានយមរាជ បោះទ័ពនៅទីនោះ ។ ព្រះករុណាជាអម្ចាស់ជីវិតលើត្បូង ទ្រង់ចាត់ឧកញ៉ាវង្សាអគ្គរាជអ៊ុំ ១ ឧកញ៉ារាជាមេត្រីមុំ ១ ឧកញ៉ាស្រីនគរបាលមាន់ ១ ឱ្យលើកទ័ពទៅទទួលច្បាំងនឹងអាលាក់ នៅស្ពានយមរាជ ពុំឈ្នះពុំចាញ់ ។ អាលាក់ថយទ័ពទៅបោះនៅទីដដែល ។

ថ្ងៃអាទិត្យ ១ កើត ខែបុស្ស ឆ្នាំខាលអដ្ឋស័ក ព្រះបាទនរោត្តមទ្រង់ព្រះមេត្តាប្រោសតាំងឧកញ៉ាឥស្សរៈអក្ខរាប្រាក់ ឱ្យឡើងយសសក្តិជា 'ឧកញ៉ាវាំងវរវៀងជ័យ' ។ តាំងឧកញ៉ាឥស្សរាពាណិជសៅរីជា 'ឧកញ៉ាមហាឥស្សរានុរិទ្ធ ឥន្ទ្រីជិត រតនោត្តម បរមរាជុត្តមគ្គ មហាសេនាធិបតី អភ័យភេរីបារា ក្រុមពាហុ សមុហៈ ព្រះក្រឡាហោម' ។ តាំងឧកញ៉ាប្របសើរសុរិវង្សម៉ៅជា 'ឧកញ៉ាប្រសើរសុរិវង្ស សមន្តពង្ស វិសុទ្ធិវសរដ្ឋ វិវឌ្ឍរឿងឫទ្ធិ វិចិត្រប្រីជា អភ័យភេរីបារា ក្រុមពាហុ សមុហមហាផ្ទៃទឹចក្រី' ។

ថ្ងៃចន្ទ ២ កើត ខែបុស្ស ឆ្នាំខាល ព្រឹកម៉ោង ៧ លោកប៉ូចេរ មេទ័ពបារាំង ចាត់បារាំងសក្តិ ២ ម្នាក់ ឱ្យនាំសេនាទាហានបារាំង ៥០ ទាហានយួន ៩០ នាក់ លើកទៅច្បាំងនឹងអាលាក់ យកខ្មែរ ៣ នាក់ឱ្យនាំផ្លូវទៅផង លុះទៅដល់បានច្បាំងគ្នាពុំរួញរា ។ លុះសេនាទាហានបារាំង-យួនបាញ់ត្រូវពលនៃអាលាក់របួសស្លាប់ច្រើននាក់ អាលាក់ទ្រាំពុំបាន នាំសេនាទាហានរត់ខ្ចាត់ខ្ចាយ ចោលរទេះ សេះ ដំរី គ្រឿងប្រដាប់នៅទីនោះ ។ អាលាក់ទៅបោះទ័ពនៅត្រពាំងឈូក ក្នុងខែត្រសំរោងទង ខាងលិចក្រុងឧដុង្គមានជ័យ ។ លោកសក្តិ ២ មេទ័ពបារាំងនាំសេនាទាហានត្រឡប់មកភ្នំពេញវិញ ។

ថ្ងៃពុធ ៤ កើត ខែបុស្ស ឆ្នាំខាល ទ្រង់ចាត់ឧកញ៉ាប្រសើរសុរិវង្សម៉ៅ ឱ្យលើកទ័ពផ្លូវគោក ជាមួយនឹងសក្តិ ២ មេទ័ពបារាំងសែស តាមទៅច្បាំងនឹងអាលាក់ទៀត ។ ឯឧកញ៉ាតេជោអី លើកទ័ពចេញពីខែត្រពារាំង ឆ្លងទន្លេមកត្រើយខាងលិច តាមទ័ពអាលាក់ដល់ក្រុងឧដុង្គមានជ័យ ជួបនឹងឧកញ៉ាប្រសើរសុរិវង្សម៉ៅ នឹងលោកសក្តិ ២ បារាំងសែស បានដឹងថា 'អាលាក់បោះទ័ពនៅត្រពាំងឈូក' ហើយក៏ប្រមូលកងទ័ពតាមទៅច្បាំងនឹងទ័ពអាលាក់ ទ័ពវាបែករត់ខ្ចាត់ខ្ចាយអស់ ។ ឯអាលាក់ជាប់តែសេនាទាហាន ៣០ នាក់គត់ រត់ឆ្លងទៅត្រើយខាងកើត ។ ឧកញ៉ាប្រសើរសុរិវង្សម៉ៅ ឧកញ៉ាតេជោអី លោកសក្តិ ២ លើកទ័ពត្រឡប់មកភ្នំពេញវិញ ក្រាបបង្គំទូលសូមទ្រង់ជ្រាបគ្រប់ប្រការ ។

ថ្ងៃអាទិត្យ ៨ កើត ខែបុស្ស ឆ្នាំខាល ពួកកងទ័ពអាលាក់លើកទ័ពមកចោមចាប់សង្ឃ

រាជបារាំង នៅភូមិមាត់ក្រសាស់ ធ្វើគត់ហើយដុតផ្ទះវិនាសអស់ រួចមកដុតបន្ទាយខាងត្បូងវត្តអារីក្សត្រឆេះអស់ទៀត ។ ថ្ងៃអង្គារ ១៣ កើត ខែផល្គុន អាលាក់លើកកងទ័ពមកបោះនៅព្រែកលួង ក្នុងខែត្រខ្សាច់កណ្ដាលទៀងមកដល់វត្តអារីក្សត្រ ខែត្រល្វាឯម ។ ព្រះបាទសម្តេចព្រះនរោត្តម ព្រមមួយអន្លើដោយខ្ញុំរាជការជាច្រើន ស្តេចយាងចុះគង់ព្រះទីនាំងកប៉ាល់ឈ្មោះ 'ព្រះទេវតសង្វាត' ។ ឯលោកប៉ូចេរ មេទ័ពបារាំងនឹងទាហានបារាំងសែស ជិះកប៉ាល់ ១ ទៀត ។ ស្តេចចេញព្រះរាជដំណើរនាំសេនាទាហានទៅបាញ់ទ័ពអាលាក់ ៗ បរាជ័យ រត់ខ្ចាត់ខ្ចាយ ហើយស្តេចចេញព្រះរាជដំណើរបង្ហួសទៅពាមមង្គល ក្នុងខែត្រត្បូងឃ្មុំ ។ ឯទ័ពអាលាក់កាលបរាជ័យហើយ រត់ឡើងទៅព្រែកលើ បញ្ចុះបញ្ចូលរាស្ត្របានច្រើន ហើយលើកកងទ័ពទៅបោះនៅខែត្របារាំង តាំងទ័ពនៅទីនោះ ។ ឧកញ៉ាមហាឥស្សរាសៅរី ឧកញ៉ាអរជូនរស់បោះទ័ពនៅខេត្តត្បូងឃ្មុំ ។ ឯឧកញ៉ាអាទិច្ចតាមរ័នសេនាសៅរី ចៅហ្វាយស្រុកខែត្រទទឹងថ្ងៃ បានដឹងថា 'អាលាក់លើកទ័ពមកបោះនៅខែត្របារាំង' ក៏លើកសេនាទាហានទៅដល់ភូមិព្រែស្លា ព្រែកឡៅ ច្បាំងគ្នានៅទីនោះ ។ ទ័ពអាលាក់បាញ់កាំភ្លើងមកត្រូវឧកញ៉ាអាទិច្ចតាមរ័នសេនាសៅរី ៗ ទទួលអនិច្ចកម្មក្នុងសង្គ្រាម ។ ពួកកងទ័ពនៃខ្មោចឧកញ៉ាសៅរីក៏រត់ខ្ចាត់ខ្ចាយ ។ ឯអាលាក់លើកទ័ពទៅបោះនៅភូមិប្រលូត ក្នុងខែត្រស្វាយទាប ដើម្បីរាំងទ័ពបារាំងសែសនៅបន្ទាយរោងដំរី កុំឱ្យលើកទ័ពមកជួយទ័ពខាងលិចបាន ។

ថ្ងៃចន្ទ ១ កើត ខែជេស្ឋ ឆ្នាំថោះនពស័ក លោកអាត់មួររ៉ាល់ដែលឈរស្រុកព្រៃនគរ បានចាត់កងទ័ពបារាំងសែស ឱ្យដែហសម្តេចព្រះស៊ីសុវត្ថិ ហរិរាជរតនៃនក្រកែវហ្វា ចេញពីស្រុកព្រៃនគរ តាមផ្លូវជើងគោក ឱ្យមកជួយបង្ក្រាបទ័ពអាលាក់ តាមផ្លូវបន្ទាយរោងដំរី ដល់ខែត្របាភ្នំ រំដួល ស្វាយទាប ។ អាលាក់បានដឹង ពុំហ៊ានទទួលច្បាំង ក៏នាំកងទ័ពដោះថយទៅបោះក្នុងខែត្រព្រៃវែង រង់ចាំស្ដាប់ការ ។ ឯទាហានបារាំងសែសដែលហែជូនស្តេចមកនោះ ទ្រង់ឱ្យត្រឡប់ទៅស្រុកព្រៃនគរវិញ ។ ក្រោយពីនោះ សម្តេចព្រះស៊ីសុវត្ថិ មន្ត្រីខ្ញុំរាជការ ឱ្យកេណ្ឌរាស្ត្របញ្ចូលជាកងទ័ពបានច្រើន ហើយលើកកាត់ទៅដល់ខែត្រព្រៃវែង វាយទ័ពអាលាក់ ៗ បរាជ័យ នាំសេនាទាហានទៅតាំងទ័ពនៅភូមិសុរិល ក្នុងខែត្រត្បូងឃ្មុំ ។ ចំណែកគ្រួសរដែលអាលាក់កៀរយកមកបានទាំងប៉ុន្មាន ក៏នាំគ្នារត់មកចូលស្តេចទាំងអស់ ។ ទ្រង់បានបើកឱ្យទៅនៅតាមភូមិលំនៅរបស់ខ្លួនវិញ ។ ទើបសម្តេចព្រះស៊ីសុវត្ថិ ស្តេចលើកទ័ពពីខេត្តព្រៃវែង ទៅបោះនៅពាមមង្គល ខែត្រត្បូងឃ្មុំ ដាក់គយល្បាតប្រយ័ត្នមាំមួន រួចត្រាស់បង្គាប់ឱ្យធ្វើដំណាក់គង់នៅទីនោះ ។

ឯព្រះបាទសម្តេចព្រះនរោត្តមទ្រង់ជ្រាបថា 'សម្តេចព្រះកែវហ្វាជាព្រះអនុជ ស្តេចយាងពីព្រៃនគរមកជួយវាយទ័ពអាលាក់ ឥឡូវស្តេចមកបោះទ័ពនៅពាមមង្គល ខែត្រត្បូងឃ្មុំ' ក៏

ទ្រង់មានព្រះបន្ទូលប្រាប់ពួននឹងសេនាបតីទាំងឡាយថា 'ត្រូវយើងទៅតួរសមនឹងសម្ដេចព្រះកែវហ្វាទើបគួរ' ។ នាម៉ឺនសព្វមុខមន្ត្រីក៏យល់ព្រមតាមព្រះទ័យ ។ ថ្ងៃចន្ទ ៥ កើត ខែស្រាពណ៍ ឆ្នាំថោះនពស័ក វេលាម៉ោង ៧ ព្រឹក ព្រះបាទសម្ដេចព្រះនរោត្តមស្ដេចយាងចុះគង់ព្រះទីនាំងកប៉ាល់ឈ្មោះ 'ព្រះទេវគសង្វាត' នឹងមន្ត្រីខ្ញុំរាជការហែស្ដេចជាច្រើន ។ ឯលោកមេទ័ពបារាំងជិះកប៉ាល់មួយទៀត បើកចេញទៅតាមផ្លូវទន្លេធំ ដល់ពាមមង្គល ខែត្រត្បូងឃ្មុំ ។ សម្ដេចព្រះកែវហ្វាទ្រង់ជ្រាប ស្ដេចចុះមកថ្វាយបង្គំក្នុងព្រះទីនាំងកប៉ាល់ ។ ព្រះទេវ្យមនឹងព្រះអនុជទ្រង់ធ្វើបដិសណ្ឋារកិច្ចទៅវិញទៅមក ។ កាលស្ដេចទាំងពីរព្រះអង្គទ្រង់សំណេះសំណាល សួរសុខទុក្ខទៅវិញទៅមករួចហើយ សម្ដេចព្រះកែវហ្វាថ្វាយបង្គំលាឡើងទៅគង់ក្នុងដំណាក់ដដែលវិញ ឯព្រះបាទសម្ដេចព្រះនរោត្តម ស្ដេចយាងមកភ្នំពេញ ។ ចំណែកអាលាក់ដឹងថា 'សម្ដេចព្រះកែវហ្វាស្ដេចលើកទ័ពមកច្បាំងនៅពាមមង្គល' ក៏នាំស្ម័គ្របក្សពួកដោះចេញពីភូមិសុរិល ខែត្រត្បូងឃ្មុំទៅខែត្រក្រចេះ ឆ្លងទៅខែត្រកំពង់ស្វាយ និយាយបញ្ឆះបញ្ឆូលក្រមការនឹងរាស្ត្រ ។ ក្រមការនឹងរាស្ត្របញ្ជោតអាលាក់ថាចុះចូល តែចុះចូលតែមាត់ លុះប្រមូលគ្នាបានច្រើនហើយ ក៏លើកដេញចោមព័ទ្ធចាប់បានខ្លួនអាលាក់នឹងសេនាអាលាក់ ៤នាក់ទៀត ក៏នាំមកថ្វាយ តែនាំមកដល់ពាក់កណ្ដាល អាលាក់ឈឺចិត្ត អត់អាហារអនិច្ចកម្មទៅ ។ ក្រមការនឹងបណ្ដារាស្ត្របានកាត់យកតែក្បាលនាំមកថ្វាយនៅក្រុងភ្នំពេញ ។ កងសេនានៃអាលាក់ ស្ដេចឱ្យប្រហារជីវិតតាមទោសក្បត់ ។ ឯក្បាលអាលាក់ ស្ដេចឱ្យសែងបណ្ដើរអាប្រកាសតាមផ្លូវផ្លាផ្សារ ៣ ថ្ងៃ ហើយយកទៅដោតចោលនៅជិតផ្លូវវាលបឹងតេជោ កុំឱ្យជនទាំងពួងយកជាបែបយ៉ាងតទៅ ។ រួចទ្រង់ព្រះរាជទានប្រាក់ សំពត់អាវ ជារង្វាន់ក្រមការនឹងបណ្ដារាស្ត្រដែលចាប់អាលាក់បាន តាមគុណបំណាច់ ។

(ឯកសារមហាបុរសខ្មែរ, ទំព័រ ១១២៤ - ១១៣០)

អាចារ្យលាក់

<u>Introductory Note</u>

រជ្ជកាល /raccəkaal/ reign

ព្រះបាទនរោត្តម Norodom, King of Cambodia, 1860-1904

ឥតឈប់ឈរ unceasingly

កំចាត់ to expel, chase out

អាណានិគមនិយម colonialism

<u>Text</u>

អដ្ឋស័ក /qattəsaq/ 8th year (of the 10-year cycle)

ជនក្បត់ /cuən-kbat/ traitor

អាលាក់ (= អាចារ្យលាក់)

អ្នកសីល wise man, sage

លើកខ្លួនជាកូន claim to be the son of

លួង (= ហ្លួង) royal or conferred title

ពោធិកំបោរ /poo-kɑmbao/ name of a rebel leader

កួយ Kuy (name of a tribal group in Cambodia)

ស្ទៀង Stieng (name of a tribal group in Cambodia)

ខ្មែរទីព្រលើ Highland Cambodians

រោងដំរី place name (lit: elephant pavilion)

ខេត្តត្បូងឃ្មុំ name of a former province

ឧកញ៉ាអរជុន (title)

ស៊ូ personal name

កេណ្ឌ...បញ្ចូល to mobilize additional forces

ពាមមង្គល place name

ខេត្តកំពង់សៀម name of a former province

ខេត្តបាភ្នំ name of a former province

ខេត្តរំដួល name of a former province

ខេត្តស្វាយទាប name of a former province

សឹងចុះចូលច្រើន subjugated in considerable numbers

បោះ to encamp

ខ្មោច deceased, the late...

ខ្ចាត់ខ្ចាយ scattered, in disarray

ឧកញ៉ាពិភក្ដីទិព្វរាជ /qokñaa-pipheə̆q-kədəy-tɨppəriəc/ (title)

រស់ personal name

ឈរ to be stationed (at, in)

ឧកញ៉ាក្រឡាហោម Minister of the Navy and Water Transport

ប៉ាន personal name

ឧកញ៉ាធម្មាតេជោ /-thoə̆mmiədaecoo/ (title)

ហែន personal name

ឧកញ៉ាចក្រី Minister of the Army and Land Transport

ពេជ្រ personal name

ឧកញ៉ាជ័យយោធាសង្គ្រាម (title)

ទុំ personal name

រាំង to bar, block, obstruct

រាំងបោះទ័ព establish a defense line

ទីព្រស្វាយ name of a village

ខេត្តពារាំង name of a former province

ឧកញ៉ាបវរនាយក (title) /qokñaa-bɑwɔɔniəyuə̆q/

ម៉ៅ personal name

សេក personal name

កំពង់ទ្រាច់ place name

ឧកញ៉ាវិបុលរាជ title

ប៉ែន personal name

ព្រះស្រែនជ័យ title

សឹង personal name

អាត់មួររ៉ាល់ /qatmuəral/ (Fr. Admiral)

អំប្រេយ៉ាដឺបូររ៉ាសាញ៉េរេ name of a French officer

អ្នកអក position (for older women in the palace)

អ្នកអកមង្គលនារី /-muə̆ŋkuə̆l-niərii/ (title)

អ្នកអកវររាជវង្សា /-wɔreə̆q-riəc-wuə̆ŋsaa/ (title)

អ្នកអកអង្គអគ្គកញ្ញា /-qɑŋ-qakeə̆q-kaññaa/ (title)

អ្នកអកស្រីង្គានុរក្ស /-srəŋkiənureə̆q/ (title)

អ្នកយាយ position (lower in rank than /neə̆q-qɑɑq/, but higher than /cah/ and /tum/)

អ្នកយាយទេពយុរយារ /-teepəyuurəyiə/ (title)

អ្នកយាយចិត្តាភិសេក /-cəttaaphisaek/ (title)

អ្នកយាយកោមលធិរាជ /-kaomuə̆l-thiriəc/ (title)

អ្នកយាយឯកអគ្គវង្សា /-qaek-qakeə̆q-wuə̆ŋsaa/ (title)

ព្រះអង្គម្ចាស់ title for children of the king

ឧបល /qobɑl/ name of a concubine

ប្រសូត to give birth (Roy)

ព្រះរាជបុត្រ /preăh-riəccəbot/ prince

ពារ name of a prince

ព្រះនាងចមសុជាតិបុប្ផា name of a concubine

នួន name of a concubine

សម្ភព to give birth (concubine)

គន្ធា name of a prince

ព្រះនាងចមព្រះញាតិ title of a concubine

ញឹក name of a concubine

សុត្តាវតី /sottaawədəy/ name of a prince

ខែមិគសិរ /mɨkkəsei/ November-December (lunar system)

ឧកញ៉ាវង្សាអគ្គរាជ (title)

អ៊ុម personal name

ឧកញ៉ាពិស្ណុលោក /-pihsnulook/ (title)

ព្រំ personal name

កំពែង (Wat) Kompeng

វាលសម្លាប់នាយ place name

ស្ពានយមរាជ /-yumməriəc/ name of a bridge

ឧកញ៉ារាជាមេត្រី (title)

មុំ /mom/ personal name

ឧកញ៉ាស្រីធរបាល (title)

មាន personal name

ខែបុស្ស /-boh/ December–January (lunar system)

ប្រាក់ personal name

ឧកញ៉ាវាំងវរវៀងជ័យ (title)

ឧកញ៉ាឥស្សរាពាណិជ (title)

សៅរី personal name

ឧកញ៉ាមហាឥស្សរា---ព្រះក្រឡាហោម full title of Minister of the Navy

ឧកញ៉ាប្រសើរសុរិវង្ស (title)

ម៉ៅ personal name

ឧកញ៉ាប្រសើរសុរិវង្ស---ចក្រី full title of Minister of the Army

ប៉ូទេរ name of a French officer

ត្រពាំងឈូក place name (lit: Lotus Pond)

ខេត្តសំរោងទង name of a former province

ឧកញ៉ាតេជោ /qoknaa-daecoo/ (title)

អី personal name

ជាប់តែសេនាទាហាន ៣០ នាក់គត់ having only thirty soldiers with him

សង្ឃរាជបារាំង French Archbishop

មាត់ក្រសាស់ name of a village

អារីក្សត្រ a village across the Mekong from Phnom Penh

ព្រែកលួង place name

ខេត្តខ្សាច់កណ្ដាល name of a former province

ខេត្តល្វាឯម name of a former province

ព្រមមូលអស់ខ្លី finally decided

ដោយ along with

ព្រះទេវតសង្វាត name of a ship

ឧកញ៉ាអាទិច្ចាយវង្សសេនា (title)

ខេត្តទទឹងថ្ងៃ name of a former province

ព្រៃស្លា name of a village (lit: areca-palm forest)

ព្រៃកញ្ញា name of a village

ឧកញ៉ាឥស្សរៈអក្ខរា /-qehsəraq-qaqkhəraa/ (title)

ប្រសូត name of a village

ខេត្តស្វាយទាប name of a former province

ឆ្នាំថោះ year of the Hare

នព្វស័ក /nuppəsaq/ 9th year (of the 10-year cycle)

ស៊ីសុវត្ថិ Sisovath (King of Cambodia 1904-1927, younger brother of Norodom)

ហរិរាជរតនីត្រៃកែវហ្វា /haqririəc-roə̆ttənɨy-kray-kaewwaa/(title)

ដោះថយ to retreat

ខេត្តព្រៃវែង Prey Veng Province

ស្ដាប់ការ to scout, spy, reconnoitre

សុរិល /sorɨl/ name of a village

គ្រួរ (=គ្រួ) family

បើកឲ្យ to allow, permit

គយ to observe

ដាក់គយល្បាត to post a watch, set sentries

ព្រះអនុជ /prə̆əh-qanoc/ younger brother (Roy)

ប្រាជ្ញ to discuss

គួរសម to pay respects

ខែស្រាពណ៍ July-August (lunar system)

បដិសណ្ឋារកិច្ច /pədeqsɑnthaarəkəc/ greetings

សំណេះសំណាល to exchange fond memories, reminisce

ខេត្តក្រចេះ Kratie Province

ក្រុមការ /krommәkaa/ title (very low-ranking official)

តែមាត់ in word only (but not in deed)

ឈឺចិត្ត hurt and disappointed, heartbroken, humiliated

អត់អាហារ to fast, refuse food; without food

ប្រហារជីវិត to kill (Lit)

តាមទោសក្បត់ depending on the extent to which they were guilty of treason

បណ្ដើរ to walk, parade (tv)

អាប្រកាស to revile, repudiate aloud

ផ្លូវធ្លា main street

ឲ្យដែងបណ្ដើរអាប្រកាសតាមផ្លូវធ្លាផ្សារ ៣ ថ្ងៃ had it carried through the main street of the market and reviled for three days

ដោតទោល leave stuck on a pole

វាលបឹងតេជោ place name

យកជាបែបយ៉ាង take as an example

៨. គុកនយោបាយ

ដោយ

ប៊ុណ្ណចន្ទ - ម៉ុល

បុព្វកថា

លោកប៊ុណ្ណចន្ទ - ម៉ុល ជាខ្មែរអ្នកស្នេហាជាតិម្នាក់ ដែលតស៊ូនឹងអាណានិគមនិយមបារាំង នៅសម័យសង្គ្រាមពិភពលោកលើកទី ២ ។ លោកបានរួបរួមនឹងខ្មែរអ្នកជាតិនិយមជាច្រើនរូបទៀត មានអាចារ្យហែម លោកប៉ាច - ឈឿន ជាដើម ធ្វើការតស៊ូនេះ ។ លោកបានចូលរួមក្នុងបាតុកម្មប្រឆាំងបារាំងជាលើកដំបូងនៅទីក្រុងភ្នំពេញ ។ ក្រោយមក លោកក៏ត្រូវបារាំងចាប់យកទៅនារទេសនៅកោះត្រឡាច ។ ក្រោយជីពុនមានជោគជ័យមួយភ្លែតនៅឥណ្ឌូចិន លោកក៏បានកងទ័ពជីពុននាំចូលមកស្រុកខ្មែរវិញ ។ វីរបុរសខ្មែរខ្លះ ឥតមានសំណាងដូចលោកប៊ុណ្ណចន្ទ - ម៉ុលទេ ដូចជាអាចារ្យហែមជាដើម ត្រូវស្លាប់ចោលឆ្អឹងនៅលើកោះត្រឡាច គួរឲ្យសង្វេគពន់ពេកណាស់ ។

ចំពូកទី ១ នៃគុកនយោបាយ និយាយអំពីការចាប់ផ្ដើមតស៊ូប្រឆាំងនឹងបារាំង នៃលោកប៊ុណ្ណចន្ទ - ម៉ុលនិងក្រុមរបស់គាត់ ។

អត្ថបទ

ការតស៊ូចាប់ធ្វើដំបូងតាមផ្លូវសារពត៌មាន

ជំនាន់នោះ ប្រជារាស្ត្រយើងមានសេចក្ដីលំបាកវេទនាកាន់តែខ្លាំងឡើង ៗ ដោយបារាំងធ្វើបាប ហើយជាឱកាសល្អហុចឲ្យផង ដ្បិតពេលនោះបារាំងវាកំពុងតែជាប់ដៃធ្វើសឹកសង្គ្រាមជាមួយអាល្លឺម៉ង់ផង ហើយតមកវាច្បាំងនឹងសៀមទៀត ពុំអាចដឹកនាំគ្រឿងអាវុធយុទ្ធភ័ណ្ឌមកបង្ក្រាបយើងបានឡើយ ។ នៅស្រុកយើង វាប្រើតែអាវុធចាស់តាំងពី ១៩១៤ មក ហួសសម័យទៅហើយ ។ ហេតុនេះហើយបានជាវាច្បាំងចាញ់សៀម ។ ដឹកទ័ព កេណ្ឌទេះឬរថយន្តឈ្នួលអ្នកស្រុក ដើម្បីបំភាន់ខ្មែរថាបារាំងខ្លាំងពូកែ ដឹកតែទ័ព កាំភ្លើងចុះឡើងបន្លាចខ្មែរ កុំឲ្យហ៊ានតនឹងបារាំង ។

គ្រានោះ ទើបមានវីរជន អ្នកស្នេហាជាតិមុតមាំមួយចំនួន ឥតខ្លាចគុកច្រវាក់ ឥតខ្លាចចោលស្រុក ឥតខ្លាចស្លាប់ មុនដំបូង បានលបលាក់ដឹកនាំបបួលគ្នីគ្នាឲ្យធ្វើការ តស៊ូប្រឆាំងនឹងបារាំងយកឥស្សរភាពពីវាមកវិញ ក្នុងពេលដែលបារាំងកំពុងមានអំណាចនៅឡើយ គឺថាចង្កូមឬធ្ងងវានៅពេញមាត់ ស្រួចវែងនៅឡើយ វាចង់ធ្វើអ្វីយើងក៏បានតាមចិត្តវា ឥតអ្វីទប់បានឡើយ ។ ក្នុងបណ្ដាវីរជនទាំងនោះ មានលោកស៊ឹង - ង៉ុកថាញ់ជាមេដឹកនាំ

បាននាំគ្នាតស៊ូធ្វើបដិវត្តន៍ឡើង ។ ការតស៊ូនេះ ចាប់ផ្ដើមដំបូងក្នុងឆ្នាំ ១៩៣៦ តាមផ្លូវសារព័ត៌មានមួយ ឈ្មោះសារព័ត៌មាន 'នគរវត្ត' ។ អ្នកផ្ដួចផ្ដើមគំនិតក្នុងការបង្កើតសារព័ត៌មាននេះ ឱ្យមានឡើងក្នុងកាលណោះ គឺលោកស៊ឹង- ង៉ុកថាញ់ ។ លោកតែងមានប្រសាសន៍ប្រាប់អ្នកដែលធ្វើការក្នុងព្រះរាជបណ្ណាល័យជាមួយគ្នា អំពីគោលបំណងចង់បង្កើតនូវសារព័ត៌មាននេះ ដើម្បីធ្វើជាមធ្យោបាយ ផ្សាយគំនិតអប់រំប្រជាពលរដ្ឋឱ្យភ្ញាក់រលឹកឡើង ។ ឯលោកស៊ឹម- វ៉ា ដែលជាមិត្តជិតស្និទ្ធនឹងលោកដែរ ហើយដែលជាអ្នកនយោបាយដូចគ្នានោះ ក៏តែងទៅមករកលោកប្រាស្រ័យទាក់ទង ពិគ្រោះគ្នាតែពីការបង្កើតនូវកាសែតនគរវត្តនោះឯង ។ ពិសេសទៅទៀត លោកប៉ាច- ឈឿន ដែលជាមិត្តដែរនោះ ក៏បានព្រមស្ម័គ្រឈរឈ្មោះ ជាចាងហ្វាងសារព័ត៌មាននោះដែរ ។

លុះព្រមព្រៀងគ្នាដូច្នេះហើយ ទើបសម្រេចសុំច្បាប់បើកកាសែតតាមផ្លូវការឡើង ។ សូមប្រាបថា ការសុំច្បាប់បើកកាសែតកាលណោះ ជាការលំបាកណាស់ ។ ពុំមែនសុំភ្លាមបានបើកភ្លាមទេ ពីព្រោះក្រសួងមានសមត្ថកិច្ច ពុំមែនស្ថិតនៅតែក្នុងប្រទេសខ្មែរប៉ុណ្ណោះទេ គឺនៅរហូតដល់ទៅក្រុងព្រៃនគរនឹងហាណូយឯណោះ ។ មុនដំបូង ពាក្យសុំរបស់យើងត្រូវជូនទៅលោករេស៊ីដង់ស៊ុយប៉េរីយើ នៅភ្នំពេញ លោករេស៊ីដង់ស៊ុយប៉េរីយើពិនិត្យពាក្យសុំនោះ រួចត្រូវបញ្ជូនទៅលោក Gouverneur Général de l'Indochine នៅឯក្រុងហាណូយឯណោះ ។ លោកនោះពិនិត្យហើយ ទើបបញ្ជូនត្រឡប់មកភ្នំពេញ សម្រេចឱ្យបើកឬមិនអនុញ្ញាតឱ្យបើក ។ ឯពាក្យសុំបើកកាសែតនេះ ត្រូវក្រសួងសមត្ថកិច្ចអាណានិគមបញ្ជូនទៅមក ហើយអនុញ្ញាតឱ្យបើកនៅក្នុង គ.ស. ១៩៣៦ នោះ ។

សារព័ត៌មាននេះ មានគោលបំណងសរសេរពន្យល់ ណែនាំ ដាស់បងប្អូនខ្មែរយើងដែលដេកលក់ ដែលរងកម្មវេទនា ដែលញាក់ស្បាត ធ្លាប់ខ្លាចបារាំងចាប់ដាក់គុកឬសម្លាប់ ឱ្យភ្ញាក់ស្មារតីឡើង ឱ្យចេះស្នេហាជាតិ ឱ្យចេះតស៊ូកុំខ្លាចស្លាប់ ដើម្បីដណ្ដើមយកឥស្សរភាពពីបារាំងមកវិញ ដែលវាប្លន់យកពីយើងទៅជិត ១០០ ឆ្នាំហើយនោះ ។

ពេលនោះស្រុកខ្មែរក្រកាសែតណាស់ ។ កាសែតមួយឈ្មោះស្រុកខ្មែរ ឈ្មោះសានយ៉ីណេរ៉ុង ធ្វើតែមិនសូវបានប្រយោជន៍ទេ ព្រោះខ្លាចមិនហ៊ាននិយាយ ។

ក្នុងការសរសេរកាសែតនគរវត្តមុនដំបូង លោកស៊ឹង- ង៉ុកថាញ់ បាននិយាយឱ្យលោកអ៊ុក- សេន ដែលធ្វើការនៅធម្មការដែរថា : ឱ្យជួយសរសេរកាសែតនេះផង ព្រោះព្រឹក ៗ ទំនេរ ។ កាលណោះព្រះរាជបណ្ណាល័យចូលធ្វើការពីម៉ោង ១១ ជិតថ្ងៃត្រង់ ទៅទល់នឹងម៉ោង ១៧ កន្លះល្ងាច ។ លោកអ៊ុក- សេនក៏ទទួលដោយគោរព ។ រាល់ព្រឹក លោកអ៊ុក- សេនតែងទៅផ្ទះលោកស៊ឹង- ង៉ុកថាញ់ នៅខាងលិចវត្តលង្កា ដើម្បីធ្វើអត្ថបទផ្សេង ៗ មាន

បកប្រែនូវដំណឹងនានាប្រទេស ចេញពីកាសែតបារាំងសែស មកជាភាសាខ្មែរជាដើម ។ ជូនកាលទៅផ្ទះលោកស៊ឹម-វ៉ា សរសេរតាមពាក្យលោកស៊ឹម-វ៉ាដែលថាឱ្យសរសេរ ។ ការព្យាយាមរបៀបនេះមានជារាល់ពេល ។ លុះពេលយប់ម៉ោង ១៩ ទទួលទានបាយរួច លោកអ៊ុក-សេនប្រមូលអត្ថបទដែលមានមកហើយនោះ ទៅជួបជុំគ្នានឹងផ្ទះលោកស៊ឹម-វ៉ា (នៅផ្សារស៊ីទ្រីប ផ្លូវអាចារ្យហែម-ចៀវ អតីតក្រសក់ផ្អែម) សព្វថ្ងៃនេះ ។ ពេលប្រជុំនោះ គឺមានលោកស៊ឹង-ង៉ុកថាញ់ លោកស៊ឹម-វ៉ា លោកពិទូរ្យក្រសេម លោកញ៉ុក-ថែម លោកជុំ-មួង ។ល។ អស់លោកទាំងនេះសុទ្ធតែមានអត្ថបទរៀង ៗ ខ្លួន ហើយលោកអៀង-សាយជាអ្នកគូររូបចុះកាសែត ព្រមទាំងធ្វើអត្ថបទកំប្លែងមានខ្លឹមសារ ។

ក្នុងការប្រជុំនោះ លោកអ៊ុក-សេនជាអ្នកសូត្រអត្ថបទទាំងនោះឱ្យអង្គប្រជុំស្ដាប់ ។ បើមានទើសទាក់ឬឆ្គាំឆ្គងនូវពាក្យពេចន៍ឬអង្គសេចក្ដីមិនសមរម្យ ដោយប្រការដូចម្ដេច អង្គប្រជុំត្រូវកែសម្រួលឬលុបចោល ឬបំពេញសេចក្ដីនោះថែមទៀតឱ្យគ្រប់គ្រាន់ ។ លោកស៊ឹង-ង៉ុកថាញ់ធ្វើការដោយមធ្យ័តណាស់ ពិនិត្យពិច័យនូវសេចក្ដីក្នុងអត្ថបទនីមួយ ៗ មិនឱ្យឆ្គាំឆ្គង ផ្លោះផ្លាយឡើយ ។ ប្រជុំកែរួចហើយ ឱ្យលោកអ៊ុក-សេនយកទៅចម្លងសាជាថ្មីឡើងវិញ ឱ្យបានត្រឹមត្រូវនឹងឱ្យច្បាស់លាស់ ឱ្យដើម្បីងាយដល់ការតម្រៀបអក្សរដាក់ពុម្ព ។ កាលណោះ បោះនៅរោងពុម្ពអាល្លីយ៉ែស ។ ចំពោះអត្ថបទដែលត្រូវយកទៅឱ្យរោងពុម្ពនោះ គឺលោកស៊ឹង-ង៉ុកថាញ់នឹងលោកអ៊ុក-សេនជាអ្នកយកទៅ ។ លោកស៊ឹង-ង៉ុកថាញ់ឬក៏លោកអ៊ុក-សេនទៅកែអក្សរខុសត្រូវនៅនឹងរោងពុម្ព ។ លោកស៊ឹង-ង៉ុកថាញ់ធ្វើការប្រិតប្រៀនណាស់ សំណៅនោះលុះត្រាតែពិនិត្យជាគម្រប់បីលើក ទើបលោកចុះហត្ថលេខាឱ្យបោះ ។

លុះកិច្ចការក្នុងកាសែតកាន់តែច្រើនឡើង ក៏បានហៅលោកឈួនប៊ិត (សព្វថ្ងៃម្ចាស់បណ្ណាគារប៊ិត-នាង) ឱ្យជួយធ្វើការលោកអ៊ុក-សេន គឺជួយចម្លងអត្ថបទ ប្រមូលអត្ថបទ ជួយកែអក្សរខុសត្រូវ ព្រមទាំងជួយដឹកនាំកាសែតពីរោងពុម្ព ទៅកាន់ទីស្នាក់ការបណ្ដោះអាសន្ន ដែលកាលណោះនៅនឹងផ្ទះលោកស៊ឹម-វ៉ា ។

សូមជ្រាបថា លោកចាងហ្វាងប៉ាច-ឈឿន នៅពេលដំបូងនេះ លោកពុំទាន់បានមកកាន់ការក្នុងកាសែតឱ្យបានមាំមួនទេ លោកនៅជាប់រវល់ការងាររបស់លោកឯហាងគ្រឹះស្ថានហុងដ់កុងឯណោះ លោកជាដើមសារជំនួញហាងឧទ្យានហុងដ់កុង ។ ម្ល៉ោះហើយកិច្ចការកាសែតទាំងមូលត្រូវនៅលើលោកស៊ឹង-ង៉ុកថាញ់ នឹងលោកស៊ឹម-វ៉ាចាត់ចែងទាំងស្រុង ។

លុះគ្រាក្រោយមក ទើបជួលផ្ទះមួយបានធ្វើជាទីស្នាក់ការ នៅរុក្ខវិថីដែវ៉រដង់ (ឥឡូវនេះជាផ្លូវ ១៨ មីនា) ។ មកដល់ត្រង់ណេះ ទើបលោកប៉ាច-ឈឿនចេញជួយកាសែតពេញទំហឹង សុខចិត្តលះបង់ប្រាក់ខែមុខងាររចេញពីហាងហុងដ់កុងទាំងអស់ ។

លោកស៊ីង-ង៉ុកថាញ់ លោកស៊ុម-វ៉ា និងលោកចាងហ្វាងប៉ាច-ឈឺន ក៏នាំគ្នារៀបចំទីស្នាក់ការឲ្យបានសមរម្យ គឺមានតុកៅអីតូចធំជាការិយាល័យ និងមានបុគ្គលិកច្រើននាក់ទៀតនៅធ្វើការ ។ មានអ្នកធំអ្នកតូចឡើងចុះកុះករ នៅទីស្នាក់ការនោះរាល់ថ្ងៃ ។ សូមប្រាបថា អ្នកធ្វើការប្រចាំការរាល់ថ្ងៃជាមួយលោកប៉ាច-ឈឺន គឺលោកម៉ៅ-ហុងដែលមាននាទីជាអ្នកកាន់លុយកាក់ (ហេរញ្ញិក) លោកអ៊ឹម-សុខជាលេខាធិការផ្ទាល់លោកចាងហ្វាង ។ ឯលោកនួន-ប៊ុតក៏មានការិយាល័យខាងអត្ថបទដែរ ។ តទៅ មានលេខហារីនិងកម្មករអ្នករត់កាសែត ចំនួនពីរបីនាក់ទៀត ។

តែយើងនៅខ្វះខាតបន្តិចទៀត ដោយទីស្នាក់ការនោះពុំមានភ្លើងអគ្គិសនីធ្វើការយប់ៗ ។ ដូច្នេះយប់ៗ ក៏តាំងយកអត្ថបទទៅប្រជុំគ្នានៅនឹងផ្ទះលោកស៊ុន-វ៉ាន់ ។ គ្រានោះ អង្គការកាសែតត្រូវបានទទួលសមាជិកពីរនាក់ទៀត គឺលោកស៊ុន-វ៉ាន់និងលោកប៊ូ-ហ៊ិង ។ លុះជំនុំធ្វើការយប់ៗ នៅផ្ទះលោកស៊ុន-វ៉ាន់មិនបានប៉ុន្មាន លោកស៊ុន-វ៉ាន់ក៏លក់ផ្ទះនោះឲ្យគេ ខានជំនុំនឹងផ្ទះនោះទៅ ទើបនាំគ្នាទៅជំនុំនឹងផ្ទះលោកស៊ីង-ង៉ុកថាញ់... ហើយតមកទៀតជំនុំនៅផ្ទះលោកប៉ាច-ឈឺន នៅខាងជើងវិទ្យាល័យស៊ីសុវត្ថិ (ឥឡូវនេះវិទ្យាល័យភ្នំពេញ) ។

សូមប្រាបថា កាសែតនគរវត្តចាប់ចេញដំបូងតែពីរដងក្នុងមួយអាទិត្យ កាសែតនេះលក់ ១ សន្លឹក ៨ សេន ។ លុះចេញយូរបន្តិចទៅ កាន់តែលក់ដាច់ឡើង ក៏បញ្ចុះមកនៅត្រឹម ៥ សេនវិញ ។

ទាំងបីនាក់ គឺលោកស៊ីង-ង៉ុកថាញ់ លោកចាងហ្វាងប៉ាច-ឈឺន និងលោកស៊ុម-វ៉ា ក៏ផ្ដើមគំនិតបង្កើតជាសមាគម មានលក្ខន្តិកៈត្រឹមត្រូវ ដើម្បីរកធនធានជាដើមទុនបង្កើតរោងពុម្ពខ្លួនឯង ត្រូវទិញម៉ាស៊ីនធំតូចសម្រាប់បោះពុម្ពកាសែតនិងសៀវភៅ ឬដំណឹងផ្សេងៗ ខ្លួនឯងនឹងជួលបោះឲ្យគេ ព្រមទាំងបង្កើតឲ្យមានជាគ្រឿងលក់ដូរដោយខ្លួនឯងផង ។

គិតត្រូវគ្នាហើយ ក៏រើទីស្នាក់ការទៅតាំងនៅកន្លែងថ្មីមួយទៀត នៅជ្រុងផ្លូវស៊ីសុវត្ថិនឹងមាយវ៉ាន (ជិតមាត់ទន្លេ) ដែលជាកន្លែងធំទូលាយស្អាតបាត មានភ្លើងអគ្គិសនីអាចឲ្យធ្វើការយប់ៗ បានផង មានផ្លិតបក់ឲ្យល្ហើយៗ ស្រួលធ្វើការទៀត ។ ផ្ទះនោះឈ្មោះសេឡិចហោតិល នៅពីខាងមុខផ្ទះនោះ មានវង្គសាលមួយឈ្មោះឡារ៉េស្លូកមាត់ទន្លេចតុមុខ ។ តាំងពីបានទីស្នាក់ការថ្មីនេះមក ការជំនុំធ្វើការយប់ៗ តែងធ្វើការនៅទីនេះ លែងដើរទៅឯណេះម្ដងឯណោះម្ដងទៀតហើយ ។ ហើយគ្រោងការណ៍ដែលគិតនោះ ក៏បានរៀបចំឡើងនៅទីនោះដែរ ។

តាំងពីពេលនោះមក លោកអ៊ុក-សេនលែងបានជួយធ្វើការទៀតហើយ ដោយរវល់នឹងកិច្ចការច្រើនពេក ។ លោកនួន-ប៊ុតក៏កាន់ការនោះតមកទៀត ។

អ្នកនិពន្ធកាសែតនោះ ក្រៅពីលោកទាំងប៉ុន្មាននាក់ដែលមានរាប់ឈ្មោះមកហើយ ក្រោយ

នោះមានលោកមហាសម៉នម្នាក់មកជួយទៀត ។ មុនដំបូងមានអស់លោកជាច្រើនប្រហែល ២០ នាក់ ជាអ្នកជួយសរសេរផង ប៉ុន្តែចេះតែរបេះអស់ ដោយអស់លោកទាំងនោះមិនសូវស៊ូ ដ្បិតធ្វើការទទេឥតឈ្នួល នៅសល់តែប៉ុន្មាននាក់ដែលមាននាមខាងលើប៉ុណ្ណោះ ។ ម្យ៉ាងវិញទៀត ត្រូវពួករាជនិយមកៀបគម្រាមកំហែងខ្លាំងណាស់ ដែលធ្វើឱ្យអ្នកនិពន្ធខ្លះរួញខ្លួន ខ្លាចគ្រោះថ្នាក់ដល់ជីវិត លែងសូវហ៊ានគិតបញ្ចេញគំនិតអ្វីៗ ទាំងអស់ ។

មានរឿងមួយដែលត្រូវចងចាំ : កាលណោះ ពេលដែលព្រះបរមរាជវាំងធ្វើពិធីចម្រើនព្រះជន្ម ព្រះករុណាព្រះមុនីវង្សមានឥស្សរជនបារាំងខ្មែរទ្រៀបត្រា ។ កាលណោះ ជនអ្នកនៅក្នុងវាំងនឹងខ្ញុំបារាំង សឹងតែបានដឹងថា អ្នកដឹកនាំកាសែតនគរវត្តនេះគឺលោកស៊ឹង-ង៉ុកថាញ់ ឯលោកស៊ឹង-ង៉ុកថាញ់ ពេលនោះក៏បានចូលរួមក្នុងពិធីនោះដែរ ។ ពេលនោះ ប្រហែលជាមាននរណាចូលទៅខ្សឹបទូលហើយក៏មិនដឹង ស្រាប់តែព្រះករុណាព្រះមុនីវង្ស (ដែលមិនស្គាល់មុខលោកស៊ឹង-ង៉ុកថាញ់ ឮតែឈ្មោះនិងសកម្មភាពដែលគេទូលនោះ) ស្រែកដោយក្តីក្រេវក្រោធសួរថា : អាណាមួយឈ្មោះង៉ុកថាញ់? លោកស៊ឹង-ង៉ុកថាញ់ប្រណម្យដាក់មុខ ។ ហ្លួងស្រែកគម្រាមថា : អាហ្អែងបង្កើតកាសែតចង់ប្រឆាំងនឹងបារាំងឬ ? ហ្អែងចង់ប្រឆាំងនឹងអញជាម្ចាស់ផែនដីឬ ? នែប្រយ័ត្នណា ប្រយ័ត្នស្លាប់ ! ។

(ប៊ុណ្ណចន្ទ - ម៉ុល, គុកនយោបាយ, ទំព័រ ៨ - ១៩)

គុកនយោបាយ

Introductory Note

សង្គ្រាមពិភពលោកលើកទី ២ World War II

អ្នកជាតិនិយម nationalist

ចៀវ name of a famous bonze-politician

ប៉ាច - ឈឿន name of a Cambodian politician

បាតុកម្ម demonstration

និរទេស /niərəteeh/ to exile

កោះត្រឡាច name of an island in the South China Sea, which was used by the French to keep hard-core criminal and political prisoners

ជីពុន /cipun, cəpun/ Japanese

ឥណ្ឌូចិន /qəndoucən/ Indochina

វីរបុរស /wireəqborɑh/ hero

ស្លាប់ចោលឆ្អឹង to die in exile (lit: to die and have one's bones discarded)

សង្វេគ sad, mournful

Text

សារពត៌មាន newspaper; the press

តាមផ្លូវសារពត៌មាន by means of the press

ឱកាសល្អហុចឱ្យ a good opportunity was presented

អាល្លឺម៉ង់ (= អាល្លឺម៉ង់ដ៏) German; the Germans

យុទ្ធភ័ណ្ឌ /yutthəphoə̆n/ paraphernalia of war

អាវុធយុទ្ធភ័ណ្ឌ weapons and paraphernalia of war
ហួសសម័យ outdated, obsolete

កេណ្ឌ to conscript, draft; here: commandeer, requisition
បំភាន់ to deceive, trick, fool

បន្លាច to scare, frighten

តនឹង to challenge

វីរជន (= វីរបុរស) hero

មុតមាំ strongly, intensely, staunchly
ច្រវាក់ chain

ចោលស្រុក to be exiled (lit: to abandon the country)
លបលាក់ to do something in secret, surreptitiously
គ្នីគ្នា acquaintances, partisans

ធ្នុង pectoral fin

រលៃម intensifier for /sruəc/

ចង្កូមឬធ្នុងនៅពេញមាត់ស្រួចរលៃម fully armed, dangerous (lit: have a mouthful of sharp teeth [as well as] sharp fins)
សឺង - ង៉ុកថាញ់ /səɨŋ-ŋok-than/ Son Ngoc Thanh, a Cambodian politician
មេដឹកនាំ leader, chief

បដិវត្តន៍ /paqdewŏət/ revolution; revolutionary
នគរវត្ត name of a revolutionary newspaper in 1936
ផ្តួចផ្តើមគំនិត to initiate, instigate

ណោះ (= នោះ)

មធ្យោបាយ /mattyoobaay/ way, means
ភ្ញាក់រលឹក to wake up, become aware

ស៊ឹម - វ៉ា Sim Var, a Cambodian politician, former prime minister
ជិតស្និត close, intimate

ព្រាស្រ័យ (= ប្រស្រ័យ) to like, to respect; to talk, to reminisce
ស្ម័គ្រ /smaq/ to volunteer

ឈរឈ្មោះ to be named as; to run (for elective office)

សូមជ្រាបថា bear in mind that (lit: please understand that)
ក្រសួងមានសមត្ថកិច្ច department in charge, authorities concerned
ហាណូយ Hanoi

ពាក្យសុំ application

រេស៊ីដង់ស៊ុយពេរីយើ (Fr. Résident Supérieur)
រងកម្មវេទនា /rɔɔŋ kam-weetəniə/ to suffer, undergo suffering
ញាក់ស្បាត terror-stricken

ភ្ញាក់ស្មារតី to awaken, become aware
ស្រុកខ្មែរ name of a newspaper

ឈ្មោះ [someone] named

សានយ៉េណេវ៉ុង (personal name)

ធ្វើ to manage, to handle

និយាយអង្វរ to request (of)

អ៊ុក - សេន (personal name)

ធម្មការ (Ministry of) Religion

ទៅទល់នឹង up until

វត្តលង្កា /wŏət laŋkaa/ Vat Langka

បក to translate

នានាប្រទេស foreign, abroad, various countries
ផ្សារស៊ីទ្រូប name of a section of Phnom Penh (lit: Hoaxing Market)
អាចារ្យហែម - ចៀវ (personal name)

អតីត /qadɨt/ formerly, in the past
ត្រសក់ផ្អែម name of a street (lit: Sweet Cucumber)
ពិទូរ្យ title (lit: Lapis lazuli)

ក្រសេម (pers. n.)

ញ៉ុក-ថែម Nhok Them (pers. n.)

ជុំ-មួង (pers. n.)

អៀង-សាយ (pers. n.)

ចុះកាសែត to put or publish in the newspaper

ខ្លឹមសារ meaning, depth, substance

សូត្រ to recite; here: to read

អង្គប្រជុំ quorum; meeting, assembly

ទើសទាក់ unpolished, inappropriate

ពាក្យពេចន៍ words, wording

អត្ថសេចក្ដី topic, theme

សមរម្យ /sam-rum/ appropriate

ដោយប្រការដូចម្ដេច in any respect, in any way

កែសម្រួល to smooth, to correct

លុបចោល to take out, cut out (lit: erase)

មធ្យ័ត /mattyat/ rigorous, careful, painstaking

ពិនិត្យពិច័យ to audit, to check

ធ្លោះធ្លាយ to slip up, make a mistake

សាជាថ្មី anew, again

តម្រៀប to set, compose (movable type)

ពុម្ព /pum/ a press

តម្រៀបអក្សរដាក់ពុម្ព compose type for the press

បោះ to print, to publish

រោងពុម្ព printing establishment, press

អាល្លីយ៉ែស name of a printing establishment

ប្រិតប្រៀន rigorous, careful

សំណៅ printer's proofs

ជាតម្រប់បីលើក (all of) three times

ហត្ថលេខា /hatthəleikhaa/ signature

ចុះហត្ថលេខា to sign

នួន-ប៊ុត Nuon-Bouth (pers. n.)

ប៊ុត-នាង Bouth-Neang (name of a bookstore in Phnom Penh)

ទីសំណាក់ការ headquarters

កាន់ការ to take charge

ជាប់រវល់ busy

គ្រឹះស្ថាន firm, company, place of business

គ្រឹះស្ថានហុងជ់កុង name of an automobile dealership in Phnom Penh

ដើងសារជំនួញ dealer, agent (usually of a foreign company)

ទីស្នាក់ការ (=ទីសំណាក់ការ)

វ៉ែរដង់ name of an avenue in Phnom Penh (Fr. Verdun; now March 18 Avenue)

មុខងារ duty, position

ប្រចាំការ full time (lit: to be on hand to watch over business)

ចៅ-ហុង (pers. n.)

នាទី duty, function

ហេរញ្ញិក(=ហិរញ្ញិក) /heiraññək/ treasurer

អ៊ឹម-សុខ (pers. n.)

លេខហារី clerk, messenger

អ្នករត់កាសែត paper boy

ក៏តាំង to proceed to (do something)

ស៊ុន-វ៉ាន់ (pers. n.)

ប៊ូ-ហ៊ិង (pers. n.)

មិនបានប៉ុន្មាន not very long, for a short time

សន្លឹក issue, copy

សេន cent

លក់ដាច់ to sell (successfully),

to move (of merchandise)

បញ្ចុះ to reduce, lower

លក្ខន្តិកៈ: /leə̆qkhantəkaq/ official charter, body of rules

ធនធាន /thŭən-thiən/ resources, funds

ដើមទុន capital (for investment)

គិតត្រូវគ្នាហើយ having agreed among themselves

ដើរ to move

មាឃវ៉ាន់ /maqkəwan/ name of a street in Phnom Penh

មាត់ទន្លេ bank of the river, waterfront

ផ្លិត a fan

ល្ហើយ to feel cool and pleasant (only by movement of air)

សេឡិចហោតិល name of a building

រង្គសាល theater

ឡារេស៊ួក name of a theater (Fr. La Resource)

គ្រោងការណ៍ plan (n)

មហា title of a learned monk, usually retained after leaving the priesthood

សម៉ន (pers. n.)

របេះ to fall away, fall off, leave

ឈ្នួល wages

រាជនិយម royalist; monarchism

ពួករាជនិយម royalists

កៀប to squeeze, to pressure

គម្រាម to threaten

កំហែង to threaten

រួញខ្លួន to back down, withdraw (lit: to shrink back, draw oneself up)

លែងសូវហ៊ាន no longer dared, rather unwilling

ចងចាំ to remember

ព្រះជន្ម /preə̆h-cŭən/ age (Roy)

ពិធីចម្រើនព្រះជន្ម birthday ceremony (Roy)

មុនីវង្ស Monivong (King of Cambodia 1927-40)

ត្រៀបត្រា in great crowds, spread around in great numbers

ខ្ញុំរាំង French collaborators (lit: French slaves)

ក្តី (=សេចក្តី)

ប្រណម្យ (=សំពះ) to greet with hands together (to royalty)

ដាក់មុខ to look down, to lower one's gaze respectfully

ហ្អែង you (derogatory)

IV. MISCELLANEOUS SHORT POEMS AND SONGS

៩. កាព្យសាស្ត្រខ្មែរ

(ដោយអ្នកនិពន្ធ)

កំណាព្យមានកន្លែងដ៏ធំទូលាយនៅក្នុងអក្សរសាស្ត្រខ្មែរ ។ បើនិយាយមែនទែនទៅ ស្ទើរតែមួយរយភាគរយនៃអក្សរសាស្ត្រគឺជាកំណាព្យ ។ ទោះនៅសម័យអង្គរក៏ដោយ ក៏គេនិយមកំណាព្យណាស់ដែរ ប៉ុន្តែនៅពេលនោះ ដោយហេតុស្រុកខ្មែរនិយមភាសាសំស្ក្រឹតថាជាភាសាថ្លៃថ្នូរ អ្នកនិពន្ធសិលាចារឹកប្រើភាសាសំស្ក្រឹតវិញក្នុងការសរសេរកំណាព្យ ។ ទាល់តែមកដល់សតវត្សទីដប់ប្រាំពីរ ទើបគេប្រើភាសាខ្មែរខ្លះជាកំណាព្យក្នុងការសាងសិលាចារឹក ។

ដូច្នេះដើម្បីនឹងក្រេបជញ្ជាក់នូវសោភ័ណនៃអក្សរសាស្ត្រខ្មែរ គេត្រូវការជាបឋមការដឹងយល់អំពី កាព្យសាស្ត្រខ្មែរ ។ ម្យ៉ាងទៀត ការដឹងយល់អំពីកាព្យសាស្ត្រ ជាការចាំបាច់បំផុត ពីព្រោះសំនៀងហើយនឹងចុងចួនជាប្រដាប់ដ៏សំខាន់បំផុតរបស់កវី ដើម្បីនឹងសំដែងការរំជួលចិត្តយ៉ាងលាយឡំគ្នានៅក្នុងកំណាព្យនិមួយ ៗ ។

ពាក្យប្រើក្នុងការពិពណ៌នាអំពីកាព្យសាស្ត្រ :

១. បទ

២. វគ្គ

៣. ឃ្លា

៤. ព្យាង្គ

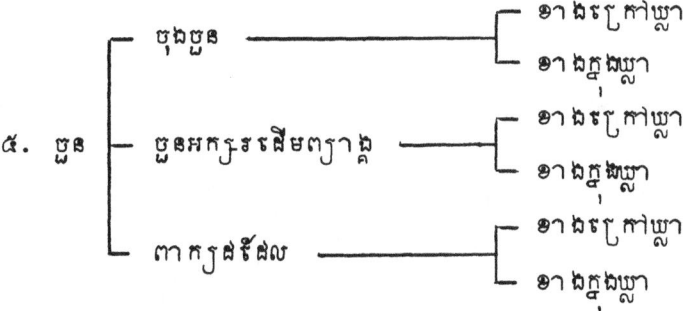

៥. ចួន
- ចុងចួន
  - ខាងក្រៅឃ្លា
  - ខាងក្នុងឃ្លា
- ចួនអក្សរដើមព្យាង្គ
  - ខាងក្រៅឃ្លា
  - ខាងក្នុងឃ្លា
- ពាក្យដដែល
  - ខាងក្រៅឃ្លា
  - ខាងក្នុងឃ្លា

៦. ចង្វាក់

៧. ពាក្យតក់

បទបុរាណ

នៅមុនសម័យក្រុងឧត្ដុង្គមានជ័យ គេប្រើតែបទប្រាំទេគឺ :

១. បទកាកគតិ

២. បទពំនោល

៣. បទភុជង្គលីលា

៤. បទបន្ទោលកាក

៥. បទព្រហ្មគីតិ

បទសម័យ

គេចាប់ប្រើនៅក្នុងរជ្ជកាលព្រះបាទអង្គដួងនិងព្រះបាទនរោត្តម ៗ បទដែលគេនិយមប្រើជាងគេនោះគឺ :

៦. បទជាប់ទង (ពាក្យ ៤)

៧. បទពាក្យ ៦ (បទកង្កែបលោតលើគោក)

៨. បទពាក្យ ៧ (សាមញ្ញ)

៩. បទនមោ

១០. បទកខ

១១. បទគោពីរស្នឹង

១២. បទនាគកៀវប្រកវាត់

១៣. បទអក្សរសង្វាស

១៤. បទកង្កែបលោតកណ្ដាលស្រះ

១៥. បទអក្សរលួន

១៦. បទស្រុកចិនវិលាស

១៧. បទត្រឡាចទ្វីងទ្រើង

១៨. បទម្កុរខ្លាក់កែវ

១៩. បទសោរចិនវិលាស

២០. បទថយក្រោយ

២១. បទជាប់ទង (ពាក្យ ៧)

២២. បទពាក្យ ៨ (សាមញ្ញ)

២៣. បទផ្កាឈូករីក

២៤. បទឆ័ត្របីជាន់

២៥. បទនាគបរិព័ន្ធ

២៦. បទត្រីពិធព័ន្ធ

២៧. បទនាគរាជវ័ល្លងឫទ្ធិ

២៨. បទក្របចក្រវាឡ

២៩. បទរមាំងដើរព្រៃ

៣០. បទយតិភង្គ

៣១. បទឈ្មាត់សបឹង

៣២. បទពាក្យ ៩ (សាមញ្ញ)

៣៣. បទរលកខ្ទប់ច្រាំង

៣៤. បទកង្កែបលោតស្លាក់ពេជ្រ

៣៥. បទសឡាបល្លូន

៣៦. បទព្រះចន្ទ្រាំងឆ័ត្រ

៣៧. បទសារថីទាញរថ

៣៨. បទសិង្ហតោលេងកន្ទុយ

៣៩. បទពាក្យ ១០ (សាមញ្ញ)

៤០. បទត្រឡាចឡើងទ្រើង (ពាក្យ ១០)

៤១. បទពាក្យ ១១

សញ្ញាផ្សេងៗ

O O O O O O O O O	:	ព្យាង្គ
________________	:	ចុងចួន
----------------	:	ចួនអក្សរដើមព្យាង្គ
-.-.-.-.-.-.-.-	:	ពាក្យដដែល

សេចក្តីបញ្ជាក់

កំណាព្យដែលយើងយកមកដាក់ធ្វើជាឧទាហរណ៍ យើងឥតមានបកប្រែពាក្យថ្មីឬពន្យល់ពាក្យពេចន៍ណាដែលមានន័យស្មុគស្មាញនោះទេ ។ បំណងធំរបស់យើងក្នុងការប្រើកំណាព្យខ្លីៗ ជាឧទាហរណ៍នោះ គឺគ្រាន់តែសម្រាប់បង្ហាញនូវការទាក់ទងរវាងពាក្យពេចន៍ទាំងឡាយ នៅក្នុងបទនិមួយៗ ហើយនិងរបៀបចាប់ចុងចួន ដែលនឹងជួបប្រទះនៅក្នុងសេចក្តីដកស្រង់ផ្សេងៗ នៅក្នុងសៀវភៅនេះ ចាប់ពីអត្ថបទនេះទៅ ។

១. បទកាកគតិ

បទកាកគតិនេះ ជួនកាលគេហៅថាបទពាក្យ ៤ ។ វគ្គនិមួយ ៗ នៃបទនេះមាន ៧ ឃ្លា ហើយឃ្លានិមួយ ៗ មាន ៤ ព្យាង្គ ។ ព្យាង្គទី ៤ នៃឃ្លាទី ១ ចួននឹងព្យាង្គទី ៤ នៃឃ្លាទី ២ ព្យាង្គទី ៤ នៃឃ្លាទី ៣ ចួននឹងព្យាង្គទី ៤ នៃឃ្លាទី ៥ នឹង ៦ ។ ព្យាង្គទី ៤ នៃឃ្លាទី ៤ ចួននឹងព្យាង្គទី ២ នៃឃ្លាទី ៥ ។ ព្យាង្គទី ៤ នៃឃ្លាទី ៧ ចួននឹងព្យាង្គទី ៤ នៃឃ្លាទី ៣ នៃវគ្គបន្ទាប់ ។

កាកគតិមានន័យថា ដំណើរក្អែក ។ បទនេះមានដំណើរទន្ទ្លើន ៗ ទំនងដូចជាក្អែកដើរឬលោត ។ គេប្រើបទកាកគតិសម្រាប់រៀបរាប់ពិពណ៌នាទូទៅ ឬធ្វើការសន្ទនាធម្មតា ។ បទនេះជាបទខ្មែរបុរាណ មានប្រើតាំងពីសម័យអង្គរមក ។

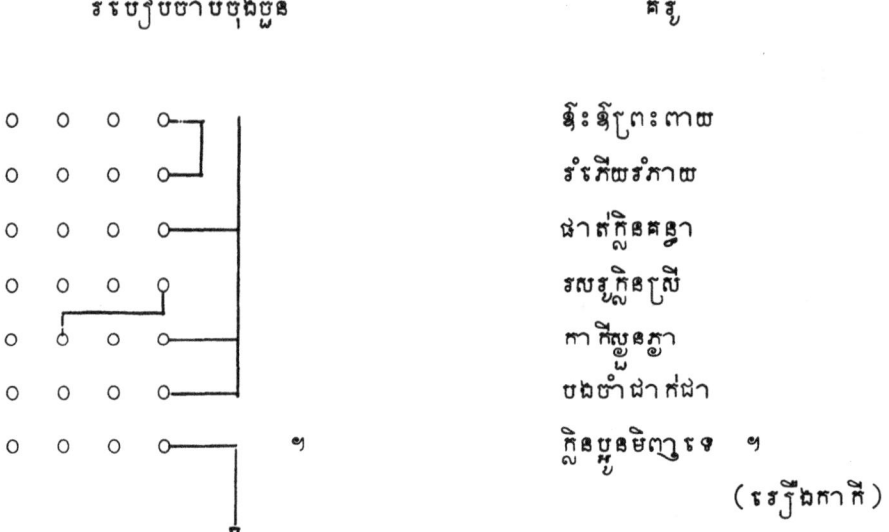

របៀបចាប់ចុងចួន

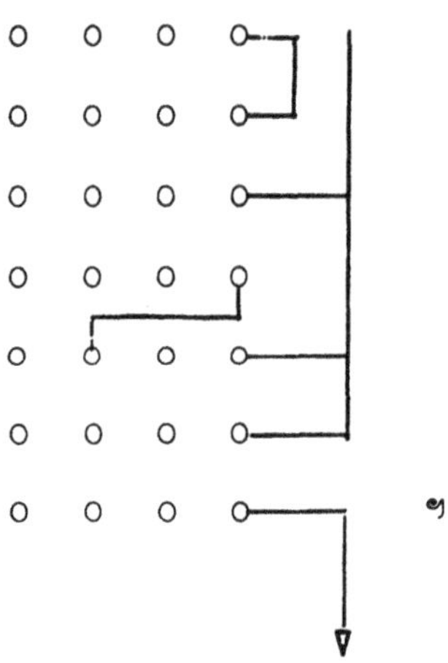

គំរូ

ឱ៎ះឱ៎ព្រះពាយ
រំភើយរំភាយ
ផាត់ក្លិនគន្ធា
រសន្លួក្លិនស្រី
កាកីស្ងួនភ្ងា
បងចាំជាក់ជា
ក្លិនប្អូនមិញទេ ។

(រឿងកាកី)

២. បទពំនោល

បទពំនោលនេះក៏ជាបទខ្មែរបុរាណដែរ ។ ក្នុងចំណោមបទខ្មែរបុរាណទាំងប្រាំ មានតែបទនេះមួយទេ ដែលមានឈ្មោះជាពាក្យខ្មែរសុទ្ធ ។ 'ពោល' មានន័យថា : និយាយ ស្តី ថ្លែង ឬសំដែង ។ ក្នុងបទពំនោល វគ្គនិមួយ ៗ មានបីឃ្លា : ឃ្លាទី ១ មាន ៦ ព្យាង្គ ឃ្លាទី ២ មាន ៤ ព្យាង្គ ឃ្លាទី ៣ មាន ៦ ព្យាង្គ ។ ព្យាង្គទី ៦ នៃឃ្លាទី ១ ចួននឹងព្យាង្គទី ៤ នៃឃ្លាទី ២ ។ ព្យាង្គទី ៤ នៃឃ្លាទី ២ ចួននឹងព្យាង្គទី ២ នៃឃ្លាទី ៣ ។ ព្យាង្គទី ៦ នៃឃ្លាទី ៣ ចួននឹងព្យាង្គទី ៦ នៃឃ្លាទី ១ នឹងព្យាង្គទី ៤ នៃឃ្លាទី ២ នៃវគ្គបន្ទាប់ ។

គេប្រើបទនេះសម្រាប់រៀបរាប់អ្វី ៗ ដែលមានចលនាខ្លាំង ដូចជាចម្បាំងរាំងជល់

ការឈ្លោះទាស់ទែងជេរប្រទេចគ្នា ខ្យល់ព្យុះបក់ច្រាក ឬកំហឹងកំហល់ជាដើម ។ គេច្រើនប្រើបទនេះដែរ សម្រាប់បង្ហាញឬទ្ធានុភាពនៃតួអង្គក្នុងរឿងណាមួយ ។

របៀបចាប់ចុងចួន — គំរូ

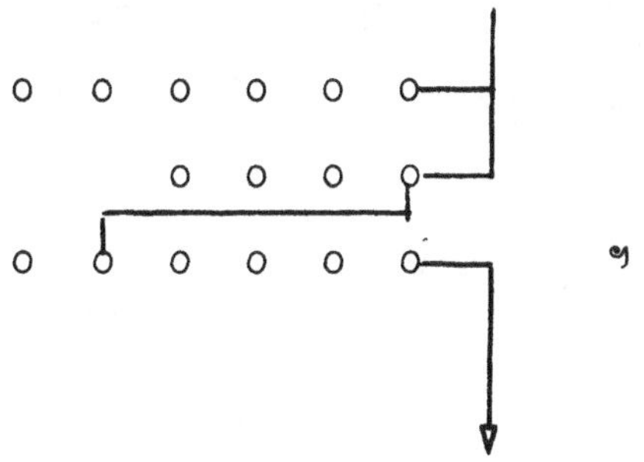

ស័ព្ទស្រែកស្ទើរបែកប្រថពី
ផុយផង់ធូលី
ធរណីសឹងទ្រោមទ្រុឌទោង ។

(រឿងពុទ្ធិសែន)

៣. បទភុជង្គលីលា

'ភុជង្គ' មានន័យថា : 'នាគ' ហើយនឹង 'លីលា' មានន័យថា : 'ដើរ' ភុជង្គលីលាបានសេចក្ដីថា នាគដើរឬនាគលូន ។ ក្នុងបទភុជង្គលីលា វគ្គនិមួយៗ មានបីឃ្លា ។ ឃ្លាទី ១ មាន ៦ ព្យាង្គ ឃ្លាទី ២ នឹងឃ្លាទី ៣ មាន ៤ ព្យាង្គ ។

បទភុជង្គលីលាមានសម្លេងទន់ភ្លន់ ផ្អែមល្ហែម ល្វតល្វត មានទំនងដូចជានាគឬពស់លូន ។ គេប្រើបទនេះសម្រាប់រៀបរាប់ការសប្បាយរីករាយ រៀបរាប់ទៃព្រៃព្រឹក្សា ឬធម្មជាតិផ្សេងៗ ។

របៀបចាប់ចុងចួន — គំរូ

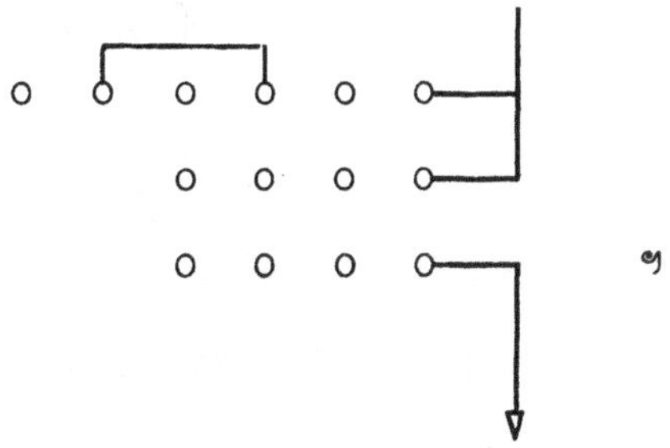

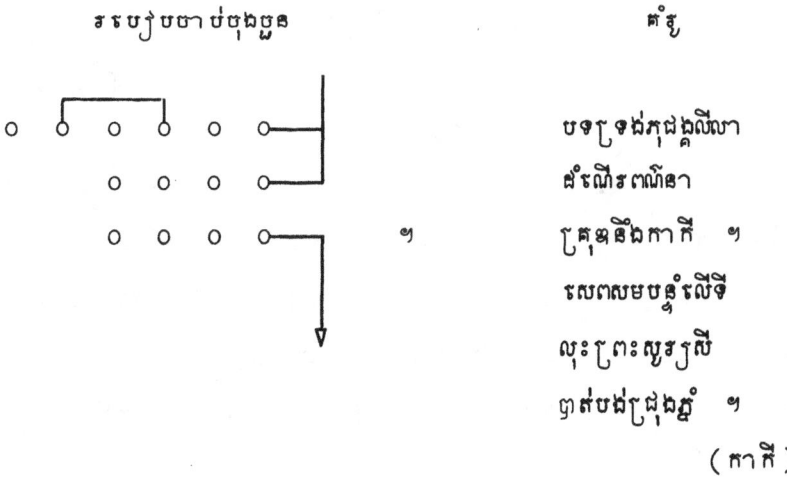

បទទ្រទ់ភុជង្គលីលា
ដំណើរពណ៌នា
គ្រុឌនឹងកាកី ។
សេពសមបន្ទំលើទី
លុះព្រះសូរ្យសី
ច្បាត់បង់ជ្រុងភ្នំ ។

(កាកី)

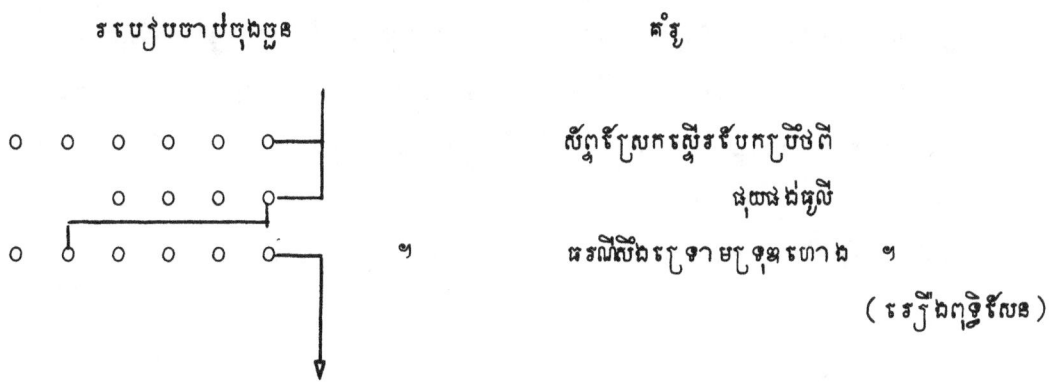

៤. បទបន្ទោលកាក

គេតែងសន្មតថា 'បន្ទោលកាក' ក្លាយមកពីពាក្យ 'មណ្ឌូកគតិ' ដែលមានន័យថា : 'ដំណើរកង្កែប' ។ ការសន្មតនេះសមណាស់ ព្រោះសំនៀងនៃបទនេះមានដំណើរយារដៃវែង ៗ កញ្ឆក់ ៗ ទំនងដូចជាកង្កែបលោតផែន ។ វគ្គនិមួយ ៗ នៃបទបន្ទោលកាកមាន ៤ ឃ្លា ។ ឃ្លាទី ១ មាន ៤ ព្យាង្គ ឃ្លាទី ២ មាន ៦ ព្យាង្គ ឃ្លាទី ៣ មាន ៤ ព្យាង្គ ហើយនិងឃ្លាទី ៤ មាន ៦ ព្យាង្គ ។ ព្យាង្គទី ៤ នៃឃ្លាទី ៣ អាចនឹងចួននឹងព្យាង្គទី ២ ទី ៣ ឬទី ៤ នៃឃ្លាទី ៤ ។

គេប្រើបទនេះក្នុងការឆ្លើយឆ្លងគ្នា ការនិយាយប្រកិចប្រកើមដាក់គ្នា ។

របៀបចាប់ចុងចួន	គំរូ
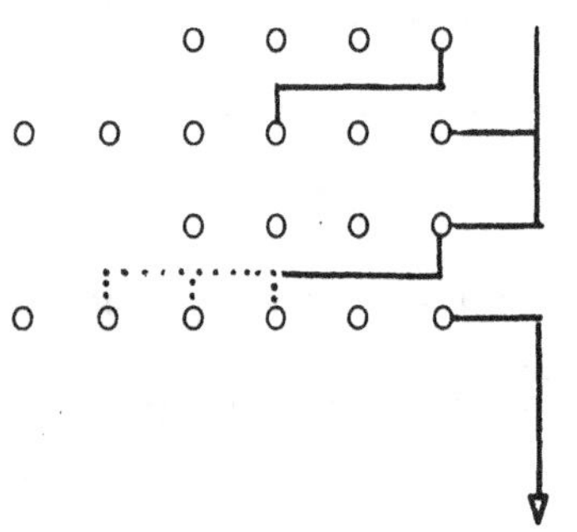 ។	ថ្លែងដោយទំនង ដំណើរត្រីផងយាត្រា ពេបនិងដុចណា ត្រីប្រែកថារើយចៀសចេញ ។ ដុចថាអះអើ បុណ្យអ្នកនេះតើម្តេចមិញ ក៏មកប្រើអញ ចៀសចេញឲ្យអ្នកជាល្បែង ។

(ដុចនិងត្រីជួបគ្នា)

៥. បទព្រហ្មគីតិ

'ព្រហ្មគីតិ' មានន័យថា 'ចម្រៀងព្រះព្រហ្ម' ។ បទនេះមានសំនៀងលន្លង់លន្លោចណាស់ ។ វគ្គនិមួយ ៗ មាន ៤ ឃ្លា ។ ឃ្លាទី ១ មាន ៥ ព្យាង្គ ឃ្លាទី ២ មាន ៦ ព្យាង្គ ឃ្លាទី ៣ មាន ៥ ព្យាង្គ ហើយនិងឃ្លាទី ៤ មាន ៦ ព្យាង្គ ។

គេប្រើបទនេះសម្រាប់ថ្លែងសេចក្តីទុក្ខសោក ដំណើររអាក់រអួលក្នុងចិត្ត ការដំអូញ ឬពាក្យបណ្តែបណ្តាំ ។

របៀបចាប់ចុងចួន　　　　គំរូ

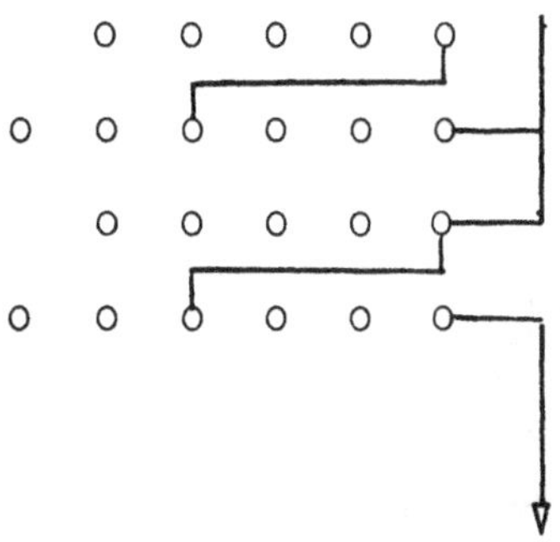

ៗ

ស្តេចគន់ស្តេចគិតឆ្ងល់
បទពុំយល់វរជាយា
ផណ្តឹងស្នំស្នេហា
នាងទៅណាច្បាស់ពុំយល់ ៗ
អស់ស្រីសឹងស្លាំងកាំង
ភ័យភិតភាំងរករបល់
រត់រកនាងនិម៌ល
សព្វមន្ទីមណ្ឌលា ៗ

(កាកី)

៦. បទជាប់ទង (ពាក្យ ៤)

របៀបចាប់ចុងចួន　　　　គំរូ

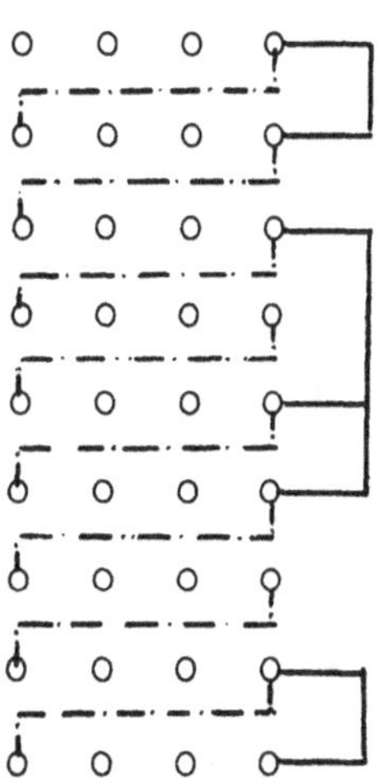

ៗ

របរជាតិខ្មែរ
ខ្មែរយើងគួរតែ
តែជួយទិញគ្នា
គ្នាលក់មិនទិញ
ទិញឯចិនជា
ជាជាតិខុសគ្នា
គ្នាយើងធ្លាក់ក្រ ៗ
ក្រសេដ្ឋកិច្ច

៧. បទពាក្យ ៦

ឬ

បទកង្កែបលោតលើគោក

របៀបចាប់ចុងចួន

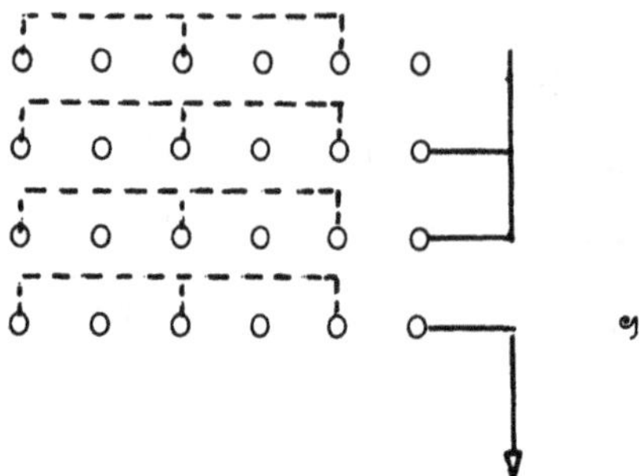

គំរូ

រឹងរែករេតិតរឹតកាញ់
មនោអាក់ម្នាក់អញ្ញម្ញញអួល
ពោះខ្លាញ់ពេញខ្នោះពោះខ្វល
ហៀវអួលហួលឯងរីហងអង្គ ។

៨. បទពាក្យ ៧ (សាមញ្ញ)

បទពាក្យ ៧ នេះមានរបៀបចាប់ចុងចួន ៤ យ៉ាងដែលគេអាចប្រើលាយឡំគ្នា ក្នុងការតែងកំណាព្យ ។

របៀបចាប់ចុងចួន

គំរូ

ក.

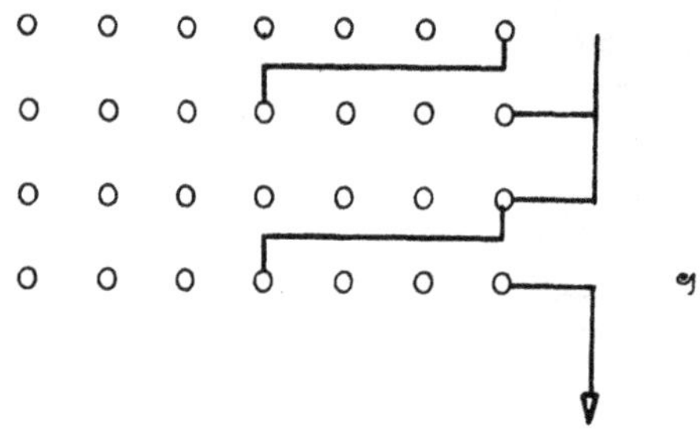

ដើរដោយវាលវែងស្រែងដុះស្រោ
ទន់ទាបសុរិយាយាត្រាកាត់
មៀងមើលមេឃមីពពកសាត់
ដូចកលបងខ្វាត់ពីទាវមក ។

(ទុំទាវ)

ខ.

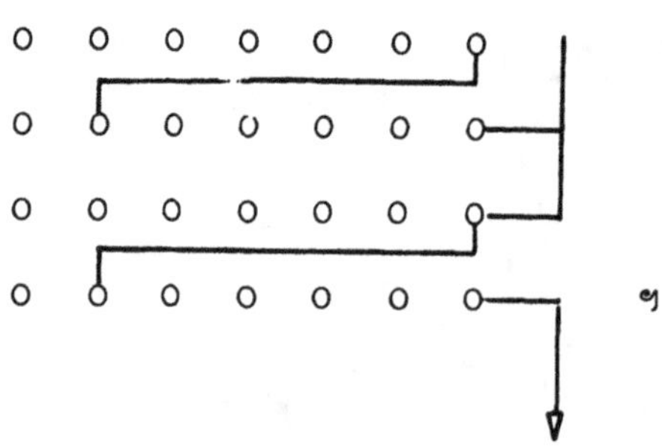

កាលនោះគោបាលជាស្វាមី
នាងស្រីត្រឡប់ពីព្រឹកក្រា
ឃ្វាលគោមកជិតដល់គ្រឹហា
ភរិយាឃើញហើយក៏ផ្តោះផ្តង ។

(រឿងភរិយាគោបាលនិងសហាយពីរនាក់)

គ. 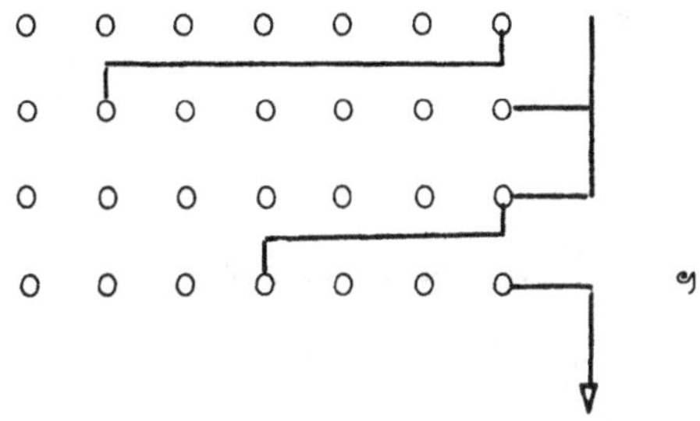

មើលភ្នំធំធេងវែងរលីក
មើលទឹករលករលាមសាយ
មើលដីដីដុះវែងអន្លាយ
មើលមេឃខ្ពស់ឆ្ងាយដូចឆ្ងាយស្រី ។

(សេកសារិកា)

ឃ. 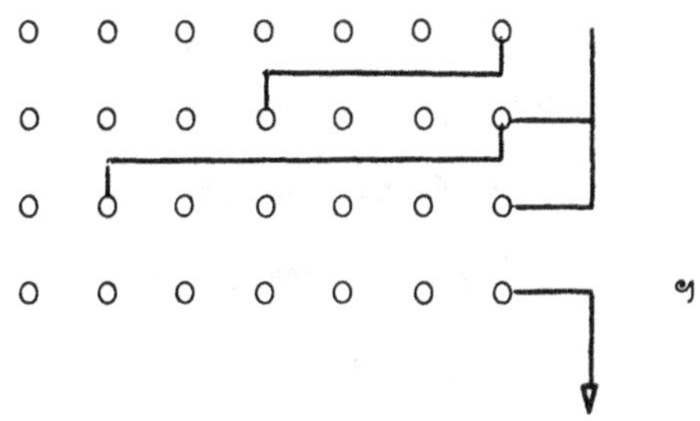

គួរលះបង់កាមឲ្យស្រឡះ
ថាបើមានះទប់ពុំជិត
គួរសេពភរិយាអាត្មាពិត
ផ្តេកផ្តិតតែមួយប៉ុណ្ណោះបាន ។

៩. បទនមោ

របៀបចាប់ចុងចួន

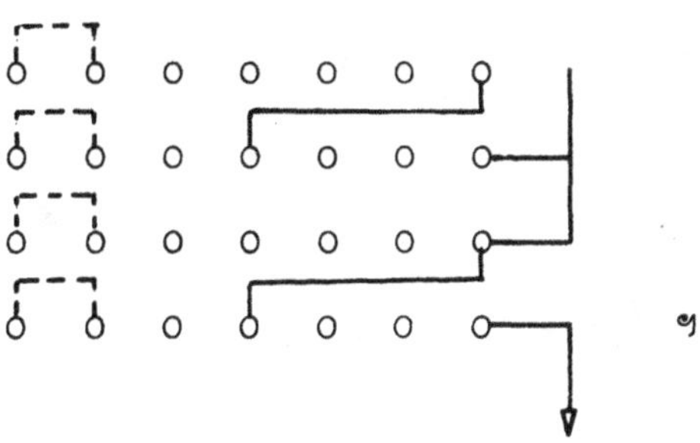

ន នែនាងនោះកូនអ្នកណា
មោ មើលមុខថ្លាសល្អះ
ពុ ពង្រវង្រាមិនស្គាល់ច្បះ
ទ្ធា ធនធានប្រកាសប្រែកលគ្រាន់បើ ។
យ យល់យប់នេះរេះចង់ដឹង
សិ សួរដំណឹងតាមដំណើរ
ទ្ធំ ធាត់កត់ឈ្មោះពិគ្រោះស្មើរ
អ អស់អ្នកដើរដេកនៅជិត ។
អា អញ្ញស្រឡាញ់នាងនេះណាស់
ឥ ឥតមានផ្លាស់ប្រែគំនិត
ឦ ឦភ្លេចអស់មិនមានគិត
ឧ ឧកឡុកវិតវិលវល់ចិត្ត ។

។ល។

១០. បទកខ

របៀបចាប់ចុងចួន

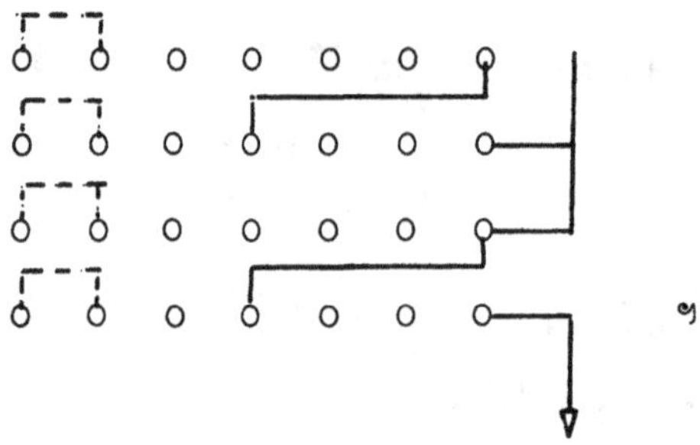

គំរូ

ក កើតជាមនុស្សក្នុងលោកិយ
ខ ខំឃ្លាតខ្ចីរករៀនធ្វើ
គ គិតឱ្យគ្រប់សព្វអន្លើ
ឃ ឃើញអំពើពេញជាមនុស្ស ។
ង ងាកឆ្វេងស្តាំមើលគេឯង
ច ចេះចាត់ចែងបែងឱ្យផ្លុះ
ឆ ឆើតកើតការយ៉ាងណានោះ
ជ ជាតិជាមនុស្សឱ្យដូចគេ ។
ឈ ឈានជើងដើរគិតជញ្ជឹង
ញ ញើតរឹលរឹងបើទំនេរ
ដ ដើរទៅណាឥតការទេ
ឋ ឋិតឋានថេររៀបចំផ្ទះ ។
។ល។

១១. បទគោព័ទ្ធញ្ញឹង

របៀបចាប់ចុងចួន

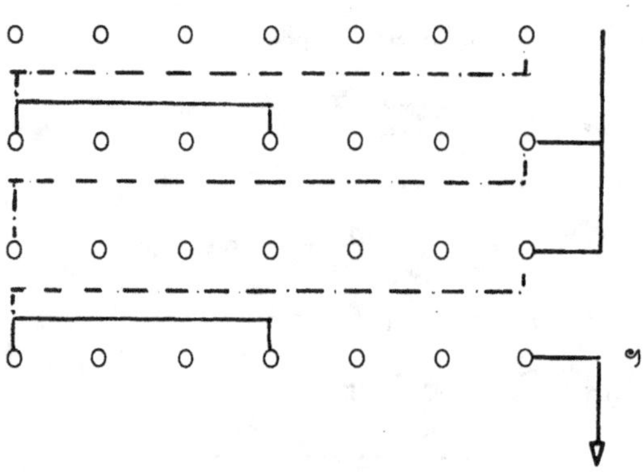

គំរូ

ស្រីល្អែងតែងតួចង់គួរគាប់
គាប់ចិត្តទំលាប់រាប់រកប្រាក់
ប្រាក់កាសក្រដាស់ប្តូលុយកាក់
កាក់ក្រក៏ធ្លាក់ហាក់មានក្រែល ។
ក្រែលគ្រាន់បើដែរបើប្រុសឆោត
ឆោតមិនពិសោធមើលក្រវែល
ក្រវែលវាជាល្អដូចដែល
ដែលដូចល្អក្រែលក្រាសដោយមេ្សា ។

១២. បទនាគកៀវក្រវាត់

របៀបចាប់ចុងចួន

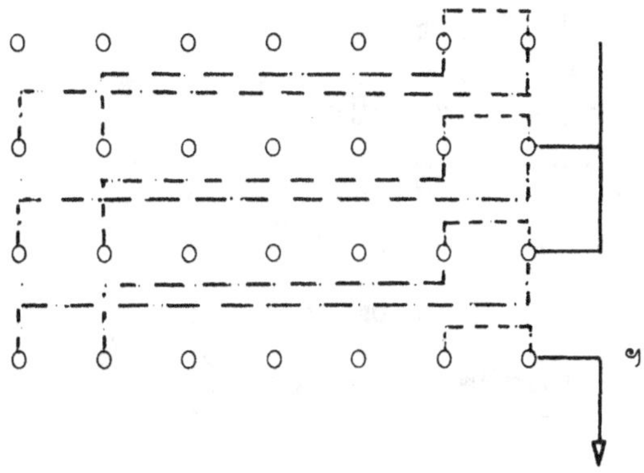

គំរូ

ស្រីញីចិត្តពីរនាំបែកចាក់
ចាក់បែកចិត្តស្ម័គ្រមិនស្មោះស្មាន
ស្មានស្មោះអស់ពីពោះប្រុងប្រាណ
ប្រាណប្រុងរាប់អានមិនលែងលះ ៗ

១៣. បទអក្សរសង្វាស

របៀបចាប់ចុងចួន

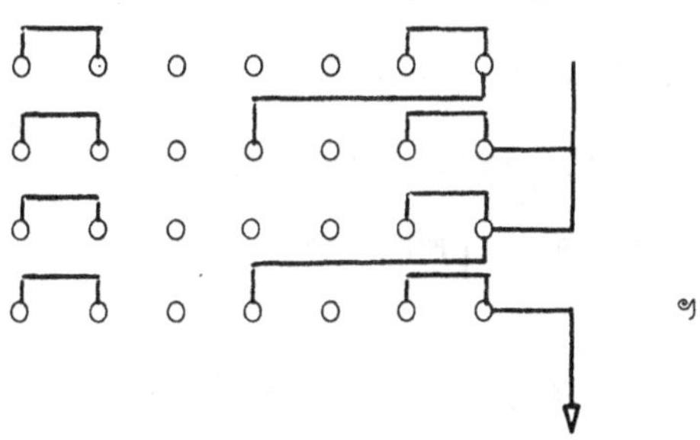

គំរូ

បងប៉ងយូរហើយនឹកថាការ
បានប្រាណកាលណានឹងបីស្រី
ច្រៀងផ្ទៀងបំពេបទថ្មីខ្លី
ផ្អមបមពោលបីស្រីសល្អ ៗ
ពៅទៅមិនមានប្រាប់បងផង
ចិត្តគិតស្នេហ៍ស្នងគូស្រករ
ប្តីសីមានទៀតឆ្លៀតត្រជរ
គេចភ្លេចបងក្រអូនឃ្លានមាន ៗ

១៤. បទកង្កែបលោតកណ្ដាលស្រះ

របៀបចាប់ចុងចួន

គំរូ

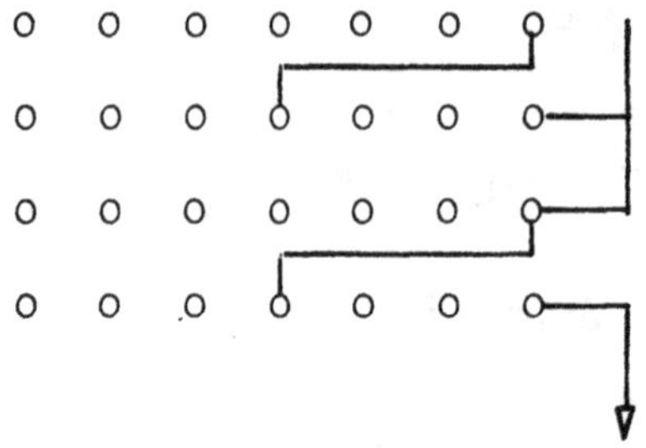

។

បងដើរបើដឹងទឹងនឹងបង
គិតម្ដេចគេចម្ដងបងភ្លេចគិត
មិត្តរកមករង់គង់ជួបមិត្ត
ដើរពេកដេកពិតគិតវែងដើរ ។

(អៀងសាយ 'មេកាព្យ')

ឃ្លាទាំងអស់មានចួនខាងក្នុងឃ្លាដូចគ្នាទាំងអស់ - ដូចមានខាងក្រោមនេះ :

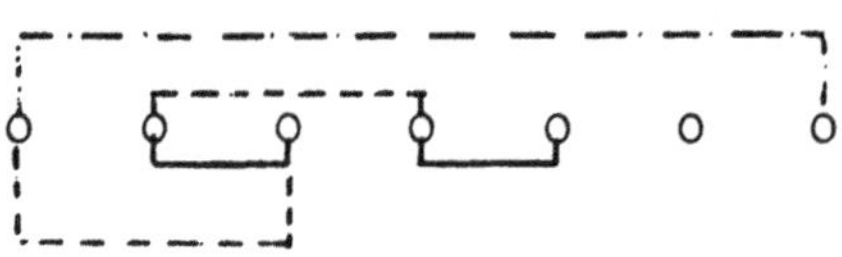

។

១៥. បទអក្សរល្បឿន

របៀបចាប់ចុងចួន

គំរូ

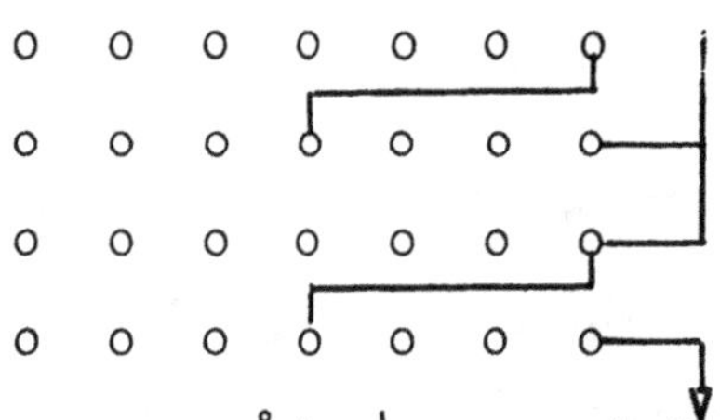

។

រើងរៀមរឹងរែងរិះរៀងរាល់
ទោទន់ទុក្ខទ័លទៀតទៀងទាត់
សុបសៅសើបសួរសង្ក្រាសត្វ
កែកកាត់កាមក្ដួចកែកក្ដិកាយ ។

ឃ្លាទាំងអស់មានចួនខាងក្នុងឃ្លាដូចគ្នាទាំងអស់ - ដូចមានខាងក្រោមនេះ :

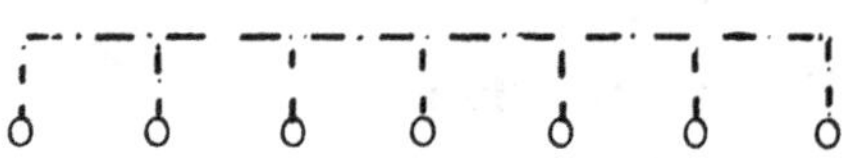

។

១៦. បទស្រុកទិនទីលាស

របៀបចាប់ចុងចួន

គំរូ

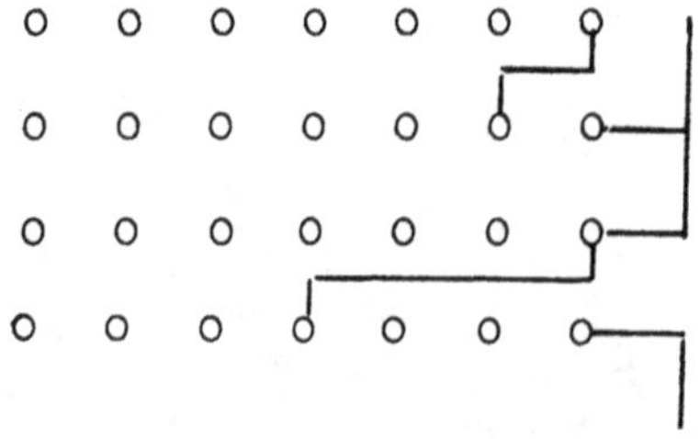

នែនកែវទេវលក្ខណ៍ភក្ត្រនិម៌ល
កែវបងយាងផ្ដុំស្ដុបស្ដល់ប្រាណ
ស្ងួនភ្ងាបើកទ្វារនិទ្រាបងញាន
ឃើញមុខកល្យាណបងនឹងលា ។

កែវ បងមិនគួរធ្វើឲ្យខ្នោះ
បងនឹកអាល័យស្រណោះណា
សូមធ្វើជាប្ដីស្រីពុំងា
ឃើញជារងាគ្រាម្ដងហ្នឹង ។

១៧. បទត្រឡាចឡើងទ្រើង

របៀបចាប់ចុងចួន

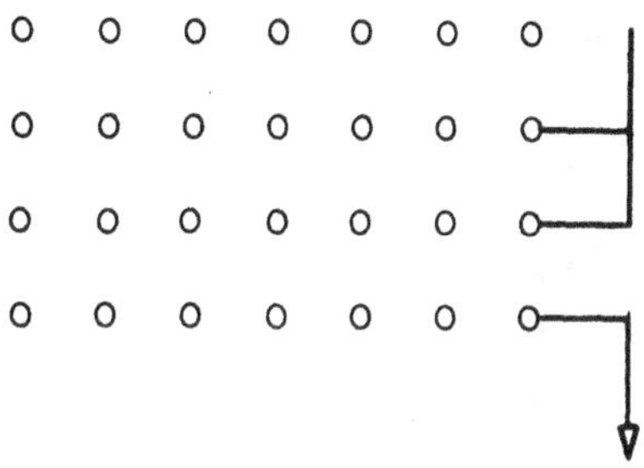
។

គំរូ

ចួបចួននួនអ្នកជាក់នែនបង្ហួប
នៅឃួបចួបឃិតនិត្យ ឃើញនៅ
ពៅស្និទ្ធពិតស្នាលពាលស្នេហ៍ពៅ
គិតចង់ណ្គុ យ៉ៅ នៅ តែគិត ។
ចិត្តណែនសែនឆ្អួលក្ដួលក្នុងចិត្ត
មិត្តខូចដូចខ្មោចទោចដូចមិត្ត
ក្ដៅ ចិត្តជ្បិតចា កលា កចិត្តក្ដៅ
ផ្ដល់ទុក្ខមុខផ្ដួលឆ្អួលច្រទង់ផ្ដល់ ។

ឃ្លាទាំងអស់មានចួនខាងក្នុងឃ្លាដូចគ្នាទាំងអស់ - ដូចមានខាងក្រោមនេះ :

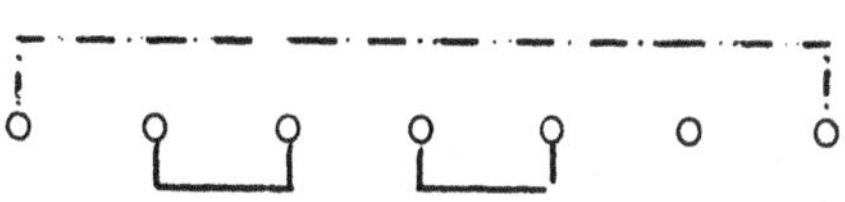
។

១៨. បទម្កុរខ្លាក់កែវ

របៀបចាប់ចុងចួន

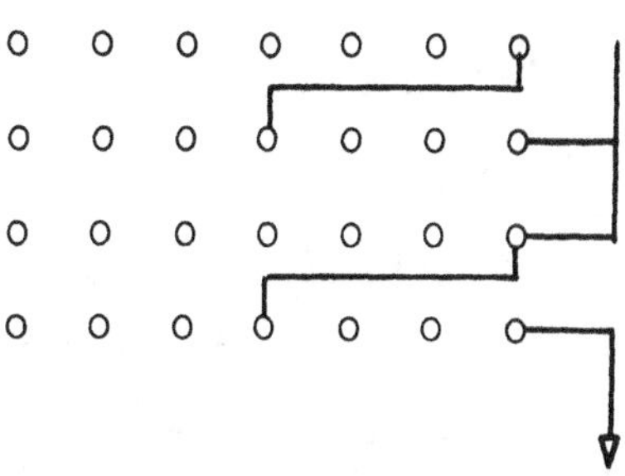
។

គំរូ

ស្ងៀមនៅឬនឹកមិននៅស្ងៀម
រឹតរឹងមុខរៀមរាគរឹងរឹត
គិតម្ដងចង់កាត់នឹកម្ដងគិត
បានម្ដេចចូលជិតធ្វើម្ដេចបាន ។

ឃ្លាទាំងអស់មានចួនខាងក្នុងឃ្លាដូចគ្នាទាំងអស់ - ដូចមានខាងក្រោមនេះ :

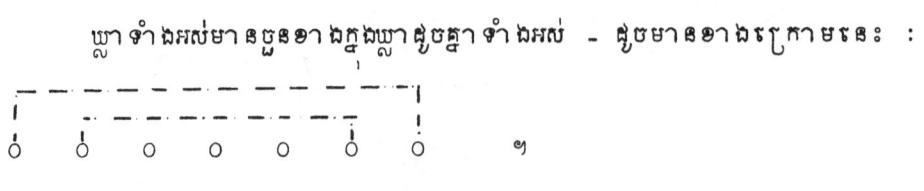

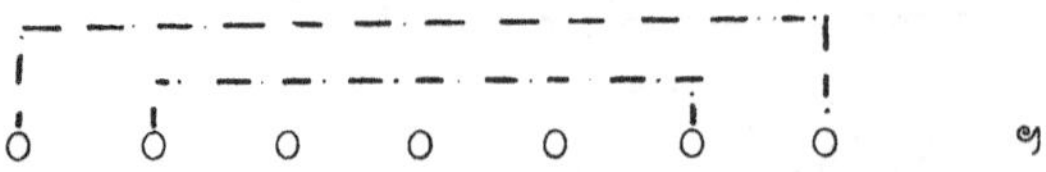

១៩. បទសោរទិនវិលាស

របៀបចាប់ចុងចួន | គំរូ

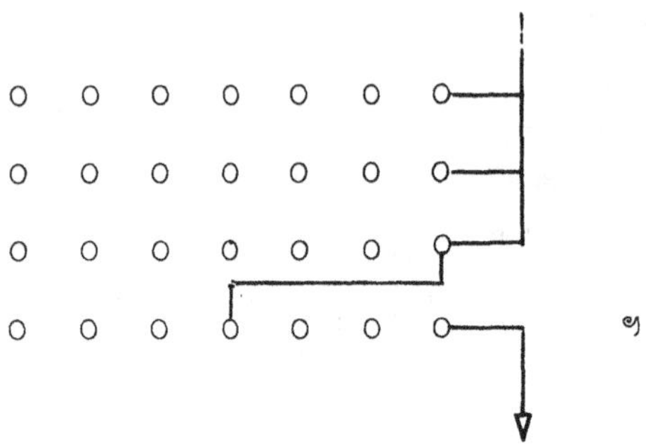

គូអើយគូព្រេង ៗ វាសនា
បងមិនលួងលោមទេកល្យាណី
បញ្ឆោតភូតភរគូស្នេហា
ឱ្យខូចអសារបានទុក្ខា ។
បងស្បថជូនអ្នកមិនគួរណា
លន់តួតាមទោសឱ្យកនិដ្ឋា
ឆ្លងល្អងជាស្តេចក្រងសីមា
ម្តេចគ្មានពនិតានឹងរួមរ័ក្ស ។

២០. បទថយក្រោយ

របៀបចាប់ចុងចួន | គំរូ

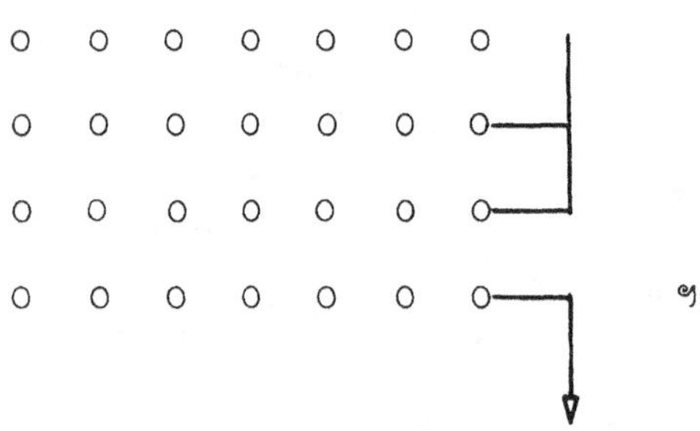

បងបានអូនមកដល់ធូរចិត្ត
ស៊ូទ្រាំផ្តេកផ្តិតគិតគ្រងគូ
គូគ្រងគិតផ្តិតផ្តេកទ្រាំស៊ូ
ចិត្តធូរដល់មកអូនបានបង ។
ស្មោះស្ម័គ្រចិត្តពិតគិតប៉ងជាប់
សងសូមរៀបរាប់តាមស្នេហ៍ស្នង
ស្នងស្នេហ៍តាមរាប់រៀបសូមសង
ជាប់ប៉ងគិតពិតចិត្តស្ម័គ្រស្មោះ ។

ដោយបទថយក្រោយមានរបៀបចួនខាងក្នុងឃ្លាយ៉ាងស្មុគស្មាញពេក ពាក្យនិមួយ ៗ ត្រូវយកលេខមកជំនួសវិញ ។ ពាក្យណាដែលមានលេខដូចគ្នាបានន័យថាប្រើពាក្យដូចគ្នា ឬពាក្យដដែល ។

១	២	៣	៤	៥	៦	៧	
៨	៩	១០	១១	១២	១៣	១៤	
១៤	១៣	១២	១១	១០	៩	៨	
៧	៦	៥	៤	៣	២	១	ៗ

២១. បទផាប់ទង (ពាក្យ ៧)

របៀបចាប់ចុងចួន គំរូ

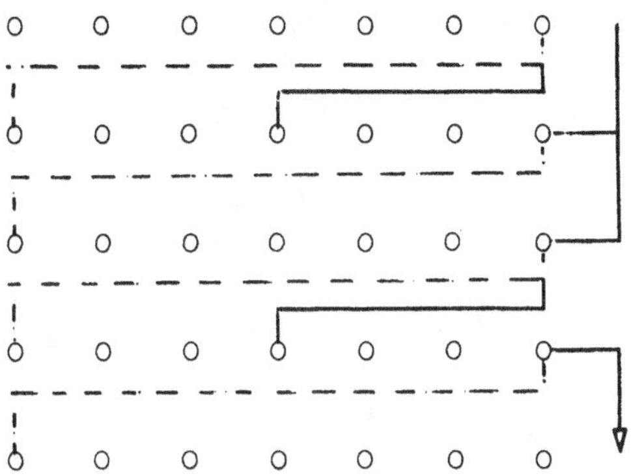

ការងារទាំងអស់ពិបាកធ្វើ
ធ្វើបែបភ្លីភ្លើមិនកើតការ
ការធំ កុលាបមានបន្លា
បន្លានោះណាតែងតែមាន ៗ
មានស្រីមានក្ដីស្នេហាព្រម
ព្រមទាំងធាត់ស្គមតែងស្រេកឃ្លាន
ឃ្លានស្រេកតណ្ហាកុំថាគ្មាន
គ្មានស្រីណាហ៊ានកាត់តណ្ហា ៗ

២២. បទពាក្យ ៨ (សាមញ្ញ)

របៀបចាប់ចុងចួន គំរូ

ក. 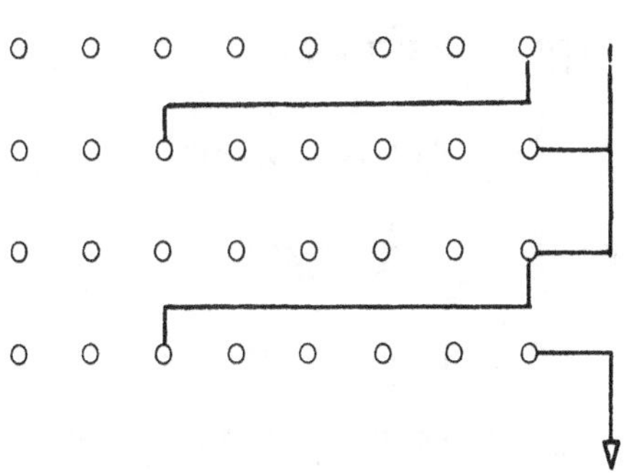

ទៀមកាត់វាលកាត់ព្រៃរត់មកពឹង
លើព្រលឹងស្រស់ស្ងួននិមនួនល្អង
ធ្វើកន្តើយពុំមានអាសូរបង
គួរកុំហ្លួងបំណាច់បងស្នេហា ៗ
(ទិព្វសង្វារ)

ខ. 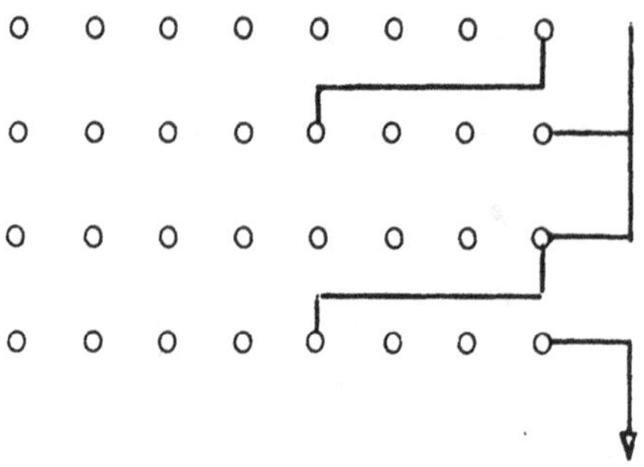

យើងថាខាងយើងត្រូវខាងគេខុស
គេក៏ថាឯចុះដូចយើងដែរ
អ្នកមានប្រាជ្ញាពិតគិតបន្ថែ
មិនហ៊ានទៅត្អូញត្អែរតែដដែល ៗ

គ. 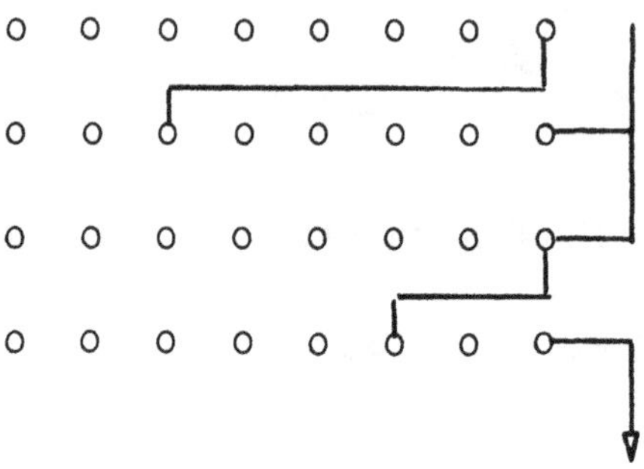 ៗ

យកស្រឡាញ់មិនត្រូវអង្គក្សត្រី
ដោយសិល្បជ័យទំរង់លង្ការថ្កាន
ព្រះឥស្សរប្រសិទ្ធិឱ្យកល្យាណ
ធ្វើម្តេចមិនត្រូវប្រាណកែវកល្យាណី ៗ
(ទិព្វសង្វារ)

ឃ. 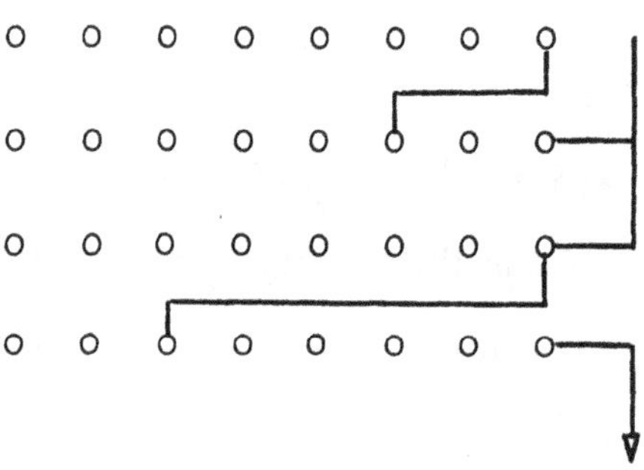 ៗ

ព្រះនាងដកមិនរួចដោះទំរង់
កើតជាចក្រចោលរឹងឯនភី
ត្រូវសុរងចិត្តនុរាជអាប់រិទ្ធី
ក្រ័យជីវីដាច់ក្បាលធ្លាក់ដល់ដី ៗ
(ទិព្វសង្វារ)

២៣. បទផ្កាឈូករីក

របៀបចាប់ចុងចួន

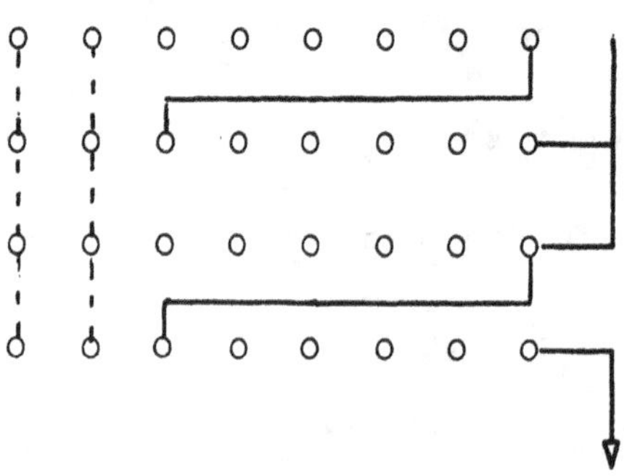 ៗ

គំរូ

ចៅល្អនលាដីរលើបរលីងយង់
ចៅល្អវង្សហនុពង្សដូចកុងលាយ
ចៅល្អឱសប៉ប្រឹមញញឹមព្រាយ
ចៅល្អជាយចុងសោតយានត្រយង់ ៗ
ចៅល្អកយានស្រួលទៀបទកប្រៀបក្រ
ចៅល្អសដូចសុវណ្ណហង្ស

ចៅល្អក្ណដូចកលង្កា បុស្សបុគ្គ
ចៅល្អវង្សវិលាសរាបររបៀបរ៉ៃ ។

២៤. បទឆ័ត្របីជាន់

របៀបចាប់ចុងចួន — គំរូ

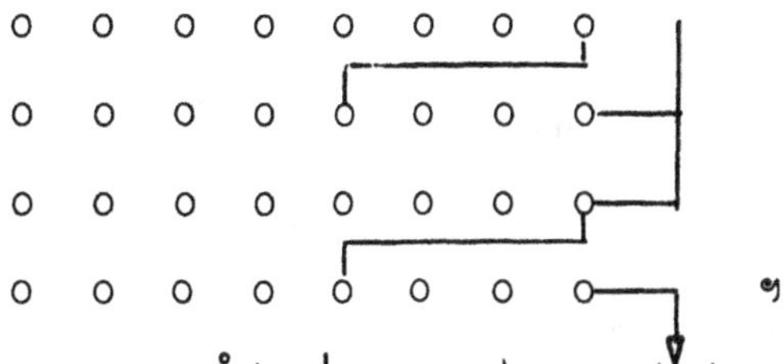

កម្មអើយនិ៍ហេតុម្ដេចនិ៍អើយកម្ម
សៅហ្មងមុខទុក្ខសាំមុខហ្មងសៅ
នៅឯងឯកវិវេកអង្គឯកឯងនៅ
តឹងរឹងក្រខ្វួងរោលក្ដៅក្រខ្វួងរឹងតឹង ។

ឃ្លាទាំងអស់មានរបៀបចួនខាងក្នុងឃ្លាដូចគ្នាទាំងអស់ - ដូចមានខាងក្រោមនេះ :

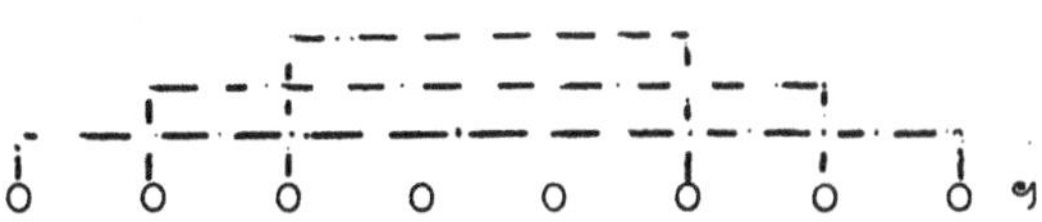

២៥. បទនាគបរិព័ន្ធ

របៀបចាប់ចុងចួន — គំរូ

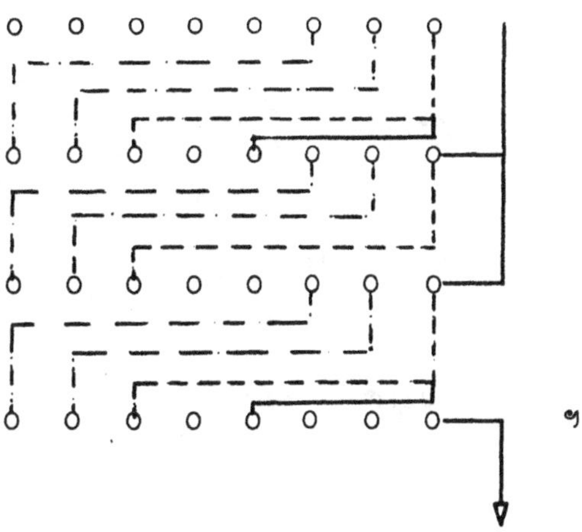

មេឃមិនខ្ទិមទាបស្រទំទន់
ស្រទំទៅតយគន់ពពកដាស់
ពពកដុំដូចភ្នំខៀវខាប់ក្រាស
ខៀវខាប់ទីក្រទីថ្ងៃប្រាសប្រែបលិចបាត់ ។
ប្រែបលេចប៉ែបប្រកហមអមលាយលឿង
អមលាយលយព្រឿង ៗ មេឃស្រងាត់
មេឃស្រងូតស្ងូតវែងតែងសាត់
តែងសាយខ្លាយបាត់គួរស្រណោះ ។

២៦. បទត្រីពិធព័ន្ធ

របៀបចាប់ចុងចួន　　　　គំរូ

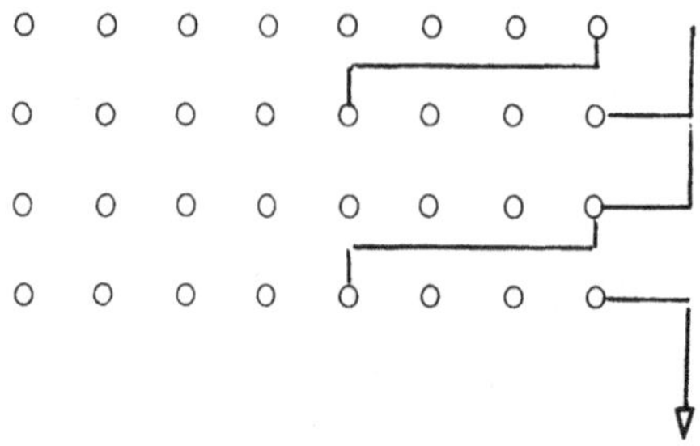

ក្រមុំសុទ្ធល្អសុទ្ធស្អាតសុទ្ធសោត
មិនគួរឆោតទៅឆោតពេញឆោតពេក
ឃើញតែប្រុសស្គាល់ប្រុសនាំប្រុសត្រេក
ៗ ទៅប្រះដេកដើរដេកហ៊ានដេកលេង ៗ
ដល់ប៉ោងពោះធំពោះឃើញពោះធើម
នឹកកាលដើមឃើញដើមពីដើមក្មេង
ប្រុសក្បត់ចិត្តបែកចិត្តប្រែចិត្តផ្សេង
ព្រួយព្រោះលេងដើរលេងហ៊ានលេងហួស ៗ

ឃ្លាទាំងអស់មានរបៀបចួនខាងក្នុងឃ្លាដូចគ្នាទាំងអស់ - ដូចមានខាងក្រោមនេះ :

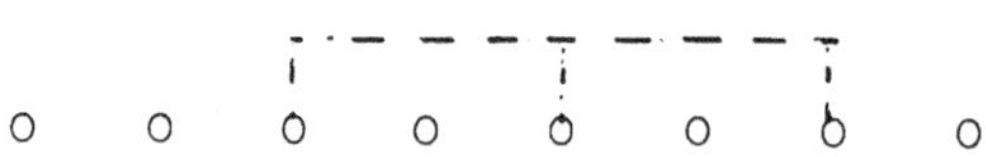

២៧. បទនាគរាជទ័ល្ងឫទ្ធិ

របៀបចាប់ចុងចួន　　　　គំរូ

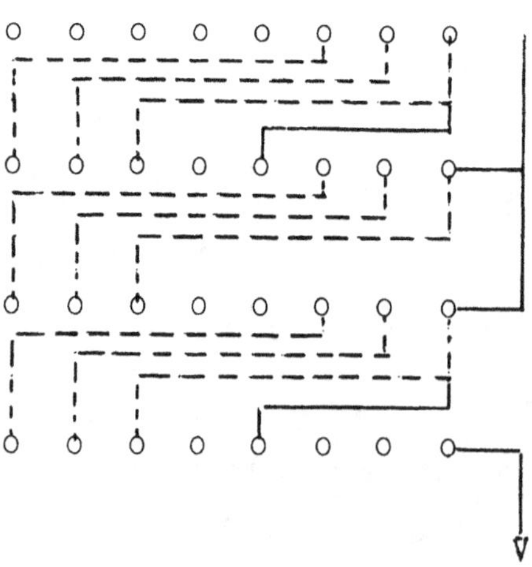

ពុំបានចាំបណ្តាំពាក្យម៉ែឪ
ពីមុនឱ្យត្រឹមត្រូវប្រកាន់ក្រិត្យ
ប្រុងកាយកែក្រងគ្មានគេមករកស្និទ្ធ
ៗ មានទៀងឃ្លាមខុសក្រិត្យឥតត្រូវការ ៗ

២៨. បទក្របចក្រវាឡ

របៀបចាប់ចុងចួន គំរូ

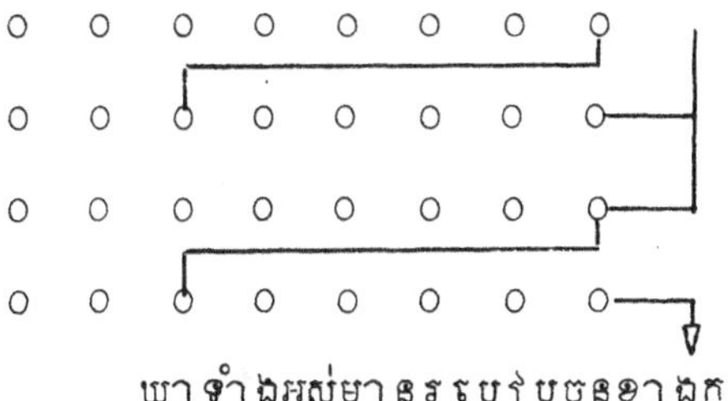

ចិត្តទៀមរ័ក្សស្ត្រីគន្ធនស្ងួនត្រូវចិត្ត
នៅពិនិត្យគិតសង្វាសនេះណាស់ទៅ
ពៅពុំស្ត្រីគសោះទេឬមាសពៅ
ៗ បងនេះនៅសង្កាណាមាសបង ៗ

ឃ្លាទាំងអស់មានរបៀបចួនខាងក្នុងឃ្លាដូចគ្នាទាំងអស់ - ដូចមានខាងក្រោមនេះ :

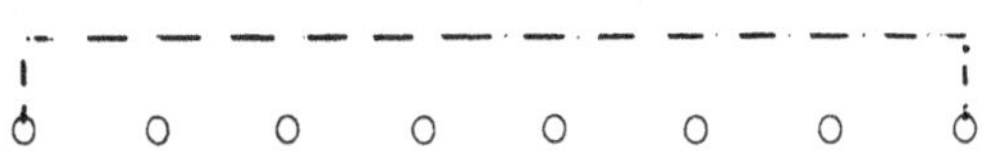

(ជួនកាលមានតែចុងចួនទេ)

២៩. បទរមាំងដើរព្រៃ

របៀបចាប់ចុងចួន គំរូ

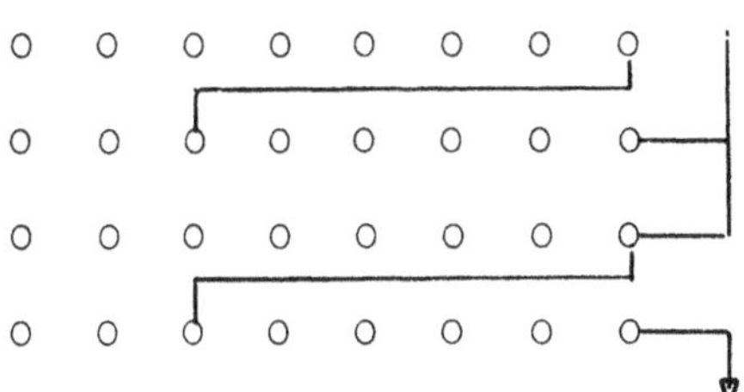

ស្តាយអើយនួនស្ងួនចិត្តឥតមួហ្មង
កម្មអើយបងនាំប្រាសនិរាសតន់
មនោអើយម្នេញពេញសង្វេគទីទេវកល់
ៗ ទុក្ខអើយធ្ងន់ធន់មិនបានទីវានស៊ុន ៗ

ឃ្លាទាំងអស់មានរបៀបចួនខាងក្នុងឃ្លាដូចគ្នាទាំងអស់ - ដូចមានខាងក្រោមនេះ :

៣០. បទយតិភង្គ

របៀបចាប់ចុងចួន គំរូ

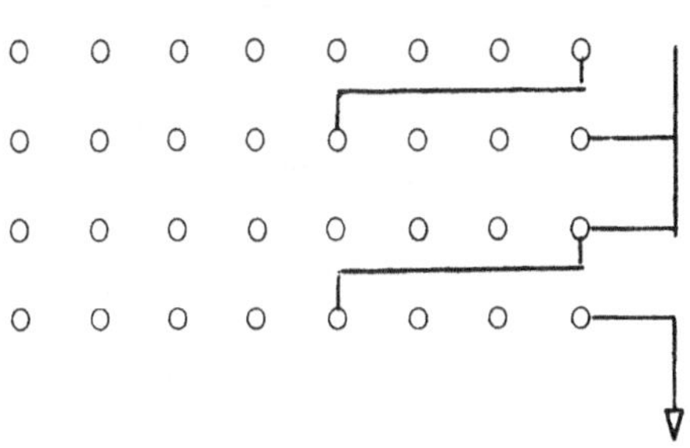

សង្សារអើយបងបងផ្លាប់ផ្គាប់ចិត្តឆោម
ឆ្លៅមិនទ្រៀទ្រៀទោមនស្ស -
ស្តៀសចិត្តចៅចៅនៅកើតភិម -
ៗ ង្គលប្រកបកបអង្គាគួរឡេ.... (ហា) ៗ

ឃ្លាទាំងអស់មានរបៀបចួនខាងក្នុងឃ្លាដូចគ្នាទាំងអស់ - ដូចមានខាងក្រោមនេះ :

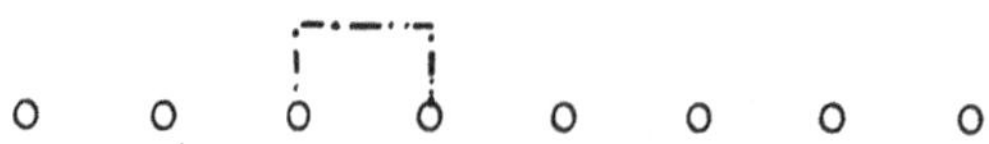

៣១. បទលញាត់សបឹង

របៀបចាប់ចុងចួន　　　　គំរូ

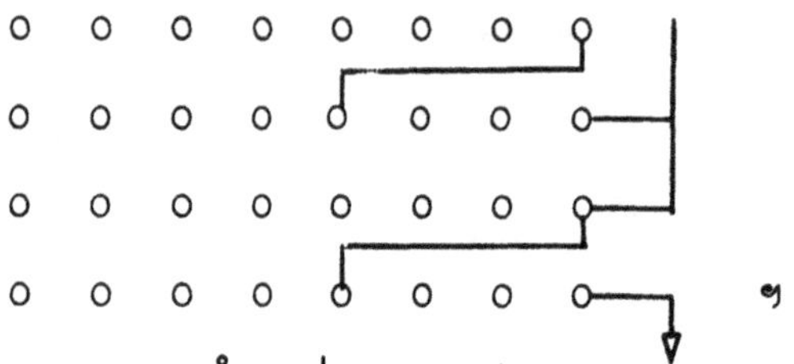

ដឹងជាគេអន់អាក់មិនស្មាក់មិនស្មោះ
មកប្រឹងរឹបរឹតស្រណោះអាលោះអាល័យ
ចាប់ស្រឡាញ់ពេញកន្លងលង្រេងលង្រែង
ទៀវស្រទីមហាក់ទីថ្លៃផល់ទកល់ទកាញ ។

ឃ្លាទាំងអស់មានរបៀបចួនខាងក្នុងឃ្លាដូចគ្នាទាំងអស់ - ដូចមានខាងក្រោមនេះ :

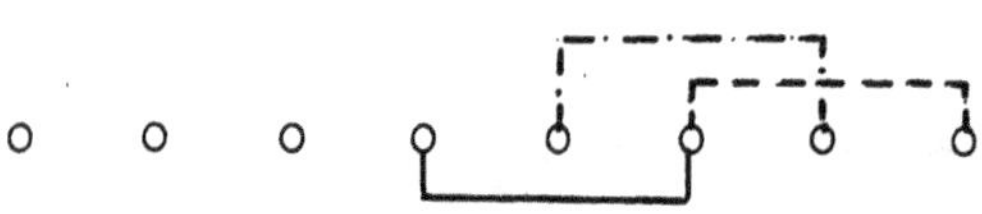

៣២. បទពាក្យ ៨ (សាមញ្ញ)

របៀបចាប់ចុងចួន　　　　គំរូ

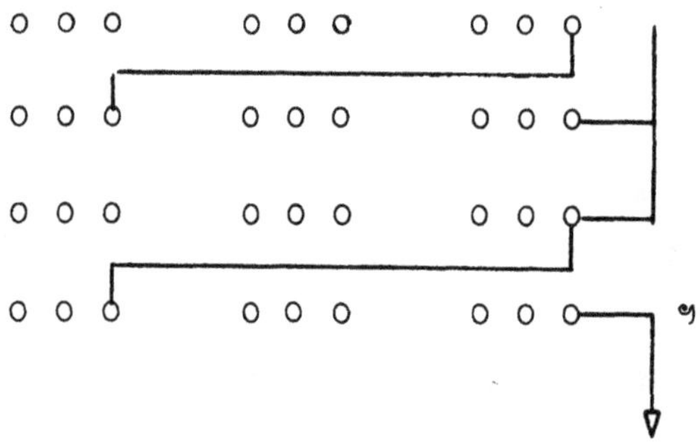

ឱសម្លាញ់ អញទ្រូក ដេកមិនលក់
សែនជាទុក្ខ មុខជាទៀប រៀបមរណា
ទ្រាំទ្រូក ទឹករលង់ ហូរនេត្រា
សូមទេវា ជួយជីវិត គិតប្រណី
ធ្វើម្ដេចគេ លួចបានប្រាណ ថ្លៃវរមិត្រ
មាសមកផ្ចិត មិត្តមកផ្ដួល មូលមេត្រី
ទោះគេកាប់ ស្លាប់បង់ទៅ សូវបានស្រី
បូរជីវិត ផ្ដាច់ជីវី មិនស្ដាយឡើយ ។

(ព្រះហរិរក្សរាមា ព្រះអង្គឌួង)

៣៣. បទរលកខ្ទប់ច្រាំង

របៀបចាប់ចុងចួន គំរូ

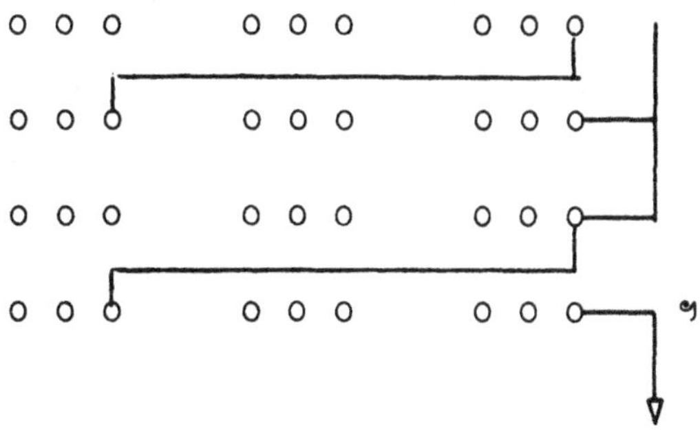

បងស្រឡាញ់ញាញ់ស្រឡះប៉ះលើស្ងួន
គិតយ៉ាងមួនគួនយ៉ាងមាំនាំចង់បាន
ជាគូគាប់ជាប់កៀកគងរងរួមស្ថាន
បងនឹកស្មានបាននាងស្ត្រីត្រជាក់ជាគូ ៗ
ប្អូនប្រែកកន្ទើកប្រកាន់និស្ស័យដូចម្ដេច
គួរកុំភ្លេចគេចកំភ្លាំងគាំងគិតយូរ
ប្រាប់មកចុះប្រុសមកចាំត្រាំទ្រាំស៊ូ
ធៀបគិតគូរធូរគិតគួរស្ងួនសម្រេច ៗ

ឃ្លាទាំងអស់មានរបៀបចួនខាងក្នុងឃ្លាដូចគ្នាទាំងអស់ - ដូចមានខាងក្រោមនេះ :

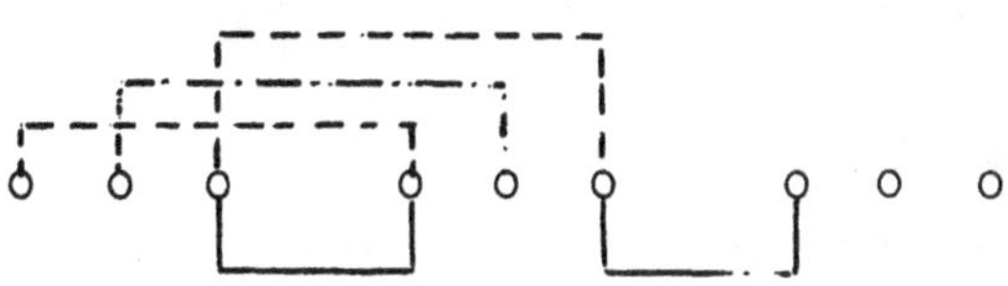

៣៤. បទកង្កែបលោតស្លាក់ពេជ្រ

របៀបចាប់ចុងចួន គំរូ

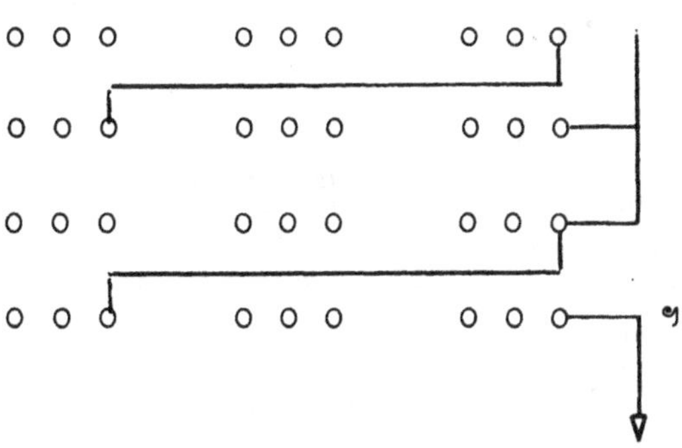

នាំល្អពិតរិតល្អពាលសារាស្ត្រស្អំពេញ
ចេះទន្ទេញចេញទន្ទងលេងទន្ទាំ
រីករលាយសាយរលាក់សាក់រលាំ
រឿងរាប់រាំរបៀបរៀបរបាយ ៗ
ភ្លេងភិរម្យផ្លុំពីរោះភ្លោះពីរាក់
ផោយចង្វាក់ផាក់ចង្វាយផាយចង្វាយ
ស្ងួនបណ្ដាក់សាក់បណ្ដើរសើរបណ្ដោយ
បែបបមិនខ្វាយព្វាយមិនខ្វែស់បទមិនក្ស័យ ៗ

ឃ្លាទាំងអស់មានរបៀបចួនខាងក្នុងឃ្លាដូចគ្នាទាំងអស់ - ដូចមានខាងក្រោមនេះ :

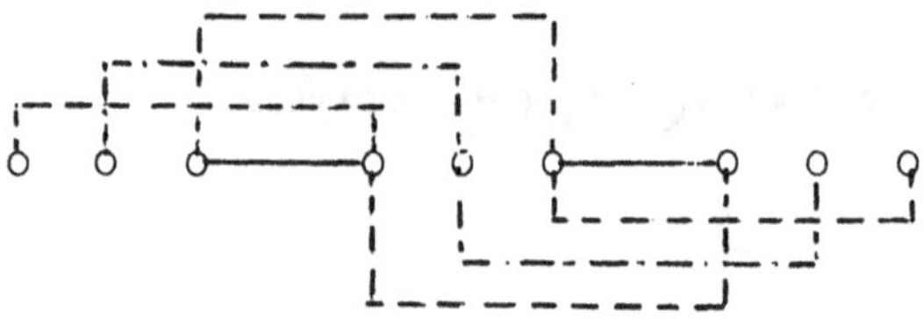

៣៥. បទសទ្ធាបណ្ឌូន

របៀបចាប់ចុងចួន | គំរូ

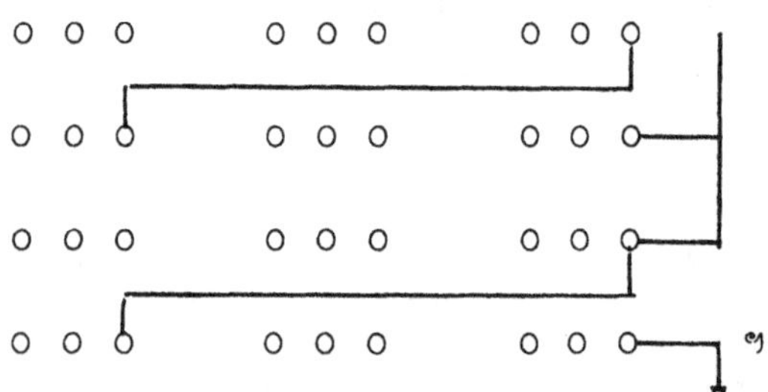

ញាប់ញ័រញាក់អាក់អន់អួលក្ដួលក្ដៅក្ដាត់
ភ្លឹកភ្លាំងភ្លាត់ស្ងាត់ស្ងប់ស្ងួតហួតហៀកហៀង
នៅនឹងណែនសែនសោកសល់ខ្វល់ខ្វាយខ្វែង
ព្រួញព្រឹងប្រែងខឹងខំខាត់កាត់កាមកួន ៗ

ឃ្លាទាំងអស់មានរបៀបចួនខាងក្នុងឃ្លាដូចគ្នាទាំងអស់ - ដូចមានខាងក្រោមនេះ :

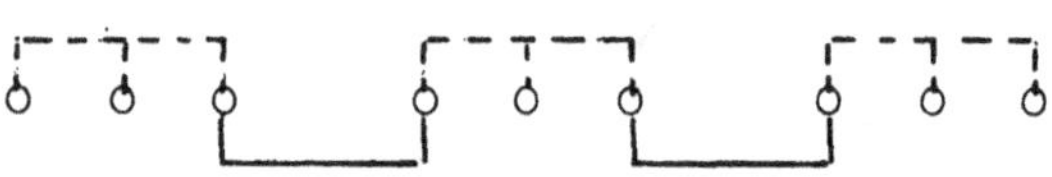

៣៦. បទព្រះចន្ទ្រាំងឆ័ត្រ

របៀបចាប់ចុងចួន | គំរូ

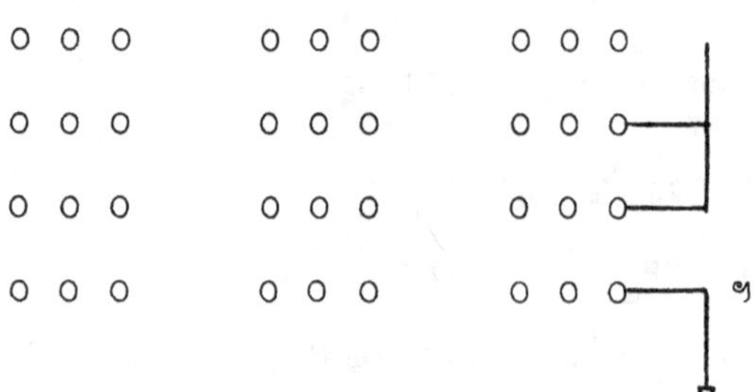

ទ្រៃតលក្ខណ៍យោគយោគមិនដល់ទ្រៃតលក្ខណ៍
ទុក្ខំដោតដោតចាកទោគទុក្ខំ
ទោគរាំងទោលទោលទលាកទោគរាគរាំង
ប្រាជ្ញាតាំងតាំងកាត់គាល់អស់ប្រាជ្ញា ៗ

ឃ្លាទាំងអស់មានរបៀបចួនខាងក្នុងឃ្លាដូចគ្នាទាំងអស់ - ដូចមានខាងក្រោមនេះ :

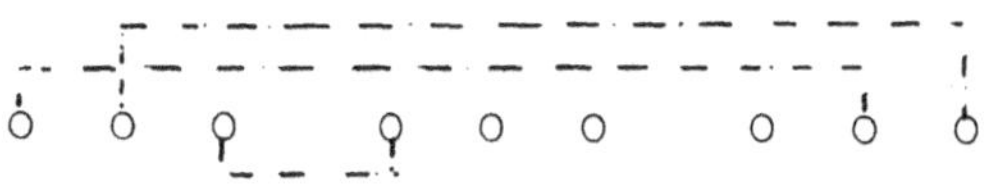

៣៧. បទសារថីទាញរថ

របៀបចាប់ចុងចួន គំរូ

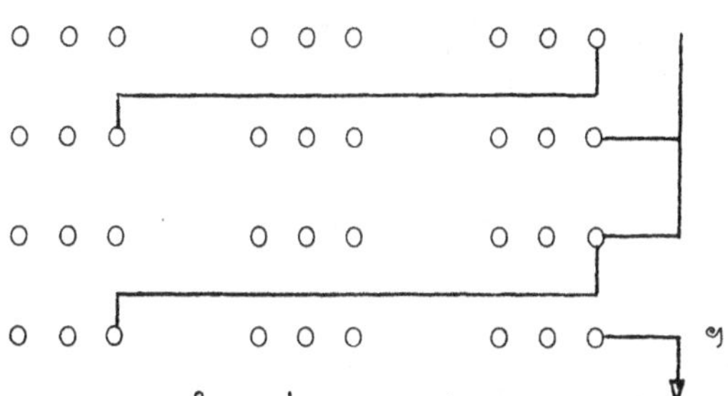

ចូលចិត្តស្ដាប់ត្រាប់ចំរៀងព្រេងចូលចិត្ត
ទេសនាជិតគិតមិនចង់ត្រង់ទេសនា
ទៅផ្សារធំសំរួលចិត្តគិតទៅផ្សារ
ទៅធ្វើការថានឹកជិនមិនទៅធ្វើ ។

ឃ្លាទាំងអស់មានរបៀបចួនខាងក្នុងឃ្លាដូចគ្នាទាំងអស់ - ដូចមានខាងក្រោមនេះ :

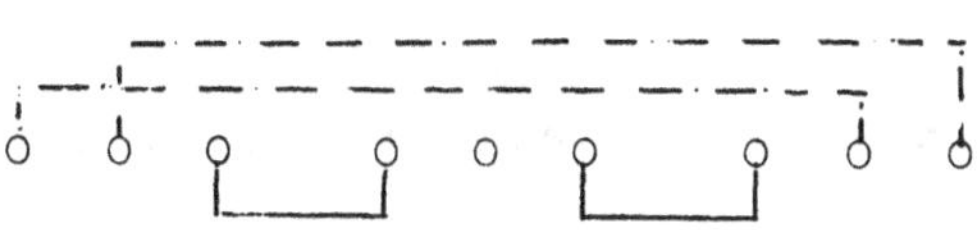

៣៨. បទសិង្ហតោលេងកន្ទុយ

របៀបចាប់ចុងចួន គំរូ

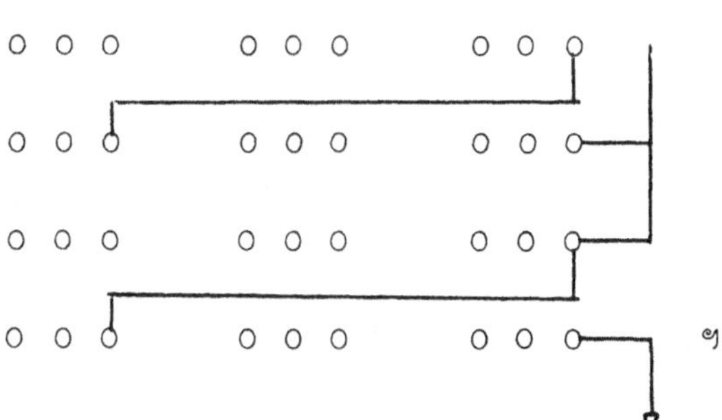

នៅទីណាធ្វើការស្លូតកុំកោងកាច
តែកុំខ្លាចខ្និនក្រាបខ្លបខ្លួនខ្លៅខ្លាំង
ក្រែងគេស្អប់ធុញថប់ឫករករៀងរាំង
ដែងប្រណាំងមើលងាយដាលស្ដីរដៀមដាម ។

ឃ្លាទាំងអស់មានរបៀបចួនខាងក្នុងឃ្លា ដូចគ្នាទាំងអស់ – ដូចមានខាងក្រោមនេះ :

៣៩. បទពាក្យ ១០ (សាមញ្ញ)

របៀបចាប់ចុងចួន គំរូ

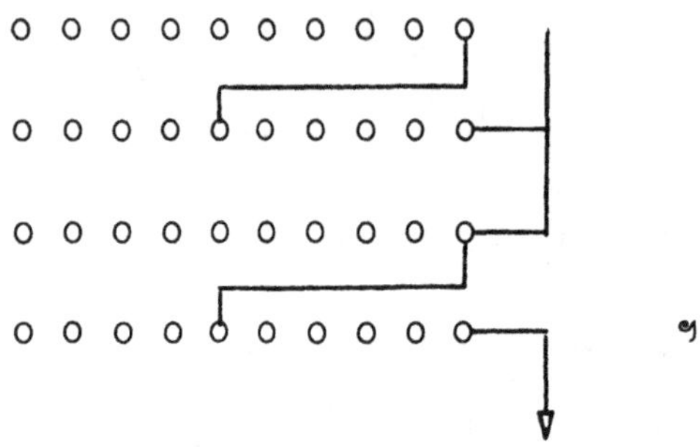

មាតាបិតាណាដែលចង់ឲ្យកូនល្អ
ត្រូវខំធ្វើតាមខឲ្យកូនវាធ្វើតាម
កុំផឹកគ្នា បៀស្រា ក៏កុំលេងចុះស្នាម
កុំឈ្លោះគ្នា ដៀមដាម កើតទុក្ខទៅមុខវា ។

៤០. បទត្រឡាចឡើងទ្រើង (ពាក្យ ១០)

របៀបចាប់ចុងចួន គំរូ

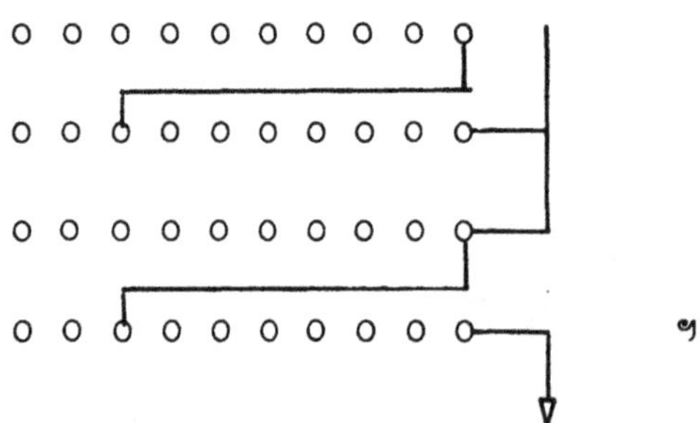

តោល្មើនលន់គន់ល្មើនលើសទើសអស់ទាំងតោ
រងនឹមទោរោទំនឹមទៀងរៀងរៀបរ៉ាប់រង
តងកញ្ញយតយកញ្ញឹកនឹកឃើញនឹមតង
ព្រោះទាក់ទងត្រងទាក់ទាឈាមវាមានគ្រោះ ។

ឃ្លាទាំងអស់មានរបៀបចួនខាងក្នុងឃ្លា ដូចគ្នាទាំងអស់ – ដូចមានខាងក្រោមនេះ :

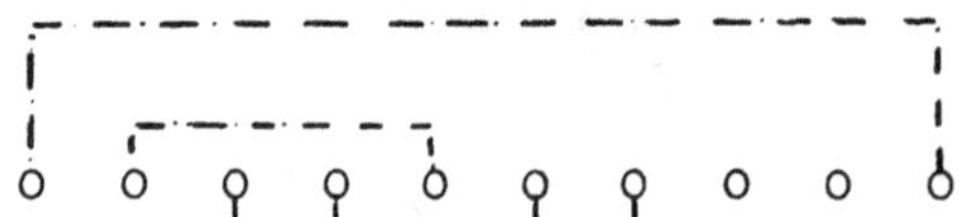

៥១. បទពាក្យ ១១

របៀបចាប់ចុងចួន | គំរូ

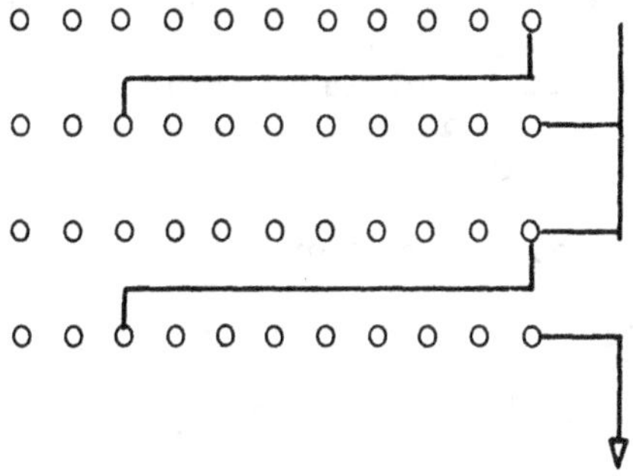

៕

អូនអើយលោកញាំងអីទៀងដែលបងមានទុក្ខធ្ងន់
ដូចទឹកជន់ជោរហូរលិចលង់បងផុតជើងដៃ
គឺរូបអូនដែលល្អក្រៃករប្រៀបធៀបដទៃ
នាំស្រទន់ឃើញស្រីថ្លៃនឹកស្រឡាញ់ពេញចិត្ត ៕

កាព្យសាស្ត្រខ្មែរ

កាព្យសាស្ត្រ /kaapəsaah/ prosody, versification, composition of verse

កំណាព្យ poetry, verse

តន្តី /tɑntəy/ classical (usually refers to texts in Sanskrit)

ថ្លៃថ្នូរ highly valued, prestigious

ក្រេប to sip

ក្រេបជញ្ជាក់ to taste, get the flavor of; Fig: to enjoy, appreciate

ជាបឋម /ciə pathɑm/ first of all, principally, especially

ការដឹងយល់ understanding

ចុងចួន rhyme, rhyming

ការរំជួលចិត្ត emotion, sentiment

យ៉ាងលាយឡំគ្នា mixed, intertwined; complex, subtle

ពិពណ៌នា /pipɔərənie/ description, elucidation

បទ /bɑt/ meter, form of verse, rhyme pattern, style

វគ្គ /wɔ̆əq/ stanza, verse (of a longer poem)

ឃ្លា one phrase or line bounded by space

ព្យាង្គ /pyiəŋ/ syllable

ចួន euphony, poetic relationship between words

ចួនអក្សរសំឡេងព្យាង្គ alliteration

ពាក្យដដែល repetition of the same word, complete reduplication

(Note: In traditional Cambodian treatises on versification the word /coŋ-cuən/ is used to refer to any kind of rhyme or poetic relation between words. Cambodian rhyme in fact involves three different kinds of relation between words:
1) reduplication of the vowel and final (i.e. rhyme in the Western sense);
2) reduplication of the initial consonant or consonant cluster (i.e. alliteration); and
3) reduplication or repetition of the whole word.
All the three kinds of reduplication occur both externally (i.e. from one phrase to another) and internally (i.e. within one phrase). We have used the word /cuən/ to refer to all three kinds of reduplication, i.e. 'rhyme' in the Cambodian sense, while reserving the word /coŋ-cuən/ to refer to 'rhyme' in the Western sense, as shown in the chart at the beginning of the article.)

ចង្វាក់ rhythm, gait

ពាក្យតក់ a normally unstressed syllable which is stressed to conform to the rhythm
ក្រុងឧត្តុង្គមានជ័យ /kroŋ qutdoŋ-miən-cɨy/ Oudong (capital of Cambodia 1620-1867)
បទកាកគតិ /bɑt kaaqkəteq/ Crow's Gait Meter
បទពំនោល Narrative Meter

ភុជង្គ /phuucuŏŋ/ snake (Lit)

លីលា to go (Lit)

បទភុជង្គលីលា Snake-Crawl Meter

បទបន្ទាលកាក Frog's Gait Meter

បទព្រហ្មគីតិ /bɑt prumməkɨt/ Song of Brahma Meter
សម័យ modern, recent

ទង runner, tendril (of a vine)

បទដាប់ទង Intertwined Meter

សាមញ្ញ /saamañ/ common, ordinary (here: plain, basic)
នមោ (beginning of a sacred incantation which prefaces the recitation of the Pali syllabary)
បទនមោ Namo Meter (cf. example)

បទកខ /bɑt kɑɑ khɑɑ/ Alphabetic Progression Style (Meter)
ស្នឹង tether-stake

បទគោព័ទ្ធស្នឹង Style of a Cow [wrapping his rope] around the Tether-stake
កៀវ to straddle, wrap the legs around
ក្រវាត់ to girdle, to tie around

បទនាគកៀវក្រវាត់ Encircling Naga Meter
សង្វាស union, relation

បទអក្សរសង្វាស Related Letters Style
កង្កែប frog

បទកង្កែបលោតកណ្ដាលស្រះ Style of a Frog Jumping into the Middle of the Pond
បទអក្សរល្បូន Slithering Letters Style (cf. internal rhyme pattern)
សុក្រទិន /sokkrətɨn/ Friday; Venus(?)
វិលាស be coy, be coquettish, to flirt
បទសុក្រទិនវិលាស (translation unclear; perhaps it should be treated simply as the proper name of this particular meter)

ត្រឡាច winter melon

ទ្រើង frame, lattice, trellis

បទត្រឡាចឡើងទ្រើង Style of Melons Climbing a Trellis
មករ /məkɑɑ/ mythical sea monster
ខ្ជាក់ to spit out, emit

បទមករខ្ជាក់កែវ Style of a Sea Monster Spewing Jewels
សៅរទិន /saorətɨn/ Saturday; Saturn(?)
បទសៅរទិនវិលាស (meaning unclear; pr. n. of this meter)
បទថយក្រោយ Reverse [Word Order] Style (cf. internal rhyme pattern)
បទផ្កាឈូករីក Blossoming Lotus Style

បទឆត្របីជាន់ Three-Tiered Umbrella Style (cf. internal rhyme pattern)
បរិព័ទ្ធ /baripoŏt/ to encircle, to encompass
បទនាគបរិព័ទ្ធ Encircling Naga Style

ត្រីពិធ /trəy-pɨt/ triple, three-sided
ព័ន្ធ /poŏn/ related, intertwined, tied together
បទត្រីពិធព័ន្ធ Triply Interrelated Style
នាគរាជ /niəqkəriəc/ King of the Nagas, Naga King
ប្លែង to change, change form, undergo metamorphosis
បទនាគរាជប្លែងឫទ្ធិ Style of the Naga King Magically Transforming [Himself]
ក្រប casing, binding, splint, cover, support
ចក្រវាឡ /caqrəwaal/ the mountains surrounding the universe;

limitless space

បទក្របចក្រវាឡ Space-Binding Style (deriving from the fact that each line begins and ends with the same word, like bookends)

បទរមាំងដើរព្រៃ Style of a Deer Walking in the Forest

យតិភង្គ /yattephŭəŋ/ hyphen

បទយតិភង្គ Hyphenated Style (deriving from the fact that each line ends with the first part of a word which is completed at the beginning of the next line; cf. rhyme pattern)

បទសញ្ញាត់សបឹង (meaning unclear; pr. n. of this style)

បទរលកខ្ទប់ច្រាំង Style of Waves Beating against the Shore

ស្លាក់ to choke on something, have something caught in the throat

បទកង្កែបសោតស្លាក់ពេជ្រ Style of a Frog Choking on Jewels

សឡាប conversation (?)

បទសឡាបល្វន Mellifluous Conversation Style (?)

បទព្រះចន្ទ្រកាំងឆ័ត្រ Style of the Moon Holding an Umbrella

បទសារថីទាញរថ Style of the Driver Pulling the Cart

សិង្ហ (=សឹង្ហ) /səŋ/ lion (Lit)

តោ lion (Lit)

បទសិង្ហតោលេងកន្ទុយ Style of a Lion Playing with his Tail

ស្មុគស្មាញ complex, confused

ចាប់ចុងចួន to make rhymes (in the Cambodian sense); establish poetic relations between words

រៀបរាប់ to enumerate, give a consecutive account

សន្ទនា /sɑntənia/ to converse

ការសន្ទនា conversation

ចលនាខ្លាំង violent action

រាំង to stop, confront, block

ចំបាំងរាំងជល់ war, battle, confrontation

ទាស់ទែង to have a dispute, have a disagreement, be at odds

កំហល់ anger

ឫទ្ធានុភាព /rɨtthiənuphiəp/ power, authority

តួអង្គ character (in a story, play, etc.)

ទន់ភ្លន់ soft, gentle, smooth

ផ្អែមល្ហែម dulcet, sweet, gentle

ល្វតល្វត delicate, soft, effeminate

រៀបរាប់ទីព្រៃព្រឹក្សា to enumerate [the flowers, plants, and trees encountered in] the forest (it is a common device in Cambodian verse to give a poetic enumeration of the various species of flora and fauna encountered in nature; this device is particularly well exemplified in the selection from /tum-tiəw/)

សំនៀង sound, acoustic impression

យារ to be drawn out, extended, delayed, drawled

កញ្ជាក់ short, jerky, staccato

ឆ្លើយឆ្លង to spar, banter, exchange words, carry on a dialogue

ក្រមិចក្រមើម /krɑməc-krɑməɨm/ clownish, comical

ឆ្លាស់គ្នា back and forth, with one another

លន្លង់លន្លោច lugubrious, solemn

រអាក់រអួល sad, upset, disturbed

ដំអូញ to express sadness, grief, sorrow

បណ្ដែរបណ្ដាំ to admonish, exhort, recommend

១០. បទអញ្ជើញគ្រូ

(គ្មានឈ្មោះអ្នកនិពន្ធ)

បុព្វកថា

បទអញ្ជើញគ្រូនេះ មិនមែនជាចម្រៀងទេឡើយ តែជាទំនុកមួយដែលគេប្រើក្នុងពិធី 'បញ្ចូលអារក្ខ' ។ ធម្មតា គេធ្វើពិធីបញ្ចូលអារក្ខនៅពេលដែលមានអ្នកណាម្នាក់នៅក្នុងគ្រួសារមានរោគាព្យាធិមកបៀតបៀន ។ នៅពេលអារក្ខកំពុងចូល គេផ្ដឹងសួរគូវដើមហេតុនៃជម្ងឺនោះ រួចហើយរូបដែលចូលនោះ ប្រាប់ឲ្យធ្វើដូចម្ដេចខ្លះ ដើម្បីឲ្យអ្នកជម្ងឺនោះបានសះស្បើយឡើង ។ មុនបញ្ចូលអារក្ខ គេអុជទៀនអុជធូបនៅតោក រួចគេប្រើបទនេះ សំបូង សម្រួងអញ្ជើញគ្រូឲ្យមកចូលរូប ។

អត្ថបទ

អញ្ជើញគ្រូតូច
អញ្ជើញគ្រូធំ
អញ្ជើញពីកំពូលភ្នំ
ក្រសាលសប្បាយ ។
ខ្ញុំអុជទៀនមួយ
បញ្ចាំនៅតោក
អញ្ជើញគ្រូមក
ក្រសាលសប្បាយ
អញ្ជើញគ្រូស្នេហ៍និមន្ត
អញ្ជើញគ្រូតន់
ធ្យានមកឲ្យឆាប់
ឃើញទីព្រៃកុំឈប់
ឃើញម្លប់កុំឈរ
អញ្ជើញគ្រូមក៏
សន្ថិតនៅរូប ។
ស្លាក្រម្លូក
អញ្ជើញគ្រូមក
ទល់មុខនឹងមាត់

ចងខ្សែអ្នកកាត់

ចងព្រ័ត្រអ្នកស្រាយ

ជំងឺរសាយ

ពីថ្ងៃនេះទៅ ។

បទអញ្ជើញគ្រូ

Introductory Note

អញ្ជើញ to invite, invoke, summon

គ្រូ mediating spirit

បទអញ្ជើញគ្រូ Chant for the Invocation of the Spirits

ចំនុក poem, verse, song, composition

បញ្ចូល cause to enter, put into

អារក្ខ /qaareəq/ capricious spirit, demon

បញ្ចូលអារក្ខ instill a spirit (in a medium); cause (a medium) to be possessed by a spirit

រោគាព្យាធិ /rookiəpyiəthiq/ illness, disease (Lit)

បៀតបៀន to harm, afflict

ដើមហេតុ origin, cause

រូប person; medium

សះ to heal, get better, recover

សះស្បើយ to heal, get better, recover

តោក low altar

សំបួងសម្រួង conjure, summon

Text

ក្រសាល to amuse oneself, enjoy oneself (Roy, Lit)

បញ្ចាំ prepared, made ready, put in place beforehand

ស្នេហ៍ /snae/ love

គ្រូស្នេហ៍ beloved spirit

ទន់ tender, precious

ឥទ្ធាន have the power to transport oneself magically

មក៏ (=មក) (this spelling indicates that the word is to be pronounced /mɔɔ/ to rhyme with /chɔɔ/ in the preceding line)

សណ្ឋិត stay, reside (in)

ក្រ rare, scarce, hard to find

ទល់មុខនឹងមាត់ face to face

ចងខ្សែអ្នកកាត់ If someone ties you up with cord, cut it.

ព្រ័ត្រ rope made of plaited leather

រសាយ to dissipate, slacken; be relaxed, relieved; lax, negligent

១១. សុបិន

ដោយ គីម-សំអុន

បុព្វកថា

សុបិនជាកំណាព្យមួយដ៏ខ្លី ដែលគួរឱ្យចាប់អារម្មណ៍ ។ ភាគច្រើននៃកំណាព្យក្នុងសម័យបច្ចុប្បន្ន ច្រើនតែទាក់ទងនឹងបញ្ហាក្នុងសង្គម ៖ ការពុករលួយ អតិផរណា ថាមពល ។ល។ 'ចលនាត្រឡប់ទៅបូរាណកាលវិញ' បង្ហាញឱ្យឃើញយ៉ាងច្បាស់នៅក្នុងកំណាព្យនេះ ដូចជា ៖ ការជិះសេះ ការប្រើធ្នូ អស្ចារ្យ ។ល។ គេមិនសូវជួបប្រទះនៅក្នុងកំណាព្យសម័យបច្ចុប្បន្នទេ ។

អត្ថបទ

មាណពព្រានព្រៃ បំបោលអាជានេយ្យ ហក់លោតលីលា
ផ្អើលអស់បក្សី បក្សាម្រឹគា កាត់ព្រៃបុព្វតា
ក្លៀវក្លាពេកក្ដាត់ ។

'អុះ! អ្វីនោះទៅហ្ន៎? មើលទៅឃើញឈរ ព្វដ៏ទីស្ងាត់'
ព្រានព្រៃកំឡោះ ហេវហោះលោតស្កាត់ ភ្នែកប្រុងប្រយ័ត្ន
ហត្ថចាប់កាន់ធ្នូ ។

ព្រួញហៀបនឹងចេញ ព្រានទប់ទុកវិញ មើលប្រើសយ៉ាងយូរ
ប្រើសធ្វើព្រងើយ គ្មានឡើយគិតគូរ គន់គយយូរ ៗ
ឃើញស្រស់អស្ចារ្យ ។

ព្រួញធ្លាក់ពីដៃ ស្ទុះអោបប្រើសថ្លៃ ព្រានច្រៀងពោលថា ៖
'ឱ! ប្រើសសម្លាញ់ អង្គអញនេះណា កណ្ដាលវេហាសិ៍
រស់ដោយសេរី ' ។

ដៃចាប់អង្អែល កេសាននៀល បន្ទឹរសំដី
ភ្នែកបិទរឹម ៗ ញញឹមប្រិមប្រិយ បក្សីផ្កាព្រៃ
ច្រៀងរាំរោយក្លិន ។

ពេលនោះឯណា ចំរៀកអស្ចារ្យ ហាក់ដូចសុបិន
ព្រានបើកភ្នែកឡើង បីដូចគេផ្ដិន ប្រើសនោះប្រែក្លិន
ក្លាយកាយជាស្រី ។

'ឱទេពធីតា! រូបស្រស់អស្ចារ្យ ភក្ត្រាប្រិមប្រិយ
សំណាងទៀមបង ពួនល្អងនៅដៃ ដ៏ន! ដែកវិចរណ៍

ថ្លៃស្នេហ៍បងឬ?' ។

កែវកល្យាណី អៀនពុំចេញស្ដី ស្រដីឱ្យឮ
នាងស្ទុះគេចចេញ ច្រៀងរាំរន្ទី ព្រានព្រៃព្រួចព្រើ
ចាប់រាំទាំងទ្វេ ។

ចង្កេះទៀវខ្ចី ទេវីស្រីមុំ រាំសមម្ល៉េះទេ!
នាងផ្ដេកកេសី ប្រុសច្រៀងបំពេរ រាំហោះហើរឆ្វេរ
សំដៅទេវហាសី ។

រាំកាត់ពពក កាត់ខ្យល់រលក ចម្រៀងស្នេហា
នៅទីបង្ហើយ ខំបើកនេត្រា ដឹងខ្លួនកាលណា
ឱ! សុបិនសោះ ។

(គីម - សំអុន, ម៉្យាងទៅដែរ, ទំព័រ ៤៣ - ៤៩)

សុបិន

<u>Introductory Note</u>

សុបិន a dream (Lit)

គីម - សំអុន Kim-Samon, a contemporary poet

ពុករលួយ corrupt, dishonest

អតិផរណា /qateq-phaqrənaa/ inflation

ថាមពល /thaaməpuŏl/ energy, source of energy

អស្ចារ្យ (used as a noun) the marvelous, the supernatural

<u>Text</u>

ព្រានព្រៃ hunter

អជនេយ្យ (= អាជនេយ្យ) /qacəniy/ horse (Lit)

លីលា (= ដើរ) to go, walk (Lit)

ម្រឹគា (= ម្រឹគ) four-legged wild animal

បព្វតា (= ភ្នំ) /boppətaa/ mountain, hill (Lit)

ខ្លៀវក្លា vigorous, dynamic, full of vitality

ក្ដាត់ intensifier for /craən/, /peek/ (Lit)

អ៊ុះ! interjection of surprise

អ្វីនោះទៅហ្ន៎? what's that?

ឰដ៏ (= ឯ) at (Lit)

ហេវហោះ (= ហោះ) to fly, soar

ស្កាត់ to intercept

ហត្ថ /hat/ hand (Lit)

ហៀបនឹង about to

គ្មានឡើយគិតគូរ (= គ្មានគិតគូរឡើយ) (normal position of /laəy/ changed to fit the pattern, i.e. to rhyme with /prɔŋəəy/ of the preceding line)

គន់គយ to watch, look at, observe

ស្រស់ charming, attractive

អង្គអញ of mine

ណា (euphonic filler word to rhyme with /thaa/)

ញោស to brush, to graze

អង្អែល to caress

ញោសអង្អែល to caress

កេសា (=ក្បាល) head (Lit)

ននៀល to twist and turn, roll about (i.e. against the deer)

បន្ធូរ to soften, to lighten

រឹម ៗ half-closed

ប្រិមប្រិយ lovable, pleasing

រោយ to fall, drop, shed (petals, chaff, etc.)

រោយក្លិន give off odor, spread fragrance

បីដូច seem as if, just as if

ឆ្លិន deceive the eyes

ក្លាយ to change, alter

ទេពធីតា angel, celestial maiden

ភក្ត្រា (=មុខ) /pheə̆qtraa/ face (Lit)

ល្អង term of endearment: Fair One

ចរណៃ /cααrənay/ cut glass, crystal

កែវចរណៃ term of endearment: Precious One

កល្យាណី /kαlyaanəy/ beautiful woman

អៀន shy

ចេញស្តី to speak

ស្រដី to say, speak (Lit)

គេចចេញ to wiggle free, get away; avoid

រន្ធី menacingly, threateningly (here: saucily, flauntingly)

ព្រឺ to have a chill, get goose-bumps

ព្រួចព្រឺ to feel a thrill, have a sensation of excitement

រៀវ narrow, slim

ខ្លំ svelte; firm

ទេវី (=ទេពី) here: angel

ស្រីមុំ (=ស្រីក្រមុំ) /srəy mom/ young girl, virgin; term of endearment

ផ្តេក to lay down, put to bed

កេសី (=កេសា) head (Lit)

បំពេរ to sing a lullaby to, sing to sleep, serenade

ឆ្មេរ in a dainty and mincing fashion

រលក a wave (of water, wind, etc.); to roll, churn (of water)

នៅទីបង្ហើយ at the end, finally

នេត្រា (=នេត្រ) eye (Lit)

សោះ rather, instead, really only

សុបិនសោះ [it's] only a dream

១២. ភ្លេងការ

(គ្មានឈ្មោះអ្នកនិពន្ធ)

ទី ១

ទំនុកច្រៀងរាំបើកវាំងនន

បុព្វកថា

ទំនុករាំបើកវាំងនន 'អន' នេះ សម្រាប់ច្រៀងអញ្ជើញសាមីខ្លួនខាងស្រីឲ្យចេញមកសំពះផ្កាស្លា ដែលជាពិធីមួយយ៉ាងសំខាន់ក្នុងពិធីរៀបការ ។ នៅពេលច្រៀងទំនុកនេះ អ្នកភ្លេងម្នាក់រាំយ៉ាងទំពើត ។ នៅពេលដែលសាមីខ្លួនខាងស្រីចេញមក គេលេងភ្លេង 'នាងនាគ' ហើយនៅពេលដើរចូលទៅបន្ទប់វិញ គេលេងភ្លេង 'លោមនាង ច្បាយខុនគូ ។ល។'

អត្ថបទ

អនអើយស្រីអន
សុំបើកវាំងនន
ជូនអនដេកលក់
សុំផាស់អនទៀង
រកទឹកលុបមុខ
ជូនអនដេកលក់
ស្រងាកលើខ្នើយ ។
អនអើយនាងអន
សុំបើកវាំងនន
នាំអនមកផ្ទឹម
អននឹងចេញមក
អនដើរសន្រឹម
នាំអនមកផ្ទឹម
ទន្ទឹមលើខ្នើយ ។
អនអើយផ្ទាត់ជាយ
ផាត់ចេញឲ្យឆ្ងាយ
សោះវាសាន់វាន់
កន្ទុលខ្នល់ខ្នើយ

បម្រុងគ្រប់គ្រាន់

សូមអនទួលទាន់

ពេលាបានហើយ! ៗ

(ក្បួនអាពាហ៍ពិពាហ៍, ទំព័រ ១១១)

ទំនុកច្រៀងរាំបើកវាំងនន

Introductory Note

វាំងនន curtain

អន proper name of the girl to whom the song is addressed, and title of the song itself

សាមីខ្លួនខាងស្រី bride (lit: female member of the bridal couple)

វំពើត graceful, lithesome

លោម (=លួងលោម) to cajole, entice

បាយខុនគូ name of a traditional wedding composition

Text

ជួន it happened that, by chance

ស្រងាក supine, motionless, in suspended animation

ផ្ទឹម to compare, put side by side (here: sit side by side)

ទន្ទឹម side by side, abreast

ផាត់ to brush back, brush away

ជាយ rim, edge, border (here: bridal train)

សាន់វាន់ /san-wan/ be in the way, impede

ខ្នល់ (< កល់) a support, block, cushion

បម្រុង to make preparations, be prepared

ពេលាបានហើយ the time is ripe, the auspicious moment has arrived

ទី ២

បទស្តេចផ្ទុំ

បុព្វកថា

តាមប្រពៃណីខ្មែរ ពិធីរៀបអាពាហ៍ពិពាហ៍មានកំណត់បីថ្ងៃ ។ ហើយនៅក្នុងពេលបីថ្ងៃនេះ មានភ្លេងលេងរងំមិនដាច់ឡើយ ។ អ្នកភ្លេងគេមិនគ្រាន់តែលេងភ្លេងទទេ គេថែមទាំងច្រៀងចម្រៀងប្រពៃណីជាច្រើន ស្ទើរតែមិនដាច់ពីមាត់ ។ បទស្តេចផ្ទុំ ជាចម្រៀងមួយដែលគេតែងតែច្រៀងនៅពេលនោះ ។

អត្ថបទ

ព្រះអង្គស្តេចផ្ទុំ   ក្នុងព្រះបន្ទំ   លើទែនរត្នមណី
ជាទីសុខសាយ   ស្តេចផ្ទុំសម្ងំ   ព្រះស្នំហ្មបហ្មាយ
ខ្នួតសព៌ាង្គកាយ   សាយសព្វឱទូ ។
លើរងព្រះសិរ   នែបអង្គទាំងទ្វេ   អែបកាយទាំងគូ
ផាហ៊ុមរូបនាគ   ទ្រង់ស្លៀកទទូរ   ពីត្រឹមឱទូ
ដល់ព្រះស្នូរង ។
ស្តេចផ្ទុំស្កប់ស្កល់   ដួនដំនោរខ្យល់   ផាត់ដល់ម្តង ៣
ថែមស្នូរប្រទបុ   ដន្ត្រីផ្សំផង   ថ្វាយព្រះច្បាស់ច្បង
កំដរស្តេចផ្ទុំ ។
ស្តេចផ្ទុំស្កល់ហើយ   មហោរីរោទិ៍ឡើយ   ពិរោះរងំ
នារីសកវាទិ៍   ធីតាក្រមុំ   ច្រៀងបទស្តេចផ្ទុំ
សមដោយសម្លេង ។
សមរូបនារី   សមនិងទែនទី   សមដោយគ្រឿងភ្លេង
សមរូបរង្សី   ចក្រីនៅក្មេង   សមបារមីព្រេង
ព្រះប្រិយមហាក្សត្រិយ៍ ។
ស្តេចផ្ទុំស្កល់ស្កប់   ពីពេលព្រលប់   លុះអធ្រាត្រស្ងាត់
ទ្រង់តើនចាកទែន   ព្រះថែនចក្រពត្តិ   ឡើងទែនមណីរត្ន
ក្នុងក្រឡាបន្ទំ ។
បឋមទៀបព្រឹក   ស្នូរស័ព្ទសន្ធឹក   ត្រឹកគ្រេងធរណី

ដោយសារស័ព្ទភ្លេង ក្រុមក្មេងនារី ដោយព្រះភូមិ

ទ្រង់ទីកំសាន្ត ៧

(ក្បួនអាពាហ៍ពិពាហ៍, ទំព័រ ១២២ - ១២៣)

បទស្តេចផ្ទំ

Introductory Note

បទស្តេចផ្ទំ name of a wedding song (lit: Song of the Sleeping King)

រងំ droning, rumbling, indistinct

មិនដាច់ពីមាត់ unceasingly, incessantly, continually (of singing, speaking, eating, etc.)

Text

ផ្ទំ to sleep (Roy)

បន្ទំ bedroom, sleeping quarters (Roy)

ទែន bed, couch (Roy)

រត្ន /roə̆t/ precious stone, jewel

មណី /mənii/ precious stone, jewel

សាយ (=សាន្ត) peaceful, tranquil, quiet

សម្ងំ (=ស៊ំង) be still, stay quiet (neither speaking nor moving)

ស្នំ concubine, female royal attendant

ហ្មបហ្មាយ to prostrate oneself in an attitude of obeisance

នួត to massage (Thai)

សព៌ាង្គ /sarəpiəŋ/ body (Roy)

សាយ to spread, diffuse, suffuse

ឧរូ /qaoruu/ chest (Roy)

សាយសព្វឧរូ all over [up to] the chest

រង cushion, pillow

សិរ /sei/ head (Roy)

ខែប near, close, intimate

ទាំងទ្វេ both

អែប get close to, stay next to, get alongside

ផាហ៊ុម coverlet, spread, small blanket

រូបនាគ [with a design in] the form of a dragon

សូរង /sourɯ̆əŋ/ neck (Roy)

ស្កល់ satiated, content, satisfied

ស្កប់ស្កល់ satiated, content, satisfied

ជំនោរ a puff (of wind), light breeze

ផាត់ to blow (Lit)

ទ្រ a two-stringed musical instrument

ប៉ី flute, clarinet

ផ្សំ combine, put together, add to, accumulate

ច្បង eldest

ច្បាស់ច្បង appellation for a king (lit: clearly the eldest)

មហោរី /məhaorii/ orchestra; stringed instrument

រោទិ៍ /roo/ to resound (of music); to roar (of lions); to moo (of cows); to race (of motors)

សក្រវ៉ាទិ៍ /saqkəwaa/ title of a palace song

នារីសក្រវ៉ាទិ៍ the girl [who sings] the /saqkəwaa/

ធីតា /thidaa/ girl, daughter (Lit)

សម /sɑm/ appropriate (to), fitting, becoming; to fit, go well with

រង្សី /reə̆ŋsəy/ brilliance, sparkle, ray of light

ចក្រី /cɑkrəy/ king, prince

ព្រេង the past, ancient times, antiquity; ancient, former

ប្រិយ pleasing, pleasant

មហាក្សត្រិយ៍ /məhaa-ksatrəy/ king

អធ្រាត្រ /qatriət/ midnight (Lit)

តើន awaken, get up (Roy, Clergy)

ថែ៌ន platform

ចក្រពត្តិ /caqkrəpoə̆t/ kingdom, empire; royal, imperial

ក្រឡាបន្ទំ sleeping quarters (Roy)

បឋម /pathɑm, pathɑmmə-/ first, primary; here: early

ក្រឹកក្រេង thunderous, tumultuous, clamorous

ធរណី /thɔɔrənii/ ground, earth (Lit)

ភូមី king

ទីកំសាន្ត amuse oneself, enjoy oneself (Roy)

១៣. សរសើរហេមន្តមាស

ដោយ

ព្រះបាទស្រីធម្មរាជា

បុព្វកថា

ព្រះបាទស្រីធម្មរាជា មហាក្សត្រខ្មែរពីឆ្នាំ ១៦២៧-១៦៣០ ជាកវីនិងជាអ្នកប្រាជ្ញខាងមគធៈភាសាដ៏ឆ្នើម ។ ព្រះអង្គជារាជបុត្រនៃព្រះបាទជ័យជេដ្ឋាទី ២ ឈ្មោះដើមគឺ 'ចៅពញាតូ' ។ ព្រះអង្គមិនមានគិតគូរដល់រាជសម្បត្តិប៉ុន្មានទេ ។ ហេតុដូច្នេះហើយបានជាព្រះអង្គលះបង់រាជសម្បត្តិ ក្រោយសោយរាជបានពីរឆ្នាំ ។

កំណាព្យដកស្រង់មកនេះ ជាការពិពណ៌នាដ៏រស់រវើក លន្លង់លន្លាច នៅពេលដែលព្រះអង្គសោយសោកអាឡោះអាល័យជាខ្លាំងចំពោះព្រះនាងបុប្ផាវតី ។

អត្ថបទ

(បទកាកគតិ)

ព្រលឹងមាសអើយ   ថ្ងៃចើសព្រែហើយ   ទន្ទាបសុរិយា
ស្រណោះសព្វសត្វ   ឆ្វៀលឆ្វាត់វេហាសិ   ចុះចាប់ព្រឹក្សា
សសិតស្លាបយំ ។

ព្រលឹងមាសអើយ   ស្ដាប់ស័ព្ទសត្វឆ្លើយ   ទៅមកសូរសម
ខ្លះហើរផ្លេកផ្លោះ   ខ្លះទ្រោះទ្រៀវយំ   សំកាំងស្លាបទំ
ទន្ទឹមគូវា ។

ព្រលឹងមាសអើយ   អស្ដង្គតហើយ   បាំងបាត់សុរិយា
បងចាំប្អូនស្រី   ប្រិមប្រិយ៍សោភា   រែងទំលេចផ្កា
កាល់កែមកេសី ។

ព្រលឹងមាសអើយ   បងរកអស់ហើយ   នៅនាលោកីយ៍
មានតែប្អូនតន់   លើសលន់អស់ស្រី   រុងរឿងរស្មី
ប្រសើរថ្លៃថ្លា ។

ព្រលឹងមាសអើយ   អស្ដង្គតហើយ   ជួបចូលសន្ធិយា
ស្រណោះព្រះពាយ   ផ្សប់ផ្សាយវេហាសិ   មេឃយង់យល់ថ្លា
ពពកសសាត់ ។

ព្រលឹងមាសអើយ   ជួបសន្ធិយាហើយ   សែងសូរ្យបាំងបាត់

ព្រោងព្រះច័ន្ទា ថ្លៃថ្លាទៀងថ្លាត់ រស្មីប្រឆ្វាត់
កើតកបពណ្ណរាយ ៗ

ព្រលឹងមាសអើយ ព្រះចន្ទរះហើយ តារារៀងរាយ
ស្រណោះស័ព្ទសត្វ ស្រងាត់ព្នាឆ្ងាយ សូរស័ព្ទព្រះពាយ
ត្រសាក់សន្ធិយា ៗ

ព្រលឹងមាសអើយ ដល់រាត្រីហើយ គាប់ព្រះច័ន្ទា
ប្រទក្សិណជុំ ភ្នំសុមេរា ព្រោងព្រាយវេហាសិ
ចែងចាំងប្រឆ្វាត់ ៗ

ព្រលឹងមាសអើយ ព្រះចន្ទចែងហើយ ស្រណោះកាលគ្រា
យល់ព្រះប្អូនថ្លៃ ប្រទីពលក្ខណា គង់នៅបរិពារ
លើសលើលោកា ៗ

ព្រលឹងមាសអើយ គាប់រាត្រីហើយ មានព្រះចន្ទ្រា
ពាសពេញបូណ៌មី រស្មីថ្លៃថ្លា កណ្ដាលតារា
ឯកឯអម្ពរ ៗ

ព្រលឹងមាសអើយ ភូមិភពអាយហើយ មានតែប្អូនវរ-
មិត្រមាសកល្យាណ សាច់សាន្តសាទរ ជាឯកបវរ
មណ្ឌលទីអាយ ៗ

ព្រលឹងមាសអើយ ចូលអធ្រាត្រហើយ ស្រណោះព្រះពាយ
ផាត់ផើយរំភើយ លំហើយសព្វសាយ ផុំសុរភីភាយ
ធារារាត្រីកាល ៗ

ព្រលឹងមាសអើយ គាប់ថ្មើរណេះហើយ ទៀមវែងស្នេហ៍ស្នាល
សំណេះនឹងចៅ ស្ងួនពៅត្រកាល សេពសមសងសារ
សាន្តសោមនស្សា ៗ

ព្រលឹងមាសអើយ ព្រស័ព្ទផ្គរឆ្លើយ ទោះរាយរកគ្នា
ហាក់ព្រះប្អូនរ័តន៍ នែបនិត្យស្នេហា សំណេះចរចា
នឹងបងសព្វថ្ងៃ ៗ

ព្រលឹងមាសអើយ ទៀមវែងរួមខ្នើយ នឹងព្រះប្អូនថ្លៃ
ម្ដេចឡើយមិត្រមាស ប្រែប្រព្រាសទីទៃ មេមិនមូលថែម-
ត្រីដូចចិត្តបង ៗ

ព្រលឹងមាសអើយ   គាប់អប្សរាស្រស់ហើយ   ឮស័ព្ទសត្វផង
ឆ្លាស់ឆ្លើយយាលយំ   ស្នូរសមទំពង   ឯអាកាសកង
ត្រសាក់សន្និយា ៗ

ព្រលឹងមាសអើយ   គាប់ថ្មីរណោះហើយ   សត្វគៀងគូវា
ម្ដេចឡើយមិត្រមាស   ប្រែប្រួលឃ្លាឃ្លា   នៀវតែបងផ្សា
អង្គឯងអំបាយ ៗ

ព្រលឹងមាសអើយ   ភ្នកដល់ប្អូនហើយ   ធ្ងួលធ្ងូរាយមាយ
នឹងស័ព្ទសត្វយំ   ផ្សំស័ព្ទព្រះពាយ   ត្រសៀកផ្សព្វផ្សាយ
ត្រសាក់សូរសម ៗ

ព្រលឹងមាសអើយ   អស់អប្សរាស្រស់ហើយ   ដល់ទៅដាស់ទុំ
ភ្នកដល់ប្អូនស្ងួន   ខ្លឹមខ្លួនឧត្តម   ទៀមវែងសេពសម
សង្សារមាសមិត្រ ៗ

ព្រលឹងមាសអើយ   ចូលដាស់ទុំហើយ   បងមេវែងគិត
ដ្បិតមេមាសច្បាត់   ស្ងប់ស្ងាត់ក្នុងចិត្ត   ម្ដេចឡើយមាសមិត្រ
មិនមួលមេត្រី ៗ

ព្រលឹងមាសអើយ   ពន់ដាស់ទុំហើយ   ទៀបព្រឹកឡើងខ្មី
ស្រណោះស័ព្ទសត្វ   ស្រងាត់ឈ្មោលពឿ   ស្រណោះប្រើនទី
មាសមិត្រវែងចាំ ៗ

ស្រីមាសបងអើយ   ស្រណោះមាសអើយ   រដូវដើមឆ្នាំ
អាកាសដាសដេរ   មេឃមីរជញ្ជាំ   មាសអើយគួរចាំ
គិម្ហៈមាសា ៗ

ស្រីមាសបងអើយ   ដាច់ខែចេត្រហើយ   ចូលវិសាខា
ស្រណោះស័ព្ទផ្គរ   ខ្ទារខ្ទរនានា   ព្រើលទៃព្រព្រឹក្សា
លូតលាស់ខៀវខ្ចី ៗ

ស្រីមាសបងអើយ   រដូវភ្លៀងហើយ   ធ្លាក់ចុះអំពី
បូព៌ាអគ្នេយ៍   ទក្សិណនីរតី   បស្ចិមទិសទី
ពាយព្យឧត្តរា ៗ

ឦសានសោតហោង   សូរស័ព្ទទំពង   ទាំងទិសអដ្ឋា
ស្រណោះស័ព្ទផ្គរ   ខ្ទារខ្ទរមេឃា   ប្រិមគីប្រិមគា

លោតលងជើងលេង ៗ

ស្រីមាសបងអើយ សាយល្ងាចហើយ ស្រណោះស័ព្ទសែង
ស័ព្ទសត្វបក្សី ឈ្មោលញីត្រកោចក្តែង ដូចមាសប្អូនឯង
ជស្ងាយហៅបង ៗ

ស្រីមាសបងអើយ សាយល្ងាចហើយ សព្វសត្វត្រសង
ហើរហែទាំងគូ ដែនបនៅ ស្មហ៊ឹស្នង ដូចស្រីនួនល្អង
នឹងបងដែនបនិត្យ ៗ

ស្រីមាសបងអើយ ល្ងូរស័ព្ទផ្គរឆ្លើយ ដោយទីឋានជិត
មើលភ្នំមើលព្រៃ ឆ្ងាយព្រៃកងងឹត ជស្គាលជុំជិត
គួរឱ្យស្រណោះ ៗ

ស្រីមាសបងអើយ ស្រឡប់ទៅហើយ សត្វផងផ្លេកផ្លោះ
ទៅដោយព្រទន់ ទៀងទុំព្រៀវព្រោះ ផ្គរឆ្លើយឡើងស្មោះ
ពីអាកាសឆាយ ៗ

ស្រីមាសបងអើយ ចូលសន្ធ្យាហើយ ផ្គរលាន់ឮឆ្ងាយ
ស្រណោះដើមឆ្នាំ គួរចាំសព្វសាយ ស្រណោះព្រះពាយ
រំភើយវាតា ៗ

ស្រីមាសបងអើយ ដល់សន្ធ្យាហើយ ស្រណោះព្រេចព្រា
ស្រណោះគិរី បក្សីបក្សា ស្រណោះទេវហាសិ
ពពកសាត់សល់ ៗ

ស្រីមាសបងអើយ ពន់ស្រឡប់ហើយ អធ្រាត្រមកដល់
ស្រណោះដើមឆ្នាំ គួរចាំដោយកល ស្រណោះខ្លាប់យល់
ស្រីមាសមិត្របង ៗ

ស្រីមាសបងអើយ ពេលអធ្រាត្រហើយ ល្ងូរផ្គរទំពង
ស្រណោះស័ព្ទផ្គរ ខ្ទារខ្ទរឆ្លើយឆ្លង ស្រណោះដល់ហោង
ស្រីមាសមហាថ្លៃ ៗ

ស្រីមាសបងអើយ ចូលអធ្រាត្រហើយ ភ្លៀងខ្ទរព្រកាស់ព្រៃ
ស្រងាត់សន្ធ្យា បងមហាអាល័យ ស្រណោះនៅដែន
កំឡុងរាត្រី ៗ

ស្រីមាសបងអើយ ចូលអធ្រាត្រហើយ ភ្លៀងសាទៀតថ្មី

ផ្គរទឹងព្នាន់ រន្ទាន់ខ្លាំងថ្មី ស្រណោះដល់ស្រី
មាសបងឃ្លាតឃ្លា ៗ

ស្រីមាសបងអើយ ពន់អធ្រាត្រហើយ ដាស់ទុំវិញណា
ស្រណោះស័ព្ទសត្វ ស្រងាត់ភាសា ភ្លេងឱរទេវហាសី
អាប់អស់ទិនករ ៗ

ស្រីមាសបងអើយ ចូលអធ្រាត្រហើយ ស្រណោះស័ព្ទផ្គរ
រន្ទះម្តង ៗ សូរសង្ខាររខ្ទរ អាកាសអម្ពរ
ភ្លៀងស្បៀយផាយផាត់ ៗ

ស្រីមាសបងអើយ ពន់ដាស់ទុំហើយ ព្នឹងស័ព្ទសត្វ
ស្រណោះស្រីមាស ទ្រែបព្រួសទៅបាត់ មាសអើយបងស្វាត់
ស្រណោះម្នាក់ឯង ៗ

ស្រីមាសបងអើយ ទៀបទៅព្រឹកហើយ ព្នួរល្វើយល្វេង
ស្រណោះបក្សី ឈ្មោលញីស្រែងង ទ្រោះទ្រៀវយំឯង
សឹងចាកទ្រនំ ៗ

ស្រីមាសបងអើយ ស្រណោះព្រឹកហើយ បក្សីចេញទំ
សសិតស្លាបហើរ ផ្លោះផ្លើរហើរទំ នៅសព្វទ្រនំ
ទៅសព្វទិសផង ៗ

ស្រីមាសបងអើយ បងគិតទៅហើយ ស្រណោះសោតហោង
ចូលជេស្ឋមាសា គង្គាចាំលង ទឹកទល់ថ្លាខ្សែង
ដំឡើងមកដល់ ៗ

ស្រីមាសបងអើយ ដាច់ជេស្ឋទៅហើយ អាសាធសោតសល់
ទឹកឡើងសាយព្រែក ជលស័យសាយកល់ ដោរដែងមកដល់
សំណាត់ពេញពាស ៗ

ស្រីមាសបងអើយ ទឹកដំឡើងហើយ ត្រីមីរដេរដាស
ចូលសព្វព្រែកខ្វែក បំបែកពោរពាស ត្រីផងទាំងផ្កាស
ចូលបឹងត្រៀបត្រា ៗ

មាសអើយមើលព្រែក ទន្លេហូរបែក ចូលសព្វសល់សា
សំណាត់សាត់ធ្លាក់ ពីទូពាក់លើគ្នា ហូរដោយគង្គា
ចូលព្រៃពោរពេញ ៗ

មាសអើយកូនស្រី ចង្វាឫស្សី ដែលលេងខ្ទួលខ្ទាញ់
កំភ្លាញកំភ្លក់ ក្អែកក្អុកក្រុះក្រាញ់ ផ្ទក់ផ្ទាងស្រាញ់
សព្វស្មៅដែបឹង ។

មាសអើយមច្ឆា ផ្លែកផ្លោះផ្កាប់ផ្ងារ កូនផ្ទក់ច្រឡឹង
មានត្រីតូចធំ សម្ងំស្រមឹង ដែលដោយប្រែប្រឹង
កន្ទុយវាយវាត់ ។

មើលអស់ទាំងស្មៅ លិចដើមអស់ទៅ ឃើញចុងច្រើនក្ដាត់
ស្រមោចឡើងទៅ ដោយស្មៅពេនព័ទ្ធ ស្រណោះស្រីវ័ន្ទនី
មេឃ្លាតពីបង ។

មើលមានត្រីតូច ប្រឡាយរអូច ត្រីធំលាយផង
....
រញ្ជួយដើមផល់ ។

មុខគួរស្រណោះ ដំឡើងទឹកនោះ បងមកយង់យល់
ស្រណោះបទ័ត្ត កង្ហែកកង្ហល់ ស្រណោះច្រើនសល់
ដំណើរគង្គា ។

មាសអើយវ័ទ្ធបឹង ព្រលិតឈរស្រឹង លាស់លូតមានផ្កា
ស្គន់ស្គុះត្រកៀត ល៊ិកសៀតស្លាបទា ស្លាមស្លាបច្រវា
កំពីងពួយពាស ។

(កម្ពុជសុរិយា , លេខ ១២, ឆ្នាំ ១៩៣៨)

សរសើរហេមន្តមាស

Introductory Note

ហេមន្តមាស /heimɑn-miəh/ winter months, cool season

សរសើរហេមន្តមាស 'In Praise of Winter', a romantic poem ascribed to King Sri Dhammaraja

ស្រីធម្មរាជា Sri Dhammaraja, King of Cambodia 1627-30

ឧត្តម above all else, supreme

ជ័យជេដ្ឋាទី ២ Chey Chettha II, King of Cambodia 1618-26

ចៅពញា Chau Ponhea (a title meaning roughly 'Prince')

តូ To (given name of King Sri Dhammaraja)

គិតគូរ concern oneself with, pay attention to

រស់រវើក vivid, realistic

ព្រះនាង princess, queen

បុប្ផាវតី /bopphaawədəy/ Bopphavadi

(former sweetheart of King Sri Dhammaraja who later married King Udaya)

Text

ព្រលឹងមាសអើយ Oh, My Darling, My Precious One

ចើស about to set, low (of the sun)

ថ្ងៃចើសទៃព្រៃហើយ the sun is sinking behind the trees

ទន្ទាប to be low, flat

សុរិយា /soriyaa/ sun (Lit)

ស្រណោះ to miss, remember nostalgically

ស្រណោះសព្វសត្វ rendered nostalgic [by] all the animals

ឆ្វៀលឆ្វាត់ circle around, go around crossing this way and that

សសិត to preen, to trim or dress the feathers with the beak (birds)

ផ្លោកផ្លោះ to jump up, leap over; to dash, to swoop

ទ្រោះទ្រៀវ to cry, wail, screech (of animals)

សំកាំង to float, glide, soar

សោភា beautiful (Lit)

តែង usually, used to, as a rule, generally

កែម to decorate around the edge, to embellish with a border

កាល់កែម (=កែម)

លោកីយ៍ (=លោកិយ) /lokəy/ this world, the temporal world

តន់ precious

លើសលន់ exceeding(ly)

រុងរឿង high, glorious, excellent

ថ្លៃថ្លា excellent, precious

អស្តង្គត /qɑhsdɑŋkŭət/ dusk, twilight, sunset; to set (of the sun; Lit)

សន្ធិយា (=សាណិយា) /sɑnthiyaa/ curtain; here: curtain of darkness, nightfall

ជួបចូលសន្ធិយា [the sun] has entered the curtain [of darkness]

ព្រះពាយ wind (Lit)

ផ្សប់ផ្សាយ to disperse, spread around, diffuse

យង់ intensifier for adjectives of clarity, brightness, etc.

សសាត់ (=រសាត់) to float along

សែង ray, gleam, light (of the sun)

សូរ្យ /sou, souriyeə̆q/ sun (Lit)

ព្រោង sparkling, gleaming (usually from many points)

ពណ្ណរាយ /pŭənnəriəy/ to shine, excel; brilliance, excellence

រៀងរាយ distributed here and there, spread around

ស្ងាត់ quiet, tranquil

ត្រសាក់ to spread, suffuse

ត្រសាក់សន្ធិយា in the darkness, in the night

គាប់ (=គាប់ជួន) coincidentally, by fortunate coincidence

ប្រទក្សិណ /prɑteə̆qsən/ to encircle clockwise

សុមេរា (Mt.) Meru

ព្រោងព្រាយ to sparkle from many different points

ចែង to shine

ច្រវាត់ helterskelter, criss-crossing, in or from all directions

លក្ខណា (=លក្ខណ៍) quality, virtue

លោកា (=លោក)

ឯក one, first, alone

អម្ពរ space, air, sky

ភូមិភពអាយហើយ in this world

វរមិត្រ esteemed friend

កល្យាណ /kɑlləyaan/ good, virtuous, beautiful

សាច់ complexion

សាន្ត peaceful, tranquil, quiet; here: beautiful (of complexion)
សាទរ to empathize with, rejoice with
សាច់សាន្តសាទរ of lovely and desirable complexion
អធ្រាត្រ /qatriət/ midnight (Lit)

ផាត់ផើយ to blow (Poetic)

រំភើយ fluttering, floating on the breeze
លំហើយ to cool, refresh (of wind)

សាយ to spread, diffuse, suffuse

សព្វសាយ spreading all around; everywhere; everything
សុរភី fragrance, perfume

ថ្មើរ time, period of the day

រៀម elder brother; here: I

ស្នេហ៍ស្នាល to love (Poetic)

សំណេះ to reminisce, exchange fond memories
ស្ងួន to pamper, treat tenderly, caress
ត្រកាល precious, extraordinary

សេព /saep/ to partake of, indulge in, associate with
សងសារ (=សារសង) to converse, answer reciprocally

សេពសមសងសារ engage in pleasant dialogue
សោមនស្សា (=សោមនស្ស) /saomənŏəhsaa/ pleased, delighted; pleasure, delight
ផ្គរ thunder

ឆ្លើយ to resound, reverberate

រោះរាយ (=រួសរាយ) genial, cordial, expansive

រ័ត្ន /roət/ gem, precious stone (here: Precious, Beloved)

ទ័នបនិត្យ close, intimate

ចរចារ to negotiate; to converse, talk

រួមខ្នើយ to share a pillow, sleep together, make love
ព្រាស away from, different from, separated
មេ lady; mother; you (intimate, older to younger)
មៃត្រី (=មេត្រី) friendship, love; to feel friendly, to love (Lit)
មូលមេត្រី to love fully, to feel unreserved friendship
ឆ្លាស់ឆ្លើយ to answer

យាស to cry, to call (of animals)
សម /sɑm/ then, accordingly, so, thus
កង loud, roaring

គៀង to drive (cattle), round up, herd together, head off

ផ្សា to burn, smart, sting

អង្គឯង (=ខ្លួនឯង) myself, oneself

អំព្វាយ (=អម្បាយ) extremely (Arch)

ភ្នក to have a sudden inspiration, have it occur to one to; here: think about
ធ្វេសធ្វេ (=ធ្វេសធ្វើ) to be doubly negligent, doubly neglectful
រាយមាយ careless, negligent

ផ្សំ to combine, put together, add to, accumulate
ត្រសៀក blowing gently, wafting

ផ្សព្វផ្សាយ to disperse, spread around, diffuse
ដាស់ទុំ deepest part of the night (about 1-3 a.m.)
ខ្លឹម heart, core, essence

រ៍រង increasingly

បងមេរ៍រងគិត (=បងរ៍រងគិតដល់មេ)

ពន់ past, beyond (Arch)

ទៀប near, close to; nearly, almost
ខ្មី quickly, immediately, soon; newly, recently (Lit)
ដាសដេរ (=ដេរដាស) full of, covered with, crowded with;

all over
មីរ cloudy, overcast, somber, dark
ជញ្ញាំ dark

ឧណ្ហៈ hot

មាសា (=មាស) month

ផាច់ខែ at the end of the month, after the month of...
ចែត្រ March-April (lunar system)

វិសាខា (=ពិសាខ) April-May (lunar system)

ខ្ញារខ្ញុរ (=ខ្ញុរខ្ញារ)

ត្រើស to be happy, delighted

បូព៌ា /boupiə/ east (Lit)

អគ្នេយ៍ /qaqknee/ southeast (Lit)

ទក្សិណ /teə̆qsən/ south (Lit)

និរតី /niərədəy/ southwest (Lit)

បស្ចិម /bahcəm/ west (Lit)

ពាយព្យ /piəyoə̆p/ northwest (Lit)

ឧត្តរា (=ឧត្តរ) /qotdɑɑ/ north (Lit)

ឦសាន /qəysaan/ northeast (Lit)

អដ្ឋា (=អដ្ឋ) /qatthaq/ eight (Skt)

ម្រិគីម្រិគា female and male four-footed wild animals
លង to try, test, experiment with
សាយណ្ហេ (=សាយណ្ហ) /saayɑn/ evening

ក្ដោចក្ដែង to cry, wail, lament

ផង្ហោយ to call from afar

ត្រសង moving along leisurely in a group
ជិនប near, close, intimate

ខ្ជន fair, beautiful (of complexion)
ល្អង powder, pollen, dust; beautiful (of complexion)
ដោយទីឋានជិត around the place where I am

ផង្គោល in a big cloud, in a vague mass
ជុំជិត close around, round about

ស្រទុប់ to faint; dusk, twilight

ទ្រទៀវទ្រទោះ (=ទ្រទោះទ្រទៀវ)
to cry, wail, screech (of animals)
លាន់ to sound, make a noise (of inanimate objects)
វាតា wind (Lit)

សាត់ (=រសាត់) to float along

សល់ many, in abundance, extremely
ដោយកល inarticulate because of tears (Skt. kala ?)

មហា before an adjective: really, immensely, extremely

ឱរ /qao/ to rain hard

កំឡុង in, during; period, interval (Arch)
សា to retrace, redo, recommence, repeat
រឹង increasingly

រន្ទាន់ repeatedly, in rapid succession
ទិនករ /tɨnnəkɑɑ/ sun (Lit)

លង back again, in return

ផាយផាត់ to blow (Lit)

សឹង almost, almost all

ស្ងាត់ isolated, lonely, quiet

ល្វើយល្វេង vague, indistinct, weak (of sound or smell)
សង្រេង to grieve, suffer

ផ្លោះផ្លើរ to jump, leap, dash, swoop
ជេស្ឋ /ceeh/ May-June (lunar system)
តង្គាចាំលង (meaning unclear)

ទល់ to reach, touch, be against

ថ្លាខ្យង crystal clear

ដំឡើង to rise (Arch)

ជលស័យ /cŭəlləsay/ ocean, sea, body of water (Lit)

កល់ intensifier: very much, very many (?)

ជោរ to rise (of ocean tide)

ជែង to struggle ahead, push ahead; to compete

សំណាត់ driftwood

មីរ in a great crowd, spread densely all over, stippled

ខ្ចែក (meaning unclear)

បំបែក to break up, disperse, scatter (Archaic intransitive use)

ផ្ដាស lax, careless, foolish

ចង្វាឫស្សី a kind of small fish (lit: bamboo oar)

ខ្វល់ខ្វាញ់ swirling turbulently, churning

កំភ្លាញ a kind of small fish

កំភ្លក់ a kind of fish

ក្អែក a kind of black fish

ក្អុក a kind of small fish

ក្រុះ (=ក្រុស) a perch-like fish

ក្រាញ់ a kind of small fish

ផ្ទក់ a kind of small fish

ផ្ទោង a small tubular fish

សណ្រាញ់ vigorously, with abandon

ដៃបឹង branch or bay of a lake

ប្រចឡឹង a kind of small fish

សម្ងំ (=សំងំ) be still, stay quiet (neither speaking nor moving)

សម្រឹង to ponder in silence, be pensive (here: quiet, passive)

វាត់ to slash, swish, lash

ពេន to encircle, coil around

រ័ត្នឌិ (=រត្ន) /roə̆t/ gem, precious stone; precious, beloved

រអួច to move the lips silently

រញ្ជួយ to shake, tremble

រញ្ជួយដើមផល់ causing the stalks [of grass] to tremble (?; apparently three preceding phrases of this stanza are omitted from the text)

យង់យល់ to see

បន្ដែ (=បណ្ដែ) /bɑndae/ pledge, promise

កង្ហែកង្ហល់ restless, impatient (?)

ដំណើរគង្គា appearance or action of the water

ស្រឹង tranquil (?)

លាស់លួត (=លួតលាស់)

ស្គន់ a kind of waterlily

ស្គុះ a kind of waterlily

ត្រកៀត an edible aquatic plant with straight stalks

សៀត to insert, stick in, wedge apart, pry apart

ស្លាបទា an aquatic plant (lit: duck feathers)

ស្លោម dense, crowded together

ស្លាបច្រវា an aquatic plant (lit: oar blades)

កំពឹងពួយ an aquatic plant used as a vegetable

ពាស (=ពាសពេញ)

១៤. អាយ៉ៃ (ទី ១)

ដោយ

ស្រី-អ៊ូ និង ញូង-សឿង

បុព្វកថា (សម្រាប់អាយ៉ៃទី ១ និងទី ២)

កំណាព្យខាងក្រោមទាំងពីរនេះ គេបានសរសេរទុកមកដើម្បីគ្រាន់ជាគំរូសំរាប់ច្រៀងអាយ៉ៃ ដែលជាសិល្បប្រជាប្រិយមួយ ដែលប្រជាជនទូទៅចូលចិត្តស្តាប់ជាទីបំផុត ។ គេមានថែមទាំងចាក់ផ្សាយតាមវិទ្យុជាតិជាញឹកញាប់ផង ។ ចម្រៀងអាយ៉ៃនេះ ធម្មតាគេមិនសរសេរទុកជាមុនទេ អ្នកច្រៀងអាយ៉ៃជាសិល្បករ ជាមនុស្សមានប្រាជ្ញាខាងវៃណាស់ ហើយជាពិសេសបំផុតជាកវីយ៉ាងចំណាន ។ ពាក្យពេចន៍ទាំងប៉ុន្មានគេប្រឌិតឡើងភ្លាម ៗ ឥតមានព្រាងទុកជាមុនឡើយ ។ ចម្រៀងអាយ៉ៃត្រូវមានមនុស្សពីរនាក់ ស្រីម្នាក់ ប្រុសម្នាក់ ច្រៀងឆ្លើយឆ្លង ដោះប្រស្នាគ្នាទៅវិញទៅមក ។

អាយ៉ៃផ្នែកទី ១ នេះពុំមានអត្ថន័យអ្វីជ្រៅទេ ព្រោះគ្រាន់តែសម្រាប់ចាប់ផ្តើមនៃចម្រៀងអាយ៉ៃតែប៉ុណ្ណោះ ។

អត្ថបទ

(បទពាក្យ ៧)

ប្រុស

ស្រីអើយ ! ស្រីស្រស់ល្អសល់អង្គ   វង់ភក្រ្តផូរផង់ឥតហ្មងសៅ
ចូរនាងចេញមកណា៎ នោមឆ្លៅ !   ព្រមច្រៀងទេពៅឬយ៉ាងណា? ។
បើព្រមមិនព្រមសូមឆ្លើយមក   បងនឹងដែលកទៀតកនិដ្ឋា
ទាន់អស់លោក - អ្នកនៅត្រៀបត្រា   ស្រីកុំសាវារង់យូរឡើយ ។

ស្រី

ខ្ញុំឮសំដីប្រុសផ្តោះផ្តង   ដោយមានបំណងឱ្យខ្ញុំឆ្លើយ
ប្អូនពុំប្រកែកទេបងអើយ !   សុខចិត្តតែឆ្លើយតាមចំណេះ ។
ប៉ុន្តែប្អូនសូមសួរប្រុសថ្លៃ   ឱ្យអស់សង្ស័យក្នុងពេលនេះ
ឱ្យញាតិដឹងស្គាល់បានចាំចេះ   តើអ្នកបងនេះនាមឈ្មោះអ្វី ? ។

ប្រុស

បងឈ្មោះ (ភូមិន្ទ) ពិតប្រាកដ   តាមដោយកំណត់ហោរាស្តី
ដាក់ឈ្មោះយ៉ាងនេះទើបគប្បី   មហាជនប្រុសស្រីគេចូលចិត្ត ។

ចុះបងអាយុប៉ុន្មានឆ្នាំ?
កុំភូតកុហកខុសក្រមក្រឹត្យ

អាយុម្ភៃប្រាំឆ្នាំជាក់
មិនភរភូតទេណា៎នួនល្អង!

បងនៅភូមិណាឃុំណាក្តី
សូមប្រាប់មកទៀតណា៎ប្រុសថ្លៃ!

ភូមិសាក់សំពៅឃុំសាក់សំពៅ
ក្នុងស្រុកភ្នំពេញណា៎ជីវ៉ា!

ចំណែកមាតានឹងបិតា
សូមប្រាប់មកទៀតប្រុសវិសាល

បិតាបងឈ្មោះ (សិរីវ័ឌ្ឍ)
មាតាបងឈ្មោះ (សុកណ្ណា)

មួយទៀតឯជាតិរបស់អ្នក
សូមប្រាប់ឆាប់មកប្រុសប្រិមប្រិយ

បងជាតិជាខ្មែរនគរវត្ត
សាវតារជាតិតពូជវែងឆ្ងាយ
បងឆ្លើយមកនេះសព្វគ្រប់ហើយ
ពេលនេះបងបែរសួរសៀតសឹក
សួរឈ្មោះអាយុលំនៅផង
នាងនៅភូមិណាឃុំណាក្តី
សូមប្អូននិម្មលពៅពិសី

ស្រី

សូមឆ្លើយតាមចាំដោយពាក្យពិត
ឱ្យប្អូនស្នេហ៍ស្និទ្ធជឿបានផង ៗ

ប្រុស

ជឿចុះវរល័ក្ខណ៍ពិតកន្លង
មាសបងជឿចុះកុំសង្ស័យ ៗ

ស្រី

ស្រុកខេត្តឈ្មោះអ្វីនៅសព្វថ្ងៃ?
ឱ្យជនជិតដឹងផងណា៎ ៗ

ប្រុស

ដែលបងធ្លាប់នៅពីដូនតា
ខេត្តសោតឈ្មោះថាខេត្តកណ្តាល ៗ

ស្រី

មានឈ្មោះយ៉ាងណា? សូមដំណាល
សមគួរដល់កាលដែលសន្យា ៗ

ប្រុស

រស់នៅទៀងទាត់ទាំងទេវហា
ចេះក្បួនតម្រាទាយល័ក្ខណ៍ស្រី ៗ

ស្រី

សូមប្រាប់ឱ្យជាក់កុំលាក់អ្វី
ឱ្យខ្ញុំដឹងក្តីតាមតម្រាយ ៗ

ប្រុស

ជាក់ពិតប្រាកដមិនមែនក្លាយ
ជាប់ខ្សែស្រឡាយពីនាយមក ៗ
ណា៎ប្អូនត្រាណត្រើយពៅពន្លក!
ឆ្លើយឆ្លងទៅមករកប្អូនស្រី ៗ
សូមមាសស្នេហ៍ស្នងប្រាប់មកខ្ញុំ
ស្រុកខេត្តឈ្មោះអ្វី? ប្រាប់ផងណា៎ ៗ
មុខស្រស់ប្រិមប្រិយប្រាប់ទៀងម៉ា

ចំណែកមាតានឹងបិតា   មាននាមយ៉ាងណា ? ប្រាប់ទៀតផង ។
មួយទៀតសញ្ជាតិនាងជាអ្វី ?   ចូរប្រាប់ឆាប់ខ្មីកុំរួញរង
ប្រាប់ទាំងសាសនាជាតិទៀតហោង   សោះនឹងសួរសងជាច្រើនគ្រា ។

ស្រី

ប្អូនស្តាប់សំដីប្រុសវរមិត្រ   សាកសួរពិនិត្យរឿងនាមា
ប្អូនសូមឆ្លើយប្រាប់ឥតរួញរា   តាមវគ្គតាមឃ្លាណ៉ាទៀមទឹក ! ។
ប្អូនឈ្មោះ (ថុល្លា) ពិតប្រាកដ   បិតាសន្មតឱ្យជៀងជាក់
សព្វថ្ងៃខ្ញុំនៅក្នុងសំណាក់   បិតាពាំនាក់ពុំឃ្លៀងឃ្លាត ។
ខ្ញុំមានអាយុដប់ប្រាំឆ្នាំ   ត្រូវតាមចំណាំបញ្ជីជាតិ
នៅភូមិថ្មសជួបជុំញាតិ   ឥតមុសាវាទគេចកែបែរ ។
ក្នុងឃុំស្វាយជ្រំស្រុកស្វាយទៀង   ខេត្តសោតទាត់ទៀងស្វាយទៀងដែរ
មានស្ទឹងទន្លេនៅជិតក្បែរ   ពីដើមយើងខ្មែរហៅវំដួល ។
បិតាខ្ញុំឈ្មោះ (ធម្មសេរី)   ចេះពាក្យសំដីពីរោះស្រួល
វាចារាបសាមិនអាក់អួល   ស្ដីតាមទំនួលមានវេវាតវគ្គ ។
មាតាខ្ញុំឈ្មោះ (សុបិយា)   ត្រូវតាមត្រមាប្រាកដជាក់
ខ្ញុំជាតិជាខ្មែរសែដូចអ្នក   ឥតភូតឥតលាក់ឥតក្លែងក្លាយ ។

ប្រុស

បងស្ដាប់បានហើយចម្លើយស្រី   ឆ្លើយមកខ្លី ៗ មិនវែងឆ្ងាយ
តែបងសើទើសួរឆោមឆាយ   ឱ្យប្អូនបរិយាយប្រាប់សេចក្ដី ។
ដែលនាងសាកសួរដេញដោលខ្ញុំ   សព្វស្រុកខេត្តឃុំគ្មានខ្វះអ្វី
តើនាងក្រមុំចង់បេតី   ឱ្យងាយប្អូនស្រីទៅរកបង ?

ស្រី

ខ្ញុំសូមជំរាបដល់អ្នកប្រុស   អ្នកស្មាននេះខុសទេស្នេហ៍ស្នង
គឺស្រីចោទសួរដោយបំណង   ដើម្បីអ្នកផងពិចារណា ។
ពីព្រោះនារាស្ត្រខ្មែរយើងសព្វថ្ងៃ   នៅល្ងង់ច្រើនក្រែកអាប់ប្រាជ្ញា
អ្នកខ្លះលំនៅដែនអាត្មា   ពុំដឹងយ៉ាងណាឱ្យប្រាកដ ។
ចួនកាលរាជការមានការគួរ   ត្រូវហៅខ្លួនសួរតាមកំណត់
ប្រាប់ផ្ទុយត្រឡប់ខុសបែបបទ   មិនត្រូវសន្មតតាមតែស្មាន ។
យកស្រុកជាភូមិភូមិជាស្រុក   ខេត្តឃុំអុកឡុកប្រួសដើមដាន

នឹងយកជាការផងពុំបាន   នាំឱ្យរំខានខាតវេលា ។
ចួនកាលសរសេរសំបុត្រខុស   ផ្ញើតាមផ្លូវប៉ុស្តិ៍ទៅគ្នីគ្នា
កាខ្នងសំបុត្រដាក់នាមា   ឃុំស្រុកវគ្គឃ្លាខុសទាំងឯង ។
ប៉ុស្តិ៍រកមិនឃើញតាមឈ្មោះពិត   ទាល់អស់បើគិតតាំងដេរផង
អាអន្តរធាននាំមួម៉ង   ហែកចោលតែម្តងកុំឱ្យធ្លាប់ ។
ខ្ញុំសួរសៀតស៊ិកដោយឧបាយ   ដេញដោលតែលបខាយឱ្យងាយស្តាប់
គេឱ្យអ្នកផងយកតម្រាប់   គ្រាន់ទុកជាច្បាប់តវែងឆ្ងាយ ។
ខ្ញុំយល់ប្រយោជន៍ដូច្នេះឯង   បានជាខ្ញុំចែងថ្លែងបរិយាយ
សូមអស់លោក - អ្នកផងទាំងឡាយ   ស្តាប់ពាក្យអធិប្បាយខ្ញុំឱ្យជាក់ ។
ខ្ញុំសួររឿងនេះអីចេះទេ   កុំប្រុសមាសមេគិតចង់ស្ម័គ្រ
កុំនឹកស្មានហួសប្រជួសណា៎អ្នក !   កុំអាលផ្អើលភ្ញាក់ដោយតណ្ហា ។

ប្រុស

សាធុប្អូនស្រី! ស្រដីប្លែក   ពីរោះចំថែទ្យកត់តឧបមា
ហេតុតែនួនល្អងបានសិក្សា   ស្តីឡើងកាលណាបានជាច្បាប់ ។
ស្តីនេះចំជាត្រូវប្រាកដ   តាមដោយបែបបទរាជប្រព័ញ្ញប្តិ៍
គួរណាស់អ្នកផងយកតម្រាប់   ទុកជាសណ្តាប់តរៀងទៅ ។
រឿងសួរអាយុរហូតជាតិ   បងប្រាប់នាងនាថគ្មានសល់នៅ
ចង់សួរអ្វីទៀតណា៎ស្រីពៅ !   សួរចុះឆោមឆ្លៅកុំរួញរា ។

ស្រី

ខ្ញុំសូមជំរាបដល់អ្នកបង   ដែលបានឆ្លើយឆ្លងរឿងនានា
ឃើញថាពូជពង្សជាតិដូចគ្នា   បងជាពលរដ្ឋប្រទេសអ្វី ? ។

ប្រុស

បងជាពលរដ្ឋកម្ពុជា   មិនមែនចាមជ្វាទេណា៎ស្រី !
កូនខ្មែរមានពូជមានឈ្មោះល្បី   ចេះអត្តបាលីបកប្រែបាន ។

(ចម្រៀងជាតិនិយម, ភាគ ១, វគ្គ ២, ទំព័រ ១២-២៤)

អាយ៉ៃទី ១

Introductory Note

អាយ៉ៃ a kind of folk music involving a musical dialog between a man and a woman

ភាគ part, section (here: volume)

វគ្គ /weəq/ chapter, part, section, verse, paragraph (here: chapter)

គំរូ model, example

ប្រជាប្រិយ folk, popular (i.e. of the people), traditional

មានតែថែមទាំង even (to the extent of)

ចាក់ to play (phonograph, tape recorder)

វិទ្យុជាតិ National Radio (State-owned station)

សិល្បករ artist

វាងវៃ keen, sharp

ចំណាន skillful, talented

ប្រឌិត to create, invent

ព្រាង to draft, to compose

...ទុកជាមុន beforehand

ដោះ to resolve, to solve

ប្រស្នា enigma, philosophical problem, abstract question

ដោះប្រស្នា to elucidate a philosophical problem

អត្ថន័យ /qatthənɨy/ meaning, significance

Text

ស្រីអើយ! ស្រីស្រស់ Oh, [My] Charming Girl

អង្គ /qɑŋ/ body (Lit, Complimentary; normally specifier for sacred persons and Buddhist images)

ល្អអស់អង្គ lovely in every detail (lit: the whole body is pretty)

វង់ភក្ត្រ /wŭəŋ-pheəq/ face (Lit)

ផូរផង់ soft, smooth, fine, beautiful (of complexion)

ហ្មងសៅ (=សៅហ្មង) unclean, impure, offensive

ឆោម figure, body

ឆ្លោ beautiful

ឆោមឆ្លោ [My] Beautiful One

ពៅ youngest sibling; used here as affectionate term of address

ដើររកទៀត to look further (for a partner)

កនិដ្ឋា (=ប្អូនពៅ) youngest sibling (Lit)

ទាន់ while still, in time for

លាវា irresolute, fickle

រង់ to wait

ផ្ដោះផ្ដង to hint, imply, express one's intentions indirectly

ប្រកែក to object, argue, refuse

ឲ្យអស់សង្ស័យ to dispel one's doubts

ញាតិ our friends (i.e. the audience; lit: relatives)

ចាំចេះ to know, be informed

(ភូមិន្ទ) (the name is included in parentheses to indicate that the singer may substitute his own name)

កំណត់ decision, prescription

ហោរា (=ហោរ) /haoraa/ astrologer

គប្បី /koə̆pbəy/ auspicious, appropriate, proper

ភូត to lie, prevaricate

កុហក /kohɑq/ to lie, prevaricate

ក្រឹត្យ law, rule, precept

ខុសក្រឹត្យក្រម to be against the law, be a transgression

ស្នេហ៍ស្និទ្ធ to be deeply in love (Lit)

ប្អូនស្នេហ៍ស្និទ្ធ [your] beloved younger sister (used here to refer to herself)

ជាក់ truly, really; exactly, precisely

វរលក្ខណ៍ /wɔɔleə̆q/ high virtue (here: [My] Virtuous [One])

កន្លង surpassingly, exceedingly, very

ភរភូត (= ភូតភរ) to lie, prevaricate

នួន fair, beautiful (of complexion)

ល្អង powder, pollen, dust

នួនល្អង [My] Fair [One], [My] Exquisite [One]

សាក់សំពៅ place name

ជីវា (= ជីវៈ) term of endearment; lit: [My] Life

វិសាល spacious; admirable, meritorious

សមគួរដល់កាលដែលសន្យា as you promised (lit: in accordance with the time [when you] promised)

(សិរីវឌ្ឍ) /serəywŏət/ personal name

ទៀងទាត់ precise, exact; really, truly

ទ្វេហា (= ទ្វេហារ) both (lit: two persons)

(សុគន្ធា) /sokkɑnthaa/ personal name

តម្រា manual, formulae

ទាយលក្ខណ៍ស្រី to analyze feminine qualities (based on visible characteristics)

តម្រាយ path, passage (from /triəy/ to clear a path)

ខ្មែរនគរវត្ត pure Khmer (lit: Khmer of Angkor Wat)

ក្លាយ changed, adulterated, mixed

សាវតា /saawədaa/ history, record

វង្ស patronym, lineage

វង្សស្រឡាយ lineage

តពូជ...ពីនាយមក lineage goes back many generations in unbroken line

ត្រាណត្រើយ support, comfort, refuge, consolation

ប្អូនត្រាណត្រើយ Younger [Sister], [My] Consolation

ពៅពន្លក [My] Tender [One] (lit: tender youngest sibling)

សៀត to insert, stick in, wedge apart, pry apart

ស៊ក to insert (into a preëxisting hole)

សួរសៀតស៊ក to interrogate, pry into

ស្នេហ៍ស្នង to be deeply in love (here: beloved)

ខ្មី immediately

និម្មល /nimmŭəl/ perfect, faultless

ពិសី precious

រៀម elder brother

រ៉ា euphonic final particle (to rhyme with /naa/; Lit)

ផ្ទួរផ្ទង to hang back, hesitate, delay, wait around

សោះនឹង so not to (here: so [I] won't have to)

សួរសង to ask again

វរមិត្រ /wɔɔ-mɨt/ [My] Esteemed Friend

នាមា name (នាម + ា ; a device frequently used for rhyming purposes)

រួញរា to be reluctant, hang back, hesitate

តាមវគ្គតាមឃ្លា point by point, by chapter and verse (lit: by stanza and phrase)

វីក lovely, beloved

(ថុល្លា) /thollaa/ personal name

សន្មត /sɑnnəmɑt/ agree (to), decide (to)

ជៀងជាក់ clear, precise, exact (here: really, truly)

សំណាក់ refuge, shelter, place to stay

នៅក្នុងសំណាក់ be under the care of

ពំនាក់ care, protection, guardianship (here: protects)

ឃ្លៀងឃ្លាត to be absent, away from, separated from

ពុំឃ្លៀងឃ្លាត vigilantly

ចំណាំ memory, recollection (here: record, what is recorded)

បញ្ជីជាតិ birth certificate

ថ្មស /tmaa saa/ place name (lit: White Stone)

ចួបជុំ (=ជួបជុំ)

ចួបជុំញាតិ in the midst of [my] relatives (Poetic)

មុសា to lie, prevaricate; untrue, false

វាទ (=ពាក្យ)

មុសាវាទ to lie, prevaricate

គេចកែកបែរ to evade, elude, equivocate, hedge

ទាត់ទៀង (=ទៀងទាត់) true, exact

ទំផួល name of [her] village

រាបសា polite, circumspect, proper

អាក់អួល to stammer, stutter

ទំនួល ease, fluency, smoothness

វេវាត (=វគ្គ) stanza, paragraph, clause

មានវេវាតវគ្គ well organized (of speech, writing, etc.)

(សុបិយា) /soppeqyaa/ personal name

កែក្លងក្លាយ to falsify, adulterate, hedge

សើរើ to probe deeply, get to the bottom (of something)

ឆោមឆាយ beautiful (here: [My] Beautiful [One])

ដែល that, the fact that

ដេញដោល to pursue (a question), importune, press (for information), quiz

បេតី /paetəy/ to love (Lit)

អ្នកផង people, others, the public

លំនៅទីនអាត្មា one's own address

ការគួរ some business or other, item of business

សួរតាមកំណត់ ask for precise [information]

ប្រាប់ផ្ទុយត្រឡប់ say [just] the opposite

ខុសបែបបទ wrong, improper

អុកឡុក confused, mixed up

ប្រាស away from, different from

ដើមដាន origin, beginning, original [facts]

យកជាការ to rely on, depend on, have confidence in, take seriously

សរសេរសំបុត្រខុស to address letters incorrectly

កា to address a letter

ខ្នងសំបុត្រ the address side of an envelope (in Cambodian this is considered to be the 'back' of the envelope)

វគ្គឃ្លា form, arrangement (of speech or writing)

ខុសទំនង improper, incorrect

ទាល់ stalled, stymied, stumped

អស់បើគិត perplexed, nonplussed, bewildered

អាអន្តរធាន /qaa-qandαα-thiən/ you idiot!, damn you! (lit: may you be ruined!)

មួម៉ង furious, irritated

ហែក to tear

កុំឱ្យធ្លាប់ that'll teach [him], so [he] won't do it again

តម្រាប់ example, model, sample

អីចេះ (=ដូច្នេះ ; Coll)

ប្រុសមាសមេ [My] Dear Sir

ជ្រុល to go beyond, go too far, overstep, make a mistake

ផ្អើលភ្ញាក់ be excited, exercised, have one's hopes up

សាធុ fine, so be it, amen!

ស្រដី to speak, say

ស្តីទៀងកាលណាគួរជាច្បាប់ everything [you] say is examplary, your words are like pearls of wisdom

រាជប្រញ្ញប្តិ /riəccəprɑñap/ (=/riəccəpaññat/) royal order

តាមដោយទ័បបបទរាជប្រញ្ញប្តិ consistent with the royal order

គួរណាស់អ្នកផងយកតម្រាប់ people should really take [it] as an example

នាថ master, chief

នាងនាថ [My] Mistress (in the sense of 'boss, superior')

ពលរដ្ឋ /pŭəl-rŏət/ citizenry, population (here: citizen)

មានពូជ be of good breeding, of respectable background

ឈ្មោះល្បី (= ល្បីឈ្មោះ)

អត្ថ /qatthaq/ meaning, significance

បក to translate (Coll)

១៥. អាវ៉ៃ (ទី ២)

ដោយ

អាចារ្យ ឈឹម-ស៊ុម

(បទពាក្យ ៩)

អត្ថបទ

ស្រី

ខ្ញុំសួរពី គ្រូបង្រៀន គ្រូបង្ហាត់
ឬដែលចាស់ ឱ្យខ្ពស់ទៅ ហៅអាចារ្យ
ហៅបណ្ឌិត ហៅអ្នកប្រាជ្ញ តាមមុខងារ
តើមានការ ដូចម្ដេចខ្លះ ជាករណីយ?

ប្រុស

នួនអើយនួន! ស្ងួនវរល័ក្ខណ៍ ស្ដាក់សួរបង
ដោយបំណង ចង់ចែងការ អាថ៌សេចក្ដី
គ្រូអាចារ្យ មានកិច្ចការ ជាករណីយ
តាមបាលី លោកសំដែង មានច្រើនយ៉ាង ។
គឺត្រូវខាត់ បង្ហាត់ខ្លួន កុំឱ្យឃ្លាត
កុំរវាត ពីវិជ្ជា ច្បាប់សំអាង
រៀនឱ្យចេះ ធ្វើឱ្យជាក់ ជាភស្តុតាង
ជាសំអាង ឱ្យអ្នកក្រោយ ដោយសារខ្លួន ។
ហើយត្រូវខំ កុំសម្ងំ ចេះតែឯង
ត្រូវសំដែង ថ្លែងបង្រៀន កុំលាក់ពួន
សព្វពាក្យពេចន៍ អាថ៌សេចគ្រេច គ្រប់ទាំងក្បួន
ត្រូវបន្ទួន ផ្ទួនបន្ថែម កុំបន្ថយ ។
មើលបន្ទែ ក្បួនប្រាជ្ញប្រែ ប្រឹងបន្ទំ
កុំប្រឡំ នាំប្រឡាស ផ្ដាសឱ្យស៊ិយ
ការសង្ស័យ ត្រូវដឹកដៃ ឱ្យញួយ ៗ
នាំទៅឱ្យ ស្គាល់វិនាស ស្គាល់ចំរើន ។

ស្រី

បងអើយបង! អ្នកសារសង គួរសង្ស័យ

សូមប្រុសថ្លៃ　　អ្នកថ្លាថ្លែង　　ឱ្យបានច្រើន
ផ្លូវវិនាស　　អសារបង់　　មិនចំរើន
តើមានច្រើន　　ប៉ុន្មានយ៉ាង　　យ៉ាងណាខ្លះ ?
គ្រូអាចារ្យ　　អ្នកដឹកដៃ　　ដែលនាំផ្លូវ
ឱ្យបានត្រូវ　　ស្គាល់វិនាស　　ជួបប្រទះ
ក្តីវេចវិល　　ហិលហិនហោច　　ខូចស្រឡះ
ឬមានះ　　នាំយ៉ាងណា　　ជាករណីយ ?

ប្រុស

ទេតូចតន់ !　　កុំអាលភ័ន្ត　　គំនិតស្មោះ
មិនដូច្នោះ　　ទេមិត្តម៉ុម　　មាសពីសី
គ្រូអាចារ្យ　　មានកិច្ចការ　　នាំប្រុសស្រី
ឱ្យចៀសក្តី　　វិនាសទាំង　　៤ ប្រការ :
១. គឺល្បែង　　លេងស្រីប្រុស　　ខុសក្រមក្រិត្យ
២. ចូលចិត្ត　　ជិបមេរ័យ　　ឬសុរា
៣. គឺលេង　　ល្បែងស៊ីសង　　ល្បងវាសនា
៤. ហ៊ឺហា　　មានពួកម៉ាក　　មិនគប្បី ។
ផ្លូវលាមក　　ទាំងបួនបែប　　នេះឯងពិត
ពួកបណ្ឌិត　　ពិនិត្យចាស់　　ជាផ្លូវក្តី
វិនាសបង់　　លង់ប្រយោជន៍　　ទាំងប្រុសស្រី
ជាករណីយ　　គ្រូអាចារ្យ　　ត្រូវចៀសចាក ។
ហើយចរចា　　ប្រាប់គ្នីគ្នា　　ជាសិស្សគណ
គ្រប់ដំបន់　　ដំបូន្មាន　　កុំឱ្យប្រឡាក
នាំពន្យល់　　ប្រាប់ហេតុផល　　ទាល់តែងាក
ទាល់តែលាក　　ចិត្តលះលែង　　ហើយស្វែងច្បាប់ ។
គ្រូអាចារ្យ　　មានកិច្ចការ　　ដូចសំដែង
មកនេះឯង　　ណ៎ាស្រីនួន!　　ស្ងួនចំណាប់
នាងចំណាំ　　ឱ្យបានចាំ　　ហើយត្រងត្រាប់
នេះហើយច្បាប់　　គ្រូអាចារ្យ　　ណ៎ាវរល័ក្ខណ៍ ។

ស្រី

ប្រុសអើយប្រុស ! ប្រាជ្ញប្រសើរ ប្រសប់ថ្លែង
ឃើញច្បាស់ទែង ចែងទៀងទាត់ ប្រាកដជាក់
ប្អូនសូមសួរ ជាសំនួរ តាមពាក្យអ្នក
ព្រោះត្រង់វគ្គ ក្តីចំរើន ពុំទាន់ច្បាស់ ។
គ្រូអាចារ្យ ត្រូវដឹកនាំ ពួកប្រជា -
ជនគ្រប់គ្នា ឱ្យស្វះស្វែង យ៉ាងរហ័ស
នូវប្រយោជន៍ មានប៉ុន្មាន ប្រាប់ឱ្យច្បាស់
ចង់ដឹងណាស់ កិច្ចទាំងនេះ ណ៎ាអ្នកថ្លៃ ។

ប្រុស

ថ្លៃមអើយថ្លៃម! ឆ្នើមនារី ពិភពលោក
ដេញឱ្យគោក ចង់ឱ្យកើល ឬចរើណ
ឬចង់ចេះ ចំណេះនេះ មែនស្រីថ្លៃ
សូមចរើណ នាងចាំស្តាប់ ស័ព្ទសត្យា ។
ផ្លូវប្រយោជន៍ ក្តីចំរើន មានពីរយ៉ាង
មានសំអាង តាមគម្ពីរ ព្រះទេសនា
គឺប្រយោជន៍ បច្ចុប្បន្ន ទាន់នេត្រា
ហើយនឹងមហា ប្រយោជន៍ធំ ផ្លូវបរលោក ។
តាមបាលី លោកចែលញែក ចែកមាត្រា
បួនមាតិកា ទាំងពីរផ្នែក ចែកប្រយោគ
គឺប្រយោជន៍ នាលោកិយ នឹងបរលោក
ចែកប្រយោគ មានបួន ៣ ជាប្រាំបី ។

ស្រី

បងអើយបង! អ្នកសារសង គួរសវនា
តែវាចា ពាំសម្បក ឆ្លកសេចក្តី
បួនខាងអាយ បួនខាងនាយ ជាប្រាំបី
ផ្លូវលោកិយ ថាមានបួន តើយ៉ាងណា ?

ប្រុស

យ៉ាងនេះនែ! អ្នកមាសស្នេហ៍ នាងចាំស្តាប់

បងស្រាយប្រាប់ តាមគន្លង , ព្រះពុទ្ធដីកា
ទី ១. គឺ ត្រូវខំប្រឹង ហាត់សិក្សា
រកទ្រព្យា ធ្វើការងារ កុំទំព្រមន់ ។
ទី ២. គឺ ត្រូវរក្សា វិជ្ជាទ្រព្យ
កុំលេលាប់ ឱ្យអភ័ព្វ ភ្លេចបាត់ធន
ទាំងវិជ្ជា ទាំងទ្រព្យា គួរគយគន់
ជានិរន្តរ៍ កុំឱ្យភ្លេច កុំឱ្យបង់ ។
ទី ៣. គឺ ត្រូវថៃលក យកចេញចាយ
កុំខ្ជះខ្ជាយ តាមជំនោរ ជោរតាមចង់
ឃើញចំណេញ ចេញចាយទៅ ទើបមិនបង់
មិនបាត់ទ្រង់ វង្សអ្នកប្រិត គិតប្រយោជន៍ ។
ទី ៤. គឺ ប្រុងប្រយ័ត្ន ប្រវៃងកាយ
កុំសប្បាយ នឹងពួកមិត្ត គំនិតហោច
នាំលេងស្រី ផឹកស្រា ការអសោចិ៍
អ្នករុងរោចន៍ ត្រូវរាប់រក យកជាគ្នា ។
ផ្លូវទាំងបួន តាមចំនួន នេះប្រិមប្រិយ
នាលោកិយ អ្នកណាចេះ អ្នកនោះជា
អ្នកណាកាន់ អ្នកនោះកើត គាប់ណាស់ណា
អាចរិយា ត្រូវនាំសិស្ស តាមផ្លូវនេះ ។

ស្រី

ទៀមអើយទៀម! អ្នករ៉ាយរ៉ាប់ ប្រាប់សេចក្តី
ផ្លូវលោកិយ គាប់ប្រសើរ ប្រសប់ម្លេះ
បើតែម្លឹង ខ្ញុំខំខឹង ធ្វើអ្វីអេះ
ហេតុដូច្នេះ សូមសួរផ្លូវ បរលោកទៀត ។
តើអ្នកទាល់ ឬអ្នកឆ្ងល់ យល់ពុំឆ្ងាយ
ឬល្មមស្រាយ ឱយស្រឡះ ជ្រះសោះជ្រៀត
ផ្លូវបរលោក សេចក្តីជ្រៅ ផ្លូវចង្អៀត
ខ្ញុំសួរទៀត ថាមានបួន តើដូចម្តេច?

ប្រុស

ម្ដាយអើយម្ដាយ!   កុំមើលងាយ   ថាក្រែងទាល់

បើនាងឆ្ងល់   ហើយនិមួល   នាងសួរឈ្លេច

បងនឹងឆ្លើយ   ឱ្យអស់ហើយ   សព្វសេចគ្រេច

តែពាក្យពេចន៍   ជ្រៅបន្តិច   ហើយសោភ័ណ ។

១. សទ្ធា   សម្បទា   តួចេតនា

ចិត្តជ្រះថ្លា   ជាសទ្ធា   យ៉ាងគ្រប់គ្រាន់

ការជឿជាក់   ចិត្តជឿជាប់   យ៉ាងជាក់ស្បាន់

ចិត្តប្រកាន់   ថាមានបុណ្យ   មានទាំងបាប ។

បុណ្យកុសល   តែងឱ្យផល   មកជាសុខ

សេចក្ដីទុក្ខ   អកុសល   ឱ្យដរាប ;

បើចង់ល្អ   កុំត្រដរ   ចង់ធ្វើបាប

ខ្លាចថោកទាប   ត្រូវធ្វើបុណ្យ   សុន្ទរីទានទៅ ។

២. សីលៈ -   សម្បទា   ជាតួចិត្ត

តួគំនិត   ការប្រព្រឹត្ត   មិនមានសៅ -

ហ្មងមោះមៃ   ទៅលើក្ដី   ទោសៈក្ដៅ

ប្រព្រឹត្តទៅ   ត្រូវត្រង់ផ្លូវ   សីលសិក្ខា ។

៣. ចាគៈ -   សម្បទា   ជាតួចិត្ត

មិនស្វាញស្វិត   ឥតកំណាញ់   កាញ់ទ្រព្យា

ចេះបរិច្ចាគ   ធនចេញជួយ   ជននានា

សាងសាលា   ប្រទេសជាតិ   ឱ្យចំរើន ។

៤. បញ្ញា   សម្បទា   ជាបំផុត

ញាណបរិសុទ្ធ   ស្គាល់គុណទោស   ទោះតិចច្រើន

ស្គាល់ទាបខ្ពស់   ស្គាល់វិនាស   ស្គាល់ចំរើន

គួរទទើន   ឬដកថយ   ឱ្យយល់ច្បាស់ ។

ផ្លូវប្រយោជន៍   បរលោកនាយ   ប្អូននេះហើយ

មាសម៉ុមអើយ!   ប្រយោជន៍នេះ   ប្រសើរណាស់

ត្រូវអាចារ្យ   ត្រូវពន្យល់   ឱ្យជាក់ច្បាស់

ទាំងក្មេងចាស់ គង់ប្រទះ ក្តីចំរើន ៗ

(ចម្រៀងជាតិនិយម, ភាគ ១, វគ្គ ៤, ទំព័រ ៦៤-៧៣)

អារិយ៍ទី ២

ឬដែលចាត់ឲ្យខ្ពស់ទៅ or to put it in more elevated [terms]

ករណីយ /kaqrənəy/ duty

នួន fair, beautiful (complexion)

នួនអើយនួន Oh, [My] Fair [One]!

ល្អួន to pamper, treat tenderly (here: pampered, innocent)

វរល័ក្ខណ៍ /wɔɔleəq/ high virtue

ល្អួនវរល័ក្ខណ៍ [My] Innocent [One]

ស្កាត់ to intercept, interrupt

ថែង to tell, explain, clarify

អាថ៌ hidden meaning, subtlety; substance; beginning

វវាត to deviate, stray from

វិជ្ជា (here: knowledge, learning)

សំអាង to rely on, count on, depend on; model, proof, evidence

ច្បាប់សំអាង (= សំអាងទៅលើច្បាប់)

ភ័ស្តុតាង proof, example, witness

ផ្អាយសារ depend on, rely on

សេចក្រេច substance, essence, hidden meaning

បន្ទួន to repeat, to do repeatedly

ផ្ទួន to repeat

បន្ថែម to add, supplement

បថែន to take constant care of (here: carefully, vigilantly)

បន្ទំ to rush, hurry (tv); here: diligently

មើលបថែន --- ប្រឹងបន្ទំ (= មើលថែ --- ប្រឹងទៀង) (the words បថែន and បន្ទំ are used for alliteration and symmetry with the words /bɑnthuən/, /bɑnthaem/, and /bɑnthɑɑy/ in the preceding line)

ប្រទ្យាស to deviate, to go astray

ផ្តាស lax, careless

ស៊យ unlucky

កុំប្រទាំ --- ឲ្យស៊យ Don't be confused; [otherwise it will] lead [you] to misrepresent [the cbap] with unfortunate [results].

ការសង្ស័យ [when there is] doubt

ដឹកដៃ to lead by the hand

ស្គាល់វិនាស ស្គាល់ចំរើន to recognize [what] is destructive [and what] is beneficial

សារសង (= ឆ្លើយ)

អ្នកសារសង គួរសង្ស័យ your answer is vague (lit: you answer [but it is still] doubtful)

ថ្លាថ្លែង to say, expound, elucidate

អសារបង់ futile, useless

វៃ to manage, manipulate, find a way to

ទេចរិល worn out, deteriorated

ទិល dull, blunt

ទិនទោច ruined, destroyed, obliterated, in ruins

ស្រឡះ clear, unobstructed; here: completely

ក្តី...ខូចស្រឡះ complete destruction,

rack and ruin (/kdəy/ nominalizes all the essentially synonymous av's that follow)

មានះ stubbornness, heedlessness, recalcitrance; stubborn, heedless, recalcitrant

តន់ precious

តូចតន់ [My] Precious Little [One]

កុំអាល don't yet

ភ័ន្ត /phoŏən/ to be mistaken, make a mistake

គំនិតស្មោះមិនដូចថ្នោះ that's not the right idea

ម៉ុម (= ក្រមុំ)

ពិសី (= ប្រសើរ, ពិសេស, ថ្លៃថ្លា)

មាសពិសី [My] Dear, [My] Beloved (lit: precious gold)

ចៀស to avoid, stay away from

១. គីល្បែង must be read /muəy kɨɨ lbaeŋ/ to conform to the ពាក្យ ៨ meter (q.v.)

លេងស្រី to chase women

លេងស្រីប្រុស be promiscuous

ក្រម /kram/ law, rule, decree

ក្រឹត្យ decree, regulation

ក្រមក្រឹត្យ law, decree

ជិប to sip, to taste (here: to drink)

មេរ័យ (= ស្រា)

ស៊ី to win (in gambling)

សង to pay

ល្បងវាសនា to test one's luck, to tempt fate

ល្បែងស៊ីសងល្បងវាសនា gambling

ហ៊ឺហា ostentatious, extravagant

គប្បី /koəpbəy/ proper, appropriate

លង់ to sink

ចៀសចាក (= ចៀស)

ចរចា /caa-caa/ to talk, discuss

គណ (= ពួក, ក្រុម) /kun/

ស្រាក to slacken, abate

កុំឲ្យស្រាក relentlessly

ហេតុផល consequences (i.e. cause [and] effect)

ងាក to turn away, change (here: change [their ways])

ណាក to turn away

ណាកចិត្ត to change one's idea, have a change of heart

លះលែង (= លែង) to abandon, give up [bad practices]

ស្វែង to seek after, search for, study

ចំណាប់ exceedingly, the most, in the extreme

ចំណាំ to keep in mind, (deliberately) remember, commit to memory (as opposed to /cam/ 'to remember, recognize')

ត្រង to collect, gather, catch

ត្រាប់ to follow, imitate

ត្រងត្រាប់ to follow, accept, imitate

ទែង (intensifier for ច្បាស់, ភ្លឺ, ក្រហម)

ទៀងទាត់ accurately, precisely

ត្រង់វគ្គ on the part of, on the subject of

ស្វះស្វែង (= ស្វែង)

ថ្លើម liver, heart, internal organ

ថ្លើមអើយថ្លើម! [My Dear] Heart!

ឆ្នើម above everything else, supreme

ដេញ to pursue

គោក ground; here: to be grounded, aground

ដេញឲ្យគោក pursue [it] to the limit, run [it] into the ground

ចង់ឲ្យគើល ឬចរណ៍ [Do you] want to run [me] aground,

[My] Precious?
សច្ចា (=ស័ច្ច, សច្ច) /satyaa/ truth
គម្ពីរ /kumpii/ the Scriptures, the (Buddhist) Bible
ទេសនា to give a sermon

នេត្រា (=ភ្នែក) (Lit)

ទាន់នេត្រា immediate, tangible, visible
បរលោក the next world, the life beyond
ចែល to apportion

ញែក to part, separate, divide

ចែលញែក to divide

មាត្រា part, section, division

ចែកមាត្រា divide [into] sections

មាតិកា important point; heading, title
ប្រយោគ statement, complete sentence; here: area, subject, idea
នា at, in, with regard to

លោកិយ this world, the temporal world
សវនា (=ស្តាប់) /sawəniə/ to listen to; ears (Lit)
គួរសវនា interesting (to hear)

ពាំ to carry in the mouth

វាចាពាំសម្បក to equivocate, be vague (lit: speak with the mouth full of bark)
ឆ្នូក spotty, flawed (as an improperly dyed cloth)
ឆ្នូកសេចក្តី incomplete, spotty, random
មាសស្នេហ៍ My Beloved

ពុទ្ធដីកា /putdəykaa/ speech; to say (of Buddha or Clergy)
ព្រះពុទ្ធដីកា [what] Buddha said; words of Buddha
ទ្រព្យា (=ទ្រព្យ) /troəpyiə/

ទ្រមន់ to feign weakness, claim to be delicate
ឈោប់ be negligent, careless

អភ័ព្វ unlucky, unfortunate

ធន /thŭən/ wealth, possessions

គយគន់ (=មើល)

និរន្តរ៍ /niqroŏən/ always, all the time
យកចេញចាយ to take [money and] spend [it]
ខ្ជះខ្ជាយ to be wasteful, extravagant
ជំនោរ vanity, gullibility, susceptibility to flattery
ជោរ flattered, susceptible to flattery
ឃើញចំណេញ [if you] anticipate a profit
ទ្រង់ (=រូប)

ធ្លាក់ទ្រង់ to be ruined, destroyed (financially, socially, etc.)
ប្រិត economical, thrifty

ប្រយ័ត្នប្រយែង (=ប្រយ័ត្ន)

ហោច bad, degenerate, destructive
ចែល to figure, calculate, scheme

រុងរោចន៍ (=រុងរឿង) successful, respectable, well-to-do
រាប់រក consort (with), associate (with)
យកជាគ្នា to associate with each other, be friends
រាប់រកយកជាគ្នា to cultivate each other's friendship
កើត to prosper, be successful

គាប់ (=ប្រសើរ, ល្អ)

អាចរិយា(=អាចរិយ, អាចារ្យ) /qaacaqriyaa/ teacher, master

រៀម elder brother (frequently used as a term of address)

ម្ល៉ឹង so, such, to that extent

បើតែម្ល៉ឹង since [you're] so...

ធ្វើអ្វី why?, what for?

អេះ (=អញ្ចេះ, ដូច្នេះ ; Coll)

ទាល់ to be stumped, stymied, stuck

ឆ្ងល់ (here: in doubt)

ស្រឡះជ្រះ (usually ជ្រះស្រឡះ)

សោះ so as not to have to, to get rid of, obviate the necessity of

ជ្រៀត to intrude, interfere, bother

ម្ដាយអើយម្ដាយ! Oh, [My] Mother! (used facetiously here to imply respect)

និម្មល /nimuə̆l/ faultless

ឈ្លេច to squeeze, to crush

សួរឈ្លេច to press for an answer

សោភ័ណ [My] Beautiful [One]

សទ្ធា /satthiə/ religious faith

សម្បទា /sɑmpatiə/ riches, possessions, attainments

សទ្ធាសម្បទា the possession of faith

រូប manifestation, representation (here: [whose] manifestation [is])

ចេតនា /caettənaa/ [good] intentions

ចិត្តជ្រះថ្លា sincere, pure, unreserved

ជាក់ fully (here: without reservation)

ជាប់ to adhere, stick to (here: firmly, tenaciously)

ច្បាស់ clear, evident

ចិត្តប្រកាន់ ថាមានបុណ្យ មានទាំងបាប believe in the existence of good deeds as well as bad deeds

កុសល /kosɑl/ merit, good deeds

អកុសល /qaqkosɑl/ bad deeds, demerit; misfortune

ត្រដរ to persist (in), insist (on)

សុន្ទរទាន /son-tiən/ willing charity, unbegrudged gift

សីលៈ /səylaq/ virtue, moral excellence

សីលៈសម្បទា the possession of virtue

សៅហ្មង unclean, impure, offensive

មោះមៃ (= សៅហ្មង)

ទៅលើ bring about, result in, involve

ទោសៈ injurious effect of bad actions

ក្ដីទោសៈក្ដៅ misery and strife

សីលសិក្ខា (= សិក្ខាសីល) /səl-sekkhaa/ pursuit of virtue

ចាគៈ /caakeə̆q/ liberality, generosity, munificence

ចាគៈសម្បទា the possession of generosity

ស្វាញស្វិត stingy, miserly

កំណាញ់ stingy, miserly

កាញ់ to be thrifty, frugal (with)

បរិច្ចាគ to contribute, sacrifice

បញ្ញា /paññaa/ intelligence, reason, wisdom, insight, knowledge

បញ្ញាសម្បទា the possession of wisdom

ញាណ wisdom, intelligence, knowledge

បរិសុទ្ធ /bɑɑrisot/ clean, clear, pure, perfect

ស្គាល់ទាបខ្ពស់ to know [what things, actions, etc. are] mean [and what are] admirable

ទទ្ទឹង (= តទ្ទឹង) repeatedly (here: be persistent)

ដកថយ to retract, pull back, retreat

គង់ surely, sure to, certain to

V. DIDACTIC LITERATURE

១៦. គតិលោក

ដោយ

ឥន្ទ (ឧកញ៉ាសុត្តន្តប្រីជា)

បុព្វកថា

ឧកញ៉ាសុត្តន្តប្រីជា -ឥន្ទ ជាអ្នកប្រាជ្ញខាងមគធភាសា ជាកវីនិងជាអ្នកសីលធម៌និយមខ្មែរដ៏ឆ្នើមក្នុងសម័យអាណាព្យាបាល ។ លោកបានប្រែគម្ពីរបាឡីជាច្រើន ។ លោកបានទទួលការខុសត្រូវជាច្រើននៅពុទ្ធសាសនបណ្ឌិត ហើយបានជួយរៀបរៀងវចនានុក្រមខ្មែរផង ។

ស្នាដៃរបស់លោកមានច្រើនណាស់ ទាំងពាក្យរាយនិងកំណាព្យ ។ គតិលោកជាកម្រងរឿងសរសេរជាពាក្យរាយ ដែលលោកប្រឌិតឡើងគ្រាន់ជាមធ្យោបាយទុកឱ្យជនានុជន យកមកពិចារណា ឱ្យស្គាល់នូវបញ្ហាទាំងឡាយរបស់សង្គមមនុស្ស ដើម្បីនឹងចៀសវាងអកុសលនិងសេចក្តីវិនាសផ្សេង ៗ ។

សេចក្តីដកស្រង់មកនេះ ជាបុព្វកថានៃគតិលោក មិនមែនជាតំណាងនៃគតិលោកឡើយ ។ ក្នុងផ្នែកនេះ លោកអធិប្បាយពន្យល់អំពីលោកធាតុវិទ្យា ។

អត្ថបទ

តម្រាគតិលោកនេះ គឺខ្ញុំបាទទីឧកញ៉ាសុត្តន្តប្រីជា ឥន្ទអ្នកតែងឡើង ដើម្បីកុលបុត្រអ្នករៀនគតិបុរាណ ជាបែបយ៉ាង គ្រាន់អាងសេចក្តីប្រៀប នាំយកប្រាទព្វគតិលោកថ្មីដែលកើតមានឡើង ទើបតាំងជាពាក្យបុច្ឆានិងពាក្យវិសជ្ជនាក្នុងតម្រានេះ ជាទីសណ្តាប់ដោយងាយ ។

ដើមឡើយ កូនសិស្សសួរគ្រូថា សូមទានមេត្តាប្រោស ពាក្យដែលថា គតិលោកនោះ តើប្រែដូចម្តេច?

គ្រូប្រាប់ថា គតិលោកនោះ ប្រែថា ដំណើរប្រព្រឹត្តទៅ របស់ជនក្នុងលោកិយនេះឯង ។

- ស. លោកសព្ទនេះ តើអធិប្បាយជាពាក្យសម្រាយ ថាដូចម្ដេច ?

- គ. ឱលោក ជាសភាវៈដែលកើតឡើងដោយអំណាចបដិសន្ធិនៃខន្ធ គឺជាសភាវៈមិនទៀង ដោយមិនជាប់នៅមិនប្រាកដ ជាអទស្សនភាព, ១ទៀតប្រែថា សត្វ ផែនដី ផ្ទៃមេឃ អាកាសទូទៅទាំងអស់ , លោកនោះប្រែថា ធម្មតាសត្វ ឬរបស់ដែលប្រព្រឹត្តទៅក្នុងលោក, ឯគតិសព្ទនោះ ប្រែបានច្រើនយ៉ាងគឺថា ដំណើរទៅ គ្រឿងដល់ គ្រឿងដំណើរ បទសេចក្ដីកម្លាំង អំណាចផ្លូវ ទីពឹង ក្ដីអត់ធន់ ចិត្ត កំណើត ពាក្យឯណា ហេតុឯណា វត្ថុឯណា ដែលកើតឡើង មានឡើងក្នុងលោកនេះ ហៅថាគតិលោកទាំងអស់ ។

- ស. សួរថា លោកនេះមានតែ ១ ឬមានច្រើនយ៉ាងតទៅទៀត ?

- គ. ឆ្លើយថា លោកនេះបើយោគយកគតិធម៌មកសំដែងចេញទៅទៀតនោះ មានច្រើនយ៉ាងតទៅ គឺអារម្មណ៍ទាំងពួង មានរូប ដែលឃើញនឹងភ្នែកជាដើមនោះ ហៅថារូបលោក រូបដែលឃើញដោយចិត្តជាដើមនោះហៅថា កាមលោក ដោយហោចទៅ យ៉ាងសព្វសារពើទាំងពួង បណ្ដាដែលមានចិត្តគ្រប់គ្រង ព្រមនៅក្នុងសភាវបញ្ញត្តិ ។

- ស. សួរថា លោកយើងនេះ ហៅថា មនុស្សលោក ឯខាងស្ថានទេវតានោះ ហៅថា ទេវលោក ហើយចុះដូចជាមនុស្សលោកយើងនេះ បែងចេញជាស្ថានមានប៉ុន្មានជាន់ ស្ថានទេវលោកនោះ តើមានប៉ុន្មានជាន់ ?

- គ. ឆ្លើយថា សត្វក្នុងមនុស្សលោកយើងនេះបែងចេញជា ២ ជាន់ គឺសត្វតិរច្ឆានជាន់ ១ មនុស្សជាន់ ១ រួមនៅក្នុងលោកជាមួយគ្នា ។

សត្វក្នុងបរលោក បែងជា ៤ស្ថាន គឺនរកប្រេតអសុរកាយ ស្ថាន ១ ទេវតាក្នុងឆកាមាវចរសួគ៌ស្ថាន ១ រូបព្រហ្មស្ថាន ១ អរូបព្រហ្មស្ថាន ១ នៅក្នុងលោកខាងមុខទាំងអស់ សត្វក្នុងមនុស្សលោក ជាពួកមានកាយគ្រោតគ្រាត សត្វក្នុងទេវលោកជាពួកមានកាយទិព្វខ្លះ ដែលពុំមានកាយ ជាពួកសោយអារម្មណ៍ជាទិព្វខ្លះ ដែលប្រាសចាករូបខ្លះ ។

- ស. សួរថា សត្វលោកទាំងពួងដែលនឹងកើតឡើងនោះ តើអាស្រ័យធម្មជាតិអ្វីឱ្យកើត ដែលកើតនោះ តើដូចគ្នាឬខុសគ្នា ?

- គ. ឆ្លើយថា សត្វលោកទាំងពួង ដែលនឹងកើតនោះ អាស្រ័យដោយបុញ្ញាភិសង្ខារខ្លះ តែចំណែកខាងមនុស្សលោកនេះប្រកបដោយអារម្មណ៍ដែលជាឧតុនិយម និងពីជនិយម និងកម្មនិយម ៣ ប្រការផងគ្នា ។

ឧតុនិយមនោះ បានខាងឯរបស់ធាតុ គឺជាតិដីថ្មក្រួសរ៉ានផ្សេង ៗ ។

ពីជនិយមនោះ បានខាងរុក្ខជាតិ តិណជាតិ ស្មៅ វល្លិផ្សេង ៗ ។

កម្មនិយមនោះបានខាងឯបសាទរូប ដែលជ្រួតជ្រាបទៅក្នុងកាយសត្វជាដើម ព្រមទាំងវេទ-នា សញ្ញា សង្ខារ វិញ្ញាណ ដែលប្រព្រឹត្តទៅក្នុងទ្វារទាំង ៦ រួមអារម្មណ៍ ៣ ប្រការនេះ ផ្សំចូលគ្នាជារាងកាយ ទើបបានជាសត្វទាំងពួង ក្នុងមនុស្សលោក ។

ឯចំណែកខាងទេវលោកនោះ មានតែអារម្មណ៍ដែលជាផលនៃកម្មម្យ៉ាង គឺឧបបាតិកៈកំណើត ១ទៀត ឯផែនដី ដែលជាទីអាស្រ័យនៅរបស់សត្វ និងរាងកាយរបស់សត្វ និងសារពើទាំងពួង ក៏កើតអំពីកម្មនិយមទាំងអស់ ។

មនុស្សលោកជាហេតុ ទេវលោកជាផលសម្រាប់ក្តីរស់នៅ របស់លោកទិព្វ ។

ទេវលោកជាហេតុ មនុស្សលោកជាផលសម្រាប់ក្តីរស់នៅ របស់លោកមនុស្ស ។

- ស. សួរថា សត្វលោក ដែលកើតមកជាមនុស្សយើង ហេតុអ្វីក៏ខុសគ្នា ។

- គ. ឆ្លើយថា ការដែលប្លែកគ្នានោះ ព្រោះសង្ខារតាក់តែងដោយអំណាចបុណ្យនិងបាប ដែលសត្វកសាងមកអំពីបុព្វជាតិ សត្វទាំងឡាយ បណ្តាដែលមានចិត្តគ្រប់គ្រងនៅជាដើមនេះ ក៏ជាធម៌និងលោកផ្សំគ្នា ដូចយ៉ាងធាតុទង់ហ៊្វា ដែលជារបស់កើតអំពីធាតុមាសនិងទង់ដែងផ្សំគ្នា ដូច្នោះ សត្វទាំងឡាយផ្សេងគ្នាក៏ព្រោះធម៌និងលោក ដែលផ្សំគ្នានោះមានចំណែកតិចច្រើនផ្សេងគ្នា ដូចយ៉ាងសាច់ទង់ហ៊្វាដែលផ្សេងគ្នា ព្រោះធាតុទង់ដែងផ្សំគ្នានឹងធាតុមាសនោះតិចច្រើនជាងគ្នា យ៉ាងនោះឯង ចូលចិត្តឬទេ បើពុំចូលចិត្តយើងនឹងញែកកាយ ញែកចិត្ត ចេញជាលោកជាធម៌ ឱ្យយល់ក្នុងកាលឥឡូវនេះ ។

- ស. ករុណា ពុំទាន់ចូលចិត្តសព្វគ្រប់ទេ និមន្តលោកគ្រូម្ចាស់ ញែកឱ្យទានស្តាប់បាន ?

- គ. អើឯងចាំស្តាប់ហ្នា៎ ពណ៌លឿង ៗ ដែលឆ្លុះទៅក្នុងសាច់ទង់ហ៊្វានោះ ជាជាតិមាស ពណ៌ក្រហមមួយ ៗ ក្នុងសាច់ទង់ហ៊្វានោះ ជាជាតិទង់ដែង មានឧបមាយ៉ាងណា ចិត្តរបស់សត្វ ដែល

មានសេចក្ដីចេះដឹងនោះ ជាជាតិធម៌ ឯកាយឬអារម្មណ៍របស់សត្វដែលប្រាសចាកក្ដីចេះដឹងនោះ ជាជាតិលោក សេចក្ដីនោះ មានឧបមេយ្យដូច្នេះឯង ចិត្តនេះជាជាតិធម៌ទើបពុំស្លាប់ តែកាយឬអារម្មណ៍ជាជាតិលោក ទើបត្រូវស្លាប់ជាធម្មតា មាសបរិសុទ្ធក្នុងសាច់ទង់ដែងនោះពុំមែនទង់ដែង គឺជាមាសចំណែក ១ ផ្សេង ដូចគ្នាយ៉ាងនោះឯង ហេតុនោះ ទើបសត្វលោកកើតឡើងខុសគ្នា ដោយអំណាចផ្សំធាតុ គឺបុញ្ញាភិសង្ខារ ដែលជាបុណ្យនិងអបុញ្ញាភិសង្ខារ ដែលជាបាប ។

(អ៊ិន, ឧកញ៉ាសុត្តន្តប្រីជា, គតិលោក, ភាគ ១, ទំព័រ ១-៩)

គតិលោក

Introductory Note

ឧកញ៉ាសុត្តន្តប្រីជា a conferred title /qokñaa-sottan-prəyciə/

អ៊ិន /qən/ In (a famous Cambodian author and scholar)

អ្នកសីលធម៌និយម moralist, preceptor

បាលី Pali (language)

ពុទ្ធសាសនបណ្ឌិត្យ Buddhist Institute /puttəsaahsənaq-bandɨt/

លោកធាតុវិទ្យា cosmology

Text

តម្រា manual, text, textbook

ទី having the status, title, or position of

កុលបុត្រ /kolləbot/ children of good families (highborn sons, since girls were not traditionally educated)

គតិ /kəteq/ path, way (i.e. of conduct, morality, etc.)

បែបយ៉ាង example, model, sample

គោលអាងសេចក្ដីប្រៀប to use as the basis (of comparison)

នាំយកប្រាប់ទៅ to relate [it] to

គតិលោកថ្មីដែលកើតមានឡើង modern morality, the new morality

ទើប so, so then, consequently

បុច្ឆា /pocchaa/ to question (Lit)

វិស្សជ្ជនា /wihsaccəniə/ to answer (Lit)

តាំងជាពាក្យបុច្ឆានិងពាក្យវិស្សជ្ជនា put it in the form of a dialogue

លំដាប់ order, sequence

ជាទីលំដាប់ងាយងាយ in easily understandable order

សូមទានមេត្តាប្រោស please be good enough to, do [me] the favor of

ស. (= សិស្ស)

លោកសព្ទនេះ this word /look/

សម្រាយ explication, explanation (in common terms)

ជាពាក្យសម្រាយ in everyday language

គ. (=គ្រូ)

សភាវៈ /saphiəweəq/ (= /saphiəp/) condition, state, being

បដិសន្ធិ /padeqsanthiq/ conception, rebirth, creation, on-going cycle

ខន្ធ /khan/ (Skt. khandhā) factors conditioning the appearance of life (usually listed as five: material form, feeling, perception, coefficients of consciousness (?), and consciousness)

ទៀង precise, exact, straightforward

មិនជាប់ទៅ elusive, impermanent

អទស្សនភាព invisibility (here: something invisible)

ក្រើង (used here as an abstract nominalizer)

ក្រើងដល់ក្រើងដំណើរ arriving [and] passing on

បទ /bat/ way, behavior, conduct

ខ្វាត to try, attempt, make an effort to

គតិធម៌ the Dharma

អារម្មណ៍ /qaaram/ thought, concern, feeling, mood (here: objects of the senses)

រូបលោក /ruupəlook/ material things, visible things, tangible form (includes objects of the first /khan/: material objects)

កាមលោក /kaaməlook/ the intangible world, world of the senses (includes objects of the last four /khan/ above)

ដោយហោចទៅ in short, to summarize, at least

សព្វសារពើ (=ទាំងអស់) /sap-saarəpəə/ every, all, everything

ដែលមានចិត្តគ្រប់គ្រង which are governed by feelings

ព្រម as well as

សភាវបញ្ញត្តិ /saphiəwappaññat/ intellect, state of mind

ទេវលោក /teewəlook/ realm of gods, divine beings

តិរច្ឆាន /deirəchaan/ animal (as opposed to human)

ប្រេត /praet/ demon, ogre, monster, inhabitant of hell

អសុរកាយ /qasoraqkaay/ demon, ogre, monster, inhabitant of hell

ឆ six (in Pali and Sanskrit compounds)

កាមាវចរ /kaamaawəcaa/ intangible or supernatural beings

ឆកាមាវចរសួគ៌ /chaa-kaamaawəcaa-suə/ six-level heaven of intangible beings

ព្រហ្មឋាន /prumməthaan/ the realm of Brahma

រូបព្រហ្មឋាន /ruuppəprumməthaan/ tangible (bodied) realm of Brahma

អរូបព្រហ្មឋាន /qaqruuppəprumməthaan/ intangible (bodiless) realm of Brahma

គ្រោតគ្រាត rough, ugly, crude

ទិព្វ /tɨp/ magic, magical, capable of being evoked by magic

សោយអារម្មណ៍ /saoy-qaaram/ to enjoy feelings, have conscious experiences

ប្រាសចាក devoid of

សត្វក្នុងទេវលោក... ដែលប្រាសចាករូបខ្លះ '[of the] beings in heaven, some have magical bodies but no [real] bodies, [while] others enjoy sensual feelings and are partially devoid of form

បុញ្ញាភិសង្ខារ /poññaaphiqsaŋkhaa/ accumulation of merit

អារម្មណ៍ /qaaram/ cause, condition (esp. of life); sense, feeling

ឧតុនិយម /qotoqniyum/ natural laws of the universe; the elements

ពីជនិយម /pɨccəniyum/ natural laws of vegetable life; vegetation

កម្មនិយម /kamməniyum/ natural laws of animal life; effects of karma

បានខាងង consists of, has to do with

របស់ធាតុ elements

ជាតិដី earth, soil

ក្រួស gravel, stone

ថ្មាន rocky soil, sedimentary rock

រុក្ខជាតិ /rukkhəciət/ trees, forest, vegetation

តិណជាតិ /tənnəciət/ herbs, grass

វល្លិ /wɔə/ vine

បសាទ /pasaat/ sense, feeling

បសាទរូប /pasaattəruup/ the organs of perception
ជ្រួតជ្រាប to pervade, infiltrate, seep into
វេទនា sensation, feeling

សញ្ញាសង្ខារ /saññaa-saŋkhaa/ signs of life
វិញ្ញាណ /wiqñiən, wiññiən/ consciousness, essence of life, soul

ឧបបាតិកៈ /quppəbaatekaq/ spontaneous rebirth, self-generation
មនុស្សលោក--- លោកមនុស្ស Human beings are the cause [and] divine beings the effect in the existence of the supernatural world; divine beings are the cause and human beings the effect in the existence of the natural (human) world.

សង្ខារ /saŋkhaa/ life, existence, cycle of rebirth
តាក់តែងដោយ is determined by, dependent on
បុព្វជាតិ /boppəciət/ past lives, former incarnations

ធម៌និងលោក moral law and human form (i.e. spirit and feeling)

ទង់ញ៉ា /tŭəŋwiə/ gold alloy

ទង់ដែង copper alloy

ចូលចិត្ត (here: to understand)

ញែក to divide, part with both hands (as hair, tall grass, etc.)
ផ្លុះ to shine, give off (light)

មានឧបមាយ៉ាងណា as for example

ឧបមេយ្យ /quppəmay/ comparison, simile
បរិសុទ្ធ /barisot/ pure, unalloyed

អបុញ្ញាភិសង្ខារ /qaqpoññaaphiqsaŋkhaa/ accumulation of negative karma, demerit

១៧ - ច្បាប់ក្រម

(គ្មានឈ្មោះអ្នកនិពន្ធ)

បុព្វកថា

(សម្រាប់ច្បាប់ទាំងអស់)

កាលពីដើម បើគេដើរទៅជិតវត្តណាមួយ គេនឹងឮសម្លេងច្រៀងយ៉ាងក្រលួច : "កេរ្តិ៍កាលពីព្រេងព្រឹទ្ធ សាងសុចរិតទុកនៅ..." ។ នេះគឺសម្លេងកូនសិស្សវត្ត ស្វាធ្យាយទន្ទេញ " ច្បាប់ " ក្រោយដែលគេចេះ ន មោ... និង ក ខ... ចប់សព្វគ្រប់ហើយ ។ បើគេចូលទៅជិតទៅទៀត គេនឹងសង្កេតឃើញសិស្សទាំងឡាយ អាយុប្រហែល ៧ ឆ្នាំ អង្គុយបត់ជើងក្រញើម ៗ ដៃទាំងពីរកាន់សាស្ត្រា ហើយយកចិត្តទុកដាក់ជាទីបំផុត ។ នៅជិតនោះមានបព្វជិតមួយអង្គនិមន្តក្រឡឹងចុះឡើង ត្រួតត្រាមើលសិស្ស ។ បព្វជិតនោះឯងហើយដែលជាគ្រូអាចារ្យរបស់គេ ហើយដែលគេគោរពប្រណិប័តន៍លើសមាតាបិតារបស់ខ្លួនទៅទៀត ។

"ច្បាប់" មិនគ្រាន់តែមានកន្លែងដ៏ធំទូលាយនៅក្នុងអក្សរសាស្ត្រខ្មែរទេ... តែសំខាន់ជាងនេះទៅទៀត "ច្បាប់" មានអានុភាពយ៉ាងធំទូលាយទៅលើជីវិតនៃប្រជាជនខ្មែរ គ្រប់ជាន់ថ្នាក់ ។ "ច្បាប់" ជាមូលដ្ឋាននៃសីលធម៌ខ្មែរ ។

ក្នុងសម័យបច្ចុប្បន្ននេះ កម្មវិធីសិក្សាមិនអនុញ្ញាតិឱ្យបង្រៀន "ច្បាប់" ទៅកុមារាកុមារីដែលទើបនឹងចេះអានអក្សរនោះទេ ។ គេចាត់ច្បាប់ជាអក្សរសាស្ត្រ សម្រាប់បង្រៀននៅថ្នាក់ ទី ៥ ទី ៤ និងទី ៣ ទំនើបនៃមធ្យមសិក្សា ។

"ច្បាប់" ទាំងបួនខាងក្រោមនេះ យើងដាក់បញ្ចូលក្នុងសៀវភៅនេះទាំងស្រុង...តាមលំដាប់ដែលគេបង្រៀនកូនសិស្សសាលាវត្តនៅសម័យពីដើម ។

១- ច្បាប់ក្រម

២- ច្បាប់កេរ្តិ៍កាល

៣- ច្បាប់ពាក្យចាស់

៤- ច្បាប់ប្រុស

អត្ថបទ

(បទកាកគតិ)

នេះគឺច្បាប់ក្រម ប្រសើរឧត្តម ទូន្មានអ្នកផង
ប្រើឱ្យលំទោន កុំបីមានឆ្គង ប្រាជ្ញាបុណ្យផង
កើតដោយប្រណិប័តន៍ ។

នរអ្នកណា ទោះយកអាត្មា ចូលសាសនីពុទ្ធរត្ន
ចូរធ្វើឱ្យត្រង់ ដោយនូវបន្ទាត់ ហៅ ឱស្វែងសម្បត្តិ
យកផ្លូវនិព្វាន ។

នរអ្នកផង ទោះដឹងយល់ហោង ចិត្តនោះឱ្យហ៊ាន
បំពេញព្រះផ្នួស ដោយព្រះទូន្មាន កុំធ្វើលិកលាន
ដោយចិត្តអនុពាល ។

ម្ដាយអាពុកសោតណា ស្រឡាញ់ស្ងួនភ្ងា ហៅ កូនសង្សារ
អាចមកបំបួស ហេតុចង់សម្ភារ ប្រើបង់អនុពាល
រៀនដោយក្រមច្បាប់ ។

សង្វាតសរសេរ អស់អញ្ញកុំខ្ជិល ទើបបានជាគាប់
សង្វាតសូត្ររៀន ដោយគ្រូប្រញ្ញប្ត កុំធ្វើលីលាប់
ដោយចិត្តមាក់ងាយ ។

ឱហអស់សាមណេរ! ម្ដាយមកបង្វែរ អ្នកជាឧបជ្ឈាយ
សង្វាតសូត្ររៀន ដូចលោកទាំងឡាយ កុំធ្វើពាយងាយ
ដូចនៅគ្រហស្ថ ។

កុំធ្វើរាយមាយ នឹងគ្រូឧបជ្ឈាយ ទុកស្មើអម្ចាស់
សង្វាតសរសេរ សូត្ររៀនឱ្យណាស់ ប្រាជ្ញាយល់ច្បាស់
នាំញាតិទាំងឡាយ ។

អាសូរមេបា ចិញ្ចឹមរក្សា ពុំឱ្យអន្តរាយ

អាចយកមកធ្វើ   នឹងគ្រូបាធ្យាយ   ហេតុចង់ពណ្ណនាយ
ប្រយោជន៍ទាំងបី ។
មួយចង់ក្ដីច្បាប់   ឲ្យបានខ្លួនគាប់   នៅនាលោកិយ
មួយចង់ប្រាជ្ញា   មិនឲ្យអប្រិយ   មួយចង់បារមី
នាំញាតិទាំងឡាយ ។
ទីហអស់សាមណេរ   កុំធ្វើផែលផែរ   ត្រង់ក្ដីពាយងាយ
លំឱតបំរើ   អ្នកជាបាធ្យាយ   ជូនបុណ្យទៅម្ដាយ
អាពុកទីទៃ ។
សង្វាតសូត្ររៀន   កុំធ្វើអៀនប្រៀន   ក្នុងចិត្តសព្វថ្ងៃ
លំឱតបំរើ   ផ្គាប់ដោយហឫទ័យ   បារម្ភទឹម ៣
ក្ដីច្បាប់កុំបីបង់ ។
ច្បាប់នេះសោតណា   ទូន្មានអាត្មា   ដោយគួរក្រិត្យសង្ឃ
ត្រង់ណាហៅច្បាប់   កាន់ខ្ជាប់កុំបីបង់   ចំណេរទៅលង់
ខ្លួនបានជាធំ ។
សព្វថ្ងៃសោតណា   ទូន្មានអាត្មា   ដោយគួរក្រិត្យក្រម
បំរើបាធ្យាយ   ឲ្យមានបារម្ភ   ទើបខ្លួនជាធំ
ទៅដល់មហាក្សត្រ ។
ច្បាប់នេះសោតណា   ទូន្មានអាត្មា   ថេរនៅពុំបាត់
ទោះខ្លួនឥតបុណ្យ   បំរើមហាក្សត្រ   គោរពប្រណិប័តន៍
យសនោះពុំលែង ។
ហេតុបាននឹងច្បាប់   បានដូចបង្គាប់   ចិត្តគ្រូយល់ស្ដែង
ទោះនឹងបំរើ   ស្ដេចជាគម្ដែង   យសនោះពុំលែង
ប្រាកដពណ្ណនាយ ។

ក្ដីនេះជាច្បាប់   ឱ្យសាមណេរត្រាប់   សព្វសិលទាំងឡាយ
កុំសើចតេះដៀល   អ្នកជាឧបាធ្យាយ   អ្នកហោងស្មើម្ដាយ
បង្កើតក្ដីច្បាប់ ។

សាមណេរណា ៗ   ទោះមានប្រាជ្ញា   នឹងចង់រៀនត្រាប់
ឱ្យយកត្រចៀក   នោះឱនចូលស្ដាប់   ធ្វើដោយក្រមច្បាប់
នៃគ្រូឧបាធ្យាយ ។

សាមណេរណាសោត   ចិត្តនោះក្រេវក្រោធ   ឱ្យចៀសចេញឆ្ងាយ
ច្បាប់នេះមិនខំ   សាមណេរទាំងឡាយ   តាមចិត្តសប្បាយ
អាត្មាទីទៃ ។

នរូអ្នកណា   នឹងស្វែងប្រាជ្ញា   ឱ្យបានខ្លួនថ្លៃ
ចូរដឹងខុសតាប់   ដោយអធ្យាស្រ័យ   ផ្គាប់ដោយហឫទ័យ
អ្នកជាឧបាធ្យាយ ។

ទោះនឹងស្វែងធម៌   ឱ្យមានសំគាល់   កុំធ្វើរាយមាយ
ទោះនឹងស្វែងច្បាប់   កាន់ខ្ជាប់កុំបីណាយ   កុំឱ្យអន្តរាយ
នៃច្បាប់ក្រមផង ។

ទីគ្រូឧបាធ្យាយ   ប្រដូចនូវម្ដាយ   ឱពុកឯងហោង
ហ្វឹកហ្វឺនប្រដៅ   មិនឱ្យមានឆ្គង   តាមដោយគន្លង
ព្រេងព្រឹទ្ធបុរាណ ។

នរូអ្នកណា   នឹងស្វែងប្រាជ្ញា   ជារស្មីប្រាណ
ឱ្យគិតជញ្ជាំង   រពឹងលែងបាន   កុំធ្វើបំពាន
ប្រទូស្តរឹងស្នង ។

នាបីទៅគ្រូ   ដូចអ្នកនាំផ្លូវ   ដើរដោយគន្លង
ទោះនឹងឆ្ពោះទៅ   ស្រុកតូចធំផង   សឹងដូចបំណង
នៃចិត្តចិន្ដា ។

រីឯងចេះឯង ដូចអ្នកវង្វេង កណ្ដាលអធ្វា
ពុំនោះដូចខ្វាក់ តែម្នាក់អាត្មា ចរចេញយាត្រា
ឥតអ្នកដឹកដៃ ៗ

សូម្បីរកផ្លូវ ពុំដែលនឹងត្រូវ សឹងពានឯព្រៃ
ហេតុដ្បិតចេះឯង ឥតអ្នកដឹកដៃ ចិត្តនោះសង្ស័យ
ដូចដល់ពុំដល់ ៗ

នេះដូចអ្នកផង ពុំដោយគន្លង ទីនលោកណាយល់
សឹងធ្វើមោហោ ទោសោកំហល់ ពុំអាចទប់ទល់
នាធ្ងន់នាស្រាល ៗ

ប្រដៅក្ដីច្បាប់ សឹងថាពុំគាប់ ហេតុចិត្តអនុពាល
ក្ដីច្បាប់ទម្ងន់ សឹងថាជាស្រាល ហេតុចិត្តអនុពាល
ចង់តែសប្បាយ ៗ

ពុំដឹងដើមគ្រូ បង្កើតអភិរូហិ ប្រដូចនូវម្ដាយ
ក្ដីពីមនុស្សលោក រួចដល់សួគ៌នាយ ចៀសចតុរាបាយ
នរកទាំងបួន ៗ

នាបីទៅគ្រូ កុំធ្វើមូទូ ចិត្តនោះឱ្យស្លូន
កុំធ្វើតម្កើង ចង់ធំតែខ្លួន ក្រែងបាបមកជូន
ទៅនាលោកិយ ៗ

រីគ្រូបាធ្យាយ អាចឱ្យពណ្ណរាយ មានរូបរស្មី
ហើយឱ្យរុងរឿង អស់បញ្ញាត្រិយ ស្មើព្រះជននី
ជនកសោតហោង ៗ

ព្រះជនកសោតណា បង្កើតអាត្មា ឱ្យមានសរិលផង
រក្សាពីតូច មិនឱ្យមានឆ្គង អស់សុខទុក្ខផង
មិនដែលនឹងឆ្អន់ ៗ

ព្រះជនកព្រះជននី	បើនឹងស្រដី	ប្រសើរពេកពន់
ថាភ្នំព្រះសុមេរុ	នោះហោងមហាធ្ងន់	ថាបើនឹងគុណនី
	ពុំអាចកន្លង ។	
ទីគ្រូបាធ្យាយ	ប្រដូចនូវម្ដាយ	អាពុកឯងហោង
អាចឱ្យក្ដីច្បាប់	ប្រដៅធម៌ផង	ដោយនូវគន្លង
	ព្រះពុទ្ធទាំងឡាយ ។	
នរអ្នកណា	ទោះមានប្រាជ្ញា	ឱ្យគិតវែងឆ្ងាយ
គុណនោះទាំងបី	ហៅមហាទូលាយ	កុំឱ្យអន្តរាយ
	ក្ដីពិព្យាយាម ។	
ទីបុណ្យនឹងបាប	អំពើសុភាព	នោះវាតែងតាម
ប្រដូចស្រមោល	អន្ទោលតាមប្រាណ	ពុំដែលចៀសឃ្លាន
	ត្រង់ក្ដីសល់វ៉ល់ ។	
ឱ្យគិតជញ្ជាង	ហើយឱ្យរំពឹង	ប្រាជ្ញាឱ្យយល់
ឱ្យមានវិរិយំ	សច្ចំកុសល	កុំធ្វើសល់វ៉ល់
	នឹងក្ដីទុក្ខសោក ។	
នរអ្នកណា	នឹងនាំអាត្មា	ឱ្យលាពីអវេយ្យាគ
ស្វែងធម៌ជាផ្លូវ	ទៅកាន់បរលោក	ចូលមហាបថមោក្ខ
	គឺនិព្វានហោង ។	

(ច្បាប់ក្រម, ទំព័រ ១-១១)

ច្បាប់ក្រម

Introductory Note

ច្បាប់ codes of conduct, precepts, conventional morality

ក្រលួច sharp, wafting, melodious

កេរ្តិ៍កាល /kei-kaal/ glorious period, honorable tradition

ព្រេងព្រឹទ្ធ /preeŋ-prɨt/ ancient, former; ancient times, antiquity

តាំង...ទុកមក established, set down, prescribed
សុចរិត honest, moral, just, of good character
ទៀង honest, straightforward

សុចរិតទៀង good conduct, upright character, morality
កេរ្តិ៍កាល... ទុកមក [The rules of] good conduct have been established since the glorious periods of antiquity.
ស្វាធ្យាយ /swaatyiəy/ to learn, memorize (Lit)
នមោ beginning of the Pali syllabary (used here to refer to the vowels, as opposed to the consonants, of the Cambodian writing system)

ស្របាល ៗ គ្នា of about the same [age]
ក្រញឹម sedate, composed

បព្វជិត /bɑppəcɨt/ (Buddhist) monk, priest
ប្រណិប័តន៍ /prɑnebat/ to respect, to obey
មូលដ្ឋាន /muuləthaan/ base, basis, foundation
សីលធម៌ /səlləthɔə/ morality, moral law
ទាំងស្រុង completely, in [their] entirety
ច្បាប់ក្រម Code of Conventions (deals with the conventions of proper conduct of a student toward his teacher)

ច្បាប់កេរ្តិ៍កាល Code of the Glorious Tradition (deals primarily with principles of domestic economy and practical success; a kind of 'Poor Richard's Almanac')
ច្បាប់ពាក្យចាស់ Traditional Morality (a collection of pithy admonitions about successful human relations in everyday life, many of which are known and recited as proverbs)
ច្បាប់ប្រុស Codes of Conduct for Men (deals with prescriptive morality for young men in the successful conduct of family life)

Text

ច្បាប់ក្រម /cbap krɑm/ can be translated 'Code of Conventions', but in fact it deals with the conventions of proper conduct of a student toward his teacher (Camb. /kruu/ from Skt. guru).

ប្រើ (=ឲ្យ) to have (someone do something)
លំទោន to bow, stoop (there is no English equivalent of this verb, since it describes a cultural trait not common in western countries; the action consists of bowing, stooping slightly, keeping the arms close to the body and legs close together; the whole action gives the impression of trying to shrink the body or to make one's physical body inconspicuous as a sign of respect in the presence of superiors or elders)

កុំបី (=កុំឲ្យ) so as not to

ប្រណិប័តន៍ /prɑnebat/ to respect, to obey
បុណ្យ (=សក្តិ /saq/) status, rank

ប្រាជ្ញា បុណ្យផង កើតដោយប្រណិប័តន៍
knowledge [and] status come through obedience
នរូ (=ជន) /nɔɔruu, nəruu/

នរូអ្នកណា whoever, anyone [who]

ទោះ (=នឹង, បើនឹង)

រត្ន /roə̆t/ jewels (implies the Three Jewels of Buddhism: the Buddha, the Dharma [law], and the Sangha [priesthood])

ពុទ្ធរត្ន /puttəroə̆t/ Buddhism

ដោយគួរ in accordance with

បន្ទាត់ rules, discipline; line,

straightedge, rule
ស្វែងសម្បត្តិ /swaeŋ sambat/ to seek after the rewards, attainments (i.e. of the Path to Nirvana)
នរូអ្នកផង whoever, anyone [who]

ហោង /haaŋ/ euphonic final particle
ចិត្តនោះនឹងហ៊ាន let him dare (to)

ព្រះផ្នួស ordination (as a monk)

បំពេញព្រះផ្នួស to fulfill the rites of ordination
ដោយព្រះពុទ្ធាន as the Buddha instructed
កុំធ្វើ don't be

លិកលាន (= លីកលាន) negligent, careless
អន្ធ (= អន្ធ /qantheəq/ or អន្ធ /qanthuq/) blind (with passion, desire, etc.)
ពាល brash, immature, raw (of youth)
អន្ធពាល unenlightened, worldly, wicked (from the standpoint of Buddhist ethics); worldliness, wickedness
អាពុក (= ឪពុក)

ភ្ងា beloved

ស្ងួនភ្ងា to pamper, indulge, adulate
ស្រឡាញ់ស្ងួនភ្ងា to cherish, love tenderly
សង្សារ transmigration, reincarnation; here: beloved
អាច dare (to)

បំបួស to ordain, send [one's child] into the monkhood
សម្ភារ /samphiə/ accumulation of merit; to accumulate merit
ប្រើ (= នឹយ)

ដោយ (= តាម) to follow, obey

សង្វាត work hard (at), try hard (to), be diligent (at)
អស់អញ (= អស់ពីចិត្ត) with all one's strength
គាប់ good, proper

ប្រញាប្ត /praɲap/ (= បញ្ញត្ត /paññat/) to order, command, prescribe
លីលាប់ half-hearted, careless, negligent
ដោយចិត្តមាក់ងាយ because of a disdainful attitude
រីហ hortatory particle: Hey!, Hey there!, Now listen!, Now hear this!
សាមណេរ /saamənei/ novice monk, student monk
បវ៉ែង to offer, give

ពុធ្យាយ /baatyiəy/ teacher, master, preceptor, mentor
ម្ដាយមកបវ៉ែងអ្នកជាពុធ្យាយ [your] mother [having] entrusted [you to] a master
ពាយងាយ negligent, nonchalant, unconcerned
គ្រហស្ថ /krɔhoəh/ layman

ដូចនៅគ្រហស្ថ as if [you were] still laymen
រាយមាយ careless, negligent

ទុកស្មើអម្ចាស់ consider [him] to be [your] Master
នាំញាតិទាំងឡាយ [so you can] guide all [your] relatives
អាណូរ have compassion for

មេ (= ម្ដាយ) (Archaic; used in modern Cambodian only to refer to female animals)
ពា (= ឪពុក) (Archaic; used in modern Cambodian only to refer to male animals)
មេពា parents (Archaic)

អាច to dare (to), have the courage (to)
ផ្ញើ to entrust (to), consign (to), leave (with)
ពណ្ណរាយ /puənnəriəy/ to shine, excel; brilliance, excellence

ប្រយោជន៍ទាំងបី all three goals (i.e. education, wisdom, and power)
ក្ដីច្បាប់ education, savoir-faire, law
ចង់ក្ដីច្បាប់ (= ចង់នឹងរៀនច្បាប់ក្បួន)

នាលោកិយ /niəlookəy/ this life, this world (as opposed to the

next world)
ចង់ប្រាជ្ញា (=ចង់ឲ្យមានសិរី)

អាប្រិយ (=អាក្រក់) morally bad, disgusting, shameful, despicable
បារមី /baarəməy/ excellence, perfection; here: power, authority, status
ចង់បារមី (=ចង់ឲ្យមានបារមី)

ដែលដែរ furthermore, likewise

កុំ...ដែលដែរ don't...either

លំឱត /lumqaot/ be diligent (in), conscientious (about)
ទីទៃ other, opposite; here: respectively
អៀនប្រៀន shy, timid

ផ្គាប់ to please

ហឫទ័យ /haqrɨtɨy/ heart, mind (sacred, formal, Lit)
ផ្គាប់ដោយហឫទ័យ to be pleasing, satisfying, gratifying (to the teacher)
រែម ៗ constantly

បារម្ភរែម ៗ be constantly concerned [for the teacher's wishes]
ឃ្លានអាត្មា instruct yourself, become versed in
ក្រិត្យសង្ឃ /krət saŋ/ Code [of Conduct] of the Sangha (priesthood)
ចំណេរ future; afterward, henceforth
លង់ (=យូរ)

ចំណេរទៅលង់ in the future, later on
មហាក្សត្រ /məhaa-ksat/ king

ទើបខ្លួនជាធំ ទៅដល់មហាក្សត្រ then you'll be of [sufficient] stature to approach the king

ថេរ (=ឋិតថេរ) firm, solid, permanent
ថេរនៅពុំបាត់ permanently (lit: stay without disappearing)
ពុំឡែង certainly, surely, inevitably
យសនោះពុំឡែង [you will] inevitably achieve status

បាននឹង have an aptitude for, predilection for, natural ability in
បានដូចបង្គាប់ fulfill the wishes [of the teacher]
ស្តែង clearly

គម្ដែង /kumməḍaeŋ/ King, Master, Supreme Ruler
សរិល /saqrəl/ body, oneself

សព្វសរិល everybody

អ្នកហោង (=អ្នកនោះឯង) /neǎq haaŋ/

ក្រេវក្រោធ angry

ចិត្តនោះក្រេវក្រោធ [if] he is irritable, [if] he is quick to anger
ខំ (=បង្ខំ) to require, force

មិនខំសាមណេរទាំងឡាយ doesn't require all novices [i.e. to associate with ill-tempered persons]

តាមចិត្តសប្បាយ អាត្មាទីទៃ each may do as he wishes [in this regard]
អធ្យាស្រ័យ /qattyiəsray/ lenience, tolerance
សំគាល់ (=ស្គាល់) knowledge, familiarity (i.e. with the Dharma)
ឲ្យអន្តរាយ to violate, transgress, do violence to, harm

ប្រដូចនូវម្ដាយឪពុកឯង comparable to your own parents

ហ្វឹកហ្វឺន /wək-wəɨn/ to train, drill, discipline (in a subject)
ព្រេងព្រឹទ្ធ the past, ancient times, antiquity; ancient, former
ជារស្មីប្រាណ as [the source of] personal radiance
ឡែង (= modern Cambodian /laəŋ/)

ឲ្យគិតជញ្ជឹងរំពឹងឡែងបាន This line is open to two interpretations: 1) one should be able to reason things out; 2) one should reason things out (with /ɓaan/ included as a semantically empty syllable to rhyme with /praan/ in the preceding line).

បំពាន to transgress, violate, infringe (intentionally or persistently)
ប្រទូស្ត /prαtuuh/ to argue, quarrel
វឹង (= modern Cambodian /wɨñ/)

ប្រទូស្តវឹងល្អង to argue back, oppose, be obstinate
នាបីទៅ (=ដែលទៅថា)

ផ្លោះទៅ (=ទៅផ្លោះ; order reversed for rhyming purposes)
ស្រុកតូចធំផង (literally this means 'whether a large or small country', but it is used figuratively here to mean 'whatever your destination, whatever your goal')
សឹង surely, almost certainly, precisely, just
សឹងដូចបំណង [you will get there (or achieve it)] just as you wish, precisely in accordance with your desires
ចិន្តា /cəndaa/ thoughts, thinking processes
រីឯចេះឯង as for [one who tries to] learn on his own
អធ្វា (=ផ្លូវ) /qaqtwiə/ (Lit)

ពុំនោះ or rather (Lit)

ចរ /cαα/ to go (Lit)

យាត្រា to go; trip (Roy, Lit)

ចរចេញយាត្រា to go out

សូម្បី although, even if, if; to the extent of, to the extent that
ហេតុស្បិត since, because

ចិត្តនោះសង្ស័យដូចដល់ពុំដល់ such a person never knows whether he'll get there or not
មោហោ ignorance, blindness (here: one who is ignorant, morally blind)
ធ្វើមោហោ behave like an ignorant person
ទោសោ anger; here: one who is angry
កំហល់ anger; here: one who is angry
នា...នា whether...or

ពុំអាចទប់ទល់នាធ្ងន់នាស្រាល unable to cope [with anything], whether serious or unimportant
ទម្ងន់ (=ធ្ងន់) serious, important

ដឹងដើម to appreciate, feel gratitude (toward)
អភិរូទ្ធិ /qaqphiruu/ advancement, improvement, benefit
ភ្លឺ (=បំភ្លឺ) to enlighten, illuminate
សួគ៌ាល័យ heaven, the world beyond

ចតុរាបាយ /cattoraabaay/ the four levels (of hell)
មូរ៉ូ sullen, rude

ចិត្តនោះត្រូវស្លូន [you] should be considerate
តម្កើង haughty, proud

ក្រែងច្បាបមកជួននៅនាលោកិយ lest [you] meet with misfortune in this life

បញ្ចិន្ទ្រិយ /pañcəntrii/ the five senses (fig: consciousness, wisdom, intellect)
ឲ្យរុងរឿង to enhance, elevate, brighten
ជនី /cŭənii/ mother (Lit, Roy)

ជនក /cŭənŭəq/ father (Lit, Roy)

ឲ្យរុងរឿងអស់បញ្ចិន្ទ្រិយ ស្មើព្រះជនីជនក to improve [one's] intellect [to a point] equivalent to [one's] parents'
ធុញ be tired (of), weary (of), disgusted (with)
មិនដែលនឹងធុញ never tiring, never flagging; tirelessly, indefatigably
ពេកពន់ (=ពន់ពេក)

ថា if..., but; it stands to reason that..., but; it's

said that..., but

ភ្នំព្រះសុមេរុ /pnum preə̆h-soqmeeruq, -somae/ Mount Meru (of Hindu mythology)

មហាធ្ងន់ extremely heavy, extremely important

ថាបើ if

គណន៍ /kun/ to estimate, calculate

ថាភ្នំព្រះសុមេរុ---ពុំអាចកន្លង If it's said that Mt. Meru is heavy, if [one could] calculate [its weight], it couldn't surpass [the importance of one's parents]

គុណនោះទាំងបី the merit of these three (i.e. Mother, Father, and Teacher)

ហៅ intensifier preceding av: really, extremely

មហាទូលាយ very large, vast

ក្ដីព្យាយាម (= សេចក្ដីព្យាយាម)

កុំឱ្យអន្តរាយក្ដីព្យាយាម don't ruin [their] efforts

សុភាព polite, kind, gentle, good

ស្រមោល shadow

អន្ទោល to follow (through transmigration)

សល់វ៉ល់ involved, attached (i.e. to this life, to worldly concerns)

ត្រង់ក្ដីសល់វ៉ល់ to the extent of your involvement [with Karma]

វីរិយំ /wiiriyaŋ/ diligence, effort

សច្ចំ /saccaŋ/ truth

កុសល /kosɑl/ merit, good deeds

ក្ដីទុក្ខសោក misery, things which cause suffering (i.e. sin)

ឧសាហ៍ (=ឧស្សាហ៍) diligent, conscientious

អធ្យោគ /qaqtyook/ to persevere

បថមោក្ខ (=បដិមោក្ខ) /patdemaok/ remedy, solution (i.e. to life's suffering)

១៨ - ច្បាប់កេរ្តិ៍កាល

(គ្មានឈ្មោះអ្នកនិពន្ធ)

(បទព្រហ្មគីតិ)

កេរ្តិ៍កាលពីព្រេងព្រឹទ្ធ	សាងលុចរិតទៀងទុកនៅ
សេដ្ឋីផ្តាំប្រដៅ	បុត្រសងារទុកក្រោយហោង ៗ
កូនអើយកេរ្តិ៍មេបា !	ចូររក្សាគន់គិតគ្រង
ថែទាំចាំរួសរង	ប្រុងប្រយ័ត្នប្រយោជន៍យូរ ៗ
ធម្មតាអ្នកជាជាតិ	ការកេរ្តិ៍អាទិ៍ឱ្យគិតគូរ
កុំខ្ជិលដេកទទូរ	ដល់ថ្ងៃរះពេញពន្លឺ ៗ
តាក់តែងខ្ញុំកំដរ	ចេញទៅរកធ្វើស្រែភ្លឺ
ចិញ្ចឹមគោក្របី	រកខ្សែវល្លិច្បោះក្រោលឃ្វង ៗ
ធ្វើស្រែទិសប្រាំបី	ខ្ញុំប្រុសស្រីចេញជួញផង
មើលផ្ទះស្រាស់របង	រាំងចំណាររត្នរក្សា ៗ
ឱ្យមានក្តីច្បារម្ភ	ធ្វើស្រែកុំចោលចំការ
ដឹងដែកកាំបិតព្រា	ទុកឱ្យជាកុំឱ្យបាត់ ៗ
ដេកយប់ឱ្យរាំងទ្វារ	ទ្រព្យសម្រាលទៀបប្រយ័ត្ន
ចងទូកកុំឱ្យសាត់	ផ្ទះបាក់ថែបកឆាប់ទល់ទ្រ ៗ
សារពើទ្រព្យអ្វីៗ	មើលស្រដីទុកឱ្យល្អ
ឧសទឹកស្រូវអង្ករ	យកចេញចាយមានកំណត់ ៗ
កុំអាងតែទ្រព្យច្រើន	ពុំក្រវើនរកផ្គង់ផ្គត់
យកចាយៗដោយបទ	ទោះនឹងទុកៗដោយខ្នាត ៗ
រទេះសេះដំរី	រាប់បញ្ជីកុំឱ្យឃ្លាត
ខ្ញុំណាមានមារយាទ	ទុកដាក់ដៃឱ្យរក្សា ៗ
សប្បុរសយល់ដោយមុខ	ស៊ុកគ្រលុកពេកពុំជា

កំណាព្យក្រៅតម្រា   សោតសឹងអាប់ប្រយោជន៍យស ។
រក្សាខ្លួនឱ្យរុង-   រឿងឧត្តុង្គឧត្តមខ្ពស់
ប្រដាប់ដោយសក្តិយស   ខ្លួនជាធំឱ្យថៃថ្នូន ។
ឱ្យមានចិត្តឱ្យស្មោះ   កុំអាទ្យោះអាល័យស្ងួន
ទ្រព្យនេះនឹងនាំខ្លួន   ទៅបរលោកពុំសោះសូន្យ ។
ទ្រព្យធនទោះថោកថ្លៃ   កុំដាក់ដៃឱ្យតែកូន
នូវអស់ទាំងបងប្អូន   អ្នកដទៃរក្សាតាង ។
ទុកចិត្តខ្ញុំឱ្យដាក់   ស្មើភ្នែកខ្វាក់ទាំងសងខាង
ឱ្យកូនគន់មើលតាង   ស្មើភ្នែកម្ខាងពុំពេញពីរ ។
ធ្វើអ្វីធ្វើឱ្យហើយ   កុំទុកឡើយបង្កើតកេរ្តិ៍
សំអាតអស់សំរិល   កុំឱ្យមានក្តីនិន្ទា ។
ដំណេកដេកជាខ្នាត   ឱ្យសំអាតសំអាងជា
ទើបទេពតារក្សា   ចំរើនសុខស្រីសួស្តី ។
គ្រីហាឱ្យផ្ចិតផ្ចង់   កុំឱ្យផង់ផុយធុលី
ជម្រះច្បារច្បាសដី   ឱ្យម៉ត់ម៉ងកើតសុខា ។
អញ្ចាលទុកឱ្យគង់   ប្រាក់ក្នុងថង់ទុកឱ្យជា
ប្រើខ្ញុំមើលមុខវា   ទោះការជាមើលឱ្យស្តែង ។
សារពើរបួសរៀនរិះ   ឱ្យចាំចេះ ៗ ចាំចែង
ចង់គាប់ប្រើស្វះស្វែង   រកទៀនរិះសារពើក្តី ។
សប្បុរសពេកចាញ់ធន   នាទុរជនចាញ់ឥន្ទ្រិយ
ប្រពន្ធល្អច្រើនចាញ់ប្តី   ពាក្យអប្រិយចាញ់អាត្មា ។
ឈើផ្លែចាញ់សន្លឹក   ត្រីច្រើនទឹកល្អក់ពុំជា
ទ្រព្យច្រើនព្រួយរក្សា   ទ្រព្យតិចណាព្រួយរិះគិត ។
ដេកយប់កុំដំអក់   ឱ្យលង់លក់ក្រៅសុចរិត

ខ្ញុំណា មានគំនិត គួរឱ្យគិតប្រហើថា ៗ
ចងទូកទោះបង្គោល រិះរកថ្នាលពូជយុត្តា
ការខ្យល់ព្យុះកាចជា ក្រែងពានពារធ្លោកបែកធ្លាក់ ៗ
រៀនរិះសារពើក្តី ទោះស្រដីកាន់ពាក្យសត្យ
ចាំក្បួនចាំឱ្យស្ទាត់ កុំអៀនប្រៀនសមពាក្យពោល ៗ
ការក្រកុំគិតងាយ ការសម្លាយជាកំរោល
លនត្រឹមកុំបំពោល ក្រែងពុំដល់ដូចប្រាថ្នា ៗ
រៀនរិះរួសរាំង ធ្វើស្រែប្រាំងស្រែវស្សា
ធ្វើស្រែមានចំណារ ធ្វើចំការចាររបង ៗ
ផ្លូវវៀចកុំបោះបង់ ផ្លូវណាត្រង់កុំដើរហោង
ដើរដោយផ្លូវគន្លង តម្រាយអ្នកចាស់បុរាណ ៗ
ឆ្កែជាឱ្យបាយឆី ដកនៅដីចាំធនធាន
គ្រឿងសឹកទុកទាហាន កេរ្តិ៍គម្ពីរទុកប្រាជ្ញប្រាយ ៗ
យល់តូចកុំអាលខំ ទោះយល់ធំកុំអាលទាយ
គិតក្តីកុំគិតងាយ មើលពិនិត្យពិនិច្ឆ័យ ៗ
កូនអើយ! ពាក្យបណ្តាំ ចូរចងចាំទុកសព្វថ្ងៃ
ទ្រព្យធនទោះថោកថ្លៃ រួមរក្សាកុំបីធ្លោយ ៗ
ពាក្យនេះជាត្រកាល ជាខ្លឹមសារទៀងទុកឱ្យ
កូនចៅនៅឯក្រោយ ជាដំបូន្មានអាត្មា ៗ
ថែទាំទើបគង់ទ្រព្យ រៀបរណ្តាប់ទុកទើបជា
ចាយវាយក្រៅតម្រា នូវវិនាសធនធានផង ៗ
បានមកទុកឱ្យគង់ កុំឱ្យបង់បាត់ឡើយហោង
រៀនរិះរក្សាគ្រង យកចេញចាយដោយរដូវ ៗ
ដឹងហាបឱ្យដឹងជុល ភ្នែកឱ្យយល់ទៀងត្រាជូ

គិតគ្រប់សព្វដោយផ្លូវ ក្តីចន្លោះកុំបីមាន ។
ពាក្យនេះស្មើខ្លួនហើយ កូនចៅអើយ! ចូរចាំប្រាណ
អស់អាថ៌ន្ធិវាទាន ស្រេចប្រការរម៉្លះឯងហោង ។

(ច្បាប់កេរ្តិ៍កាល, ទំព័រ ១-១០)

ច្បាប់កេរ្តិ៍កាល

តាំង...ទុកនៅ established, set down, prescribed
សុចរិតទៀង good conduct, upright character, morality
កេរ្តិ៍កាល... ទុកនៅ [The rules of] good conduct have been established since the glorious periods of antiquity
សេដ្ឋី /saetthəy/ wealthy merchant, mandarin, person of high estate
ផ្តាំ to warn, admonish: to delegate, leave instructions (with someone) to
ផ្តាំប្រដៅ to counsel, advise, instruct
បុត្រសង្សារ beloved sons
កេរ្តិ៍ /kei/ honor, reputation, glory
គ្រង to watch over, take care of
រួសរង actively, alertly, vigilantly
ប្រុងប្រយ័ត្នប្រយោជន៍យូរ preserve [it and it will] benefit [you] for a long time
អ្នកជា respectable people, free men (as opposed to slaves)
ជាតិ the intrinsic nature or character of a person, animal, or thing
អ្នកជាជាតិ (= ជាតិអ្នកជា) the nature of respectable people
ការ (= ការពារ) to defend, protect
កេរ្តិ៍អាថ៌ /kei-qaat/ personal honor, self-respect
ការកេរ្តិ៍អាថ៌ឲ្យគិតគូរ you should be concerned about defending your honor
តាក់តែង (=ចាត់ចែង)
រក៏ /rɔɔ/ (= /rɔɔk/; /kαα/ is cancelled for harmony with /kαmdαα/; also reflects colloquial pronunciation)
បោះ to drive in (stakes, nails, etc.), to erect, build
ក្រោល corral, pen (for animals)
ឃ្នង bar, pole (put across an opening)
ទិសប្រាំបី all around, everywhere (lit: in the eight directions)
ជួញ (=ជួយ)
ស្រាស់ to patch, cover over, block (with branches)
វាំង to enclose, encircle, obstruct
ចំណារ a stake fence
វាំងចំណារ to fence off, surround with a stake fence
ក្តីទុក្ខ worry, concern, sense of responsibility
ព្រា a long-handled knife used for cutting bushes and small trees
ស្រាល to relieve, lighten; here: light (in weight)
ទ្រព្យស្រាល valuables, small belongings (i.e. which can be carried off)
សាត់ (=រសាត់) to drift off, float away
សារពើ (=ទាំងឡាយ)
ស្រដី to say; here: to tell

[others] to
ឧស (=អុស) firewood

មានកំណត់ cautiously, sparingly, keeping account
ក្រវើន /krawəən/ make an effort, try hard (to)
ផ្គង់ផ្គត់ (=ផ្គត់ផ្គង់) to support, contribute to, add to

ដោយបទ sensibly, carefully, with a sense of proportion

ដោយខ្នាត with moderation, in proper proportion
មានមារយាទ to be worthy, be of [good] character
ទុកដាក់ដៃ to entrust to, trust someone with
យល់ to indulge, grant, be understanding
ដោយមុខ selectively, on an individual basis, with discrimination
សប្បុរសយល់ដោយមុខ be selective in your generosity
ស៊ុកគ្រលុក be involved, implicated; here: haphazard, disorganized
កំណាញ់ stingy, miserly

ក្រៅត្រមា inordinately, excessively, unreasonably
សោតសឹង inevitably

អាប់ to dim, tarnish, compromise

ឧត្តុង្គឧត្តម /qutdoŋ-qutdam/ high, glorious, excellent, illustrious
ថែថួន to preserve, care for

ឲ្យទានចិត្តឲ្យស្មោះ [if you] give charity, [do it] willingly
ស្ងួន parsimonious, stingy

សោះសូន្យ in vain, futile, to no purpose
ដាក់ដៃ entrust to, turn over to

ឬទេ or, and

តាង to replace, represent; here: instead, in your place

ដាក់ (=ទុកដាក់) to take care of, take charge of

ទុកចិត្តខ្ញុំ--- ទាំងសងខាង Entrusting [your things] to servants is like being blind in both eyes.
ធ្វើអ្វី--- បង្កើតកេរ្តិ៍ Finish whatever you start (don't let it go); [thereby] building up [your] reputation.
ដំណេកដេក (=កន្លែងដេក)

ជាខ្នាត as a rule

សំអាត to clean (tv)

សំអាង to decorate, adorn

ទេពតា (=ទេវតា)

ស្រីសួស្តី /srəy-suesdəy/ happiness, prosperity, wellbeing

គ្រឹហា /krɨhhiə/ house (Lit)

ផ្ចិត to take great pains (with), do carefully
ផ្ចង់ to take great pains (with), do carefully
ផង់ fine, powdered; here: dust, dirt
ផុយ crumbly, ready to disintegrate; here: dust, dirt
ធុលី dust, dirt

កុំឲ្យ (=កុំឲ្យមាន)

ជម្រះ to clear off, scrape clean (with a hoe)
ញារ to scrape up, dig out (with the hands)
ម៉ត់ម៉ង clean, spotless

សុខា health; happiness, wellbeing
អញ្ជាល (=ម្ជុល) needle

មើលឲ្យស្ដែង look carefully, determine clearly
ចេះចាំចែង know [it well enough to] recite

ប្រើ (=ឲ្យ)

ស្វះស្វែង to seek, search diligently

ចាញ់ to lose, be defeated, be inferior to; here, and in the next four phrases: is detrimental to, detracts from

សប្បុរសពេកចាញ់ធន excessive generosity wastes one's wealth

ទុរជន (=ទុជ៌ន) /tuurəcuən/ wicked people

ឥន្ទ្រីយ (= ខ្លួន) /qəntrii/ body, self (Lit)

អប្រីយ (= អាក្រក់) /qaprəy/ bad, malicious

ឈើផ្លែ (= ឈើណាដែលមានផ្លែច្រើន)

សន្លឹក specifier for leaves, pages, sheets; here: leaves (of tree)

ព្រួយរក្សា (= ពិបាករក្សា)

ព្រួយទិះគិត hard to get along, difficult to manage

ដំអក់ to be sluggish, to procrastinate

លង់ to sink, be submerged

លង់លក់ (=លក់លង់) to sleep soundly

ក្រៃលុបទិត excessive, extreme, abnormal

ដេកយប់... ក្រៃលុបទិត Don't sleep so soundly [you] can't awaken quickly.

មានគំនិត thoughtful, conscientious

បោះបង្គោល drive in a stake (as a mooring for the boat)

ថ្នោល boat-pole (for punting a boat; cf. /daol/ to punt)

ពួរ rope

យុថ្កា /yuttkaa/ anchor

ការ (= ការពារ) to prevent, defend against

ពានពារ to hit, strike, go against

សត្យ /sat/ truth; truthful

អៀនប្រៀន to be bashful, embarrassed (through ignorance)

សមពាក្យពោល thus justifying criticism

ក្រ difficult

គិតងាយ to take lightly

សម្ងាយ common, ordinary, insignificant

កំរោល violent, uncontrolled, tempestuous

ការក្រ... ផាកំរោល Don't take difficult affairs lightly [and] don't overreact to ordinary affairs. (This could be equated to the English proverb 'Don't choke on a gnat and swallow a camel'.)

បំបោល to stampede, cause (an ox, horse, etc.) to run

រវាំង to be on the lookout, be careful, watch out

ចារ to put in stakes or branches (as a fence or barrier)

វៀច crooked, winding

ត្រមាយ swath, cleared area or path (cf. /traay/ to clear, cut a path)

ផ្លូវវៀច... បុរាណ (This verse can be translated approximately by the English proverb 'The long way around is the sweetest way home'.)

ស៊ី to eat (Archaic, Lit)

ឆ្កែផា... ធនធាន [If you have] a good dog [which] sleeps on the ground (i.e. under the house) [and] guards [your] possessions, feed [him] rice.

ទុក leave to

កេត្តិគម្ពីរ /kei-kumpii/ the Exalted Scriptures

ប្រាជ្ញប្រាយ scholars, philosophers

យល់តូចកុំអាលខំ [If something (profit, result, etc.)] seems small, don't get worked up.

ទោះ... ទាយ If [something] seems large, don't make plans for it in advance. (This line might be translated by the English proverb 'Don't count your chickens before they hatch'.)

ក្តី court action, suit

គិតក្ដី to consider bringing suit

ពិនិស្ច័យ /pinɨhsəcay/ to examine, observe carefully, consider carefully
ចងចាំ to retain, remember, hold on to
កុំបី so as not to, in order not to
ធ្លោយ to overstep, make a mistake (with unfortunate results)

ត្រកាល precious, extraordinary

ទៀងទុក reliable, precise, dependable
ខណ្ដាប់ order, sequence; here: in orderly fashion
គួរ (=នឹង) will

បានមក [if you] get something, [whatever] you acquire
ដោយរដូវ in season, by seasons; as needed, according to the circumstances
ហាប unit of weight and volume: approximately 60 kilograms

ផុល unit of weight: approximately 150 kilograms
ត្រាជូ scale (for measuring weight)

គ្រប់សព្វដោយផ្លូវ (= គ្រប់សព្វផ្លូវ) every way

ពាក្យនេះស្មើរខ្លួនហើយ These words [are worth] as much as I myself (i.e. the father who is speaking).
ចាំព្រាណ (=ចាំក្នុងខ្លួន) to remember, retain, assimilate, keep with oneself
ឱវាទាន (=ឱវាទទាន)

ឱវាទ /qaowiət/ advice, instruction, admonition
ស្រេចប្រការ to be over, come to an end, conclude (of a speech or composition)
អស់សាច់--- ម្ល៉េះឯងហោង The substance of the advice offered concludes at this point.

១៩ -ច្បាប់ពាក្យចាស់

(គ្មានឈ្មោះអ្នកនិពន្ធ)

(បទព្រហ្មគីតិ)

ពាក្យចាស់ពាក្យពីព្រេង   ទោសខ្លួនឯងមើលពុំយល់
ទោសគេតូចសោតសល់   រមិលយល់ប៉ុននឹងភ្នំ ។
ចូលទីព្រៃសត្វសាហាវ   រកអំពាវគ្នាមកជុំ
បានស្កុរនឹងទីឃុំ   ពួនក្នុងផ្ទះឆីម្នាក់ឯង ។
បានហើយចង់បានទៀត   ឆ្លៀតហើយឆ្លៀតពុំគិតឈ្វេង
មើលយល់តែមុខឯង   មិនមើលគេឯទៀតផង ។
នឹងឆីចង់ពិសា   ខ្ជិលទំពាឱ្យម៉ដ្ឋហ្មង
យល់នាមថាជាមង   យល់ឯដងថាជាគួយ ។
យល់តាថាជាដូន   យល់ឯកូនថាជាក្មួយ
យល់ពីរថាជាមួយ   យល់ឯព្រួយថាជាសុខ ។
យល់ទោសថាជាគុណ   យល់ឯបុណ្យថាជាបាប
យល់ល្អថាអាក្រក់   យល់លាមកថាជាផ្កា ។
ស្លៀកសម្ពង់មិនកោរសក់   ផ្ទុះកញ្ជាក់ធ្មេចនេត្រា
ឃើញសេះថាជាលា   ឃើញគជាថាកណ្តុរ ។
នេះពាក្យចាស់ពីព្រេង   អ្នកណាឈ្វេងប្រាជ្ញាយល់
ឃើញថ្លុកថាជាថ្នល់   ទីក្រងកំហល់កំហុសមាន ។
អ្នកប្រាជ្ញកាន់ពាក្យទៀង   កុំឱ្យល្អៀងពាក្យបុរាណ
កុំដើរផ្លូវបំពាន   ពាក្យអ្នកចាស់លោកថែងថា ។
ពាក្យនេះពីព្រេងព្រឹទ្ធ   គួរឱ្យគិតពិចារណា
កុំអាងអួតអាត្មា   ថាចំណេះចំណាំមាន ។

ដេកយប់កុំដេកយូរ ខ្លាចក្ដីទុក្ខដីនដល់ប្រាណ
បើឈឺកុំតាមឃ្លាន មើលប្រមាណគ្រប់គ្នីគ្នា ៗ
លើកដាក់តាមកម្លាំង កុំភើចឆាំងឈឺប្រស្នា
ប្រើគេប្រើបុត្រា កុំស៊ាំសួរចរចៅទ៉ៅ ៗ
ទោះគិតកុំរួសរាន់ គិតឱ្យគ្រាន់ទើបដើរទៅ
កុំឱ្យអាប់អាសៅ កើតជំនៀលដល់អាត្មា ៗ
កុំយកឆ្អិនជាឆៅ កិច្ចក្នុងក្រៅមានតម្រា
កុំអាងអួតអាត្មា ចេះច្បាប់ក្បួនពីព្រេងនាយ ៗ
ស្រដីឱ្យស្រួលស្រេច គិតសេចគ្រេចកុំគិតងាយ
ទំពឹងគិតឱ្យឆ្ងាយ យល់ដោយផ្លូវសព្វនានា ៗ
ពាក្យព្រេងលោកស្រដី ថាកុំបីចិត្តាមខ្លា
ពាក្យព្រេងលោកឧបមា គិតត្រង់ណាធ្វើឱ្យបាន ៗ
កាន់កពាស់ឱ្យខ្ជាប់ ប្រែប្រកខ្ជាប់ខាំងប្រាណ
អួសទូកកុំឱ្យល្អាន ចាប់ត្រីបានកុំឱ្យល្អក់ ៗ
ស្លឹកឈើឥតកម្រើក នឹងកក្រើកជ្រិតខ្យល់បក់
ទឹកថ្លាល្ឌិកបើល្អក់ ជ្រិតរលកច្បាកសោះសា ៗ
យល់តូចកុំអាលខំ ទោះយល់ធំកុំអាលថា
បានច្រើនកុំខំពារ ឱ្យសន្សឹមសៀរតិចទៅ ៗ
អ្នកមានរក្សាខ្នត់ ដូចសំពត់ព័ទ្ធពីក្រៅ
អ្នកប្រាជ្ញរក្សាខ្លៅ ដូចសំពៅនូវសំប៉ាន ៗ
អ្នកខ្ពស់រក្សាទាប ដោយសភាពធម៌បុរាណ
អ្នកឆ្អែតរក្សាឃ្លាន នាអ្នករុងរក្សាភ្នារ ៗ
រក្សាទៅមុខរឹង ឥតកំជឹងអស់អម្បាល
ចំណេរចិរកាន់កាល ដូចរបងចារបន្លា ៗ

កុំឆីផ្អែតតែឯង　　ពុំគិតក្រែងអស់គ្នីគ្នា
គេឃ្លានផ្ទៃខ្លាចផ្សា　　គេឆីរ៉ាបានផ្អែតផង ។
កុំមានចិត្តពល្លើ　　ពឹងក្រពើឱ្យចម្លង
កុំកាច់ឧសរបង　　រាំងចំណារងអាត្មា ។
មានទូកឱ្យមានថ្នាល　　មានបង្គោលពួរយុថ្កា
ទាំងថែវទាំងប្រវា　　ក្រជីងចាប់ដោយនូវគ្រប់ ។
ប្រយ័ត្នក្រែងព្យុះខ្យល់　　បក់មកដល់នឹងទល់ទប់
ប្រយ័ត្នប្រយោជន៍គ្រប់　　ទើបទៅថាមានគំនិត ។
ពាក្យព្រេងគិតគួរចាំ　　ជាបណ្តាំប្រដៅស្ថិត
ពាក្យព្រេងពាក្យព្រេងព្រឹទ្ធ　　គួរឱ្យគិត ៗ ឱ្យគ្រាន់ ។
ពាក្យនេះទុកជាច្បាប់　　ជាសណ្តាប់ទៀងជាក់ស្បាន់
ពាក្យនេះជាកំណាន់　　កំណត់នៅឥតឃ្លាតឃ្លា ។
សូរេបនូវនិទាន　　ពាក្យទូន្មានដោយប្រការ
អម្បាលនេះឯងណា　　ចូរចងចាំទៀងទៅហោង ។

(ច្បាប់ពាក្យចាស់, ទំព័រ ១-៦)

ច្បាប់ពាក្យចាស់

ទោស fault, wrong, guilt, culpability; punishment

មើលពុំយល់ not recognize, not realize, not see (figuratively)

សោតណស់ however, to whatever extent

រមិល to look, see (Lit)

រមិលយល់ to look, see (Lit)

អំពាវ to call out, summon

រកអំពាវគ្នាមកជុំ [you] call on [your] friends to come together (for protection)

ទឹកឃ្មុំ honey

ឆ្លៀត to scheme, take advantage of the slightest opportunity, capitalize on any favorable situation, seize an opening (for one's own ends)

ឈ្វេង to think, realize (Lit)

មើលយល់តែមុខឯង to think only of oneself

ម៉ដ្ឋហ្មង /mɑt-mɑɑŋ/ fine, smooth

(of texture)

នឹងស៊ី ... មិនខ្ជួញ [You] want to eat, but [you're] too lazy to chew it up. (Fig: You want to have things, but you don't want to work for them.)

យល់ (=ឃើញ)

នាម a small two-man fishing net

មង a fishing net

យល់នាមថាជាមង When you see a /niəm/, you say it's a /mɔɔŋ/. (This construction, in this and in the nine following phrases, implies that a stupid or uneducated person can't tell the difference between right and wrong, good and evil, etc.)

ឯ as for...on the other hand

ស្លៀកស្បង់មិនកោរសក់ [You] put on a monk's robe [but] don't shave [your] head. (The figurative meaning here and in the phrase that follows is that there is no point in doing something half-way; i.e. simply putting on a monk's robe doesn't make one a monk.)

ឆ្លុះ to direct one's gaze toward, peer into (cf. /cɑnloh/ torch)

លា donkey

គជា /kucciə/ elephant (Lit)

អ្នកណា ... យល់ everyone should ponder [these words] intelligently [and] understand

ថ្លុក a water-filled hole, buffalo wallow

ក្រែង ... មាន lest [he] have shortcomings (as enumerated in the preceding lines)

វៀង deviate from

អាងអួត (=អួតអាង) to boast, brag, be arrogant

ចំណេះចំណាំ (=ចំណេះ) knowledge, learning

ក្ដីទុជ៌ន misfortune, bad results

មើលប្រមាណគ្រប់គ្នីគ្នា take everybody into consideration

លើកដាក់ to carry (lit: to lift and put down)

លើកដាក់តាមកម្លាំង carry in proportion to your strength

ភើច to lift or pull with a jerk

ផាំង sound of breaking or crashing

ប្រស្មា (=ស្មា) shoulder

ប្រើគេប្រើបុត្រា treat others [as you would] treat [your own] sons

ញ៉ាំ over and over, repeatedly

ញ៉ាំសួរ to nag, ask repeatedly

ចរ to act, behave, conduct oneself

ចៅរៅ /caw-raw/ kind, affable, gentle

កុំញ៉ាំសួរចរចៅរៅ don't nag [but rather] be gentle

អាសោ to degrade, smear, tarnish

ដំណៀល criticism, gossip

កិច្ចក្នុងក្រៅ affairs [both] internal [and] external (to the household)

កិច្ចក្នុងក្រៅមានតប្រមា be circumspect about your own affairs and the affairs of others

ស្រដីឲ្យស្រួលស្រេច speak moderately, be soft-spoken, reserved in one's speech

នានា various, different

យល់ដោយល្អិតសព្វនានា understand all the various aspects

ពាក្យព្រេង ... ចិញ្ចឹមខ្លា [There is] a proverb which says 'Don't raise a tiger.' (Fig: A leopard never changes his spots; once a criminal always a criminal.)

ឧបមា /quppəmaa/ to compare (with), draw an analogy

(between)
ប្រែក្រឡាប់ to turn around [and]

ពាក្យប្រេងលោកឧបមា --- ខាំងប្រាណ
The proverbs draw an analogy between '[If you] decide on a course of action, be sure [you] can carry it through', and '[If you] hold a snake by the neck, hold it tightly, [else it will] turn around and bite you.' (Notice that this construction carries over the /khan/ between the last line of one stanza and the first line of the next.)

អូសទូក --- កុំឱ្យល្អក់ Drag your boat without leaving a trace; catch fish without muddying the water. (Fig: Lay your plans carefully and carry them out inconspicuously.)
ល្គឹកបើ if, whenever

រលក /rɔlɔɔk/ waves

សោះសា completely; all over the place
ល្អឹកឈើ --- សោះសា (The meaning of each of these two lines is roughly equivalent to the English saying 'When there's smoke, there's fire'.)

យល់តូច --- កុំអាលថា (Note that with the exception of the last word, this line is identical with a line already met in /cbap kei-kaal/; it is common in the /cbap/ literature to find the same theme expressed in slightly different words from one /cbap/ to another.)

ពារ to go against, hit against; here: to persist, go at it again
បានច្រើនកុំខំពារ [If you] get a lot, don't persist (in getting more).
សៀរ to proceed cautiously or stealthily, to skirt quietly

ឱ្យសន្សឹម...តិចទៅ be a little slow and cautious

ខ្សត់ weak, poor, destitute

អ្នកមាន --- ពីក្រៅ The wealthy [should] take care of the poor; [they are] like the cloth which surrounds you (i.e. they are necessary to you).
អ្នកប្រាជ្ញ --- សំប៉ាន The learned should take care of the ignorant; [they are as necessary] as sampans to a ship.
រុង high, excellent, successful, of high status
ឆ្មារ thin, fine, tiny: fig: insignificant, unfortunate (here: unfortunate [ones])
រក្សាទៅមុខរឹង taking care of [others will accumulate merit] in the future
កំសឹង debt

អម្បាល degree, extent, amount

អស់អម្បាល entirely, entirely all, to any extent
ឥតកំសឹងអស់អម្បាល without being indebted to anybody

ចំណេរចិរកាន់កាល (=ចំណេរចិរកាល) stretching indefinitely into the future

បន្លា thorn, sticker; here: thorny branch
ដូចរបងចារបន្លា like a fence laced with thorns
គិតក្រែង to consider, take into account
ខ្លោច burned, scorched, charred

ផ្សា to burn, sting, smart

ឃ្លានរំផុតខ្លោចផ្សា to have hunger pains, to suffer from hunger
គេឆីរ៉ាបានឆ្អែតផង let them have their fill, satisfy their hunger
ពល្លី (=ល្អី) stupid, slow-witted

កុំកាប់ឧសរបង don't break down the fence [to use as] firewood

រាំងចំណាំរងអាត្មា [because] it forms a

barrier (i.e. defense) around [you]

កុំកាច់ ... ឯអាត្មា (This is roughly equivalent to the English proverb 'Don't bite the hand that feeds you'.)

ចែវ a single fixed oar attached to the stern of a boat

ច្រវា a loose oar

ក្រដឹង a fixed oar attached to the gunwales of a boat

ចាប់ដោយខ្លួនគ្រប់ have everything at hand

មានទូក ... ខ្លួនគ្រប់ (The figurative meaning of this stanza is that if you go into any venture, be sure you have everything you need to carry it out.)

ប្រយ័ត្នក្រែង in the event that, in case

ទប់ទល់ to face up to, to resist, hold back

ប្រយ័ត្នប្រយោជន៍គ្រប់ [Being] careful benefits [you] in every way.

គិតគួរចាំ (=គួរគិតចាំ)

ឋិត /thət/ to stay, last, endure

ស្ងាន់ clearly, obviously, plainly (usually occurs as an intensifier)

កំណាន់ principle, faith, precept (cf. /kan/ to hold to, adhere to, believe in)

កំណត់ record, note, inscription; to record, keep

កំណត់ទៅតឃ្លាឃ្លា recorded faithfully, recorded accurately

សូរេច /sorac/ to conclude, bring to a close

រៀងទៅ continuously into the future, forever

២០ - ច្បាប់ប្រុស

(គ្មានឈ្មោះអ្នកនិពន្ធ)

(បទព្រហ្មគីតិ)

នេះបទព្រហ្មគីតិ   ពីព្រេងព្រឹទ្ធទុកទូន្មាន
ចែងចងជានិទាន   ទុកគ្រាន់មើលជាច្បាប់ថ្មី ៗ
ឱ្យអស់កូនចៅក្រោយ   ស្តាប់កុំឱ្យភ្លេចស្មារតី
ប្រដៅទាំងប្រុសស្រី   យកទុកខ្លួនគ្រប់អាត្មា ៗ
ធម្មតាកើតជាមនុស្ស   ទោះស្រីប្រុសក្រណាស់ណា
ក្រគិតក្នុងចិន្តា   ឱ្យបានដឹងសមនឹងគួរ ៗ
នឹងអស់ញាតិសន្តាន   សោះគេមានពាក្យថាជួ
កុំឆ្មើងកុំតែងតួ   ធ្វើកំប៉ាងកុំពាក្យធំ ៗ
នឹងដើរដូចភូជង្គ   ឱ្យនិនអង្គអាចហានទម្ក
ឱ្យត្រូវនឹងច្បាប់ក្រម   គួរប្រតិបត្តិកុំឱ្យឆ្គង ៗ
ទៀនបទទៀនហានចាស   កុំប្រទ្បាសលើទៀមច្បង
ស្រដីនឹងអ្នកផង   ពាក្យឱ្យគួរកុំឯងរើយ ៗ
អ៊ីអើអញដាច់សាច់   ឆ្គងពាក្យពេចន៍គេស្រដី
ដើមដៀលឱ្យអប្រិយ   ស្រដីថាកូនឥតពូជ ៗ
ចាស់ទុំមិនប្រដៅ   ជេរកូនចៅទើបវាខូច
គេថាកូនឥតពូជ   មិនដឹងច្បាប់នឹងចាស់ទុំ ៗ
គេដៀលដល់ម៉ែឪ   កេរ្តិ៍អាស្រូវស្អុយរហុំ
គេស្តីដើមជេរជុំ   ដំនៀលនោះដល់មកចាស់ ៗ
កុំកាចកុំស្លូតពេក   កុំចំអៀកទៀនរហ័ស
កុំខ្លាចកុំហ៊ានណាស់   ឱ្យរពឹងរំពៃគ្រប់ ៗ
ទោះដេកឱ្យរហ័ស   ភ្ញាក់មុនចាស់ដោះឡើងលុប

មុខមាត់មើលឲ្យគ្រប់ ទ្រព្យរបស់សឹមដេកវិញ ៗ
ស្លាម្លូស៊ីឲ្យប្រៀក កុំបីបៀកទាំងមូលមិញ
តូចធំឲ្យប្រៀកចេញ តាមពាក្យចាស់ថាអភ័ព្វ ៗ
ដេកយប់កុំដេកយូរ ហើយទទូរដូចគេងាប់
សំពត់ស្លៀកឲ្យខ្ជាប់ កុំឲ្យអាក្រាតក្រៅខ្លួន ៗ
នឹងដេកកុំទ្រមក់ ឲ្យលង់លក់ក្រៅពីក្បួន
បើភ្ញាក់ឲ្យដឹងខ្លួន ទ្បើងអង្គុយកុំមាត់ខ្លាំង ៗ
ថែប្រព្រឹណប្រុងវិញ្ញាណ ខ្លាចក្រែងមានចោរចិត្តខ្មាំង
ប្រួញប្រួណប្របជញ្ជាំង ជញ្ជូនទ្រព្យលួចយកចេញ ៗ
បើឥតមានមន្ទិល កុំឲ្យខ្ជិលដេកទៅវិញ
ភ្ញាក់ហើយឲ្យក្រោកចេញ រកដក់ថ្នាំស៊ីម្លូស្លា ៗ
ទោះពេលពន់ព្រលប់ គន់ឲ្យគ្រប់ទ្រព្យនានា
កាំបិតខាងអាត្មា ឲ្យលីតទឹកដាក់ចុងជើង ៗ
ប្រអប់ដាក់ទឹមស្មា ថ្វាយទេព្តារក្សាយើង
ហើយឲ្យបំពក់ភ្លើង នៅក្រានក្រៅកុំឲ្យដាច់ ៗ
កុំឲ្យអស់រលីង រលត់ធេងហើយថាភ្លេច
សព្វថ្ងៃមើលកុំដាច់ កុំដើរយកពីផ្ទះគេ ៗ
ថែទាំមើលជើងក្រាន ឲ្យឧសមានកុំទំនេរ
បង្កាត់បង្កើតកេរ្តិ៍ កុំប្រហែសឲ្យសូន្យសុង ៗ
ប្រយ័ត្នក្រែងក្រងាយ ពុំសប្បាយឈឺពោះពុង
បង្កាត់កំដៅអង្គ អុជបំភ្លឺមើលនេះនោះ ៗ
មានកាលយប់ងងឹត ភ្លេចមិនគិតជូនកូនជុះ
គ្មានភ្លើងអុជចន្លុះ ក្រានរលុះរលត់ធេង ៗ
រត់រកភ្លើងសស្រាក់ ព្រួយលំបាកតែខ្លួនឯង

ហេតុខ្ជិលពុំគិតក្រែង ក្រយប់ថ្ងៃព្រួយដើរឆ្ងាយ ៗ
ហើយឱ្យថែទាំទឹក ទោះយប់ព្រឹកកុំគិតងាយ
ដងដាក់ក្អមរាត់រាយ សព្វចពាងអាងអុងធំ ៗ
កុំឱ្យស្ងួតក្អមធេង អស់រលីងពីពាងធំ
គ្មានសោះនោះមិនសម ជួនក្រែងក្រងាយយប់ថ្ងៃ ៗ
ទោះដើរទៅឆ្ងាយជិត កាន់កាំបិតកំដរដៃ
ក្រែងមានមែកឈើព្រៃ កាប់កាន់មកទុកជាឱស ៗ
ជួនកាលក្រែងបន្លា មុតអាត្មាគ្រាន់ចាក់ជោះ
ជាគ្រឿងគ្រប់មិនខុស ការសត្រូវទោះឆ្មាឆ្កែ ៗ
ដើរព្រៃឱ្យមើលលើ ឃើញស្លឹកឈើជាបន្លែ
កាន់កាប់កុំដៃទេ អង្គុយគន់មើលឆ្វេងស្តាំ ៗ
ក្រែងមានឈើព្រៃងាប់ គួរកាច់កាប់យកជាថ្នាំ
ផ្ញើក្រានគ្រាន់ដណ្តាំ ឬយបានឆ្អិនឆាប់ដូចចិត្ត ៗ
សោះស្រីស្រដីបាន បើឱសមានមិនព្រួយចិត្ត
សព្វថ្ងៃប្រុងគំនិត ថែទាំទើបគង់របស់ ៗ
មាសប្រាក់ស្រូវអង្ករ ទុកឱ្យល្អកុំសប្បុរស
សំចីយកុំឱ្យអស់ មើលថែធួនខ្លួនឯងណា ៗ
សូវស្តួចកុំឱ្យដាច់ បើវាតិចឱ្យឱសក្រាហី
វិះរកផ្សំទៀតណា ឱ្យបានច្រើនក្រទើនទុក ៗ
នឹងចាយឱ្យគិតក្រោយ ទោះនឹងឱ្យ ៣ុ មើលមុខ
កុំឱ្យស៊ុកគ្រលុក ទោះនឹងទុកឱ្យចំណាំ ៗ
រដូវធ្វើចំការ ឱ្យឱសក្រាហីគ្រឿងគ្រាប់ផ្សំ
ស្លឹកគ្រៃខ្ញីត្រប់ត្រុំ ត្រាវត្រសក់សព្វបន្លែ ៗ
កុំខ្ជិលកុំប្រអូស ទៅងងុះរកសូមគេ

គេមិនឱ្យឯងទេ
តែគឺមោះព្រោះខ្ជិលដាំ ។
ទោះធ្វើស្រែចំការ
ឱ្យឧស្សាហ៍មើលថែទាំ
កុំខ្ជិលកុំប្រចាំ
ចបចូកជីកស្មៅវល្លិផង ។
កុំឱ្យបង់កំឡាំង
ទោះខែប្រាំងប្រើឱ្យដង
ទឹកទៅស្រោចស្រប់ផង
ឱ្យលូតលាស់មានផ្កាផ្លែ ។
ធ្វើការកុំគិតព្រួយ
ខ្លួនឯងមួយកុំត្អូញត្អែរ
ខ្លាំងខ្សោយកុំឱ្យល្ហែ
ខ្លាចតែនឿយហើយមិនធ្វើ ។
ជាងយប់បិតបួសរ្យី
ត្បាញជាល្អីតៅកញ្ជើ
កុំឱ្យស្រីស្ដីលើ
ឥតអំពើធ្វើលេងទៅ ។
កុំទុកដៃទទេ
ជាងទំនេរច្បាចស្មៅព្រៅ
ខាងផ្ទះខាងលំនៅ
ឱ្យវាលកាលកើតសុខា ។
ឱ្យមានក្ដីប្ញារម្ភ
ធ្វើស្រែកុំចោលចំការ
ដឹងដែកកាំបិតព្រា
ទុកឱ្យជាកុំឱ្យបាត់ ។
ដេកយប់ឱ្យរាំងទ្វារ
ទ្រព្យជា ៗ ប្រុងប្រយ័ត្ន
ត្រចៀកចាំកុំភ្លាត់
កុំភ្លេចចោលមិនដឹងខ្លួន ។
ប្រយ័ត្នប្រយោជន៍យូរ
ទោះលក់ដូរមើលថែធួន
ទោះទ្រព្យរបស់ខ្លួន
ឱ្យសួរកូនសួរប្រពន្ធ ។
កុំអាងឯងជាប្រុស
ចាយរបស់មិនគិតគន់
មិនដឹងដល់ប្រពន្ធ
ព្រមព្រៀងគ្នាឥតបើថា ។
ទោះបីបើបងប្អូន
ពឹងរកខ្លួនទៅណា ៗ
ទោះទៅលេងឥតការ
ឥតគេរកដើរឆ្ងាយជិត ។
ឱ្យប្រាប់អ្នកនៅផ្ទះ
កុំរលះឥតគំនិត
គេភ័យព្រួយចិត្តគិត
ព្រោះមិនដឹងជាទៅណា ។

បើទៅជាមានភ័ព្វ　　ប្រសើរគាប់នោះឥតថា
ប្រសិនពានពស់ខ្លា　　ខ្យល់ចាប់ចុកឥតគេសម ។
ទោះដើរមានដំណឹង　　ឱ្យរពឹងគិតបារម្ភ
នឹងដើរ ៗ ឱ្យសម　　យប់ព្រលប់ឱ្យមាត់ក ។
កុំស្ងៀមកុំស្ងាត់ពួន　　លបលាក់ខ្លួនខ្លាចមិនល្អ
ឱ្យមើលឱ្យមាត់ក　　ដើរឱ្យស្មោះសោះគេថា ។
ទោះខ្លួនជាប៉ុន្មាន　　ពាក្យសន្ដានវែងមុសា
គេទីម៉មកអាត្មា　　តាមដំណឹងដំណើរខុស ។
កូនអើយចាំកុំធ្លោយ　　កុំធ្លាប់ឱ្យអាប់កេរ្តិ៍យស
ធម្មតាកើតជាប្រុស　　ឱ្យរករៀនច្បាប់មាត្រា ។
លោកថាហៅឆ្កួតបី　　មួយឆ្កួតស្រីមួយឆ្កួតស្រា
មួយឆ្កួតល្បែងពាលា　　លេងបៀប៉ោជួកំតាត់ ។
ទាក់មាន់ទាក់ទា　　ជល់ភ្នាល់ភ្នាបរបាញ់សត្វ
អន្ទាក់ដាក់បង្កាត់　　ល្បែងអស់នោះមិនកំណើត ។
ធម្មតាប៉ោនឹងបៀ　　មិនដែលខ្មែរណានឹងកើត
មិនឮមានកំណើត　　មានតែលិចលង់ខ្លួនទេ ។
ជួនកាលគេចាញ់ឯង　　ទៀងរាល់ល្បែងតែងនឹងរេ
មានកាលឯងចាញ់គេ　　កុំទុកចិត្តថាឯងប៉ិន ។
ពីព្រឹកស្លៀកហូលជរ　　ល្ងាចស្លៀកសខ្វះចងក្បិន
ពីព្រឹកតក្យកក្បាលចិន　　ល្ងាចមិនទាន់ចិនដាក់ខ្នោះ ។
ជួនកាលវ៉ាចងជើង　　ព្យួរខ្ពស់ឡើងក្បាលដាំចុះ
វែកស្លឹងតឹងក្រញុះ　　វ៉ាទារប្រាក់ឱ្យបានឆាប់ ។
មើលមុខល្អិតចអ្វី　　មិនខ្មាសស្រីផ្សារឈរស្តាប់
មុខមិញដូចគេស្លាប់　　មាត់ស្ញិញស្ញាញពេបដូចក្មេង ។

ស្រែកថ្ងូរអះអួយអើយ អាចិកអើយអាណិតលែង
អញរកប្រាក់ឱ្យឯង ឱ្យអាចិកស្អែកនេះបាន ។
ចិនឮព្រមស្រាយមក បណ្ដើររកប្រាក់សន្ដាន
តឹងទារទាល់តែបាន ទ្រព្យឱ្យទៅទើបវាលែង ។
អ្នកអាយអ្នកអើយកុំ គួរបាបម្ភាល់តែល្បែង
កុំលកុំលួកលេង គួរឱ្យវាងឱ្យវៀរសោះ ។
កុំឈរកុំឈប់ជិត ក្រែងមិនអត់បង់កេរ្តិ៍ កោះ
កុំល្បែងល្បែងនោះសោះ គួរឱ្យដោះឱ្យដើរចេញ ។
ច្បាប់នេះចាំរាល់ខ្លួន ទោះបងប្អូនមិត្តសំឡាញ់
ពឹងខ្លួនឯងឱ្យចេញ ធានាទ្រព្យគេយកទៅ ។
ឯទ្រព្យបានទៅវា ឯងធានាស្រាប់តែនៅ
វាបានទ្រព្យយកទៅ ខ្លួនឯងនៅធានាស្រាប់ ។
ដល់គេមកតឹងទារ អ្នកធានាឱ្យបានឆាប់
មិនបានគេប្រចាប់ ទៅជាខ្ញុំព្រោះធានា ។
ទោះបងប្អូនធុរៈ ក្រជំពាក់គេតឹងទារ
បើមានទ្រព្យជួយជា កុំធានាណាអ្នកអាយ ។
កូនអើយចូរចាំ ឱពុកផ្ដាំកុំបីណាយ
ប្រយ័ត្នរាល់រូបកាយ កុំឱ្យភ្លេចពាក្យនេះណា ។
មួយទៀតហៅឆ្កួតស្រី គួរកុំបីសេពកាមា
វាតែងទាញអាត្មា នាំវង្វេងភ្លេចបាបបុណ្យ ។
ភ្លេចសីលទានសូន្យសោះ ភ្លេចឃ្នាងខ្មោះដល់ជីពជន្ម
ភ្លេចទោសភ្លេចទាំងគុណ ភ្លេចទាំងការរកាន់រសាយ ។
បង្កើតតែទោសទុក្ខ បើបានសុខសឹងប្រែក្លាយ
បង្កើតក្ដៅក្រហាយ ឱ្យទាស់ទែងខឹងនឹងគ្នា ។

ចងទោសគុំគួន	មិនគិតខ្លួនខ្លាចមរណា
មានកាលក្មួយនឹងមា	គុំធ្វើគ្នាឱ្យសោះសូន្យ ។
បង្កើតតែចិត្តធំ	ចៅគំនុំនឹងជីដូន
ឯបងខឹងនឹងប្អូន	ម្ដាយនឹងកូនគុំធ្វើគ្នា ។
ឪខ្ញុំគុំកាប់ម្ចាស់	ឱ្យក្ដៅណាស់ក្នុងអង្គា
កើតទោសខឹងនឹងគ្នា	ជាគំនុំពុំត្រាស្បើយ ។
មានកាលគេដាក់ឃ្នាង	ថាមិនរាងចាលចិត្តឡើយ
លក់ក្ន័យខ្ញុំគេហើយ	មិនខ្លាចស្លាប់ដល់អាត្មា ។
គេកាប់ដោតទាំងក្បាល	មិនចេះចាលចិត្តឡើយណា
ភ្លេចខ្លួនសូន្យសោះសា	នឹកតែត្រង់សេពសប្បាយ ។
រីឯកាមកិលេស	កុំប្រហែលគួរឱ្យណាយ
ស្អិតណាស់ណាអ្នកអាយ	អ្នកអើយកុំគិតសង្ស័យ ។
នេះឯងហៅឆ្កួតស្រី	គួរកុំបីឱ្យអាល័យ
ចូរចងចាំសព្វថ្ងៃ	ទុកទូន្មានអង្គអាត្មា ។
អ្នកប្រាជ្ញលោកនិទាន	ទុកទូន្មានរាល់រូបា
មួយហៅឆ្កួតសុរា	នោះកុំផឹកថាស្រវឹង ។
ថានាំភ្លេចវិញ្ញាណ	ភ្លេចសីលទានសោះសូន្យឈឹង
ផឹកហើយមិនដែលនឹង	នាំចិត្តនោះឱ្យធំទ្រក ។
ឯខ្លួនឯងតូចទេ	មើលទៅគេប៉ុនមេដៃ
កំឡាំងឯងស្មើថៃ	មិនកោតគេតិចឡើយណា ។
ក្អេងក្អាងពាក្យកក្អែ	អួតពូកែបទបានស្រា
មិនមានខ្លាចនរណា	ស្រដីកោងរកកលឈ្លោះ ។
បញ្ចោរបញ្ចោវ្រាសផ្ដាស	ជេរវាងវាសមិនចំឈ្មោះ
នាំហេតុតែខាងឈ្លោះ	ឆ្លើយឆ្លងពាក្យឱ្យបានទាក់ ។

ប្រពន្ធឃើញឃាត់ទៅ ប្ដីមិនត្រូវថាកុំអ្នក
ឯងខឹងលោវាយធាក់ ដោយចិត្តធំបទបានស្រា ។
មានកាលជួនស្រវឹង ពុំមានដឹងខ្លួនឡើយណា
ដើរដួលដេកផ្កាប់ផ្ងារ ស្រាតសំពត់អស់ពុំដឹង ។
គេឃើញអស់ខ្មាសក្មុំ ក្មេងជៀវជុំសើចទ្រហឹង
ដេកដូចគេស្លាប់ឈឹង ក្អួរក្អួតពាសពេញទាំងខ្លួន ។
កំណើតអ្នកផឹកស្រា កុំអួតថាឯងនឹងនួន
ផឹកហើយស្រវឹងមួន ខ្លួនខ្សត់ទេអួតថាមាន ។
អ្នកស្លូតទៅជាកាច ឯអ្នកខ្លាចទៅជាហ៊ាន
ខុសត្រូវទៅបំពាន បំពុលខ្លួនឲ្យបានបាប ។
នេះឯងហៅឆ្កួតស្រា ក្នុងធម៌ថាពៀរជរាប
អ្នកណាផឹកហើយបាប បង់កិត្តិយសពុំសួស្ដី ។
គួរកុំសេពសុរា នាំអាត្មាឲ្យអប្រិយ
នឹងធ្លាក់ទៅអវិចី នរករងទុក្ខវេទនា ។
ទីហអស់ជនទាំងឡាយ កុំរាយមាយក្នុងអគ្គា
ចូរស្ដាប់ច្បាប់នេះណា ទុកទូន្មានខ្លួនសព្វថ្ងៃ ។
នេះឯងហៅឆ្កួតបី លោកស្រដីក្នុងធម៌ថ្លៃ
បើអ្នកណាមួយនៃ នឹកប្រាថ្នាដោយចំណង់ ។
លោកចងជាឧបមា ឲ្យអ្នកណាមួយផ្ចិតផ្ចង់
យកដែកដុលចោះបង់ ក្នុងភ្លើងក្រានឆេះប្រចាលឆ្អៅ ។
បើកាន់ដែកដែលដុត នោះមិនមុតមិនមានក្ដៅ
កាន់បាននោះទើបហៅ ចិត្តមុតមែនមិនគិតប្រួញ ។
នោះទើបលោកឲ្យធ្វើ នូវអំពើទាំងបីបាន
ដោយធម៌ពីបុរាណ លោកឧបមាដូច្នេះណា ។

ចាស់តែងតែងជាបទ ព្រញប្រាកដកាលបិតា

ប្រដៅខ្ញុំនេះណា សព្វសេចក្ដីដូច្នេះនែ ៗ

កិច្ចកាព្យរាយរៀបរស់ ខ្ញុំនាមឈ្មោះបណ្ឌិតទីម៉

គិតចងជាសេចក្ដី ប្រដៅជនចប់ម្ល៉ះហោង ៗ

(ច្បាប់ប្រុសស្រី, ទំព័រ ១-១៧)

ច្បាប់ប្រុស

ចង to compile, collect

តែងចង to compose

តែងចងជានិទាន to compose [in the form of] discourse

គ្រាន់ for the purpose of, to serve as

ភ្លេចស្មារតី be unaware, be oblivious (to), unmindful (of), become lax (in)

ធម្មតាកើតជាមនុស្ស [since it is our fate] to be born as humans

ក្រគិតក្នុងចិត្ត it is difficult to rationalize [on one's own]

ណោះ lest, to avoid

មានពាក្យ to criticize, have something [critical] to say

ដូ ill-bred, crude

ណោះគេ---ថាដូ lest they criticize [you] as being ill-bred

ឆ្មើង proud, haughty, stuck-up

តែងតួ to adorn oneself; here: to overdress, be ostentatious in attire

កំប៉ោង inflated, puffed up (Fig: haughty, self-important)

កុំពាក្យធំ don't be arrogant, don't be presumptuous (i.e. don't use words which impute status to yourself, such as /qañ/ 'I' and /qaeŋ/ 'you')

ភូជង្គ (=ភុជង្គ) /phuucuəŋ/ snake, serpent (Lit)

ឱនអង្គ bow the body (Fig: be humble)

អាចញាខ្ល [know when] to be bold [and when] to be cautious

រៀនបាទចាស learn [the proper forms of] response (Fig: learn polite speech forms)

រៀនបទរៀនបាទចាស learn [proper] behavior and polite speech

ប្រចទ្យាស to be recalcitrant, defiant

កុំប្រចទ្យាសលើរៀមច្បង don't defy [your] elders

វឺយ (=វើយ) /wəy!/ arrogant or familiar final particle

អ៊ឺ /qɨɨ/ impolite response particle

អើ /qaə/ impolite response particle

កុំឯងវឺយ ៗ អ៊ឺអើអញ don't use [such words as] /qaeŋ, wəy, qɨɨ, qaə, qañ/

ដាច់សាច់ sharp, wounding, cruel (lit: tear the flesh)

ដាច់សាច់ ក្នុងពាក្យពេចន៍ [these are] words [which are] sharp and inappropriate

ស្រដីដើម (=និយាយដើម) to ridicule, talk about (critically)

ដៀល to criticize, cast

aspersions on, talk (disapprovingly) about
ស្រដីដើមដៀលឲ្យអប្រិយ to slander, malign, discredit
កូនឥតពូជ ill-bred person
ប្រដៅដេរ (=ដេរប្រដៅ) to exhort, harangue, admonish (this choice of words reflects the rather harsh way in which children are admonished or verbally disciplined in Cambodian families)
ដឹងចាស់ទុំ to show respect toward one's elders
មិនដឹងច្បាប់និងចាស់ទុំ neither know [our] conventions nor [respect their] elders
អាស្រូវ blemished, tarnished, compromised, diminished, ruined (of reputation, character, etc.)
ទហ៊ុំ clinging foully around
ជៀវ to chatter, twitter
ជៀវជុំ chattering all around, talking all over the place
ដំណៀល mockery, criticism, disapproval
ដល់មកចាស់ gets back to the elders, reflects on the elders
ចំអៀក to dawdle, be a laggard, be sluggish
រៀន try to be, learn how to be
រំពឹងរំពៃ to consider, ponder, reflect
ទោះដេកឲ្យរហ័ស even when sleeping, be quick [to rouse yourself]
ដោះ (=ភ្ញាក់) to wake up (Arch)
ច្រៀក to split, cut into strips
បៀក to dip up and spread, to prepare (a quid of betel)
មិញ /mɨñ, məñ/ past, just past, just referred to (here: to rhyme with /wɨñ/ and /cəñ/)
ស្លាម្លូ--- មូលមិញ [When you] eat areca and betel leaf, cut it up; don't make the whole thing into a quid (i.e. be frugal, be sparing).
តូចធំ--- អភ័ព្វ [Whether] small [or] large, cut [it up]; [otherwise] according to an ancient proverb, [it's] unlucky.
ទ្រមក់ sluggish, lazy, drugged with sleep
មាត់ to talk, say, utter
ប្រែប្រួល to change position, move [your (body)]
ប្រុងវិញ្ញាណ be alert, fully conscious, pay full attention
ចិត្តខ្មាំង malicious, characterized by enmity or ill-will
ប្រួញ to shrink up, draw up
ប្រួញប្រាណ draw oneself up, make oneself inconspicuous
ប្រប stay close to, sidle along, keep next to
ពន់ព្រលប់ late evening, twilight
គន់ to watch, observe; here: look after, see to
ខាងអាត្មា nearby, at one's side
លឹត to pour (liquid from a small-necked container)
ឲ្យលឹតទឹកដាក់ចុងជើង leave some (drinking) water at the foot (of the bed)
ប្រអប់ box (here: bedside altar)
ទឹម beside, next to, level with
ប្រអប់--- ស្មា place [your] altar at [your] shoulder
ថ្វាយ to make obeisance, to honor, give as an offering
ទេព្តា (=ទេវតា) gods, angels
បំពក់ to stoke (a fire), add fuel to (a fire)
ក្រាន a fireplace composed of three stones as a tripod for cooking
កុំឲ្យដាច់ so [it (the fire)] won't be interrupted (i.e. so [the fire] won't go out)
ធេង completely

ឱ្យឧសមានកុំទំនេរ (=ឱ្យមានឧសកុំទំនេរ) don't run out of firewood (lit: have firewood, don't let [it] be empty)

បង្កាត់ start (a fire)

បង្កាត់បង្កើតកេរ្តិ៍ to keep a fire burning enhances your reputation

សូន្យសុង completely (disappeared), completely (gone out)

ក្រងាយ emergency, difficulty, eventuality (usually bad)

ពោះពុង stomach

បង្កាត់... អគ្គ start (a fire under the bed) to warm [your] body

ជួន in case, if perchance, if it should happen that

ចន្លុះ torch (made of bark treated with resin)

រលុះ to eat away, spread, consume (as a fire or cancer)

សស្រាក់ to be soaked (with sweat)

ក្រទិថ្ងយប់ eventualities (i.e. difficulties [which can arise either] night or day)

រាត់រាយ all over the place, pell-mell

ក្អមរាត់រាយ in every possible pitcher

ពួច small pitcher

ពាង large stone jar

អាង wide stone basin

អុង basin similar to an /qaaŋ/

កំដរដៃ to occupy the hands

ដោះ to dig out (a thorn, etc.)

គ្រឿងគ្រប់មិនខុស all-purpose tool

ឆ្មា cat

កុំដៃទេ (=កុំដៃទទេ) don't be empty-handed

ថ្នាំ (usual meaning is 'medicine', but used here in the very general sense of 'things to use, the wherewithal (for burning)', hence 'fuel')

ផ្ញើ for, on behalf of, for the purpose of; to send, give, consign to, earmark for

ស្រដី (=ស្រដីឱ្យ, ស្តីឱ្យ) to blame, scold

សំច័យ (=សំចៃ) to save, be frugal

ថ្នម to pamper, take care of, be careful with

សូវ rather, it is better to

សូវ...កុំឱ្យ... rather...than...

សូវស្តួចកុំឱ្យដាច់ it's better to have a little than nothing at all

ឧស្សាហ៍ be diligent (in)

រិះរក search for, seek to; do research

ផ្គុំ put together, add to, accumulate

ក្រវើន /krɑwəən/ attempt to, be diligent in

គិតក្រោយ consider the consequences, think of the future

មើលមុខ know the person, consider the merits of the individual

ចំណាំ to remember, keep in mind, keep account of

គ្រឿងគ្រប់ (=គ្រប់គ្រឿង) all the ingredients, all spices

ស្លឹកគ្រៃ lemon grass, citronella

ខ្ញី ginger

ត្រុំ indigo

ត្រាវ taro

ងងុះ to wheedle, entreat

តែគឺមោះព្រោះ precisely because, for the very reason that

ប្រចាំ pass the buck (to), leave it up (to)

ចូក to scoop, to shovel

ប្រើឱ្យ (=ឱ្យ)

ស្រប់ to soak

កុំគិតព្រួយខ្លួនឯងមួយ don't worry about your own responsibilities

ត្អូញត្អែរ to complain

ល្ហែ to slack, let up, be at leisure, fritter

នឿយ to be burdened, overworked, surfeited with work

ខ្លាំងខ្សោយ--- មិនធ្វើ whether [you're] strong [or] weak, don't let up [and] not do [it] just [because you're] afraid of being overburdened

ជាង better that you, rather

ចិត to whittle, peel off in strips (with a knife)

ស្តីលើ to blame, criticize

ឥតអំពើ needless(ly), useless(ly), pointless(ly)

ធ្វើលេង do for fun, do as a pastime

ស្មៅព្រៅ a kind of grass

រាល to be cleared off, cleaned away

រាលកាល to be cleared off, cleaned away

ក្ដីបារម្ភ concern

ដឹងដែក a woodcutter's ax

រាំង to bar, block, obstruct

ជា ៗ valuable, good

ភ្លាត់ to commit an unintentional act, have a lapse

ត្រចៀកចាំកុំភ្លាត់ keep your ears open

កុំភ្លេចចោលមិនដឹងខ្លួន don't forget [your things and] leave [them] behind without realizing it

ប្រយ័ត្នប្រយោជន៍យូរ [being] careful pays off for a long time

ទោះលក់ដូរមើលថែខ្លួន be cautious in trading [your] possessions

គិតគន់ consider, be judicious

មិនគិតគន់ thoughtlessly, heedlessly, recklessly

ព្រមព្រៀងគ្នាឥតបើថា without having said [whether she] agrees [or not]

ឥតការ futile, for no (specific) purpose

ឥតគេរក without having been asked

រលះ to hurry away

បើទៅ --- ឥតថា if [it] turns out [that you're] lucky, nobody will say [anything]

ប្រសិន if perchance

ឥតគេសម nobody [will be] sympathetic

មានដំណឹង let others know, inform those around you; hence: thoughtful

ឲ្យទំពឹងគិតបារម្ភ be thoughtful and concerned (for others)

ឯងដើរ ៗ ឲ្យសម when walking, walk in the proper [way] (as explained in the following lines)

មាត់ក to speak, utter, make oneself heard

យប់ព្រលប់ឲ្យមាត់ក at night [let [yourself] be heard

ខ្លាចមិនល្អ lest [you be taken for a] questionable [person]

ដើរឲ្យស្មោះសោះគេថា walk openly lest people make implications

សន្ដាន family, relatives; here: people in general

តែង usually

មុសា false, wrong; to lie

ពាក្យសន្ដានតែងមុសា people usually spread false rumors

ទើ to speculate, wonder about

ដំណើរ account, sequence of events

ញ affectionate term of address for males younger than oneself

ច្បាប់មាត្រា (=មាត្រាច្បាប់) (articles or points of) the /cbap/

លោកថាហៅផ្លូវបី it is said that there are three vices, called...

ពាលា (= ពាល) profligate, sinful

ឡេ៉ a Chinese game of chance

ជួ a Chinese numbers game

កំតាត់ a Chinese game of chance

ទទា partridge

ជល់ (= ប្រជល់) to set [cocks] to fighting

ជល់ភ្នាល់គ្នា betting on cockfights

អន្ទាក់ដាក់ (= ដាក់អន្ទាក់) to set traps

បង្កាត់ net (for catching animals)

មិនបរខ្ទិត never amount to anything, come to nothing, be useless, nonproductive

រេ to change back and forth, fluctuate

តែងតែរេ typically varies, is unpredictable

ប៉ិន skillful, clever, adept

ហូលដរ an embroidered silk /sampuət/

ត្បកក្បាលចិន to scorn, look down on, feel superior to, a Chinese (lit: rap a Chinese on the head)

ខ្នោះ handcuffs, shackles

ពីព្រឹក... ចងក្បិន [A gambler may] don an embroidered silk sarong in the morning, [but] by evening [he'll be] wearing a [plain] white [one] without [enough cloth] to tie [it] up in the back.

ពីព្រឹក...ដាក់ខ្នោះ [Likewise a gambler may] scorn a Chinese in the morning, [but] the Chinese will have [him] in shackles before nightfall.

ដាំចុះ upside down

ស្លឹង wide-eyed, staring

តឹង tight; of eyes: fixed, taut, bulging

ក្រញូះ sad, dejected, morose (of facial expression)

មើលមុខល្អតិចអី how pretty [you would] look! (sarcastic); then how would you look!

មិនខ្មាស់... ស្ដាប់ aren't [you] ashamed for the women in the market to stand and hear [you]?

មុខមិញ [your] face (i.e. the face just referred to)

ស្ញិញ with lips drawn back showing the teeth

ស្ញាញ bared, exposed, gleaming

ស្ញិញស្ញាញ grimacing with teeth bared

ថ្ងូរ to moan, groan

អះអួយអើយ exclamations of pain

ចិក term of address for an older Chinese man

អាចិកអើយ Oh please, Sir (to an older Chinese man)

បណ្ដើរ... សុំទាន takes [you] to beg money [from your] relatives

តឹង (= បង្តឹង) to force, put pressure on, compel

អ្នកអាយ (= អ្នកអើយ) you + particle of supplication

អ្នកអាយ...កុំ Oh please don't!

គួរ... ល្បែង [You] should beware of all games [of chance]

ល to try, try out

វៀរ to avoid, abstain from

កេរ្តិ៍កោះ honor, reputation; heritage, inheritance, legacy, wealth

ក្រែងមិនអស់បង់កេរ្តិ៍កោះ lest [you are] unable to resist [and] squander [your] wealth

ល្បង to test, try, experiment

ដោះ to avoid, stay clear of

ចេញ come out for, take responsibility for, undertake to

ធានា to guarantee

ឲ្យបានឆាប់ to get [it] quickly

ធុរៈ (=មានធុរៈ) be in trouble, have trouble

បើមានទ្រព្យជួយជា if [you] have wealth, [it's] good to help [them]

ណាយ to be bored, tired of, eschew; to flag, lag, be lax (in the observance of)

ប្រយ័ត្ន --- កាយ everyone should be careful

សេព /saep/ to partake of

កាមា (=កាម) sexual desire, lust

សេពកាមា to have sex, to fornicate

នាំ (=នាំឲ្យ)

សីលទាន /səl-tiən/ morality (lit: precepts (of Buddhism) [and] charity)

ឃ្នាង pillory, stockade, device to hold a prisoner by the neck

ជីពជន /ciip-cŭən/ life (Lit)

ភ្លេច---ជីពជន heedless of imprisonment [or] even life [itself]

ការកាន់ (=កាន់ការ) work, the work that one does

រសាយ to be relaxed, relieved; lax, negligent

ភ្លេចទាំងការកាន់រសាយ forget one's work [and become] negligent

ចងទោស to contemplate violence, plan villainy (thereby incurring guilt)

គុំ to plan revenge, resolve to retaliate, feel vindictive

គង្គួន to plan revenge, be vindictive

មរណា /mɔɔrənaa/ death; to die (Eleg)

មិនគិត --- មរណា neither thinks of himself [nor] fears death

មានកាល it happens that, sometimes

ធ្វើ to harm, inflict harm on

គុំធ្វើគ្នាឲ្យសោះសូន្យ scheme to destroy each other

គំនុំ vindictiveness; here: feel vindictive toward

អង្គា (=ខ្លួន) body, self

កើតទោស trouble arises, problems arise, have problems (with someone)

ត្រា to be kind, merciful, show mercy, have compassion (for)

ពុំត្រាសៀយ unabated

រាងចាល to be broken of, to have learned one's lesson, to repent

រាងចាលចិត្ត to have a change of heart, mend one's ways

លក់ to fine, penalize

ក្ស័យ (=ពិន័យ) to fine, penalize

លក់ក្ស័យខ្ញុំគេហើយ [even though they] fine [you or commit you to] servitude

ដោត to impale

ចាលចិត្ត to learn (one's lesson), be reformed

គេកាប់---ទៀណា [although] they [might] even cut off and impale [his] head, [the adulterer] never learns

សូន្យសោះ (=សោះសូន្យ) to die

សេពសប្បាយ partake of [carnal] pleasures

កិលេស /keleh/ depravity, lust

កាមកិលេស sensual depravity, lust

គួរឲ្យណាយ one should eschew [it], be leery of [it]

ស្អិត sticky, adhesive; Fig: addictive, capable of ensnaring, pernicious

កុំគិតសង្ស័យ have no doubt [about it]

គួរកុំបីឲ្យអាល័យ it is not to be desired (lit:'it should not be missed', but this is open to the opposite interpretation in English)

រាល់រូញ (=រាល់រូប) every one [of them]

កុំផឹកនាំស្រវឹង don't drink; it [causes] drunkenness

ភ្លេចវិញ្ញាណ to lose one's senses, be in a fog

នឹង stable, stationary, steady

មេដៃ thumb

ឯខ្លួន --- មេដៃ [Though] you yourself [may] be quite small, others appear to be the size of a thumb.

កំឡាំង --- ខ្លើណា [Though] your strength is as [that of] a louse, [you] haven't the slightest fear of others.

ក្អេងក្អាង to brag, bluster, vituperate, talk audaciously

កក្អែ /kakqae/ babbling over and over

អួត to brag, boast

បទ (here: because)

អួត --- ក្លា [you] brag [that you're] redoubtable just because of the alcohol

កោង arrogant, blatant, rude

រកកលឈ្លោះ find a pretext to quarrel, pick a fight

បញ្ឆារ to curse, vilify

បញ្ឆៀល indirectly

បញ្ឆារបញ្ឆៀល to slander, malign, insinuate

ផ្ដាស improper, indecorous, unseemly

វាងវាស indirectly, in an insinuating manner

មិនចំឈ្មោះ without specifying names

នាំហេតុ to provoke a quarrel, make insinuations

ឱ្យជាប់ទាក់ in order to involve [others]

ប្រពន្ធ --- កុំអួក The wife, seeing [it], restrains [him], saying 'You're wrong; don't [do it]'.

លោត to leap

ធាក់ to kick, pedal (with the sole of the foot)

ខ្មាសកំ one's shame (i.e. sexual organs)

ឈឹង still, motionless, dead still

ក្ជួរ to drool

ក្អួត to vomit

កំណើត nature, innate character

នឹងនួន stable, steady

នួន tight, steady, stable

ស្រវឹងនួន really drunk

ខ្សត់ poor

ខុសត្រូវទៅបំពាន [Whether you're] wrong [or] right, [you] go heedlessly on.

បំពុល to poison

ពៀរ retribution, painful consequences

ដរាប always, inevitably

សួស្ដី to prosper, have health, happiness, and properity

អវិចី /qawəcəy/ hell

នៃ (included to rhyme with /tlay/; notice that /nɨy/ does not rhyme exactly with /tlay/; it is not clear whether rhymes of this kind reflect a time when both the 1st and 2nd register pronunciations of the vowel were identical, or whether cross-register rhymes were tolerated then, as is the case in contemporary composition, simply as 'bad' rhymes.)

ចងជាឧបមា create a simile

ផ្ចិតផ្ចង់ pursue diligently; here: insist on, persist in (indulging in the three vices)

ដែកដុល lump of iron

ច្រាល glowing red

ឆ្អៅ intensifier for red

ឆេះព្រាលឆ្អៅ (burning) red-hot

មុត to cut, pierce, penetrate

ចិត្តមុត daring, stout-hearted, resolute

មិនគិតប្រាណ heedless of one's own safety

នោះទើប--- ទាំងបីបាន Only then may one indulge in [these] three [follies].

បទព្រហ្ម (=បទព្រហ្មគីតិ)

ប្រាកដ--- ដូច្នេះទិន exactly as (when) [my] father told it to me in every detail (like this)

កិច្ចកាព្យ poem, poetry, verse

រាយ to arrange in a sequence, string along

រៀប to arrange, order, prepare

រស់ (=ពីរោះ?) euphonious, melodious, pleasant (to the ear)

កិច្ចកាព្យរាយរៀបរស់ [This] pleasant-sounding verse

២១. ទុំទាវ

ដោយ

សន្ធរ - ម៉ុក

បុព្វកថា

ទុំទាវគឺជាប្រលោមលោកស្នេហាមួយ ដែលល្បីល្បាញទូទៅក្នុងប្រទេស ។ រឿងទុំទាវមានលក្ខណៈផ្លែកពីរឿងឯទៀតនៅក្នុងអក្សរសាស្ត្រខ្មែរ ពីព្រោះរឿងនេះជារឿងដែលមានកើតឡើងមែនទែន មិនមែនជារឿងប្រឌិតឡើងដូចជារឿងឯទៀត នៅជំនាន់នោះទេ ។

នៅសតវត្សទី ១៦ នៅក្នុងរជ្ជកាលនៃព្រះបាទ រាមាជើងព្រៃ មានសាមណេរមួយព្រះអង្គព្រះនាម ទុំ គង់នៅវត្តព្រះវិហារធំ ក្នុងខែត្របាភ្នំ ។ នេនទុំមានសម្លេងពិរោះផ្អែមល្ហែមស្រួយស្រិប ចេះសូត្រ មើលសាស្ត្រា ល្បែបខាយ ល្បីល្បាញខ្ចរខ្ចាយ រហូតទៅដល់ព្រះមហាក្សត្រ ។ ថ្ងៃមួយនេនទុំបានមកសូត្រនៅផ្ទះនាងទាវ ដែលជាយុវនារីម្នាក់មានរូបរាងកាយដ៏ឆើតឆាយ ។ នៅពេលដែលជួបគ្នា នេនទុំហើយនឹងទាវក៏មានចិត្តប្រតិព័ទ្ធរវាងគ្នានឹងគ្នា តែគេមិនបានបញ្ចេញឲ្យដឹងជារាល់ខ្លួនទេ ។ នៅពេលនោះនាងទាវបានប្រគេនជន្លាប់មួយ និងផាហ៊ុំមួយ ទៅនេនទុំទុកជាអនុស្សាវរីយ៍ ។

និយាយពីនេនទុំ នៅពេលដែលត្រឡប់ទៅបាភ្នំវិញ ព្រះអង្គនឹកមកនាងទាវឥតស្រាកស្រាន្តឡើយ ។ ជាទីបង្ហើយព្រះអង្គក៏លាចាកសិក្ខាបទ ហើយក៏ត្រឡប់មករកនាងទាវវិញ ។

សេចក្ដីដកស្រង់មកនេះ ចាប់ផ្ដើមឡើងត្រង់ពេលដែលទុំនិងនាងទាវជួបគ្នាជាលើកដំបូង ក្រោយបែកគ្នាជាយូរថ្ងៃ ។ បន្តិចក្រោយមកគេក៏ត្រូវបែកគ្នាជាថ្មីទៀត ព្រោះព្រះមហាក្សត្រទ្រង់ត្រាស់បង្គាប់ឲ្យទុំចូលទៅបំរើព្រះអង្គ ។ ផ្នែកខាងចុងនៃសេចក្ដីដកស្រង់នេះ មានការរៀបរាប់សត្វនឹងដៃព្រៃព្រឹក្សាយ៉ាងវែង ។ ការរៀបរាប់នេះជាលក្ខណៈមួយសំខាន់ណាស់ក្នុងអក្សរសាស្ត្រខ្មែរ ។

អត្ថបទ

(បទពាក្យ ៧)

គ្រានោះម្តាយទាវគាត់មិននៅ ចរចេញដើរទៅមុនឆ្ងាយក្រៃ
ទុំដើរហើយឈប់ឈរសង្ស័យ ទាវឃើញថាហែបងនោះស្រី ។
បងទៅសួរគាត់ឲ្យបានជាក់ ក្រែងមានធុរៈមករកអ្វី
នោះឮទាវប្រាប់ទៅឆាប់ខ្មី អ្នកអើយរកអ្វីអញ្ជើញមក ។
ទុំស្តាប់សាស័ព្ទនៅសម្ងំ ឮនោះហៅចាំទើបទុំក្រោក
ឈានឡើងលើផ្ទះហើយនោះភ្នក សួរថាអ្នកមករកការអ្វី ។
ទុំស្តាប់សាស័ព្ទពាក្យនោះសួរ ទុំប្រាប់ដោយគួរជាមេត្រី
បងមករកទាវទេណ៎ាស្រី ត្បិតនាងទាវស្តីស្រីកញ្ញា ។
នោះឆ្លើយអ្នកអើយគួរពិភាល់ ប្អូនខ្វល់ឆ្ងល់ឆ្ងាយក្នុងចិន្តា
ទុំថាឆ្ងល់អ្វីកុំសង្កា បានមើលសាស្ត្រាសូត្រឲ្យស្តាប់ ។
ឥឡូវធ្វើឆ្មើងថាមិនស្គាល់ មានជាបន្ទាល់នៅក្នុងស្រាប់
ប្រាថ្នាមានឈ្នួតនឹងផន្លាប់ ឲ្យបងសឹកឆាប់កុំយូរឡើយ ។
ទាវឮពាក្យទុំថាដូច្នោះ ព្រឺព្រួចពុងពោះពុំមានស្បើយ
បើកទ្វារចេញមកថាលោកអើយ ហ៊ានយកឈ្នួតហើយជាបន្ទាល់ ។
នរណាផ្តាំថានឹងឈ្នួតទៅ ឲ្យអ្នកមកកូវនាំកង្វល់
ទុំថាបើបានតែដែផល់ ប្រាប់មិនឲ្យឆ្ងល់សល់សេចក្តី ។
ទាវថានរណាបានប្ដេជ្ញា កោតតែវាចាហ៊ានស្រដី
ចូរអ្នកវិលទៅលំនៅខ្មី កុំនៅធ្វើអ្វីឃើញពុំជា ។
ទុំថានរណាគេនឹងឆោត វិលទៅវិញសោតឲ្យឃ្លាតឃ្លា
នៅទាល់តែបានកែវពុំងា មួលមួយផងគ្នាមិនបែកបង់ ។
ខ្លួនប្អូនសព្វថ្ងៃប្រៀបដូចផ្កា ឯអ្នកឧបមាដូចកន្លង់
ហើររកឃើញផ្កាចូលត្រឹមត្រង់ រួចមិនបង្អង់គ្រាចលីលា ។

ខ្ញុំថា ខ្លួនបងដូចរាជសីហ៍ ខ្លួននាងទាវស្រីដូចគុហា

រាជសីហ៍បើបានលំនៅជា មិនឱ្យឃ្លាតឃ្លាគុហាឡើយ ។

ទាវថា ខ្លួនប្អូនដូចកំពង់ ខ្លួនអ្នកឆោមយង់ដូចទូកហើយ

ចាប់ចតអាស្រ័យអ្នកថ្លៃអើយ ចេញទៅកន្ត្រើយមិននឹកនា ។

ខ្ញុំថា ឱបងដូចត្រីធំ ខ្លួនទាវក្រមុំដូចគង្គា

ត្រីបានទឹកជ្រៅហែលទេរា កុំកែវពុំងាគិតសង្ស័យ ។

ទាវថា ខ្លួនប្អូនដូចព្រឹក្សា អ្នកដូចសារិកាទំសព្វថ្ងៃ

ចតជាត្រនំទំអាស្រ័យ ហើយហើរប្រៀវប្រែទៅទីទៃ ។

ខ្ញុំថា ខ្លួនបងប្រៀបដូចខ្លា ខ្លួនកែវកនិដ្ឋាប្រៀបដូចព្រៃ

ធម្មតាសត្វខ្លាមិនវិលវៃ ចៀសចេញចោលព្រៃណា៎ ថ្លៃបង ។

ខ្លួនប្អូនដូចឈើជាបង្គង ខ្លួនអ្នកប្រុសឈ្មុងដូចឃ្មុំផង

មកទំផ្ញើផ្សំ ហើរជាម្តង ឈើសោតសៅហ្មងអសារទេនៅ ។

ខ្ញុំថា ខ្លួនបងដូចដំរី ខ្លួនប្អូនស្រស់ស្រីដូចអំពៅ

ដំរីបានផ្អែមមិនផែលទៅ ឆ្ងាយពីអំពៅណា៎ អូនណា៎ ។

ទាវថា ឱះឱអ្នកថ្លៃអើយ នរណាដោយហើយកុំសង្កា

ពាក្យប្រុសភូតព្រាងអាងប្រាជ្ញា កុំណា៎ ខ្ញុំថា កុំសង្ស័យ ។

ទាវមានទេវាហារប្រាជ្ញាដោះ ខ្ញុំគ្មានខ្លាចសោះចូលចាប់ដៃ

ថើបថែថា នែអ្នកមាសថ្លៃ នៅតែសង្ស័យមិនជឿចិត្ត ។

ទាវខឹងក្រញ៉ឹងឥតកោតក្រែង ចាប់ដៃកំហែងគ្មានអាណិត

នឹកទៅគួរក្អាញ់ម្នេញមិនស្និត កោតចិត្តហៅហ៊ានរុករានព្រៃ ។

ហ៊ានមកថើបថ្ពាល់ពាល់ដល់ដោះ ចិត្តគ្មានក្រែងសោះមិនខបថៃ

ខ្ញុំថា បើខុសសុំឱ្យថ្លៃ ស្រឡាញ់យូរថ្ងៃឥតឧបមា ។

នាងនោះភីសៀងដឹងសេចក្តី ចរចុះចេញខ្មីមិនមានថា

ក្រែងទាវអន់អៀនក្នុងកាយា ចិន្តាទាវព្រមល្មមបេតី ។

ទុំឱ្យបបីបមថ្នមប្រឡែង   ទាំងពីរឥតក្រែងរួមមេត្រី
នៅក្នុងគ្រឹស្ថានកក្សាន្តដូចក្តី   ស្រស់ស្រីស្រួលស្រើបដោយតណ្ហា ៗ
ទាវស្រួលទទួលព្រមចូលជិត   ទុំសោតស្នេហ៍ស្និទ្ធថើបភ័ក្ត្រា
ទាំងពីរហ៊ានស្បថប្រាកដថា   ខ្វាក់ស្លាបូរន្ធា រួចទាវឆ្លើយ ៗ
អ្នកថ្លៃប្អូនអើយក្រែងអ្នកបង   បានរួមស្នេហ៍ស្នងនៅកៀកកើយ
ចេញចាកចោលប្អូនទេដឹងអើយ   អ្នកអើយអាសូរចិត្តប្អូនរ៉ា ៗ
ទុំថើបល្បួងលោមថ្លៃនួនល្អង   ថាឱ្យមាសបងដួងជីវា
បងមិនដោះទិដចោលកនិដ្ឋា   បងផ្ញើអាត្មាអស់ជន្មជីព ៗ
ត្បិតប្អូនមានគុណប្រៀបដូចភ្នំ   សុមេរុធារធំសង្កត់ទ្វីប
ខ្លួនបងធៀបដូចកលសូត្រគីព   ជន្មជីពផ្ញើលើព្រះរាមា ៗ
ទាវថាខ្លួនប្អូនដូចតារា   ប្រុសថ្លៃស្នេហាដូចចន្ទ្រា
តារារះរាយលើមេឃា   អមអង្គចន្ទ្រាមិនមានឃ្លាត ៗ
បងអើយយប់ហើយចូលសយនា   ស្និទ្ធស្នាលស្នេហាលុះអធ្រាត្រ
ទុំសុំប្រាថ្នាជួបសព្វជាតិ   ពុំឃ្លាតពុំឃ្លៀងវៀងឥតទៅ ៗ

  ថ្លាថ្លែងពីនាងម្តាយទាវមិញ   មកពីបុណ្យវិញដល់លំនៅ
ទាវសោតបានដឹងដំណឹងកូវ   ឱ្យទុំចេញក្រៅរួសជាម្តង ៗ
ពាក្យពេចន៍បានមត់នឹងនោគ្រប់   ទាវនៅក្នុងម្លប់ឥតមានហ្មង
ម្តាយទាវមកដល់ផ្ទះដូចប៉ង   ខ្ញុំប្រុសស្រីផងចូលមកដល់ ៗ
ម្តាយទាវឃើញទុំទៅសួរថា   អ្នកមកពីណាគួរពិភាល់
ទុំថាខ្ញុំមកពីឆ្ងាយសល់   ទើបដល់វេលានាថ្ងៃមិញ ៗ
ម្តាយទាវសួរទុំចង់ដឹងដាន   ថានៅប៉ុន្មានថ្ងៃវិលវិញ
ទុំថាខ្ញុំមកដើររកទិញ   ទនិញគោសេះស្លេះរំខាន ៗ
ត្បិតមកពីឆ្ងាយគ្នាពីរនាក់   ឱ្យនៅសំណាក់ក្នុងគ្រឹស្ថាន
ផ្ទះគេចំណាំធ្លាប់រាប់អាន   ពីដើមខ្ញុំបានសូត្រឱ្យស្តាប់ ៗ

ម្តាយទាវដឹងដាក់ហាក់ដូចស្រួល ទទួលឱ្យទៅហើយប្រាយប្រាប់
អ្នកកូនទៅចុះទោះយូរឆាប់ ទំនួលទុំស្រាប់អរឥតក្រែង ៗ
ម្តាយទាវសោតរៀបកន្ទេលខ្នើយ បម្រុងឱ្យហើយរួចចារចែង
អ្នកកូនដេកទៅទីកន្លែង យើងតែងរៀបទុកឱ្យអ្នកថ្លៃ ៗ
កាលនោះឯទុំនោមពិសី នៅនឹងទាវស្រីរួមភិសម័យ
តាមដោយចិត្តគាប់បទអាល័យ យូរថ្ងៃមិនឱ្យគេដឹងដាន ៗ
ទុំភ្លេចភូមិស្រុកមិននឹកនា ពេជ្របុប្ផពុំងាជាពីរប្រាណ
ឥតមានទុច្ចរិតរឹតរំខាន សុខទុក្ខស្ម័គ្រស្មានតែពីរនាក់ ៗ
គ្រាក្រោយថ្លាថ្លែងពីម៉ឺនងួន កូនលោកអរដូនមានមាសប្រាក់
យកមកផ្គាប់ផ្គុនទាវទេវលក្ខណ៍ ប្រមាណទាវស្ម័គ្រស្មោះនឹងខ្លួន ៗ
មិនដឹងកលកិច្ចគេឧបាយ ទាវមានសាហាយទេម៉ឺនងួន
សរសើរគេថារំហប្អូនស្ងួន នាងនួនល្អដាច់លើផែនដី ៗ
ប្រសិនស្ងួនព្រមល្មមចិន្តា បងថ្នមកនិដ្ឋារួមមេត្រី
មិនឱ្យមានមួយជាពីរបី បងថ្នមប្អូនស្រីកែវចរណៃ ៗ
ម៉ឺនងួនទៅមកមិនហ៊ានខាន ម្តាយទាវរាប់អានស្រឡាញ់ក្រៃ
នាងទាវមិនស្និតឥតសង្ស័យ ទាវថប់វិស័យពុំស្រដី ៗ
រីឯដំណើរអំបាលនេះ នឹងបញ្ច្រាប់ស្លេះទុកសិនខ្មី
ថ្លាថ្លែងពីអង្គព្រះចក្រី ស្តេចគង់បុរីរដ្ឋរាជស្ថាន ៗ
ស្តេចគង់នគរកម្ពុជា ព្រះនាមរាមាឫទ្ធិថ្កើងថ្កាន
អស់រាស្ត្រប្រជាសឹងសុខសាន្ត រាជស្ថានស្តេចគង់បន្ទាយលង្វែក ៗ
មានរាំងដំណាក់ប្រាង្គប្រាសាទ ប្រសើរស្អាងស្អាតខ្ពស់អនេក
រោងរ័ត្នរោងរាំរបាំឯក ល្អប្លែកបីដូចស្ថានសួគ៌ា ៗ
ស្តេចមានអាយ៌អគ្គមហេសី រូបឆោមប្រិមប្រិយល្អសោភា
គ្រប់លក្ខណ៍ល្វាសល្វន់ឥតគណនា មិនមានទោសាព្យាធិអ្វី ៗ

ជុំញាតិវង្សាពង្សាវតារ　　អស់ទាំងសេនាមុខមន្ត្រី
ជាទីសម្រាប់បុណ្យបារមី　　គាល់អង្គចក្រីស្តេចរាមា ។
មានទោងនាងរាជយានអស្សតរ　　រាជរថបវរគជេន្ទ្រា
មានទីគ្រឿងល្បែងឥតគណនា　　សឹងនាំទ្រព្យាជាផង្ហាយ ។
កាលនោះល្បីឈ្មោះបណ្ឌិតទុំ　　នៅខេត្តត្បូងឃ្មុំប្រុះប្រាជ្ញប្រាយ
ចេះច្រៀងឆ្លាស់រឿងសុសសព្ទសាយ　　ក្នុងដែនដីភាយប្រៀបពុំបាន ។
មួយទៀតមានឈ្មោះបណ្ឌិតពេជ្រ　　ជាស្រេចចេះភ្លេងល្បែងប៉ុន្មាន
ឮល្បីឈ្មោះអ្នកទាំងពីរប្រាណ　　ក្សត្រក្សាន្តទ្រង់មានរាជបញ្ជា ។
ស្តេចត្រាស់បង្គាប់ឱ្យទៅយក　　ទុំនិងពេជ្រមកថ្វាយក្សត្រា
ចាត់រាជបំរើតាមរាជការ　　ដោយព្រះចិន្តាទ្រង់ប្រញាប់ ។
បំរើឱនអង្គផ្ចង់កាមា　　ទទួលឱង្ការលាត្រឡប់
ខំប្រូតរូតដល់កំពង់ឆាប់　　ដល់អរជូនស្តាប់ព្រះវាចា ។
អរជូនទទួលទុកសិរសី　　ចាត់បំរើខ្មីចរយាត្រា
ទៅយកពេជ្រទុំឱ្យរួសរ៉ា　　ដូចបន្ទូលថាទ្រង់បង្គាប់ ។
យកទុំនិងពេជ្របានមកដល់　　ឡើងគាល់អរជូនឱនគំនាប់
អរជូនប្រាប់ថាក្សត្រាសព្វ　　បង្គាប់បញ្ជូនខ្លួនទៅថ្វាយ ។
ពេជ្រទុំបង្គំឥតប្រកែក　　ថាទៅថ្ងៃស្អែកទិះខ្វល់ខ្វាយ
រករៀបប្រដាប់សម្រាប់កាយ　　ចៅហ្វាយមេត្តាត្រាប្រណី ។
បំរើពីព្ធងថាអាណិត　　យើងនេះតាមចិត្តឥតថាអ្វី
ប៉ុន្តែអ្នករួសឱ្យឆាប់ខ្មី　　ត្បិតព្រះចក្រីត្រាស់បង្គាប់ ។
គ្រានោះបណ្ឌិតទុំនិងពេជ្រ　　សឹងច្បាស់រឿងស្រេចវិលលីលាប់
លាកលាអរជូនវិលត្រឡប់　　ថ្លែងសព្វដំណើរប្រាប់ទាវស្រី ។
ទាវអើយត្បិតមានព្រះតម្រាស់　　ប្រាកដជាក់ច្បាស់ពីចក្រី
ឱ្យយកខ្លួនបងទៅឆាប់ខ្មី　　បងសូមលាស្រីថ្លៃឧត្តម ។

ទាវឆ្លើយថាឱ្យអ្នកថ្លៃអើយ ទុក្ខប្អូនឥតស្បើយនឹងក្រៀមក្រំ
ប្អូនទប់មិនបានក្សាន្តទ្រទ្រាំ ទុក្ខមាំក្នុងខ្លួនប្អូនមិនស្បើយ ៗ
ទុំថាឱ្យថ្លៃនឹមនួនល្អង សព្វថ្ងៃបានបងនៅកៀកកើយ
ពីនេះទៅស្អែកបែកគ្នាហើយ ទាវអើយប្អូននៅកុំទុក្ខា ៗ
ទាវថាឱ្យទុក្ខប្អូនខ្លាំងម្ល៉េះ មិនមានរបេះទៅត្រង់ណា
ប្អូនប្រាសប្រុសថ្លៃថ្លើមសង្សារ ទាវខំប្រវ៉ាទៀបផ្គូផ្គង ៗ
សំពត់ស្លាម្លូម្លូរបារី ទៀបដាក់ហិបថ្មីឱ្យទុំផង
រួចទាវផ្តែផ្តាំថាអ្នកបង ទៅហើយវិលផ្គងឆាប់រួសរ៉ា ៗ
វិលមកយកប្អូនណ៎ាអ្នកថ្លៃ ប្អូននៅក្រំក្រៀយបង់អសារ
ទុំថ្នមបីបមថើបភក្ត្រា ប្រវ៉ាឱបទាវកែវកល្យាណ ៗ
លង់លុះព្រឹកព្រាងស្វាងឡើងជាក់ តែងខ្លួនស្លៀកពាក់ចរចេញថ្កាន
បំរើពីហ្លួងក៏ស្មោះស្មាន បណ្ឌិតពីរប្រាណត្រាច់យាត្រា ៗ
ទុំគិតពិនិត្យជម្រាបទៅ ខ្ញុំនេះឥឡូវសុំមេត្តា
ជូនទៅបាភ្នុំសួរមាតា នូវគ្រូអាចារ្យមាមីងផង ៗ
បំរើស្ដាប់ហើយមិនមានខាន ថាជូនទៅបានដូចបំណង
ឱ្យបានលាម្ដាយនូវទៀមច្បង ចរចេញត្រសងមិនសង្ស័យ ៗ
រួចដើរកាត់ព្រៃខេត្តត្បូងឃ្មុំ ស្ដាប់សត្វយាលយំទំអាស្រ័យ
ឈ្មោលញីទាំងពីរយំប្រៀបនឹងប្រែ ស្រទឹមដូចទាវនៅថែបនិត្យ ៗ
ទុំថាឱ្យទាវនឹមនួនល្អង ថ្ងៃនេះអញបងឃ្លាឃ្លាតពិត
មិនបានរួមស្ថានដួងជីវិត ម្ល៉េះសមនោមស្និទ្ធនៅកំព្រា ៗ
ដើរហើយពុំស្បើយនឹងចង្អៀត ខំឆ្លៀតរំពៃក្នុងអធ្វា
ទុំរាប់ដើមឈើផងនានា ដុះខាងមាត់ជាជួរជ្រៃ ៗ
មើលមាននៃជ្រជ្រែសក្កថ្ងាន់ ត្រៀលត្រស់ក្រវាន់គុយស្រគំ
ស្រឡីស្រឡៅក្រចៅក្តម្ព ទ្រនំអាអូងចង្អូរត្នោត ៗ

ផ្កាទ្រយឹងខ្ទឹងក្រសាំង   អំពិលភ្លូងភ្លាំងទាំងភ្លូត
គូលែនទុំទេនមៀនសាំងសាត   មាក់ច្បាតបង្គោទន្ទោចាន់ចារ ៗ
ត្របែកត្រសេកអំបែងថ្ងៃ   អង្គ្រងស្មាច់ស្មែរទាគរកា
ក្រូចក្រាយស្វាតស្វាយត្រាចទ្រៀលស្វា   សេដាសណ្តាន់ថ្វាន់ជ្រែដជ្រែដ ៗ
មានទាំងដកពោយវាយដកព   សង្ឃ័រពង្រទាក់ទាំងស្មី
ភ្នំភ្នែងផ្នែស្រែងលោតសាំងទែង   សន្ទិក្រខុបងប់ក្រឡាញ់ ៗ
ប្រមាយបុស្សនាតប្រទែកងទួយ   ប្រផេញគោមួយឈើទាលត្រាញ់
រាជឆ្លីលផ្ទេញត្រីទិវអញ្ញាញ   អង្កាញ់អង្កាលកណ្តោលច្បាត ៗ
ត្រាចត្រៀកចង្រៀកប្រេសខ្ទឹងក្តម្ព   គគីរទាំងភ្នំបេងច្បាយម៉ាត
ស្តុកស្តុរស្តីស្តៅត្រាវក្តួចក្តាត   សាំងសាតសត្វារកាស្រស់ ៗ
ទុំដើរក្នុងព្រៃទំពែសត្វ   ស្រងូតស្រងាត់ក្នុងចិត្តសល់
វិតក្កក្នុងកាយគិតខ្វាយខ្វល់   នឹកដល់ទាវស្រីមិនមានស្បើយ ៗ
ទុំមៀងមើលយល់ផលបុប្ផ   ហើយសរសើរថាឱ្យផ្កាអើយ
ផ្កាផុះនៅនិត្យជិតបង្ហើយ   ពីដោរមកហើយក្លិនថ្មីៗ ៗ
ពិដោរផលាផ្កាកភ្លឹង   ដូចបងនែបនឹងទាវពិសី
ពិដោរបុប្ផាចប៉ី   ដូចបងនែបស្រីទាវឥតហ្មង ៗ
ចម្ប៉ាចំពើបទើបជួបគ្នា   ឥឡូវឃ្លាតឃ្លាទាវនួនល្អង
រំដួលអន់អួលពេកកន្លង   ចិត្តបងអាល័យថ្ងៃកនិដ្ឋា ៗ
ឱបងពិដោរផ្កាក្រវាន់   ដូចក្លិនទាវស្ងាន់ជិតកាយា
ពិដោរក្លិនថ្មីដូចក្លិនផ្កា   ដាប់នៅជាយផាហ៊ុមក្រវាត់ ៗ
ដើរដោយវាលវែងត្រែងដុះត្រា   ទន់ទាបសុរិយាយាត្រាកាត់
មៀងមើលមេឃមីរពពកសាត់   ដូចកលបងខ្វាត់ពីទាវមក ៗ
កន្លង់ក្រទ្បឹងផ្កាក្រឡាញ់   ដូចខ្លួនអង្គអញត្រាច់ដើរទក
ពពេចពពូលហើរចូលជ្រក   ដូចអង្គអញមកនៅរួមកាយ ៗ

គ្រលីងគ្រលោងគ្រលែងខេក   ក្រឡះហើរបែកគូហ្វូងហ្វាយ
ដូចបងបែកទាវថ្លៃឆោមឆាយ   មកដល់ថានអាយអង្គងកា ៗ
ឱបងស្រណោះសត្វតាវ៉ៅ   យំក្នុងព្រៃជ្រៅសព្វភាសា
ហាក់មាត់ទាវស្ងួនខ្លួនកនិដ្ឋា   ចរចាសាសងបងស្រទីម ៗ
ត្រយងយំឆ្លើយឆ្លងគូវា   ហើរហើយបែកគ្នាទៅប្រៀវព្រៃ
ដូចខ្លួនអង្គអញបែកទាវថ្លៃ   យូរថ្ងៃពុំសុខទុក្ខឥតស្បើយ ៗ
បងស្ដាប់សូរស័ព្ទរៃរកណ្ដឹង   មាន់ព្រៃប្រែប្រឹងរងាវឆ្លើយ
បងនឹករលឹកទាវទៀតហើយ   ទាវអើយសម្ងួនខ្លួនកំព្រា ៗ
ដើរដោយព្រៃជ្រងរំលងជ្រៅ   ទទាហើរទៅទទឹមគ្នា
ត្រសិតត្រសងហើររេរា   សេកនាំគូវាសសៀរទំ ៗ
សារិកាស្រែករកគូសប្បាយ   ហើរឆ្វាយនាំញីស៊ីស្រគំ
សព្វសត្វប្រចវាត់ក្នុងព្រៃភ្នំ   យាសយំឆ្លើយឆ្លងសងស្រទីម ៗ
ថ្លាថ្លែងសំដែងទុំនិងពេជ្រ   ខំស្រូតដើរត្រាច់ទាំងយប់ថ្ងៃ
បានដល់ភូមិស្រុកទុក្ខអាល័យ   ជួបម្ដាយប្រស្រ័យសួរទៅមក ៗ
ទុំបានសាស័ព្ទប្រាប់ម្ដាយថា   ខ្ញុំកូនមានការស្ដេចឲ្យយក
ខ្លួនខ្ញុំនិងពេជ្រប្អូនពន្លក   ទ្រង់ភ្នកហឫទ័យល្បីទៅដល់ ៗ
ជាអ្នកចម្រៀងល្បែងល្បើកល្បាយ   ហេតុនេះលោកម្ដាយសុំតម្កល់
កុំអាក់កុំអន់កុំឲ្យសល់   ស្ដេចស្គាល់ក្រមានក្នុងស្ថានអាយ ៗ
នាងម្ដាយទុំស្ដាប់សព្ទសំដី   កូនប្រាប់គប្បីអ្នកមាសម្ដាយ
បើកូនអ្នកទៅប្រយ័ត្នកាយ   ចូរថ្វាយខ្លួនអ្នកឲ្យជាក់ស្ដែង ៗ
កុំបាធ្វេធ្វេសប្រហែសខ្លួន   កុំឃើញស្រីយួនពួនប្រឡែង
ប្រយ័ត្នកំចាត់នៅខាងល្បែង   ខំស្វែងខំស្វះលះពីអាយ ៗ
ទុំក្រាបប្រណិប័តិហត្ថសំពះ   លាម្ដាយរហ័សទាំងពីរកាយ
ដើរទៅដល់វត្តប្រាកដថ្វាយ   បង្គំរ៉ាប់រ៉ាយដំណើរប្រាណ ៗ

ទ៏នអង្គក្រញាក្រាបទាំងពីរនាក់ លោកគ្រូស្មោះស្ម័គ្រព្រះទ័យក្សាន្ត
មានពុទ្ធដីកាសួរចង់ដឹងដាន ទុំសោតទូលថ្កានមិនមានស្បៀង ៗ
ទូលថាស្ដេចចាត់បំរើមក ដល់ហើយរើសយកអ្នកចំរៀង
ទៅគាល់បំរើជាភីលៀង គ្រូផ្ទៀងស្ដាប់ជាក់ភ្ញាក់ស្មារតី ៗ
ពុទ្ធដីកាថាអើបំរើក្សត្រ យប់ថ្ងៃប្រយ័ត្នខ្លួនកុំបី
កុំបាចូលចិត្តស្និទ្ធនឹងស្រី ខ្លាចអង្គចក្រីយកទោសា ៗ
បានចូលគាល់ក្សត្រប្រយ័ត្នប្រាណ ដំណេកទីស្ថានអង្គក្សត្រា
កុំចូលពេលល្ងាចប្រយ័ត្នការណ៍ គាល់អង្គក្សត្រាព្រះបពិត្រ ៗ
កុំបាប្រហូតព្រះចេស្ដា ខ្លាចបារមីតាព្រះទ្រង់រិទ្ធិ
ព្រះអគ្គមហេសីកុំទៅជិត នឹងបង់ជីវិតពីព្រោះស្រី ៗ
ពេជ្រទុំប្រណម្យស្ដាប់ពុទ្ធដីកា ក្រញាក្រាបហត្ថាដាក់សិរសី
បង្គំលាគ្រូចរចុះដី ចេញចាកឃ្លាតខ្មីចាំពុទ្ធដីកា ៗ
បំរើពីហ្លួងទាំងពួងនាំ ទុំពេជ្រទៀបចំចរយាត្រា
ដើរដល់កំពង់រង់ត្រិតថា ដោយនៅអាផ្សារួសឆាប់ទីវ ៗ
ចុះទូកចែវតាមទឹកទន្លេ ទុំគិតគ្នាន់គ្នេររិះរំពៃ
លង់លុះសុរិយាទៀបបាំងព្រៃ ទុំនឹកសន្ធៃអន់អួលផ្សា ៗ
ដំណើរទុំទុកស្លេះបង្អង់ ថ្លែងទៅទាវផ្ចង់ប្រុងអាត្មា
តាំងពីទុំឃ្លាតឃ្លាកាលណា ទាវកើតទុក្ខាពុំមានក្សាន្ត ៗ
ចណីបាយទឹកមិនដឹកនា សាច់ជ្រូកមាន់ទាពោរពេញចាន
សល់នៅក្រៀមផ្អុសស៊ីមិនបាន រំខានវិយោគសោយសោកា ៗ
ទាវថាន៏ះន៏ប្រុសខ្លីមចិត្ត ប្អូនថ្លាប់ស្មាលស្និទ្ធរួមស្នេហា
ឥឡូវឃ្លាឃ្លាតទៀមភស្ដា ចិន្ដាប្អូនទ្រាំក្រមិនស្បើយ ៗ
នាងនោលួងលោមយាត់ទាវថា កុំសោយសោកាណ៌ក ថ្លៃអើយ
យូរឆាប់គង់ជួបពុំលែងទេឡើយ ទាវអើយបងយាត់អត់កំសាន្ត ៗ

ទាវស្ដាប់នោ ប្រាប់សព្វសេចក្ដី   រសាយទុក្ខខ្មីគ្រាន់ស្រាកស្រាន្ត
នោនាំទាវស្រីចរចូលឋាន   សម្រាន្តលង់លក់លើសយនា ។
ដំណើរទាវទុកបង្អង់នៅ   និយាយតទៅទុំទុក្ខា
ចែវទូកស្រូតរូតតាមគង្គា   មៀងមើលមច្ឆាហែលរហង់ ។
រ៉ស់ឆ្កាកាហោរាជរាហូ   ព្រួលប្រាទីពោព្រុយកន្លង់
ដ៏រីក្អិតក្អិឫសស្ទិច -   ង្វាភ្លៀងរហង់រហ៊ីសហែល ។
សណ្ដាយក្រុសក្រាយឆ្អិនប្រចែកង   ផ្ទក់ក្រពាំអណ្ដែងច្រើនក្រាស់ក្រែល
សរសៃក្រពតផ្សោតប្រែបល   ផុសផែលផុលផុងក្នុងគង្គា ។
ឆ្លូញស្លាតសង្វាតសៀវសៀតក្បែរ   ប្រចែកងកែសកែក្រឹតក្រជា
ប្លូម៉ាប្លូម៉ូចូលរេរា   រូងរាមនាំគ្នាហែលត្រសង ។
ព្រលិតដុះជិតដើមត្រកៀត   ត្រកួនដុះបៀតដូចអង្គបង
ត្រកៀតដុះបៀតដូចខ្លួនល្អង   ត្រកួនដូចបងត្រកងបី ។
ព្រលូងពាំផ្កាព្រលិតលង   ទំនងដូចបងប្រឡងស្រី
ឥឡូវនិរាសប្រាសចេញខ្មី   ម្លឹះហើយសម្បីទន្ទឹងផ្លូវ ។
    យើងនឹងថ្លែងស្រូតរូតសាសព្ទ   មិនមានទៀបរាប់ផ្គាប់តម្រូវ
ថ្លែងកាលចែវទូកលឿនដល់ទៅ   ចាប់ចតឈប់ទៅកំពង់ហ្លួង ។
ឡើងដើរមៀងមើលអស់ទិនិញ   អង្គុយលក់ទិញហូលផាមួង
គ្រប់សាសន៍គ្រប់សែខ្មែរទាំងពួង   រួចមុខក្រសួងនាំរួសរៃ ។
ទៅដល់ដើងវាំងអង្គក្សត្រា   បំរើនាំសារថ្វាយចក្រី
នាំទុំនិងពេជ្រស្រេចឥតបី   ដល់ក្សត្រនរបតីអង្គឥស្សរា ។

(សោម (ព្រះបទុមត្ថេរ), រឿងទុំទាវ, ទំព័រ ៥២ - ៦៦)

ទុំទាវ

Introductory Note

ទុំទាវ Tum-Teav, Cambodia's best-known epic romance

សន្ធរ-ម៉ុក Santhor-Mok, usually considered to be the author of Tum-Teav

រាមាជើងព្រៃ Rama Cheungprey, a 16th-century Cambodian king at Lovek

នេន /neen/ novice, title for a novice

ស្រួយស្រិប crisp, well-articulated, sharp

សូត្រ to chant, sing (religious texts)

ចែលបទាយ to extemporize appealingly and provocatively

ខ្ចរខ្ចាយ to spread

យុវនារី /yuwwəniərii/ young lady (Eleg)

មានចិត្តប្រតិព័ទ្ធរវាងគ្នានឹងគ្នា to fall in love, be strongly attracted to each other

ដន្លាប់ small round case or compact made of wood or metal, used to carry ointments

មានផាបន្ទាល់---កុំយូរឡើយ [I] have a scarf and compact in [my belongings] as proof, [and you] wanted [me] to leave [the priesthood] as soon as possible.

ផាហ៊ុម scarf

អនុស្សាវរីយ៍ /qanuhsaawərii/ souvenir, remembrance

ជាទីបង្ហើយ finally

សិក្ខាបទ /səkkhaabɑt/ precepts (of the Buddha)

ចាកសិក្ខាបទ leave the priesthood

សត្វនឹងព្រៃព្រឹក្សា fauna and flora

Text

ក្រៃ extremely (usually in compounds)

នោ name of Teav's servant and confidante

សាស័ព្ទ to speak, say (Lit)

ជាមេត្រី politely, cordially

ត្បិត---កញ្ញា since Teav told you [to come and ask]

ពិភាល់ have misgivings, be puzzled, surprised, to wonder

សង្កា doubt, suspicion; be suspicious, doubtful

ឈ្នួត scarf

ព្រឺព្រួច feel a chill of emotion

ពុងពោះ (= ពោះពុង)

ក្រូវ empty poetic particle

កង្វល់ trouble, bother; to worry, be anxious

នាំកង្វល់ cause [someone] to worry

ទិផផល់ to be decisive or straightforward in one's actions

នរណាគេនឹងឆោត who would be that stupid?

ពុំងា Beautiful One, Darling, Beloved

មូលមួយផងគ្នា to unite, be united

បែកបង់ to separate, break apart

កន្លង់ a large black flying beetle, wood-borer

ត្រាច់ go, proceed, walk (Lit)

រាជសីហ៍ /riəccəsəy/ lion (Lit)

គុហា /kuhiə/ cave, lair

ឆោមយង់ handsome, comely

អ្នកថ្លៃ My Dear One

នឹកនា to miss, remember nostalgically

រេរា be reluctant, hang back, hang around, loiter

សារិកា blackbird

ព្រៀវព្រែច flutter, dart swiftly

វិលវិញ return (i.e. to whence he came)

បង្គង bee-limb

ល្អង handsome

ធ្វើផ្សាំ to nest, build a nest (of bees)

អុះអោ /qah-qao/ interjection: Oh! (Lit)

ដោយ to acquiesce, submit (to the attentions of a man)

នរណាដោយហើយ once a girl gives in

ព្រាង to probe, test (with words)

វោហារ /woohaa/ eloquence, wit

ក្រញឹង intensifier for /khəŋ/

ក្នាញ់ indignant, incensed, disgusted

ម្ញេញ to worry, be bothered

សព្វត care to, concerned with, take an interest in

រុករាន to invade, penetrate, disturb

ហោហ៊ានរុករានទំព្រ really bold, daring, presumptuous (of a couple in love)

ខបរិច considerate (?; Thai: grateful)

ទុំថា --- ឥតឧបមា Tum said, 'If I'm wrong, please love me forever'. (The use of non-sequitur is a common device of Cambodian humor; rather than apologizing, Tum makes an even bolder statement.)

ភីលៀង servant (Roy)

អន់អៀន shy, bashful, embarrassed

កាយា (= កាយ, i.e. ខ្លួន)

ប្រចែចង to tease, pick at playfully

រួមមេត្រី to share each other's life (of a couple in love)

ក្សាន្ត /ksaan/ peaceful, tranquil

កុដិ monastery, monk's quarters

ស្រស់ស្រី (= ស្រីស្រស់)

ស្រើប sexually aroused, excited

ខ្ជាក់ស្លាប្ដូរគ្នា exchange chews of betel (a traditional way of pledging eternal love)

រួមស្នេហ៍ស្នង become lovers, have sexual relations

កៀក to hold, embrace with one arm

កៀកកើយ embrace intimately

ជីវ៉ា (= ជីវិត) /ciiwaa/ life

ដួងជីវ៉ា Love of My Life

ដោះដៃ back out, abandon a commitment

ជន្មជីព (= ជីពជន្ម) life

បង ---ជីព I'll be yours for life (I'll entrust myself [to you] all [my] life)

ធារធំ (=ធំធារ) huge, immense

ដូចកល /douc-kαl/ just as

សុគ្រីព (= សុគ្រីព) Sugrîva, a monkey king

ព្រះរាមា (= ព្រះរាម) Râma, hero of the Râmâyana

តារា /daaraa/ star (Lit)

ចន្ទ្រា /cantriə/ moon (Lit)

អម to flank, accompany, surround

អង្គចន្ទ្រា the moon

សយនា /sayyαnnaa/ sleeping place (Lit)

ជួបសព្វជាតិ be reunited in every reincarnation

ឃ្លាតឃ្លៀង be separated from (although the second element doesn't occur alone, the compound can be separated for poetic reasons)

ថ្លាថ្លែង to say, speak (Lit)

មត់ agree beforehand, prearrange

ហ្មង trouble, blemish, disgrace, compromise

ប៉ង to expect, intend, assume

ថ្ងៃមិញ earlier today, previous part of the day

ដឹងដាន know the facts, know the story

ស្លេះរំខាន for a change, as a change

of routine, take a rest

ចំណាំ used to, accustomed to

ហាក់ដូចស្រួល become pleasant, act agreeable

ប្រាយប្រាប់ to tell

ទំនួលទុំស្រាប់ [having worked out] to Tum's gratification

ចាររឹបង say (Lit)

ភិសម័យ /phihsəmay/ love, affection

តាប់បទអាល័យ in satisfaction of [their] desires, to [their] hearts' content

ទេពជប្អូនពុំងាជាពីរប្រាណ [Tum and] his beloved younger friend Pech became two separate entities (i.e. were no longer as one)

ឥត--- ទោរាន no troubles bothered [them]

សុខទុក្ខ good [luck] and bad, happiness and sorrow; fate

ស្ម័គ្រស្មាន willingly, voluntarily

សុខទុក្ខ--- ពីរនាក់ willing [to accept] whatever happens

ម៉ឺន title of nobility

ងួន son of the governor of Tbong Khmum

អរជូន title of the governor of Tbong Khmum

ផ្គាប់ផ្គុន to please, indulge the wishes of, cater to, curry favor with

ស្ម័គ្រស្មោះ to love, accept, be amenable to loving

កលកិច្ច (= កិច្ចកល) trick, ruse, strategy

ឧបាយ (= ធ្វើឧបាយ)

ផាច់ extremely, incomparably, above all others

ល្មមចិត្ត acceptable, agreeable

មិនទៀ--- ពីរបី [I] won't have two or three [wives]

ថប់ pent up, frustrated

វិស័យ feeling, mind, mood, heart

អង្គព្រះចក្រី the king

បុរីរដ្ឋរាជធានី /borəy-roŏt-riəccəthaan/ royal capital

ស្ដេច--- កម្ពុជា the ruling king of Cambodia

រាមារិទ្ធិ /riəmiərit/ Ramariddhi (according to Cambodian Chronicles, he was king of Cambodia from 1566 to 1576; these dates coincide with those given by Hall for Barom Racha)

រុងថ្កាន great, illustrious glorious

លង្វែក Lovek, capital of Cambodia 16th to 19th centuries

ប្រាង្គ prang, stupa, tapering monument

សួគ៌ា (= សួគ៌) /suəkiə/ heaven

អាឃ៌ /qaakheə̆q/ valuable, precious

ល្វាឈ្វន់ graceful, willowy, supple

គណនា /kunnəniə/ to estimate, calculate

ទរាគា (= ទរាគ)

ព្យាធិ /pyiəthiq/ disease

ពង្សាវតារ chronicles, genealogy (here: family)

អស្សតរ /qahsdαα/ horse (Lit)

គជេន្ទ្រា /kucceentriə/ elephant (lit: Indra's elephant)

សឹង empty literary particle

ប្រុះ to sparkle, shine, glitter

ប្រាជ្ញប្រាយ intelligent, witty

ឆ្លាស់ to alternate

ឆ្លាស់រឿង to alternate topics, be verbally nimble

សុសសព្វសាយ all over, everywhere

ជាស្រេច thorough, accomplished

ក្សត្រា (= ក្សត្រ)

ចាត់ to employ, deploy, assign

រាជបំរើ royal servants (i.e. any official under the monarchy)

តាមរាជការ officially

ផ្គាប់ to satisfy, fulfill, gratify

ផ្គាប់កាមា fulfill [the king's] wishes

សិរសី /seirəsəy/ head (Roy)

ទុកសិរសី take seriously, take to heart

បន្ទូល speech, words (of the king)

គំនាប់ to salute, greet

សព្វ pleased (to), would like (to)

ថា if, given the fact that, since

រិះ to worry, ponder

ខ្វល់ខ្វាយ be concerned, worried, in a dither

ចៅហ្វាយ --- ប្រណី would you (Master) please excuse [us]

យើង --- អី as far as we're concerned it's alright

វិល (=វិលវល់) confused, dazed

លីលាប់ confused, in a daze, muddle-headed

រឹង increasingly

ប្អូន --- ទ្រាំ (មិនបាន in this phrase does triple duty for three different verbs: /tup mɨn baan/'unable to keep from', /mɨn baan ksaan/ 'have no peace', and /trɔɔ troǝm mɨn baan/'unable to stand [it]')

ទឹមខ្លួនល្អង fair, beautiful (of complexion)

ទុក្ខា (=ទុក្ខ)

ប្រវា to grab at, grasp, flail (here: hurriedly gather up)

ផ្គូផ្គង to provision thoughtfully, to solicitously provide with necessities

ផ្ដើផ្ដាំ (=ផ្ដាំ)

ផ្គង to devise a plan, figure a way to

បង់អសារ (=អសារបង់) uselessly, futilely

ព្រឹកព្រាង (=ព្រឹក)

ស្វាង cleared up (of weather or drowsiness)

ចេញថ្កាន (=ចេញទៅ)

ស្មោះស្មាន ready, willing, agreeable (to)

ច្បង eldest

រៀមច្បង eldest brother

ត្រសង strolling along leisurely in a group

យាល to cry, call (of a bird)

ច្រៀវច្រវែ noisy, chattering

ស្រមៃ to recall to mind, visualize a previous experience

ជិតបង្កិត close, intimate

ល្លាល្លាត (=ល្លាតល្លា)

រួមស្ពានដួងជីវិត to be together, live together (of lovers)

ឆោមស្ងួន [My] Beloved One

អដ្ធា forest, woods (Lit)

ជ្រឹ grove, cluster; to cluster, group(?)

[Note: Many of the names of flora and fauna which follow have no equivalents in English; thus they are simply identified as tree, plant, bird, or fish, with other information added when possible.]

ជ្រៃ a kind of banian tree

ជ្រែ a kind of palm tree

ថ្វាន់ a kind of tree with edible leaves

ត្រៀល a kind of vine

ត្រស់ a kind of plant

ក្រវាន់ a kind of flowering tree

គុយ a vine with edible fruit

ស្រគំ a tree with edible fruit (cockscomb?)

ស្រទ្វី a kind of tree

ស្រឡៅ a hardwood tree

ក្រញៀ a kind of large tree

ក្ទម្ព tree of paradise

ទ្រនំអាអូត cock-perch tree

ចង្អូរត្នាត a kind of tree

ផេង្កា a kind of tree

ទ្រយឹង a kind of tree

ខ្ទឹង a resinous tree

ក្រសាំង a thorny tree with sour fruit

អំពិល tamarind tree

ភ្លូង a kind of redwood tree

ភ្លាំង a kind of tree

ភ្លូបាត a tree with edible fruit

គូលែន litchi (leechee) tree

ទុរេន durian tree

មៀន a kind of small litchi

លាំងសាត a kind of tree with edible fruit

មាក់ប្ញាត a kind of tree with edible fruit

បង្គៅ a kind of litchi

ញៅ a kind of tree whose fruit is used for glue

ចាន់ sandalwood tree

ចារ a kind of tree

ត្របែក guava tree

ត្រលេក a kind of tree

អំបែងថ្ងៃ a kind of tree

អង្រ្គង a vine-like tree

ស្មាច់ a tree whose resin is used for torches

ស្មែ a tree whose roots attract sea-crabs

រោគ a vine-like tree used in curing hemorrhoids

រកា a thorny tree

ក្រាយ a kind of tree

ស្វាត a thorny vine

ត្រាច tree used for resin

ត្រៀវស្វា monkey-vine

សេផា (= សែផា) persimmon tree

ឈ្ដាន់ a tree with sour fruit used in cooking

ផកពាយ a kind of vine with edible fruit

ផកព a kind of tree

សង្ឃ័រ a thorny tree

ពង្រ a kind of tree with edible fruit

រាក់ a kind of small tree

រាំង small tree with edible leaves

ស្លី a kind of tree with edible leaves

ក្ទុំក្ទែង a small tree used for firewood

ឆ្កែស្រែង a kind of tree

លោត a kind of tree

លាំងថែជ a kind of tree

សទ្ទែ a kind of vine with sour fruit

ក្រខុប a large tree with edible fruit

ងប់ a kind of small tree

ក្រទ្យាញ់ a large tree with edible fruit

ច្រមាយ a kind of tree

បុស្បនាគ a large hardwood tree

ច្រកែងទួយ a kind of tree

ប្រផេញ a kind of fern

គោមួយ a kind of plant (lit: a cow)

ឈើទាលត្រាញ់ a kind of extremely tall tree

រាជឆ្លឹស a flowering tree, considered a royal tree

ធ្មេញត្រី a kind of small tree (lit: fish teeth)

រៃ a kind of tree (?)

អញ្ចាញ a plant with edible fruit
អង្កាញ់ a large tree with bitter fruit
អង្កោល a large thorny tree
កណ្ដោលហាត a kind of small plant
ត្រាច a kind of tall tree
ត្រៀក a kind of palm tree
ចង្រៀក a kind of tree
ច្រេស mimosa tree
គគីរ a kind of tall tree
រាំងភ្នំ a kind of tree
បេង a mahogany-like hardwood tree
ញយម៉ាត a kind of small tree with aromatic foliage
ស្ដុកស្ដៅ /sdok-sdao/ a kind of large tree
ស្ដី a kind of large tree
ស្ដៅ a tree with edible leaves
ក្ដួច manioc, cassava (from which tapioca is made)
ក្ដាត a tuber with edible stéms
សត្បា /sattəbaa/ a kind of tree
ស្រល់ pine tree, conifer
សល់ intensifier: very, extremely, intensely
ខ្វាយខ្វល់ (=ខ្វល់ខ្វាយ)
និត្យ close(ly)
ពិដោរ odor, aroma, fragrance; fragrant
ផលា (=ផល)
កំភ្លឹង amaryllis
ចំប៉ី frangipani
ចម្ប៉ា fragrant red or white flower
ចំពើប newly encountered, just met
រំដួល a flowering tree

អន់ to be disappointed, downcast
អួល to have something stuck in the throat, to choke
ស្បាន់ just, exactly, really, definitely
ដិត cling to, stick to
ផាហ៊ុម shawl, sash, scarf
ត្រែង reed
ត្រា scattered around, spread over
ទន់ទាប low
សុរិយា sun (Lit)
មីរ cloudy, overcast
សាត់ (=រសាត់)
អង្គអញ (=ខ្ញុំ; Lit)
ពពេច a small bird
ពពូល grey-green bird similar to a pigeon
រួមកាយ be together with [Teav]
គ្រលីងគ្រលោង a grey bird
ត្រែលងទេក a kind of bird
ក្រឡុះ to break away, free oneself
គូ mate
ហ្វូងហ្វាយ flock, herd
ស្រណោះ to miss, remember nostalgically
តារ៉ៅ starling
មាត់ voice
ចរចា to negotiate; to converse, talk
ត្រយង stilt-walker (bird)
រៃកណ្ដឹង a large cicada
មាន់ព្រៃ wild bantam
ប្រែប្រឹង (=ប្រឹង) try hard to
សម must be, undoubtedly

ព្រឹង sticking up, bristling, standing upright, cropped
ទំលង (=ទំណោង) lowland forest

ត្រសិត a kind of bird (?)

សសៀរ to skirt, go carefully around the edge (of)
សង to enhance, contribute to, cause to
ប្រស្រ័យ reminisce

ទំល្បង playing (of musical instruments)
ល្បើក improvisation, extemporaneous story
ល្បើកល្បាយ improvised creation

តម្កល់ (=តម្កល់ចិត្ត) to steady, shore up, make firm (one's feelings)
អាក់អន់ downhearted, disappointed

ក្រមាន rare(ly)

ជាក់ស្ដែង completely, without reservation
ធ្វេធ្វេស (=ធ្វេស) careless, negligent

កុំឃើញ on seeing..., don't... (Idiom)
កំចាត់ reject, shun, exorcise

ខំស្វែងខំស្វះ (=ខំស្វះស្វែង)

ខំស្វែង --- ពីអាយ Since you have to leave us, try hard to make good.
រ៉ាប់រ៉ាយ (= រ៉ាយរ៉ាប់)

ជ្រួញក្រាប to crouch, draw oneself up (in an attitude of deference)
ល្អៀង to stray, diverge, equivocate
យកទោសា (=យកទោស) take offense, find fault
ប្រយ័ត្នការណ៍ be careful

បពិត្រ /bɑpɨt/ Lord, Majesty, Excellency
តេជ្ដា royal authority

បារមីតា /baarəməytaa/ greatness, excellence, authority
ព្រះទ្រង់រិទ្ធិ /preăh-truəŋ-rɨt/ he who has authority (i.e. the king)
ប្រណម្យ /prɑnɑm/ make obeisance with palms joined (Roy)
ហត្ថា (=ហត្ថ)

ហត្ថជាក់សិរសី with palms joined at the forehead
ឃ្មាតខ្មី quickly, in a hurry

រង់ (=រេររង់) be impatient

ត្បិតថា since, because

អាជ្ញា /qaac-ñaa/ order, command

គ្នាន់គ្នេរ to figure, plan, calculate
នំរិព to picture, visualize, imagine
ទៀបបាំងព្រៃ almost hidden [by] the trees
លទ្ធ (=លង្វឹងលទ្ធ) to sprawl despondently, be enervated with despair, sulk
អន់ (=អាក់អន់)

ផ្សា (=ខ្លោចផ្សា) to suffer, feel mental pain
ផ្ទង់ប្រុងអាត្មា be stoical, put up a brave front, steel oneself
នឹកនា (=នឹក)

ពោរ full, overflowing, abundant

ផ្អូស់ stale

វិយោគ bereaved

សោយសោកា (=សោយសោក) to grieve, mourn
ខ្លឹម heart, core, essence

ស្នាលស្និទ្ធ (=ស្និទ្ធស្នាល)

ភស្តា /phoăhsdaa/ lord, master; husband
យូរឆាប់ sooner or later

ឃាត់ to quit, cease

អត់ to bear, resist, withstand

គ្រាន់ (=គ្រាន់បើ)

ស្រមាន្ត to sleep (Eleg)

លង់លក់ (=លក់)

រហង់ in a docile group, by groups (here: in schools)

រ៉ស់ a kind of freshwater fish

ឆ្កោ a large fish

ការហោ a kind of fish

រាជ a large scaleless fish: royal fish

រាហូ /riəhuu/ a kind of large fish

ព្រួល salmon-like fish

ប្រា a kind of fish

ទីពោព្រុយ a large fish

កន្លង់ a small perch-like fish

ដំរី elephant fish

ក្អិត a small fish

ក្អី a long flat fish

ឫស្សី (=ស្លឹកឫស្សី) bamboo-leaf fish

ចង្វាភ្លៀង tiny minnow-like fish

ឈ្ដាយ a kind of scaleless fish

ក្រុស a perch-like fish

ក្រាយ a kind of fish

ឆ្កិន a kind of fish

ប្រកែង a kind of small fish

ផ្ទក់ a kind of small fish

ក្រាញ់ a kind of small fish

អណ្ដែង walking catfish

ក្រាស់ក្រែល many, abundant

សរទែស (=ត្រទែស) a kind of turtle

ក្រពត blowfish

ផ្សោត a kind of dolphin

ប្របែល rayfish

ផែល to float, drift from side to side

ផុល to boil up, roil

ផុង to sink, go under, plunge, submerge

ឆ្លូញ a small eel-like fish

ស្លាត a flat fish used in making fish-balls

សៀវសៀត to slide by, slide around, skirt

កែស a kind of small fish

កែ a kind of small fish

ត្រំ a kind of fish

តជ្រា a kind of fish

ឆ្ល៉ម៉ា a kind of fish

ឆ្ល៉ម៉ូ a kind of fish

រូងរាម hole, nest, crevice (in underwater vegetation)

ព្រលិត waterlily

ត្រកៀត edible aquatic plant with straight stalks

ត្រកួន edible aquatic vine with leaves

បៀត close to, next to

ត្រកង to embrace with one arm

ព្រលូង a kind of fish

និរាស to be separated

សមបី surely, undoubtedly

ទន្ទឹងផ្លូវ to await impatiently (someone's return)

តម្រូវ (=តម្រូវចិត្ត) to please, satisfy

កំពង់ហ្លួង a river town on the Tonlé Sap River

ផាមួង plain silk cloth

មុខក្រសួង those in charge, those concerned

ជើងវាំង edge of the palace compound

សារ letter, message (Roy)

ឥតបី (=ឥតបីបង្អង់) without delay

VII. MYTHOLOGICAL EPIC

បើគេចោទសួរថា ក្នុងអក្សរសាស្ត្រខ្មែរ តើអក្សរសាស្ត្រចំពូកណាដែលលើសលុបចំពូកឯទៀត អ្នកនិរុត្តិសាស្ត្រខ្មែរប្រាកដជាឲ្យទម្ងន់ទៅលើផ្នែក " ទេវកថា " ។ ទេវកថាជ្រួតជ្រាបក្នុងវប្បធម៌ខ្មែរ ចំនួនជាច្រើនសតវត្សមកហើយ ។ មិនដូចគ្នានឹងរឿងព្រេងដែលជារឿងសម្រាប់និយាយលេងប្រាប់គ្នាពីមួយទៅមួយ ទេវកថាប្រើសិល្បៈជាគ្រឿងសម្រាប់ផ្សាយ ។ មធ្យោបាយដ៏សំខាន់នោះមានពីរគឺ : ចម្រៀងចាប៉ី ហើយនឹងល្ខោន ដែលជាពាក្យសាមញ្ញគេហៅថាល្ខោនបាសាក់ ។ ដូចជា " ច្បាប់ " ដែរ ភាគច្រើននៃទេវកថា គេពុំដឹងជាប្រាកដឡើយនូវឈ្មោះនៃអ្នកនិពន្ធដើម ។ មានតែរឿងមួយចំនួនយ៉ាងតូចប៉ុណ្ណោះ ដែលមានដាក់ឈ្មោះអ្នកនិពន្ធ ។ តែចំពោះឈ្មោះនោះក៏ដោយ ក៏នៅតែមានសំនួរចោទសួរជុំវិញថា តើជាឈ្មោះអ្នកនិពន្ធដំបូង ឬគ្រាន់តែជាអ្នកចម្លងទុកជាលាយលក្ខអក្សរ ឬក៏ជាអ្នកបន្លំដាក់ឈ្មោះខ្លួនតែម្តង ។

តាមសេចក្តីសង្កេត ទេវកថាភាគច្រើនប្រហែលជានិពន្ធឡើងនៅសម័យកណ្តាល នៃប្រវត្តិសាស្ត្រខ្មែរ ។ ភាគច្រើននៃទេវកថាមិនមែនគ្រាន់តែគ្មានដាក់ឈ្មោះអ្នកនិពន្ធទេ តែថ្ងៃខែដែលរឿងទាំងនោះនិពន្ធឡើងក៏គ្មានដែរ ។ គេបានកំណត់ប្រាវ ៣ នូវខែឆ្នាំនៃរឿងខ្លះ គឺដោយសារតែចំណាស់នៃពាក្យខ្លះដែលប្រើនៅក្នុងរឿងទាំងនោះ ។

២២. រឿងកាកី

ដោយ

ព្រះបាទអង្គឌួង

បុព្វកថា

កាកីជាឈ្មោះនៃព្រះជាយានៃព្រះបាទព្រហ្មទត្ត ដែលជាព្រះមហាក្សត្រមួយព្រះអង្គសោយរាជសម្បត្តិនៅនគរពារាណសី ។ ព្រះបាទព្រហ្មទត្ត តែងលេងស្កាកំសាន្តជាមួយនឹងក្រុងគ្រុឌ ដែល

ជាសម្លាញ់របស់ព្រះអង្គ ។ ក្រុងគ្រុឌនេះចេះក្លែងខ្លួនធ្វើជាមនុស្ស ។ ក្រុងគ្រុឌមានលំនៅនៅឋានសិម្ពលី នាភ្នំព្រះសុមេរុ ។

សេចក្ដីដកស្រង់ទីមួយ រៀបរាប់អំពីសោភ័ណភាពនៃនាងកាកី ។ សេចក្ដីដកស្រង់នោះនឹងបង្ហាញនូវរូបិយលក្ខណៈ ប្រកបដោយសុក្រឹតភាពរបស់ស្ត្រី, លក្ខណៈខ្លះដូចជាធ្មេញខ្មៅ គេលែងនិយមទាល់តែសោះក្នុងសម័យបច្ចុប្បន្ននេះ ។

សេចក្ដីដកស្រង់ទីពីរ និយាយអំពីការជួបប្រតិព័ទ្ធលើកដំបូង រវាងក្រុងគ្រុឌនឹងនាងកាកី ក្រោយដែលលួចបង្ហោះនាងមកដល់ឋានសិម្ពលី ។ សេចក្ដីដកស្រង់នេះបង្ហាញនូវមាយារបស់នាងកាកី ហើយនឹងការគ្មានភក្ដីភាពរបស់នាងចំពោះព្រះបាទព្រហ្មទត្ត ។

- ទី១ -

អត្ថបទ

(បទកាកគតិ)

ស្ដេចមានមហេសី នាមកែវកាកី ល្អល្អះឥតហ្មង
ឥតមានស្រីណា សោភាផ្ទឹមផង សមសព្វកន្លង
កន្លងអស់ស្រី ។

កាយកើតអស្ចារ្យ អំពីផ្កាកា- ណិកាសោភី
ភក្ត្រាសោភ័ណ ដូចចន្ទ្របូណ៌មី សក់ដូចភមរី
រលើបខ្មាញ់ខ្មៅ ។

លលាដ៏ពិលាស ដូចពពិលមាស ទុំទែងឆ្អិនឆ្អៅ
មើលមាត់ញញឹម ប៉ប្រិមឥតសៅ ខឹមខាត់កាន់នៅ
សំដីសមសួរ ។

ថ្ពាល់ទាំងសងខាង ដូចផ្លែមាក់ប្រាង បំព្រងផង់ផូរ
នាសាសមសល់ ដូចកលតំនូរ ជាងចេះគន់គូរ
ស្ងួនសមសោភា ។

ធ្មេញខ្មៅរលើក រលង់ប៉ផ្លែក ដូចនីលរតនា
កាណ៌កបល្អលន់ គួរគន់ដូចនា ត្របកបទុមា
នាយរីកស្រស់ថ្មី ។

ចិញ្ចើមខ្មាញ៉ាំខ្មៅ កោងកបកលកៅ - វណ្ណទន់ស្រស់ស្រី
នេត្រនាងថ្លាជ្រះ ស្រឡះនាគី ដូចឈរស្មើ
កញ្ចាក់ជ្រះថ្លា ។

កកបមូលក្លុំ ផ្គត់បីជាន់សម ល្មាសោតសោភា
តាងគូលមទ្រង់ គន់ត្រង់ហត្ថា ដូចទីដព្វរា -
វីណាវិសេសសម ។

អម្រាមទន់តូច នាងទៀវឆ្មារដូច បន្លាឈ្សៀវក្លុំ
ក្រចកជ្រះប្រាង សស្រាងហាក់ស - ម្សុរទឹកវិអ្នកខំ
ខាត់ខឹមយល់យង់ ។

ដោះក្បុំត្រចើល ត្រចះគួរមើល ដូចផ្កាសត្តប -
ភ្ញីដកបក្រពុំ មូលក្លុំផូរផង់ នាងទៅទៀវទច -
ង្គេះកបពិសី ។

ជើងសោតសល្ងូល ដូចចេកមាសមូល សមសព្វឥតបី
អ្នកណាមួយមាន ដូចប្រាណកាកី ល្អអស់ឥន្ទ្រិយ
ឥតឯមានទាស់ ។

សមសួនទាំងគ្រប់ ស្រួចស្រីស្រស់សព្វ សម្បុរលឿងច្បាស់
ដូចមាសនព្វគុណ ល្អលន់ពេកណាស់ មើលមិនមានទាស់
ក្រអ៊ែកស្រួលស្រេច ។

កបកាយក្រអូប ទោះទាំងនាងរូប ប្រទើរពុំច្បាច់
រកផ្កាគ្រឿងអប់ ឈ្ងុយឈ្ងប់សព្វសាច់ ពិដោរបណ្តាច់
បណ្តូលអស់ស្រី ។

បើនរនៃអ្នក ណានឹងមិត្តភក្តិ ចូលចងបេតី
រួមរសស្នេហ៍ស្និទ្ធ ក្លិនជិតឥន្ទ្រិយ ប្រាំពីររាត្រី
ទើបបាត់គន្ធា ។
ព្រះបាទព្រហ្មទត្ត ស្ដេចរួមប្រតិព័ទ្ធ នឹងព្រះជាយា
សព្វព្រះហឫទ័យ មូលមៃត្រី ស្នេហា ដូចដួងនេត្រា
ព្រះអង្គជាម្ដង ។

(អង្គឌួង, រឿងកាកី, ទំព័រ ៨ - ១០)

- ទី២ -

(បទកាកគតិ)

បទកាកគតី ក្រុងគ្រុឌបក្សី ប្រែប្រួណកាឡា
រូបរួចទេវបុត្រ ពិសុទ្ធសោភា ឱបអង្គកែវកា-
កីកិតនាភី ។
នែបនិត្យក្រសោប ជួញជិតអង្គឱប អង្អែលឥន្ទ្រិយ
ថើបថែកាយា ភក្ត្រាកាកី ភួចកើតមេត្រី
រាគរសតណ្ហា ។
នាងកាកីកំ- សៀងលបលួចសំ- ឡក់លកិរិយា
ករកាត់ទះទាត់ ប្រាណផាត់គ្រុឌា ទើបមានវាចា
ឆ្លាស់ឆ្លើយទៅថ្កាន ។
ថាឱព្រះអង្គ ពុំគួរត្រេកត្រង់ រួមរសជិតដាន
នឹងអង្គអញខ្ញុំ យល់ពុំសមប្រាណ ត្បិតខ្ញុំនៅមាន
ស្វាមីមិត្រហើយ ។
គួរឬព្រះអង្គ ព្រះទ័យពុំត្រង់ នឹងម្ចាស់ខ្ញុំឡើយ

លបលួចយកខ្ញុំ មកផ្គុំផ្ទឹមខ្មើយ ឱព្រះអង្គអើយ
ពុំគិតក្សត្រា ។
បំណាច់ចាប់ចិត្ត ជាមិត្រស្នេហ៍ស្និទ្ធ សំឡាញ់ផងគ្នា
ព្រះអង្គធ្វើបាន ពុំមានមេត្តា ព្រះទ័យព្រះមហា-
ក្សត្រក្សាន្តដល់តិច ។
ចង់បើខ្ញុំដោយ យូរទៅឯក្រោយ ស្រាប់តែនឹងគេច
យកស្រីសួគ៌ា ឯណាល្អលេច ម៉្លោះហើយនឹងភ្លេច
ចោលខ្ញុំបង់សៀត ។
បើម៉្លោះសមខ្ញុំ នឹងមានទុក្ខធំ ទ្រូងត្រូវចង្អៀត
ថែមទាំងដំនៀល គេដៀលផ្ទួនទៀត ថាស្រីស្រើបឆ្លៀត
មានប្ដីគ្រុឌា ។
ហើយគេនឹងដៀល ដំណាលដំនៀល ដល់ព្រះរាជា
ថា ស្ដេចស្វែងស្វះ លា កលះលីលា ទៅលួចភរិយា
គេមកសិម្ពលី ។
ក្រុងគ្រុឌឆ្លើយថា បងដឹងហើយណា ប្អូនជាមហេសី
ស្ដេចទុកជាច្បង កន្លងលែងស្រី ហើយព្រះចក្រី
ស្រឡាញ់អស់អញ ។
ទោះបីបើក្ស- ត្រា ទ្រង់ជ្រាបថ្វាត់ ក្រោធទីក្រខ្នាន់ក្នាញ់
បងពុំខ្លាចឡើយ ប្អូនអើយព្រឹកមិញ បើដោយស្រឡាញ់
ប្អូនមាសប្រសើរ ។
តែគិតកេរ្តិ៍ កោះ បើកុំប៉ុណ្ណោះ កន្ត្រាក់យកយើរ
ពីមុខអ្នកស្ដេច បងផ្ដាច់មិនស្មើរ ពារពហោះហើរ
មករួមស្នេហ៍ស្នង ។
ប៉ុន្តែការកេរ្តិ៍ ខ្លាចមានទាំងពីរ ទាំងប្អូនទាំងបង

បានជាបងឈប់ លុះយប់ទើបផ្គង នាំប្អូនមកត្រង
ទីទែនសេយ្យាសនិ៍ ។

ប្អូនអើយមាសថ្លែង មាសថាខ្លាចក្រែង ពាក្យពោលទាំងផ្តាស
គេដៀលដល់បង ថាបងនាំមាស ហើរហោះទេហាស
មកស្ថានសួគ៌ា ។

នាកាលអញ្ញបង យកប្អូនស្នេហ៍ស្នង នោះមាននរណា
យល់ថាបងយក មាសមកស្នេហា ប្អូនអើយកុំថា -
រម្ភិះការប្រាណ ។

អំបាលស្រីសួគ៌ គំនាប់គំនូរ ស្រៀបស្រស់កល្យាណ
ម្តេចបងពុំប៉ង ចិត្តបងចង់បាន បានជាបងគ្មាន
ស្រីស្រស់កញ្ញា ។

ឯអង្គកាកី ចិត្តចង់មេត្រី រាគរសតណ្ហា
ធ្វើពោលពាក្យពេ ថាឃើសួគ៌ា គ្មានស្រីមួយជា
ត្រូវចិត្តឬអ្វី ។

អំបាលស្រីសួគ៌ គំនាប់គំនូរ ម្តេចមិនមេត្រី
ផុះអ្វីខ្ញុំជា មនុស្សនាដែនដី កាលណាទៀយឥ -
សូរសព្ទិ៍យា ។

សព្វតែព្រះឪស្ន ព្រះអង្គថាប្រាស លើសដែលឯនានា
ព្រះបន្ទូលផ្អែម ល្ហិមល្ហែមណាស់សា ព្រះអើយខ្ញុំមហា -
សង្ស័យកន្លង ។

ទើបគ្រុឌលោមថា ដែនហើយស្ងួនភ្ងា អស់ស្រីសួគ៌ផង
ល្អះដែនពិត ឯកឥតមានហ្មង ប៉ុន្តែអញ្ញបង
ពុំត្រូវហឫទ័យ ។

ប្អូនអើយកុំប - រម្ភទៀមក្រែងក្រ - ឡាប់ដែលដោះដៃ

បងពោលពាក្យពិត ពិនិត្យពេកក្រៃ កុំស្ងួនសង្ស័យ
សន្ទិះសង្កា ។
ហើយគ្រុឌចូលជិត ចូលចង់នែបនិត្យ នែបនឹងស្នេហា
ឯកែវកាកី ក្សត្រីសោភា សំងំអង្គា
អង្គុយជួញជិត ។
តែមាត់នាងថា ទុំះទុំអនិច្ចា ពុំអាលូវចិត្ត
ត្បិតយល់ឯកឯង កំហែងប្រតិព័ទ្ធ ធ្វើបំបាត់មាត់
ពុំឱ្យឆ្លើយបាន ។
គ្រុឌបីក្រសោប ត្រកងអង្គឱប អង្អែលអស់ប្រាណ
មួលមេចថែថើប សំទើបសម្រាន្ត ផ្ទឹមផ្ទាល់មាន
ចិត្តចងមេត្រី ។
រួមរក្សរសរូប ក្រអែបក្រអូប ផ្សាយផ្សព្វឥន្ទ្រិយ
ស្រើបស្រួលមូលមិត្ត ជួញជិតប្រតី - ព័ទ្ធពេញបេតី
សុខសេពចំណង់ ។
គ្រុឌភ្លេចនាគា អាហារភោក្តា ជាចំអែតអង្គ
នាងភ្លេចមហាក្សត្រ ព្រហ្មទត្តទ្រើសទ្រង់ គ្រុឌភ្លេចច្បោះបង់
ហេមពាន្តទូរទី ។
នាងភ្លេចអស់ល្បែង ឱទ្យានតែងលេង កំសាន្តឥន្ទ្រិយ
គ្រុឌភ្លេចឆ្វៀលឆ្វាត់ វង្កាត់ស្រះស្រី នាងភ្លេចបុរី
ស្ទិទ្ធរាជស្ថាន ។
គ្រុឌបានកាកី ពិសេសលែងស្រី ពិដោររអស់ប្រាណ
សេពសុខមនោរម្យ ផ្ទឹមផ្ទុំសម្រាន្ត សំទើបរសប្រាណ
ឥតឯមានហ្មង ។

(អង្គឌួង, រឿងកាកី , ទំព័រ ២១ - ២៦)

MYTHOLOGICAL EPIC

និរុត្តិសាស្ត្រ /niruttisaah/ philology

អ្នកនិរុត្តិសាស្ត្រ philologist

ទេវកថា /teeweəqkəthaa/ mythological epic, supernatural tale

ល្ខោនបាសាក់ Khmer folk drama

តែចំពោះឈ្មោះនោះក៏ដោយ but even regarding these names

បន្លំ to trick, mislead; falsify, obtain under false pretenses

ព្រាវៗ impressionistically, by guesswork, vaguely

ចំណាស់ (from ចាស់) age

កាកី

Introductory Note

កាកី Kakei, name and principal character of a well-known epic

ព្រះរាជនិពន្ធ royal author

ព្រះជាយា royal wife

ព្រះព្រហ្មទត្ត /preəh-prummətoət/ King Brahmadatta

ពារាណសី Benares

ស្កា a kind of chess game

ក្រុងគ្រុឌ Garuda

ហោះ to fly (by mechanical or supernatural means)

ឋានសិម្ពលី realm of the Garuda

សោភ័ណភាព /saophoənnəphiəp/ beauty

រូបិយលក្ខណៈ /ruupəy-leəqkənaq/ physical characteristics, physiognomy

សុក្រិតភាព /sokrəttəphiəp/ perfection, flawlessness, ideal appearance

ប្រតិព័ទ្ធ /prɑtepoət/ to love, be involved with

បង្ហោះ cause to fly, bear off into the air

មាយា wiles, antics, affectation, pretension

ភក្តីភាព /pheəqkədəyphiəp/ faithfulness, devotion

Text (Part I)

មហេសី /mɔhaesəy/ queen

ក៏នង់កាកី the Fair Kakei

ល្អះ (=ល្អ)

សោភា beautiful (Lit)

សមសព្វ comely in every respect

កន្លង supreme one; supremely

កន្លងអស់ស្រី above all other women

កាណិកា a kind of yellow flower

សោភី beautiful (Lit)

ភមរី /phumməri/ shiny black beetle

រលើប shining, glistening, glowing

ខ្មាញ់ខ្មៅ jet black

លលាដ៍ skull; here: forehead

ពិលាស charming, graceful

ទុំ ripe; rich, deep, extremely (intensifier for red, yellow, gold)

ទែង clear, bright; extremely (intensifier for colors and certain other adjectives)

ឆ្អិន well-done; completely, extremely (intensifier for red, yellow, gold)

ទុំទែងឆ្អិនឆ្អៅ (all of these intensify /miəh/ 'gold')

សៅ (=សៅហ្មង)

ខឹមខាត់ elaborate gold belt encrusted with jewels

មាក់ប្រាង (= ម៉ាក់ប្រាង) a golden plum

បំព្រង fresh and pretty

ផង់ផូរ (=ផូរផង់)

នាសា nose (Roy, Lit)

ណាស់ extremely

កល /kɑl/ like, as if

លួនសម (=សមលួន) comely, attractive

រលីក very, extremely (intensifies black)

រលង់ shiny, glistening

ប៉ផ្លេក shiny, glistening

និល /nɨl/ black diamond

រតនា /roə̆ttənaa/ precious stone

កាណ៌ ears (Roy, Lit)

កប to be, be in essence, be endowed with, embody (good qualities)

លន់ extremely

ដូចនា (=ដូច)

ត្របក petal

បទុមា (=បទុម) lotus flower

រាយរីក (=រីក)

កោទណ្ឌ bow, arc

ស្រស់ស្រី beautiful

រាគី appealing, seductive

ក្លុំ (=ខ្លុំ)

ផ្នត់ fold, crease, line

តាង tapered, tapering

ទ្រង់ shape, body

តាងតួសមទ្រង់ the two [shoulders] tapering in proportion to the body

ទ៌ដព្វរាវ័ណ Erawan's trunk (it is a convention of Cambodian sculpture that the arms of Buddha images and beautiful women should resemble the trunk of Erawan, Indra's three-headed elephant)

អប្រយាម (=ប្រយាម)

ក្ញៀវក្លុំ (=ខ្លុំ)

ច្រាង bristling, sticking up, brush-like

ស្រាង opaque

ឆឹម pink, rose

យល់យង់ bright, luminescent

ក្យំ round and firm

ត្រចើល protrude straight ahead, stand out

ត្រចះ exquisite

គួរមើល (=គួរឱ្យចង់មើល)

សត្តបង្ក័ជ /sattəbɑŋkac/ (= សង្ក័ជ) a variety of lotus

រាងរៅ figure, body

សល្វូល (=ត្រល្វូល) gently rounded

ឥតបី (=ឥត)

ទាស់ be opposed to, detract from, mar

ឥតឯមានទាស់ nothing detracted [from her beauty]

ស្រួចស្រី surpassingly beautiful (?)

នព្វគុណ /nuppəkun/ nine-tenths pure (of gold)

ក្រខ្នែក (=ខ្នែក)

ប្រហើរ musky, having the odor of civet

អប់ to perfume, imbue with fragrance

ឈ្ងុយឈ្ងប់ fragrant

បណ្ដាច់ (=ដាច់) to surpass, exceed

បណ្ឌូល core, heart (e.g. of an artichoke); Fig: ideal, essence, epitome

នរិនអ្នកណា (=អ្នកឯណា)

មិត្តភ័ក្ត /mɨt-pheə̆q/ have intimate relations with

ចងបេតី have a love affair

រួមរសស្នេហ៍ស្និទ្ធ to make love

គន្ធា odor, aroma, fragrance

រួមប្រតិព័ទ្ធ be united in love, love

reciprocally

ទិមេត្រី (=មេត្រី)

ដួង essence, core, central part

ដូចដួងនេត្រាព្រះអង្គ like the apple of his eye

Text (Part II)

កាកគតី (=កាកគតិ ; in Cambodian verse final vowels may be varied for euphonic purposes)

កាឡា to change form, transform oneself by magic

រូ (=ដូច)

ទេវបុត្រ male divinity, god

ពិសុទ្ធ perfect, flawless

កិត close(ly)

នាភី navel (Roy)

ជួញជិត (= ជិត)

កួច to occur to one's mind, be engendered

រាគ sexual passion

រាគរសតណ្ហា sexual passion

កំលៀង to glance sidelong

សំឡក់ to stare intently at

លកិរិយា tentatively, experimentally

ករ hand (Lit)

កាត់ ward off, defend oneself against, bar

ទាត់ to brush away, push away

ផាត់ to brush away, clear away

ក្រុទ្ធា /krutdiə/ (= ក្រុទ្ធ)

ឆ្លាស់ឆ្លើយ to answer (here: to say)

ត្រេក to indulge, gratify oneself

ត្រេកត្រង់ (=ត្រេក)

រួមរស indulge in intimacy

ជិតដាន close(ly), intimate(ly)

អញខ្ញុំ (=ខ្ញុំ ; អញ was once more deferential than it is today)

ស្វាមីមិត្រ husband, loving husband

គួរឬព្រះអង្គ Is it proper, your Highness?

ម្ចាស់ master (i.e. her husband)

ផ្ទុំផ្ទឹមខ្នើយ share the same pillow, be intimate

គិត (= គិតដល់)

បំណាច់ since

សំឡាញ់ (= សម្លាញ់)

ផងគ្នា together, respectively, each other

ព្រះអង្គធ្វើបាន how can you do it?

ក្សត្រក្សាន្ត peaceful king, gentle king

ដល់តិច at all, even a little

ចង់បើ even if

ដោយ go along with [it], accept

គេច sneak away, evade

លេច to stick up; exceedingly, surpassingly

ម្ល៉ោះ thus, therefore, like that

បង់សៀត worthless, good for nothing

បើម្ល៉ោះសម undoubtedly, inevitably

ត្រួត stacked up, compounded

ទ្រូងត្រួតចង្អៀត chest constricted (with sorrow)

ស្រើប to become (sexually) excited, to lust, desire

ព្រះរាជា King (here: you, i.e. Garuda)

ស្វែងស្វះ (= ស្វះស្វែង)

លាក to leave

លះ to leave, abandon

ស្វែង...លា go out in search of

ទុកជាច្បង considers [you] to be foremost
លែង (=លើសលែង) above, beyond, exceeding
អស់អញ even me, me too
ថ្វាត់ (frequent literary particle; sometimes has a perfective function)
ក្តាន់ក្តាញ់ bothered, annoyed, irritated; here: angry
បើដោយ considering how much
បើកុំប៉ុណ្ណោះ if it weren't for that, otherwise
ឈើរ to snatch, grab
អ្នកស្តេច the king
ផ្តាច់ cut off from, deprive of, separate from
ស្ទើរ (=ស្ទើរស្ទាក់) to hesitate
ព to carry on one hip
ផ្តង to begin, effectuate (a plan, etc.)
ទីទេន bed (Roy)
សេយ្យាសន៍ /sayyiəh/ sleep (n., Roy)
ពាក្យពោលចាំងផ្តាស damning talk
វេហាស (=វេហាសី) air, space (Lit)
ការ to defend
ការប្រាណ to defend oneself
អំពាល among
គំនាប់គំនួរ pleasing and proper, i.e. desirable
ស្រៀប pleasing, comely, prepossessing
ប៉ង to desire, want
ចិត្តបងចង់បាន my heart [doesn't] desire them
ធ្វើ to pretend
ពើ to feign, pretend, be affected; here: to feign
ថ្វៈ in order to, with respect to
ថ្វៈអ្វី in what way, how

ឥស្សូរ Siva, i.e. you (to Garuda)
ទ័យា (=ហឫទ័យ) /tɨyyiə/ heart, mind (Roy)
កាលណា --- ទ័យា how could you ever be pleased [with me]?
ព្រះឱស្ឋ /preăh-qaoh/ mouth (Roy)
សព្វតែព្រះឱស្ឋ [you] just say [you're] pleased (lit: pleased only by mouth)
ព្រោល to like, love, be pleased with
លើសលែងនានា above everything else
ល្ហិមល្ហែម (intensifier for ផ្អែម)
ណាស់សា (=ណាស់)
មហា (as a preverbal element) really, immensely, extremely
លោម (=លួងលោម) to cajol, entice
បន្ទូ (=ពន្ទូ)
ទៀមក្រែង (=ក្រែងទៀម) fear that I [will]
ដោះដៃ get rid of, let go of, abandon
ក្រឡាប់លែងដោះដៃ change [my] mind [and] abandon [you]
ពិនិត្យពេកក្រៃ very thoughtfully, very deliberately
សង្កៈ to doubt, suspect, be suspicious (about)
ជិត near, close, intimate
សំងំ be still, stay quiet (neither speaking nor moving)
អង្គា (=អង្គ)
រួញ to draw oneself up, withdraw, shrink
ឱះឱអនិច្ចា Oh, woe is me!
ឃើញតែយល់ឯកឯង seeing that I'm all alone
បំបាត់មាត់ to shut someone up
មួល to turn, twist (a knob, nut, etc.); here: pinch and twist (her skin)
មេច to pinch

សំរើប to excite, become excited (sexually)

ចងមេត្រី to make love

រួមរក្សរស to make love

ក្រអែបក្រអូប (=ក្រអូប)

ផ្សព្វ to permeate, soak through

មូលមិត្ត to have intimate relations

ប្រតីព័ទ្ធ (=ប្រតិព័ទ្ធ)

សេពចំណង់ to gratify desire

នាគា (=នាគ) Naga (as the traditional food for Garuda)

ភោក្តា to eat; food (Lit)

ចំអែត to satiate; a meal

ទ្រើលទ្រង់ great, big

ហេមពាន្ត /haemәpiәn/ the Himalayas

ទូរទី /tuurәtii, tuu-tii/ distant, remote

ឆ្វៀលឆ្វាត់ circle around in the air

វង្កាត់ crisscrossing, doubling back, to and fro

ស្រះស្រី (the reference here is heavenly lakes inhabited by beautiful nymphs)

ស្នំ concubine; here: queen's attendant

រាជស្ឋាន /riәccәthaan/ royal capital

ឥតឯមានហ្មង nothing detracted from [it], i.e. perfect

២៣. មាយើង

(គ្មានឈ្មោះអ្នកនិពន្ធ)

បុព្វកថា

សេចក្ដីដកស្រង់ទី១ និយាយអំពីមាយើង ក្រោយដែលបានជួយព្រះបាទព្រហ្មទត្តផុតពីគ្រោះថ្នាក់ កាលដែលព្រះអង្គយាងទៅប្រពាតព្រៃ ក៏ត្រូវព្រះអង្គតែងតាំងជាឆ្មាំក្រឡាបន្ទំ ។ ឯប្រពន្ធមាយើង ក៏ត្រូវស្ដេចតាំងជាឆ្មាំក្រឡាបន្ទំដែរ ។

នៅពេលអធ្រាត្រស្ងាត់ ទេពតាដែលចង់ព្យាបាទព្រះរាជា ក៏កាឡាខ្លួនជាពស់មួយយ៉ាងធំ ដើម្បីនឹងចឹកសម្លាប់ស្ដេច ។ ពស់ដ៏មហិមានេះ ក៏ត្រូវមាយើងសម្លាប់ស្លាប់ទៅ ។

សេចក្ដីដកស្រង់ទី២ ថ្លែងពីព្រះបាទព្រហ្មទត្ត ក្រោយដែលព្រះអង្គឱ្យគេយកមាយើងទៅពិឃាត ក៏ទ្រង់នឹកឃើញដល់គ្រាដែលមាយើងជួយព្រះអង្គឱ្យផុតពីគ្រោះថ្នាក់ កាលដែលព្រះអង្គស្ដេចយាងទៅប្រពាតព្រៃនោះ ។ ព្រះអង្គក៏ប្រើអាមាត្យឱ្យទៅហៅមាយើងមកវិញ ។ ព្រះអង្គក៏សួរដំណើរទំនងសព្វគ្រប់ ហើយក៏ទ្រង់ដោះលែងទោសឱ្យមាយើង មិនតែប៉ុណ្ណោះព្រះអង្គបានប្រទានយសស័ក្ដិយ៉ាងខ្ពង់ខ្ពស់ដល់មាយើង ព្រមទាំងតែងតាំងមាយើងជាមន្ត្រីធំជាងគេ ។

ក្នុងសម័យបុរាណ សឹងគ្រប់វត្តអារាមនៅប្រទេសកម្ពុជាទាំងមូល បានយកសាស្ត្រា "មាយើង" ដាក់ក្នុងកម្មវិធីសិក្សាអក្សរខ្មែរ ។

- ទី១ -

អត្ថបទ

(បទពំនោល)

មាយើងនោះនឹងភរិយា   ហូបបាយហើយណា   ក៏កាន់ដាវទៀងទៅចាំ ។
អង្គុយជិតនៅគយល្ហាំ   ក្នុងចុងរោងទាំ   ព្រះបាទសម្ដេចព្រហ្មទត្ត ។
មន្ត្រីក្រាស់ក្រៃច្រើនក្ដាត់   ប្រុងប្រាណប្រយ័ត្ន   ដ៏ពេញវាំងរាជរោងរម្យ ។
លុះដល់អធ្រាត្រដាស់ទុំ   ដេកស្ងាត់ជ្រងំ   ពុំភ្ញាក់ដល់ម្នាក់ឡើយណា ។
កាលនោះឯងឯទេពតា   ប្រាណប្រែកាឡា   ជាតិជាពស់វារទៅហោង ។

ទំហំពស់ធំកន្លង ប៉ុនដើមត្នោតផង ក៏បើកពពាគួរខ្លាច ៗ
មានភ្នែកនោះធំក្រដាច ចង្កូមសស្វាច នឹងទាំនៃមហាក្សត្រា ៗ
មាយើងដោះទឡឹងម្នីម្នា លើកខាន់ថ្លៃថ្លា ក៏វាត់នៃសិរសាសល់ ៗ
ឈាមពស់ខ្ទាត់ខ្ទាយទៅដល់ ទេពីនិម៌ល ក៏ពេញនៃព្រះថនា ៗ
ទើបចៅមាយើងគិតថា ពស់នេះមរណា អសារសោះសូន្យជីវី ៗ
ឈាមដួចដល់រាជទេពី វរទ័តនឹកក្សត្រី ចេះតែនឹងធ្វើម្ដេចបាន ៗ
ជ្រះឈាមពីនាងកល្យាណ នឹងដាស់ក្សត្រក្សាន្ត យល់ក្ដីពុំគួរក្ដាត់ណា ៗ
នឹងយកដៃជិតឱរា សោតសឹងពុំជា កើតក្ដីពុំគួរពេកក្រៃ ៗ
ទើបយកខ្មោចពស់នោះនៃ ដាក់នៅក្រោមព្វ ក្រឡាបន្ទំរម្យរ័តន៍ ៗ
ស្រេចហើយទើបគាត់ហាមាត់ លិទ្ធឈាមដែលជិត នៅព្រះសុដន់ក្សត្រី ៗ
នាងនាថភ្ញាភ្ញាក់ឥន្ទ្រីយ ទើបដាស់ភូមី ដឹងជាតម្ដែងក្រឡា ៗ
នាងខ្ញឹបប្រាយ ប្រាប់ថាមា - យើងយកជីវ្ហា មកលិទ្ធនៃដោះខ្ញុំហោង ៗ
ស្ដេចស្ដាប់ក្រោធក្រៃកន្លង ត្រាស់ប្រើពលផង ម្នាលពេជ្ឈឃាតម្នីម្នា ៗ
ចូលឆាប់ចាប់ចងយកវា កំណាចមហិមា នេះនាំយកទៅសម្លាប់ ៗ
ក្រិណនោះពេជ្ឈឃាដចូលចាប់ ចងមាយើងខ្ជាប់ ក៏នាំយកទៅម្នីម្នា ៗ
ហេតុស្ដេចឥតពិចារណា ពុំគិតគុណមា - យើងយកតែពាក្យទេពី ៗ
ពេជ្ឈឃាដនាំទាំងរាត្រី ទៅបូព៌ទិសទី ក៏ថានឹងអ្នកនាយទ្វារ ៗ
ឱ្យបើកដ្វិតព្រះភូបាល មានព្រះឱង្ការ ឱ្យនាំអ្នកទោសទៅកាប់ ៗ
ក្រិណនោះនាយទ្វារទ័ស្ដងស្ដាប់ យល់ខុសនឹងច្បាប់ សម្លាប់អ្នកទោសទាំងយប់ ៗ
ថាទោសនេះម្ដេចអ្នកឈប់ ប្រាយប្រាប់សព្វគ្រប់ ដំណើរដំណាលសេចក្ដី ៗ
នាំអ្នកទោសទាំងរាត្រី ពុំត្រូវច្បាប់ពី គន្លងបូរាណឡើយណា ៗ
ពេជ្ឈឃាដឆ្លាស់ឆ្លើយវឹងថា អញដឹងឯណា ជាទោសធ្ងន់ស្រាលអ្វី ៣ ៗ
ស្ដេចប្រើអញទាំងរាត្រី ចៅមករកក្ដី លើព្រះបំរើនោះបាន ៗ
អំណាចអ្វីអញឯងមាន ក៏អញនឹងហ៊ាន នាំគេមកសម្លាប់លេង ៗ

អម្បាលចៅឯងអញឯង ម្តេចពុំកោតក្រែង កំទាស់ព្រះរាជអាជ្ញា ។
នាយទ្វាររលោតឆ្លើយរឹងថា បើព្រះអាជ្ញា លុះត្រូវនឹងច្បាប់ទើបបាន ។
បើខុសនឹងច្បាប់បូរាណ យើងឃាត់ខាំងខាន បានជ្បិតយើងជានាយទ្វារ ។
បើយើងក្រាបទូលនាកាល នោះព្រះភូបាល នឹងធ្វើម្តេច ៗ តាមកល ។

(រឿងមាយើង , ទំព័រ ១៨ - ២១)

- ទី២ -

(បទព្រហ្មគីតិ)

កាលនោះឯមហាក្សត្រ ព្រះព្រហ្មទត្តតើនឡើងហើយ
ហឫទ័យរលោតពុំស្បើយ គិតទៅដល់មាយើងថា ។
មាយើងមានគុណក្រៃក កាលនៅព្រៃមានតែមា-
យើងឯងឥតនរណា ក្រៅអំពីមាយើងឡើយ ។
ឥឡូវនេះអញប្រើ ឱ្យគេធ្វើគត់គាត់ហើយ
គេកាប់ឬនៅឡើយ អះអញស្តាយពន់ពេកណា ។
ស្តេចត្រាស់ឱ្យអាមាត្យ រត់ខ្មីឃ្មាតរួសម្នីម្នា
ទៅតាមយកចៅមា- យើងមកវិញពុំពិឃាដ ។
កាលនោះឯអាមាត្យ ប្រញ្ញក្រាបបាទរត់គគាត
តាមទៅទាន់ពេជ្ឈឃាដ នៅនាទ្វារឧត្តរនោះ ។
ទើបនាំមាយើងយក វិលរឹងមកថ្វាយស្តេចស្មោះ
ទើបស្តេចបន្ទូលឆ្ពោះ ដណ្តឹងចៅមាយើងថា ។
ហៃមាយើងអើយចៅ កាលអញទៅលេងព្រឹក្សា
អញយល់មាឯងជា មានគំនិតគំនូរក្រៃក ។
ឥឡូវម្តេចចៅគិត ប្រាណប្រែចិត្តទៅទីទៃ
ចូរចៅថែងសម័យ ចរចាមកឥឡូវរ៉ា ។

មាយើងទូលតំនិត ថាបពិត្រព្រះរាជា
កាលក្នុងយប់មិញណា ពស់វារមកខាំក្សត្រថ្លៃ ។
ខ្ញុំកាប់ពស់អន្តរាយ លោហិតខ្ចាយពីក្រោមក្រែ
ពេញព្រះថនានែ វរទេវីពិសេសសល់ ។
ខ្ញុំពុំហ៊ានប្រមាទ ផាស់ព្រះបាទឱ្យអំពល់
នឹងយកដៃផិតផល់ លោតពុំគួរទើបខ្ញុំខំ ។
យកអណ្តាតលិទ្ធឈាម កូវកើតគ្នាមពិតពុំលម
ជ្រាបដល់ព្រះអង្គអ- ម្ចាស់ឱ្យចងយកទៅកាប់ ។
ខ្ញុំនឹងទូលក្សត្រក្សាន្ត ទាស់ពុំហ៊ានក្រែងខុសគាប់
ឈឺកបើនឹងស្លាប់ តាមវេរាអំពើកម្ម ។
តេជះហេតុអំពើ- ត្រង់ពុំធ្វើវេរាធម្ម
ទើបខានយូរអ្នកចាំ ទ្វារទោស់ទាល់ពុំឱ្យទៅ ។
យកមកពិចារណា អគ្គីអសារសូន្យសៅ
ករុណាក្ស័យជីវិតនៅ នាគរណីនាយឥតការ ។
ស្តេចស្តាប់ផណ្តឹងនោះ បើដូច្នោះខ្មោចពស់ពាល
ចៅទុកឯណាកាល ឥឡូវចៅប្រាប់អញហោង ។
មាយើងទូលទៅថា ខ្ញុំទុកនាក្រោមគ្រែផង
ទាំង ៣ កំណាត់ហោង ក្រោមបន្ទំទិព្វភូបាល ។
ទើបស្តេចឱ្យទៅយក ខ្មោចពស់មកមែនដូចសារ-
ស័ព្ទចៅមាយើងកាល- នោះព្រះអង្គជឿជាក់ស្តែង ។
ក្សត្រថ្លៃបុណ្យខ្ពង់ខ្ពស់ យល់ខ្មោចពស់រឹងស្ទប់ស្វែង
ព្រឺព្រួចប្រឹងគ្រញែង ព្រះសិរសីបន្ទូលថា ។
ភ័ព្វជាមាយើងអើយ កុំអីទេវីយលុះមរណា
ឱ្យមាយើងមហា គុណអនេកអនន្តក្រៃក់ ។

អ្នកផងសឹងស្ងប់ស្ងែង ព្រឺព្រួចញញើងខ្លួនទីទៃ
យល់គុណមាយើងក្រៃ ក្រាស់ឥតនឹងថ្លឹងថ្លាថ្លែង ។
ស្ដេចឲ្យស្រាយចំណង មាយើងហោងប្រាស់លះលែង
ទោសទុក្ខបទរវែង ហើយបន្ទូលដោះសាថា ។
ចៅអើយហេតុអញខ្លៅ ធ្វើទោសចៅឥតករុណា
កុំចៅយកទោសា អញទទួលជាខុសហើយ ។
ទើបស្ដេចគិតគុណក្រៃ ឲ្យយសថ្លៃឥតស្មើឡើយ
តាំងមាយើងជាត្រើយ ជាមន្ត្រីធំកន្លង ។
នាងអ្នកសឹងចុះឡើង ចៅមាយើងឥតថ្នឹមផង
ហេតុបានភរិយាគ្រង កបនរលក្ខណ៍សួស្ដី៍សល់ស្រី ។

(រឿងមាយើង, ទំព័រ ៣៣ - ៣៥)

មាយើង

Introductory Note

មាយើង name of the hero of an epic poem of the same name
ព្រះបាទព្រហ្មទត្ត /preǎh-baat prummətoǎt/ King Brahmadatta
ឆ្មាំ guard (n)
ក្រឡាបន្ទំ sleeping quarters (Roy)
ព្យាបាទ persecute, harass, harm
កាឡាខ្លួន to change one's form by magic, transform oneself magically
ចឹក to peck (of a bird), bite (of a snake)
ដំណើរទំនង development (of a situation), background (of a case)

Text (Part I)

ហូបបាយ to eat (Rural)
ឃ្លាំ (= ឃ្លាំមើល) /klŏəm/ to watch, check
ព្រះបាទសម្ដេចព្រហ្មទត្ត King Brahmadatta
ក្រាស់ក្រៃ thick, numerous, in great numbers
រោងរម្យ reception hall
អធ្រាត្រស្ងាត់ទុំ in the depth of night
ជ្រងំ deep, still, quiet (intensifier for /sŋat/)
ពុំ...សល់ម្នាក់ឡើយណា not even one
ប្រាណប្រែកាឡា (= ប្រែកាឡាប្រាណ)
ជាតិជា (= ជាជាតិ) in the form of, into
វារ to crawl, slither
ពពា puffed up neck or hood of a snake such as the cobra, when it is about to strike
បើកពពា to swell the neck or hood (of a snake)

ត្រដាច wide, expanded, spread out

ស្វាច (intensifier for /saα/)

នឹងខាំនៃមហាក្សត្រា about to bite the king

ខាន់ sword (Roy)

ថ្លៃថ្លា excellent, precious; here: powerful, redoubtable

វាត់ to slash, swish, lash

លស់ at, on, upon

សិរសាលស់ (=នៅក្បាល)

ខ្ទាត់ខ្ទាយ to spatter, spread all over

ទេពី (=ទេវី) queen, royal wife

និម៌ល (=និម្មល) pure, faultless

ព្រះថនា breast (Roy)

គិត to realize, understand

អសារ uselessly, needlessly, futilely

ជីវី (=ជីវិត)

ដួចដល់ to touch, reach, attain

វររ័តនិ /wɔreə̆qroə̆t/ excellent

ធ្ងះ (=ស្ងួធ្ងះ)

យល់ក្ដីពុំគួរក្ដាត់ណា didn't seem at all appropriate

បាន ៗជ្រះ (=បានជ្រះ)

ធ្វើម្ដេចបានជ្រះឈាមពីនាងកល្យាណ how could the queen be freed of blood

ឧ៍រា (=ឧរា) breast, chest

ជិត to touch, be next to, be touching; stick to

ខ្មោចពល់នោះនែ (=ខ្មោចនែពល់នោះ)

ពួ (=ពួជិ) at in, over in (Lit)

រម្យរ័តនិ /rum-roə̆t/ pleasant, delightful

ព្រះសុដន់ breast (Roy)

ភ្នាភ្នាក់ (=ភ្នាក់)

ភូមី the king (i.e. her husband)

ក្រទ្យា high, supreme

គម្ដងក្រទ្យា supreme master (i.e. her husband)

ជីវ្ហា /ciiwəhaa/ tongue (Roy, Lit)

ក្រោធ to be angry (Roy, Lit)

ពេជ្ឈឃាត (=ពេជ្ឈឃាដ) /pɨccəkhiət/ executioner

បូព៌ទិស /bourətɨh/ east, eastern

នាយទ្វារ chief gatekeeper

ព្រះភូបាល the king (Lit)

អ្នកទោស prisoner

កាប់ to kill, execute (with a knife)

ស្ដែង clear(ly)

យល់ខុសនឹងច្បាប់ thought it was illegal

ថាទោសនេះម្ដេច what sort of crime (did he commit)?

អញដឹងឯណា how do I know?

ចៅ you (to gatekeeper)

រកក្ដី stir up trouble, look for an argument

ព្រះបំរើ royal servant (i.e. me)

អំណាចអ្វី...អញនឹងហ៊ាន What power do I (myself) have that I would dare to...?

អម្បាលចៅឯងអញឯង both you and I

យើង I (i.e. the gatekeeper)

ខាំង to block, obstruct

នាកាល circumstances, situation

តាមកល as [he] wishes, as [he] pleases

Text (Part II)

តើន to awaken (Roy)

អះអញ (=អញ)

អាមាត្យ page, messenger (Roy)

ពិឃាត to kill, execute, murder

ក្រាបបាទ prostrate oneself at the feet of

គគាត vigorously, without further ceremony

ឧត្តរ /qutdαα/ north (Lit)

មានគំនិតគំនូរ to be thoughtful, circumspect, sensible

ប្រួលប្រែ (=ប្រែប្រួល) to change

ចែងសម័យ clarify the situation

ប្រមាទ to forget oneself, be careless; to blaspheme

អំពល់ to bother, cause annoyance

គ្រាម (=ក្តី) situation, case, affair

សំណឹកបើ if, in the event that

វេរា predestined misfortune (caused by past actions)

តាម --- កម្ម then it would be because it was predestined

តេជះ /daecĕəh/ power

វេរាកម្ម bad deeds, immoral acts

ខានយូរ to delay, prevent for a long time

ទាល់ទាល់ to oppose, be opposed to

អក្ដី so that not...(Arch)

ធរណី /thɔɔrənii/ ground, earth (Lit)

យកមក --- ឥតការ [the power of my past virtue caused the gatekeeper to] reconsider, so that [I] was not needlessly condemned to oblivion

ស្ញប់ស្ញែង astonished, awed

ប្រឹង to feel like

ព្រែញង to shudder, have a chill of revulsion, creep (of flesh)

ភ័ព្វផា [it was] good luck, fortunate

កុំអីទៀត otherwise

លុះ (=ដល់)

លុះមរណា I would have died

អនេកអនន្ត /qanaek-qanαn/ great, extreme

យល់គុណ grateful, feel gratitude

ឥតនឹងថ្លឹងថ្លាថ្លែង inestimable, immeasurable

ប្រលះលែងទោសទុក្ខ to exonerate, excuse, exculpate

វវៀង oblique, wrong, misguided

បទវវៀង false charge, mistaken actions

ដោះសា to make excuses, to justify

យកទោសា (=យកទោស) take offense, bring charges

ឥតស្មើ beyond compare, extremely

ទ្រើយ (means of) support

នាងអ្នក people of rank, nobility

ចុះឡើង go back and forth (to and from his house)

ឥតផ្ទឹម with no equal, without equalling

នរលក្ខណ៍ /nɔɔreə̆q-leə̆q/ human quality, characteristic

សួស្តី (=សួស្តី) /suə/ blessed, felicitous (having those qualities which produce health, happiness, and prosperity)

លល់ស្រី exceeding all other women

២៤. ហង្សយន្ត

(គ្មានឈ្មោះអ្នកនិពន្ធ)

បុព្វកថា

សេចក្ដីដកស្រង់មកនេះ ថ្លែងពីព្រះបាទអាទិត្យវង្សា ក្រោយបានស្ដាប់ជាងសំណានទាំងពីរនាក់ ប្រកែកប្រកួតអួតអាងគ្នាអំពីការប៉ិនប្រសប់របស់ខ្លួនទីទៃហើយ ព្រះអង្គក៏ព្រះរាជទានមាសប្រាក់ទៅជាងទាំងពីរនាក់ ឱ្យយកទៅកសាងរបស់ផ្សេង ៗ តាមការចំណានរបស់ខ្លួន ។

ព្រះបាទអាទិត្យវង្សា ទ្រង់សព្វព្រះរាជហឫទ័យនឹងស្នាដៃនៃជាងទាំងពីរជាពន់ពេកណាស់ ទើបព្រះអង្គទ្រង់បង្គាប់ឱ្យជាងទាំងពីរនាក់រចនាធ្វើហង្សយន្ត ។

សេចក្ដីដកស្រង់មកនេះបង្ហាញនូវប្រឌិតញាណដ៏ឆ្នើមនៃសិល្បករខ្មែរ ដែលមានប្រាសាទអង្គរវត្តជាភស្តុតាងស្រាប់ ។

អត្ថបទ

(បទពំនោល)

កាលនោះជាងទាំងពីរនៃ	តាក់តែងឆាប់ក្រៃ	ក៏សឹងកាន់ការខ្មីឃ្មាត ។
ជាងមួយជញ្ជាប្រាសាទ	ប្រសើរស្អាងស្អាត	តំនួរតំនាប់បីប្រពៃ ។
ទាំងពីរព្រោងព្រាយល្អក្រៃ	មាសមានតម្លៃ	ពិចិត្រនូវរតនីរេខា ។
ត្រដែតតែមួយនោះណ៎ា	មានទ្វារចេញជា -	កំពែងប្រាំពីរជាន់ជុំ ។
ចតុទិសសសរស្ដម្ភ	មាលមាសទងទុំ	ក៏ទ្រប្រាសាទប្រាំពីរ ។
សសរមាសមួយមានពណ៌	ឆ្លាក់ឆ្លៀវភ្ញីវល្លិ៍	ត្របកបទុមសិបវរ ។
រចនាជាងគូររូបមករ	កទ្រសសរ	កពីទ្ធហើយពាំភ្ញីមាស ។
ក្ងង់ក្ងក់កញ្ជាក់ពេញពាស	ដាំត្បូងដេរដាស	រំលេចរំលោងឆ្លុះឆ្លៅ ។
ប្រចាសប្រចាលបីរន្ទាលល្ហៅ	មាលមាសឆ្អិនឆ្អៅ	ត្រចង់ត្រចះឆើតឆាយ ។
ត្របកបទុមរីករាយ	រៀងរាល់សព្វសាយ	ប្រពាក់ប្រពន្ធទងភ្ញី ។
ក្ដារដែបនត្រគទែងមាសថ្មី	ឆ្លាក់ឆ្លៀវល្លិ៍ភ្ញី	ជាត្រុឌករចាប់នាគា ។
ពោះទ្រងត្រគទែងសុវណ្ណា	កាងកោងហត្ថា	ក្រអើតក្រអួនស្ទួយស្ញើត ។

ភាពនាគហើយហាក់បីចំអើត រូបរស់កបកើត កកើតខ្លួនជើងគ្រុឌគ្រប់ ។
បង្អួចវិតនិទៀងសាយសព្វ ជើងទៀនទល់គ្រប់ របបរបស់រាល់រាយ ។
ដោយទ្វារប្រាសាទសព្វសាយ ឆ្លាក់ជារាហ៊ុក្លាយ ករចាប់ខ្លួនទងភ្ញីវល្លិ៍ ។
គ្រប់ជ្រុងសសររាយរាល់ ឆ្លាក់ឆ្លៅគ្រប់ព័ណ៌ ក៏ទៀងកិរាបភាពផង ។
រូបរាជសីហ៍ហោះផ្សង ចាប់អម្រឹតឃ្វង សម្តែងខ្លួនតេជមហិមា ។
កេសររាជសីហ៍សោតណ៌ា ចេញពីគុហា ហើយចាប់អស់បុប្ផផង ។
រូបគ្រុឌហោះឆក់នាគផ្គង សារពើភាពផង អនេកអនន្តគណនា ។
រូបហង្សចុះចាប់បុប្ផ ទទឹមទៀបគ្នា ប្រចឹកប្រចាប់ទងភ្ញី ។
ត្របកបទុមរីកខ្ចី រូបសត្វបក្សី ក៏សួសសៀរទំទង ។
រូបសេកសារិកាសោតហោង ទទឹមផ្សៀងផ្សង ក៏ចឹកផែនកេសរផ្កា ។
រូបបក្សីផងនានា ច្រើនពណ៌ភាសា ខ្លះហើរខ្លះលោតទំលេង ។
សាយសព្វប្រាសាទធំធេង ដោយផ្ទាំងខ្លួនល្វេង ប្រដាប់រចនាពិព័ណ៌ ។
មុខដាច់ដងក្តារទៀងរាល់ ហាក់ហង្សកែកមកាល់ មករក៏តាំក្អក់ពេជ្រ ។
ស្រក៏ស្រកាស្រស់ស្រេច ភ្ញីវល្លិ៍លូតលេច ត្របកបទុមរីករាយ ។
ត្រីសូលិ៍កំពូលតាងឃ្វាយ មាសម័យឆើតឆាយ ត្រដែតត្រដឹងដោមដួច ។
កំពូលកំពស់ស្រោងស្រួច ក្អង់ក្អក់រាល់រួច តាំងណែងដំណួចទឹកទាល់ ។
រូបទេពប្រណម្យទៀងរាល់ ករកាន់ភ្ញីវល្លិ៍ ពិពណ៌បុប្ផផងគ្រប់ ។
ប្រាសាទប្រសើរមណ្ឌប ឆ្លាក់ឆ្លៅសុសសព្វ សឹងរូបស្រីទេពអប្សរ ។
កាន់ផ្កាឈូកមាសដឹបវ៉រ ទ្រង់ពស្ត្រអម្ពរ ក៏ឈរគ្រប់រូបទៀងរាល់ ។
រានហាលគ្រប់ទ្វារមណ្ឌល ទៀងរួចទៅទល់ កំពូលកំពែងក្រោមក្រៅ ។
ក្អាក់ដែដោយរានហាលទៅ រូបនាគនិត្យនៅ សន្ធឹងសងខាងឆ្វេងស្តាំ ។
ឯក្បាលលើកពពារខាំ ផ្សៀងផ្សងឃ្លៀងឃ្លាំ នៅទ្វារប្រាសាទសុវណ្ណ ។
រាជសីហ៍សឹងឃោរហ៊ោហា កីផែលនលៀងភា ក៏ឈរជារជួរទៀងរាយ ។
ប្រែប្រឹងសម្លឹងឈ្លោកឆ្ងាយ មៀងមើលសព្វសាយ រង្គាត់ប្រយ័ត្នគ្រប់ទ្វារ ។

ប្រាសាទមាសម័យទន្ទាល រុងរឿងច្រាសច្រាល ចម្លាក់ចម្លៅស្រស់ស្រេច ។
រុងរឿងក្បូរក្បាច់រំលេច ឆ្លាក់ឆ្លៅស្រស់ស្រេច រលេមរលោងផ្អិនផ្អៅ ។
អម្រឹតមាសម័យចាំនៅ សាយសព្វស្ថានក្រៅ រហិតរហង់អាយនាយ ។
ល្អល្អះបីត្រចះឆើតឆាយ ផ្អិនផ្អៅព្រោងព្រាយ ពិចិត្រនូវរតនីរេខា ។
ហាក់ដូចពិមានឥន្ទ្រា ចុះចាកសួគ៌ា ក៏ស្រុតមកនៅផែនដី ។
ជាងមួយប្រដាប់ឃ្មាតខ្មី ជារូបបក្សី នៅរូបអម្រឹតសម្មាយ ។
សឹងជាជាងយន្តសព្វសាយ រូបសត្វទាំងឡាយ ដោយពណ៌ទីទៃនានា ។
យន្តមករបវរថ្លៃថ្លា ហែលលេងលីលា លលើកណ្តាលជលធី ។
ផ្លែកផ្លោះស្មោះស្មើទាំងទ្វី ស្រកានូវស្រកី រូហានវិញ្ញាណរូបរស់ ។
វាត់វាយទឹកខ្វាយខ្ពង់ខ្ពស់ អស់អង្គស្រេចស្រស់ ប្រដាប់សឹងមាសច្រាសច្រាល ។
យន្តនាគលោតលើកពពារ អរងងត្រអាល ក៏ហែលកណ្តាលជលសា ។
ឃ្មាតខ្មាញ់ហក់ដេញមច្ឆា ត្រីផងនានា វេរានឹងយន្តនាគនោះ ។
យន្តរាជសីហ៍ហៀវហោះ ប្រឹងប្រណ្ដាញស្ទុះ ក៏ចាប់អម្រឹតយង់ឃ្លង ។
យន្តកេសររាជសីហ៍ផង ចរចេញលេងលង ក៏ហោះកណ្តាលនភី ។
ចុះចាប់ក្តិចក្តាប់ទង់ភ្លី ព្រាចព្រានរួចធី រូហានរូបសត្វវិស័យ ។
ប្រែប្រឹងបីសន្ធឹងវិលវៃ នេត្រនោះបីរំពៃ ក្រឡេកក្រឡៅដីសម្លឹង ។
យន្តមួយធ្វើជារូបសិង្ហ ឈរឈប់ប្រែប្រឹង ក្រឡេកក្រឡៅនេត្រា ។
យន្តស្មាន់នូវយន្តលៀងភា ប្រយុទ្ធនូវគ្នា កណ្តាលវែនអាកាសកង ។
យន្តពូរារូបឥតឆ្គង ចរចេញលេងលង ក៏ហោះកណ្តាលវេហាស៍ ។
យន្តក៏វែលនសោតលីលា ពេបនឹងពូរា ក៏ប្រយុទ្ធកណ្តាលនភី ។
សហ័សក៏វែលនពាំភ្លី ទាំងទងរីកថ្មី ត្របកបទុមសុវណ្ណា ។
យន្តគ្រុឌឆ្វេងផាបនាគា នាគព័ន្ធហត្ថា សំដែងនូវតេជបីពន្លឹក ។
យន្តខ្លាចាំចាប់អម្រឹត ក្រាបក្រោមដៃព្រព្រឹក្ស ក្រឡាស់ក្រឡាប់ស្ទុះស្ទាត់ ។
ហាក់រូបរស់វិស័យសត្វ សុទ្ធសាធពេកក្តាត់ ក៏ស្ទុះក៏លោតវិលវិល ។

យន្តគជសារ សោតស្កឹមស្កៃ	គោតគៀងគោព្រៃ	ក៏ស្រប់ដោយម្លប់អង្គ្រា ។
យន្តគោ យន្តតោ មហឹសា	ភាពផងនានា	អនេកអនន្តណាស់ទៃ ។
យន្តបក្សីផងច្រើនក្រៃ	ទំដោយព្រឹក្សព្រៃ	ប្រចឹកប្រចាប់ទងភ្ញី ។
ខ្លះសោតសោតលេងដោយដី	ប្រដាប់ទងភ្ញី	ក៏ទំលេងលើព្រឹក្សា ។
យន្តសេកត្រូវយន្តសារិកា	ទឹមទំខាងគ្នា	ក៏ចឹកត្រូវបុប្ផផង ។
យន្តកិន្នរីសោតហោង	យាងយាលផ្សៀងផ្លួង	ទាំងតួក៏រេរារាំ ។
កេងកាងយាលយាងទន្ទាំ	បានបទលំនាំ	ជជូរជជាយកេសរ ។
យន្តរូបស្រីទេពអប្សរ	ទ្រង់ពស្ត្រអម្ពរ	ករកាន់ត្រូវភ្ញីទាំងទង ។
នេវាំទន់ភ្លន់លំញោង	ៈស្រេចស្រស់ឥតគ្នង	ស្រលួតស្រឡះនោមនោយ ។
អស់រូបសត្វផងសម្នាយ	ហាក់ពីសួគ៌នាយ	ច្យុតចុះចាកមកណ៎ា ។
ជាងទងទាំងពីរអង្គា	ចំណេះស្មើគ្នា	អនេកអនន្តពេកក្តាត់ ។
សម្តេចព្រះបាទចមក្សត្រ	ស្តេចឲ្យមណីរតនី	ពិចិត្រត្រូវមាសសុវណ្ណា ។
ឲ្យជាងតែងធ្វើផងគ្នា	ទាំងពីរអង្គា	ប្រដាប់ធ្វើជាហង្សយន្ត ។
ទើបជាងទាំងពីរគិតគន់	ធ្វើជាហង្សយន្ត	ប្រដាប់ត្រូវរតនីរេខា ។
តួហង្សបញ្ចាង់សោភណ៎ា	មាលមាសថ្លៃថ្លា	ក៏ដាំត្រូវត្បូងរតនីរាយ ។
លួសលេចក្បូរក្បាច់ក្លែបក្លាយ	ភ្ញីវល្លិ៍លេចលាយ	ក៏ប្រចាលរន្ធាលឆើតឆាយ ។
រាជហង្សច្រើនពណ៌សព្វសាយ	ស្លាមស្លាបកែកមកាយ	ពិចិត្រត្រូវរតនីរេខា ។
សរសើរកើតកេរ្តិ៍ ជ្រះថ្លា	កែវកែកមសុវណ្ណា	ក្រឡាបន្ទំបញ្ចាង្គ ។
ស្រាប់ស្រេចក្បូរក្បាច់អស់អង្គ	ទីនាំងយន្តហង្ស	សួរេចបរិបូណ៌ហើយណ៎ា ។
ទើបជាងទាំងពីរនាំគ្នា	យកហង្សសុវណ្ណា	ទៅថ្វាយសម្តេចជៀវស្អឹយ ។
ស្តេចទតហង្សយន្តមាសម៉ៃយ	សព្វព្រះហឫទ័យ	នឹងជាងទាំងពីរក្តាត់ហោង ។
ស្តេចឲ្យរង្វាន់ជាងទង	មាសប្រាក់កែវកង	អនេកអនន្តគណនា ។
ព្រះអង្គឲ្យយសសក្តា	ទាំងពីរស្មើគ្នា	សឹងជាចៅហ្វាយស្រុកស្រេច ។
កាលនោះព្រះបាទសម្តេច	ព្រះអង្គស្តែងស្តេច	គង់លើហង្សយន្តមាសម៉ៃយ ។

ស្តេចភើចខ្មែរហង្សមាសថ្លៃ   ហៀវហោះវឹងវៃ   រូបហានរូបរស់វិញ្ញាណ ។

ភើចយន្តភាពផងហោះធ្យាន   ហិចហើរហ៊ែមនមាន   ប្រចវ៉ាត់ឯអាកាសកង ។

ខ្លះឆ្មៀងឆៀងឆាបពីស្តុះផង   ខ្លះខំផ្សៀងផ្លូង   ចាប់នូវបុប្ផផលា ។

ក្បិណនោះព្រះបាទកង្ក្រតា   គង់យន្តលីលា   ស្តេចឆ្ពោះទៅទីព្រហិមពាន្ត ។

សប្បាយឡោះឡាយដោយឋាន   ព្រះទីព្រហិមពាន្ត   ច្រើនពណ៌អនេកគណនា ។

ព្រះបាទប្រពាតព្រឹក្សា   សួនវចហើយណាំ   ទើបស្តេចទៀងគង់យន្តយាន ។

ស្តេចភើចខ្មែរយន្តវិលថ្កាន   ទេពវិញ្ញពិមាន   ប្រាសាទប្រសើរសោភា ។

(រឿងហង្សយន្ត , ទំព័រ ២១ - ២៧)

ហង្សយន្ត

Introductory Note

ហង្សយន្ត /haŋ yuŏən/ Mechanized Swan (lit: motorized Hamsa)

អាទិត្យវង្សា /qaatɨt-wuŏəŋsaa/ name of a (mythological) king

ផ្ទាក់គ្នា back and forth, reciprocally, against each other

រចនា /raccənaa/ to design, create, fashion

ប្រឌិតញាណ /pradɨttəñiən/ creativity, imagination

Text

វ៉ៃន (used here for rhyme)

ជាងមួយ [as for] the first artisan, [his]...

ជហ្វា /ceăəqwiə, cəwiə/ curved extension of a temple roof; spire

ឋី literary adverbalizing particle: being, of a... manner, in a...manner

ចាំងពីរ (=ជហ្វាចាំងពីរ)

ព្រោងព្រាយ gleaming

ពិចិត្រ (=វិចិត្រ)

រតន៍ /roăət/ gem, precious stone

រេខា [forming a] design; ornate, superb

ត្រដែត to tower, loom, stand out, rise above all else

មានទ្វារ --- ជាន់ជំ had seven doors through seven concentric walls

ស្តម្ភ /sdam/ pillar (Lit)

មាល pure

ប្រាសាទប្រាំពីរ seven-tiered palace

ភ្ញី entwined flowers, flowering vine

មករ /məkaa/ fish (Lit)

ក្ពក់ a raised representation, a relief carving

ក្ពង់ក្ពក់ bas-relief carving

ដាំត្បូង inlaid with precious stones

រំលោង (=រលោង) polished, shining

ប្រចាល់ប្រចាល sparkling, glittering

រន្ទាល gleaming, sparkling

រល្ហា glittering, sparkling (?)

ត្រចង់ត្រចះ (=ត្រចះត្រចង់) brightly shining, brilliant

រាយរៀង arranged in consecutive order

រីក---សាយ all open and arranged in perfect order

ប្រពាក់ to overlap, be superimposed

ប្រព័ន្ធ to intertwine

ក្ដាររៀបន shelf, bench, flat step or stool

ទ៏ទន to sleep (Roy)

ករ hand; here: foot or claw (of the Garuda)

សុវណ្ណា (=សុវណ្ណ)

កាង to extend, stretch out, spread

ក្រអើត to stick out, thrust forward (the head)

ក្រអួន massive, stocky

ល្ងយ to hold aloft on the palm of the hand

រស្ទឹត up-thrust, thrusting upward

ភាព (here: រូប)

ហាក់បី (=ហាក់ដូច)

ចំអើត to stretch up on the toes

រូបរស់កបកើត life-like, as if alive

ជើងទៀន any slat or baluster used to support a railing (lit: candleholder)

ជើងទៀនទល់គ្រប់ every [window] supported by balusters

របបរបស់រាល់រាយ everything arranged in perfect order

រាហុ៍ /riəhuu/ mythological monster, having only the upper half of his body, thought to cause eclipses by swallowing the moon

ក្លាយ transformed

ក៏រៀងក៏រាបភាពផង perfectly arranged

ផ្សង to venture, prospect

អម្រឹគ (=ម្រឹគ) four-footed wild animals (Lit)

ឃ្នង arrogant, wayward, wicked; here: savage, mean

តេជ /daeceə̆h/ power

កេសរ hair; head (Roy)

កេសររាជសីហ៍ male lion (i.e. lion with hair)

ឆក់ to snatch

ផ្គង (=ប្រុងប្រៀប) to crouch, steel oneself against attack

សារពើភាពផង the whole scene, panoply

អនេកអនន្តគណនា indescribable, boggles the mind

ប្រចឹក to peck at reciprocally

ប្រចាប់ wrestle back and forth, wrangle over

ថ្មី newly, recently

ល្ជួ to walk (a rope, wire, branch, etc.)

ផ្អៀងផ្អង to incline, tilt (the head or body)

កេសរផ្កា pollen (of a flower)

ធំធេង spacious, vast

ល្វេង (=ល្វ៏ង)

ពិព័ណ៌ /pipɔə/ to show, exhibit

មុខដាច់ upper gabled roof (of a temple or palace)

ឆង្ការ eave board of a temple, frequently ornate and undulating like a Naga

ទ័កម ornate, decorated

កាល់ to couple (of animals; here: intertwined)

ស្រកី gill

ស្រកា scales (of a fish)

លូត to protrude, extrude, extend

ត្រីសូល៍ Siva's trident, three-pointed dagger; here: three-pointed

តាងឃ្វាយ globular ornament, often resembling a flame, surmounting a monument (lit: buffalo chin)

មាសម័យ pure gold

ត្រដឹង stick up high into the air, pierce the sky

ដូច high, remote, lofty

ត្រសោង straight, erect, pointing straight up

រាល់រួច (= រួចរាល់) all done, completely executed

តំណែង decoration; to decorate

ដំណួច bubble, drop, globule

ដំណួចទឹកទាល់ suspended droplet of water

ទេពប្រណម្យ /teep-prɑnɑm/ buttress in the form of a praying angel

មណ្ឌប /mŭəndup/ small ornate pavilion, usually crown-shaped

សឹង having, being

ស្រីទេពអប្សរ /srəy-teep-qapsɑɑ/ Apsara, heavenly maiden

ពស្ត្រ /pŏəh/ clothing (Lit)

អម្ពរ cloth, clothing

ពស្ត្រអម្ពរ (= អម្ពរពស្ត្រា) clothing; here: clothed, adorned

រានហាល porch, flat deck

រាន --- មណ្ឌល the deck [in front of] every door

ទៀង --- ក្រៅ extends to the roof of the outer wall

ភ្នាក់រឹជ hand-rail

និត្យនៅ (= នៅ)

ឃ្លៀងឃ្លាំ to watch, observe

ឃោរ ferocious

ហ៊ោហា to shout, roar, cheer

គីរ័លន a mythological monster

with a dragon's head

លៀងភា a goat-antelope

ឈ្ងោក to look down

រង្គាត់ all around, all over

រុងរឿង high, glorious, excellent

ចម្លៅ (= ចម្លាក់)

ក្បូរក្បាច់ (= ក្បាច់) artistic technique

រលេមរលោង polished, shining

រហិតរហង់ (= រហង់)

អាយនាយ here and there

ពិមាន dwelling of the gods, sumptuous dwelling

ស្រុត to descend, fall from heaven (both morally and physically)

ប្រដាប់ to fashion, work, adorn

ជាងយន្ត mechanic

ល + លើ tentatively + upon

ជលធី /cŭəlləthii/ ocean, body of water

ផ្លោកផ្លោះ to jump up, leap over

រូហាន like, similar (Archaic)

ទាត់ to beat, smack, swat

អស់អង្គប្រេច all over the body, the whole body

អរឯង he is happy

ត្រអាល fun-loving, carefree

ជលសា /cŭəlləsaa/ ocean

ខ្វាញ់ churning, spinning rapidly

ហៀរហោះ to fly

ស្ទាញស្ទុះ (= ស្ទុះ) to jump up, bound

យង់ឃ្លង (= ឃ្លង)

លង to test, to try

នភ sky, air (Lit)

ក្តិច to pinch, pinch off

ក្តាប់ to grasp, hold in the fist

បោច to pluck, pull off (grass, feathers, etc.)

វិស័យ sense, characteristic

សត្វវិស័យ living animal, real animal, living being

ក្រឡៀ wide-eyed

សិង្ហ /səŋ/ lion

ស្មាន់ a kind of deer

កង (=អឹងកង)

ឰរា (=ឰរាវ័ណ) three-headed elephant

សាហស bold, fierce, savage

ឆាប swoop down and carry off (as a hawk)

វៀងឆាប to make repeated passes looking for prey

ព័ន្ធបាទា entangle the feet, tie the feet (of the Garuda)

ពន្លឹក amazing, great, extreme

ព្រឹក្ស (=ព្រឹក្សា) tree, forest (Lit)

ក្រឡាស់ to turn over, roll over

សុទ្ធសាធ really, truly

គជសារ /kuccəsaa/ elephant (Lit)

ស្គឹមស្គៃ (=ស្គឹមស្គៃ) huge, enormous

កោតកៀង (= កៀង)

កៀង to drive (cattle), round up, herd together

ជ្រុប to take cover, go under a tree (of elephants)

មហឹសា /məhəŋsaa/ bull water buffalo

ខាងគ្នា close together

កិន្នរី /kənnərii/ a mythological bird-woman

យាងយាល to go (Lit, Roy)

កេងកាង swing the arms, put the hands on the hips, swagger (symbolic of arrogance)

យាលយាង (=យាងយាល)

ទន្ទាំ to preen, throw out the chest, draw oneself up

ក្បួនបទលំនាំ have a stylized manner, graceful style

ជជួរជជាយ hanging down almost to the ground

ជជួរជជាយកេសរ with flowing hair

រេរាំ to dance, sway back and forth

លំញង graceful, supple, fluid (of motion)

ស្រឡូន slim, slender

ស្រឡះ trim, clean, clear

ច្យុត fall from heaven (both morally and physically)

ជាងទង jeweler; here: expert artisan

ចម summit, peak; highest, supreme

មណីរត្ន /məniiroət/ precious stone

បញ្ចង់ fine, detailed, carefully done

មាលមាស pure gold

លួសលេច to stand out, be sharply defined

ក្លែបក្លាយ to change, shift (aspect or appearance)

ផ្លាម fold, retract (the wings)

ព័ក to cover, encrust, decorate

បញ្ចង្គ (=បញ្ចង់)

ក្រឡាបន្ទំបញ្ចង្គ [as] fine [as] the king's sleeping quarters

ទីនាំង royal conveyance

ជេស្ឋជ័យ supreme, highest

វ័ស្តងស្តេច the king, the person of the king, the king himself

វឹង right away, with a dash

យន្តភាពផង the other mechanized [beings]

ឆ្យាន have the power to transport oneself magically

ហិចហើរ (=ហើរ) to fly

ឆ្មៀង look sideways, scan one side

ពស្តុ /poǒəh/ (= Pali វត្ថុ) thing

ផលា /phαllaa/ fruit (Lit)

ហិមពាន្ត (=ហេមពាន្ត) Himalayas

ណោះណាយ happy, contented, blissful

២៥. ទិព្វសង្វារ

(គ្មានឈ្មោះអ្នកនិពន្ធ)

បុព្វកថា

ទិព្វសង្វារជា រាជបុត្រីនៃព្រះបាទផៃសុរិយា នឹងព្រះនាងផៃសុមាលី សោយរាជ្យសម្បត្តិនៅនគរកេតុជម្ពូ ។ លុះព្រះផៃសុរិយាទ្រង់សុវណ្ណគតទៅ មានយក្សមួយមកកំហែងចង់បាននាងទិព្វសង្វារធ្វើជាមហេសី ។ នាងទិព្វសង្វារមិនព្រមចុះញ៉ម ក៏លើកទ័ពទៅច្បាំងនឹងទ័ពយក្សខ្លួននាង ។

សេចក្តីដកស្រង់ទីមួយ ថ្លែងអំពីទិព្វសង្វារ រៀបចំព្រះអង្គនឹងចេញទៅច្បាំង ។

សេចក្តីដកស្រង់ទីពីរ ថ្លែងពីចម្បាំងរវាងទិព្វសង្វារ នឹងទ័ពយក្ស ។ ហេតុតែសំណាងនាង នៅពេលកំពុងច្បាំង ព្រះភិរុណ ដែលជាព្រះរាជបុត្រនៃព្រះបាទត្រៃបុត្តិ និងព្រះនាងចន្ទរត្នា សោយរាជ្យសម្បត្តិក្នុងនគរត្រៃបុរី មកជួយនាងឱ្យបាឈ្នះទ័ពយក្ស ។

- ទី១ -

អត្ថបទ

(បទពាក្យ ៨)

ទ្រង់ព្រះមកុដសុទ្ធគ្រឿងព្រះបិតា
ព្រះភូសាកម្ពលរត្នកោសេយ្យ
ឆ្លងព្រះអង្គទ្រង់រិទ្ធិរៀបល្អក្រៃ
ហើយពាក់ឆៀងមាល័យឆើតឆវង្ស ។
នាងតែងអង្គទ្រង់សុទ្ធព្រះបិតា
ក្លែងកាយជាក្សត្រាចេញរៀណរង្គ
ហាក់ព្រះពិស្ណុការប្រដាប់ទ្រង់
ទំនងអង្គល្អឆើតត្រូវស្នេហា ។
ព្រះហស្តនាងទ្រង់កាន់កោទណ្ឌសរ
ព្រះទំរង់បវរគួរសង្វារ
សុទ្ធសឹងតែជាគ្រឿងមានរិទ្ធិថ្លា
ទាំងភីលៀងកល្យាណីក៏ប្លែងកាយ ។
សឹងប្រដាប់រាជាគ្រឿងមហាក្សត្រ
ស៊ីសុវត្ថិស្រស់ស្រួលសែនឆើតឆាយ
តាមហែអង្គអគ្គទេតមិននឿយណាយ
នាងចូលថ្វាយទៀនធូបអភិវន្ទិ ។
លើកព្រះហស្តអញ្ជលីឱនកេសា
នមស្ការឥន្ទ្រព្រហ្មឥស្សរាពង្ស
ទូវអារក្ខសក្តិសិទ្ធិព្រមពុំលង់
ព្រះចមពង្សគ្រងក្រុងកៃលាសច័ក្រ ។
ទូវទ្រង់រិទ្ធិបីតាតរាវង្ស
សូមអញ្ជើញមកគង់ជាឥស្សរៈ

សូមផ្លែផ្កាញ្ញពួកទមិឡឱ្យមរណៈ   សូមទេវង្សទ្រង់សក្តិជួយឱ្យជ័យ ៗ
ស្រេចនាំប្អូនភីលៀងអនុជនាថ   យូរយាតហាក់ហង្សអង្គល្ងន់ថ្លៃ
ព្រមនារីចាស់ទុំស្ទុំសាវស្រី   កាន់ប្រាង្គជ័យបង្គំគាល់មាតា ៗ
ឯព្រះនាងព្រះផែសុមាលី   យល់ឆវីបុត្រីប្លែងកាយា
ត្រចង់ចែងសុរិលសក្តិសមរូប   ដូចជាដួងតារារះរិលវង់ ៗ
មិនមានល្សៀងឃ្លៀងឃ្លាតពីស្វាមី   នាងនឹកដើមមេត្រីវំដួលអង្គ
ព្រះន័យនីនេត្រហូរល្ហែងមិនរារង់   គិតដល់អង្គស្វាមីក្តៅឱរា ៗ
ព្រះហស្តឱបក្រសោបសង្វារឆោម   លួងប្រលោមផ្តែផ្តាំកូនសង្សារ
បើកូនចេញទៅច្បាំងនឹងអសុរា   កូនឱសង្សាហឹរវាំងកុំពាធី ៗ
ឱ្យចំរើនតេជៈឈ្នះពលមារ   ទាំងទេរាគាកុំបីពាល់ឆវី
ទាំងយក្សាកុំឱ្យស្គាល់បុត្រមណី   ជារូបអង្គនារីប្លែងកាយា ៗ
លុះស្រេចពរលាចេញចាកប្រាង្គរត្ន   ដល់កំណត់បានឫក្សព្រះសុរិយា
នាងគង់នឹកខ្លាចយក្សទន់កាយា   តែឆោមខំកំឡាចេញទៅរណរង្គ ៗ
ព្រមកំណាន់ភីលៀងហែឆោមនិម៌ល   ដល់កើយកែវមង្គលភ្លឺផ្លេកយង់
ព្រមទាំងពួកយោធាដែលត្រៀមទ្រង់   នាងឡើងគង់រថាទិមអស្សតរ ៗ
ព្រះភីលៀងសងខាងឆោមសោភ័ណ   ទ្រង់ព្រះសែងកៅទ័ណ្ឌខ័នសិល្បសរ
កាប៉ូរ៉ាល់តឿនពលផ្លុំត្រែឡូ   សារថីបើកបររថចេញទៅ ៗ
សន្ធឹកសូរស័ព្ទសេះនិងគជសារ   ស័ព្ទសកលសេនាហ៊ោរំពង
អង្គព្រហ្មិន្ទឥន្ទ្រាសុធ្យាទេវ្យ   សឹងមកជួយឱ្យជ័យឆោមធីតា ៗ
ទាំងព្រះពាយព្រះចន្ទព្រះអាទិត្យ   ជួយថ្វាយរិទ្ធិកក្រើកទាំងលោកា
បណ្តាលជាខ្យល់ព្យុះជួនកញ្ញា   ទាំងមហាប្រឹថពីលាន់ឮក្រៃ ៗ
ដោយអំណាចតេជៈរាជក្សត្រី   ចេញផ្លេកផ្លាញពួកយក្សចោរចង្រៃ
បណ្តាពួកកងទ័ពរិទ្ធិក្លាក្រៃ   មិនមានស្បើមថ្វីដៃអសុរមារ ៗ
មើលល្អអង្គល្អវង្សទ្រង់រាជរថ   ហាក់លឿនលុតលេបលយដោយវេហាសិ៍

ល្អភីលៀងអមមាឌប្អូនអគ្គា ល្អយោធា ហែហមអមរថា ៗ
សារផាត់ត្រែងសិកកៅទ័ណ្ឌទែង ប្រើនប្រុះប្រូងតួរស្ញែងក្រែងចេស្ដា
កំរើករិទ្ធិចង់ច្បាំងយកអាសា អួតអំណាចហានក្លាស្ទុះលេចលេរ ៗ
កងទ័ពស្រួចស្រុះស្រួលមិនរួញរា ខំបំពារលើកដល់ដែននគរ
ឃើញទ័ពយក្សផ្ដុំត្រែស្រែកហ៊ោខ្ទរ រៀបបញ្ឈរទ័ពទល់ចាំណោមមណី ៗ

(រឿងរិព្វសង្ការ, ភាគ ១, ទំព័រ ៥៣ - ៥៥)

\- ទី២ -

ទេវតយក្សាផារាជបុត្រ ខឹងរន្ធត់ស្ទើរឆេះក្នុងហឫទ័យ
បរគជេន្ទ្រស្ទាត់មុខដឹនកទេវ យឹតសរជ័យបាញ់តម្រង់ទៅវិមាណ ៗ
ព្រះភិរុណអង្គទេតកេតលោកា ឃើញយក្សាយឹតសរបាញ់កល្យាណ
ដែលអាណិតផ្សិតស្ដាយណោមនគ្គក្រាន និរបានហោះចុះឈរពាំងខ្មី ៗ
ទេវតយក្សាដែលក្លាវិទ្ធិ ឃើញភូមិត្រស្ដេចមកឈរថ្មី ៣
រឹងខឹងណាស់ស្ទុះលោតលើដីរ យឹតបាញ់ចក្រីដែលឯកល្យាណ ៗ
សរថ្លស់ខ្ទាប់ស្ដេចកាប់នឹងព្រះខ័ន សន្ធឹកលាន់ប្រេចវប្រាវហៅរូហាន
ពានវិទ្ធមានរិទ្ធិស្ទើហនុមាន ចិត្តក្លាហានចូលចាក់កគជសារ ៗ
ទេវតវាយវីធពានរនឹងដងធ្នូ ពានរស្ទុយកដងព្រះខ័នការ
ទេវតរឹងខឹងប្រឹងវាយ ស្វាពានរក្លាចាក់កដីរីកក្ស័យ ៗ
យក្សយល់ដីរស្លាប់លោតក្រទា ពង្រូនរាស្ទុះចូលល្បងតេជដៃជ
ពួកកុម្ភណ្ឌស្ទុះទាន់ក្រែលក្រាស់ក្រែក ពានរតតេជដៃជមិនរួញរា ៗ
ពានវិទ្ធយល់យក្សព្រួតសំពង ពង្រូនរាខំរងរួចក្រទា
ក៏ស្ទុះស្ទាក់ចាក់កាប់ស្លាប់មហិមា យក្សកីរត់ស្វាក៏រានាំគ្នាវិល ៗ
ទេវតយល់រាជហត្ថីស្លាប់ រឹងខឹងណាស់សន្ធាប់សន្ធឹកគិល
សង្កៀតធ្មេញស្ទុះទីមត្រហឹមងឹល ចាប់សរសិល្ប៍ទេវបាញ់កុមារា ៗ

សន្ធឹកសព្រលាន់អ័ព្ទនភី   ក្លាយកើតជាអគ្គីដោយចេស្តា
ភ្លឺរន្ទាលច្រាលឆ្អៅក្តៅបរិទ្យាហ៍   មកទៀបរាជរថាសង្ខារទីថ្លៃ ។
កាលនោះនាងនោមយង់ទ្រង់យល់ជាក់   រន្ធត់ថ្លើមស្ទើរធ្លាក់ញាក់ជើងដៃ
ដួនយល់ស្តេចនៅខាងនាងអរក្រៃ   ស្ទុះឱបបាទភូវនៃយទាំងអៀនអន់ ។
ព្រះទសពលទទួលព្រះហស្តស្រី   ហើយថ្លែងសរសង្ស្រីជាភ្លៀងជន់
រលត់ភ្លើងយក្សទីទួលន់   អស់មហាជនកងទ័ពស្រែកហ៊ោហា ។
កាលនោះអង្គពិនរាជអសុរី   យល់ចក្រីលត់ភ្លើងបានរួសរ៉ា
យក្សខឹងក្រោធហើយគិតសង្ស័យថា   អង្គព្រះផៃសុរិយាមានបុណ្យក្រៃ ។
កាលហង្សប្រាប់ថាមានតែបុត្រី   ជាឯកលើសសេនីយ៍គ្មានសង្ស័យ
លុះមកដល់យល់ប្អូនសង្ខារទីថ្លៃ   ឯងនឹងឆ្នៃថាក្មេងគង់ខ្លាចយក្ស ។
ឥឡូវលេចអាដែងបីនាក់នេះ   វ៉ាលោជិះសេះហោះមកជួយស្មាក់
ស្ទុះកាប់កដ៏រីកាប់ទាំងយក្ស   អានេះជាក់មិនជាពង្សនេះទេឡើយ ។
តម្រិះភ្លាងត្រាស់សួរទៅចក្រី   នៃម្តេចថ្វីឯងឈរស្ងៀមកន្តើយ
ឬហបហត់អត់អស់កម្លាំងហើយ   បានជាឈរធ្វើស្បើយដូច្នេះណា ។
អញមើលទៅអាណិតដ្បិតក្មេងណាស់   ក្រែងក្រឡាស់ត្រឡប់ស្លាប់អសារ
ហើយឯងនេះជាកូនចៅនរណា   ឬពូជពង្សានឹងព្រះផៃ ។
បានហ៊ានចេញច្បាំងតាំងរិទ្ធី   មិនមានគិតជីវិតនឹងក្សិណក្ស័យ
ដំណូចតូចយ៉ាងឯងប៉ុនពងចៃ   អញកាប់មិនស្កាំដៃនឹងមរណា ។
ខ្លួនឯងនេះប្រៀបដូចសត្វមមៀច   យល់ភ្លើងព្រោងព្រាចថាជា ៗ
ហើររះឆៀងឆាបលុះឆេះក្ស័យជន្មា   ចូរនាំគ្នាទៅ ៗ ស្លាយជីវិត ។
ព្រះភិរុណសុរិយ៍វង្សទ្រង់តបខ្សី   ថាទើយនៃអសុរីចិត្តមោហ៍មិត
កុំអួតធំដូចឃ្លោកស្គោកស្កុករិទ្ធិ   យើងតូចពិតដូចពេជ្ររឿងរង្សី ។
យើងឈ្មោះព្រះភិរុណមានចេស្តា   ព្រះបិតាយើងនៅត្រៃបុរី
ផ្សងពង្សពិតដូចពាក្យខ្លួនឯងស្តី   តែយើងឃើញឯងអប្រិយពេកណាស់សា

លើកទ័ពមកកំផែងក្រុងប៉ុណ្ណោះ   គង់អួតថាឯងចេះមានឫទ្ធិក្លា
អញនឹកខឹងប្រឹងខំនឹងប្រាថ្នា   ចង់សុំក្បាលពីស្មាអាឱ្យហើយ ៗ
កុំឱ្យកើតកង្វល់តទៅមុខ   នឹងពូជយក្សតំរក់នោះទៀតឡើយ
បន្ទូលភ្លាមស្រែកហៅថាយក្សអើយ   មកលេងគ្នាឱ្យហើយកុំខ្លាចថ្វី ៗ
អង្គពិនរាជច្បាធន្ទូស៊ីជាក់   ក្រោធស្មើរផ្គាក់ពីលើខ្នងដំរី
នេត្រក្រឡៅក្រឡាប់ក្រឡេកវៃ   ស្មើរនឹងស្ទុះទៅក្រញ៉ាឱ្យក្សិណក្ស័យ ៗ
ហើយស្ទុះលោតលេចគេចត្រវី   ចោលនៅចក្រអគ្គីចំជៀងស្ទជ័យ
ព្រះអង្គគេចយកព្រះខ័នកាប់វៃ   ច័ក្រលើលលឿនលត់ផុតទ័ពខាន់ ៗ
អសុរាវាយថែមនឹងដំបង   ស្ដេចកំរែងគេចចាក់នឹងព្រះខ័ន
ពួកពលយក្សស្ទាក់វាយឆោមសុវណ្ណ   ពានរចាក់នឹងព្រះខ័នត្រូវសេនីយ៍ ៗ
វលាហកហោះហក់ឆក់ថែបរខោក   ព្រួសរម៉ាកប្រាយធាក់យក្សស្លាប់ខ្មី
ឯក្រុងយក្សក្រឡះថយក្រោយប៉ី   ព្រះចក្រីថយវាំងនាងសង្ខារ ៗ
តែសេនាពលយក្សមួយសែនកោដិ   ស្ទុះប្រឡាតលោតចាប់កាប់នាយស្វា
ហើយសំដៅសំដែងថ្លែងសរថ្លា   លាន់សន្ធឹកកោលាទាំងផែនដី ៗ
មានសេនាឯកមួយឈ្មោះខុនពេជ្រ   សែនក្រោធក្រៃលោតលេចចេញមកខ្មី
ប៉ងប្រកាប់ចាប់យកអាជានេយ្យ   សេះធាក់យក្សវិវេះថយក្រោយ ៗ
វិវរតរាជបុត្រសែនខេខឹង   ប៉ងហោះមកតនឹងនាងសង្ខារ
ព្រះភិរុណយរខាងយឺតសរថ្លា   ថ្លែងត្រូវអង្គអសុរាដាច់សិរសី ៗ
ញ័ររន្ធត់ស្លុតស្លាំងទាំងអង្គា   ធ្លាក់ដល់ផែនពសុធារំពេចខ្មី
ព្រះលោហិតប្រចាសប្រចាលពាសពេញដី   យក្សសេនីយ៍ភ័យរត់ស្លុតគ្រប់គ្នា ៗ
ខ្លះស្ទុះចូលឱបសោយសោកស្ដាយ   ខ្លះភិតភ័យរត់ឆ្ងាយខ្លាចមរណា
ពង្សនរាពានរិន្ទនិងអស្សពាហិ   សឹងនាំគ្នាចូលគាល់ព្រះទសពល ៗ
ចៅក្រុងយក្សទតយល់រាជបុត្រា   សូន្យជីវាក្នុងទ័ពរត់វិលវល់
សែនខេខឹងនឹកស្ដាយបុត្រនិមល   ស្ដេចស្ទុះស្ទាក់កៀងពលចូលប្រយុទ្ធ ៗ
ហើយទ្រង់បែរមកយឺតថ្លែងសរថ្លា   ដោយចេស្ដាកើតជានាគសុទ្ធ ៣

ឱ្យសំឡេងខ ៗ ស្ទុះចំហុត   លូនដេញផុតនឹងទាន់ក្សត្រីថ្លៃ ។
ឯនោះមទិព្វសង្ហារទេវរាវង្ស   យល់នាគដេញជិតអង្គភិតភ័យក្រៃ
ប្រឹងកាត់ខ្វាសស្ទុះឱបបាទភូវនេយ្យ   ព្រះភិរុណរិទ្ធីក្រៃយល់ច្បានការ ។
ស្ដេចទ័នបអង្គឯបអូនជូនជិតស្និទ្ធិ   ព្រះនាសិតជិតថ្ពាល់ថែមថើបថា
នាងអៀនអង្គឱនភក្ត្រខ្មាសសេនា   ព្រះក្សត្រាត្រតែងប្រខ័នរិទ្ធិ ។
សន្ធាប់ស័ព្ទសន្ធឹកកញ្ឆាំង ៗ   រស្មីចាំងមេឃមីរខ្មៅងងឹត
ហើយក្លាយកើតជាគ្រុឌរូបរសពិត   ដេញចរិតចាប់នាគបរិភោគអស់ ។
ហើយស្ដេចទ្រង់ថ្លែងសរឥសីសិល្ប   បំណងនឹងផ្ដាច់ផ្ដិលជន្មយក្សស្មោះ
សរស្ទុះភ្លាមហើយហាក់ដូចរស់ស្រស់   លោទៅដល់ហើយផ្លោះដេញតែពល ។
ហើយត្រឡប់មកចូលបំពង់រត្ន   ព្រះមហាក្សត្រសង្ស័យគិតពីភាល់
ថាយើះ យើយក្សនេះរិទ្ធិសល់   សរចូលដល់ហើយចៀសមិនចាក់វា ។
បើដូច្នេះបងពានរនិងពាជី   កុំបង្អង់រិទ្ធីចៅក្រុងមារ
ឱ្យឆាប់ ៗ កុំរង់ទ្រង់រីរា   ទុកឱ្យវាបង្អង់កម្លាំងទាន់ ។
ព្រះភីលៀងទាំងពីរនិងអាជានេយ្យ   ស្ទុះចូលសង្គ្រាមជ័យវ៉ៃវសំខាន់
យក្សកិខ្លាំងសេះកិក្លាស្វាកិក្រាន់   លោតរន្ទាន់កាប់យក្សស្លាប់តរន្ទា ។
ពួកពលយក្សចាក់សេះលាន់សូរប្រចស   សេះធាក់ផសត្រូវយក្សស្លាប់មរណា
ម្ដងប្រាំបីម្ដងប្រាំបួនធួនគ្រប់គ្នា   ខ្លះមរណាពីការខ្លះបែកក្បាល ។
ពង្សនរាជារាជភីលៀងស្ដាប់   ស្ទុះចាក់សាបកាប់សំឈាមហូរប្រចាល
ពានរិន្ទលុកលុយទៅកណ្ដាល   កាប់ស្លាប់ហាលប្រមាណមួយសែនប្លាយ ។
ពួកពលយក្សស្លុតស្លាប់អាប់រិទ្ធា   ខ្លះពិការត្រាំត្រាវារត់ឆ្ងាយ
ចៅក្រុងយក្សយល់ពលស្លាប់គរកាយ   ស្ដេចសែនស្ដាយហើយក្រេវក្រោធសែនទ្វី ។
ស្ទុះគគឹកគគាក់ធាក់ផែនដី   ថាវុយ ៗ អាមាត្យមានរិទ្ធី
ចេញលេងឱ្យអស់ដៃក្នុងទីពទី   ចាប់មនុស្សនិងពាជីឱ្យឆាប់រ៉ា ។
ព្រះភិរុណសុរិយាវង្សទ្រង់សិល្បសែ   យល់យក្សកំពុងវាលដៃដេញសេនា

ទ្រង់ថ្លែងសរការមសិទ្ធិព្រះអាចារ្យ ដូចកង្ហាររប្រហាររអសុរី ។
សរប្រឹងខាល់យក្សប្រឹងខំទ្រត្តំស្មុះ សរចាក់ធ្លុះយក្សធ្លាក់ដល់ផែនដី
ដួលសន្ធឹងស្ដឹងស្ដូកតែមិនអី អសុរីគិតតាំងសតិត្រង់ ។
ហើយសូត្រសែកគាថា ដែលប្រសិទ្ធិ ព្រះសិរសាជាប់ស្និទ្ធដូចចិត្តប៉ង
ហើយហៀវខហោះលោតទ្យកន្ទ្យចមពង្រ ឈរសំដែងរិទ្ធិវង្គអសុរី ។
ព្រះភិរុណសុរិយំវង្សទ្រង់ចេស្ដា យល់យក្សារូបរស់ជីវិតខ្មី
ព្រះក្សត្រាបន្ទូលកាន់ក្សត្រី ថា រត្នពិសីសង្ហារវង្ស ។
ថាអ្នកអូនឱអូនតរុណរេត សុរិលភក្ត្រពិនកេតជាតិរាជហង្ស
មើលយក្សាត្រូវសរទូវកត្រង់ វាចេះផ្ទង់ទេវជាប់ជិតវិញបាន ។
ចូរអូនឱ្យសរមកបងលង ក្រែងទំនងទំនាយយក្សរូបហាន
កំណត់ជន្មចាំជួបសរទៅវិមាណ ទាន់យក្សវាធ្វេលប្រាណអួតចេស្ដា ។
ឆោមតរុណ ៗ រេតកេតនារី ក្រាបទូលតបវាទីព្រះជេដ្ឋា
កុំថាតែសរសិទ្ធិរិទ្ធីក្លា ទោះប្រាថ្នាដួងចិត្តគួរថ្វាត់ថ្វាយ ។
ព្រោះព្រះបងព្រះបាទមានព្រះគុណ ហៅមហាធ្ងន់គ្មានអ្វីប្រៀបអំបាយ
នឹងក្រាបទូលឱ្យជ្រាបដោយបរិយាយ ពីរឿងយក្សតកាយកើតដូចចិត្ត ។
ព្រោះព្រះឥសូរឱ្យពរវា ថាវៀរពីអាវុធខ្ញុំប្រសិទ្ធិ
ទោះនរណាក្លាហានចំណានរិទ្ធិ កាប់កាត់ជាប់សិរសិតគង់តបាន ។
ក្រោយទៀតទ្រង់ប្រទានព្រះទំរង់ នេះមួយវង់មកឱ្យប្អូនរក្សាប្រាណ
បន្ទូលភ្លាងនាងដោះរត្នសុរ្យកាន្ត ពីហត្ថអង្គទៅវិមាណថ្វាយក្សត្រា ។
ព្រះហស្តស្ដេចទទួលព្រះទំរង់ ព្រះករទ្រង់ទទួលកែវកញ្ញា
នាងក្រលៀសក្រឡេះទះហត្ថា ព្រះនាសាដល់ថើបព្រះគណ្ឌស្រី ។
ព្រះនាងបែរសំឡក់រឹតសំឡឹង ក្សត្រារឹងខិតជិតព្រះក្សត្រី
ព្រះនាងនឹកអៀនអន់ថយចេញខ្មី ព្រះចក្រីត្រេកទ្រង់ចិន្តាថា ។
ឱគន់ភក្ត្រ ៗ ល្អត្រចះ ដូចព្រះចន្ទចែងច្បាស់ស្រឡះថ្លា

គន់ព្រះនេត្រព្រះនាងទតដេផ្កា ដូចតារារះរៀងរះក្រឡង់សម ៗ
គន់ព្រះកាយប្រកបព្រះលក្ខណា គន់កេសាតូចឆ្មារខ្មៅឧត្តម
គន់ព្រះគណ្ឋាត់ផង់ប្រផូរសម គន់ចង្កេះរៀវក្លុំជារាងស្រី ៗ
តែលុដន់ដោះប្អូនស្ងួនចមក្សត្រ ម្ដេចក៏ឃាត់គ្នានជាប់ខ្នូវឧរី
ឬមិនមែនជាអង្គព្រះក្សត្រី ជាក្សត្រាធិបតីទេដឹងអើយ ៗ
ហើយលូកព្រះហស្តទៅថ្នមប្អូនថ្លៃ ព្រះសង្វាវចរណៃបរកន្តើយ
ព្រះអង្គកេរ្តកចើបថែមពុំចេះស្បើយ ធ្វើម្ដេចឡើយនឹងបានជាក់សេចក្តី ៗ
បើជាប្រុសសុំទុកជាប្អូនធម៌ បើនារីប្រសើររួមមេត្រី
ចិន្តាខ្វល់លុះភ្លាត់ភ្លាំងស្មារតី មិនគិតពីអសុរីនោះឡើយណា ៗ
ឯចៅក្រុងយក្សយល់ទ្រង់ក្រសោបបី ស្រែកចំអកថាវ៉ឺចៅមនុស្សា
មែនសនេះរបស់ផងនរណា ឯងកោតទេចេស្ដាពិនរង់ ៗ
ព្រះភិរុណថ្លើងថ្កានបានស្ដាប់ជាក់ ព្រឺប្រែភក្ត្រចាប់សនោងនោមយង់
យកចិញ្ចៀនសុរ្យកាន្តដោតនូវចុង ថ្លែងតម្រង់យក្សយង់កំពុងក្លា ៗ
សង្វឹកស្បូវថ្លស់ខ្វាប់សស្មុះភ្លែត លឿនក្រៃឆោតដោយជានអាកាសា
ចូលចាក់ធ្លុះសុរង់អសុរា ព្រះកេសាផ្ដាច់ធ្លាក់ចាកអង្គខ្មី ៗ
ព្រះលោហិតបាញ់ឆេវហូរប្រេះវិប្រ ក្រហមប្រាលព្រៃផ្សាសផែនដី
អសុរាស្ងួនជន្មលវិលខ្មី ចូលបំពង់ក្សត្រីឆើតឆោមឆាយ ៗ
ឯសេនាអាមាត្យមន្ត្រីយក្ស យល់ស្ដេចត្រូវសរចាកស្ងួនបង់កាយ
ស្ទុះប្រញាប់ប្រញាល់រត់ប្រញាយ ចូលព្រៃឆ្ងាយខ្លះពួនខ្លះផ្អើលរត់ ៗ
ព្រះភិរុណយល់យក្សក្ស័យជីវិត ទ្រង់លោមរាជវរមិត្រថ្លៃវិសុទ្ធិ
ហ៊ុំអូនមើលយក្សវាទិវង្គត់ ស្ងួនរលត់ជិតគ្នាប្រគងកាយ ៗ
អាមុខខៀវចង្កូមជាងមួយហត្ថ ដែលត្រូវសរកាត់ស្លាប់នៅមិនឆ្ងាយ
អានេះឯងដែលជិះតជេគ្រុក្លាយ ជាកូននាយយក្សាចៅធានី ៗ
មិនដឹងគុណបុណ្យបាបដើរកំហែង អួតថាឯងមានរិទ្ធិគិតញញក់ញញី

ចិត្តដូចលាមកនុករានសាងទេវី   លុះជីវិតមិនបានជាប់កាយា ។

ឯបណ្តាពួកពលបានយល់យក្ស   ស្លាប់ប្រពាក់ប្រពូនប្រែរកទៅហា

ព្រះភីរលៀងពីរពង្សអង្គអស្ចារ្យ   ចុះបង្គំក្សត្រាទ្រង់រិទ្ធី ។

(រឿងទិព្វសង្វារ, ខ្សែ ១, ទំព័រ ៦៤-៧៣)

ទិព្វសង្វារ

Introductory Note

ទិព្វសង្វារ Tip Sangvar, hero of the poem of the same name (lit: Magic Sash)

រាជបុត្រី /riəccəbottrəy/ princess, royal daughter

ព្រះបាទផៃសុរិយា King Phae Soriya, Tip Sangvar's father

ព្រះនាងផៃសុមាលី Queen Phae Somali, Tip Sangvar's mother

កេតុជម្ពូ /keetoq-cumpuu/ a kingdom in the Himalayas

សុវណ្ណគត /sowannəkuŏt/ to die (Roy)

ញ៉ម to be meek, submissive, subdued

ចុះញ៉ម to yield, submit

ព្រះភិរុណ Bhiruna, name of a prince

ព្រះបាទត្រៃបុត្តិ King Traipotti, Bhiruna's father

ព្រះនាងចន្ទរត្ថា Queen Chan Rattha, Bhiruna's mother

ត្រៃបុរី a kingdom in the Himalayas (lit: three cities)

Text (Part I)

ទ្រង់ព្រះមកុដ to put on a crown

សព្វ all of

ព្រះភូសា clothing, costume (Roy)

កម្ពល /kampuŏl/ woolen cloth

កោសេយ្យ /kaosay/ silk cloth

ស្បែក shoes (Roy)

ស្នៀង sash worn diagonally across the chest

មាល័យ /miəlay/ garland of flowers

ស្នៀងមាល័យ sash of flowers, garland of flowers

ឆវង្ស /chaa wuŏŋ/ six families (reference unknown)

សព្វ exactly, just like

រណរង្គ /rɨən-ruŏŋ/ battlefield

ក្លែង... រណរង្គ disguised as a prince going to battle

ពិស្ណុការ /pɨhsnaokaa/ Vishnu

ទ្រង់ royal 3rd person or reflexive pronoun

កោទណ្ឌ (=កោទណ្ឌ) a bow

សរ /saa/ arrow

ព្រះធំរង់ (finger) ring (Roy)

សង្វារ chain or sash worn across both shoulders, crossing at the chest and fastened with a pin or brooch

សិរីសួស្តិ /siisowat/ auspicious, felicitous

ស្រស់ស្រួស (= ស្រស់)

អគ្គរេត /qaqkəreet/ wellborn, of high lineage (?)

នឿយណាយ to tire, flag

អញ្ជលី (= អញ្ជលី) the joined palms

ឥសូរាពង្ស Siva

អារក្ខ /qaareəq/ evil spirit,

demon
សក្ដិសិទ្ធិ /saq-sət/ powerful, efficacious
ព្រម all together, including, even
ពុំលង់ straightaway, without delay
ព្រមពុំលង់ without neglecting, even including
កៃលាស name of a Himalayan mountain
ក្រុងកៃលាសច័ក្រ the realm of Kailāsa
ទ្រង់រិទ្ធិបីតាតារាវង្ស [and her] mighty father of stellar lineage
ឥស្សរះ: guardian
ផ្លេចផ្លាញ to destroy
ទមិឡ Tamil (i.e. pagan, wicked person)
ទេវង្ស angels, benevolent spirits
អនុជ /qanoc/ younger sibling (Roy)
អនុជនាថ young mistress (used as a possessive pronoun: her)
យាត (=យាត្រា) to go (Roy, Lit)
លូន់ល្វៃ graceful, supple
សាវ young unmarried girl
ប្រាង្គជ័យ (here: the palace)
ឆវី /chαα-wii/ of (lovely) complexion
សុរិល (=សរិល) body
សក្ដិសម /saq-sαm/ fitting, appropriate (Lit)
វិលវង់ to circle, encircle, orbit
ល្វៀង to deviate, be different, go astray
ល្វៀងឃ្លាត (=ឃ្លាតល្វៀង)
នឹកនើម to recall, think about
រំជួល moved, agitated
ព្រនយន៍ eyes (Roy)
ល្ហែង flowing softly

រារង់ to hesitate, hold back
ក្ដៅឱរា agitated, suffused with emotion
សង្ខារ (= ទិព្វសង្ខារ)
លួង to soothe, comfort, cajole
ប្រលោម to soothe, comfort, cajole
អសុរា (=អសុរ) demon, giant
ឃាធី (=ឃាត) to kill
ឲ្យចំរើនតេជះ may [your] power be enhanced
មារ Mara, enemy of Buddha
យក្សា (=យក្ស) ogre, giant
ស្គាល់ to recognize
មណី precious stone, jewel
ដល់កំណត់ --- សុរិយា at the fore-ordained auspicious time of day
ទន់កាយា to feel weak (with fear), irresolute
កំឡា to encourage; here: to take courage
កំណាន់ close, intimate, favorite
និម៌ល (=និម្មល) pure, faultless
ទេកីយ stile for mounting an elephant or chariot
មង្គល /mŭəŋkŭəl/ success, good luck, happiness
ផ្លេក to flash
យង់ intensifier for adjectives of clarity, brightness, etc.
រថា (=រថ)
សែង ray, gleam
សិល្ប magic, having magic power
កាប៉ូរាល់ (Fr. caporal) chief, commander
ត្រែ bugle, trumpet
ទ្យ loud, clear, sharp (imitative of the sound of a bugle)

សុកល happy, cheerful

ហ៊ោ to shout, to cheer

ទំទើព loudly, clamorously

ព្រហ្មិន្ទ /prummɨn/ Brahma + Indra

សុទ្យាទេទ្យ heaven, abode of the angels

ព្រះពាយ the wind (Lit)

ប្រឹថពី (=ប្រថពី) the earth

ផ្លេចផ្លាញ to destroy

សៀម afraid, intimidated

លុត (=លូត ?) to extend above, project

លេបលយ to glide, float

ហែហម to follow along in procession

សារផាត់ /saarəphat/ all kinds, everything

ទែង to defend

ប្រុះប្រូង bristling, sticking up

កំរើករឹទ្ធ bursting with power

យកអាសា to protect, defend

ស្ទុះលេបលេរ leap and feint

បំពារ to push against

លើក to dispatch, deploy (troops)

ខ្ទរ to vibrate, reverberate, resound

បញ្ឈរទ័ព arrange troops in formation

<u>Text (Part II)</u>

វិវរត /wɨyroə̆t/ name of the ogre with designs on Tip Sangvar

ស្កាត់មុខ across the path of, cutting off the advance of

ដឹនករវិ (meaning unclear)

យោវិយាណ youth (i.e. Tip Sangvar)

អគ្គរតេកតលោកា illustrious, glorious (?)

នគ្រកាន beautiful (?)

និវត្ថន appellation for Bhiruna

ពាំង to shield, block

ភូមិត្រ (=ភូមិន្ទ)

ចក្រី king, prince (i.e. Bhiruna)

លែងកល្យាណ instead of the princess

ថ្លស់ to release, spring back

ខ្វាប់ with a whoosh, with a swish

ប្រេវប្រាវ with a clang, with a clash

ឫហាន brilliant; bold, brave

ហៅឫហាន really brave

ពានរិន្ទ /piənərɨn/ name of Bhiruna's faithful monkey

វ័ធ (=វ៉ាត់) to slash, swish, lash

ធ្នូ bow, crossbow

ក្រទា to crouch aggressively

ពង្សនរា /puə̆ŋnəriə/ name of Bhiruna's faithful horse

តេជរឹជ prowess, auspicious power

កុម្ភណ្ឌ /komphoə̆n/ inhuman ogres

ក្រែលក្រាស់ (=ក្រាស់ក្រែល) many

តតេជរឹជ (=តរឹជ) to fight back, resist

ព្រួត to join forces against, gang up on

សំពង to club, beat with a club

រា to hesitate, hold back; here: to subside, cease

នាំគ្នាវិល return together, go back (i.e. /piənərɨn/ and /puə̆ŋnəriə/)

ហត្ថី /hatthəy/ bull elephant

គិល imitative of the sound of a roar of anger or emotion: with a roar

សង្កៀតធ្មេញ to grit the teeth,

grate the teeth, gnash the teeth
ទឹម to take an aggressive stance with hands on the hips
គ្រហឹម to roar (of an animal); to produce a throaty sound of displeasure or disapproval
ងិល imitative of the sound of a roar of displeasure
កុមារា boy (i.e. Tip Sangvar)

អ័ព្ទនភី darkening the sky, producing a fog, air heavy (with noise)
អគ្គី /qaqkii/ fire (Lit)

បរិទ្យាហ៍ burning, fiery hot

ទៀប near, close to

ថ្លើមស្ទើរធ្លាក់ (= ស្ទើរធ្លាក់ថ្លើម) to feel shock, acute distress
ជួន it happened that, fortunately, by chance
ភូវនេយ្យ /phuu-nɨy/ master, lord

ទាំងអៀនអន់ shyly, diffidently

ព្រះទសពល /preăh-tuăhsəpuŏl/ he who has the strength of ten powerful elephants (i.e. Bhiruna)
ផ្លែង to shoot, fire (an arrow)

រង្សី /reăŋsəy/ brilliant

ជន់ to flood, inundate

រំលត់ to put out, extinguish

លន់ extremely

ពិនរាជ /pɨnnəriəc/ father of /wɨyroŏt/ and king of the ogres
អសុរី (= អសុរ) ogre

ហង្ស an appellation for ព្រះទីផ សុរិយា

បុត្រី /bottrəy/ daughter (Eleg)

ឯង I (i.e. /pɨnnəriəc/)

ទ្ធិ to estimate, calculate, figure
លេច to appear, show up

អាថែង pejorative term of address or reference: you [there]!, [that] bastard!
មិនជាពង្សនេះ are not of [Tip Sangvar's] family
តម្រិះ to think, decide (Roy)

ភ្លាង (= ភ្លាម)

ថ្វី why?

ហប to puff, pant with mouth open
ស្ងៀយ unconcerned, indifferent, bland
ក្រឡាស់ត្រឡប់ on the other hand, contrarily; have a turn of fate, have a change of fortune
ឯងនេះ you (Pejorative)

ពូជពង្សា family, lineage

ព្រះទីផ (= ព្រះទីផសុរិយា)

សណ្ដូច (< តូច) smallness, (small) size
យ៉ាងឯង of your kind, of your type
ស្កាំ to be satisfied, sated, fulfilled
មមៀច gnat

ព្រោងព្រោច glimmering here and there
ជា ៗ that it is harmless

ជន្មា /cuŏnnəmiə/ life

ស្តាយជីវិត regret the loss of life

ព្រះភិរុណសុរិយវង្ស Bhiruna

មោហ៍មិត in a rage, blind with anger
ឃ្លោក gourd

ស្គោក pithy, dried out, dessicated
ស្កក stunted, undeveloped

ទ្រៀងរង្សី brilliant, glorious

អា you (Derogatory)

គំរក់ filthy, wicked

លេងគ្នា (Idiom) to fight

ក្រឡាប់ to roll, rotate

ក្រញី to scratch, mangle, shred (with teeth or claws)

ច័ក្រ /caq/ a magical flying disc with jagged teeth

ជេវ្យឈ្លជ័យ appellation for the Prince

លវឹល high in the air

លឿនលត់ extremely fast

ទិព (=គិទ)

ខាន់ (=ខ័ន)

វលាហក /wəliəhakaq/ horse (i.e. /puŏŋnəriə/)

ខោក to rap, strike (with the knuckles)

ម៉ោក imitative of the sound of rapping, knocking

ក្រញាយ to start, spurt, lunge (of a horse)

ក្រុង king, prince, the great... (Lit)

ក្រុងយក្ស king of the ogres (i.e. /pɨnnəriəc/)

ក្រឡះ (=ក្រលាស់)

ប៊ុ stealthily (?)

សំដែង to perform, display; here: to show off, posture

សរថ្លា (=សរវិថ្លថ្លា)

កោលា to throw into disorder, cause panic

ប្រឡោត to jump up, leap up, burst out

ខុនពេជ្រ (personal name)

ប្រកាប់ do battle, spar (with knives, swords, etc.)

វេះ /weh/ to slip away

ខេខឹង (=ខឹង)

ស្លាំង pale, drained of blood

ព្រះលោហិត blood (Roy)

សោយសោក to grieve

អស្សពាហិ /qahsəpiə/ horse (Lit)

ចៅក្រុងយក្ស king of the ogres

និមល (=និម្មល)

ក្យេង (=គ្យេង)

ខ ញុ imitative of a guttural hissing sound

ចំហុត (meaning unclear)

ផុត barely miss, almost reach, just about to, just out of reach

កាត់ខ្មាស to swallow one's pride

យល់ធានការ realize that things were going his way (i.e. with regard to Tip Sangvar's affections)

ទ័នប (=ទ័នបនិត្យ)

ជូន (=បញ្ជូន)

ព្រះនាសិក nose (Roy)

ថា (empty alliterative word)

គ្រវែង to toss away, throw away (a long object)

ប្រទ័ន (=ព្រះទ័ន)

មីរ somber, dark

ចំរិត following closely behind (?)

សរឥសីសិល្ប an arrow imbued with magic by the hermit (who had raised Bhiruna from childhood)

ផ្តាច់ផ្តិលជន្ម to kill

បំពង់ quiver, arrow-holder

ហើះហើ interjection of surprise

កុំបង្អង់--- ក្រុងយារ don't delay [in diminishing] the power of the ogre king

ទ្រង់ as if

វីរា (=វេរា) to hesitate, hold back

ទុកឲ្យ---ទាន់ [don't] let him have

the chance to diminish [our] strength

ព្រះភីលៀងទាំងពីរ the two servants (i.e. /piənərɨn/ and /puə̆ŋnəriə/)

សង្គ្រាមជ័យ victory

សំខាន់ crucial

គ្រាន់ pretty good, good enough

រន្ទាន់ repeatedly, in rapid succession

ច្រស /crɑh/ imitative of the sound of hacking, slashing (with a knife)

ផស /phɑɑh/ imitative of the sound of a dull thump or knock

ធួន appropriate, fitting

ពិការ to be crippled

សាប sable

ចាក់សាប to fence

សាំ riddled with marks, cuts, slashes

រិទ្ធា (= រិទ្ធី)

ត្រាំ to be damaged internally

ត្រាំត្រា mauled, injured internally

ក្រែកវ៉េក្រោធ (= ក្រេកវ៉េក្រោធ)

គគឹកគគាក់ imitative of a rumbling, thunderous sound (such as the approach of a train)

រុឹយ (= រុឹយ)

លេង (Idiom) to fight

ឡៀអស់ដៃ with all one's strength

សិល្បសែ (= សិល្បសរ) [taking] a magic arrow

វាស to gesture, wave, sweep

សរកាយសិទ្ធិ magical arrow

ព្រះអាចារ្យ the sage who raised Bhiruna from infancy

កង្ហារ fanwheel, gyroscope

ខាល់ to spin, twirl, whirl (of a fan or augur)

ទន្ទ្រំ to stomp the feet repeatedly, trample

ស្តឹងស្តុក (= ស្តុកស្តឹង) to lie motionless

មិនអី be O.K. (i.e. not really injured)

សតិ reason, memory, power of thought

តាំងសតិត្រង់ to think straight, deliberate, stop and think

សែក recite (magic formulae), incant

គាថា saying (esp. of the Buddha), proverb; incantation, magic formula

ប្រសិទ្ធ to bless (here: efficacious)

ឡក to dance and posture playfully, to clown

បមពង្ស king (i.e. Bhiruna)

រគ្គ war, battle

តរុណទេព young

ពិន highest point, pinnacle; supreme one

សុរិយភក្ត្រពិនកេត extremely fair of face and form

ផ្ចង់ concentrate on

វេទ Veda; magic formula

លង to try, test, experiment with

ទំនងទំនាយ fate, destiny

កំណត់ជន្ម predetermine [the length of] one's life, predetermine one's death

ក្រែង --- យោធិយាន in case the bold ogre is predestined to die by your arrow

ធ្វេសប្រាណ be off guard, careless of one's safety

វាទី the speaker, the one who spoke

ជេដ្ឋា older sibling (Roy)

ព្រះជេដ្ឋា king (i.e. Bhiruna)

កុំថាតែ not only

ថ្វាត់ថ្វាយ (=ថ្វាយ)

អំព្វាយ so, such, to such an extent

តកាយកើតដូចចិត្ត be able to rejoin one's body at will

វេរៀរ (=ពៀរ) retribution

អនុធា (=អនុធ)

ថាវេរៀរ --- ប្រសិទ្ធ his retribution [will come only] from my effective weapon

សិរសិត (=សិរសី)

ទំរង់ ring (Roy)

វង់ specifier for rings

បន្ទូលភ្លាង when [she] had said [this]

សុរ្យកាន្ត /sourəkaan/ sunstone

ទេវកញ្ញា precious girl (i.e. Tip Sangvar)

ក្រវេលៀស slip away, wiggle free, evade

នាសា nose (Roy)

ព្រះគណ្ឌ cheek (Roy)

ចែង to shine

ក្រឡង់ perfectly round

ផាត់ to powder, dab on powder

ប្រផុរ fine, smooth, silky, powdery

សុដន់ breast

ឧរី /qaorii/ breast, chest (Roy)

ក្សត្រាធិបតី /ksattraathɨppədəy/ supreme king

ធម៌ when following a kinship term: adopted, foster

ខ្វល់ bothered, confused, preoccupied

លុះ until, to the point of

ភ្លាត់ភ្លាំង shocked, speechless, dumbfounded, in a state of suspended consciousness

ចំអក to taunt, mock, make fun of

មនុស្សា (=មនុស្ស)

រង់ (=រុងរឿង)

ភ្លែត quickly, immediately

ដាន path, furrow, trace

អាកាសា (= អាកាស)

សុរង់ neck (Roy)

ផ្តាច់ (=ដាច់)

ឆរ imitative of the sound of gushing, pouring

ព្រេចវៀវព្រែច all over the place, spraying, spurting

ព្រៃផ្សៃ forest

ដាស spread all over, covered

ប្រញាយ scatter in all directions, pell-mell

ផ្គួល (=ផ្គើល?)

វិសុទ្ធ (=ពិសុទ្ធ)

ប្រគង crisscrossing, lying across each other

អាមុខខៀវ a green-faced one (some ogres are traditionally thought to have green skin)

គជេន្ទ្រក្លាយ magically produced elephant

នាយយក្សា ogre chief

ចៅធានី ruler of the city (i.e. of the ogres)

ញាក់ញី to mangle, maul, crumple; here: to destroy, wreak havoc

វេរី (=វេរា) trouble, misfortune, negative karma

សាងវេរី create negative karma

ប្រពាក់ប្រពួន piled up higgledy-piggledy

អស្សា /qahsaa/ horse (Lit)

បង្គំ (= ក្រាបបង្គំ) to bow with palms joined, make obeisance

២៦. រឿងព្រះជិនវង្ស

ដោយ

ហ៊ុង (ព្រះអរិយគាមណី)

បុព្វកថា

រឿងព្រះជិនវង្ស ច្បាប់ដើមមានពីរច្បាប់ប្លែកពីគ្នា ។ មួយច្បាប់មាន ១៥ ខ្សែ ។ ខ្សែទី ១ និងខ្សែទី ២ នៃច្បាប់នេះជាស្នាព្រះហស្តព្រះអរិយគាមណីហ៊ុង ។ ពីខ្សែទី ៣ ទៅខ្សែទី ១៥ ជាស្នាព្រះហស្តលោកគ្រូញាណត្តេរ ។ មួយច្បាប់ទៀតមាន ១៦ ខ្សែ ។ ច្បាប់នេះជាស្នាព្រះហស្តព្រះអរិយគាមណីហ៊ុងទាំងអស់ និពន្ធនៅគ.ស. ១៨៥៦ ក្នុងរជ្ជកាលព្រះបាទអង្គឌួង ។

រឿងព្រះជិនវង្សជារឿងមួយកំសត់ណាស់ ។ គេតែងយករឿងនេះទៅលេងល្ខោនជារឿយ ៗ ។ ព្រះជិនវង្សជាព្រះរាជបុត្រនៃព្រះបាទសុវណ្ណវង្ស និងព្រះនាងជិនបទ្ម ។ ដោយការចាក់រុកនៃស្នំឯករបស់ព្រះបាទសុវណ្ណវង្ស៣នាក់ទៀត ព្រះជិនវង្សក៏ត្រូវព្រះបិតាដាក់ទ្រុងដែកទម្លាក់ក្នុងសមុទ្រ តែហេតុតែបុណ្យរបស់ព្រះអង្គ ៗ ត្រូវបានភុជង្គនាគមកជួយហែកទ្រុងដែកយកចេញឲ្យបានរស់ជីវិត ។ ក្រោយមកទៀត ក៏ត្រូវមហាឥសីប្រោះឲ្យរស់ឡើងវិញក្រោយដែលយក្ខិណីម្នាក់វាសម្លាប់ ។

ក្រោយបានរស់ជីវិតហើយ ព្រះអង្គក៏ទៅបាននាងបទុមសុរិយា និងនាងសុវណ្ណរេខា ដែលជាបុត្រីរបស់ស្តេចយក្សឈ្មោះមាលិវ័ន និងមហេសីព្រះអង្គ នាងពិចិត្ររេខា ធ្វើជាព្រះអគ្គមហេសី ។

សេចក្តីដកស្រង់មកនេះ ថ្លែងអំពីព្រះជិនវង្សដែលមាននាងបទុមជាមួយផង ជួបប្រទះនូវគ្រោះថ្នាក់ជាលើកទី ៣ ។

អត្ថបទ

(បទភុជង្គ)

ហេតុពៀរពុំនៀរចាំចង ឲ្យនាងប្រាសផង ពីមហាក្សត្រា ។
មានខ្យល់កាចសល់មហិមា រំពេចវិលខ្វារ ទ្រលោមទឹកក្រែ ។
គួបទ្រង់យន្តហង្សចមត្រែ ឈូសរខ្លាំងក្រែ គួបហង្សក្សត្រា ។
គួបឡើងខ្ពង់ខ្ពស់ណាស់ណា ឆរឈូវិលខ្វារ ក្សត្រាក្សត្រី ។
ល្អុតល្អាំងភ័ន្តភាំងស្មារតី ហង្សយន្តពិសី ទៀបផ្កាប់ ៗ ផ្ងារ ។

ធ្លាក់នាងបទុមសុរិយា　ប្រាសពីក្សត្រា　មហាក្សត្រចមត្រៃ ។
ស្តេចខំប្រវាស្រីថ្លៃ　មិនបានផុតដៃ　ក្សត្រថ្លៃផ្កាប់ផ្ងារ ។
ចាប់ទាន់តែធ្នូខាន់ថ្លា　ខ្យល់គួចក្សត្រា　ទៅទីទៃក្រៃ ។
ខ្យល់គួចនារីរ័តន៍ថ្លៃ　គួចហង្សក្រៃ　ឆ្ងាយណាស់ពីគ្នា ។
ធ្លាក់ហង្សលិចក្នុងគង្គា　ធ្លាក់ព្រះរាជា　ទីទៃឆ្ងាយក្រៃ ។
អំពីនារីរ័តន៍ថ្លៃ　ធ្លាក់ព្រះចមត្រៃ　ដល់ក្នុងគង្គា ។
មច្ឆាភិតខ្លាចសម្ភារ　ផ្អើលផ្អូកមហិមា　ឆ្ងាយពីក្សត្រថ្លៃ ។
រលកបែកបោកខ្លាំងក្រៃ　បោកផាត់ក្សត្រថ្លៃ　ស្តេចហែលគង្គា ។

(បទកាកគតិ)

បទកាកគតី　យើងស្លេះស្រដី　ពីព្រះរាជា
ត្បិតមានបារមី　ដូចបានពណ៌នា　យើងស្លេះរាជា
ពុំបានថ្លែងឡើយ ។
យើងនឹងថ្លែងថ្លា　ពីនាងសុរិយា　នោះឯងវិញហើយ
កាលធ្លាក់ទេវី　ប្រាសពីត្រាណត្រើយ　ទៅទីទៃហើយ
ហេតុបារមីតា ។
កាលធ្លាក់ស្រីថ្លៃ　ដល់ទឹកជលស័យ　ឯអស់មច្ឆា
ព្រួសព្រួសទ្វឹក　ខ្វងទឹកជលសា　ធ្លាក់នាងនោះណា
សែនមហាខ្លាំងក្រៃ ។
ហាក់សុមេរា　ធ្លាក់ចុះសោះសា　ខ្ទប់នឹងជលស័យ
ព្រួសព្រួសទ្វឹក　គ្រេងត្រឹកខ្លាំងក្រៃ　ត្រីផងខ្លាចក្បៀយ
ភិតភ័យម្នីម្នា ។
ផ្អើលរត់ខ្វាត់ខ្វាយ　ប្រញាប់ប្រញាយ　ឆ្ងាយពីជាយា
មិនតែម្ល៉ោះហើយ　ហេតុបុណ្យសម្ភារ　កក្រើកដល់នា
នាមាមច្ឆា ។

សុវណ្ណឱ៍ដ៏វ៉ ក្រពើមាសម័យ រូងនៅបព្វតា
ក្នុងមហាសមុទ្រ ក្រពើគិតថា អញនៅនេះណា
កល្បសល់សែនហើយ ។

មិនដែលច្នេះណា កក្រើកបព្វតា រូងអញច្នេះឡើយ
នេះម្តងញទឹក សន្ធឹកច្នេះហើយ អញខានម្តេចឡើយ
ចេញទៅមើលដែន ។

ក្រពើគិតស្រេច រំពេចហែលត្រាច់ ពីរូងដៃ ៗ
ប្រៀវដៃប្រមុជរក ឃើញនាងប្រពៃ ទ្រង់ឆោមល្អមពៃ
ក្រពើនោះណា ។

ខ្លាចព្រះបារមី ស្រឡាញ់ក្សត្រី នឹកក្នុងចិន្តា
នឹងស្រង់នាងនាថ ករុណាប្រែកាឡា ខ្លួនជាធីតា
កន្ទុយវែងផង ។

ចូលពជាយា ពីក្នុងគង្គា ងើបឡើងជាម្តង
ពនាងទេវី ខ្ពស់ពីទឹកផង ក្សត្រីស្នេហ៍ស្ងួន
ភ្ញាក់ព្រះស្មារតី ។

នាងអរកន្លង លើកព្រះហស្តផង បង្គំឆាប់ក្រៃ
ហើយនាងធីតា ថ្លែងថាម្ចាស់ថ្លៃ ព្រះគុណធ្ងន់ក្រៃ
ឥតឯគណនា ។

មកស្រង់ខ្ញុំឆាប់ កុំអីខ្ញុំស្លាប់ នៅក្នុងគង្គា
ព្រះគុណនាងថ្លៃ ធ្ងន់ក្រៃមហិមា សូមទេពសម្ភារ
មេត្តាចម្លង ។

អញខ្ញុំនេះហើយ ឱ្យបានដល់ត្រើយ សមុទ្រនាយហោង
សូមថ្លៃធីតា មេត្តាខ្ញុំផង ឱ្យខ្ញុំនេះហោង
ដល់ត្រើយធរណី ។

ក្រពើនារី ឮនាងទេវី អង្វរថ្នោះខ្មី
ក្រិណានោះមច្ឆា ដណ្តឹងថាស្រី ក្រមុំប្រិមប្រិយ
នាងមកពីណា ។

បានជាមកធ្លាក់ ក្នុងទឹកតែម្នាក់ ឯងក្នុងជលសា
ហេតុម្តេចដូច្នេះ ចូរប្រាប់យើងរ៉ា នឹងជូនធីតា
ឱ្យដល់ត្រើយផង ។

ក្សត្រីរស់ជន្ម ឮនាងសុវណ្ណ ឱទីរ៉សួរសង
នាងប្រាប់សេចក្តី ឥតបីខ្វះផង ក្រិណានោះស្ទើស្ទង
សុវណ្ណឱទីរ៉ ។

ក្រពើកាឡ្យា ឮនាងធីតា ប្រាប់ហើយដេរ្វីក្រ
សឹងអាសូរនាង នេត្រភ្លាងថាហៃ បទុមថ្លាថ្លៃ
គាប់ចៃយើងបាន ។

មកស្រង់នាងឆាប់ កុំអីនាងស្លាប់ ក្នុងទឹកមិនខាន
យើងស្រង់នាងហើយ ជូននាងឱ្យបាន ទៅដល់ត្រើយត្រាណ
ត្រាច់រកសង្សារ ។

ក្រពើនារី ជាស្តេចជលធី សំណេះចរចា
នឹងរាជមហេសី សព្វគ្រប់ប្រការ ស្រេចហើយមច្ឆា
កន្ទុយវិធវីរ៍ ។

បក់ទឹកខ្លាំងក្រៃ ហែលលឿនប្រៀវវៃប្រ ទៅលុះដល់ឋែន
ត្រើយត្រាណធរណី ផ្ទៃខ្សាច់ប្រពៃ ក្រពើមាលម័យ
ដាក់នាងធីតា ។

លើខ្សាច់ហើយហោង ក្រពើស្ទើស្ទង លានាងធីតា
ហិចហែលទៅវិញ មុជស្ងាត់មច្ឆា ចាប់បរិភោក្តា
ចូលរូងវិញហោង ។

(បទព្រហ្មគីតិ)

យើងថ្លែងជាបទព្រហ្ម-   គីតិកាលអំពីនួនល្អង
ក្រពើមាសចម្លង   ដាក់ដល់ផងលើឆ្នេរខ្សាច់ ៗ
ហើយក្រពើការឡា   លាធីតាទៅវិញស្រេច
ក្រោយនោះនាងខំត្រាច់   រកសម្ដេចព្រះរាជា ៗ
នាងភិតភ័យតក្កមា   ហើយធីតារត់រេរា
រកមើលព្រះរាជា   ដោយគង្គាឆ្នេរខ្សាច់ផង ៗ
នាងពុំយល់ចក្រវិត   សម្លាញ់ចិត្តនាងឡើយហោង
នាងទ្រហោជាម្ដង   តក់ទ្រូងផងស្រែកយំថា ៗ
ថាឱព្រះជិនវង្ស   បាត់ព្រះអង្គទៅឯណា
មិនឃើញមហាក្សត្រា   បាត់ទៅណាអម្ចាស់អើយ ៗ
ខ្ញុំស្មានជាព្រះបង   ស្ដេចហែលឆ្លងដល់ត្រើយហើយ
មិនដឹងបាត់ទៅឡើយ   ឱប្ដីអើយដឹងជាម្ដេច ៗ
កម្មព្រេងអ្វីមកដល់   បាបអកុសលអ្វីមកផ្ដាច់
ព្រះមាសសង្សារសាច់   ផ្ដាច់ពីទ្រូងប្អូនបាត់ទៅ ៗ
កំពុងតែសប្បាយ   ក្សត្រឆោមឆាយនឹងប្អូនពៅ
ជិះយន្តទត្រីនៅ   សមុទ្រជ្រៅនៅនោះទេ ៗ
ម្ដេចមានខ្យល់អាក្រក់   ខ្លាំងដូចឆក់បក់វិលវេ
ប្រមាសយើងទាំងទ្វេ   ឱ្យទូរេប្រាសចោលគ្នា ៗ
នាងទួញនាងទូលទៅ   ថ្លែងដោយនូវពាក្យសច្ចា
ឱគុណកែវថ្លៃថ្លា   គុណទេវតាព្រះឥន្ទ្រា ៗ
សូមឱ្យគុណថ្លៃនោះ   ជួយអនុគ្រោះព្រះរាជា
ឱ្យរស់ព្រះជន្មា   បានជួបជាស្វាមីខ្ញុំ ៗ
សូមឆុតដូចសច្ចា   ខ្ញុំនេះណាប្រាថ្នាសុំ
កុំឱ្យប្រាសពីខ្ញុំ   សូមព្រះអង្គជួយនេះម្ដង ៗ
នាងផ្សងស្រេចហើយណា   ទើបធីតាប្រះប្រាណផង

ននៀលនៅនោះហោង សោកភ័យផងច្បាស់ស្មារតី ។
សូន្យសព្ទនៅនោះណា យូរមហិមាទើបមហេសី
នាងភ្ញាក់ព្រះស្មារតី ហើយក្សត្រីត្រាច់លីលា ។
ខិតខំរកស្វាមី រាជមហេសីសោកមហិមា
ដោរដន់ព្រះនេត្រា នេត្រជាយាទតទំទិព ។
សព្វថ្លុកចង្អូរខ្សាច់ ពុំឃើញស្តេចនៅនោះនៃ
នេត្រនាងភ្លាងទំទិព ទតទៅនៃសមុទ្រស្តែង ។
សមុទ្រធំកន្លង រលកផងបែកផ្កាត្រែង
នាងមិនឃើញស្តេចស្តែង ឃើញតែផ្សែងងងឹតត្រែក ។
នាងត្រាច់នាងរុករក ព្រះពន្លកដោយទីទៃ
សសិតបន្លាទិព្រៃ ថ្លក់ជាប់នៃព្រះកេសា ។
នាងសោយសោកបណ្តើរ ដោយដំណើរនាងធីតា
ទតយល់ហង្សបក្សា ទំសាខាដើមមហាហង្ស ។
នាងនឹកដល់ក្សត្រា នឹងធីតាទាំងពីរអង្គ
ជិះលើសុវណ្ណហង្ស ហោះបង្អង់មើលមច្ឆា ។
នាងសោកហើយក្សត្រី ត្រាច់ទៅខ្វីរកសង្សារ
យល់ចាបទៃព្រៃបក្សា ទំសាខាដើមធ្មេញត្រី ។
នាងនឹកដល់អង្គា កាលជាយានឹងស្វាមី
គង់ហង្សមាសមើលត្រី ហើយមហេសីសោកឥតស្បើយ ។
នាងសោករករសង្សារ ស្រក់នេត្រាត្រាច់ទៅហើយ
នាងរកពុំឃើញឡើយ ហើយធីតាយល់បក្សី ។
ពពេចទំពពាយ ក៏ទូរឆ្ងៀលឆ្ងាយចង់ចុះខ្សី
នាងនឹកដល់ស្វាមី ហើយក្សត្រីសោកាថា ។
ឱ៍ដើមពពាយអើយ អញយល់ហើយហាក់ខាតា

បំភ្លូកហង្សអញ្ញណោ　　ធ្លាក់កន្ត្រានឹងអញ្ញហោង ។
អពីហង្សមាសម៉ីយ　　ធ្លាក់ចុះនៃព្រាត់គ្នាផង
ពីព្រោះខ្យល់នោះហោង　　ព្រាត់ព្រះបងដូច្នោះហើយ ។
ជាតិនេះខ្ញុំព្រួសស្ដេច　　កម្មមកផ្ដាច់ព្រះត្រាណត្រើយ
សូមសព្វជាតិទៅហើយ　　ថ្លៃបងអើយខ្ញុំប្អូនស្រី ។
សូមជួបសព្វ ៗ ជាតិ　　កុំបីឃ្លាតពីចក្រី
បើស្ដេចកើតជាអ្វី　　ខ្ញុំប្អូនស្រីសូមកើតផង ។
សូមកើតជាពនិតា　　នៃកន្ត្រាដូចបំណង
សូមកុំឱ្យឃ្លាតហោង　　ដរាបផងដល់និព្វាន ។
និរទោសនិរទុក្ខា　　និរតណ្ហាក៏មិនមាន
ពាក្យអើយពាក្យពេជ្ញញាណ　　កុំឱ្យមានហៅឃ្លាតថ្លៃ ។
នាងខំត្រាច់យាត្រា　　រកសង្ហារទៅឆ្ងាយក្រៃ
វង្វេងភ្លេចអស់ព្វ　　តែស្រីថ្លៃខំដើរទៅ ។
ប្រទះសឹងសព្វសត្វ　　សាហាវក្ដាត់ក្នុងព្រៃជ្រៅ
សត្វផងឃើញនាងទៅ　　សត្វយោរយៅជៀសទៅឆ្ងាយ ។
នាងសោយសោកបណ្ដើរ　　ដោយដំណើរនាងនោមឆាយ
យើងស្លេះពុំនិយាយ　　នឹងបរិយាយពីកិន្នរី ។

(បទភុជង្គ)

ថ្លែងបទភុជង្គស្រដី　　មានស្ដេចកិន្នរី　　ពិសីពីរប្រាណ ។
មេបាកិន្នរថ្កើងថ្កាន　　ជរាបៀតបាន　　លុងលុះជន្មា ។
នៅតែបុត្រីស្នេហា　　នាងបងនាមា　　សុវណ្ណកិន្នរី ។
នាងប្អូនស្រីស្ងួនពិសី　　នាមកែវកិន្នរី　　ទាំងពីរកិន្នរ ។
នៅនាគុហាមាសថ្ម　　ក្បាច់ក្បូរល្អិតល្អ　　ពណ៌ថ្មនោះណា ។

បវររកិន្នរថ្លៃថ្លា	ដែនមានបរិវារ	កិន្នរច្រើនក្រៃ ៗ
ចោមចាំបំរើនាងថ្លៃ	មានកាលមួយថ្ងៃ	កិន្នរីទេ្វហារ ៗ
ទ្រង់គ្រឿងរុងរឿងសោភា	ហើយបបួលគ្នា	ទៅលេងព្រឹក្សព្រៃ ៗ
អស់ហ្វូងកិន្នរផងដែន	ហែហនាងល្មមល្ហៃ	ចេញលេងព្រៃផង ៗ
ច្រៀងលេងសើចលេងអឹងកង	បេះបានផ្កាផង	ថ្វាយនាងកិន្នរី ៗ
ទាំងពីរនារីប្រិមប្រិយ	ច្រៀងប្រួចប្រសី	សរសើរផ្កាថា ៗ
បងអើយបងបេះពីណា	នេះផ្កាចម្ប៉ា	ក្រអូបឈ្ងប់ក្រៃ ៗ
កិន្នរថ្វាត់ថ្វាយផ្កាថ្លៃ	ខ្ញុំបេះពីព្រៃ	មកថ្វាយថ្លៃលេង ៗ
ទាំងពីរនារីទទ្ទេង	ទទួលផ្កាលេង	ក្រសាលសប្បាយ ៗ
កាច់ដៃករេរាំថ្វាត់ថ្វាយ	ផ្សៀងផ្អងនាយអាយ	មើលផ្កាចម្ប៉ា ៗ
បក្សីកិន្នរីនានា	កាច់ដៃកាយា	រាំហែហនាងថ្លៃ ៗ
នារីទាំងពីរប្រិមប្រិយ	កាន់ផ្កាពិសី	ដោយខ្លួនឈានឈរ ៗ
បោះផ្លាស់ប្តូរគ្នាវិលវិរ	ទទួលចាប់យកី	បានត្បិតលំនាំ ៗ
ស្ទុយស្ទើតចំអើតទន្ទាំ	ទន្ទេរេរាំ	លំនាំត្រូវគ្នា ៗ
កិន្នរីពិសីសោភា	ត្រេកអរកាន់គ្នា	ប្តូរផ្កាសប្បាយ ៗ
កិន្នរខ្លះផ្លាស់ផ្កាថ្វាយ	កិន្នរខ្លះឆ្ងាយ	ថ្វាយបន្តគ្នា ៗ
ខ្លះទៅបេះផ្កាម្នីម្នា	បានហុចឱ្យគ្នា	ផ្កាយ៉ាងល្អក្រៃ ៗ
លន្តពុតផ្លែដកដៃម៉	មាលតីរីកក្រៃ	ចម្ប៉ាក្តាំងងា ៗ
បេះបានថ្វាយបន្តគ្នា	ផ្លាស់ឱ្យពុំងា	បានលេងសប្បាយ ៗ
កិន្នរខ្លះទៅរកឆ្ងាយ	ឃើញនាងឆោមឆាយ	ក្នុងព្រៃនោះណា ៗ
ភ្ញាក់ព្រើតខំអើតងាកងា	ស្រទាងបក្ខា	ប៉ុនប៉ងនឹងហើរ ៗ
មើលជាក់ឃើញនាងប្រសើរ	មិនបានជាហើរ	សម្លបស្លាបវិញ ៗ
ធ្វើប្រាណកន្ត្រាន់មើលមិញ	សម្លបស្លាបវិញ	ប្រថាំងនឹងព្រៃ ៗ
ផ្សៀងកប្រចហមាត់ដែន	រពឹងរំពៃ	យល់នាងល្អណាស់ ៗ

ភក្ត្រល្អងប់ព្រងត្រចះ ឡើងលេចល្អណាស់ ល្មមថ្លៃអង្គា ។
កិន្នរត្រេកអរមហិមា ខានរកមាលា វិលវិញជាម្តង ។
ដើរហើយទទះស្លាបផង ឆាប់ក្រៃកន្លង ដល់នាងកិន្នរី ។
ទ្រិនអង្គបង្គំទូលខ្មី ថាម្ចាស់ពិសី ខ្ញុំទៅរកផ្កា ។
ប្រទះនឹងស្រីនោះណា ក្នុងព្រៃព្រឹក្សា ម្នាក់ឯងទៅហ៊ាន ។
សម្បុរសំបកខ្លួនប្រាណ ល្អពន់ប្រមាណ ព្រះភក្ត្រប៉ីប្រៃ ។
នារីទាំងពីរថ្លាថ្លៃ ឮហើយអរក្រៃ ចង់ឃើញពេកក្តាត់ ។
កិន្នរលែងផ្កាចោលថ្វាត់ រាជកិន្នរសត្វ បបួលគ្នាថា ។
ប្អូនអើយយើងទៅមើលវ៉ា ឱ្យឃើញដូចថា វាល្អម្តេចហោង ។
ប្រិមប្រិយស្រដីសើចផង ឆោមឆាយញ៉ែងញ៉ង យាងយាសយាត្រា ។
ឯអស់កិន្នរបរិវារ ហែនាងយាត្រា កាន់ផ្កាភ្ញីផង ។
នារីទាំងពីរស្នេហ៍ស្នង ត្រាច់ទៅហើយហោង ដល់ហើយក្សត្រី ។
ឃើញនាងទ្រង់ឆោមពិសី ទាំងពីរកិន្នរី ដណ្តឹងទៅថា ។
នាងអើយនាងមកពីឯណា នាងល្អថ្លៃថ្លា មករកអ្វីនែ ។
នាងល្អមហាល្អប្រពៃ ចូរប្រាប់មកនែ ឱ្យយើងដឹងផង ។
បទុមសុរិយាខ្លួនល្អង ឃើញកិន្នរផង មកកាន់ក្សត្រី ។
នាងថ្លែងប្រាយប្រាប់ទៅខ្មី អស់សព្វសេចក្តី ហើយថាថ្លៃអើយ ។
អញមកម្នាក់ឯងឥតត្រើយ ព្រោះអញនេះហើយ ព្រាត់ប្រាសពីប្តី ។
អញមករកព្រះចក្រី ក្រែងបងកិន្នរី បានឃើញព្រះបង ។
ស្វាមីអញឯងនេះហោង ក្រែងបងឃើញផង ប្រាប់កុំលាក់ឡើយ ។
កិន្នរីប្រិមប្រិយឆ្លាស់ឆ្លើយ នាងបទុមអើយ យើងមិនឃើញទេ ។
ព្រៃអាយមិងមានទំនេរ នឹងភ្នែកយើងគេ យើងត្រាច់សុសសាយ ។
មិនឃើញប្តីនាងឆោមឆាយ សោះទេថ្លៃអាយ ព្រៃអាយស្ងាត់ក្រៃ ។
យើងសូមអញ្ជើញស្រីថ្លៃ នាងនៅអាយក្រៃ នឹងយើងជាម្តង ។

ក្រែងបុណ្យប្តីនាងបានផ្សង បានរស់រូបឆ្លង មកតាមនាងថ្លៃ ។
មកដល់ព្រៃអាយផងពួ យើងនាំនាងថ្លៃ ស្កាត់រកព្រះបង ។
បទុមសុរិយា នួនល្អង ស្តាប់ចូរចិត្តផង ទើបនាងឆ្លើយ ថា ។
បើទៅខ្ញុំសោតទៅណា បើនាងមេត្តា ដូចថានេះម្តង ។
អរគុណនាងលន់កន្លង ខ្ញុំនឹងទៅផង ចាំរក្សាមី ។
ទាំងពីរនារីកិន្នរី ពួនាងពិសី ព្រាក់ព្រមទៅផង ។
កិន្នរត្រេកអរកន្លង បោសអង្អែលខ្នង នែនាងស្រីថ្លៃ ។
ខ្លះបេះបន្លាពីស្បៃ ពីសក់ស្រីថ្លៃ ស្រេចហើយកិន្នរ ។
ទាំងពីរសោមនស្សស្មោះសរ អញ្ជើញបវរ បទុមសុរិយា ។
ថាថ្លៃអើយចូរយាត្រា ទៅនឹងយើងរ៉ា ឱ្យដល់គុហា ។
ឋានយើងសប្បាយមហិមា អញ្ជើញលីលា ទៅឥឡូវហោង ។
បទុមសុរិយា នួនល្អង ពួកិន្នរផង អញ្ជើញក្សត្រី ។
ទៅឯគុហានោះខ្មី ទើបនាងពិសី យាងយាសយាត្រា ។
កិន្នរនាំនាងធីតា ដលនេត្រទ្វារ បណ្តើរនាងទៅ ។
បានដល់គុហាលំនៅ ឱ្យនាងស្រីពៅ ស្រង់ព្រះគង្គា ។
សឹងយកទឹកអប់គន្ធា កិន្នរទ្វារ កាន់ទឹកដោយដៃ ។
ទើបនាងផ្លាស់ព្រះពស្ត្រថ្លៃ ផ្លាស់គ្រឿងអស់ពួ ហើយកិន្នរផង ។
ស្រោចស្រប់ស្រង់នាងនួនល្អង លាងធូលីផង នួនល្អងល្អក្រៃ ។
ភ័ក្ត្រប្រិមញញឹមប៉ប្រៃ នាងទ្រង់គ្រឿងថ្លៃ ស្រេចកិន្នរី ។
រើសយកផលា ថ្មាងថ្មី មានរសពិសី ឱ្យនាងភោក្តា ។
នាងនឹកដល់មហាក្សត្រា ខានសោយផលា សោយសោកាណល់ ។
កិន្នរឃើញនាងសោយសល់ ពុំបានសោយផល សោយតែសោកា ។
នាងកែវកិន្នរធីតា នាំនាងលេងណា កំសាន្តសោកផង ។
មិចភ្នែកនិយាយស្នេហ៍ស្នង ទៅកាន់នាងបង សុវណ្ណកិន្នរ ។

ថាអ្នកបងថ្លៃបវរ សុវណ្ណកិន្នរ ចូរអ្នកបងរ៉ា ។
មើលយាមឲ្យនាងសុរិយា តើថ្ងៃឯណា នឹងជួបប្ដីផង ។
ត្បិតយាមអ្នកផុតកន្លង តែងទាយត្រូវផង មិនដែលខុសទ្រែក ។
មើលឲ្យពិនិត្យពិស្ម័យ រាប់ខែរាប់ថ្ងៃ ឲ្យជាក់ជាម្ដង ។
សុវណ្ណកិន្នរស្នេហ៍ស្នង មើលមុខគ្នាផង ដឹងដោយប្រាជ្ញា ។
ថាប្អូននាំនាងសុរិយា កុំឲ្យសោកា នាំកម្លាផង ។
នាងដឹងដូច្នោះហើយហោង ទើបនាងស្នេហ៍ស្នង សុវណ្ណកិន្នរី ។
ធ្វើជារាប់ជើងរាប់ដៃ វរអូចស្រដី យូរបន្តិចថា ។
ជាហេតុដែលន្យទេវា នាំបុត្រធីតា សុវណ្ណកិន្នរី ។
ឲ្យនាងទាយត្រូវទៅខ្មី ទើបរាជកិន្នរី ស្រដីទាយថា ។
ប្អូនអើយយាមបងនេះណា ចំណានទាយថា មិនដែលខុសម្ដង ។
ឯប្ដីសុរិយានួនល្អង ស្អែក ៣ នេះហោង ជួបគ្នាហើយណា ។
ធ្វើស្លូតមុខមាត់ទាយថា ប្រាកដច្នេះណា ស្អែក ៣ នេះហោង ។
បទុមសុរិយានួនល្អង ឮកិន្នរបង ស្រដីច្នេះទ្រែក ។
នាងជឿវីមិនមានសង្ស័យ នាងត្រេកអរទ្រែក នឹងកិន្នរថា ។
នាងត្រាន់រសាយទុក្ខា ហើយទើបធីតា នាងសោយផលផង ។
ឯនាងកិន្នរទាំងសង យល់នាងនួនល្អង ស្បើយសោកហើយណា ។
ត្រេកអរដោយនាងកម្លា កិន្នរទ្វេហារ សោតសឹងអរទ្រែក ។
បងប្អូននាំនាងស្រីថ្លៃ លេងសើចសព្វថ្ងៃ មិនឲ្យមានហ្មង ។

(បទកាកគតិ)

បទកាកគតី ថ្លែងពីមហេសី ស្លេះនៅនេះហោង
យើងនឹងថ្លែងពី ពោធិច្បាស់ច្បង ហង្សភ្លូកហើយហោង
ធ្លាក់ព្រះរាជា ។

ស្តេចភ័យរួសរាន់ ឈោងចាប់មិនទាន់ ព្រះប្អូនឃ្លាតឃ្លា
កាន់តែព្រះខ័ន នឹងធ្នូសរថ្លា ធ្លាក់ព្រះរាជា
ចុះដល់ទឹកខ្សី ។

មច្ឆាទាំងឡាយ ភិតភ័យរត់ឆ្ងាយ ខ្លាចព្រះបារមី
គឺមោះកម្មស្តេច ពីព្រេងជាតិ តាមទាន់ចក្រី
ឱ្យរងវេទនា ។

កាលធ្លាក់ពោធិ ក្នុងមហានទី កាលនោះរាជា
ស្តេចសៀតខ័នថ្លា ធ្នូសរសោភា ធ្នូព្រះរាជា
អណ្តែតស្កុងស្កល់ ។

ស្តេចហែលពពាក់ នឹងធ្នូសរអ្នក អណ្តែតដោយកល់
ដោយទឹករលក ខ្យល់បោកខ្លាំងសល់ ស្តេចហែលតាមខ្យល់
ពុំយល់ទិសត្រើយ ។

ព្រះមហាក្សត្រក្សាន្ត ស្តេចអធិដ្ឋាន សីលប្រាំស្រេចហើយ
ស្តេចនឹកដល់គុណ ទូលទុក្ខជាត្រើយ ក្រុណាពុំលង់ឡើយ
ស្តេចសោយសោកា ។

ថាឱ្យអញមកក៏ ដែនក្នុងសាគរ ទឹកទ្រែបនេះណា
ហេតុកម្មមកផ្តាច់ សម្រេចសង្ខារ ច្នេះបានធីតា
អញបបួលផង ។

ឥឡូវនេះនែន ស្លាប់ដោយទីទៃ ប្រាសស្តេចច្នេះហោង
បងយកប្អូនមក ថាជាសុខផង មិនដឹងឡើយហោង
នេះម្តងមកក្ស័យ ។

ពោធិសម្ភារ ស្តេចទុកចិត្តថា ព្រះអង្គក្សិណក្ស័យ
ត្បិតយល់សមុទ្រ ទូលាយធំក្រៃ ទើបមហាក្សត្រថ្លៃ
ទួញទៅជននី ។

នឹងព្រះបិតា ព្រះឱស្ឋគិតថា ឱគុណទាំងពីរ
សមកូនពុំបាន សងគុណទាំងទ្វី ឱព្រះជននី
មកជួយខ្ញុំផង ៗ

គុណកែវទាំងបី នូវគុណកោសិយ សូមជួយខ្ញុំផង
ឱ្យខ្ញុំបានរស់ ជាមនុស្សនេះម្តង ឱ្យខ្ញុំបានសង
គុណព្រះមាតា ៗ

ហេតុតែបារមី សច្ចំខន្តី កតញ្ញូតា
ស្តេចសាងច្រើនជាតិ មកពេកណាស់ណា កាលមហាក្សត្រា
នឹកគុណនានា

ឱ្យជួយស្តេចផង នឹកដូចថ្នោះហោង ហេតុបុណ្យរាជា
ជ្រួតជ្រាបដឹងដល់ សម្តេចឥន្ទ្រា ហាក់ដូចរាជា
ថាទៅកាមា ៗ

ព្រះឥន្ទ្រញូជាក់ បែរបើកទិព្វចក្ខុ ទតយល់ក្សត្រា
ស្តេចដែលលំបាក ក្នុងទឹកជលសា ព្រះឥន្ទ្រថ្លៃថ្លា
ដឹងថាចមត្រៃ ៗ

ព្រះឥន្ទគិតស្រេច តែមួយរំពេច ចាកឋានទិព្វថ្លៃ
ទំត្រែត្រឹងស្រួតា ហៀវហោះប្រៀវប្រៃ ដល់ទឹកជលស័យ
ឆ្ងាយពីក្សត្រា ៗ

សមមើលឃើញផង ព្រះឥន្ទច្បាស់ច្បង បានប្រែកាឡា
ជាចាស់មួយអ្នក សក់ស្កូវសោះសា ហើយកាន់ច្រវ៉ា
ឱនអុំនាវា ៗ

ធ្វើនេសាទផង ទូកតូចកន្លង ហើយលេចមហិមា
ប្លេងប្លេងអែបមក ទៀបដល់រាជា ធ្វើឈប់ទេរា
បាចទឹកទូកផង ៗ

ឮតែរខោក   រលកខ្យល់បោក   ប្លេងព្លេងផ្អៀងផ្អង
ហាក់នឹងក្រឡាប់   ផ្កាប់លិចជាម្តង   ហើយស្រែកថាផង
ខ្យល់ម្តេចម្ល៉េះណា ៗ

ឯក្សត្រតោកយាក   ប្រឹងហែលលំបាក   ឮមាត់មនុស្សា
ស្តេចទតមើលទៅ   ស្មានជាពិតា   ពុំឃើញសង្សារ
ឃើញឯតាចាស់ ៗ

ជិះទូកតូចលន់   ហើយលិចពេកពន់   គាត់ខំច្បាចណាស់
ស្តេចទតជាក់ហើយ   ឃើញជាមនុស្សចាស់   ស្តេចអរពេកណាស់
ត្រាស់ហៅទៅផ្គង ៗ

ថាតាអើយតា   ស្រង់ខ្ញុំផងណា   ឲ្យរស់នេះម្តង
តាមកអាយមក   យកខ្ញុំទៅផង   យកតែបុណ្យហោង
មកណាអើយតា ៗ

ឯតាកោសិយ   ឮព្រះនរបតី   ហៅថ្នោះហើយណា
ធ្វើជាមិនឮ   មិនឃើញសោះសា   ប្រឹងច្បាចឈ្លូរា
ប្រវ៉ាវ៉ាតគាស់ ៗ

តម្រង់ទូកទិក្រ   តែនៅនោះនែ   ប្លេងព្លេងដោកដាស
ឱន ៣ ដើប ៣   ទទាំងទទាស   ក្រិណឆ្លូតក្រិណគាស់
ធ្វើមិនឮផង ៗ

ឯពង្សពុទ្ធា   យល់ចាស់ព្រឹទ្ធា   មិនឮហៅហោង
ទើបមហាក្សត្រា   ហៅទៀតជាម្តង   តាអើយស្រង់ផង
នែតាអើយតា ៗ

ឯអង្គកោសិយ   ឮព្រះចក្រី   ស្រែកហៅណាស់ណា
ទើបធ្វើជាភ្ញាក់   កន្ត្រាក់សិរសា   ចំអើតហើយណា
ច្បាំងដៃមើលក្សត្រ ៗ

ធ្វើហាក់វាហើយ មិនចង់ស្រង់ឡើយ ទ្រគោះស្តីថ្វាត់
ចង់ល្បងលចិត្ត ចិន្តាមហាក្សត្រ ចង់ដឹងប្រតិបត្តិ
ព្រះមហាក្សត្រថ្លៃ ។

ទើបឆ្លើយទៅថា វាមកពីណា ហៅអញជួយទីក្រ
ស្រណោះពេកណាស់ ឱ្យស្រង់ម្ចាស់ថ្លៃ កោតតែចេះស្តី
បញ្ញាតជាល្បែង ។

កំឡាំងគាត់ណា មកឧបការ បំរើអញឯង
មកលង់លិចទូក ស្រែកហៅក្តែង ៗ ឱ្យស្រង់អ្នកឯង
មិនស្រង់ទេទី ។

ទូកអញផងអញ អញជិះម្នាក់អញ អញអំពល់អី
នឹងឯងដែលយំ យោបំហាស្តី បញ្ញាតទេថ្វី
អញកោតតែថា ។

ស្មើអញជាខ្មោច មិនដឹងស័ព្វសោច ជាមនុស្សឥតការ
ហាក់មកបញ្ញាត លើមើលទេណា មករករបរការ
អ្វីឱ្យអញឯង ។

ក្សត្រហែលគង្គា ព្ធចាស់ព្រឹទ្ធា អសុរោះថ្លាថ្លែង
ប្រកែកពីស្រង់ ព្រះអង្គជាក់ស្តែង ទើបស្តេចថ្លាថ្លែង
លោមទៅទៀតថា ។

ឱតាម្ចាស់ថ្លៃ កុំថាថ្នោះនែ យកបុណ្យទៅតា
ស្រង់សត្វលង់ទឹក បានបុណ្យណាស់ណា ស្រង់ខ្ញុំផងរ៉ា
ទៅណាទៅផង ។

ខ្ញុំចេះអុំណាស់ នឹងវាតនឹងគាស់ ខ្ញុំចេះណាស់ហោង
បញ្ញានូវខ្ញុំ អុំហើយច្បាចផង ឯអ្នកតាហោង
មិនឱ្យព្រួយឡើយ ។

ឯចាស់កាទ្បា ខឹងជាក្សត្រា បន្ទូលជាក់ហើយ
ស្តីត្រូវនឹងវត្ត ប្រតិបត្តិជាត្រើយ ពាក្យប្រសើរហើយ
ទើបថែងទៅថា ៗ

ហៃមហាសប្បុរស បើចេះទាំងអស់ វាតគាស់ម្តេចម្តា
ប្រាកដដូច្នោះ តាស្រង់អ្នកណា ឱ្យរស់រូបា
យកបុណ្យនេះម្តង ៗ

បុណ្យអ្នកឯងណា ឱ្យចម្លងតា ដល់និព្វានផង
ជាតិនេះឯតា ចម្លងអ្នកហោង ដល់ជាតិក្រោយផង
អ្នកចម្លងតា ៗ

ក្សត្រហែលជលធី ឮតាចាស់នី- យាយប្រាប់ច្នោះណា
ទើបពុទ្ធង្កុល បន្ទូលទៅថា តាអើយអឺតា
អើខ្ញុំព្រមហោង ៗ

តាចាស់កោសិយ មាត់តែស្រដី កាន់ប្រវាផង
ខំអុំតម្រង់ ដល់ក្សត្រច្បាស់ច្បង ឯក្សត្រទិទ្ធិវង្គ
យល់ទូកតូចខ្លី ៗ

លឿនជិតមកហើយ ដល់ជិតបង្តើយ ទើបព្រះចក្រី
ស្តេចលើកធ្នូសរ ជាក់លើទូកខ្មី ទើបព្រះនរបតី
ទ្បើងលើនាវា ៗ

ស្តេចទ្បើងគង់ហើយ ក្សត្រាត្រាណត្រើយ ប្រឹងទប់អង្គា
មិនឱ្យដោកទូក ខ្លាចតាព្រឺទ្វា ហើយព្រះរាជា
បន្ទូលទៅថា ៗ

អ្នកតាកុំអុំ ទុកឱ្យតែខ្ញុំ ឱ្យតែប្រវា
មកខ្ញុំនឹងអុំ ទៅឥតទ្បូវណា ប្រាប់តែផ្ទះតា
នៅត្រង់ណាទិន ៗ

តាចាស់កាឡា ពួកក្សត្រថ្លៃថ្លា ទារប្រេចវាដែរ
នឹងអុំនាវា ដូចថាច្នោះដែន ទើបតាចាស់ដៃវ
រវៀសឆ្លើយថា ។

អ្នកកុំអុំឡើយ នៅតែស្ងៀមហើយ បាចទឹកឱ្យតា
អ្នកទប់តែខ្លួន ឱ្យនឹងអាត្មា ត្បិតទូកនេះណា
ពៀបហើយងោកក្រែ ។

ពោធិសម្ភារ ពួចាស់ចិត្តជា មិនឱ្យក្សត្រថ្លៃ
អុំនាវានោះ ក្បិណនោះចមត្រែ ស្តេចគង់ស្ងៀមក្រែ
ទប់តែអង្គា ។

ព្រះហស្តកាន់ស្នាច ប្រុងតែនឹងបាច ទឹកក្នុងនាវា
ទឹកសោតពុំមាន នឹងឱ្យរាជា បានបាចគង្គា
ក្នុងទូកនោះឡើយ ។

ឯឥន្ទកាឡា ដឹងជាក្សត្រា ពុំស្គាល់ស្តេចហើយ
ទើបអង្គឥន្ទអុំ ទៅពុំលង់ឡើយ ហើយឥន្ទត្រាណត្រើយ
ធ្វើសួររាជា ។

ថាអ្នកឯងហោង មកតែហលថ្វីផង នៅក្នុងគង្គា
មានបើហេតុអ្វី មករងវេរា ម្នាក់ឯងកំព្រា
ចូរប្រាប់តាផង ។

មហាក្សត្រថ្លៃថ្លា ពួចាស់កាឡា សាកសួរដើមទង
ទើបសាស័ព្ទប្រាប់ អស់ស្រេចជាម្តង ហើយក្សត្រច្បាស់ច្បង
សួរទៅតាថា ។

តាឯងនេះផង ផ្ទះតានៅហោង ឯត្រើយខាងណា
ចៅនៅច្នោះកូវ ទៅត្រូវនឹងតា តាចាស់កាឡា
ថាហើយអុំផង ។

តែមួយចង្ហូរ រំពេចដល់ទៅ ត្រើយនាយជាម្តង
ហើយទើបថ្លែងថ្វាត់ ប្រាប់ក្សត្រច្បាស់ច្បង ថាតាចម្លង
អ្នកដល់ត្រើយហើយ ។

ចូរអ្នកឯងណា ឡើងរកលង្ការ កុំបង្អង់ឡើយ
ចូរអ្នកខំរក ទីព្រៃនេះឯងហើយ គ្មានផ្ទះនៅឡើយ
ឯនាយនោះណា ។

ពោធិ៍ច្បងច្បាស់ ឮពាក្យតាចាស់ ប្រាប់ឱ្យក្សត្រា
ឡើងរកមហេសី នៅទីព្រៃនោះណា ទើបក្សត្រថ្លៃថ្លា
ទ្រង់ផ្ទួជយា ។

ស្តេចសៀតព្រះខ័ន ស្រេចស្តេចរួសរាន់ ចុះចាកនាវា
ហើយបន្ទូលថា តាអើយខ្ញុំលា អរគុណមហិមា
ខ្ញុំលាហើយតា ។

ឯព្រះឥន្ទ្រា ឮព្រះរាជា ចុះត្រាច់យាត្រា
លាទៅថ្ហាះហើយ ទើបចាស់កាឡា ថាអ្នកទៅណា៎
តាលាទៅហើយ ។

ទើបព្រះឥន្ទ្រា ធ្វើអុំនាវា ទៅពុំលង់ឡើយ
កំបាំងអពី ពោធិត្រាណត្រើយ ក្សិណពុំលង់ឡើយ
ប្រណែប្របកាឡា ។

ជាព្រះឥន្ទ្រា ហោះហើរវេហាសិ៍ ទៅទីត្រៃត្រឹង្សា
សោយសុខសម្បត្តិ នឹងរត្នពនិតា នាងស្រីសុជាតា
ដូចដើមសព្វថ្ងៃ ។

(រឿងព្រះជិនវង្ស , ខ្សែ ២ , ទំព័រ ១០៣ - ១១៩)

រឿងព្រះជិនវង្ស

Introductory Note

ច្បាប់ issue, version, copy; specifier for stories, books, newspapers, etc.

ព្រះអរិយគាមណី /preăh-qariyeăq-kiəmənii/ ecclesiastical title

ហ៊ឹង (personal name)

ញាណថេរ /ñiənəthei/ ecclesiastical title

សុវណ្ណវង្ស /sowannəwuŏəŋ/ name of Preah Chinavong's father

ជិនបុប្ផា /cɨnnəbopphaa/ name of Preah Chinavong's mother

ចាក់រុក to sow discord, slander for one's own purposes

ស្នំឯក ranking concubine

ភុជង្គនាគ /phuccuŏəŋ-niəq/ Naga

ហែក to tear open, tear a hole in

ប្រោះ to restore to life, resurrect (by magic)

យក្ខិណី /yeăqkhənəy/ female ogre

បទុមសុរិយា one of Preah Chinavong's wives

សុវណ្ណទេវា one of Preah Chinavong's wives

មាលិន្ទ ogre king, Preah Chinavong's father-in-law

ពិចិត្រទេវា ogre queen, Preah Chinavong's mother-in-law

Text

ពុំនៀវ (=ពៀវ)

ចង to ensnare, catch up with, devolve on

ហេតុពៀវពុំនៀវចាំចង by the inevitability of fate

នាង (i.e. បទុមសុរិយា)

មហាក្សត្រា (i.e. ព្រះជិនវង្ស)

រំពេច suddenly, instantly

ខ្វារ (=ខ្វាល់) whirling madly

ព្រទលោម forming a great cloud

គួច to whirl, churn (of wind, water)

យន្តហង្ស (=ហង្សយន្ត) a mechanized swan (frequently occurs as a magical conveyance for heroes in mythological literature)

ចមត្រែ king (i.e. Preah Chinavong)

ឈូឆរ imitative of the sound of rushing, gushing

ផ្លុក to have something occur to one; here: euphonic after /pqaəl/

ផាត់ to blow (of wind)

យើងស្លេះទាជាពុំបានថ្លែងទៀយ we will leave off talking about Preah Chinavong

សុរិយា (=បទុមសុរិយា)

ត្រាណត្រើយ (here: ព្រះជិនវង្ស)

បាទមីតា (= បាទមី)

ជលស័យ /cuŏəlləsay/ ocean

ខួង dented, sunken, concave

សែន extremely

សុមេរា (Mt.) Meru

គ្រេងគ្រឹក (=គគ្រឹកគគ្រេង) thunderously, tumultuously

ជាយា wife (Roy)

មិនតែម៉្លោះ not only that, furthermore

មា in large numbers, many

និទ្ទ៍ gold

កល្ប /kal/ (= កប្ប /kap/) an age, long period of time

កល្បសល់សែនហើយ for ages, for an extremely long time

អញខានម្ដេចទៀយ How can I not...

ល្មម well-proportioned and petite

ល្ហិ soft, pliant, supple

ក្សណ just then, thereupon

ធីតា girl, daughter (Lit)

កន្លង extremely

ឥតឯគណនា immeasurable, inestimable

ទេពសម្ភារ heavenly virtue (term of address for the mermaid)

ថ្ពោះ (=ឆ្ពោះ)

សង back, in return

នាងនេត្រ precious girl

បទុម (=បទុមសុរិយា)

គាប់ថៃប (=គាប់ជួន) fortunately, by good fortune

ត្រើយត្រាណ (=ត្រើយ)

សំណេះ to reminisce, exchange personal information

វ័ធ (=វាត់) to swish, beat, flail

វ៉ៃ (=វាយ) to hit, strike, beat

វ័ធវ៉ៃ to swish, beat, flail

បក់ to beat, fan, flap

ហិចហែល swim with undulating movements

បរិភោគគ្គា (=បរិភោគ)

តក្កមា /taqkəmaa/ frightened, alarmed

វត់វេវា run haltingly

ចក្រវិត (=ចក្កវត្តិ, ចក្រពត្តិ) king, emperor

សម្លាញ់ចិត្ត [her] beloved

ទ្រហោ to wail, moan loudly

គក់ beat with closed fists

សាច់ [my own] flesh (i.e. her husband)

វិលវៃ (= /wɨl-wɨy/; /wee/ to rhyme with /twee/ in next line)

បម្រាស to separate (tv)

ទូរ far, distant

ទួញ to lament

ទូលទៅ speaking to [Preah Chinavong]

សូមឆុតផ្លុចសច្ចា please answer my prayers, fulfill my request

ផ្សង invoke aid, trust in [God]

ប្រះ throw oneself down (as from fatigue, exhaustion)

សូន្យសញ្ញ (=សញ្ញសូន្យ) to die out, be extinguished, completely silent

ដោរជន់ to overflow, brim with

ចង្អូរ small ditch, channel, canal

វ៉ៃបក់ផ្កាវ៉ៃត្រង (Idiom) to break violently (of waves)

រុករក to search

ព្រះពន្លក Tender One (i.e. Preah Chinavong)

ដោយទីទៃ everywhere, in various places (?)

សសិត a kind of sharp-bladed grass

ថ្លក់ to hook, catch at

ដោយដំណើរ by the act of

បក្សា /baqsaa/ (Pali pl.) birds; male bird

មហាហង្ស a kind of tree

សុវណ្ណហង្ស /sowannəhaŋ/ golden swan (i.e. Preah Chinavong's mount)

អត្តា (Pali pl.) themselves

ពពាយ a kind of vine with edible fruit

ឆ្វៀលឆ្វាយ circling around

វាតា wind (Lit)

បំភ្លូក to overturn, upset

វ៉ៃន (=ឆ្ពុះ)

ព្រាត់ be separated

សព្វជាតិទៅហើយ in future reincarnations

ពនិតា /pŭənnitaa/ woman, wife (Poetic)

និរទោស /niərətooh/ blamelessness, innocence, absence of

guilt
និរទុក្ខា /niərətukkhaa/ absence of pain, lack of suffering
និរតណ្ហា /niərətɑnnəhaa/ absence of passion
ពេជ្ជញ្ញាណ /pɨccəñiən/ precious, supreme, enlightened
ពាក្យពេជ្ជញ្ញាណ words of enlightenment (i.e. of the Buddha)
ពាក្យអើយពាក្យពេជ្ជញ្ញាណ may these words have the efficacy of Buddha's words
ឃ្លាតឃ្លៃ (=ឃ្លាតឃ្លា)

ភ្លេចអស់ញ្ញ didn't know where [she] was
កិន្នរ /kənnɑɑ/ mythological bird-woman
ជរា old age, senility, decrepitude
បៀត to afflict, attain

លុងលុះ until, to the point of

លុងលុះជន្មា to the point that [they] died (lit: up to the point of [their very] life)
ទ្រង់គ្រឿង to put on one's regalia
ប្រៀងប្រួច (=ប្រៀង)

ឈ្ងុប (=ឈ្ងុយឈ្ងុប) intensifier for fragrance
ទន្ទេង descriptive of a smooth glide with arms extended gracefully
កាច់រែក to twist and turn, posture, make exaggerated and slightly affected movements
ដោយខ្លួន each one, each on [her] own
លំនាំ manner, gait, stylized movement, gesture
ត្បិតលំនាំ as a result of [their] gestures
ស្ទុយ everted, pouting, turned outward
ទន្ទេ gracefully, lithely

ថ្វាយបន្តគ្នា pass [it] along, hand [it] from one to the other

លវែន្ទ small plant with fragrant flowers
ពុតរេឡ a kind of flower

ផកទឹម a kind of tree with fragrant flowers
មាលតី /miələdəy/ gardenia

ក្តាំងងា a kind of flower

ពុំងា term of endearment for a woman: darling, precious one
នាងឆោមឆាយ beautiful maiden (i.e. Botum Soriya)
ភ្ញាក់ព្រើត to be startled, to start with surprise or alarm
ងើត to crane the neck to see

ងា to gesture with the arm, move the hand in an arc
ស្រទាង to stretch out, extend, spread
បក្ខា /paqkhaa/ wings

កន្ត្រាន drawn up, contracted

ប្រហ៊ាំង to hide oneself, conceal oneself, cover oneself
ផ្អៀង to incline to one side

ប្រហ to gape, be open, be gaping

ប៉ិប្រិប fresh and pretty

រញ៉ូងញ៉ូង coquettishly, with exaggerated movements
មិង (=មិន?)

មិងមានទំនេរ there's no place [we haven't seen]
អាយ (=អើយ)

ញ in, at

ចូរចិត្ត to be pleased, happy, satisfied, gratified
បើនៅ --- នៅណា if [you let me] stay, I'll stay
ព្រាក់ព្រម (=ព្រម?)

ទីល្ប loosely-woven cloth, muslin

សោមនស្ស /saomənoəh/ pleased, delighted; pleasure, delight
ស្មោះសរ sincere pleasure, genuine cordiality; sincerely, genuinely
ជលនេត្រ /cuəlləneet/ tears (Roy)

ស្រង់ to bathe (Roy)

ស្រប់ (=ស្រព) to sprinkle

ថ្មោងថ្មី (=ថ្មីថ្មោង) fresh, new

សោយ to eat (Roy)

ណាយ់ desolate, sad

សោយតែសោកា double entendre: 'ate (partook of) only grief' or 'did nothing but grieve'

មិច to wink

ទាយ prediction; auspices, signs of the future

មើលទាយ to tell fortunes, predict destiny

ពិនិត្យពិច័យ /pinɨt-picay/ carefully

រាប់ជើងរាប់ដៃ to count on the fingers and toes

ខ្មុច to move the lips silently (as if calculating half-aloud)

ជាទេហតុថែបផ្សេងទេវា by divine fortune

ប្អូនអើយ --- ខុសម្តង Younger Sister, my skillful predictions, which are never wrong, predict the following

ធ្វើស្លូតមុខមាត់ (=ធ្វើមុខមាត់ស្លូត) to put on a serious face

សង two

សព្វថ្ងៃ all day

ពោធិ bodhisatva (i.e. Preah Chinavong)

ចង្រាល់ចង្រង appellation for a king

ភ្លូក to turn over, upset

មោះ it is (Archaic)

ជាតី (=ជាតិ)

នទី /nootii/ river, ocean (Lit)

ស្កុងស្កល់ bright, white

ពពាក់ in a huddle, piled up, overlapping one another

ស្តេចហែល --- ដោយកល he swam by the strategy of floating on top of his bows and arrows

អធិដ្ឋាន /qathithaan/ recite, invoke, swear by

សីលប្រាំ the Five Principles

គុណ merit [of the Three Jewels: Buddha, Dharma, and Sangha]

ទូលទុក្ខ to undergo suffering, endure grief; here: recite his woes

កិរុណាពុំលង់ទៀយ not long afterward

សាគរ ocean

សម្រេចសង្ខារ put an end to his life

បបួល be together, be in harmony (in dying)

ទ្ធះ --- ផង would that my wife were here to die with me

ជននី (=ជនី) /cŭənnii/ mother (Lit, Roy)

ព្រះឱស្ឋ /preăh-qaoh/ mouth (Roy)

កោសិយ Indra

សច្ចំ /saccaŋ/ truth, honesty, goodness

ព្រះឱស្ឋតិតថា he said

កតញ្ញូតា /kattaññuutaa/ gratitude, recognition of service done

ហាក់ដូចរាជាថាគៅកាយា just as he wished

ចក្ខុ /caqkhoq/ eye (Lit)

ទិព្វចក្ខុ /tɨppəcaq, -caqkhoq/ magic eyes

ត្រៃត្រិង្ស thirty-three (Skt)

អ្នក (=នាក់)

លេច to leak

ប្លងប្លោង to bob, pitch and roll

ច្រួច to splash, scoop (water)

ខទោក sound of rattling of loose boards or slats

ខ្យល់ទម្លូចទម្លុះណា (=ទម្លូចតែខ្យល់ខ្លាំងទម្លុះ)

តោកយាក /taok-yaaq/ miserable, wretched, unfortunate

លិច (=លេច) to leak

ផ្គង to direct (something) toward, to aim

ឈូឆា noisily

វាត to turn a boat by paddling toward oneself

គាស់ to turn a boat by paddling away from oneself

ងោកងាល to nod forward and back, rock back and forth

ទទាំងទទាល to stagger, lurch from side to side

គូត to slice, split, crease

ពង្សពុទ្ធា Buddha's lineage (i.e. Preah Chinavong)

ព្រឹទ្ធា old (Lit)

ចាំងដៃ to shade the eyes with the hand

វាហើយ unconcerned, nonchalant, detached

ទ្រគោះ crude, improper, excessive, nasty, rude

ស្តី to blame, criticize, scold

ប្រតិបត្តិ behavior, conduct; here: reaction

ស្រណោះពេកណាស់ (Idiom) how amusing, how interesting (sarcastic)

ម្ចាស់ថ្លៃ my lord, my good fellow

កំឡាំងគាត់ណា (=អ្នកណាមានកំឡាំង)

ឧបការ to provide assistance, render a service to (Lit)

អញឯង you

ថ័ក្តង ៗ clamorously and insistently

ឡុ (= ឡើយ)

ផង (=របស់) of, belonging to

ទូកអញផងអញ my boat

អំពល់ to trouble, bother; to concern oneself with, go to the trouble to

អញអំពល់អី why should I bother?, what do I care?

យោបំ wail, lamentation, cry

ថ្វី (=ឬអី)

អញកោតតែថា I'm amazed that [you can] say [such things]!

ហោច rationality, sense, reason

មិនដឹងស័ព្ទហោច doesn't know what [he's] talking about

ហាក់ maybe, perhaps

របរការ business, affair

មករក... អញឯង what (business) do you want me to do for you?

អសុរោះ crude, rude, nasty

ទៅណាទៅផង I'll go wherever you're going

នឹង about, concerning, with respect to

វត្ត propriety, respect, respectful behavior

វត្តប្រតិបត្តិ propriety, respect

ជាត្រើយ (i.e. Indra)

ម្តេចម្តា whatever, whatever it may be

រូបា (=រូប) /ruupaa/

ពុទ្ធង្គុល /putthuŏŋkoul/ Buddha's lineage (i.e. Preah Chinavong)

មាត់តែស្រដី while talking, while saying [that]

ងោក to nod; to roll, rock

ររវៀល to hurry, hasten

ពៀប to be low in the water from a heavy load (of a boat)

ឈ្នាច a hollowed-out log or bamboo, used for scooping water, feeding pigs, etc.

ធ្វើ to pretend

មានបើហេតុអី what happened; how is it that...

ដើមទង background, origin, cause

ចង្ហួរ instant (?)

ជយា (=ជ័យ)

ត្រៃត្រឹង្សា (= ត្រៃត្រឹង្ស) the second level of inanimate beings; heaven (lit: thirty-three)

VIII. RELIGIOUS EPIC

អក្សរសាស្ត្រខាងសាសនា នឹងអាចចែកបានជាពីរចំណែក ។ ចំណែកទីមួយគឺ : អក្សរសាស្ត្រខាងសាសនាដ៏សុទ្ធសាធ ។ អក្សរសាស្ត្រចំពូកនេះ គេសរសេរជាបាលីទាំងអស់ ។ ចំណែកខាងអក្សរវិញ គេប្រើអក្សរមូល ។ តំណាងនៃអក្សរសាស្ត្រចំពូកនេះ គឺព្រះត្រៃបិដក ព្រះវិន័យ ព្រះសូត្រ នឹងព្រះអភិធម្ម ។ ព្រះត្រៃបីតកសរសេរនៅចុងសតវត្សទី ១៨ ហើយនឹងដើមសតវត្សទី ១៩ ។ ក្នុងសៀវភៅនេះ យើងមិនយកអក្សរសាស្ត្រ ចំពូកខាងបាលីនេះមកបញ្ចូលទេ ដោយយល់ឃើញថាជាវិស័យនៃទេវវិទូ ។

ចំណែកទីពីរនៃអក្សរសាស្ត្រខាងសាសនាគឺ : អក្សរសាស្ត្រដែលប្រើសាសនាជាមូលដ្ឋាន ។ ក្នុងចំណែកទីពីរនេះទៀត យើងចែកជាចំណែកតូចៗពីរទៀតគឺ ១. ដូចជារឿងសុបិនកុមារ គឺជារឿងខាងសាសនា ដែលប្រឌិតឡើងដោយអ្នកនិពន្ធតែម្តង ។ គេឥតឃើញមានរឿងនេះនៅក្នុងគម្ពីរបាលីផ្សេងៗទេ ។ ២. ដូចជារឿងក្រុងសុភមិត្រ និងមហាវេស្សន្តរ ជារឿងដែលប្រែមកពីគម្ពីរបាលីផ្សេងៗ ។ ការបកប្រែនោះសោត ក៏មិនមែនបកត្រង់ៗទេ តែមានបញ្ចេញបញ្ចូលដែលបខាយតាមតែបំណង់របស់អ្នកនិពន្ធ ។

២៧. សុបិនកុមារ

(គ្មានឈ្មោះអ្នកនិពន្ធ)

បុព្វកថា

រឿងសុបិនកុមារ ជារឿងមួយដ៏សំខាន់ក្នុងកម្មវិធីអប់រំកម្ពុជបុត្រ ក្នុងសម័យបុរាណ ។ ក្រោយពេលដែលកុមារសិស្សវត្ត រៀនអក្សរ អានច្បាប់ផ្សេងៗចប់ហើយ គេចាប់អានរឿងសុបិនកុមារ ដែលដោយយើងមិនច្បាស់សង្ស័យ ជាជំហានយ៉ាងសំខាន់ដែលញ៉ាំងឱ្យកុមារទាំងឡាយ មានជំនឿកាន់តែស្លុងឡើងចំពោះពុទ្ធសាសនា. ។

សេចក្តីដកស្រង់មកនេះ ថ្លែងពីមាតានៃសុបិនកុមារ ក្រោយដែលបានឃាត់កូនមិនឱ្យទៅ

បួសហើយ ក៏យល់សប្តិឃើញយមបាលចាប់យកទៅធ្វើបាប បោះក្នុងភ្លើងនរក ។ តែដោយអំណាចបុណ្យនៃកូននាងដែលពុំនះទៅបួស នាងក៏បានរួចរស់ជីវិតឡើង ។

អត្ថបទ

(បទពំនោល)

យមបាលចោលនាងក្នុងភ្លើង ឈូកមាសផុសឡើង ប្រមាណប៉ុនកង់រាជរថ ។
តេជះផលផ្នួសប្រាកដ ទទួលជើងផ្គត់ ឥតបីរន្ធត់ឡើយណា៎ ។
នាងឋិតលើសុវណ្ណបទុមា តេជះសីលា សុបិនបានបួសសាមណេរ ។
ទៅគ្រប់ទិ៍បម្ដាយបំរើបរ យមបាលខឹងខេ ក៏ភើចក្រត្ដាក់ធ្លាក់ទៅ ។
បោះចុះទៅក្នុងរណ្ដៅ ភ្លើងមួយនោះជ្រៅ ទំហំមួយពាន់យោជន៍បាន ។
តេជះផលអានិសង្សមាន កូនបួសប្រធាន សំណាក់ក្នុងពុទ្ធសាសនា ។
មានឈូកមាសមួយសោភា ផុសទ្របាទា នាងនោះអណ្ដែតខ្ពស់ឡើង ។
យមបាលសោតចាប់បានជើង ចោលនាងក្នុងភ្លើង ទំហំមួយម៉ឺនយោជន៍យល់ ។
តេជះកូនបួសជាផល ផលនោះមកផ្ដល់ កណ្ដាលនៃភ្លើងអវិចី ។
មានឈូកមាសមួយរីកខ្ចី ផុសឡើងអំពី មហានរកធំនោះ ។
ទ្រទ្រង់បាទានាងនោះ ខ្ពស់ពីភ្លើងស្មោះ ឥតក្ដៅក្រហាយឡើយណា៎ ។
តេជះហេតុផលសីលា សុបិនបួសជា ផលនោះជួយរក្សាម្ដាយ ។
ខ្ទះដែកធ្លាក់បែកខ្ចាត់ខ្ចាយ ភ្នក់ភ្លើងបីរលាយ រលំរលត់ទៅហោង ។
យមបាលភិតខ្លាចកន្លង លុតជើងដៃផង បង្គំប្រណម្យហើយថា ។
ឱអស្ចារ្យក្រៃមហិមា ពុំដែលច្នេះណា៎ អ្នកនាងនេះមានបុណ្យក្រៃ ។
យមបាលភិតញ័រជើងដៃ ក្រួញក្រាបទីទៃ រត់ពួនជ្រមួនក្រាបនៅ ។
ខ្លះសោតនាំនាងចូលទៅ ថ្វាយព្រះយមនៅ ក៏ទូលសំដែងថ្លែងថា ។
បពិត្រក្រាបទូលរាជា អ្នកនេះឯងណា មានបុណ្យប្រសើរកន្លង ។
បើដោយអស់ប្រការផង ប្លែកក្រៃពេកហោង យើងនាំមកថ្វាយករុណា ។

នោះទើបព្រះយមរាជា   ត្រេកត្រាស់ទៅថា   នេះធ្វើអំពើបុណ្យអ្វី ៗ
នាងទូលថ្លែងអស់សេចក្តី   បពិត្រធិបតី   ព្រះអង្គតែងនឹងលោកា ៗ
កូនប្រុសខ្ញុំបានបួសជា   សាមណេរហើយណា   សំណាក់ក្នុងពុទ្ធសាសនីថ្លៃ ៗ
ព្រះយមស្តាប់ហើយអរទៃក្រ   ត្រើព្រួចហឫទ័យ   បន្ទូលឱ្យសាធុការ ៗ
សាធុនាងមានសម្ភារ   នាងទៅព្យាបួល   រក្សាកូននាងហោងណា ៗ
បងខ្ញុំឃាត់កូនកំព្រា   ពុំឱ្យបួសជា   សំណាក់ព្រះពុទ្ធព្រះសង្ឃ ៗ
វេរានោះតាមមកត្រង់   ឱ្យអញលិចលង់   ក្នុងភ្លើងនរកមហិមា ៗ
មួយសោតបើអ្នកឯណា   សំណាក់សាសនា   ព្រះពុទ្ធព្រះធម៌ព្រះសង្ឃ ៗ
អ្នកនោះបានចរត្រាច់ត្រង់   ផ្លូវល្អពីកម្លង់   កន្លងលែងផ្លូវអកុសល ៗ
អ្នកណាបានសេពបានយល់   អ្នកមានធម៌សល់   អ្នកនោះប្រពៃពេកហោង ៗ
អ្នកណាបានសេពនៅផង   អ្នកពាលគ្នាគ្គង   អ្នកនោះត្រូវទោសធ្ងន់ទៃក្រ ៗ
លិចលង់ផុងទៅនៅពួ   នរកនេះនែន   ដូចអញបានយល់នេះឯង ៗ
នាងគិតរើពឹងយល់ល្វែង   យល់មានពេញរព្រង   ភិតភ័យរន្ធត់ពុងពោះ ៗ
នាងភ្ញាក់ដោះឡើងពីនោះ   ទូលអុសទៅស្មោះ   ក៏ចូលអារាមវិហារ ៗ
នាងយល់អ្នកសុបិនកុមារ   កូនល្អសង្ហារ   ក៏រត់ទៅឱ្យបព្វជា ៗ
អ្នកសុបិនដណ្តឹងម្តាយថា   អ្នកមកពីណា   រលះរលាំងភិតភ័យ ៗ
នាងថាទើបកូនមាសថ្លៃ   ម្តាយចូលក្នុងទៃព្រ   កាច់អុសដូចកាលសព្វដង ៗ
បានអុសវិលវឹងមកផ្គង   ម្តាយនេវ្យីឃើញខ្នង   ម្តាយប្រះខ្លួនដេកលង់លក់ ៗ
ក្រោមដើមឈើមួយស្រឡុក   យមបាលធ្វើទុក្ខ   ក៏ចាប់ម្តាយនាំយកទៅ ៗ
ដល់ព្រះយមរាជចមចៅ   ចាប់ម្តាយបោះទៅ   នាក្នុងរណ្តៅភ្លើងធំ ៗ
តែដោះផ្នួសអ្នកឧត្តម   ទុក្ខទោសទុតិម   របូតរលូតមកហោង ៗ
នាងប្រាប់អស់ប្រការផង   ឱ្យកូនស្តាប់ហោង   ថារួចពីភ្លើងហើយណា ៗ
នាងទួញយំហើយនាងថា   ឱ្យកូនកំព្រា   អ្នកជាពំនាក់ម្តាយហោង ៗ

(រឿងសុបិនកុមារ, ទំព័រ ២០-២២)

RELIGIOUS EPIC

អក្សរមូល round script (a decorative style of script used for names, titles, and religious texts)
ត្រៃបិដក /traybəydɑq/ Tripitaka (the Three Baskets of Pali scripture)
វិន័យ /wiqnɨy/ Vinaya (discipline, rules of conduct for the Sangha)
សូត្រ /sout/ Sutra (includes Buddha's discourses and the 547 Jataka tales or stories of Buddha's earlier reincarnations as a Bodhisatva)

អភិធម្ម /qaqphiqthɔə/ Abhidhamma (metaphysics, highest law of Buddhism, in the form of questions and answers)
ទេវវិទូ /teewĕəqwituu/ theologian

សុបិនកុមារ main character of the story of the same name
ក្រុងសុភមិត្រ /kroŋ-soppəmɨt/ main character of the story of the same name

សុបិនកុមារ

Introductory Note

កម្ពុជបុត្រ /kampuccəbot/ Cambodian children
ស្លុង fully, completely, wholeheartedly
យមបាល /yumməbaal/ Yamapala, guardians of hell
ពុំនះ defiantly, in defiance of

Text

នាង (i.e. Sobenkomar's mother)

ផ្នួស fact or state of being a monk, entry into the monkhood
ផ្គត់ to support, provide support

ឋិត (=ស្ថិត) to stand, be located

បទុមា (=បទុម) lotus

សីលា (=សីល)

សុបិន (=សុបិនកុមារ)

គ្របទ្រប to envelop, protect

បំបែរ turn aside, shunt aside, ward off
ខឹងខេ (=ខេខឹង) angry

យោជន៍ distance of approximately 1,600 meters, a mile
អានិសង្ស blessing, benefit

ប្រធាន (=ប្រណិធាន) to vow, swear an oath, promise
បាទា (=បាទ)

អវិចី /qawəcəy/ hell of ceaseless fire
បួសជា (=បួសជាសាមណេរ)

ខ្ទះ large round-bottomed skillet, wok
ភ្នក់ bonfire, outdoor fire

លុត to kneel

\+
ពុំដែលធ្លុះណា there's never been anything like this before
ជ្រមួន to cower (?)

ព្រះយម Yama, God of Death

ទេបីដោយអស់ប្រការផង in every way, in all respects
ទេនះ (i.e. you)

បពិត្រធិបតី Your Highness

ព្រះអង្គតែងដឹងលោកា You who surely know everything about the universe
សាធុការ blessing, good wishes

បទខ្ញុំ because I (i.e. Sobenkomar's mother)
ក្នុង in

បីក្នុង therein, within

ភ្ញាក់ awoke (from her dream)

រលះរលាំង in a dither, all in a hurry
ផ្គង toward (home)

ព្រះយមរាជ /preə̆h-yumməriəc/ Yama, God of Death
ទុគ៌ម /tuurəkum/ deep, remote (here: profound, great)
របូត to slip away

របូតរលូត to slip away, slip free, escape
តេជះ --- មកហោង [through] the power of your monkhood, [I] was spared great suffering.

២៨. ក្រុងសុភមិត្រ

ដោយ

កៅ (ឧកញ៉ាកោសាធិបតី)

បុព្វកថា

រឿងក្រុងសុភមិត្រនេះ ជារឿងមួយក្នុងបញ្ញាសជាតក ។ ច្បាប់ដើមនៃរឿងនេះ សរសេរជាបាលីទាំងអស់ ។

នៅឆ្នាំ ១៧៩៨ ទើបឧកញ៉ាកោសាធិបតីកៅ ចាត់ចែងបកប្រែតែងឡើងជាពាក្យកាព្យ ។ រឿងបញ្ញាសជាតកនេះ មាននៅតែស្រុកខ្មែរ ស្រុកសៀម ហើយនឹងស្រុកលាវទេ ឥតឃើញមាននៅប្រទេសកាន់ពុទ្ធសាសនាឯទៀតឡើយ ។

សេចក្តីដកស្រង់មកនេះ ថ្លែងពីក្រុងសុភមិត្រ ក្រោយដែលលះបង់រាជសម្បត្តិទៅឲ្យក្រុងអសុភមិត្រ ព្រះអនុជដែលជាឧបរាជរបស់ព្រះអង្គនោះ ត្រូវព្រាត់ប្រាស់បុត្រនឹងព្រះជាយាយ៉ាងអាណោចអាធ័មជាទីបំផុត ។

អត្ថបទ

(បទភុជង្គលីលា)

ក្សត្រាថ្លៃថ្លាសួស្តិ៍សល់ ត្រាច់ត្រង់ដើរដល់ ជ្រុងជ្រោះគិរី ។
មានអូរចង្អូរទួលទី ស្រះបោក្ខរណី ទេះរាបរងថ្លា ។
ព្រះអង្គពីរពង្សសោភា នាំបុត្រពុំងា ចុះស្រង់វារី ។
ស្រង់ស្រេចសម្តេចចក្រី នាំបុត្រពិសី ដើរដោយត្បូងខ្សាច់ ។
មើលផ្កាបុប្ផាស្រស់ស្រេច បូបុស្បរំលេច រីកទុះសាយសព្វ ។
ចម្ប៉ាក្តាំងងាឈ្មុយឈ្មួប ដោរដូចអ្នកអប់ ទាំងព្រៃព្រឹក្សា ។
កាកែសចេកទេសយុថ្កា ម្លិះរួតម្លិះលា ខ្ញីងខំស្រូវភី ។
មហាហិង្គុប្រយង្គុន្ធនស្រី ស្រទ្បិតមាលតី លាយលេចច្បាប្រចាល ។
លន្តែពុតធ្លេរន្ទាល រំចេកផាលផាល ផុះដោយទីទួល ។

ព្រឹក្សាបុប្ផផ្គួរ	ហាក់ដូចអ្នកព្យួរ	សំយុងយោនយាន ។
កន្លង់ត្រាច់ត្រង់សព្វស្ថាន	សៀងសួនរូហាន	ភ្លេងតូរ្យតន្ត្រី ។
ត្រាច់ត្រើបផ្កាបប់ក្លិនភ្នី	កេសររីកថ្មី	ពិដោរសព្វសាយ ។
ក្សត្រាថ្លៃថ្លា រួសរាយ	សំណេះប្រាប់ប្រាយ	នឹងរាជក្សត្រី ។
ស្ដេចបេះប្រទៀះផលភ្នី	ឱ្យបុត្រទាំងពីរ	បរិភោគសោះឃ្លាន ។
ស្ដេចចរនាំវរកល្យាណ	ត្រាច់ក្នុងស្ថាន	ស្ងប់ស្ងាត់ជ្រងំ ។
ដើរត្រាច់លុះលេចទីព្រភ្នំ	វាលវែងធារធំ	ដល់ឆ្នេរនទី ។
ព្រះមហាក្សត្រាក្សត្រី	សែនសោយសោកពី -	លាបល័ន្ទរន្ធត់ ។
ចរចេរតាមឆ្នេរសមុទ្រ	ពៀងពរាជបុត្រ	ទាំងពីរអង្គា ។
ឈរឈប់ក្រោមម្លប់ព្រឹក្សា	ទៀងទួញថែថា	ឱគ្រានេះម្ដង ។
សមក្រកក្រមក្ដាត់ហោង	គ្មានទូកនឹងឆ្លង	ឱ្យដល់ត្រើយត្រាណ ។
ក្សត្រីទេវីកល្យាណ	សោយសោកប្រះប្រាណ	លន្លាចងកងង ។
នាងទួញទំនួញក្ដែង ៣	នាងភិតខ្លាចក្រែង	ពុំរួចជីវី ។
គិតបុត្រពិសុទ្ធទាំងទ្វី	គិតព្រះស្វាមី	សោយសោកឥតល្ហើយ ។
ស្ដេចថាពុំងាស្ងួនអើយ	បងយល់ច្បះហើយ	ពុំយកប្អូនមក ។
ឱស្ងួនខ្លឹមខ្លួនពន្លក	បងយកប្អូនមក	ឱ្យប្អូនអម្ទេញ ។
នាងទូលឥស្សរសម្លាញ់	ទុក្ខខ្ញុំវែងម្ទេញ	សូវមកច្នះណា ។
គាប់ខុសស្លាប់រស់ផងគ្នា	តាមកម្មវេរា	ពីព្រេងនាយនែ ។
ព្រះមហាក្សត្រាថ្លាថ្លៃ	បន្ទូលថាហៃ	ព្រលឹងបងអើយ ។
កុំនាងច្បារម្ភពេកឡើយ	ងារបងឯងហើយ	នឹងហែលចម្លង ។
យកប្អូនខ្លឹមខ្លួនស្នេហ៍ស្ងួន	នានាំទៅផង	ដាក់ដល់ត្រើយត្រាណ ។
ទុកបុត្រពិសុទ្ធកល្យាណ	នៅអាយឱ្យខាន	ចាំទៅនេះណា ។
សឹមបងវិលចរយាត្រា	យកបុត្រទ្វេហារ	វិលវឹងទៅឋាន ។
ជួបជួននឹងស្ងួនកល្យាណ	មូលបរិបូណ៌បាន	សឹមយើងចេញចរ ។

នាងស្ដាប់សារសព្ទភូធរ	ស្រីរ័ត្នបវរ	ទង្គិះខ្លោចផ្សា ។
នាងនាថលញ្ឆាប់ភក្ត្រា	គិតបុត្រទ្វេហារ	ត្រមោចឯកឯង ។
ក្សត្រីទេវីចំបែង	អួលឱ្រាវែង	ថែថប់ពេកក្រៃ ។
នាងសោកអរមោក្សអាល័យ	បីបុត្រថ្លើមថ្លៃ	បំពៅស្រេចហើយ ។
ផ្ដាំថាពុំងា ម្ដាយអើយ	ម្ដាយឆ្លងទៅត្រើយ	នាយនឹងបិតា ។
ចូរចៅចាំនៅនេះណ៎ា	មើលប្អូនឱ្យជា	កុំឱ្យយំឡើយ ។
កម្មឯងពីព្រេងផ្ដល់ហើយ	ធ្វើម្ដេចស្ងួនអើយ	ចៀសចាកពុំបាន ។
ផ្ដាំស្រេចសម្ដេចក្សត្រក្សាន្ត	ពនាងកល្យាណ	ហិចហែលប្រៀវវិប្រច ។
កណ្ដាលប្រវាលជលស័យ	ស្ដេចពុំភិតភ័យ	នឹកខ្លាចមច្ឆា ។
សមុទ្រទន្ទឹមមហិមា	រលកជលសា	បោកបែកផ្កាត្រែង ។
សន្លឹកពន្លឹកគគ្រេង	គគ្រាំបែកផ្សែង	ភ័ព្ទអស់ទិសា ។
ព្រះពាយផាត់ផាយគង្គា	ពន្លឹកមហិមា	សូរស័ព្ទរំពង ។
ក្រពើលលើហែលឆ្លង	មករពិទ្ធង	បបែលឆ្លាមឆ្លាំង ។
នេនាហែលហាសំកាំង	សឹងភិតភ័យភាំង	ខ្លាចព្រះបារមី ។
ព្រះអង្គពូជពង្សពោធី	ខ្លាំងស្មើជីរី	ប្រាំពីរមហិមា ។
ដូចអង្គភុជង្គនាគា	ទ្រង់ឆ្ងូវពលា	ឡើងលើជលធី ។
ស្ដេចឆ្លងចម្លងទៅទី	នានាំប្អូនស្រី	ហិចហែលសំដៅ ។
ឆ្វៀរឆ្វេរសមុទ្រជ្រាលជ្រៅ	ទឹកថ្លាយង់ខ្មៅ	គួរស្បើមមហិមា ។
ហេតុបុណ្យលើសលន់ក្ដាត់ណ៎ា	បានសាងប្រាថ្នា	សរពេជ្ជជិនស្រី ។
ព្រះមហាក្សត្រាធិបតី	នានាំមហេសី	លុះដល់ត្រើយត្រាណ
ស្ដេចចរនាំវរកល្យាណ	ឡើងឈប់សម្រាន្ត	ទីទួលថ្នាក់ថ្នល់ ។
គិតបុត្រពិសុទ្ធសួស្ដី សល់	នេត្រាជោរជល	ទួញទៅបុត្រា ។
នឹងថ្លែងសំដែងកាលគ្រា	កាលមហាក្សត្រា	នាំនាងទេវី ។
ហែលឆ្លងចម្លងជលធី	ក្រោយនោះមាននេ-	សាទពីរអង្គា ។

ស្ទះស្ទែងលះស្ទែងសីមា ទ្ធនអុំនា ថា ប្របទន្ទេរជលធី ៗ
ព្រាហ្ម៍ព្រានដឹងដាននទី ចរចេញរកសុី ស្នាក់ស្នុចមច្ឆា ៗ
ទាំងយប់ព្រលប់សន្ធ្យា ទៅទៀបបុត្រា កន្ត្រៃថ្លៃច្បាស់ច្បង ៗ
ព្រានព្រៃថាតទៃចូលផ្គង យល់បុត្រច្បាស់ច្បង នៅទន្ទេរជលសា ៗ
ព្រានគិតក្នុងចិត្តឯងថា អេះកូននរណា មកនៅនេះនែ ៗ
ភ័ព្វអញចរចេញមកព្រៃ ឥឡូវលាភជ័យ ដល់ដូចប្រាថ្នា ៗ
ត្រូវរិះសំណេះចរចា ជាកូននរណា មកនៅទូរទី ៗ
ជាខ្មោចអសោចិ៍អប្រិយ ឬយក្ខិនី ប្រែប្រួណកាឡា ៗ
ឬជាទេវតានៅនា តែងចាំរក្សា ស្ថិតស្ថាននគិរី ៗ
អម្លុងយូរលង់អំពី ដើមរៀងមកក្ដី ពុំដែលចេះណ៎ា ៗ
ទើបព្រានសាកសួរទៅថា ចៅមកពីណា ទាំងយប់រាត្រី ៗ
ម្ដាយចៅនិត្យនៅបុរី បុរាណទិសទី តំបន់ស្ថាននណា ៗ
អ្នកស្ដាប់ពុំប្រាប់សោះសា ពុំប្រែភក្ត្រា ខ្លាចព្រានយាយី ៗ
អ្នកគង់ទ្ធនអង្គសិរសី ភិតភ័យរត់ត្រិយ រន្ធត់អង្គា ៗ
អ្នកគិតក្នុងចិត្តឯងថា ព្រាននេះពីណា យល់អគ្គិក្ដី ៗ
អ្នកខ្លាចអំណាចដើម្បី នឹងហ៊ានស្រដី ប្រាប់ព្រានឡើយណ៎ា ៗ
ស្នាស្ងប់ចំប្រប់អង្គា ពុំហ៊ានចរចា សួរសងវាទី ៗ
ព្រានឆ្ងល់ក៏កលស្រដី ប្រលោមពាក្យពី - រោះរួចចរចា ៗ
ចូរចៅមកនៅនឹងតា តានឹងរក្សា ទុកជាបុត្រហោង ៗ
កុមារពិសាលស្នេហ៍ស្នង រែងភិតកន្លង កន្លងសោតសល់ ៗ
អ្នកសោកអមោកក្សដោរដល ទៀងទួញទៅដល់ រកព្រះជននី ៗ
ផ្សាក្រុងពុំដឹងសេចក្ដី រែងជាភិតពី - លាបលន់ឥតស្បើយ ៗ
ព្រានព្រឹទ្ធចូលជិតទៅហើយ ពិតពុំលង់ឡើយ ឈោងចាប់ប្រវា ៗ
ឈរឈានបីបានបុត្រា ទាំងពីរអង្គា ចុះទូកវិលវៃ ៗ

បុត្រាសោកាពេកក្រៃ   អាឡោះអាល័យ   មាតាបិតា ។
ផ្សាខ្លោចផលខ្លោចឥន្ទ្រា   ខ្លាចព្រានព្រៃវា   បំបាត់ជីវី ។
យំទួញទំនួញទៅខ្មី   រកក្សត្រទាំងទ្វី   ពៀងរស់អង្គា ។
ឯចៅប្អូនពៅពុំងា   សោតសឹងសោកា   ទួញទៅជននី ។
ក្រិណនោះព្រានស្មោះចេញពី   ឆ្ពៀរឆ្ពេរជលធី   ត្រាច់ត្រង់ផលសា ។
អុំទៅលំនៅអាត្មា   ផាស់តឿនជេរគ្នា   ពុំឱ្យសម្រាន្ត ។
រូតរះលាកលះទើបបាន   ទៀងទៅគ្រឹះស្ថាន   ទាល់តក្កសិលា ។
ឯអង្គពីរពងក្សត្រា   ព្រានពីរចែកគ្នា   យកទៅទីទៃ ។
ពង្សាបាលកុមារថ្លាថ្លៃ   ថ្នាក់ថ្នមសព្វថ្ងៃ   ពុំឱ្យមានហ្មង ។

(បទព្រហ្មគីតិ)

នេះយើងនឹងស្រដី   ដំណើរពីក្សត្រច្បាស់ច្បង
កាលស្ដេចហិចហៃលល្លង   នាំនាងនាថរាជធីតា ។
ព្រះអង្គឈប់សម្រាន្ត   លង់លុះបានស្រាងសុរិយា
ព្រះអង្គតែងសោកា   និត្យនៅលើគោកថ្នាក់ថ្នល់ ។
គន់គិតរាជបុត្រា   នៅកំព្រាព្រាត់ទុព្វល
ព្រះអង្គសោកាណាស់   ឆ្ងួននាងនាថរាជទេវី ។
ស្ដេចផ្ដាំវរជាយា   រាជធីតាអគ្គមហេសី
ប្អូនអើយបងនឹងលី-   លាទៅថ្កានបុត្រទេវហារ ។
ចូរចៅនៅប្រយ័ត្ន   ក្រោយក្រែងសត្វវាហិង្សា
ប្អូនចាំនៅនេះណា   នេត្ររំពៃសព្វទិសទី ។
បងនឹងលាទៅផ្គង   ទៅចម្លងបុត្រទាំងទ្វី
ឱ្យជួបជួនទាំងបី   ស្រេចហើយបងនឹងរុករាន ។
ចរចេញពីនេះទៅ   កាត់សំដៅព្រៃហិមពាន្ត
នាងនៅឱ្យសុខសាន្ត   សោះអំពល់សេចក្ដីគិត ។

សន្សំស្រាងសីលា　　ពឹងព្រឹក្សាឱ្យស្មោះស្និទ្ធ
ជនរាបអស់ជីវិត　　ឱ្យទេវៀងរួបពេញនទេវរា ។
ស្ដេចផ្ដាំហើយផ្ដាំទៀត　　ត្រូងចង្កៀតឈើខ្លាចផ្សា
ស្រយុតអស់អង្គា　　គិតព្រះប្អូនពន់ពេកសល់ ។
នាងនាថសឹងសោយសោក　　ដែលនអមោក្សផ្ដាំទសពល
ព្រះនេត្រាជោរជល　　ស្រក់សស្រោកព្រះភក្ត្រា ។
ព្រះអើយបើព្រះបង　　ទៅចម្លងបុត្រទេវហារ
ព្រះអង្គឆាប់រួសរ៉ា　　កុំស្ដេចចោលខ្ញុំលន្លង់ ។
ខ្ញុំខ្លាចទីព្រៃនេះស្ងាត់　　ឮសព្ទសត្វស្រៀវស្រែកក្នុង
ព្រឹក្សាបើវាយង់　　យល់ចោមចាប់ផាចំណី ។
ស្ដេចលោមស្ដេចលាកលា　　វរជាយាអគ្គមហេសី
ផ្ដែផ្ដាំស្រេចអស់ក្ដី　　ហើយស្ដេចចុះក្នុងគង្គា ។
កាលនោះពោធិសត្វ　　បុរសរ័ត្នស្ដេចលីលា
ហែលឆ្លងក្នុងជលសា-　　គរគម្ភីរាជ្រាលជ្រៅ ។
ស្ដេចហែលហើយសោយសោក　　ដែលនអមោក្សន្ទ្រាក្ដៅ
គន់គិតតិត្បតនាងនៅ　　ក្រោយកំព្រាព្រាត់ឃ្លាឃ្លៃ ។
ឱអាសូរប្អូនក្ដាត់　　ម្ល៉េះសមស្ងាត់ឯក្រោយក្រែ
និត្យនៅកណ្ដាលព្រៃ-　　ព្រឹក្សស្មសានឯងឯកអង្គ ។
ម្ល៉េះហើយសមប្អូនស្ងួន　　មាសខ្លឹមខ្លួននាងនាថទ្រង់
កន្សែងសោកឡើនឡង់　　តែងទន្ទឹងទល់ទុក្ខា ។
ឱបងអាសូរចៅ　　ចាំនិត្យនៅក្នុងព្រឹក្សា
សមខ្លាចសត្វម្រឹគា　　ញ័រទន្ទត់អស់ឥន្ទ្រិយ ។
តែងមើលផ្លូវបងបាត់　　ហើយប្អូនរ័ត្នសោយសោកពី-
លាបលន់ជន្មជីវី　　នៅកណ្ដាលព្រៃអធ្វា ។
បងមហាថប់ពេកក្ដាត់　　មួយក្រែងសត្វវាពាធា
យកប្អូនទៅភោក្ដា　　អសារសូន្យសោះបង់មេស្រៀត ។
ព្រះអង្គសោយសោកា　　ឈើខ្លាចផ្សាត្រូងចង្កៀត
ស្ដេចទួញហើយទួញទៀត　　នៅកណ្ដាលគម្ពីរា ។
ដំណើរពោធិសត្វ　　បុរសរ័ត្នស្ដេចលីលា

ហិចហែលក្នុងគង្គា យើងបញ្ឈប់ស្លេះសិនហោង ។
ទើបយើងនឹងសំដែង និទានថ្លែងដោយទំនង
កាលក្រោយក្សត្រច្បាស់ច្បង មានភេត្រាបើកចេញចរ ។
ឯនាយភេត្រានោះ សោតនាមឈ្មោះហៅសាគរ
ពាណិជនាំអស់ប- រិពារប្រុំរយគណនា ។
បើកក្តោងឆ្ពោះសំដៅ តម្រង់ទៅនគរា
បើកតាមឆ្នេរជលសា លុះព្រឹកព្រាងស្រេចមកដល់ ។
ដែនដាក់នាងធីតា វរជាយារ័ត្ននិម៌ល
នៅនាទីថ្នាក់ថ្នល់ ទៅទឹមទៀបវរជាយា ។
ខ្លះប្រាប់នាយសំពៅ ថាអ្វីហ្ន៎ដូចមនុស្សា
គួរយើងបោះយុថ្កា ចូលទៅមើលឱ្យប្រាកដ ។
ខ្លាចក្រែងអស់ទេព្តា នៅរក្សាឆ្នេរសមុទ្រ
ឬមួយមនុស្សកំសត់ ក្រែងវង្វេងព្រៃព្រឹក្សា ។
ទើបអស់អ្នកទាំងនោះ ដាក់ក្តោងស្មោះបោះយុថ្កា
ស្រេចហើយទើបនាយពា- ណិជនាំក្មួយចុះសំប៉ាន ។
ចែវចូលដោយដោរជល លុះបានដល់ឆ្នេរត្រើយត្រាណ
ឯនាយទៀងទៅថ្កាន យល់នាងនាថឆោមប្រពៃ ។
ភ្លួចកើតកាន់ស្នេហ៍ស្និទ្ធ ត្រេកអរក្តាត់នឹងស្រីថ្លៃ
លាលងសួរសម័យ សព្វដំណើរវរជាយា ។
នាងប្រាប់ដោយសេចក្តី ថាស្វាមីខ្ញុំយាត្រា
ហិចហែលក្នុងគង្គា ទៅយកបុត្រទាំងពីរពង្ស ។
នាងប្រាប់អស់ប្រការ ឯភារាភ្លួចចិត្តចង
ថាហៃប្អូនស្នេហ៍ស្នង កុំចៅចាំនៅនេះណ៉ា ។
អញបងនឹងយកទៅ រួមលំនៅជាភរិយា
កុំប្អូនដោះសាថា ធ្វើកោតការក្តីគ្នាំគ្គង ។
អញបងបានពើបពះ ជួនប្រទះមាសស្នេហ៍ស្នង
អញនឹងរក្សាត្រង ជាភរិយារួមមេត្រី ។

(កោ (ឧកញ៉ាកោសាធិបតី), ក្រុងសុភមិត្រ, ទំព័រ ២៦-៣៦)

ក្រុងសុភមិត្រ

Introductory Note

ក្រុងសុភមិត្រ /kroŋ-soppəmɨt/ King Subhamitra, hero of the epic of the same name

ឧកញ៉ាកោសាធិបតីកៅ Oknha Kosadhipati Kao, author of the story 'King Subhamitra'

បញ្ញាសជាតក /paññaasaq-ciədɑq/ Fifty Jatakas (50 apochryphal birth stories not included in the Tripitaka, but very popular in Cambodia, Thailand, and Laos)

ក្រុងអសុភមិត្រ King Asubhamitra

ឧបរាជ /qupperaac/ Vice-King

អាណោចអាធ័ម sad, pathetic, pitiable

Text

កម្រ្តា King (i.e. Subhamitra)

ជ្រោះ gorge, mountain stream, spring

អូរ seasonal stream

ចង្អូរ ditch, gully, small channel of water

បោក្ខរណី /paokkhaarənəy/ lotus-pond

រេះ to wear away, shave off, chip away

រង settled, cleared up

រេះរាបរងថ្លា [water] wears down [the earth around the pond, where it] settles [to the bottom, leaving a] clear [surface]. (This is a good example of the common poetic device of portraying an entire picture with a few basic words.)

ពីរពង្ស (= ពីរអង្គ)

ត្បូងខ្សាច់ sandbar, sand dune

បូ bow (of ribbon or cloth)

បុស្ប /bos/ flower (Lit)

បូបុស្ប bow-shaped blossom

រុះ to untie, undo, unfold; to fall, drop, sprinkle down

ដោរ (= ពិដោរ) odor, fragrance

កាកៃល a plant with fragrant flowers

ចេកទេស a kind of flower (canna lily?)

យុថ្កា a kind of flower

ម្លិះរួត a variety of jasmine

ម្លិះលា a variety of jasmine

ច្រិង a kind of flowering tree

ច្រំ a kind of flowering tree

សូរភី (= សុរភី) a kind of flower

មហាហិង្គុ /məhaahɨŋ/ the plant asafetida

ប្រយង្គុ /prɑyɑŋ/ the plant Panicum Italicum

ធូនស្រី a variety of jasmine

ស្រទ្បិត dwarf fig tree

ប្បា an odorless flower

លវែគ្គ a small plant with fragrant flowers

រំចេក a kind of cactus with fragrant blooms

ផាលផាល all around, all over

ផ្គួរ cluster, bunch

សំយុង hang down, point down; downward

យោងយោង hanging all around, suspended all over

ស៊ាន buzzing, humming

សៀង sound, voice

ស្រឹប to suck

ជញ្ជាប់ to suck

រួសរាយ genial and entertaining, expansive

សំណេះ to reminisce, exchange memories

ប្រាប់ប្រាយ (= ប្រាយប្រាប់)

ប្រទៀះ to shell (corn); shell out, rub off, gather

ស្មសាន jungle, deep forest

ជ្រងំ dead, complete (intensifier for quiet, calm, peaceful)

ធារ immense, huge

ពិលាប to lament, mourn and weep (Lit)

ចរចេរ go, walk (Lit)

ពៀង carry in the arms

ទៀង to continue

ថែ to care, be concerned

សម since, given the fact that

លន្លោច sad, melancholy, plaintive

ឥតស្បើយ relentlessly, without respite, unrelievedly

បង --- មក If I had known it would be like this, I wouldn't have brought you along.

អម្មេញ /qammənɨñ/ to suffer (mental anguish)

រឹរង increasing(ly)

គាប់ខុស [whether] right or wrong

ព្រលឹង soul

ជួបជួន to meet

មូលបរិបូណ៌ to form a complete whole (i.e. be all together)

ភូធរ king (Poetic)

ទង្គឹះ anxious, worried; feel anxiety about

សញ្ជាប់ sad and pensive (of facial expression)

ចំបែង to brood, agonize, worry

អមោក្យ sad, disconsolate

ប្រវាល expanse, wide surface

រន្ធត់ agitated, surging

ពន្លឹក strong, loud, great

បែកផ្សែង to break into spray, throw up a mist

គគ្រេងគគ្រាំ (= គគ្រាំគគ្រេង) with a constant roar

អស់ទិសា (= អស់ទិស) in every direction, all around

ផាត់ to blow (Lit)

ផាត់ផាយ (= ផាយផាត់) to blow (Lit)

ពិន្ទង a kind of whale

បបែល ray fish

ឆ្លាម shark

ឆ្លាំង catfish

សំកាំង to float, glide, soar

ភាំង have a mental lapse, go blank

ពលា /pŭəllie/ force, strength

ឆ្នៀរឆ្នេរ beach, shore

ជ្រាលជ្រៅ (= ជ្រៅ)

ស្ងើច to be amazed at, impressed by, stand in awe of

សរពេជ្ញ /sarəpɨc/ the one who knows all (i.e. the Buddha)

ជិនស្រី /cɨnnəsrəy/ the victorious one (i.e. the Buddha)

ថ្នាក់ថ្នល់ terrace, bank, elevation

ជល /cŭəl/ water (Lit)

ជោរជល brim with tears

សីមា boundary, border; here: land, shore

ដឹងដាននទី know the coastline well

សន្ធ្យា /sɑntyiə/ dusk, twilight

លាភជ័យ good luck

ទូរ remote, distant

អម្លុង period of time, lapse of time

អម្លុង --- ខ្ទះណា there hasn't been

anything like this for quite a long time
ពួក they (i.e. the children)

យាយី to harm, hurt

អដ្គី (=មិនមែន)

យល់អដ្គីក្តី seemed unusual

ស្ទាស្ទប់ to crouch and move from side to side in anticipation of an attack
ចំប្រប់ trembling, shaking

វាទី the speaker

កល (here: to use the strategy of, to trick by)
ពិសាល (=ពិសេសពិសាល) excellent, special
កន្លេង agitated

ផ្សា (=ព្រោះ; Archaic)

ពុំដឹងសេចក្តី inexperienced, immature
បំបាត់ជីវី to kill, take [their] lives (Lit)
ទំនួញ a lament, wail, cry

រូតរះ to hurry

តក្កសិលា Takkasila (place name)

ថ្នាក់ថ្នម cherish, pamper, treat gently
ស្រាងសុរិយា to be just light, light as at predawn
តែង still, typically, continuing to, in the process of

ទុព្វល /tuppŭəl/ debilitated

ណល់ (=ណាស់)

ចៅ you (Lit)

ប្រយ័ត្នក្រោយ be careful (lit: keep a lookout behind)

ហិង្សា to harm, bother, mistreat

សន្សំស្រាងសីលា accumulate merit (i.e. by keeping the precepts)

ពឹង --- ស្និទ្ធ ask for the benevolence of the forest

ស្រយុត to sag, droop, collapse, feel enervated
ទសពល the strength of ten [elephants](i.e. Subhamitra)
សស្រោក profusely

លន្លង់ desolate, melancholic, sad

ស្រៀវ to feel a chill of fear, to shiver
យង់យល់ to see

ផ្ដែផ្ដាំ to admonish, counsel, leave final instructions
ពោធិសត្វ /poothisat/ Bodhisatva (i.e. Subhamitra)
ជលសាគរ /cŭəlləsaakɔɔ/ ocean

គម្ភីរា (=គម្ភីរ) deep, profound, unfathomable
ល្វារល្វៃ (=ល្វាតល្វៃ) exhausted and dejected
កន្សែង to weep, cry (Roy)

ទ្រឹនទ្រង់ wide-eyed (with fear or surprise)
ទន្ទឹង to wait expectantly

ទល់ទុក្ខ facing grief, in misery

ថប់ be worried lest, have a negative premonition about
ពាធា to hurt, harm, do damage to
បង់ម្សៀត needlessly, to no good purpose
ភេត្រា seagoing sailing vessel

សាគរពាណិជ name of a ship's captain (lit: seagoing merchant)
ទឹមទៀប next to

ឬមួយ or, or perhaps

ដាក់ក្ដោង to lower the sails

ជោរជល ocean tide

ក្ដួចកើតកាន់ស្នេហ៍ស្និទ្ធ [a feeling of love] arose toward her
សម័យ information, matter, circumstances
ភារា (=ក្រុង) the ship's captain

ធ្វើកោតការក្តីផ្ចាំគួង pretend that you respect [your husband and that this would be] an impropriety

២៩. សព្វសិទ្ធិ

ដោយ

តន់ (ហ៊ីនភក្តីអក្សរ)

បុព្វកថា

រឿងសព្វសិទ្ធិជារឿងមួយនៃបញ្ញាសជាតក ។ ច្បាប់ដើមសរសេរជាបាលី ។ នៅឆ្នាំ១៨៩៩ ទើបហ៊ីនភក្តីអក្សរតន់ រៀបរៀងឡើងជាពាក្យកាព្យ ។

កាលព្រះសម្មាសម្ពុទ្ធនៅជាពោធិសត្វនៅឡើយ ទ្រង់កើតជាសត្វជៀបកបក្សាល មានភរិយាព្រមទាំងកូនខ្ចី ។ ព្រឹកថ្ងៃមួយ ជៀបកបក្សាលឈ្មោលហើរទៅរកចំណី ។ នៅពេលកំពុងត្រឹបលំអងកេសរផ្កាឈូកធំមួយ ជៀបកបក្សាលក៏ត្រូវផ្កាឈូកក្តោបជាប់នៅក្នុងត្របកទៅ ។ នៅថ្ងៃដដែលនោះ ភ្លើងព្រៃរាលមកឆេះសំបុកនិងកូនស្លាប់ទៅ ។ លុះដល់យប់ជ្រៅផ្កាឈូកក៏រីកឡើងវិញ ជៀបកបក្សាលឈ្មោលក៏ហើរទៅរកប្រពន្ធកូន ដោយមានទាំងគន្ធបទុមជាប់ជិតនឹងខ្លួនផង ។ ឯជៀបកបក្សាលញីខឹងនឹងប្តីទៅបាត់មួយថ្ងៃទាល់ល្ងាច ហើយដោយគិតថាប្តីទៅមានសហាយ ក៏ស្ទុះចូលក្នុងភ្លើងស្លាប់ទៅ ។ ជៀបកបក្សាលឈ្មោលឃើញដូច្នោះ ក៏ហើរចូលភ្លើងស្លាប់នៅគ្រានោះដែរ ។

អត្ថបទ

(បទពាក្យ ៧)

ចាបឈ្មោលតែងហើររកចំណី ទុកនាងបក្សីឲ្យរក្សា ។
ថែទាំចាំកូននៅសំបុក ជាទីឥតទុក្ខជាសុខា
សម័យមួយនោះព្រះសុរិយា រៀងរះជ្រះថ្លាព្រហាមស្មោះ ។
ចាបឈ្មោលហើរចាកលំនៅស្ថាន ទៅតែមួយប្រាណហើរផ្លេកផ្លោះ
ចូលពនាល័យព្រៃនព្រោះ ហើរហោះទៅទៀបទីស្រះស្រី ។
មួយមានឈូកឈរផុះរហង់ លំចង់ស្បង្កីដចង្កុលណី
រីកបែកបុប្ផាកេសរថ្មី ដោយព្រះសុរិយទើបរៀងរះ ។
បក្សានេត្រាក្រឡេកយល់ បុប្ផានិម៌លពណ៌ល្អល្អះ
ហោះព្វយឆ្វេងឆាបស្លាបទទះ ចុះទៅក្នុងស្រះទំចឹកផ្កា ។

ល្មមព្រះទិនករចរត្រឿយត្រឿន អណ្ដែតលយលឿនចាកព្រឹក្សា
ស្រឡះច្បាស់វង់ព្រះសុរិយា ចំហាយឧណ្ហាចំផែនដី ។
រីឯបុស្បបក្កក្នុងស្រះនោះ លង់លុះត្រូវក្ដៅព្រះសុរិយ
រីតរួតក្ដាបជិតទៅវិញខ្មី ចាបនោះឥតបីដឹងឡើយណា ។
កំពុងចឹកចាប់ជាតិបទុម ណោដូចគេវុំរូបកាយា
រួតរឹតជិតជាប់នៅក្នុងផ្កា បក្សាភិតភ័យក្រៃស្ទើរស្លាប់ ។
ខំប្រឹងបម្រះក្រឡាស់ស្ទុះ នៅក្នុងផ្កានោះជាប្រញាប់
ខ្លួនសោតរមួលដួលផ្ងាផ្កាប់ ស្ទើរនឹងសូន្យស័ព្ទស្លាប់អសារ ។
រីឯថប់ញ័រញាប់អស់អង្គប្រាណ រំខានខ្វឹកខ្វល់ក្ដួលសោកថា
ឱះឱ ! ភរិយាបុត្រស្នេហា សមនឹកបិតាស្វាមីច្បាស់ ។
ខំស្វែងត្រាច់មករកផលា ព្រោះក្ដីស្នេហាសង្សារសត្វ
ឥឡូវពាំនៀវពៀវមកកាត់ ឱ្យកាយខ្វាយខ្វាត់ដូចថ្នះណ៌ ។
ខ្លួនស្លាប់តាមកម្មពុំចាំគិត អាណិតតែកូននៅឯកា
ប្រពន្ធនៅក្រោយសមខ្លោចផ្សា ទោមនស្សទុក្ខាឃ្លានចំណី ។
រឿងនេះលើកទុកពុំចារចែង នឹងចាត់សំដែងទៅបក្សី
កាលបក្សាហើរចេញទៅខ្មី ថ្ងៃនោះព្រោះក្ដីអកុសល ។
បង្កើតភ្លើងព្រៃឆេះព្រៃព្រឹក្ស សន្ធៅសន្ធឹកដោយសព្ទខ្យល់
ច្យោកបក់ផ្សែងផ្សាចលាចល រាលទៀបមកដល់ទីសកុណី ។
នាងចាបឃើញជាក់ធ្លាក់ថ្លើមក្ដុក រំជួលក្ដួលចុកសព្វមីសី
ស្រយុតស្រយង់អង្គឥតបី ហើរចាកឃ្មាតខ្មីព្រោះភ័យខ្លាំង ។
ស្មាស្មុះឆ្លេឆ្លាផ្សាដោយគិត អាណិតដល់កូនស្មើជីវី
សោការន្ធត់ស្លុតស្លាំងកាំង ញាប់ញ័រអស់ទាំងអង្គកាយា ។
អន្ទះអន្ទែងរែងផ្សាខ្លោច កណ្ដោចកណ្ដែងឯងឯកា
ទើបថ្ងូញថាឱកូនសង្សារ សមក្ស័យជីវាម្ដងនេះហើយ ។

ឱ្យអ្នកជាប្ដីថ្លៃពន្លក ម្ដេចពុំឃើញមកណា៎អ្នកអើយ
ភ្លើងព្រៃឆេះកូនសូន្យឥតត្រើយ កូនអើយម្ល៉េះសមអ្នកក្ដៅផ្សា ៗ
សោកហើយនាងចាបឆាបហើរចុះ ទើបហាចំពុះនៃអាត្មា
ចឹកពាំនាំកូនស្ងួនលង្ការ នឹងពាំយាត្រាក៏ពុំបាន ៗ
អនិច្ចាចាបញីញ័ររអស់អង្គ ហើរហក់វិលវង់សោកប្រះព្រួណ
ទួញថាឱកូនស្ងួនកល្យាណ ម្ល៉េះសមម្ដាយខានឃើញមាសថ្លៃ ៗ
ហើយថ្លែងអង្វរអស់ទេព្រឹក្ស ស្ថិតស្ថានសំណាក់និត្យនៅពួ -
ប្រោះប្រោយសូមជួយគិតកែខៃ ឱ្យកូនរួចក្ស័យគ្រានេះណា៎ ៗ
ភ្លើងនោះឆេះរាលដាលត្រដួច ឆាបក្ដួចសំបុកនៃបក្សា
ឆេះរោលទាំងកូនសូន្យសង្ហារ ក្សិណក្ស័យជីវាទំពេចខ្ចី ៗ
នាងចាបឃើញកូនក្ស័យដូច្នោះ ស្លុតស្លក់ពុងពោះបាត់ស្មារតី
ទួញថាឱកូនស្ងួនពិសី កម្មអ្វីមកកាត់ឱ្យខ្ចាត់បង់ ៗ
ទាំងកូនក៏សូន្យក្នុងភ្លើងព្រៃ ទាំងប្ដីក៏ព្រាត់បាត់ទាំងអង្គ
ព្រឹកមិញនៅជុំគ្នារហង់ នឹកឡើងមិនចង់រស់ថ្វីឡើយ ៗ
រស់នៅធ្វើអ្វីអប្រិយព្រួណ ឱ្យតែរំខានមិនគ្រាស្បើយ
បើភ្លើងឆេះផ្លាញស្លាប់ឱ្យហើយ ត្រូវអើយសោះនឹងរងវេទនា ៗ
ថ្លែងពីចាបឈ្មោលដែលចូលជាប់ នៅក្នុងស្រទាប់បទុមា
លង់លុះព្រលប់យប់សន្ធ្យា ចន្ទ្រាឡើងរះជ្រះនភី ៗ
សន្សើមស្រាក់ធ្លាក់សស្រោក ចុះជោកព្រឹក្សាសព្វមាលី
រីករាយរំសាយស្រទាប់ភ្ញី បក្សារួចពីក្នុងបុស្បី ៗ
ហើយហើរម្នាក់ឯងវិវេកពេក ផ្លោះផ្លេកផ្លេចភ្លាមតាមរស្មី
ព្រះចន្ទភ្លឺយង់ក្នុងរាត្រី ឥតបីបង្អង់លង់ឡើយណា ៗ
ក្លិនរសកេសរដែលរូបអង្គ ក្រអូបផុំហួង់ជាប់កាយា
លុះហើរមកដល់ទីអាត្មា ឃើញព្រៃព្រឹក្សាភ្លើងឆេះអស់ ៗ

ចាត់ចាំងសំបុកដែលទុកកូន ឈឹងស្ងាត់សោះសូន្យក្នុងសានគ្រោះ
ប្រពន្ធក៏ចាត់ពិតចំពោះ គឺមោះជាកម្មនៃអាត្មា ។
រឹងរឹតញ៉ាំ រញ្ញាប់ចំប្រប់ច្រណ រំខានខ្វឹកខ្វល់ក្តួលសោកា
ឱ្យកូនកំសត់បុត្រទេ្វហារ ទៅណាពុំឃើញដូចសព្វកាល ។
គ្រានោះឯនាងសកុណី ឃើញប្តីមកដល់សោកដាសដាល
ទើបចេញពីព្រៃព្រឹក្សាសាល មកផ្សាលស្រដីឱ្យប្តីថា ។
អ្នកឯងទៅព្រៃបានសប្បាយ ត្រេកនឹងសហាយត្រូវចិន្តា
ឥឡូវភ្លើងព្រៃឆេះព្រឹក្សា ឆេះកូនទេ្វហារមរណាក្ស័យ ។
សព្វកាលទៀងមកមកត្រូវពេល មិនដែលខាតខានខុសមួយថ្ងៃ
គ្រានេះប្រែចិត្តកាត់អាល័យ គេចវេះដោះដៃរកស្នេហ៍ថ្មី ។
យល់ជាត្រូវចិត្តស្និទ្ធរួមរ័ក្ស ស្មោះស្ម័គ្រស្រឡាញ់ពេញបតី
ថែមផ្តុំក្លិនផ្កាជាប់ក្លិនស្រី នឹងមកធ្វើអ្វីអ្នកថ្លៃអាយ ។
ហើយធ្វើជានឹករឭកកូន ដែលសូន្យប្រល័យក្ស័យអន្តរាយ
នរណាមិនដឹងកលក្លែងក្លាយ ឧបាយមាយាជាពាក្យពិត ។
សកុណាបក្សាបានស្តែងស្តាប់ សារសព្ទប្រពន្ធប្រចណ្ឌចិត្ត
ទើបឆ្លើយនាងអើយបងរែងគិត ដល់មិត្តមាសស្ងួននឹងកូនថ្លៃ ។
តែបងបានហើរដើរដោយប្រជោះ ឃើញស្រះមួយនោះណ៎ាកែវថ្លៃ
មានផ្កាឈូករីកច្រើនក្រាស់ក្រៃ បងសោតប្រស្រ័យចុះថឹកផ្កា ។
ជួនថ្ងៃរៀងរះស្រឡះពិត ផ្កាឈូកសោតរឹតរួតកាយា
ដោយសារកំដៅព្រះសុរិយា បងជាប់ក្នុងផ្កាចេញពុំបាន ។
លុះសែងអាទិត្យអស្តង្គត ចរផុតបិទបាំងព្រះសុរិឆាន
សនេ្ធ្រមរាយរុះចុះសព្វស្ថាន ទើបបានផ្កាសោតរីកឡើងវិញ ។
ឯបងក៏រួចអង្គកាយា ហិចហើរយាត្រាមកនេះមិញ
នាងកុំកាន់ចិត្តកើតទុក្ខម្នេញ ទោមនស្សទន្ទេញថាច្នោះឡើយ ។

បក្សីស្លាប់ជាក់ទើបតបថា   កុំប្រែប្រួលផ្កាណាអ្នកអើយ
ប្រសិនអាល័យខ្ញុំមែនហើយ   ម្ដេចធ្វើតោះតើយដូច្នោះណ៎ា ។
វិស័យកើតជាប្រពន្ធប្ដី   គប្បីដឹងទុក្ខដឹងសុខា
ទើបហៅស្រឡាញ់ពេញស្នេហា   នេះមាត់តែថាអាណិតណាស់ ។
ឯចិត្តបែកបែរប្រែប្រឹងឆ្ងៀត   គិតរកថ្មីទៀតចោលឯចាស់
ហើយថាផ្កាក្ដាបជាប់ក្នុងស្រះ   ខ្ញុំដឹងចិត្តច្បាស់យ៉ាងនេះឯង ។
ហ៊ានចោលទាល់ភ្លើងឆេះសំបុក   ធ្លាក់កូនត្រសុកទៅក្នុងត្រែង
គ្មានសល់រូបសោះអស់ឆ្អឹងឆ្អែង   ឃើញមានតែផ្សែងហុយជង្គាល ។
ឲ្យកូនសំឡាញ់ពេញចិត្តស្ម័គ្រ   ម្ដាយនឹកដើមអ្នកធ្លាក់ថ្លើមក្ដួល
ម្ដាយសោកពិលាបសព្វខ្សឹកខ្សួល   ឈឺឆ្ងៀបឆេះឈួលញ៉ាំទ្រុងពោះ ។
បក្សាបៀតបែរតែចាំស្លាប់   ប្រពន្ធសារស័ព្ទស្ដីបញ្ជោះ
ខឹងឆណ្ឌប្រចណ្ឌប្រជែងឈ្លោះ   គំរោះគំរាមតាមក្រោធា ។
ទើបលោមប្រលោមថាព្រលឹង   មាសនឹងខឹងថ្វីពៅពុំងា
បងត្រង់គិតឥតមាយា   ជាក់ជាស្រឡាញ់ពេញពីពោះ ។
ដែលពុំបានមកដោយពេលពិត   ដោយសារផ្ការឹតស្ទើរពុំរស់
កម្មអើយកម្មកាត់ឲ្យបាត់ឈ្មោះ   សូមប្អូនសង្គ្រោះអត់ទោសា ។
សកុណីស្ដីហើយឆ្លើយឥតក្រែង   ថាចិត្តអ្នកឯងចំបូសង្សា
ខ្ញុំដឹងជាក់ស្រេចកុំចាច់ថា   អាងតែប្រាជ្ញាចេះកែខៃ ។
នាងរឹងរំជួលក្ដួលឥន្ទ្រិយ   ហាក់ដូចអគ្គីឆេះឱរែ
ឱរារឹតរឹងតឹងស្ទើរក្ស័យ   តែងសោកាល័យពុំស្រាកស្រាន្ត ។
បក្សាជាប្ដីស្ដីហេតុប្រាប់   ពុំចូលចិត្តស្ដាប់ជឿស្មោះស្មាន
វិយោគស្រណោះចោះចោកប្រាណ   រំខានទៀងទួញទំនួញថា ។
ឲ្យកូនកំសត់មាសម្ដាយអើយ   ពីនេះទៅហើយម្ដាយឃើញផ្សា
នឹងប្រទាំតែទុក្ខទៅដល់ណា   សូវសូន្យជីវាតាមមាសថ្លៃ ។

ថា ហើយកាងស្លាបក្រាបបង្គំ   ប្រណម្យទេវតាសួគ៌ាល័យ
ទាំងទេពស្ថិតស្ថានជាន់ព្រឹក្សព្រៃ   នៅនៃគិរីទីបព្វតា ។
សូមអស់លោកជួយជាសាក្សី   ពោះបីខ្ញុំកើតជាតិកាលណា
ខ្ញុំសូមតាំងចិត្តគិតសច្ចា   ប្រាថ្នាកុំឱ្យទៅរួមកាយ ។
នឹងជាតិជាប្រុសគ្រប់អង្គប្រាណ   ហើយកុំឱ្យបានចែងអភិប្រាយ
មេត្រីស្តីស្តាប់សព្ទបរិយាយ   ឱ្យឆ្ងាយវេងរាល់ជៀសឱ្យបាន ។
ពោះបីទៅកើតភពណាៗ   ជាសត្វមនុស្សាសព្វគ្រប់ស្ថាន
ជាតិប្រុសកុំស្បីគ្រវីក្សរួមប្រាណ   កុំឱ្យរាប់អានស្មានមេត្រី ។
គ្រានោះសកុណាបក្សាសត្វ   សម្ងាត់ចាំស្តាប់ស័ព្ទបក្សី
ព្ននាងសច្ចាថាថ្ងោះខ្មី   ទើបស្តីឆ្លើយឆ្លងស្នងវិញថា ។
សូមអស់ទេពទសលោកឡសស្ថាន   ស្ថិតក្នុងត្រើយត្រាណឆកាមា
ជួយជាសាក្សីខ្ញុំប្រាថ្នា   តបស្នងវាចានាងបក្សី ។
ដ្បិតគេប្រាថ្នាអនាគត   ឱ្យចៀសឱ្យផុតខ្ញុំជាប្តី
ជាតិប្រុសគេថាមិនមេត្រី   មិនស្តីមិនស្តាប់សព្ទវាទី ។
ថាខ្ញុំស្រឡាញ់មិនពេញស្ម័គ្រ   នឹងនាងនេះជាក់ស្មើជីវី
ពុំមានបែកបែរប្រែចិត្តពីរ   ដែលករកញ្ញឯទៀតសោះ ។
ជាតិក្រោយសូមឱ្យបានរួមរ័ក្ស   នឹងនាងនេះជាក់ជាគូស្មោះ
ខ្ញុំស្តីឱ្យស្តាប់ស័ព្ទស្រណោះ   កុំឱ្យរដោះលុះនិព្វាន ។
ឯនាងសកុណីបានស្តែងស្តាប់   បក្សាសារសព្វតាំងប្រណិធាន
ចិត្តក្តៅគិតក្តួលឆួលរិះធ្យាន   មិនមាននឹកស្តាយដល់ជីវា ។
ហើរចុះចូលស្លុងក្នុងកងភ្លើង   ឆេះឡើងរលត់ផុតកាយា
ចាបឈ្មោលឃើញជាក់ធ្លាក់ថ្លើមផ្សា   ស្ទុះផ្លោះចូលឆ្លាក្នុងអគ្គី ។

(តន់ (ហ៊ីនភក្តីអក្សរ), ទេវ៉ឹងសព្វសិទ្ធិ, ទំព័រ ៧ - ១៥)

សព្វសិទ្ធិ

Introductory Note

សព្វសិទ្ធិ /sαp sət/ Sabvasiddhi (name of one of the fifty apocryphal Jatakas popular in Cambodia, Thailand, and Laos)

ម៉ឺនភក្តីអក្សរ /məɨn-pheə̆qkədəy-qaqsαα/ royal title for a scholar

ឥន name of the Cambodian author of Sabvasiddhi

ព្រះសម្មាសម្ពុទ្ធ /preə̆h-sammaasamput/ the Enlightened One (i.e. the Buddha)

ចង្រៀបកប្រាស a kind of small sparrow

កូនខ្ចី baby, newborn infant

ចំណី food (Lit)

លំអង pollen

រាល to spread, expand

គន្ធ /kŭən/ fragrance

បទុម /patum, botum/ lotus

មួយថ្ងៃទាល់ល្ងាច all day long

Text

ជាទី...សុខា happily, with no problem

រះ to appear, come out, shine

ទ្រៀងរះ to come out gloriously, shine brightly (of the sun)

ព្រហាម dawn

តែមួយប្រាណ alone, by himself

ពនាល័យ forest, forest abode

រញេះ sparse, spaced

លំចង់ a kind of aquatic flower

ចង្កុលណី /cαŋkollənəy/ an aquatic plant (same family as lotus, water lily)

ព្រះសុរិយ /preə̆h-sorəy/ the sun

ញេះពួយ to dive (from the sky), make a pass at

ល្មម just as, at the same time as

ព្រះទិនករ /preə̆h-tɨnnəkαα/ the sun (Lit)

គ្រៀយគ្រៀន slowly, gradually

ចំហាយ steam (here: heat)

ឧណ្ហា /qonnəhaa/ hot (Lit)

បុស្សបង្ក /bohsəboŋ/ lotus (i.e. flower [which rises from] the mud)

រឹតរួត to constrict, tighten, contract

ហាក់ដូច as if

រួប to squeeze

រួតរឹត (=រឹតរួត)

រមួល twisted

ក្តួល to be in a torment, heart-sick

ខ្វាយខ្វាត់ (=ខ្វាត់ខ្វាយ)

ពុំចាំគិត not concerned, doesn't matter, don't have to worry

លើកទុក to set aside, put aside

ចាត់ undertake to

សន្ធៅ fiercely, like an inferno

ផ្សែងផ្សា acrid smoke

ចលាចល [causing] turmoil, confusion, pandemonium

សកុណី /saqkənəy/ female bird

ចុក to have a pain, have a cramp

មំសី /meə̆ŋsəy/ (=/meə̆ŋsaq/) flesh, meat (Roy, Clergy)

ស្រពន់ to be numb, asleep (of a limb)

ឥតបើ (=ឥតបើឧបមា) extremely

ស្ទា to sidle back and forth evasively, dodge back and forth

រន្ធន្ធា to cast about in a panic

ជីវំ /ciiwĕəŋ/ life

ស្លាំងកាំង stupified, stunned

ផ្សារខ្លោច (=ខ្លោចផ្សារ) anguished

កណ្ដោចកណ្ដែង lonely, desolate

ចំពុះ beak, bill

អនិច្ចា preceding a noun in Cambodian literature: the poor..., the unfortunate...

ទេព្រក្ស guardian angels

ជ្រោយ cape, point (of land)

រឹករិះ to reflect, deliberate, resolve (a problem)

ផាល to spread, extend

ត្រដួច to loom, tower, rise above all else

ឆាប to reach, lick at (of flames)

កួច to swirl, twist, revolve, whirl

រោល to scorch, singe

ស្លក់ to be pale

ស្រាក to cease, die down, diminish

ផ្លាញ (=បំផ្លាញ)

ជោក soaked

មាលី flower

ស្រទាប់ petal, layer, stratum

រំសាយ to loosen, spread, distribute loosely

បុស្បៃ /bohsəbəy/ flower (Lit)

វិវេក sad, lonely, desolate

រផ្លោះរផ្លូក (=រផ្លូករផ្លោះ)

រផ្លូច quickly, with a dart, like a flash

ហ្វង់ /waŋ/ extremely (clear, bright, fragrant)

សាន (=ល្បាសាន) jungle

ប្រគាះ dangerous, full of danger

ចំពោះ (here: from [him])

សាល (=សាន)

ផ្ចាល to rebuke, reprove

ស្រដី (=ស្ដី) to say, speak (Lit)

ខាតខាន (=ខាន)

កាត់អាល័យ to stop loving, betray love

ល្បៀត trick, strategem

រកល្បៀតថ្មី be unfaithful, have an affair, find a lover

ពេញរបតី with all one's heart

ប្រល័យ to ruin, destroy; to die; death, destruction, ruin

ខ្ញុយ---ពិត to pass off your pretensions as truth

សកុណា /saqkonnaa/ male bird (Lit)

ប្រចណ្ឌ /pracan/ jealous (of one's spouse or lover)

ប្រស្រ័យ to like, desire (Lit)

ព្រះសុរិឆាន sun (?)

កាន់ចិត្ត maintain, insist on; here: stubborn, unyielding

រិះប្រព្រួញផ្ចា to scheme, look for excuses

វិស័យ chance, fortune, fate; here: [since it was our] fate

ស៊ឹងទុក្ខស៊ឹងសុខា share the bad and the good

នេះ this, in this present case; you, in your case

មាត់តែថា just saying, saying insincerely

ត្រសុក disappearing among, burrowing through

ឆ្អឹងឆ្អែង (=ឆ្អឹង)

ហុយ to rise, puff (of smoke, steam, etc.)

ផន្ដោល in a big cloud

រធៀប scratchy, prickling (as a hair in a shirt)

ឈ្ងួល feel a burning, biting sensation (as from horseradish)

បញ្ឆោះ to provoke, egg on, taunt

ចណ្ណ to dictate, order imperiously

ប្រជែង to dispute querulously

គំរោះ rude, crude, coarse

ពេញពីពោះ wholeheartedly, from the bottom of my heart

កាត់ to destroy, alienate, cut off

ឫស្យា /rɨhsyaa/ covetous, begrudging; corrupt

ឧរ៍ (= ឧរា)

សោកាល័យ (= សោក + អាល័យ)

សួគ៌ាល័យ /suəkiəlay/ heaven

បព្វតា (= បុព្វតា) mountain, hill (Lit)

អភិប្រាយ to talk, converse (Lit)

ទៀងទាត់ continuously, forever

រ័កទួម (= ទួមរ័ក្ស) live a conjugal life

ស្ពានមេត្រី to form an alliance, ally with

ឆ្លង back, reciprocally, in reply

ទស /tŭəh/ ten (Skt)

សោឡស /saolɑh/ sixteen

ទេពទសសោឡសស្ថាន the ten angels of the sixteen heavens

ឆកាមា /chɑɑ-kaamaa/ six-level heaven

មាន...ចិត្តពីរ to be unfaithful, have divided loyalties

រដោះ come untied, come loose; be separated

ឆួល to burn, consume

ធ្យាន to meditate

ស្លុង speedily

កង loud, roaring

ក្លា vigorous, energetic (here: without hesitation)

ផេះ ashes

៣០. មហាវេស្សន្តរជាតក

(គ្មានឈ្មោះអ្នកនិពន្ធ)

បុព្វកថា

រឿងមហាវេស្សន្តរជាតក ជារឿងមួយនិយាយអំពីកំណើតព្រះពោធិសត្វ មុនព្រះអង្គបានត្រាស់ជាព្រះពុទ្ធ ។ រឿងនេះមាននៅក្នុងព្រះសូត្រដែលជាផ្នែកមួយនៃគម្ពីរព្រះត្រៃបិដក ។ ខ្មែរអ្នកកាន់ពុទ្ធសាសនា ចូលចិត្តរឿងនេះជាទីបំផុត ។ នៅពេលចេញវស្សា គេតែងយករឿងនេះមកទេសនាមួយថ្ងៃមួយយប់ ។

រឿងនេះគេប្រទះឃើញជាច្រើនច្បាប់ ជាភាសាខ្មែរ ខ្លះវែងខ្លះខ្លី ។ ចំណែកឯការបកប្រែវិញ គឺមិនមែនជាការបកប្រែត្រង់ៗទេ គេដកស្រង់អត្ថបទបាលី មានវែងមានខ្លី ហើយគេធ្វើអត្ថាធិប្បាយបញ្ចេញបញ្ចូលនូវរឿងរ៉ាវជាច្រើនដែលជាខ្មែរសុទ្ធៗ ។ យើងពុំបានដាក់អត្ថបទបាលីបញ្ចូលផងទេ ដោយយល់ឃើញថា ភាសាបាលីជាការសិក្សាដោយឡែក ។ កន្លែងត្រង់ណាដែលមានអត្ថបទបាលី យើងគ្រាន់តែដាក់សេចក្ដីសង្កេតប្រាប់ឲ្យដឹងថា តើនៅកន្លែងនោះ មានអត្ថបទបាលីចំនួនប៉ុន្មានបន្ទាត់តែប៉ុណ្ណោះ ។

រឿងមហាវេស្សន្តរជាតក មិនមែនសរសេរជាពាក្យរាយធម្មតា ឬជាពាក្យកាព្យឡើយ តែអ្នកនិពន្ធប្រើបច្ចេកទេសម្យ៉ាងដែលហៅថា "ពាក្យកែវ" ដែលជួនកាលមានពាក្យចួនគ្នារដឹក មានទំនងស្រដៀងគ្នានឹងកំណាព្យ ។

អត្ថបទខាងក្រោមនេះ ដកស្រង់ចេញមកពីកណ្ឌឈ្មោះ "កណ្ឌកុមារបព៌" ត្រង់កាលដែលព្រះពោធិសត្វ ឲ្យបុត្រទាំងពីរទៅតាជូជក ។

អត្ថបទ

តមត្ថំ បកាសេន្តោ សត្ថា អាហ ទីអាថ៌ធម៌ឯណាពុំទាន់ប្រាកដ បទព្រះបាលីឯណាពុំទាន់ច្បាស់ លុះព្រះបានត្រាស់ហើយ ព្រះអង្គបន្ទូលសូត្រសានូវបាទព្រះគាថាដូច្នេះ

[បាលី ៨ បន្ទាត់] ហៃភិក្ខុអើយ នាកាលតថាគតនៅជាព្រះវេស្សន្តរបវរពោធិសត្វ ជាស្ដេចធំដែលចំរើនអ្នកស្រុកស្រីពិរាស្ត្រ ទ្រង់យកព្រះរាជកុមារទាំងពីរ គឺចៅជាលី និងនាងក្រស្នា ព្រះរាជទានដល់ព្រាហ្មណ៍ចាស់ជរា ក្នុងគ្រាកាលនោះក៏កើតជាអស្ចារ្យមហិមា ក្រឡាមហាប្រឹថពីកម្រើកកក្រើករញ្ជួយញាប់ញ័រ ទីភ្នំព្រះសិនេរុរាជ ក៏សឹងឱនលំទោនទៅកាន់ភ្នំគិរីវង្កតបព៌ត ទីព្រះឥន្ទ្រាធិរាជដ៏មានអំណាចជាឥស្សរកំពូលនៃទេវតាទាំងឡាយ ក៏ទះព្រះហស្តទ្រង់ព្រះសំរួល ទីអស់ទេវតានិងមហាព្រហ្ម ក៏ពោលពាក្យថ្វាយសព្ទសាធុការ ដ៏អធិកពន្លឹកមហិមានៅនាទីព្រៃហេមពាន្តសឹងមានរាជសីហ៍ជាដើម ក៏សឹងស្រែកទ្រហឹងអឺងអាប់នូវសព្ទពន្លឹក

ទីក្រពេក ។

[បាលី ១ បន្ទាត់] កាលព្រះបាទស្រីវេស្សន្តរបរមពោធិសត្វ ទ្រង់ព្រះរាជទានព្រះរាជឱរសទាំងពីរទៅព្រាហ្មណ៍នោះហើយ ទ្រង់មានព្រះបីតិសោមនស្សថាទ្រង់បានឱ្យទានជាអស្ចារ្យណាស់ ហើយស្តេចឋិតទតរមិលមើលព្រះរាជកុមារទាំងពីរក្នុងកាលណោះឯង ។

[បាលី ១ បន្ទាត់] កាលនោះ ជូជកព្រាហ្មណ៍បានព្រះរាជកុមារទាំងពីរមកនៅក្នុងកណ្តាប់ដៃហើយក្តី ក៏ម្នីម្នារលះរលាំងចូលទៅក្នុងដង្គមព្រៃ ដៃប្រវាចាបវល្លិមកខាំកាត់នឹងធ្មេញបានហើយ ប្រវាចាប់ដៃឆ្វេងនាងក្រស្នា ប្រវាចាប់ដៃស្តាំចៅជាលី បានហើយរួបគួបចងជាមួយគ្នា ហើយបណ្តើរទៅ យកចុងវល្លិវាយដំ នៅចំពោះព្រះភក្ត្រព្រះបាទស្រីវេស្សន្តរបវរពោធិសត្វនោះឯងហោង ។

តមត្ថំ បកាសេន្តោ សត្ថា អាហ ទីអាថ៌ធម៌ឯណាពុំទាន់ប្រាកដ បទព្រះបាលីឯណាពុំទាន់ចែងច្បាស់ លុះព្រះបានត្រាស់ហើយ ព្រះអង្គមានបន្ទូលនូវបទព្រះគាថាដូច្នេះ

[បាលី ៥ បន្ទាត់] ទីជូជកព្រាហ្មណ៍វាយដំព្រះរាជកុមារទាំងពីរ មានសរីរៈបែកពុះពងរឈាមក្រហមច្រាល នៅចំពោះព្រះភក្ត្រព្រះបាទស្រីវេស្សន្តរ ។ កាលណាតាព្រាហ្មណ៍វាយនាងក្រស្នា ចៅជាលីយកខ្នងទៅរងតាង កាលបើវាយចៅជាលី នាងក្រស្នាក៏យកខ្នងទៅរងតាង តាជូជកចាប់អូសទាញកន្ត្រាក់នឹងខ្សែវល្លិ ទៅដល់ឋានមួយពុំរាប តាព្រាហ្មណ៍ដួលស្រយ៉ាប ខំប្រឹងស្ទុះក្រោកឡើងម្នីម្នា ទីព្រះហស្តព្រះរាជកុមារទាំងពីរដែលចងនឹងវល្លិក៏របូតចេញទៅ ទើបព្រះរាជកុមារទាំងពីរបបួលគ្នាម្នីម្នារត់ទៅកាន់សំណាក់ព្រះបរមពោធិសត្វ ថ្វាយបង្គំប្រណម្យ ហើយទ្រង់ព្រះកន្សែងសោកា ។

តមត្ថំ បកាសេន្តោ សត្ថា អាហ ទីអាថ៌ធម៌ឯណាពុំទាន់ប្រាកដ បទព្រះបាលីឯណាពុំទាន់ចែងច្បាស់ លុះព្រះបានត្រាស់ហើយ ព្រះអង្គមានព្រះបន្ទូលជាបទព្រះគាថាដូច្នេះ

[បាលី ២២ បន្ទាត់] ភិក្ខុអើយ លំដាប់នោះ ព្រះរាជកុមារទាំងពីររផុតរបូតពីកណ្តាប់ដៃព្រាហ្មណ៍ ក៏នាំគ្នាម្នីម្នារត់មកក្រាបក្រោមព្រះបាទានៃសម្តេចព្រះវរបិតា មានទឹកព្រះនេត្រាហៀរហូរស្រស្រាក់ ញាប់ញ័រចំប្រប់អស់អង្គប្រាណ ចៅជាលីសំឡឹងមើលព្រះវរបិតាហើយ ខំស្រដីថា បពិត្រព្រះវរបិតាអើយ សូមទានអម្ចាស់ករុណាយើងខ្ញុំបន្តិចសិនរ៉ា ទំរាំព្រះមេនៃយើងខ្ញុំ អ្នកត្រឡប់មកអំពីព្រៃ ដល់ថ្ងៃល្ងាចនឹងស្តេចមកដល់ ហើយសូមអម្ចាស់ល្បួងលោមព្រាហ្មណ៍ឱ្យបង្អង់បន្តិចសិន សឹមអម្ចាស់ឱ្យដំណើរយើងខ្ញុំទៅនឹងព្រាហ្មណ៍ ។ បពិត្រព្រះវរបិតា កាលណាយើងខ្ញុំទាំងពីរ បានក្រាបលាផ្តាំផ្ញើអ្នកមេយើងខ្ញុំ នូវព្រះបាទអម្ចាស់រួចស្រេចហើយ សឹមយើងខ្ញុំដើរទៅតាមព្រាហ្មណ៍ ដើម្បីបំពេញព្រះបារមីទានអម្ចាស់ ឱ្យបានត្រាស់ជាព្រះពុទ្ធប្រាកដហោង ។ បពិត្រព្រះវរបិតា ទីព្រាហ្មណ៍នេះ វាអាក្រក់ទីក្រលែងព្រាហ្មណ៍ទាំងឡាយ

វាប្រកបដោយបុរិសទោស ១៨ ប្រការ អកុសលកម្មនាំមកបង្កើតនៅនាលោកិយនេះ [បាលី ១ ឃ្លា] នឹងគន់ទមិលមើលទៅបាទជើងនោះធំស្ទុកដំបៅកោងកូក [បាលី ១ ឃ្លា] ដីមានក្រចកក្រមាមទាំង ១០ នោះខ្មៅស្អុយគ្រប់ទាំងអស់ [បាលី ១ ឃ្លា] មានកំភួនជើងប្រកបដោយសាច់ដុំរវេងរវោងដូចផ្លែរនោងទុំ [បាលី ១ ឃ្លា] ពពីរមាត់លើយុរយារគ្របពពីរមាត់ក្រោម [បាលី ១ ឃ្លា] កាលណាហាមាត់ស្រដី មានទឹកមាត់នោះហូរស្រោកដោកថ្ពាល់ទាំងសងខាង [បាលី ១ ឃ្លា] មានចង្កូមស្នាចដុះចេញពីមាត់ដូចជាខ្នាយជ្រូក [បាលី ១ ឃ្លា] ច្រមុះនោះបាក់តន្លាក់ពុំស្មើ [បាលី ១ ឃ្លា] ពោះធំកំប៉ោងកំប៉ោក ៣ ប៉ុនក្អម [បាលី ១ ឃ្លា] មានខ្នងបាក់កោងកូក [បាលី ១ ឃ្លា] ភ្នែកស្រលៀងស្រទៀវខ្ពស់ម្ខាងទាបម្ខាងមិនស្មើគ្នា [បាលី ១ ឃ្លា] មានពុកចង្កាស្រមូវរឹងដូចល្អួសទង់ផង [បាលី ១ ឃ្លា] រីសក់នោះប្រោលប្រោញ់រមួលកង្កញរួញលឿងមុខគួរខ្ពើម [បាលី ១ ឃ្លា] តាមរាងកាយមានសរសៃឡើងរវីមរវាម ហើយមានអាចម៌រុយនិងប្រជ្រុយពេញសព្វខ្លួន [បាលី ១ ឃ្លា] មានកែវភ្នែកលឿងដូចភ្នែកឆ្មា [បាលី ១ ឃ្លា] មានដងខ្លួនវៀចកូក ត្រដក់ត្រដង់ខ្នងនិងចង្កេះដូចជាគេធ្វើលេង [បាលី ១ ឃ្លា] ជើងទាំងពីរក៏កន្ធែកវែងកចេញពីគ្នាខុសធម្មតា [បាលី ១ ឃ្លា] រោមតាមសព្វខ្លួនរឹងដូចរោមជ្រូក ខុសពីវិស័យមនុស្សធម្មតា ស្លៀកពាក់ស្បែកខ្លា មិនមែនមនុស្ស មុខគួរស្ញែង ជាមនុស្សឬជាយក្ស ដែលស៊ីតែសាច់ឈាមទេក៏ពុំដឹង [បាលី ១ ឃ្លា] ចេញអំពីស្រុកមកកាន់ព្រៃនេះមានបំណងប៉ងចូលមកសុំទ្រព្យសម្បត្តិនឹងព្រះវរបិតា កាលព្រាហ្មណ៍បិសាចនាំយកកូនទៅ វាវាយដំឥតប្រណី ម្ដេចឡើយ អម្ចាស់នៅស្ងៀមព្រងើយពុំនាំពា ព្រះហឫទ័យហាក់ដូចជាដុំថ្មសិលា ឬហាក់ដូចគេចងរឹតដោយដែកយ៉ាងខ្ជាប់ខ្ជួន ឱ្យព្រះវរបិតាអើយ ព្រះអង្គឥតព្រះទ័យអាសូរករុណាដល់កូនបន្តិចឡើយ តាព្រាហ្មណ៍មានចិត្តកាចឃោរឃៅ ចង់បានតែទ្រព្យ ចាប់យកទៅវាយដំប្អូនក្រស្នាឥតមេត្តាសោះឡើយ មានគួរនាដូចនាយគោបាលវាយប្រហារហ្វូងគោ ដោយឥតមានចិត្តអាណិតអាសូរ ឱ្យក្រស្នាមាសបងអើយ យើងទាំងពីរនាក់នេះ បីដូចកូនម្រឹគដែលនៅកំពុងបៅដោះមេ ហើយព្រាត់ប្រាសនិរាសចាកមេទៅ កាលបើរកមេមិនឃើញ ក៏ស្រែកយំរកមេក្នុងព្រៃប្រឹក្សា ប្រាថ្នាតែនឹងបៅដោះមេវាប៉ុណ្ណោះ ។ ព្រះគុណអើយ កូនទាំងគូនេះកំសត់មកច្រើនគ្រាហើយ ពុំមានញាតិវង្សាឯណាដល់មួយឡើយ អម្ចាស់ខ្ញុំអើយ យល់តែមាតាបិតាមកគង់ក្នុងព្រឹក្សាជាសន្ដោស បើពុំទ្រង់ព្រះមេត្តាប្រោសប្រណី ខ្ញុំជាលីក្រស្នា ពុំដឹងបើអាស្រ័យនឹងអ្នកឯណា ឱ្យស្រែកលែងលើសព្រះអង្គនេះឡើយ ។

កាលព្រះជាលីកុមារ ក្រាបបង្គំទូលព្រះវរបិតាយ៉ាងនេះហើយ ព្រះបាទស្រីវេស្សន្តរ បវររាជបុរី ក៏ទ្រង់គង់នៅស្ងៀមមិនបានមានព្រះបន្ទូលដូចម្ដេចឡើយ ។ ព្រះរាជកុមារទាំង

ពីរក៏សោយសោកកន្ទក់កន្ទេញយ៉ាងមហិមា ក្រាបទូលទ្រង់ព្រះកន្សែងពិលាប ដោយបាទព្រះគាថាតទៅទៀតថា

[បាលី ២៨ បន្ទាត់] ឱព្រះរាជកុមារីព្រះរាជកុមារា កាលអ្នកថ្វាយបង្គំលាទៅ អ្នកសៅសោករអាក់រអួលតានតឹងក្នុងឧរាទាំងបងទាំងប្អូន ព្រះវរបិតាពុំមានព្រះបន្ទូលស្នងព្រះរាជបុត្រសោះឡើយ ទ្រង់ព្រះចិន្ដាតែក្នុងព្រះរាជហឫទ័យ ឱ្យបានសម្រេចដូចក្ដីប្រាថ្នា ។ ឯចៅជាលី ក៏បន្ទូលទៅនឹងនាងក្រស្នាថា ឱក្រស្នាប្អូនអើយ ព្រះវរបិតាអ្នកយកយើងឱ្យទៅជាទានព្រាហ្មណ៍ ម្ល៉េះហើយសមយើងនឹងបានសេចក្ដីលំបាកវេទនា យើងនឹងចេញចាកទៅជាមួយនឹងព្រាហ្មណ៍ព្រឹទ្ធាចារ្យ គាត់នឹងវាយដំបែកហូរឈាមសព្វខ្លួន ក្រស្នាប្អូនអើយ ធម្មតាសត្វនៅក្នុងលោកិយ សឹងតែជំពាក់នឹងក្ដីវដ្ដសង្សារ ពុំទាន់បានលុះព្រះពោធិញ្ញាណ គឺព្រះនិព្វានជាបរមសុខ កាលណាតែងមានរោគាព្យាធិភ័យតាមមកទាន់អាត្មាពុំដែលរដោះ ទើបយើងត្រូវឃ្លាងខ្លោះ ប្រវាក់អន្ទាក់ណែងណងចងវាយ ដីពុំដែលចៀសវាងបាន មានឧបមាបីដូចប្រាណយើងទាំងពីរនេះឯងហើយ ។ ឱក្រស្នាមាសបងអើយ នេះជាប្រពៃណីសព្វសត្វផង បងនេះបានរម្ភតៀតចាកព្រះមាតាស្ដេចមកអំពីព្រឹក្សាដល់ព្រះអាស្រម សូន្យឈឹងព្រងំស្ងប់ស្ងាត់តែម្នាក់ឯង ហើយអ្នកនឹងទ្រង់ព្រះកន្សែងសោយសោកា អ្នកនឹងទួញយំរកយើងទាំងពីរ តាមដោយស្រះស្រង់ សព្វម្លប់ឈើព្រៃ បើពុំឃើញយើងទាំងពីរហើយនែ ឱក្រស្នាមាសបងអើយ សមអ្នកនឹងសោយសោកាសល់សែនអាមោក្ខពន់ប្រមាណ ននៀលប្រះប្រាណ ទួញយំយកព្រះករដំព្រះឧរា សោកស្ដាយយើងជាកូនកំសត់ទាំងគូមកនៅក្នុងព្រៃ អ្នកមកអំពីព្រៃព្លាប់បានយល់មុខយើងទាំងពីរ អ្នកត្រេកអរក្នុងព្រះទ័យ បីផ្ទុមអាល័យ ហើយព្រះមេអ្នកឱ្យអស់ផលាសារពើ ដំឡូង ត្រាវ ចេក អំពៅ បន្ទៅ សីរមាន់ ចន្ទី ម៉ែកប៉ែន គូលែន លំងសាត ត្របសព្វពណ៌ផលា ហើយអ្នកនាំយើងចូលអាស្រមលំនៅ ហើយអ្នកបំបៅ ជូតទឹកដុសអស់អង្គ អ្នកយករមៀតផងដំមកផាត់បំព្រង ទើបឱ្យយើងប្អូននឹងបងឆីផលាផល សឹងដីមានរសពីសា តាមដោយនូវអាហារព្រៃភ្នំ លុះកាលវេលាល្ងាចនឹងចូលផ្ទំ តែងពិលាបទួញយំទាំងរាត្រី ប្រាមប្រាប់ប្រដៅសព្វសេចក្ដី ពុំឱ្យមានខ្វះ តៀតយើងលាកលះមកនៅក្នុងព្រឹក្សា ពុំមានញាតិវង្សាឯណាដល់មួយនាក់ឡើយ អ្នកបានយល់តែមុខយើងប្អូននឹងបងនេះហើយ អ្នកគ្រាន់បានស្បើយលំហើយលំហែទុក្ខ ឥឡូវនេះអ្នកពុំបានយល់មុខយើងតទៅទៀតឡើយ ឱម្ល៉េះសមអ្នកនៅតែឯង សមនឹងសោកសង្រេងងងួលសន្លប់ អំពីល្ងាចព្រលប់លុះដល់ព្រឹក សមអ្នកនឹងសន្ធិសន្ធឹកលុះតែអស់ព្រះកំឡាំង ដូចទឹកត្រពាំងខែប្រាំងត្រូវថ្ងៃក្ដៅ ទឹកនោះក៏ស្រកស្រុតរីងហែងហួតស្ងួតខះបាត់បង់ទៅ ក្រស្នាប្អូនអើយ ទុក្ខនេះយូរលង់ក្រៃលែងទុក្ខផងទាំងឡាយ ដែលព្រាហ្មណ៍គាត់វាយដំធ្វើទោសយើងទាំងពីរនេះទៅទៀត [បាលី ១ ឃ្លា] ប្អូនអើយ ទីដើមជម្ពូព្រឹក្សអធិកនូវដើមពោធិព្រាយ ដីមានមែកស្រសាយស្រសុំសាខា ម្លប់ព្រឹក្សា

ជាលំនៅដ៏សប្បាយ ដ៏មានព្រីង ព្រូស ភ្លូ ភ្លង បន្ដោ ដូង ផងអង្គាល់ ទ្រៃជ ទ្រៃជ ខ្ពស់ត្រឈឹងត្រឈៃយដើតឆាយ ឫសវាដុះវែងឆ្ងាយ ពាក់ព័ន្ធទៅមកទាក់សៀតសឹករកគ្នា យើងតែងយកធ្វើជាទោងយោលលេង យើងប្រេរៀងលេងជាល្បែងក្រសាលសប្បាយ ព្រះពាយផាយផាត់ត្រជាក់ក្រេមក្រាន្ត បុប្ផសោតសឹងមានដោយពណ៌ ៗ ក្រហម ខៀវ ស ល្អប្រសើរ យើងតែងតែដើរទៅបេះយកបុប្ផមកថ្វាយដើម្បីសៀតព្រះកេសា ប្រដាប់អស់អង្គប្រាណ ទាំងស្រះស្រង់ក៏សប្បាយ ទឹកថ្លាស្អាត មានផ្កាបទុមជាតិដុះដូចអ្នកចារ ទាំងផ្កាលត្បារ ឈូកព្រាលល្បឿងសល្អ ៗ ដុះជាជួរ ៗ ឯអស់មច្ឆាសោត ក៏មានដោយហ្វូងទីទៃទ ៗ យើងតែងប្រស្រ័យមើលលេងជាល្បែងសព្វវេលា [បាលី ១ ឃ្លា] ទិស្ដាយខូបព្រមឹគ សេះ ដំរី គោ ទន្សាយ ទមាំង ប្រើស ទ្រាយ គជសីហ៍ ដែលព្រះវរបិតាទ្រង់សូនព្រះរាជទានឲ្យយើងលេង ៗ ឥឡូវនេះយើងបង់ល្បែង ព្រាត់ប្រាសពីទីសប្បាយ ចេញទៅនៅឆ្ងាយធ្វើជាខ្ញុំព្រាហ្មណ៍នេះហោង ៗ

[បាលី ១ ឃ្លា] ម្នាលសង្ឃដ៏ទ្រង់នូវសីល សមាធិ បញ្ញា នាកាលព្រះជាលីកុមារកំពុងពិលាបកន្សែងក្រាបទូលព្រះវរបិតា ឯតាជូជកព្រឹទ្ធាចារ្យក៏តាមមកទាន់ វាយដំចាប់ចងព្រះរាជកុមារទាំងពីរ នៅចំពោះព្រះភក្ត្រព្រះវរបិតា ៗ

តមត្ថំ បកាសេន្តោ សត្ថា អាហ រីអាថ៌ធម៌ឯណាពុំទាន់ប្រាកដ បទព្រះគាថាឯណាពុំទាន់ចែងច្បាស់ លុះព្រះបានត្រាស់ហើយ មានព្រះបន្ទូលជាបាទព្រះគាថាដូច្នេះ

[បាលី ៦ បន្ទាត់ហើយនឹង ១ ឃ្លា] ម្នាលភិក្ខុផងទាំងឡាយអើយ រីព្រះរាជកុមារទាំងពីរដែលតាជីចាស់ជរាកំពុងតែមកចាប់នាំយកទៅនោះ បានក្រាបទូលព្រះជនកដូច្នេះទៀតថា បពិត្រព្រះជនកអើយ សូមទានអម្ចាស់ត្រាស់ប្រាប់ព្រះមេយើងខ្ញុំផងថា យើងខ្ញុំទាំងពីរ ជាលី ក្រស្នាសុខសប្បាយឥតរោគាព្យាធិមកបៀតបៀនឡើយ បពិត្រព្រះវរបិតាអើយ ឯព្រះអង្គសោត ក៏សូមឲ្យប្រកបដោយសេចក្ដីសុខសប្បាយគ្រប់ទិវារាត្រី [បាលី ១ ឃ្លា] បពិត្រអម្ចាស់អើយ រីសំនួនដំរី ពាជី គោ តោ សិង្ហ រាជសីហ៍ ដែលអ្នកសូនឲ្យនឹងដី ឲ្យយើងខ្ញុំលេងជាល្បែងតែសព្វថ្ងៃនោះ សូមព្រះអង្គប្រគល់បង្ហាញទៅព្រះមេឲ្យទានផង ក្រែងព្រះមេយើងខ្ញុំ អ្នកយល់សំនួនអស់នោះហើយ ព្រះមេយើងខ្ញុំ នឹងបន្ទោបង់សេចក្ដីសៅសោកបានខ្លះ សោះអ្នកនឹងនឹករលឹកយើងទាំងពីរពន់ពេក ៗ

[បាលី ២ បន្ទាត់] កាលនោះព្រះបាទស្រីវេស្សន្ដរបរមមហាសត្វ ស្ដេចស្ដាប់ពាក្យព្រះរាជកុមារទ្រង់ព្រះកន្សែងពិលាបជាពន្លឹកដូច្នោះ ព្រះអង្គក៏មានព្រះហឫទ័យសៅសោក អាណិតអាសូរព្រះរាជបុត្រទាំងពីរលើសលន់ពន់ប្រមាណ មានព្រះហឫទ័យក្ដៅផ្សារនៅពុំស្រណុក រអាក់រអួលក្នុងព្រះឧរា ញ័រចំប្រប់អស់ទាំងព្រះអង្គ មានឧបមាបីដូចកេសររាជសីហ៍ចាប់ដំរីសារចុះប្រេង ឬមួយដូចព្រះចន្ទ្របានចំណាប់ព្រះរាហូ [បាលី ១ ឃ្លា] ទើបស្ដេចចូលទៅកាន់បណ្ណ

សាលា មានព្រះហឫទ័យក្រៀមក្រំដាំព្រះភក្ត្រា ទ្រង់ព្រះចិន្តាគន់គិតអាណិតព្រះរាជបុត្រ ញាប់ញ័ររន្ធត់អស់ទាំងព្រះកាយ ។

តមត្ថំ បកាសេន្តោ សត្ថា អាហ ទីអាថ៌ធម៌ឯណាពុំទាន់ប្រាកដ បទព្រះបាលីឯណាពុំទាន់ថែងច្បាស់ លុះព្រះបានត្រាស់ហើយ ព្រះអង្គមានព្រះបន្ទូលសូត្រជាបាទព្រះគាថាដូច្នេះ

[បាលី ២ បន្ទាត់] លំដាប់នោះ ព្រះបាទស្រីវេស្សន្តរ លុះស្តេចព្រះរាជទានព្រះរាជបុត្រទាំងពីរទៅព្រាហ្មណ៍ហើយ ស្តេចចូលទៅក្នុងព្រះបណ្ណសាលា ទ្រង់ព្រះកន្សែងសោកាពិលាបយោបំប្រចីនមហិមា ។ លំដាប់តពីនោះ ព្រះបរមពោធិសត្វ ទ្រង់ថ្លែងព្រះពិលាបជាបាទព្រះគាថាដូច្នេះ

[បាលី ១២ បន្ទាត់] ឱកូនសំឡាញ់ទាំងពីរនៃពុកអើយ ថ្ងៃល្ងាចថ្ងានេះហើយ សមបានឹងឃ្លានអាហារ នរណានឹងរមិលមើលឲ្យអាហារអ្នកឆី យល់តែតាជូជកព្រឹទ្ធាចារ្យ នឹងមានតែសេចក្តីភ័យតក់ស្លុតមហិមា អ្នកស្រេកទឹកនរណានឹងបំផឹក កូនសង្សារនៃពុកអើយ នាថ្ងៃល្ងាចប្រសយាល ម្ល៉េះហើយបាផ្លាប់តែងទារអាហារម្តាយថា បពិត្រអ្នកមេអើយ យើងខ្ញុំឃ្លានបាយ ម្តាយបាកិរកចំណីឲ្យឆី អ្នកស្រេកទឹក ម្តាយអ្នកកិរកទឹកឲ្យផឹក ម្ល៉េះហើយបានឹងទារនរណា ៣ នឹងករុណាប្រណីឲ្យចំណីបាឆី [បាលី ១ ឃ្លា] ឱកូនស្ងួននៃពុកអើយ អាសូរបាទជើងរៀវតូចដើរជាន់លើខ្សាច់ក្តៅ មុខជាពុះពងបែកហូរឈាម ត្រូវព្រាហ្មណ៍ចងវាយបណ្តើរទៅ [បាលី ១ ឃ្លា] កូនអើយ នរណានឹងដឹកដៃជាកំដរដើរដោយមាគ៌ា [បាលី ១ ឃ្លា] ឱដូចអញគិតនេះហើយ ព្រាហ្មណ៍នោះវាឥតខ្មាសអ្វីមាលប្បាយ វាវាយបញ្ឈោះនៅមុខអញ ពុំត្រាប្រណីហើយនាំបណ្តើរទៅ លើសក្រៃលែងជាងខ្ញុំលោះនឹងប្រាក់ចាក់ពីថង់ [បាលី ១ បន្ទាត់] ទោះអ្នកឯណាមួយមកធ្វើជាខ្ញុំប្រុសខ្ញុំស្រីនៃអញ ទោះយោបីខុសគាប់អម្បាលម៉ាន គេញុាំងគិតក្រែងចិត្តថា ជាខ្ញុំព្រះបាទស្រីវេស្សន្តរ គេកោតខ្លាចអំណាចពុំអាចវាយដំឡើយ ។ ឯព្រាហ្មណ៍កញ្ចាស់ក្រិស ឫស្យាសាហាវយង់ឃ្នងឥតខ្មាស វាវាយដីនឹងឈើច្រត់ វាត់នឹងចុងវល្លិ៍ ដាលបែកឈាមហូរសស្រាក់ទៅចំពោះមុខអញ ឥតចិត្តអាណិតអាសូរបន្តិចឡើយ [បាលី ១ បន្ទាត់] ដូជកព្រាហ្មណ៍វាជេរស្តីវាយដំកូនទាំងពីរជាទីស្រឡាញ់ នៅចំពោះមុខអញនេះ អញក្តៅចិត្តពន់ពេកណាស់ អញគិតមើលទៅ កូនអញទាំងពីរដូចកល់ត្រីចូលត្រូ នឹងថយមកក្រោយទាល់នឹងផ្នក រុលទៅមុខទាល់នឹងប្រើស ព្រះបរមពោធិសត្វទ្រង់ព្រះកន្សែង សោកពិលាបដោយស្រឡាញ់ព្រះរាជបុត្រទាំងពីរលើសលន់ពន់ប្រមាណ ព្រះអង្គរិះគិតតែក្នុងកំឡុងព្រះរាជហឫទ័យថា ព្រាហ្មណ៍កញ្ចាស់វាបៀតបៀនកូនអញអ្វីមាលប្បាយអេះ ទ្រង់ត្រិះរិះដូច្នោះហើយ ព្រះអង្គមិនអាចទប់ទល់ព្រះកន្សែងសោកបានឡើយ ទើបទ្រង់ព្រះចិន្តាថា អាត្មាអញតាមទៅកាត់កព្រាហ្មណ៍កញ្ចាស់នោះក៏បានអេះ យកកូនអញត្រឡប់មកវិញក្នុងកាលឥឡូវនេះឯង ។

លុះព្រះមហាក្សត្រទ្រង់ត្រិះរិះដូច្នេះហើយ ទើបជាទ្រង់ព្រះចិន្តាក្នុងព្រះទ័យវិញថា ធម្មតាអ្នកមានធម៌សប្បុរសតាំងចិត្តប្រាថ្នាជាព្រះពុទ្ធ នាំសត្វឆ្លងវដ្តសង្សារ បានយកកូនឲ្យទៅជាទានស្ងួមហើយ យល់តែស្ងួមវាធ្វើទុក្ខទោសកូនដល់ម្ល៉ោះកូវ ត្រឡប់ជាប្រែខ្វចិត្តគំនិតគិតក្តៅក្រហាយស្តាយក្រោយ ហើយមានគំនិតគិតទៅធ្វើទុក្ខទោសគេវិញនោះ មិនសមគួរឡើយ មានព្រះបរិវិតក្កគាថា ថ្លែងព្រះតម្រិះនៃព្រះបរមពោធិសត្វនោះ ឲ្យចែងច្បាស់ដូច្នេះថា

[បាលី ៤ បន្ទាត់] ហៃភិក្ខុផងទាំងឡាយអើយ កាលព្រះបាទស្រីវេស្សន្តរបរមបពិត្រ ទ្រង់គិតទំពឹងក្នុងព្រះរាជហឫទ័យថា អញនឹងយកព្រះកោទ័ណ្ឌនូវព្រះខាន់សរថ្លាស្ពាយស្មាខាងឆ្វេង ហើយអញនឹងតាមទៅសម្លាប់ព្រាហ្មណ៍ឲ្យក្ស័យជីវិត សឹមអញយកកូនអញទាំងពីរវិលមកវិញ ត្បិតវាពុំស្រឡាញ់ស្លូតត្រង់ឡើយ វាតែងបៀតបៀនវាយដំកូនអញជាពន្លឹកមហិមា ឲ្យជាទុក្ខពេកពន់ប្រមាណ ។ ព្រះបរមពោធិសត្វ ទ្រង់ខ្ញាល់នឹងព្រាហ្មណ៍នោះមហិមា តែដោយហេតុព្រះអង្គស្រឡាញ់ប្រាថ្នាសាពេជ្ញតាញាណនោះខ្លាំងណាស់ ទើបខ្វែប្រែព្រះរាជហឫទ័យគិតថា ឱ! បាទវេស្សន្តរអើយ ទុក្ខឯណា ដែលព្រាហ្មណ៍វាវាយដំបៀតបៀនកូនទាំងពីរ ទុក្ខមានសភាពដូច្នោះ អង្គីជាថានជាហេតុនឹងទៅបៀតបៀនព្រាហ្មណ៍នោះឡើយ ធម្មតាប្រពៃណីនៃព្រះបរមពោធិសត្វ ឲ្យកូនសង្សារទៅជាទានហើយ លោកមិនដែលក្តៅក្រហាយ ស្តាយក្រោយឡើយ ។

រីព្រះពោធិសត្វ ព្រះអង្គរំលឹកទៅដល់ប្រពៃណីនៃព្រះពោធិសត្វ អំពីបុរាណនាយ ដែលលោកប្រាថ្នាជាព្រះពុទ្ធនោះ លោកមិនដែលខានធ្វើមហាបរិច្ចាគទាំង ៥ ប្រការគឺ ធនបរិច្ចាគ ១ អង្គបរិច្ចាគ ១ ជីវិតបរិច្ចាគ ១ បុត្តបរិច្ចាគ ១ ភរិយាបរិច្ចាគ ១ ។ លុះតែធ្វើមហាបរិច្ចាគនោះនៃ ទើបបានត្រាស់ជាព្រះពុទ្ធហោង ។ ឯអញសោត បើមិនបានចូលក្នុងលង្វែកព្រះពោធិសត្វអំពីបុរាណ មិនបានឲ្យប្រពន្ធកូនជាទានឡើយ នាបីអញប្រាថ្នានឹងឲ្យបានត្រាស់ជាព្រះពុទ្ធនោះមិញ មិនបានឡើយ ។ កាលព្រះអង្គទ្រង់ត្រិះរិះដូច្នោះហើយ ទើបដៀលត្មះព្រះអង្គឯងថា ហៃបាទវេស្សន្តរអើយ បាមិនដឹងទេឬ ការឲ្យទានកូនទៅធ្វើជាខ្ញុំអ្នកដទៃនោះ វាជាទុក្ខ ក៏បាសឹងដឹងស្រាប់ហើយតើ ហេតុអ្វីឡើយក៏បាគិតទៅតាមសម្លាប់ព្រាហ្មណ៍នោះមិញ ធម្មតាអស់អ្នកផង តែគេឲ្យទានហើយ គេមិនដែលចុចថយក្រោយដូចបានេះឡើយ ។ ហេតុនេះ តាំងអំពីថ្ងៃនេះទៅ កុំថាព្រាហ្មណ៍វាវាយដំនាំទៅឡើយ សូម្បីវានឹងសម្លាប់កូនអញបង់ទៅក្តី ក៏ស្រេចនៅអំពើពុតវាចុះ ។ រីព្រះបរមពោធិសត្វ ព្រះអង្គទ្រង់អធិដ្ឋានសមាទានខ្ជាប់នូវទានបារមី តម្កល់ទុកក្នុងព្រះហឫទ័យហើយ ទើបស្តេចចេញអំពីបណ្ណសាលា មកគង់នាមាត់ទ្វារ លើតម្បារថ្ម មានព្រះអង្គនោះល្អបីដូចរូបបដិមាមាសគិតដីជាងអ្នករចនាប្រពៃពេកក្តាត់ហោង ។

(មហាវេស្សន្តរជាតក, ទំព័រ ២៨១ - ២៩៨)

មហាវេស្សន្តរជាតក

Introductory Note

មហាវេស្សន្តរជាតក /mɔhaa-weehsəndɑɑ-ciədɑq/ Mahā Vessantara Jātaka

ត្រាស់ to attain enlightenment (i.e. reach Nirvana)

មួយថ្ងៃមួយយប់ a full day, 24 hours

អត្ថបទ /qattəbɑt/ article, composition, text

អត្ថាធិប្បាយ /qatthaathibaay/ commentary, explanation; to explain, describe

បច្ចេកទេស /paccaekkəteeh/ technique; technical

កម្រង garland, braid

ពាក្យកម្រងកែវ rhythmical prose (lit: style of interwoven jewels)

កណ្ឌ /kan/ episode, part, section; fascicle (of a palm-leaf manuscript)

កណ្ឌកុមារបព៌ one of the 13 sections of the Maha Vessantara Jataka

ជូជក /cəcuə̆q/ Jujaka (name of the Brahman to whom Vessantara gave his two children)

Text

តមត្ថំ បកាសេន្តោ សត្ថា អាហ /taqməthaŋ paqkaaseentao satthaa qaahaq/ a Pali formula which typically precedes quotations from the Tripitaka; its general meaning is 'Then the Buddha said...'

លា to tell one's story, recount past misfortunes

ឃ្លា line, phrase (of verse or scripture)

គាថា poetry, verse (Pali)

តថាគត /təthaakuə̆t/ general pronoun for the Buddha

ស្រីពិរាស្ត្រ (Kingdom of) Srībirāstra

ជាលី Jālī (name of Vessantara's son)

ក្រឹស្នា /krəhsnaa/ Krishna (name of Vessantara's daughter)

កើតជាអស្ចារ្យ something extraordinary happened, a marvelous thing happened

ផ្ទៃប្រឹថពី surface of the earth

រញ្ជួយ to shake, quake

សិនេរុរាជ /səneeruriəc/ (Mt.) Meru

លំទោន to bow, bend over; to submit

គិរីវង្គត /kiriiwuə̆ŋkɑt/ name of a Himalayan mountain

បព៌ត /bɑɑrəpoə̆t/ mountain (Lit)

ឥន្ទ្រាធិរាជ /qəntriəthiriəc/ Indra

ឥសូរ /qəysou/ top, highest, foremost

ព្រះសំរួល (= ព្រះសម្រួល) to laugh (Roy)

ថ្វាយសព្ទសាធុការ to bless, bestow a blessing

អធិក extremely

អឺងអាប់ tumultuously, clamorously

ព្រះបីតិ to be delighted, ecstatic; ecstasy, delight

រលះរលាំង to shuffle hurriedly along, to bustle

ជង្គុម bush, brush, underbrush

ត្នប joined together

វាយដំ (= វាយ) to beat, hit (Coll)

ចំពោះព្រះភក្ត្រ before the very eyes of, right in front of (Vessantara)

សរីរៈ /sərəyreə̆q/ body (Lit)

ពុរ /pul, poo/ bruised, pulpy

ពង to blister

រង to undergo, suffer (hardship, grief, etc.)

តាង to represent; in place of, instead of

ស្រយ៉ប flat, prostrate

ដំណើរ (= ដើរ)

ផ្តាំផ្ញើ to have final words with, leave final instructions with

ក្រៃលែង beyond, exceeding

បុរិសទោស /borihsatooh/ human fault, mortal defect

ស្វក់ swollen and lifeless

ដំបារ slab-like, block-like

ក្ងក់ crooked, hooked, twisted

កំភួន calf of the leg

សាច់ដុំ muscle

រយេងរយាង sagging, hanging down here and there

ននោង a kind of rough-skinned squash, Chinese okra

ពពីរ lips, rim of the lips

យុរយារ /yuu-yiə/ sagging, protruding, hanging down

ខ្នាយ tusk, fang, spur

បាក់ broken, irregular

គន្លាក់ notch, crease, depression

កំប៉ោង swollen, bloated

កំប៉ោក swollen, bloated, rotund

ស្រលៀង cross-eyed

ស្រឡៀវ cross-eyed

ពុកចង្កា beard

ស្រមូវ bushy

ច្រាលច្រាញ់ brush-like

រមួល twisted (here: tangled, matted)

កង្កួញ kinky, curly, coiled

រួញ kinky, coiled, curled

សរសៃឡៀង veins stick out, veins protrude

រវីមរវាម in crisscrossing helter-skelter lines

អាចម៍រុយ freckles (lit: fly-specks)

ប្រជ្រុយ mole (on the skin)

កែវភ្នែក cornea of the eye

ដងខ្លួន body

កន្ទែក spread apart, spraddled

ស្ញែង to fear, stand in awe of, dread

នាំពា to care, be concerned

គួរនា (=ដូច , ដូចជា) /kuərəniə/ like, as if (Lit)

គោបាល cattle herdsman

សន្ដោស to support, help out, assist; support, assistance, kindness

ពុំសឹងបើ (=ពុំសឹងជា)

ឫសី /rɨhsəy/ hermit, holy man, rishi

កន្ទក់កន្ទេញ to whine, plead, beseech

សៅសោក (=សោកសៅ)

តានតឹង constricted, choked up

លុះ attain, achieve

ពោធិញ្ញាណ /poothiññiən/ enlightenment

បរមសុខ /bɑromməsok/ great joy, perfect peace of mind

ណែងណង a weight, encumbrance (attached to an animal to restrict his movement)

អាស្រម /qaasrɑm/ hermitage, forest retreat

អារេយាក្ខ (=អរេយាក្ស)

ននៀល to twist and turn, roll about

ដំ to pound, beat

សីរមាន់ /sei-mŏən/ a variety of rambutan

ចន្ទី a sweet-smelling fruit

ម័កប៉ែន a sweet-smelling fruit

ណាំងសាត a variety of litchi

ផ្ងូត to bathe, give a bath to

ដុស to rub, scrub (to remove dirt)
រមៀត tumeric
ពិសា delicious
សំហើយ to relieve, lessen, ease (tv)
សង្រេង to grieve
សន្ធូលសន្ធឹក (=សន្ធឹកសន្ធូល) sprawled despondently, prostrate with dejection
ស្រក to recede (of water)
រីង dried up (by evaporation)
ហែង parched
ហួត to evaporate
ខះ dried out, dried up, dehydrated
ទុក្ខនេះ---ទាំងឡាយ This [kind of] suffering is more persistent than any other [kind of] suffering.
ជម្ពូ rose apple
អធិក great, extreme, many
ពោធិព្រឹយ a kind of banyan tree
ត្រសាយ extended, spread out, branchy
ត្រសាយត្រសុំ (=ត្រសុំត្រសាយ) spread out, overhanging, providing deep shade
ព្រីង a kind of tree with edible fruit
ព្រូស a variety of mangosteen
ភ្លូ a kind of tree
ភ្លង a kind of red hardwood tree
ដងអង្គាល់ 'plow-handle' tree
ត្រឈឹងត្រឈៃ cool and shady
ទោង a swing
ផាយផាត់ to blow (of wind)
ល៊ែម to put a decorative border on, embellish around the edges

សត្បារ /sattəbaa/ an aquatic plant (?)
ព្រើស /prəh/ a kind of deer
ទ្រាយ a kind of deer
គជសីហ៍ /kuccəsəy/ mythological lion with elephant's trunk
សូន្យ (=សូន) to mold, shape, fashion
ទ្រង់ to possess, embody (Lit)
សមាធិ concentration, meditation
តាជី old man (Polite)
សំនូន model, figure, sculpture (from /soun/)
បន្ធាបង់ be relieved of, to ease
ដីរីសារ adult elephant, full-grown elephant
ចុះប្រេង to rut; go wild, run amuck (Idiom)
ចំណាប់ (=ការចាប់) seizure, arrest
បានចំណាប់ to get caught (by)
បណ្ណសាលា /pannasaalaa/ hermitage, hut of leaves
ដាំព្រះភក្ត្រា have a darkened countenance (lit: bruised face; in Cambodian tradition extreme grief or emotion is reflected by a darkened complexion)
ថ្ងារ time, period (of the day)
បំផឹក to give to drink, cause to drink
ស្រយាល late, distant, remote (refers here to the sun)
ម៉្លេះហើយ (here: now, in these circumstances)
មាលប្យាយ /miələbaay/ extremely (Poetic)
បញ្ញោះ to antagonize, provoke
លើសក្រែង--- ពីថង់ [worse] than one would [treat] a repurchased slave
ទោះយោបី if, even if, although, no matter
ទោះយោបី--- អម្យាលម្មាន no matter how much [he had] pleased or displeased [me]

ញាំង to feel constrained to, compelled to

ក្រែងចិត្ត to feel diffident toward, have consideration for the feelings of

គេញាំង --- វាយសំទៀត people would feel constrained by diffidence toward the fact that [these] were Vessantara's slaves, [and] (people) would (fear [my] power [and]) not dare to beat [them].

កញ្ចាស់ old (Coll)

ក្រនឹស stingy, miserly

ឈើច្រត់ cane, walking stick

ក្តៅចិត្ត furious, burning with anger, incensed

ទ្រូ a cylindrical fish-trap

ឆ្នុក stopper, plug

រុល to inch ahead, work one's way forward

ប្រើស /prəh/ conical bamboo entry to a fish-trap

កំឡុង period, interval, interior, inside, bounds

អ្វីមាលញ្វាលអេះ (= អ្វីខ្លាំងម្លេះ)

អេះ final hortatory particle

ស្មូម beggar

ក្រែបខ្ញែ (=ក្រែប)

បរិវិតក្ក /pareqwitok/ thought, consideration; to ponder, consider (Roy)

ថ្លា precious, excellent, perfect

ប្រាជ្ញាសារពេជ្ញតាញាណ enlightenment /praacñaa-saarəpɨc-tañiən/

ខ្ញែក្រែប (=ក្រែបខ្ញែ)

លង្វែក period, age, interval

ឯអញលោត --- ទានទេទៀត As for me, if I didn't enter [Nirvana] during my former periods as a Bodhisatva [it was because I] didn't sacrifice my wife and children.

នាបី even if; usually (Lit)

ថុប to stop, quit (Lit)

សមាធាន concentration; meditation

តម្បារ slab, block

បដិមា image, statue

គិតដីជាងអ្នករចនា conceived by a sculptor

IX. REAM-KEI

រាមកេរ្តិ៍ ជារឿងខ្មែរប្រឌិតយកលំនាំតាមរឿងរាមាយណៈ នៃប្រទេសឥណ្ឌា ។ ដូចជារឿងឯទៀតដែរ រឿងរាមកេរ្តិ៍ មិនមែនបកប្រែត្រង់ ៗ ពីរឿងរាមាយណៈនោះទេ ។ កវីខ្មែរគ្រាន់តែយកគោល ៗ នៃរឿងរាមាយណៈនេះ មកប្រឌិតតាមតែប៉ុណ្ណោះ ។ វគ្គខ្លះនៅក្នុងរឿងរាមកេរ្តិ៍ គេឥតមានប្រទះឃើញនៅក្នុងរឿងរាមាយណៈទេ ។ ហើយគេសង្កេតឃើញម្យ៉ាងទៀតនូវ វប្បធម៌សំស្ក្រិតដែលលាយឡំច្របូកច្របល់នឹងវប្បធម៌ខ្មែរ ។ ប្រជាជនខ្មែរចូលចិត្តរឿងរាមកេរ្តិ៍ណាស់ ។ រឿងនេះជារឿងល្ខោនមួយ ដែលគេនិយមជាទីបំផុត ។

រឿងរាមកេរ្តិ៍ បានត្រូវអ្នកនិរុត្តិសាស្ត្រខ្មែរទុកទៅ ចាត់ទុកជាវីរកថាមួយដ៏មានចំណាស់ចាស់ជាងរឿងឯទៀតទាំងអស់ ៖ ទីមួយ ដោយមានការប្រើពាក្យបុរាណជាច្រើន ។ ទីពីរ បទកំណាព្យប្រើនៅក្នុងរឿងរាមកេរ្តិ៍នេះ ដែលតាមការស្មានរបស់អ្នកនិរុត្តិសាស្ត្រខ្មែរ មានប្រើតែនៅក្នុងសម័យអង្គរទេ ។

រឿងរាមកេរ្តិ៍នេះ មានទាំងចារទុកនៅលើជញ្ជាំងប្រាសាទនៅអង្គរផង ។ រឿងរាមកេរ្តិ៍ដូចរឿងរាមាយណៈដែរ ជារឿងមួយវែងណាស់ ។ តែសព្វថ្ងៃ គេរកឃើញតែពីក្បាលទី ១-១០ នឹងពីក្បាល ៧៥ - ៨០ ទេ ។

ដូចរឿងខ្មែរភាគច្រើនទៀតដែរ រឿងនេះឥតមានប្រាប់ឈ្មោះអ្នកនិពន្ធ ឬថ្ងៃខែឡើយ ។

៣១- រាមកេរ្តិ៍ (ទី១)

(គ្មានឈ្មោះអ្នកនិពន្ធ)

បុព្វកថា

សេចក្តីដកស្រង់មកនេះ ថ្លែងអំពីព្រះបាទមិថិលា ដើម្បីនឹងរើសរកអ្នកដ៏មានឫទ្ធិតេជថ្វីដៃ យកមកធ្វើបុត្រប្រសាររបស់ព្រះអង្គ ក៏ទ្រង់ជបនូវធ្នូសរមួយ ហើយទ្រង់ប្រកាសថា បើអ្នកណាលើកធ្នូរួចព្រះអង្គនឹងលើកនាងសីតា ព្រះរាជបុត្រីឱ្យជាអគ្គមហេសី ។ ទេពតាទាំងឡាយផ្អើលឆោ-

ទេវតា មកល្បងលើកធ្នូ តែគ្មានទេវតាណាមួយលើកធ្នូនោះរួចសោះ ។ កាលទ្រង់ជ្រាបអំពីរឿងនេះ ព្រះរាមក៏យាងទៅក្រុងមិថិលា ហើយល្បងលើកធ្នូបានដូចព្រះបំណង ។

អត្ថបទ

(បទប្រះផុក)

ឯងនោះឥស្សរមិថិលា ទៀបរាជយោធា នូវថ្វាត់នឹងថ្កានព្រះនគរ ។
នាំរាជកញ្ញាសុបវរ ស្មើបុត្រអឺឱទរ កំលុះលើរាជពិភព ។
ស្តេចរក្សារាស្ត្រផងស្គាល់ស្កប់ ស្តេចទើបឲ្យអ- ភិសេកប្រកបនាមា ។
ដោយហេតុហៅរាជសីតា បរិសុទ្ធិសោភា ដូចបូណ៌ព្រះចន្ទ្រប្រចាល់ប្រចាស់ ។
វរភ័ក្ត្រវរលក្ខណ៍យល់ច្បាស់ អស់ទេពទសសហ៏ស ពុំស្មើនូវរាជបុត្រី ។
ឯងនោះព្រះបាទនរបតី យល់រាជបុត្រី ពិសេសពិស្រុតសុន្ទរ ។
នោះព្រះមុនីរាជធិបវរ ជបធនូសិល្បសរ នូវស័ព្ទសច្ចាអធិស្ឋាន ។
ថាទោះទេពតាឫទ្ធិមាន មិនអាចលើកបាន ធនូសិល្បនូវតេជាជ័យ ។
យើងនឹងយកវ័ឌ្ឍសីតាថ្លៃ អភិសេកឲ្យ នាទេពដ៏មានចេស្តា ។
អស្ចារ្យទ្រង់ទូទសទិសា កក្រើកដីត្រឹងត្រា ឲ្យអស់ទេពដ៏និករ ។
អស់ទេពតាផងសឹងដ៏អរ បរន្ទារីវរ រត់ចុះពីដីត្រឹងត្រា ។
ព្រះឥន្ទគង់លើឰរា អមរនាគេន្ទ្រា រស្មីរុងរឿងតិតដីថ្កើង ។
ព្រះអគ្គីស្តេចលើរមាសភ្លើង តេជជាជ័យថ្កើង ឫទ្ធីរមាសមហិមា ។
ព្រះពាយផ្សាយផ្សពដ៏វេហាស៍ អស្សពាហន៍លីលា គីពាយកំបក់បីប្រហារ ។
ព្រះពិរុណព្រះអង្គបីឱទារ ស្តេចលើនាគនាថ ពិពិធពិពណ៌ជលធី ។
ព្រះចន្ទ្រកុមារស្តេចលើ- លាលើបក្សី សុពណ៌មយូររចនា ។
ព្រះព្រហ្មទ្រង់ព្រឹតសីលា ស្តេចលើហង្សា- ធិរាជនឹងឫទ្ធិដ៏តបៈ ។
ព្រះនេហូតិរាជតេជៈ គង់លើយក្សតបៈ កំឡាំងក៏ស្តេចយាត្រា ។
ព្រះឌីពស្រីពណ៌រាជដ៏មហា- ធិបតិន្ទុលីលា លើក្រាយពិមានដ៏មង្គល ។

ព្រះឥសូរសិទ្ធិសក្តិ ស្ពិត សល់ ទីត្រភពដ៏មណ្ឌល សំណាក់ទីនទេពឥន្ទ្រា ។
ស្ដេចលើឧសភរាជដ៏មហា អតិរេកមហិមា នុភាពអំណាចព្រះធនូ ។
អស់ទេពកិន្នររាជព្រះភូ ធរទេតឫទ្ធិធនូ ប្រយោជន៍នូវចង់លើកលង ។

(បទដើត)

ព្រះឥសូរឫទ្ធីដ៏កន្លង ទូតទេពក្សត្រផង ដ៏លងនូវតេជះប្រាណ ។
ពុំអាចនឹងលើកធនូបាន នឹងនៅនាស្ថាន សមថិតនៅព្រះមុនី ។
នោះព្រះមុនីនាថនរបតី ស្ដេចយល់ព្រះហរី សម្ដេចព្រះនារាយណ៍រាមា ។
ទោះនឹងលើកធនូសិល្បនូវឫទ្ធា បានបរិបូណ៌អា- នុភាពនូវតេជពល ។
ព្រះឥសូរនរនាថស្ដេចយល់ អស់ទេពតាដល់ ក៏ស្ដេចនូវទឹងស្ថានស្ថិត ។

(បទសម្ដេចលីលា)

ផងនោះ ព្រះពិស្វាមិត្រ នាំរាជដ៏បពិត្រ នូវលក្ស្មណ៍សម្ដេចយាត្រា ។
លុះដល់បុរីមិថិលា ចូលទូលរាជា- ធិរាជនូវសូមលើកលង ។
ក្រុងមិថិលារឹងស្នង អញ្ជើញស្ដេចហោង សំរឹដផងនូវតេជព្រះធនូ ។

(បទសំណាខម)

ព្រះរាមស្ដេចមើលអស់ភូ- ធរលើកឫទ្ធីធនូ ក៏ព្រើលព្រះភក្ត្រប្រិមប្រិយ ។
ស្ដេចចូលលងឫទ្ធិដ៏ពិធី អស់ទេពដ៏ឥសី ក្សត្រទេតអានុភាពចេស្ដា ។
ព្រះរាមរឹងឫទ្ធិមហិមា ស្ដែងស្ដេចចេស្ដា- ធិការនុភាពលើសទីក្រ ។
ស្ដេចលើកកៅទ័ណ្ឌសរជ័យ អស់ទេពមនុស្សព្វ ដ៏មានកំឡាំងលោកធាតុ ។
សឹងថ្វាយសព្ទសាធុការសាទរ ព្រះបរមនាថ ឫទ្ធីអំណាចយល់ថ្កើង ។
ស្ដេចរឹតកៅទ័ណ្ឌបីជុំឡើង កោះសរសក្តិថ្លើម សំរីដផងនូវតេជប្រត្យ័ក្ស ។
ស្ដេចក្រាយកៅទ័ណ្ឌសរសក្តិ រូបមណ្ឌលចក្រ រំភាយព្រះករសោភា ។

(បទដើរហើយប្រះ)

ផងនោះព្រះបាទមិថិលា　ស្តេចយល់ពីបុត្រា-　នុភាពព្រះរាមលើសក្រៃ ។
ស្តេចត្រេកអរឱ្យពរជ័យ　ជយោជ័យក្រៃ　សម្រិទ្ធិរាមមហិមា ។
ស្តេចយករ័តនិរាជសីតា　ប្រកបនូវលក្ខណា　ក៏ថ្វាយព្រះរាមដ៏កន្លង ។
ស្តេចទាំងមុខមន្ត្រីផង　ប្រើទូតទៅចង　មេត្រីព្រះបាទទសរថ ។
ស្តេចផ្តាំទូតទៅបីកំណត់　ឋានព្រះទសរថ　បីលុះបុរីអយុធ្យា ។

(រាមកេរ្តិ៍, ភាគ ១, ទំព័រ ៦-១១)

REAM-KEI

រាមកេរ្តិ៍ /riəm-kei/ Ream-Kei, Cambodian version of the Rāmāyana

គោល ៗ various ideas, various points

ប្របូកប្របល់ mixed up, mixed together, fused, confused

និរុត្តិសាស្ត្រ /niruttəsaah/ philology

ទូទៅ all, in general, generally

រាមកេរ្តិ៍ (ទី ១)

Introductory Note

មិថិលា /miqthelaa/ Mithilā (a former kingdom in northeastern India)

ជប /cup/ to conjure up, produce by magic

លើក to give (a daughter in marriage)

សីតា /səydaa, sidaa/ Sītā

ឆោឡោ with a great hubbub and commotion

Text

ប្រះផុក name of a poetic style used in the Ream-Kei

ផងនោះ once upon a time; then, thereupon, at that time (a standard formula used in the Ream-Kei to indicate a change in the action)

ស្តេចមិថិលា King Mithilā

នូវថ្វាត់វឹងឋានព្រះនគរ returned to the capital

រាជាកញ្ញា (i.e. Sītā)

សុ prefix: good, excellent

ដ៏ [This particle occurs frequently and in a variety of contexts in Old Khmer. It usually occurs, as in modern literary Khmer, as an attributive marker, but as a general rule it can be omitted without changing the meaning.]

ឧទរ /quttɔɔ/ stomach (Roy)

ស្មើបុត្រដ៏ឧទរ as if [she] were his own flesh and blood

លុះលើ (= ដល់)

ពិភព /piphup/wealth, treasure

រាជពិភព throne, palace

ស្កប់ស្កល់ satiated, content; here: prosperous, having enough of everything

អភិសេក to anoint, confer, consecrate

ដោយហេតុហៅរាជសីតា was called

Princess Sītā according to the circumstances (In Sanskrit sītā means 'furrow'; according to legend Sītā sprang forth during the plowing of the royal furrow, and was therefore worshipped as the goddess of agriculture.)

បូណ៌ /bou/ full (of the moon)

ច្រាល់ច្រាស់ (=ច្រាសច្រាល)

វរលក្ខណ៍ (=វរល័ក្ខណ៍) /wɔɔleăq/ high virtue, excellence

ទសសហ័ស (=ទសសហស្ស) /tuŏhsəsahah/ 10,000

ព្រះញទនរបតី King Mithilā

វិស្រុត famous, renowned

សុន្ទរ good, excellent, pleasing to the ear

មុនី scholar, learned person, sage

ព្រះមុនីរាជ appellation for King Mithilā

អធិស្ឋាន (=អធិដ្ឋាន) to swear, invoke, recite

ទោះ (here: if)

ដែជា /daecoo/ (=/daeceăh/)

នា (=ទៅ)

ទូ all, all of

ទស /tuŏh/ ten

ទិសា (=ទិស) direction

ឧណ្ហា (=ឧណ្ហ /qunnəhaq/) heat; to heat

និករ group, host (of stars, angels, etc.)

បរ (=នាំ) lead, accompany (one another)

វីវរ with a great commotion, with a hue and cry

អមរ /qamaraq/ god, angel; holy, sacred

នាគេន្ទ្រា (=នាគ + ឥន្ទ្រា) (Indra's) elephant

ឧត្តុង great, illustrious

គិតដីឧត្តុង awe-inspiring

ព្រះអគ្គី God of Fire

រមាស rhinocerous

ផ្សាយផ្សព្វ to diffuse, suffuse, spread

អស្សពាហនី (=អស្សពាហិ) horse (Lit)

ប្រហារ to kill (Skt: to beat, hit, kick)

អស្សពាហនី --- ប្រហារ went spurring his horse with gusts of wind

ពិរុណ God of Rain

ឧទារ awesome, huge

នាគនាថី (=នាគនាថ) Naga Chief

ពិពិធ various, different

ពិពិធពណ៌ multicolored

ព្រះពិរុណ--- ជលធី The awesome King of the Rain was mounted on the multicolored Naga Chief in the sea.

សុពណ៌ /sopɔə/ gold

មយូរ peacock

ព្រឹត (=ព្រាត់) to break, violate, transgress

តបៈ /tapaq/ ascetic practice, discipline

ឫទ្ធិតបៈ powerful magic

ព្រះនេត្រ /preăh-nee/ name of a god

តិរាជតេជៈ (=អតិរាជតេជៈ) [having] supreme royal power

ព្រះវៃស្រពណ៍ appellation for the god Kuvera

មហាធិបតិន្ទ (=មហាធិបតី + ឥន្ទ) having the power of Indra

ព្រកាយ serpent

ពិមាន conveyance for a god

ត្រៃភព three stages of existence (i.e. desire, form, and formlessness)

អតិរេក /qateqraek/ supreme, extreme

មហិមានុភាព great power

ភូធរ /phuuthɔɔ/ king, ruler

ប្រយោជន៍ for the purpose of, with the intention of

ជេត name of a poetic style used in the Ream-Kei

សម /sɑm/ and of course, obviously

ព្រះមុនី appellation for King Mithilā

សមថិតនៅព្រះមុនី and of course [the bow] remained [before] King Mithilā

ព្រះហរី /preăh-haqrii/ appellation for Vishnu

ពល /pŭəl/ strength

ទោះនឹង--- តេជាពល Even with [his] mighty power [he couldn't] lift the magic bow

នរនាថ /nɔɔniət/ king, protector

អស់ទេពតាផង all the gods having tried

ភុជង្គលីលា name of a poetic style used in the Ream-Kei

ព្រះពិស្វាមិត្រ Visvamitra (the rishi companion and counsellor of Rama)

រាជធិបពិត្រ Excellent King (i.e. Rama)

លក្ស្មណ៍ Lakshmana (Rama's younger brother)

រាជាធិរាជ King (Mithila)

ទឹងឆ្លង (=ទឹងឆ្លង) to reply

សំណាខម a style of poetic meter used in the Ream-Kei

ត្រេស to rejoice, be extremely happy

ពិធិ luck, destiny

ចេស្តាធិការានុភាព great power /ceisdaathikaareăqnuphiəp/

លោកធាតុ (=ចក្រវាឡ) sphere, galaxy, unit of the universe

បរម /bɑrommə-/ bound attribute: highest, best, most excellent

ព្រះបរមនាថ appellation for Rama

វ៉ង to brandish, wield

ទាញ to pull (a bowstring to shoot an arrow)

សក្តិថ្លឹម extraordinary, powerful

ប្រត្យ័ក្ស /prɑtyaq/ clear, obvious, evident

ព្រាយ (=ទាញ)

ដូចមណ្ឌលចក្រ like a circle, like a wheel

រសាយ to float, soar

ជេតទើយប្រះ a poetic style used in the Ream-Kei

ជ័យោ /cɨyyoo/ victory; interjection used as a cheer: success!, victory!

សម្រិទ្ធិ (=សំរិទ្ធ /sɑmrət/) success, achievement

កន្លង exceedingly [great], surpassingly [powerful]

ព្រះបាទទសរថ King Dasaratha (Rama's father)

កំណត់ set the date (i.e. for the wedding of Rama and Sita)

អយុធ្យា /qayyutyiə/ Ayudhyā

៣២. រាមកេរ្តិ៍ (ទី២)

(គ្មានឈ្មោះអ្នកនិពន្ធ)

បុព្វកថា

សេចក្ដីដកស្រង់មកនេះ ថ្លែងអំពីហនុមាន ក្រោយដែលព្រះរាមទ្រង់ព្រះតម្រិះឱ្យទៅរកនាងសីតានៅឯកោះលង្កាឃើញហើយ ក៏តាំងចាប់បំផ្លិចបំផ្លាញប្រាសាទក្រុងរាពណ៍ និងសម្លាប់ទ័ពយក្សអស់ជាច្រើន ព្រមទាំងសហស្សកុមារ កូនរបស់រាពណ៍ផង ។

អត្ថបទ

(បទកែវណក)

ឯកអង្គមហិមាប្រែប្រឹង ប្រែប្រួលខេងខឹង លលោលលំលោតដល់ ។
កាច់កំពែងមាសដ៏មណ្ឌល កើតកោលាហល រវល់ទាំងយក្សកុម្ពន្ធ ។
ជ្រោមជ្រែងបីសំពេញឯករកាន់ គ្រឿងគ្រប់ខែលខេន ធ្នូស្នានឹងដាវតោមរ ។
ខ្លះកាន់កៅទ័ណ្ឌកោះសរ នាយយក្សបួនឈរ កណ្ដាលទ័នយក្សរុក្ខឆន្ទ ។
អស់យក្សាសូរបួនពាន់ ជ្រោមជ្រែងឯករកាន់ កន្ទុយទីទីទទង់ទាញ ។
ហនុមានធ្វើជាក្រួញក្រាញ ហើយលោតធាក់ផ្លាញ អសុរវិនាសធារា ។
ដូចគ្រុឌឆាបឆ្នួរនាគា ដូចរាជសីហា សាហ័សក៏ចាប់គជសារ ។
អសុរសាហ័សអន្ធពាល មីរមកដាសដា រនាបរនេលលើគ្នា ។
លុះឮដល់រាជសីតា ភិតភ័យមហិមា ក៏ស្រែកឃាត់ហនុមានឯង ។
ថាទ៏ហហនុមានឥតក្រែង ម្ដេចច្បាពុំឈ្វេង ច្បានាំបណ្ដាំមហាក្សត្រ ។
ច្បាមកនេះនឹងជាស្វាត់ វិលវឹងទៅថ្វាត់ ដល់ដូចអាជ្ញាស្ដេចប្រើ ។
ម្ដេចឡើយច្បាមកធ្វេសធ្វើ ឆោឡាឆ្ទះឆើ ជាគាប់ឯណាលោតតង ។
ហនុមានពុំស្ដាប់ឡើយហោង លាទេពីផ្សង ក៏ចាប់អសុរអសនី ។
ឆក់ឆ្នូរយូរប្រថពី ប្រះសិង្ហប្រះសីហ៍ ក៏ប្រះអម្រឹតព្រាត់ព្រាយ ។
ដកដើមដូងស្លាវ័ធវាយ អសុរខ្ចាត់ខ្ចាយ ពុំអាចនៅចាំទេពី ។

យក្សជាសេនាធិបតី ត្រៀបទៀបសេនីយ៍ រូហានរលកលាគរ ៗ
យក្សទោមចូលចោមពានរ ពានរប្រឹងឈរ វិលាងឧទ្យានសោះសា ៗ
ហនុមានទ្រើសទ្រង់ពេជ្រថ្លា បោះត្រូវយោធា ទាហានអសុរស្លាប់ស្លុត ៗ
កាត់កកាច់កបីកំបុត ធ្លាយពោះបីរំពត់ រពាយរពួនលើគ្នា ៗ
ដេញពលដេញខុនយក្សា ដេញវាយយោធា ទៅទាល់សហស្សកុមារ ៗ
គង់លើរាជរថឧទារ ទឹមសិង្ហសីប្រហារ រន្ទះសំទៀវស្រែកខ្លាំង ៗ
ថ្កើងថ្កុងតន្ត្រីត្រែស័ង្ខ ឆ័ត្រឆាយាកាំង រំយោលក្លឹងក្លស់មាសមាន ៗ
បោះបទគជសារទៅហ៊ាន ប្រះប្រឹងប្រែប្រាណ មមួរមមាមហិមា ៗ
នាយសិង្ហជិះសិង្ហសោះសា នាយសិង្ហនាយមហា ពន្លឺកសឹងបីសម្រែក ៗ
ទៀបពលរាយពលចេះចែក ចរចេញក្រោយភ្នែក នូវទសជីយោធាពល ៗ
សឹងជាញជងជិះដោយកល សឹងមោះមុតផល់ ប្របួតប្រកាប់នូវកំលាំង ៗ
ជិះសិង្ហជិះសីហ៍ជីប្រណាំង ជិះកុញ្ជរខ្លាំង ក៏ជិះឧសភនាគនាថ ៗ
ជិះលៀងភាជាបីប្រហារ ពរ័ក្សីឥន្ទ្រីពាល ក៏ជិះមហិង្សាថ្កើង ៗ
ជិះគោជិះគោរមាសភ្លើង ហាលហួសហោះឡើង ក៏ប្រចាលប្រចវ៉ាត់វេហាសិ៍ ៗ
រាយទៀបពលពោរមហិមា រូហានគង្គា ក៏ជារជំនោរមួយផង ៗ
មារមោះលលើកបីផម្សង ដែកដោមបីសំពង កង្គួនសន្ធាប់ដីក្របុ ៗ
ហនុមានឆក់ពេជ្រដីត្រវី បោះត្រូវសេនីយ៍ រនាបរនៀលពសុធា ៗ
ឈាមហូរដូចស្ទឹងយមុនា ជោរជលជីធារា រលករំជីជីររំដែង ៗ
អស់ពលអសុរខំខែង ហនុមានជាញដែង ជីចាប់ត្រឡប់រថផ្គួល ៗ
ដៃមួយកាច់រថយាសមួរ ដៃមួយឆក់ឆ្នួរ ដៃនអង្គសហស្សកុមារ ៗ
វ៉ាយសិង្ហវ៉ាយគជអស្សពាហិ៍ បោះបោកពលមារ រនាបរនៀលធារា ៗ
វ៉ាយគោវ៉ាយគោមហិង្សា រមាសខ្លាលៀងភា នូវសេះសារថីបីជីស្លាប់ ៗ
ចូលចាប់ឥន្ទ្រីធុរធាប់ ឆ្នួរឥន្ទ្រីខ្ជាប់ សម្លាប់ឥន្ទ្រីមហិមា ៗ
គជសីហ៍រាជសីហ៍ជីមហា ចាប់ប្រះជីធារា ប្រទ្យាក់នូវឈាមហូរខ្លង់ ៗ

កាច់រថបង់រថព្រះអង្គ សហស្សកុមារទ្រង់ ក៏ចាប់ច្របាច់មរណា ៗ
ទាំងពលប្រាំសែនសោះសា សេនាយោធា ឆ្វៃយានជំនិះសឹងក្ស័យ ៗ
សល់តែអសុរពីរនីន រត់រួចផែលងភ័យ ក៏រត់ទៅទូលរាពណា ៗ
រាពណ៍ស្ដាប់ទំនូលអសុរា ថាដើមមានពា- នរទ្រនុមួយមករាវី ៗ
ផ្លាញរថផ្លាញរាជពាជី ផ្លាញយក្សសេនីយ៍ ក៏ផ្លាញទាំងទ័ពយោធា ៗ
ផ្លាញទាំងអសុរបុត្រភ្វា សហស្សកុមារមរណា មហាទ័ពមុខក្រោធទឹក្រ ៗ
ឮដើមព្រះរាជបុត្រក្ស័យ រាពណ៍ក្ដៅហឫទ័យ ឆ្វៃសោកាណល់ពេកហោង ៗ
ហៅឥន្ទ្រជិតបុត្រច្បង តេជទីដកន្លង កំលោះកំលាំងមហិមា ៗ
ទីហឥន្ទ្រជិតចូរចា ស្ដាប់ពត៌មានណា ដំណើរទនៃរាជដ៏ក្របុ ៗ
ចូរចានាំពលដ៏សេនីយ៍ ផ្លាញស្វាចាប់ ក៏មករំលាងឧទ្យាន ៗ
ឥន្ទ្រជិតទូលឆ្លើយនឹងថ្កាន នាខ្ញុំយកបាន មោះស្វាសាមាន្យទ្រើសឃ្លង ៗ
ខ្ញុំជាព្រះរាជបុត្រច្បង តេជទីដ៏កន្លង ប្រាកដបង្កើតកេរ្ដិ៍ច្បាស់ ៗ

(រាមកេរ្ដិ៍, ភាគ ៦, ទំព័រ ៣៤-៤០)

រាមកេរ្ដិ៍ (ទី ២)

Introductory Note

បំផ្លិចបំផ្លាញ to destroy

ក្រុងរាពណ៍ King Rāvana

សហស្សកុមារ /sahahskomaa/ Sahassa-kumāra, Rāvana's youngest son

Text

បទកែវណក a style of poetic meter used in the Ream-Kei

ឯកអង្គ alone (i.e. Hanuman)

ខេងខឹង (= ខឹង) angry

លលោតឈាំ jumping, leaping (repeatedly)

ដល់ reaching [the palace]

មណ្ឌល around, encircling

កោលាហល /kaolaahal/ disorder, panic, consternation

រវល់ here: to worry, cause alarm to

កុម្ភន្ធ (= កុម្ភណ្ឌ) ogre, giant (Lit)

ប្រជាមទីប្រដង (= ទីប្រដង) to stand with knees bent and arms spread (as if in readiness for attack)

សំទែញង to show off (one's power, wealth, etc.)

ខែល shield

ដោមរ /taomaa/ scimitar, long-handled machete

រុក្ខឆន្ទ /rukkhəchan/ (meaning unclear)
យក្សាសូរ (=យក្ស + អសុរ) giants, demons, ogres /yeə̆qsaasou/
កន្ទុយ [Hanuman's] tail
ទង់ទាញ (=ទាញទង់) pull this way and that
ប្រញូញប្រកាញ (=ប្រកាញ) to resist
ធារា pile, heap; Poetic: many, in great numbers
ឆាបឆ្លូវ (=ឆាប)
អន្ធពាល /qantəpiəl/ foolish, foolhardy
ឃឹរ teeming, small and numerous
ផាសផា all over the place
រនាបរនេល falling down in piles
បណ្ដាំ order, instruction, message
ម្ដេចញ--- មហាក្សត្រ Why don't you reconsider?; you're under Rama's orders
ញមកនេះនឹងជាស្ងាត់ you were supposed to come here secretly
ដល់ដូចអាជ្ញាស្ដេចប្រើ in accordance with the King's orders
តើជាគាប់ឯណា Is that the proper thing to do? (Rhetorical)
តង (meaning unclear)
ផ្សង to fly away, fly off (?)
អសនី (=សេនី) troops (?)
ឆក់ឆ្លូវ (=ឆក់)
ប្រះ to bolt away, dash off
ព្រាត់ព្រាយ scattered
ត្រៀប to arrange, station, position (troops for battle)
សេនីយ៍ troops, army
រំលាង to destroy
ឧទ្យាន (=ឧទ្យាន) park, garden
ទ្រើល great, grand

ទ្រង់ពេជ្រផ្លា [took his] crystal [club]
រំពត់ to run (?)
រពាយ scattering, dispersing
រពួន crowding together and piling up
ខុន officer, commander
សំទៀរ (=សំទារ) to scream, yell, roar (Archaic)
រន្ទះសំទៀរទ័ស្រលកខ្លាំង roaring [like] thunder
ថ្កើងថ្កុង (=ថ្កើងថ្កាន)
ស័ង្ខ spiral shell used as a trumpet
ឆាយា shade, shadow
កាំង (meaning unclear)
រំយោល tassel, pompon
ក្លិង parasol
ក្លស់ ceremonial umbrella
ញោះបរ to drive
មមូរមមា in great numbers, in a crowd
ពន្លឹកសឹងបឹសស្រែក shout loudly, raise a great hue and cry
ក្រោយទ័ភ្នក behind, following
ជាញ to be skilled, expert
ជង (meaning unclear)
មោះមុត courageous
កុញ្ជរ elephant (Lit)
ព្យ័គ្ឃ /pyeə̆q/ tiger (Lit)
ព្យ័គ្ឃឥន្ទ្រ King of the Tigers
មហិង្សា (=មហិសា) /məhəŋsaa/ male water buffalo
ហាស to laugh; laughter (Archaic)
ហួស here: off [the ground], above [the ground], away
ប្រទាត់ crisscrossing

មោះ (= មោះមុត) courageous

ផោម massive

កង្គន to be enraged, furious

ក្របុី monkey (Lit)

ពេជ្រ crystal [club]

រនាបរនៀល falling down in piles

យមុនា Yamuna (the Jumnā river in northeastern India)

រំជំរំជែង to break, crash together (of waves; Poetic)

ខែង strong, brave, bold

ជែង to push through, make one's way (through a crowd)

ផ្ដួល to overthrow, knock down, cause to fall over

យាល to go (Lit)

គជ /kucceə̆q/ elephant (Lit)

ញោះញាក throw around, beat up, bang against (the ground, each other, etc.)

ឥន្ទ្រី mythological eagle, Indra's bird

ឆុរ /chol/ to slash, hack, chop

គជសីហ៍ /kuccəsəy/ mythological elephant-lion

ខ្ពង់ high, high up; top, peak

រាពណា /riəpənaa/ Rāvana, the 10-headed ogre ruler of Lanka

ទំនួល words, message (Archaic)

ដើម originally, in the beginning

ពានរេន្ទ្រ (= ពានរ + ឥន្ទ្រ) /piənəreen/ King of the Monkeys (i.e. Hanuman)

រារី to harm, cause trouble

ទសមុខ the ten-headed one (i.e. Rāvana)

ដើម story, situation, origin of the trouble

ឥន្ទ្រជិត /qəntrəcɨt/ Indrajita, Rāvana's eldest son

សាមាន្យ low, evil, common

ទ្រើឈ្លង arrogant, wayward, mean

ប្រាកដបង្កើតកេរ្តិ៍ ច្បាស់ it will surely redound to my honor

BIBLIOGRAPHY

The following sources were used in the preparation of this book. Those items from which Cambodian readings were taken are followed by the number of the corresponding reading selection in the text.

Ang Duong, King of Cambodia, រឿងកាកី [The Story of Kākī], Phnom Penh, Buddhist Institute, 1966. (22)

Aymonier, Etienne, 'La littérature', in Le Cambodge I: Le royaume actuel, Paris, Ernest Leroux, 1900, pp. 43-4.

Baruch, Jacques, Bibliographie des traductions françaises des littératures du Vietnam et du Cambodge, Bruxelles, Editions Thanh-Long, 1968 (Etudes orientales no. 3).

Bernard-Thierry, Solange, 'Quelques aspects de la chance dans les contes populaires du Cambodge', Bulletin de la Société des Etudes Indochinoises n.s. 27 (1952), 3: 251-60.

_____, 'Sagesse du Cambodge', France-Asie 12 (1955a), 114-115: 436-9.

_____, 'Le Cambodge à travers sa littérature', France-Asie 12 (1955b), 114-115: 440-50.

_____, 'Le sens du merveilleux et l'héroisme dans le Râmâyana cambodgien', France-Asie 12 (1955c), 114-115: 451-5.

_____, 'Le roi dans la littérature cambodgienne', France-Asie 12 (1955d), 114-115: 456-9.

_____, 'La place des textes de sagesse dans la littérature cambodgienne traditionnelle', Revue de l'Ecole National des langues orientales vivantes 5 (1969): 163-84.

Bitard, Pierre, 'Essai sur la satire sociale dans la littérature du Cambodge', Bulletin de la Société des Etudes Indochinoises n.s. 26 (1951), 2: 189-218.

_____, 'Cinq Jâtakas cambodgiens', Bulletin de la Société des Etudes Indochinoises n.s. 30 (1955a), 2: 121-33.

_____, 'La littérature cambodgienne moderne', France-Asie 12 (1955b), 114-115: 467-79.

បទានុក្រមរាមកេរ្តិ៍ [Glossaire Réamker], 3ème éd., Phnom Penh, Institut Bouddhique, 1966.

Biv-Chhay-Leang, បក្សីចាំក្រុង [Baksey Cham Krong], Phnom Penh, Viraboras Bookstore, 1965 (3).

Bunchan-Mol, គុកនយោបាយ [Political Prison], Phnom Penh, Bunchan-Mol, 1971 (8).

ចចកចង់ត្បកកូនចៀមហើយ ['The wolf about to devour the lamb'], National Salvation Youth, Year 1, No. 22, Phnom Penh, Cambodian Student Association, 1970, pp. 21-3 (1).

ច្បាប់កេរ្តិ៍កាល [Code of the Glorious Tradition], Phnom Penh, Bouth Neang Bookstore, 1961 (18).

ច្បាប់ក្រម [Code of Conventions], Phnom Penh, Bouth Neang Bookstore, 1961 (17).

ច្បាប់ប្រុសស្រី [Codes of Conduct for Men and Women], Phnom Penh, Kim-Seng Bookstore, n.d. (20).

ច្បាប់ពាក្យចាស់ [Traditional Morality], Phnom Penh, Bouth Neang Bookstore, 1960 (19).

Chhim-Sum, អាយ៉ៃ [/qaayay/], Chapter 4 in Patriotic Songs, Vol. I, Phnom Penh, Buddhist Institute, 1951 (15).

Chim-Peov, កាព្យសាស្ត្រ [Poesie: Etude de la versification], Phnom Penh, Vichay Serey, 1959.

Coedès, Georges, 'Littérature cambodgienne', in Sylvain Lévi, Indochine I, Paris, Société d'Editions Géographiques, Maritimes et Coloniales, 1931, pp. 180-92.

Eng-Sot, Researcher, ឯកសារមហាបុរសខ្មែរ [Documents on Great Khmer Figures], 2 vols., Phnom Penh, International Printers, 1969 (4-7).

Guesdon, Joseph, Dictionnaire cambodgien-français, 2 vols., Paris, Librairie Plon, 1930.

Hing, Brah Ariyagāmanī, រឿងព្រះជិនវង្ស [The Story of Preah China-vong], fasc. 2, Phnom Penh, Buddhist Institute, 1964 (26).

Huffman, Franklin E., Cambodian system of writing and beginning reader, New Haven and London, Yale University Press, 1970.

Huffman, Franklin E., and Im Proum, Intermediate Cambodian Reader, New Haven and London, Yale University Press, 1972.

Ieng-Say, មេកាព្យ [Versification], Phnom Penh, Mey-Sok Bookstore, 1966.

In, Oknha Suttantaprija, គតិលោក [Gatilok], Vol. 1, Phnom Penh, Buddhist Institute, 1959 (16).

Jacob, Judith, 'Some features of Khmer versification', in C. E. Bazell, ed., In Memory of J. R. Firth, London, Longman's, 1966, pp. 227-41.

_____, A concise Cambodian-English dictionary, London, Oxford University Press, 1974.

Jenner, Philip N., Southeast Asian literatures in translation: a preliminary bibliography (Asian Studies at Hawaii No. 9), Honolulu, University Press of Hawaii, 1973.

_____, 'The Khmer code of conduct for young men: Introduction, romanized text, translation, notes to the 'Cpā'pa prusa' of paṇḍita Mai', typescript, n.d.

Jones, Robert B., and Ruchira C. Mendiones, Introduction to Thai literature, Ithaca, New York, Cornell University Southeast Asia Program, 1970.

Kao, Oknha Kosadhipati, ក្រុងសុភមិត្រ [Krungsubhamitra], Phnom Penh, Buddhist Institute, 1967 (28).

Keng Vannsak, 'Quelques aspects de la littérature khmère', Phnom Penh, Annales de la faculté des lettres et des sciences humaines de l'Université royale, 1967, pp. 39-54.

Kim-Samon, ម៉្យាងទៀតស៊ែរ [That's Interesting!], Phnom Penh, Kim-Samon, 1972 (11).

Leang-Hap-An, កាព្យសាស្ត្រ [Prosodie khmère], Part 1, Phnom Penh, B. H., 1971.

Ly-Theam-Teng, អក្សរសាស្ត្រខ្មែរ [Khmer literature], 2nd edition, Phnom Penh, Seng-Nguon-Huot, 1960.

Martini, François, 'En marge du Râmâyana cambodgien', Journal asiatique 238 (1950), 1: 81-90.

Martini, François, 'Notes sur l'empreinte du bouddhisme dans la version cambodgienne du Râmâyana', Journal asiatique 242 (1952), 1: 67-9.

_____, 'Quelques notes sur le Râmker', Artibus asiae 24 (1961), 3-4: 351-62.

Maspero, Georges, 'Littérature khmère', in Un empire colonial français: l'Indochine (Ouvrage publié sous la direction de Georges Maspero), Paris et Bruxelles, G. Van Oest, 1929, Vol. I, pp. 297-305.

Nhok-Thêm, Editor, មហាវេស្សន្តរជាតក [Mahāvessantarajātaka], Phnom Penh, Buddhist Institute, 1964 (30).

Neov, Neak Oknha Maha Vinicchay, and Nhek-Nuv, Neak Oknha Maha Mantri, ក្បួនអាពាហ៍ពិពាហ៍ [Wedding Handbook], Phnom Penh, Modern Printers, 1965 (12).

Pavie, Auguste, 'Les douze jeunes filles', in his Recherches sur la littérature du Cambodge, du Laos, et du Siam (Mission Pavie Indochine, 1897-1895, Etudes diverses, I), Paris, Ernest Leroux, 1898, pp. 27-52.

Porée, Guy, 'Personnages comiques des contes populaires', France-Asie 12 (1955), 114-115: 460-66.

ប្រជុំរឿងព្រេងខ្មែរ [Collection of Cambodian Folktales], 8 vols., Phnom Penh, Buddhist Institute, 1959-72.

Ravivong Kovid, ផ្កាក្រពុំ [Unopened Flower], Phnom Penh, Rasmi Bookstore, 1967 (2).

រាមកេរ្តិ៍ [Reamker], Vol. 1, Phnom Penh, Buddhist Institute, 1964 (31).

រាមកេរ្តិ៍ [Reamker], Vol. 6, Phnom Penh, Buddhist Institute, 1961 (32).

រឿងទិព្វសង្វារ [The Story of Tip-Sangvar], Fasc. 1, Phnom Penh, Buddhist Institute, 1963 (25).

រឿងមាយើង [The Story of Mea Yoeung], Phnom Penh, Buddhist Institute, 1961 (23).

រឿងសុបិនកុមារ [The Story of Soben Komar], Phnom Penh, Buddhist Institute, 1966 (27).

រឿងហង្សយន្ត [The Story of Hang-Yon], Phnom Penh, Buddhist Institute, 1966 (24).

Roeské, M., 'Métrique khmère: bat et kalabat', Anthropos 8 (1913): 673-87, 1028-43.

សិលាចារឹកនគរវត្ត [Inscriptions modernes d'Angkor], Phnom Penh, Editions de l'Institut Bouddhique, 1958.

Som, Preah Padumatther, រឿងទុំទាវ [The Story of Tum-Teav], Phnom Penh, Buddhist Institute, 1966 (21).

Srey-Ou and Nhong-Soeung, អាយ៉ៃ [/qaayay/], Chapter 2 in Patriotic Songs, Vol. 1, Phnom Penh, Buddhist Institute, 1951 (14).

Preah-Bath Srī Dhammarāja, សរសើរហេមន្តមាស ['In praise of winter'], in Kampuccasoriya, No. 12, 1938 (13).

Tan, Meun Phakdi Aksar, រឿងសព្វសិទ្ធិ [The Story of Sabbasiddhi], Phnom Penh, Buddhist Institute, 1966 (29).

Tep-Yok et Thao-Kun, Dictionnaire français-khmer, 2 vols., Phnom Penh, Librairie Bouth-Neang, 1962-64.

វចនានុក្រមខ្មែរ [Cambodian Dictionary], Phnom Penh, Buddhist Institute, Vol. I: K - M, 5th edition, 1967; Vol. II: Y - A, 5th edition, 1968.

Part Two

Cambodian-English Glossary

អក្សរសាស្ត្រខ្មែរ

CAMBODIAN-ENGLISH GLOSSARY

Franklin E. Huffman

and

Im Proum

Reprinted with permission, 1988
by Cornell University, Southeast Asia Program,
Ithaca, New York 14853

Library of Congress Cataloging in Publication Dates

Huffman, Franklin E.
Cambodian literary reader and glossary.
(Yale linguistic series)
Bibliographer: p.
1. Khmer language—Readers. I. Proum, Im, joint author. II. Title. III. Series.
PL4325.H8 495.9'3'286421 76-50538
ISBN 0-300-02069-4 pbk.

INTRODUCTION

This Glossary incorporates the some 4,000 vocabulary items introduced in the authors' Cambodian Literary Reader (Yale University Press, 1977) with the some 6,000 items contained in their two preceding volumes - Intermediate Cambodian Reader (Yale University Press, 1972) and Cambodian System of Writing and Beginning Reader (Yale University Press, 1970) - for a total of some 10,000 words. Words that are spelled irregularly or are likely to cause difficulty for the student are followed by their transcriptions.

Since this Glossary was prepared to accompany the authors' Cambodian Literary Reader, it cannot properly be considered a dictionary. However, in view of its rather comprehensive scope, and of the authors' attempt to provide both general and context-specific definitions, it was felt that the Cambodian-English Glossary might be independently useful as a reference work.

Cambodian dictionaries differ slightly in the order in which words are listed. The order used in this Glossary is based on that of the official two-volume Cambodian Dictionary of the Buddhist Institute. Words are listed primarily by initial consonant symbol, secondarily by vowel symbol, and tertiarily by final consonant symbol. The order of consonant symbols is as follows:

ក, ខ, គ, ឃ, ង, ច, ឆ, ជ, ឈ, ញ, ដ, ឋ, ឌ, ឍ, ណ, ត,
ថ, ទ, ធ, ន, ប, ផ, ព, ភ, ម, យ, រ, ល, វ, ស, ហ, ឡ, អ.

The order of vowel symbols is as follows:

-ា, -ិ, -ិះ, -ី, -ឹ, -ឹះ, -ឺ, -ុ, -ុះ, -ូ, -ួ, េ-ី, េ-ឿ, េ-ៀ,
េ-, េ-ះ, ែ-, ៃ-, េ-ា, េ-ាះ, េ-ៅ, -ុំ, -ំ, -ាំ, -ះ.

The order of independent vowel symbols is as follows:

ឫ, ឬ, ឭ, ឮ, ឥ, ឦ, ឧ, ឩ, ឪ, ឯ, ឰ, ឱ, ឲ, ឳ.

The following additional rules apply:

a) Words spelled with final /bɑntɑq/ (-់) follow identically spelled words without a /bɑntɑq/.

b) Words spelled with a converted initial consonant symbol (-៉ or -៊) follow identically spelled words without a converter.

c) Words spelled with initial ប៉ follow all words spelled with initial ប and precede all words spelled with initial ប plus a subscript.

d) Words spelled with initial ឫ and ឬ follow all words spelled with initial រ , and words spelled with initial ឭ and ឮ follow all words spelled with initial ល .

e) Words spelled with the remaining initial independent vowel symbols follow words spelled with initial អ plus the equivalent vowel symbol.

f) Words spelled with initial consonant plus subscript follow all words spelled with the same initial without a subscript.

The following abbreviations are used in the Glossary; when immediately enclosed in parentheses no periods are used.

abbr.	Abbreviation	Lit.	Literary
av.	Adjectival Verb	masc.	Masculine
adj.	Adjective	mv.	Modal Verb
adv.	Adverb	n.	Noun
Arch.	Archaic	P.	Pali
Coll.	Colloquial	Pej.	Pejorative
conj.	Conjunction	pers.n.	Personal Name
Eleg.	Elegant	pl.n.	Place Name
Euph.	Euphemism	pl.	Plural
Excl.	Exclamation	Pol.	Polite
fem.	Feminine	p.r.p.	Polite Response Particle
Fig.	Figurative	pron.	Pronoun
Fr.	French	Roy.	Royal Vocabulary
Imit.	Imitative	Skt.	Sanskrit
Interj.	Interjection	sing.	Singular
iv.	Intransitive Verb	sp.	Specifier
lit:	Literally	tv.	Transitive Verb

In addition, the following conventions are used:

... Omitted material not translated (discontinuous construction).

--- Omitted material translated (more frequent in Part One).

( ) Explanatory material, or words present in the Cambodian but not essential to the English translation.

[ ] Words not present in the Cambodian but necessary to the English translation.

CAMBODIAN-ENGLISH GLOSSARY

ក

ក /kɑɑ/ throat, neck, collar

កដៃ wrist

ក៏ /kɑɑ, kɑ-/ so, then, accordingly

...ក៏...ក៏ both...and

ក៏ដោយ to whatever extent, even though

ក៏ស៊ូខ្លួនដែរ can live on, can get along with

កក frozen, congealed

កកកុញ crowded, congested, dense

កក់ to shampoo

កកាយ to dig out, scrape out; to scratch about

កកូរ to stir, beat

កក្កដា /kaqkədaa/ July

កក្រើក to shake, jar, cause to rumble

កក្កែ babbling over and over

កខ្លេះកខ្លោញ to bubble with enthusiasm

កង military division, unit, force

កង load, roaring

កងខេមរភូមិន្ទ /kɑɑŋ-khaemmərĕəq-phuumɨn/ Royal Cambodian Forces

កងទ័ព /kɑɑŋ-tŏəp/ troops, army

កងរាជតម្រួត /kɑɑŋ-riəc-dɑmruət/ Royal Police Force

កងរំពង tumultuous(ly), noisily

កងអាសាស្ម័គ្រ /kɑɑŋ-qaasaasmaq/ volunteer military unit

កងឯកភាព personal guard unit

កង់ wheel; bicycle

កង្កួញ kinky, curly, coiled

កង្កែប frog

កង្គួន to be enraged, furious

កង្វល់ trouble, bother; to worry, be anxious

កង្ហារ fanwheel, gyroscope

កង្ហែកង្ហល់ restless, impatient

កញ្ចក់ mirror

កញ្ចប់ package, wrapped parcel

កញ្ចាស់ old thing, old person; old, pathetic (Pej)

កញ្ឆក់ to snatch; with a jerk, by jerks and starts

កញ្ឆែត an edible aquatic plant

កញ្ជើ a tightly-woven basket

កញ្ជ្រោង fox

កញ្ជ្រោល to rear up, buck, jump (of a horse, etc.)

កញ្ញា /kaññaa/ girl, young lady; Miss

កណ្ឌ /kan/ episode, part, section; fascicle (of a palm-leaf manuscript)

កណ្ឌកុមារបព៌ one of the 13 sections of the Maha Vessantara Jataka

កណ្ដាប់ grasp, handful

កណ្ដាប់ដៃ grasp, clutches

កណ្ដាល center; in the center of

កណ្ដាលជំនុំ in the midst of the assembly

កណ្ដាលថ្ងៃ in the open, right in the sun

កណ្ដុរ /kɑndao, kɑndol/ rat, mouse

កណ្ដៀរ termite

កណ្ដែងកណ្ដោច (=កណ្ដោចកណ្ដែង) lonely, desolate

កណ្ដោចកណ្ដែង lonely, desolate

កណ្ដោលញាត a kind of small plant

កតញ្ញូ /kattaññuu/ gratitude

កតញ្ញូតា /kattaññuutaa/ gratitude, recognition of service done

កតវេទី /kətaqweetii/ gratitude

កត់ to put down, jot down, record

កត់ចិត្តចងចាំ devoted (to), irrevocably attached (to)

កត់ត្រា to register, write down, record

កត្តា /kattaa/ factor

កត្តិក /katdək, kədək/ October-November (lunar system)

កឋិន /kathən/ presentation of gifts to the monks
កនិដ្ឋា /kɑnnitthaa/ youngest sibling (Lit)
កន្តើយ indifferent

កន្ត្រាក់ /kɑntraq/ to jerk (tv)

កន្ត្រៃ /kɑntray/ scissors

កន្ត្រោន drawn up, contracted

កន្ទុកកន្ទេញ to whine, plead, beseech

កន្ទុយ tail

កន្ទេល woven mat

កន្ត្រឹស /kɑntrɨh/ stingy, miserly

កន្ធែក spread apart, spraddled

កន្លង to pass, elapse (of time); exceedingly, surpassingly
កន្លង់ a small perch-like fish

កន្លង់ a large black flying beetle, woodborer
កន្លៀត nook, corner

កន្លេង agitated

កន្លែង place, position, office; seat

កន្លោង supreme one; supremely

កន្លោងអស់ស្រី above all other women

កន្លះ /kɑnlah/ half

កន្សែង cloth, napkin, handkerchief, towel
កន្សែង to weep, cry (Roy)

កប to be, be in essence, be endowed with; efficacious
កប៉ាល់ /kəpal/ ship, steamer

កប៉ាល់ហោះ /kəpal-hɑh/ airplane

កប្បាស /kapbaah, kəbaah/ cotton

កម្ជិល sloth, laziness; lazy person, good-for-nothing
កម្ពល /kɑmpuŏəl/ woolen cloth

កម្ពុជបុត្រ /kampuccəbot/ Cambodian children (lit: Cambodian sons)
កម្ពុជរដ្ឋ /kampuccəroŏət/ Cambodia

កម្ពុជា /kampucciə/ Cambodia

កម្ម /kam/ karma, fate (usually bad)

កម្មករ /kamməkɑɑ/ workers, coolies

កម្មគ្រោះ /kam-kruŏəh/ misfortune, (negative) karma
កម្មនិយម /kamməniyum/ natural laws of existence; effects of karma

កម្មអើយ what fate!

កម្មវិធី /kam-withii/ program, system

កម្មវិធីសិក្សា curriculum

កម្មិករលេខាធិការ /kammikaq-leekhaathikaa/ recording secretary
កម្រ /kɑmrɑɑ/ difficult (to); rarely
កម្រង garland, braid

កម្រាល cover, spread, blanket, sheet
កម្រិត mark, level, degree; to fix, decree; to allot
កម្រើក to move, budge (iv)

កម្រៃ interest, profit

កម្រោល brutish, crude, volatile

កម្លា to threaten

កម្លុង in, within; interval (Arch)

កម្លោះ single (of a man), bachelor

កម្លាំង strength, power

កម្លាំងទាន extent of one's charity

កម្លាំងមនុស្ស manpower

ករ hand (Lit)

ករណីយ /kaqrənəy/ duty

ករណីយកិច្ច /kaqrənəyyəkəc/ duty

ករុណា /kaqrunaa, kənaa/ to have pity on, have mercy on; please...
កល /kɑl/ trick, ruse, strategy

កល /kɑl/ like, as if

កលកិច្ច (=កិច្ចកល) trick, ruse, strategy

កល់ to block, chock (e.g. the wheel of a vehicle)

កល់ intensifier: very much, very many
កល្ប /kal/ an age, long period of time
កល្បឈល់ដែលនហើយ for ages, for an extremely long time
កល្យាណ /kɑlləyaan/ good, beautiful, virtuous
កល្យាណស្ត្រី /kɑlləyaan-sətrəy/ virtuous woman
កល្យាណី /kɑlyaanəy/ beautiful woman

កវី /kawəy/ poet

កវីវង្សា /kawəy-wŭəŋsaa/ a clerical title
កសាង /kɑɑ-saaŋ/ to build, erect

កសិកម្ម /kaqsekam/ agriculture

កសិករ /kaqsekɑɑ/ farmer (Eleg)

កា to address (a letter), inscribe

កាក leavings, refuse

កាកសំបុត្រ discarded letters

កាកគតិ /kaaqkəteq/ a style of verse (lit: crow's gait)
កាកបាទ kaaqkəbaat/ the symbol +

កាកី /kaakəy/ Kakei, name and principal character of a well-known epic
កាកែស a plant with fragrant flowers
កាង to extend, stretch out, spread

កាច bad, wicked, malicious

កាច់ to break off, break in two (tv); to kill
កាច់រឹក to twist and turn, posture, make exaggerated and slightly affected movements

កាច់ចង្កូត to guide, pilot

កាច់រាង to perform or utter with affected elegance
កាញ់ to be thrifty, frugal (with)

កាណ៌ /kaa/ ears (Roy, Lit)

កាណិកា a kind of yellow flower

កាណូត motorboat

កាត់ to cut, to sever; to cross; to ward off, bar, defend against; to cut off, alienate

កាត់ to be of mixed ethnic origin; to be a half-breed

កាត់ក្តី to settle an issue, settle a case
កាត់ខ្មាស to swallow one's pride

កាត់ខ្វាត់ខ្វែង to crisscross

កាត់ទោស to condemn, to sentence

កាត់យល់ to realize

កាត់អាល័យ to stop loving, to betray love
កាតាប /kataap/ briefcase, satchel

កាតូលិក /kaatoulik/ Catholic

កាន់ to hold, believe in, insist on

កាន់ toward

កាន់កាប់ to administer, be in charge

កាន់ការ to take charge

កាន់គតិតន្ត្រៀមត្រូវ be on your good behavior, mind your p's and q's
កាន់ចិត្ត maintain, insist on; stubborn, unyielding
កាន់តែ increasingly, the more

កាន់ទុក្ខ to mourn

កាប់ to cut, hack (with an axe or cleaver); to kill, execute (with a knife)

កាប់មិនមុត won't pierce, impervious to weapons, invulnerable
កាប់វះបើកសាច់ឈើ lay open the flesh of the tree
កាប់សំឡាប់ to kill with a hacking motion (e.g. with an axe)
កាប៉ូរាល់ (Fr. caporal) chief, commander
កាព្យ /kaap/ poetry, verse

កាព្យឃ្លោង /kaap-klooŋ/ verse, poetry

កាព្យសាស្ត្រ /kaapəsaah/ prosody, versification, composition of verse
កាម Kāma, god of love; sex, sexual desire, lust
កាមលោក /kaaməlook/ the intangible world, world of the senses
កាមា (=កាម) sex, sexual desire, lust
កាមាវចរ /kaamaawəcaa/ intangible or supernatural beings

កាយ body (Lit)

កាយវិការ /kaayeəqwikaa/ act, deed

ការ /kaa/ work, affairs, activity; nominalizing element before verbs

ការ /kaa/ wedding; to marry

ការ (= ការពារ) to prevent, to defend against

ការកសាង formation, development

ការការ work, the work that one does

ការកេរ្តិ៍អាទិ /kaa-kei-qaat/ personal honor, self-respect

ការកំសាន្ត pastime, sport

ការក្រាបថ្វាយបង្គំ greeting, homage, salutation

ការខុសត្រូវ responsibility

ការខ្វះខាត lack, shortage

ការខ្លះ item of business, some business or other

ការងារ task, duty, function

ការចិញ្ចឹមសត្វ raising livestock

ការចាំបាច់ necessity, necessary action

ការជប់លៀងភ្ញៀវ banquet, feast, entertainment

ការឈប់សម្រាក holiday, vacation

ការដឹកនាំ leadership, direction

ការដឹងយល់ understanding

ការដែល the fact that, the matter of (nominalizes following verb phrase)

ការទទួលភ្ញៀវ receiving guests

ការទម្លាប់ habit, customary action

ការធ្វើឆ្នាំង pottery-making

ការនឿយហត់ hard work, tiring work

ការនេសាទត្រី fishing, the fishing industry

ការនាំចូល importation

ការបើកឥណទាន establishing credit

ការប្រណម defend oneself

ការផ្ទះ housework

ការពារ /kaa-piə/ to protect, defend

ការពិសោធន៍ experience; experiment

ការយល់ព្រម consent, approval

ការយាមប្រចាំការ guard duty

ការរចនា decoration

ការរស់នៅ life, living conditions

ការរៀនសូត្រ studying; studies

ការរំជួលចិត្ត emotion, sentiment

ការសន្ទនា conversation

ការសិក្សា education

ការសុខ peace

ការស្អាតស្អំ cleanliness; honesty

ការហត្ថកម្ម /kaa-hattəkam/ manual labor

ការណ៍ /kaa/ affair, case, story, situation, event

ការិយាល័យ /kaariyaalay/ office, bureau

កាល time; when (conj)

កាលជាខាងក្រោយ recently

កាលដែល while, when

កាលណា when?; whenever

កាលណាបើ if, whenever

កាលបើ if, when, whenever

កាលពីព្រេងនាយ once upon a time

កាលៈទេសៈ /kaalaq-teesaq/ circumstances

ការោ a kind of fish

កាហ្វេ /kaafei/ coffee

កាឡា to change form, transform oneself by magic

កាឡាខ្លួន to transform oneself magically, change one's form by magic

កិច្ច /kəc/ affair, matter (usually in compounds)

កិច្ចកាព្យ poem, poetry, verse

កិច្ចការ work, business

កិច្ចក្នុងក្រៅ internal and external matters

កិច្ចចាត់ចែង direction, supervision

កិច្ចផែលបម្រើលោក serving the priests

កិច្ចបញ្ចប់ conclusion, finale

កិច្ចព្រមព្រៀង agreement, concord

កិច្ចសន្យា /kəc-sɑnnəyaa/ agreement, contract

កិច្ចហេតុ /kəc-haet/ facts

កិត close behind, on the tail (of)

កិត្តិយស /kəttəyŭəh/ honor

កិន to grind, to mill; to run over, crush; Coll: to blame, scold

កិន្នរ /kənnɑɑ/ mythological bird-woman

កិន្នរី /kənnərii/ mythological bird-woman

កិរិយា /keriyaa/ conduct, behavior

កិរិយាមារយាទ conduct, behavior

កិលេស /kəleh/ lust, depravity

កីលែន mythological monster with a dragon's head

កីឡាករ /kəylaakɑɑ/ athletics

កឹត onom. of a rooster's crow

កុកកីកែកឹត /kokkəkii-kae-kəːt/ sound of crowing

កុង curving, curved

កុញ្ជរ /koñcɔɔ/ elephant (Lit); excellent, praiseworthy

កុដិ /kot/ monks' quarters

កុន movie, film

កុំសូម៉ុលសូវីយេក /komsoumɑl souwiyeek/ Soviet Komsomol (Russian Communist Youth Organization)

កុមារ /komaa/ boy; in compounds: children in general (Eleg)

កុមារា-កុមារី /komaaraa-komaarəy/ boys and girls, children (Eleg, Lit)

កុម្ភន្ធ (= កុម្ភណ្ឌ) /komphŏən/ ogre, giant (Lit)

កុម្ភៈ /kumpheə̆q/ February

កុម្ភណ្ឌ /komphŏən/ ogre, giant (Lit)

កុម្មុនិស្ត /kommunih/ communist

កុម៉ៃ /kommay/ (Jean) Commaille, first Conservator of Angkor

កុលបុត្រ /kolləbot/ children of good families

កុវេរៈ /koqweereə̆q/ Kubera (god of wealth)

កុសល /kosɑl/ merit, good deeds

កុសលផល /kosɑl-phɑl/ accumulated merit

កុហក /kohɑq, kəhɑq/ to lie, prevaricate

កុះករ in great numbers

កូក here!, here I am!

កូន offspring of either sex, child

កូន I (child to parent); you (parent to child)

កូនកន្សែង handkerchief

កូនក្រមុំគេ a certain maiden

កូនខ្ចី baby, newborn infant

កូនចៅ children, offspring

កូនឈើ sapling, bush, small tree

កូនត្នោត Sugarpalm Sapling (pl. n.)

កូនទូ small cabinet, small dresser

កូនបង្កើត one's own child

កូនប្រុស son

កូនប្រុសស្រី son(s) and daughter(s)

កូនពៅ youngest child

កូនភ្នំ hill, foothill

កូនលោក children of important men

កូនសិស្ស /koun-səh/ pupil, student

កូនសិស្សលោក temple-boy

កូនសំបុត្រ small letter, note

កូនស្រី daughter

កូនស្រុក inhabitants of the area

កូនឥតពូជ illbred person

កូប elephant howdah

កូរ to stir, agitate

កូលេស /koleh/ (Fr. collège) high school (grades 7 to 10)
កូលេសស៊ីសុវត្ថិ Collège Sisowath

កូវ /kəw/ empty poetic particle

កុលា /koulaa, kolaa/ Cambodian of Burmese origin
កុលាប rose

កួប to swirl, twist, revolve, whirl

កួប to occur to one's mind, be engendered; to long for, desire
កួយ Kuy (name of a tribal group in Cambodia)
កួរ /kuə/ ear, pod

កើត to be born, come into existence

កើត to prosper, be successful; after a verb: to be able, possible
កើតក្តីនឹងគ្នា to have a disagreement

កើតជាអស្ចារ្យ something extraordinary happened, a marvelous thing happened
កើតទុក្ខ to grieve, have troubles

កើតទោស trouble arises, problems arise, have problems (with someone)
កើតទោសនឹងគេ get into trouble with others
កើតមក to be born, come into existence
កើតមាន to develop, arise

កើតឡើង to arise, come about, happen
កើតអ្វី what's wrong?, what's the matter?
កើតអ្វីបានជា why is it that...?, how did it happen that...?
កើន to multiply, increase (iv)

កើយ to rest the head, support the head
កើយ stile for mounting an elephant or chariot
កើល to run aground (of a boat)

កៀក to hold or embrace with one arm
កៀកកើយ to embrace intimately

កៀង (= គៀង) to herd, round up

កៀន next to, up against

កៀប to squeeze, to pressure

កៀរ to round up, herd together

កៀវ to straddle, wrap the legs around
កេងកាង swing the arms, put the hands on the hips, swagger (symbolic of arrogance)
កេណ្ឌ /kaen/ to conscript, draft; commandeer, requisition
កេតុជម្ពូ /keetoq-cumphuu/ a kingdom in the Himalayas
កេរ្តិ៍ /kei/ heritage, legacy, reputation; honor, glory
កេរ្តិ៍កោះ honor, reputation; heritage, legacy, inheritance
កេរ្តិ៍ខ្មាស sexual organs (Euph)

កេរ្តិ៍ឈ្មោះ reputation, fame, honor

កេស /keh, keisaq/ hair; head (Roy, Clergy)
កេសរ /keisαα/ hair; head (Roy, Clergy); pollen (Lit)
កេសររាជសីហ៍ male lion (i.e. lion with hair)
កេសា head; hair (Lit, Roy)

កេសី (= កេសា) head; hair (Roy, Clergy)
កែ to repair, correct

កែខៃ to reflect, deliberate, resolve (a problem)
កែប្រែ to revise

កែសម្រួល to smooth, to correct

កែប Kep (a resort area)

កែម to cover, encrust, decorate

កែមកាល់ to decorate around the edge, embellish with a border; ornate
កែវ a glass, a cup; glass, crystal, precious stone
កែវ common personal name (lit: crystal, precious [one])
កែវកញ្ញា precious girl

កែវកាកី the fair Kakey

កែវបវរណ៍ term of endearment (Precious One)
កែវភ្នែក cornea of the eye

កែស a kind of small fish

កែះ /keh/ to scratch, nudge with one finger (a gesture characteristically used to get a friend's attention)

កៃលាស name of a Himalayan mountain

កោង curved, bent; arrogant, rude, blatant

កោដិ /kaot/ ten-million

កោណ្ឌិន្យ /kaondɨn/ Kaundinya (legendary founder of Funan)

កោត to be amazed at, impressed by, awed by

កោតគោរព to respect, honor

កោតញញើត to respect, be awed by

កោតតែ amazed that, incredulous that

កោរ /kao/ to shave

កោរទាំងសក់ក្បាល have the head completely shaven

កោរសក់ to shave the head

កោរសក់ឲ្យ to shave his head for (him)

កោលាហល /kaolaahal/ disorder, panic, consternation

កោស /kaoh/ to scratch out, dig out; to scrape (the skin) with a coin or other instrument (thought to have therapeutic value)

កោសិយ /kaosəy/ Indra

កោសៃយ្យ /kaosay/ silk cloth

កោះ /kɑh/ island

កោះ to call, summon

កោះ to pull (a bowstring to shoot an arrow)

កោះកុង Koh Kong (Province)

កោះថ្មី New Island (pl. n.)

កោះត្រឡាច Koh Tralach (an island in the South China Sea where the French kept criminals and political prisoners)

កៅទណ្ឌ /kaw-tŏən/ bow, arc (Lit)

កៅរវៈ /kawrəreə̆q/ the Kuravas

កៅសិប ninety

កៅស៊ូ /kawsuu/ (Fr. caoutchouc) rubber

កៅអី chair, seat

កៅអីវែង bench

កុំ negative imperative auxiliary: don't...

កុំគិតសង្ស័យ have no doubt (about it)

កុំឃើញ on seeing..., don't...(Idiom)

កុំ...ដែលដែរ don't...either

កុំថាតែ not only

កុំធ្វើ don't be

កុំបាច់ it's not necessary to, don't insist on

កុំបី so as not to, in order not to; don't

កុំបីឲ្យ so as not to have...

កុំព្រួយបារម្ភ don't worry

កុំភ័យអី don't be afraid, don't worry about a thing

កុំស្បិបខ្លិច whatever comes up

កុំអាល don't...yet, don't be in a hurry to

កុំអី otherwise, else

កុំ...អី discontinuous negative imperative: don't

កុំអីឡើយ otherwise

កុំឲ្យ in order not to, so that... won't

កុំឲ្យតែ just so it's not, so long as one doesn't

កុំ...ឲ្យសោះ strong negative imperative: never...; don't...at all

កុំឲ្យប្រលាក relentlessly

កំចាត់ to expel, chase out, exorcise; to reject, shun

កំជិល laziness; to be lazy

កំដរ to accompany, assist in, contribute to

កំដរដៃ to occupy the hands

កំចី debt

កំដៅ heat; to heat, to warm

កំណត់ record, note, inscription; appointment, fixed period; decision, prescription; to fix, decide, set, record, keep

កំណត់ជន្ម predetermine [the length of] one's life, predetermine one's death

កំណត់ទៅតាមស្លាស្លា recorded faithfully, recorded accurately

កំណត់ព្រះចិន្តា to decide, conclude (Roy)

កំណប់ cache, treasure

កំណល់ a block, chock

កំណាច wicked; wickedness

កំណាញ់ stingy, miserly

កំណាត់ piece, section

កំណាន់ principle, precept, faith (cf. /kan/ to hold to, adhere to, believe in)

កំណាន់ close, intimate, favorite

កំណាព្យ poetry, verse

កំណើត origin, birth, beginning; nature, innate character; full-blooded (of kinship)

កំណែន conscription, forced labor, corvée

កំតាត់ a Chinese game of chance

កំទេច debris, bits, remains

កំបុត truncated

កំបុតក decapitated

កំបាំង to bar, block, shield

កំបាំងភ្នែក to block the vision; to glance away

កំប៉ោក swollen, bloated, rotund; Fig: haughty, self-important

កំប្លង់ៗ very beautiful

កំប្លែង (= កំផ្លែង) comical, humorous

កំផែង wall, enclosure, rampart

កំពង់ port, river bank, river town

កំពង់ខ្សាច់ស White Sand Port (pl. n.)

កំពង់ចម្លង ferry landing (lit: port [for] putting across)

កំពង់ចាម Kompong Cham (city, province)

កំពង់ឆ្នាំង Kompong Chhnang (city, province)

កំពង់លែង Kompong Leng (pl. n.)

កំពង់សោម Kompong Som (city, former province)

កំពង់ស្វាយ Kompong Svay (district in Kompong Thom Province)

កំពង់ហ្លួង Kompong Luong (town on the Tonlé Sap River)

កំពត Kampot (city, province)

កំពស់ height

កំពស់កំព height, size (Coll)

កំពឹងពួយ an aquatic plant used as a vegetable

កំពុង in the process of, -ing

កំពូល summit, peak

កំពែង wall, enclosure, rampart

កំព្រា to be an orphan, be orphaned (lacking one or both parents)

កំព្រីកំព្រា to be orphaned

កំភួន calf of the leg, muscle of the forearm

កំភ្លក់ a kind of fish

កំភ្លាញ a kind of small fish

កំភ្លឹង amaryllis

កំភ្លៀង the side of the face

កំរិត fixed level, mark, limit; to set, decree, prescribe, limit

កំរើក to move, budge (iv)

កំរើកឫទ្ធិ bursting with power

កំរោល violent, uncontrolled, tempestuous

កំឡៀង to glance sidelong

កំសត់ sad, pathetic, destitute, miserable

កំសាក coward

កំសាន្ត /kɑɑmsaan/ to relax, amuse oneself, enjoy oneself

កំហល់ anger; one who is angry

កំហឹង anger; one who is angry

កំហឹងចូលមកដល់ [one] becomes angry

កំហុស fault, wrong

កំហែង to threaten, intimidate

កំឡា to threaten; to encourage; to take courage

កំឡុង in, during; period, interval (Arch)

កំឡាំងខាង good at

កំអែល dirt, filth

កាំ step (of stairs)

កាំបិត knife

កាំបិតស្នៀត hunting knife

កាំបិតស្នា folding knife

កាំងស៊ីណា quinine (plant)

ក្ងក់ crooked, hooked, twisted

ក្ងោក peacock

ក្ដាត a tuber with edible stems

ក្ដាត់ extremely (Lit)

ក្ដាន់ deer

ក្ដាប់ to grasp, hold in the fist; handful

ក្ដាម crab

ក្ដារ /kdaa/ board, plank

ក្ដារខៀន writing slate; blackboard

ក្ដារបន្ទះ plywood

ក្ដាររ៉ែន shelf, bench, flat step or stool

ក្ដិច to pinch, pinch off

ក្ដី /kdəy/ affair, situation, case; court action, suit

ក្ដី even though; to whatever extent

ក្ដី monastery, monk's quarters

ក្ដី...ក្ដី whether...or

ក្ដីកំសត់កម្រ adversity, struggle, difficulty

ក្ដីច្បាប់ education, savoir-faire, law

ក្ដីដូង Coconut Affair (pl. n.)

ក្ដីទុក្ខសោក misery, things which cause suffering (i.e. sin)

ក្ដីទុទិន misfortune, bad results

ក្ដីទាសៈក្ដៅ misery and strife

ក្ដីបារម្ភ worry, concern, sense of responsibility

ក្ដុក imitative of the sound of a falling object: with a thump

ក្ដុកក្ដួងចិត្ត heavy-hearted, sorrowful

ក្ដួច manioc, cassava (from which tapioca is made)

ក្ដួល to be in a torment, heart-sick

ក្ដែង ៗ clamorously, insistently

ក្ដោង sail (of a boat)

ក្ដោចក្ដែង to cry, wail, lament

ក្ដៅ to be hot

ក្ដៅខ្លួន to run a temperature, have a fever

ក្ដៅចិត្ត furious, burning with anger, incensed

ក្ដៅឱរា agitated, suffused with emotion

ក្ដាំងងា a kind of flower

ក្ឫក្ស tree of paradise

ក្នក់ a raised representation, a relief carving

ក្នប់ក្នក់ bas-relief carving

ក្នាញ់ exasperated

ក្នាញ់ indignant, incensed, disgusted

ក្នុង in, inside

ក្នុងខាងក្រោមនេះ below, following (in a text)

ក្នុងចំណោម among

ក្នុងពេលដំណាលគ្នានោះ at that same time, concurrently

ក្បត់ to betray, deceive

ក្បត់ជាតិ to betray one's country, commit treason

ក្បាច់ artistic design, embellishment

ក្បាច់ចម្លាក់រាក់ ៗ រលើង ៗ light relief, shallow relief

ក្បាច់រចនា /kbac-raccənaa/ carving, sculpture; art

ក្បាច់រំលេច bas-relief

ក្បាល head; bow (of a boat); volume (of books)

ក្បាលជង្គង់ knee(s)

ក្បាលជណ្ដើរ head of the balustrade

ក្បាលយួរ only one, alone

ក្បិន a roll of cloth; a typically Cambodian way of wearing a sarong

ក្បូន raft

ក្បូរក្បាច់ (= ក្បាច់) artistic technique

ក្បួន procession, parade, train; manual, textbook

ក្បឿង tile

ក្បៀស comma; to make a stroke

ក្បែរ beside, alongside

ក្បោះក្បាយ eloquent; in detail

ក្បំ round and firm

ក្មួយ niece or nephew; affectionate term for young people of one's children's generation

ក្មួយបង្កើត full niece or nephew

ក្មេង child, children; to be young

ក្មេងជាន់ក្រោយ later generation, the younger generation

ក្មេងស្រីៗ /kmeiŋ srəy-srəy/ young girls

ក្រ to be poor; rare, scarce; difficult; to be poor at, slow to

ក្រងាយ /krɑɑ-ŋiəy/ emergency, difficulty, eventuality (usu. bad)

ក្របើគិតណាស់ difficult to resolve

ក្រមាន rare(ly)

ក្រយប់ថ្ងៃ eventualities (i.e. difficulties [which can arise] night or day)

ក្រលំបាក to be poor, in difficult circumstances

ក្រអី there's no problem (about); that's no problem

ក្រកច្ឆេទ /krɑqkəchaet/ Krakaccheda (hell for gluttons)

ក្រខុប large tree with edible fruit

ក្រខ្វក់ dirty, filthy; morally bad

ក្រខ្ជួរ nasal, muffled, indistinct

ក្រចក fingernail(s)

ក្រជីង a fixed oar attached to the gunwales of a boat

ក្រញង់ stiff, rigid

ក្រញាង pointing in all directions

ក្រញី to scratch, mangle, shred (with teeth or claws)

ក្រញីង extremely, violently (angry)

ក្រញុះ sad, dejected, morose (of facial expression)

ក្រញូវ to frown, scowl

ក្រញេងក្រញាង pointing in all directions; descriptive of sudden violent gestures

ក្រញោន drawn up, huddled up

ក្រញាំ claw

ក្រដាស paper

ក្រដាសប្រាក់ bill, paper money

ក្រទា to crouch aggressively

ក្រប casing, binding, cover, support

ក្របី water buffalo

ក្របីឈ្លើង white water buffalo

ក្របុី monkey (Lit)

ក្រពៅ a kind of large tree

ក្រពត blowfish

ក្រពើ crocodile

ក្រពុំ unopened, still in the bud

ក្រពុខ្ចី young, tender

ក្រម /krɑm/ law, rule, decree

ក្រមការ /krɑmməkaa/ palace officials

ក្រមក្រិត្យ /krɑm-krət/ law, decree

ក្រមា towel, cloth, scarf (worn around the neck, as a turban, or as a short sarong while working)

ក្រមាច់ to make comical faces

ក្រមិចក្រមើម /krɑməc-krɑməɨm/ clownish, comical

ក្រមួន wax

ក្រមួនស name of a former province (lit: White Wax)

ក្រមុំ /krɑmom/ young unmarried girl; virgin

ក្រមុំល្មមនឹងមានប្ដី of marriageable age

ក្រយាលំពះ wedding gifts

ក្រឡៀស to slip away, wiggle free, evade

ក្រវាញ cardamom

ក្រវាត់ to girdle, tie around (the waist)

ក្រវាន់ a kind of flowering tree

ក្រវើន /krɑwəən/ make an effort to, try hard (to), be diligent in

ក្រវៀច twisted

ក្រសាល to amuse oneself, enjoy oneself (Roy, Lit)

ក្រសួង department; function, duty

ក្រសួងមហាផ្ទៃ Ministry of the Interior

ក្រសួងមានសមត្ថកិច្ច the department concerned

ក្រសួងសម្ងាត់ secret service

ក្រសួងសាធារណសុខាភិបាលនិងសង្គមកិច្ច Ministry of Public Health and Welfare

ក្រសួងអប់រំជាតិ Ministry of National Education

ក្រសោប to enfold, embrace

ក្រសាំង a thorny tree with sour fruit

ក្រស្នា /krəhsnaa/ Krishna

ក្រហម red (the spectrum of color from yellow to red)

ក្រហមទ្រើង rich red

ក្រឡង់ perfectly round

ក្រឡា /krɑlaa, kəlaa/ square; surface (of earth); court, yard

ក្រឡា high, supreme

ក្រឡាឈើត្រង់ square, block, check

ក្រឡាបញ្ជី /krɑlaa-bɑñcii/ court clerk

ក្រឡាបន្ទំ sleeping quarters (Roy)

ក្រឡាប្រឹថពី surface of the earth

ក្រឡាហោម /krɑlaahaom/ Minister of the Navy and Water Transport

ក្រឡាញ់ a large tree with edible fruit

ក្រឡាប់ to turn over, roll, rotate

ក្រឡាប់លែងផោះផើ change [my] mind [and] abandon [you]

ក្រឡាស់ to turn over, roll over

ក្រឡាស់ក្រឡប់ on the other hand, contrarily; have a turn of fate, have a change of fortune

ក្រឡឹង to lathe; encircling, around

ក្រឡេក to glance

ក្រឡេកនេះក្រឡេកនោះ look here and there

ក្រឡៀ wide-eyed

ក្រឡះ to break away, free oneself

ក្រអាញ husky, stocky

ក្រអូប sweet-smelling, fragrant

ក្រអួន massive, stocky

ក្រអើត stick out, thrust forward (the head)

ក្រាញ់ a kind of small fish

ក្រាន (= ជើងក្រាន) a fireplace composed of three stones as a tripod for cooking

ក្រាប to bow, prostrate oneself

ក្រាបថ្វាយបង្គំ to prostrate oneself in homage

ក្រាបថ្វាយបង្គំលា to take leave (of royalty)

ក្រាបទូល to inform, to say respectfully (to royalty)

ក្រាបបង្គំគាល់ to have an audience with (royalty)

ក្រាបបង្គំទូល to inform, say respectfully (to royalty)

ក្រាបញ្ញាទ prostrate oneself at the feet of

ក្រាម gram

ក្រាយ a kind of tree

ក្រាយ a kind of fish

ក្រាយ serpent

ក្រាល to spread out, to lay out

ក្រាស់ thick, heavy, many, accumulated

ក្រាស់ក្រែល many, abundant

ក្រាស់ក្រែក thick, numerous, in great numbers

ក្រឹត្យសង្ឃ /krət sɑŋ/ Code [of Conduct] of the Sangha (priesthood)

ក្រិមិនិចយ /kreqminiqcay/ Kriminicaya (hell for blasphemers)

ក្រិស្នា /krɨhsnaa/ Krishna

ក្រិស្នាដែលកើតពីវិស្ណុ Krishna, an incarnation of Vishnu

ក្រីក្រ poor

ក្រឹត្យ law, rule, precept, decree

ក្រុង to cage

ក្រុង city

ក្រុង King, prince, the great... (Lit)

ក្រុងកម្ពុជា Cambodia

ក្រុងកម្ពុជាធិបតី Kingdom of Cambodia

ក្រុងកៃលាសប៍ក្រ the realm of Kailāsa

ក្រុងគ្រុឌ Garuda

ក្រុងទេព Krungthep (lit: city of the angels)

ក្រុងទេពបុរីស្រីអយុធ្យា Ayuthia

ក្រុងព្រះសីហនុ Sihanoukville

ក្រុងយក្ស King of the ogres

ក្រុងរាពណ៍ King Rāvana

ក្រុងសិង្ហបុរី /kroŋ-səŋkəborəy/ Singapore

ក្រុងសុភមិត្រ /kroŋ-soppəmɨt/ King Subhamitra, hero of the epic of the same name

ក្រុងស្រីអយុធ្យា Ayuthia (capital of Thailand 1350-1767)

ក្រុងអសុភមិត្រ King Asubhamitra

ក្រុងឧដុង្គមានជ័យ /kroŋ qutdoŋ miən-cɨy/ Oudong (capital of Ca. 1620-1867)

ក្រុម group, circle, team; department, division (of a ministry)

ក្រុមការ /krommakaa/ title (very low ranking officials)

ក្រុមញាតិ relatives, family, ancestors

ក្រុមប្រឹក្សាព្រះរាជអាណាចក្រ Council of the Kingdom

ក្រុមព្រះនគរបាល Department of Police

ក្រុមព្រះរាជទ្រព្យ /krom preəh-riəccə-troəp/ the royal orchestra

ក្រុមមេការ construction forces

ក្រុមរបាំព្រះរាជទ្រព្យ Royal Ballet Corps

ក្រុមល្ខោនជាតិ National Drama Corps

ក្រុមល្ខោនព្រះរាជទ្រព្យ Royal Drama Corps

ក្រុមសង្ឃការី /krom saŋkaarəy/ Council on Buddhism

ក្រុមហត្ថករ the group of workers

ក្រុមហ៊ុន company, business establishment

ក្រុស a perch-like fish

ក្រុះ (= ក្រុស) a perch-like fish

ក្រូច orange, citrus fruit

ក្រូចពោធិ៍សាត់ /krouc-poosat/ orange(s)

ក្រួញក្រាញ (=ក្រាញ) to resist

ក្រួញក្រាប to crouch, draw oneself up (in an attitude of deference)

ក្រួស gravel, small rounded stones

ក្រៀម hard and dried; sad (of facial expression)

ក្រៀមក្រោះ dry, arid

ក្រៀមក្រំ sad, dejected (of facial expression)

ក្រេប to sip

ក្រេបជញ្ជាក់ to taste, get the flavor of (Fig: to enjoy, appreciate)

ក្រេវក្រោធ angry (Lit)

ក្រែង to fear, be afraid; for fear that, in the unlikely event that

ក្រែងចិត្ត to feel diffident toward, have consideration for the feelings of

ក្រែងឈឺចាប់យប់ថ្ងៃ might get sick at any time

ក្រែង...ទេឬ did [he] perhaps...?

ក្រៃលក្រាស់ (=ក្រាស់ក្រៃល) many

ក្រៃវក្រោធ (=ក្រេវក្រោធ)

ក្រៃ extremely (usually in compounds)

ក្រៃពេក extremely, excessively

ក្រៃលែង extremely, without bounds; beyond, exceeding

ក្រោក to get up, rise up

ក្រោកឈរ to stand up

ក្រោកឡើង to get up

ក្រោធ to be angry (Roy, Lit)

ក្រោម under, below, beneath

ក្រោមទឹក downstream

ក្រោមធូលីព្រះបាទ most respectfully, very humbly (lit: under the dust of your feet)

ក្រោយ behind, after

ក្រោយបង្អស់ last, last of all

ក្រោយមក afterward

ក្រោល corral, pen (for animals)

ក្រោលគោ Kraol Ko (pl. n.; lit: ox corral)

ក្រៅ outside, outside of

ក្រៅតម្រា inordinately, excessively, unreasonably

ក្រៅពី besides

ក្រៅពីនោះ the rest

ក្រៅលុច្ចវិត excessive, extreme, abnormal

ក្រៅអំពី besides

ក្រំ to hurt (of internal organs)

ក្លស់ ceremonial umbrella

ក្លាយ to change, alter; to be mixed, adulterated, changed, transformed

ក្លាហាន brave, bold

ក្លិង្គ /kləŋ/ (Asian) Indian

ក្លឹង parasol

ក្លិន smell, odor

ក្លើ male friend (Arch)

ក្លៀវក្លា vigorous, dynamic, full of vitality

ក្លែង false, counterfeit; to falsify, impersonate, pretend, disguise

ក្លែងក្លាយ to falsify, adulterate, hedge

ក្លែបក្លាយ to change, shift (aspect or appearance)

ក្លោងទ្វារ portal, lintel

ក្សត្រ /ksat/ king

ក្សត្រិយ៍ (=ក្សត្រ) /ksat/ king

ក្សត្រក្សាន្ត peaceful king, gentle king

ក្សត្រា (=ក្សត្រ)

ក្សត្រាធិបតី /ksattraathɨppədəy/ supreme king

ក្ស័យ /ksay/ to die (Lit)

ក្ស័យជីវិត to die (Lit)

ក្សាច់ /ksac/ sand

ក្សាន្ត /ksaan/ peaceful, tranquil

ក្សិណ just then, thereupon

ក្សិណក្ស័យ /ksən-ksay/ to die (Lit)

ក្សិណនោះ at that time (Lit)

ក្សិណពុំលង់ទៀយ not long afterward

ក្សេត្របុរី /ksaet-borəy/ Kset Borey (pl.n.)

ក្សេមក្សាន្ត /ksaem-ksaan/ peaceful, tranquil

ក្អក to cough

ក្អម a water-pitcher

ក្អមឆ្នាំង pottery, earthenware

ក្អាកក្អាយ jovial, genial, vivacious; loudly, raucously, with a cackle

ក្អិត a small fish

ក្អី a long flat fish

ក្អុក a kind of small fish

ក្អួត to vomit

ក្អេងក្អាង to talk audaciously, brag, bluster, vituperate

ក្អែក crow

ក្អែក a kind of black fish

ក្អែកគោក a land crow

ក្អែកទឹក water crow

ក្អែរ to drool

ខ

ខ point, aspect, respect

ខ ៗ imitative of a guttural hissing sound

ខសន្យា /khɑɑ-sɑnnəyaa/ contract, agreement; to contract, promise

ខណៈ moment, time

ខ័ណ្ឌ /khan/ to dictate, order imperiously

ខ័ណ្ឌ /khan/ to separate (tv)

ខត្សាវង្ស /khatsaawuŏŋ/ noble family, warrior family

ខន្តី /khantəy/ endurance, patience, restraint

ខន្ធ /khan/ (Skt. khandhā) factors conditioning the appearance of life (usually listed as 5: material form, feeling, perception, coefficients of consciousness [?], and consciousness)

ខបចៃ considerate (Thai: grateful) (Lit) [?]

ខាង side, direction; in the field of, in the area of

ខាងកើត the east

ខាងក្នុង inside

ខាងក្រោម below, lower part

ខាងក្រោយ behind, the back

ខាងគ្នា close together

ខាងឆ្វេង the left side, on the left

ខាងជើង the north

ខាងត្បូង the south

ខាងផ្លូវនយោបាយ in the area of policy

ខាងមុខ front, in front

ខាងលិច the west

ខាងលើ above, upperside; northern

ខាងអាត្មា nearby, at one's side

ខាត to lose; to lose money, to lose time

ខាត់ to polish

ខាន to lack, to miss, to fail to

ខានពុំបាន to be essential, indispensable

ខានយូរ to delay, prevent for a long time

ខាន់ sword (Roy)

ខាន់ស្លា bride-price (sum paid by the groom's parents to the bride's parents)

ខារ bitter (taste)

ខាល់ to spin, twirl, whirl (of a fan or augur)

ខិត to move over, scoot over, slide over, to inch along

ខិតខំ to try hard (to), work assiduously (at)

ខឹង to be angry

ខឹងកើតខាត anger causes grief

ខឹងខេ (= ខេខឹង) angry

ខឹម pink, rose

ខឹមខាត់ elaborate gold belt encrusted with jewels

ខុន officer, commander (Arch)

ខុស to be different, wrong

ខុសក្រមក្រឹត្យ to be against the law, be a transgression

ខុសគំនិត to be mistaken, wrong-headed

ខុសគ្នា different from each other, to vary

ខុស ៗ គ្នា varied, different from one another

ខុសឆ្គង to make mistakes, to be wrong

ខុសទម្លាប់ against tradition

ខុសទំនង improper, incorrect

ខុសធ្លោយ make a mistake, do harm unintentionally

ខុសបែបបទ wrong, improper

ខុសពីធម្មតា exceptional, unusual

ខុសពីផ្លូវ out of the way, off the path

ខូង dented, sunken, concave

ខូច broken, ruined, spoiled

ខូចលក្ខណ៍ unprincipled, promiscuous

ខួប year of age (for children); anniversary

ខួរក្បាល brain

ខៀវ general term for the spectrum of colors from blue to green

ខេខឹង (= ខឹង)

ខេត្ត (= ខែត្រ, ខេត្រ, ខែត) /khaet/ province; head-word in compound names of provinces

ខេត្តកំពង់ចាម Kampong Cham Province

ខេត្តកំពង់ឆ្នាំង Kampong Chhnang Province

ខេត្តក្រៅ outer provinces

ខេត្តត្បូងឃ្មុំ name of a former province

ខេត្តការាំង name of a former province

ខេត្រកណ្ដាល Kandal Province

ខេមរភូមិន្ទ /khaemereə̆q-phuumɨn/ Cambodia (Lit); name of a boulevard in Phnom Penh

ខេវខឹង (=ខេងខឹង) angry

ខែ month; moon; head-word in names of months

ខែកក្កដា /khae-kaqkədaa/ July

ខែកញ្ញា September

ខែកត្តិក /khae-katdək/ October-November (lunar system)

ខែកុម្ភៈ /khae-kumpheə̆q/ February

ខែក្រោយ next month, the following month

ខែក្រោយនេះឯង this very next month

ខែចេត្រ /khae-caet/ March-April (lunar system)

ខែជេស្ឋ /khae-ceeh/ May-June (lunar system)

ខែតុលា /khae-tolaa/ October

ខែធ្នូ December

ខែបុស្ស /khae-boh/ December-January (lunar system)

ខែប្រាំង the dry season (months)

ខែផល្គុន /khae-phalkun, -phəkun/ February-March (lunar system)

ខែពិសាខ /khae-pisaaq/ April-May (lunar system)

ខែភទ្របទ /khae-phattəbat/ August-September (lunar system)

ខែមករា /khae-meə̆qkəraa/ January

ខែមាឃ /khae-miəq/ January-February (lunar system)

ខែមិគសិរ /-mɨkkəsei/ November-December (lunar system)

ខែមិថុនា June

ខែមីនា March

ខែមេសា April

ខែវស្សា the rainy season (months)

ខែវិច្ឆិកា /khae-wɨccəkaa/ November

ខែសីហា August

ខែស្រាពណ៍ July-August (lunar system)

ខែអស្សុជ /khae-qasoc/ September-October (lunar system)

ខែអាសាឍ June-July (lunar system)

ខែឧសភា /khae-quhsəphiə/ May

ខែង strong, brave, bold

ខែត្រកំពង់ធំ Kampong Thom Province

ខែត្រកំពង់សៀម name of a former province

ខែត្រក្រចេះ Kratié Province

ខែត្រខ្សាច់កណ្ដាល name of a former province

ខែត្រទទឹងថ្ងៃ name of a former province

ខែត្របាភ្នំ name of a former province

ខែត្រព្រៃវែង Prey Veng Province

ខែត្រភ្នំពេញ name of former province

ខែត្ររំដួល name of a former province

ខែត្រលង្វែក name of a former province

ខែត្រល្វាឯម name of a former province

ខែត្រសំរោងទង name of a former province

ខែត្រស្វាយទាប name of a former province

ខែល shield (used for protection in battle)

ខោ trousers, pants

ខោអាវ clothing, suit of clothes

ខោក to rap, strike (with the knuckles)

ខំ to try hard, to devote oneself to

ខាំ to bite; to hold between the teeth

ខាំមាត់ to compress the lips (in anger)

ខាំង to block, obstruct

ខះ dried out, dried up, dehydrated

ខ្ចប់ to wrap, envelop

ខ្ចរខ្ចាយ to spread

ខ្ចាត់ to separate, leave

ខ្ចាត់ខ្ចាយ scattered, in disarray; to spatter, spread all over

ខ្ចាយ to scatter, spread; scattered

ខ្ចាយខ្ចាត់ (=ខ្ចាត់ខ្ចាយ)

ខ្ចី tender, green; of persons: inexperienced, naive

ខ្ចី to borrow

ខ្ចីគំនិត naive

ខ្ចៅ small water snail; parts (of motors, watches, etc.)

ខ្ជាក់ to spit out, emit

ខ្ជាក់ស្លាប្ដូរគ្នា exchange chews of betel (a traditional way of pledging eternal love)

ខ្ជាប់ firm, tenacious

ខ្ជាប់ខ្ជួន tight, firm, tenacious

ខ្ជិល to be lazy; to be disinclined to

ខ្ជិប /kcɨp/ to contract, come together, bring together

ខ្ជះខ្ជាយ to be wasteful, extravagant

ខ្ជារ (=ខ្ជាល់) whirling madly

ខ្ជាល់ to be angry (Roy, Clergy)

ខ្ញី ginger

ខ្ញៀវខ្ញា shrill, piercing

ខ្ញុំ I, me, my

ខ្ញុំ servant, slave

ខ្ញុំករុណា /kñom-kaqrunaa, kñom-kənaa/ I (addressing a monk)

ខ្ញុំកំដរ servant, attendant

ខ្ញុំបាទ I (masculine, polite)

ខ្ញុំបារាំង French collaborators (lit: French slaves)

ខ្ញុំព្រះករុណា /kñom-prĕəh-kaqrunaa, kñom-kaqrunaa, kñom-kənaa/ I, me (layman to priest)

ខ្ញុំព្រះបាទ I (addressing one's superior or a high-ranking official)

ខ្ញុំព្រះបាទអម្ចាស់ I (to royalty)

ខ្ញុំរាជការ officials (of a royal government)

ខ្ញុំសូមចិត្តនាង I beg of you (to a girl)

ខ្ទង់ cross-beam; unit of vertical measure

ខ្ទប់ to stop up, cover; to corner, shut in

ខ្ទប់មុខ to cover the face

ខ្ទម hut, cabin

ខ្ទរ to vibrate, reverberate, resound

ខ្ទរខ្ទារ vibrant, resonant

ខ្ទាត to spread, scatter, diffuse

ខ្ទារខ្ទរ (=ខ្ទរខ្ទារ)

ខ្ទឹង a resinous tree

ខ្ទឹម onion, garlic

ខ្ទេច shattered, smashed

ខ្ទះ large round-bottomed skillet, wok

ខ្នង the back, dorsal ridge

ខ្នង specifier for buildings

ខ្នងសំបុត្រ the address side of an envelope (in Cambodian this is considered to be the 'back' of the envelope)

ខ្នល់ (nominalization of កល់) a support, block, cushion

ខ្នាញ់ disgusted, irritated

ខ្នាត model; measuring rod, ruler

ខ្នាយ tusk, fang, spur

ខ្នើយ pillow

ខ្នើយអោប a long cylindrical pillow, Dutch-wife

ខ្នោះ handcuffs, shackles

ខ្ពង់ high, high up; top, peak

ខ្ពង់ខ្ពស់ high, lofty

ខ្ពស់ high, elevated

ខ្ពស់ទៅៗ /kpŭəh tɨw, kpŭəh tɨw/ higher and higher

ខ្ពើម be disgusted by, repelled by, (a sight, smell, etc.)

ខ្ពោក sound of falling; with a crash

ខ្មាញ់ churning, spinning rapidly, turbulent

ខ្មាញ់ខ្មៅ jet black

ខ្មាស embarrassed, ashamed; to lose face (to)

ខ្មាសក្ញុំ one's shame (i.e. genitals)

ខ្មី quickly, immediately, soon; newly, recently (Lit)

ខ្មីឃ្មាត hurriedly, quickly, with all dispatch; to hurry to

ខ្សួលខ្សាញ់ swirling, turbulent, churning
ខ្មែរ /kmae/ Cambodia; Cambodian; Cambodian people
ខ្មែរក្រហម Red Khmer, Khmer Rouge
ខ្មែរខៀវសេរី (Blue) Khmer Serey
ខ្មែរនគរវត្ត pure Khmer (lit: Khmer of Angkor Wat)
ខ្មែរព្រៃលើ Upland Khmer (i.e. hill tribes)
ខ្មែរលើ Upland Khmer (hill tribes in general)
ខ្មោច corpse; ghost, spirit
ខ្មោចទឹក water-spirit, water-ogre
ខ្មោចព្រៃ spirits
ខ្មោចសេដ្ឋី the late merchant
ខ្មៅ black
ខ្មៅប្រផេះ dark gray
ខ្មៅមុខអ៊ែ pale, blanched
ខ្មាំង enemy
ខ្យង bigger snail, water snail
ខ្យល់ /kyαl,kcαl/ wind, air, breath (in Cambodia the essence of life and health was traditionally thought to reside in the breath, or wind of the body)
ខ្យល់កម្មជ្ជវាត /kyαl kammaccəwiət/ life-force
ខ្យល់គ fainting spell, stroke
ខ្យល់គចាប់ to have a fainting spell, to faint, have a stroke
ខ្យល់ចាប់ to have a fainting spell
ខ្យល់ជំនោរ breeze, wind
ខ្យល់ព្យុះ a wind-storm, typhoon
ខ្យល់អាកាស air, weather
ខ្លា tiger
ខ្លាខ្លាំង strong, dynamic, energetic
ខ្លាច to fear, respect; for fear that, in case
ខ្លាចចិត្ត to respect, be deferential toward
ខ្លាញ់ oil, grease, fat
ខ្លី short
ខ្លឹម heart, core, essence
ខ្លឹមសារ meaning, depth, substance
ខ្លុះ to put a ring or rope through the nose of (a buffalo, ox, etc.)
ខ្លួន person, body, oneself
ខ្លួន you (familiar)
ខ្លួនខេះ I myself
ខ្លួនអើយ alas!, woe is me!
ខ្លួនឯង oneself, himself, herself, etc.; sometimes used as familiar 2nd person pronoun
ខ្លោច to be burned, scorched, charred
ខ្លៅ stupid
ខ្លំ svelte; firm
ខ្លាំង strong; loud; severe
ខ្លះ some, to some extent
ខ្វល់ concerned, worried, preoccupied
ខ្វល់ខ្វាយ be concerned, worried, in a dither
ខ្វាក់ to be blind
ខ្វាត់ខ្វែង from all directions, criss-crossing
ខ្វាប់ with a whoosh, with a swish
ខ្វាយខ្វល់ (= ខ្វល់ខ្វាយ)
ខ្វិន to be lame, paralyzed
ខ្វៀក to write rapidly, dash off
ខ្វេះ to scratch or dig out with the fingers
ខ្វៃ roasted; to roast (pig, chicken, duck)
ខ្វះ to lack
ខ្សត់ weak, poor, destitute; to be without, lacking in
ខ្សត់ខ្សោយ poor, weak, lacking in wealth and status
ខ្សាច់ sand
ខ្សាវៗ in a murmur
ខ្សឹកខ្សួល to sob
ខ្សឹង a kind of flowering tree

ខ្សឹប to whisper

ខ្សែ string, thread, rope

ខ្សែក្រវាត់ a belt

ខ្សែធ្នូ the string of a bow

ខ្សែពេជ្រ diamond necklace

ខ្សែមាស gold necklace

ខ្សោយ weak

គ

គ to be mute, dumb

គក់ to pound, beat (with closed fists)

គគាត vigorously, without further ceremony

គគីរ a kind of tall tree

គគឹកគគាក់ imitative of a rumbling, thunderous sound (such as the approach of a train)

គគ្រាត rough, scaly, coarse

គគ្រឹកគគ្រេង loud, tumultuous, boisterous

គគ្រុក stinking and full of worms

គគ្រេងគគ្រាំ (=គគ្រាំគគ្រេង) with a constant roar

គង gong

គង to cross (legs, sticks, etc.); to rest the legs (across something); put across

គងអន្ទាក់ខ្លា cross-legged

គង់ to sit on, to ride on; to stay, remain, reside (Clergy, Roy)

គង់ to remain, endure, persist, resist

គង់ surely, sure to, certain to

គង់ជីវិត to be still alive

គង់តែ surely, inevitably

គង់នៅ to survive, live on, still remain

គង់មានថ្ងៃណាមួយ one of these days...

គង់វង់ to exist, survive

គង្គា water (Lit)

គំនុំ to plan revenge, be vindictive

គជ /kucceə̆q/ elephant (Lit)

គជសារ /kuccəsaa/ elephant (Lit)

គជសីហ៍ /kuccəsəy/ mythological lion with an elephant's trunk

គជា /kucciə/ elephant (Lit)

គជេន្ទ្រ /kəceen/ elephant (Lit)

គជេន្ទ្រក្លាយ magically produced elephant

គជេន្ទ្រា /kuccentriə/ elephant (lit: Indra's elephant)

គជ្រា a kind of fish

គណ /kŭən/ party, group

គណៈ /kənaq/ party, group

គណៈកម្មការ /kənaq-kamməkaa/ commission, committee

គណៈកម្មាធិការ /kənaq-kammaathikaa/ committee

គណៈកម្មាធិការពង្រីកការសិក្សា Committee for the Development of Education

គណៈរដ្ឋមន្ត្រី /kənaq-rŏət-mŭəntrəy/ cabinet of ministers

គណន៍ /kun/ to estimate, calculate

គណនា /kunnəniə/ to estimate, calculate

គត់ exact; exactly

គតិ /kəteq/ path, way (i.e. of conduct, morality)

គតិធម៌ the path of Dharma

គតិយុត្តិធម៌ /kəteq-yuttəthɔə/ justice, fairness

គតិលោកថ្មីដែលកើតមានឡើង modern morality, the new morality

គន់ watch, observe

គន់គយ to watch, look at, observe

គន់គូរ to figure out, calculate (by writing)

គន់មើល to observe

គន្ធ /kŭən/ odor, aroma, fragrance

គន្ធា (=គន្ធ)

គន្លង path, furrow, tradition, way

គន្លាក់ notch, crease, depression

គប់ to throw (something) overhand at (tv)
គប្បី /koəpbəy/ auspicious, appropriate, proper
គភ៌ /kɔə/ pregnant

គមនាគមន៍ /kummeniəkum/ communication, transportation
គរ័ម្ដង /kummədaəŋ/ King, Master, Supreme Ruler
គម្ពីរ /kumpii/ the Scriptures, (Buddhist) Bible
គម្ភីរា (=គម្ភីរ) deep, profound, unfathomable (Lit)
គម្រាម to threaten

គម្រោងការ plan, project

គយ customs, duty tax

គយ to watch, to observe

គយគន់ to observe

គរ /kɔɔ/ to pile up

គរ /kɔɔ/ kapok

គរុកោសល្យ /kəruqkaosαl/ pedagogy

គល់ log, trunk

គ.ស. (abbreviation for គ្រិស្តសករាជ /krɨhsaqkəraac/ Christian Era (A.D.)
គហស្ថ /kɔɔhoəh/ layman

គាង tapered, tapering

គាងឃ្វាយ globular ornament, often resembling a flame, surmounting a monument (lit: buffalo chin)
គាត silk thread

គាត់ respectful 3rd person pronoun: he, she, they; him, her, them
គាត់ឯង you (Pej)

គាថា saying (esp. of the Buddha), proverb; incantation; magic formula; poetry, verse (Pali)

គាប to pinch

គាប់ (=ប្រសើរ, ល្អ) good, proper, appropriate
គាប់ coincidentally, by fortunate coincidence
គាប់ចិត្ត be pleasing to

គាប់ជួនជា it happened that, incidentally
គាប់ប·ទអាល័យ in satisfaction of [their] desires, to [their] hearts' content
គារវភាព /kiərəweəq-phiəp/ salute, greeting
គាល់ to have an audience (with the king)
គាស់ to pry open; to dig out

គាស់ to turn a boat by paddling away from oneself
គិត to think, plan, intend; to realize, understand; to figure, charge for
គិតទ័ក្រង to consider, take into account
គិតក្រោយ consider the consequences, think of the future
គិតគន់ consider, be judicious

គិតគូរ concern oneself with, pay attention to
គិតឃើញវែងឆ្ងាយ think deeply, consider all aspects
គិតងាយ to take lightly

គិតតែពី to think only of

គិតត្រូវគ្នាហើយ having agreed among themselves
គិតថា to think that, to think as follows
គិតទៅ having considered [it]

គិតទៅឆ្ងាយ to think deeply

គិតប្រមាណក្នុងចិត្ត to calculate privately

គិតមិនវែង short-sighted

គិតអ្វីមិនចេញ unable to concentrate one's thoughts
គិម្ហៈ hot (Lit)

គិរី mountain (Lit)

គិរីវង្កត /kiriiwŭəŋkαt/ name of a mountain in the Himalayas
គិល imitative of the sound of a roar of anger or emotion: with a roar
គិលានដ្ឋាន /kiliənnəthaan/ infirmary

គិលានុបដ្ឋាក /kiliənuppəthaq/ male nurse
គិលានុបដ្ឋាយិកា /kiliənuppəthayikaa/ female nurse
គីង្គក់ toad

គីម - សំអុន Kim Samon, a contemporary poet

គីឡូម៉ែត្រ /kiloumaet/ kilometer

គីឡូម៉ែត្រក្រឡា square kilometer

គឹកកង boisterous

គឺ copulative relator: to be, to be as follows, to equal

គុណ /kun/ good deeds, merit, quality

គុណគ្រូ the value of teachers

គុណបុណ្យ goodness and power

គុណស្រ័យ reward, recompense, good deeds done in return

គុណានុភាព /kunaanuphiəp/ power of virtue, moral force

គុម្ព /kum/ clump, bush

គុម្ពោត bush, clump of bushes

គុយ a vine with edible fruit

គុយទាវ /kuy-tiəw/ a Chinese noodle dish

គុលិកា /kulikaa/ pill

គុហា /kuhiə/ cave, lair

គូ couple; pair; mate

គូកន friend

គូព្រេង predestined mate

គូវិវាទ /kuu-wiwiət/ protagonists, parties involved, contestants

គូសត្រូវ /kuu-satrəw/ adversaries, opponents

គូសាមីខ្លួន the couple themselves

គូថ buttocks, rear end

គូរ to draw

គូរវាស to draw, mark

គូលី coolie

គូលែន litchi (nut, tree)

គូស to strike (a match); draw (a line), make a mark

គួច to whirl, churn (of wind, water)

គួប joined together

គួយ Kuy, Kuoy (name of a tribal group in Cambodia)

គួរ /kuə/ proper, correct

គួរណាស់តែបាន... really should have...

គួរតែចង់អោយមើលណាស់ very appealing, very interesting to look at

គួរទុកដូច should be considered as

គួរសម /kuə-sɑm/ reasonable, moderate, appropriate

គួរសវនា interesting (to hear)

គួរសម to pay respects

គួរអោយ worthy of (when /kuə-qaoy/ precedes a verb, its meaning is comparable to the suffix -able in English; e.g. likeable)

គួរអោយចាប់ចិត្ត likeable, appealing

គួរអោយចាប់អារម្មណ៍ captivating, interesting

គួរអោយណាយ one should eschew [it], be leery of [it]

គួរអោយស្ដាយ regrettable

គួរអោយអនិច្ចា worthy of pity, one should pity

គួរអោយអាណិត too bad for..., unfortunate, one should pity

គួរនា (=ដូច, ដូចជា) /kuərəniə/ like, as if (Lit)

គៀង to drive (cattle), round up, herd together, head off

គេ indefinite 3rd person pronoun: he, she, they, one, someone

គេច sneak away; evade, shirk, avoid

គេចកែដោះសា to make excuses, extricate oneself

គេចកែកែរ to evade, elude, equivocate, hedge

គេចចេញ to wiggle free, get away, avoid

គេហដ្ឋាន /keehaqthaan/ residence (Formal)

គែ chicken's craw

គោ cow, ox, beef

គោក្របី oxen and buffalo, livestock

គោបាល cattle herdsman

គោមូត្រ /koomout/ the symbol ៚

គោក land, by land; to be grounded, aground

គោកគាំង dried out, dried up, parched

គោកខ្លួន name of a village

គោម paper lantern

គោរព to pay respects, to venerate

គោល aim, goal, mark

គោល ៗ main points, essential ideas

គោលការណ៍ principle, ideal

គោលគីឡូម៉ែត្រ kilometer marker

គោលបំណង purpose, intention, goal

គោះ to strike, beat

គុំ to plan revenge, resolve to retaliate, feel vindictive

គុំគួន be vindictive

គុំធ្វើគ្នាឱ្យសោះសូន្យ scheme to destroy each other

គំនរ pile, heap (n)

គំនាប់ to salute, greet

គំនាប់គំនួរ pleasing and proper, desirable

គំនិត thought

គំនិតមារយាទ conduct, behavior

គំនូរ drawing, picture

គំនុំ vindictiveness

គំរក់ filthy, wicked

គំរូ model, example

គំរោះ rude, crude, coarse

គាំទ្រ to support

គ្នា 1st, 2nd, or 3rd per. familiar pronoun; together, reciprocally

គ្នាន់គ្នាញ់ bothered, annoyed, irritated

គ្នាន់គ្នេរ figure, plan, calculate

គ្នីគ្នា acquaintances, partisans

គ្នេរ to figure, calculate, think

គ្មាន not have, not exist, there is/are no

គ្មានចិត្ត indifferent, callous; disinclined to, uninterested in

គ្មានឈប់ឈរ unceasingly

គ្មានទាស់អ្វីទេ [I] have no objections

គ្មានបុរសណាមួយ there is no man (who)

គ្មានប្រណី with abandon

គ្មានស្គាល់ទិសដំបន់អ្វី without knowing where to go, uncontrolled

គ្រង to watch over, take care of, protect

គ្រញែង to shudder, have a chill of revulsion, creep (of flesh)

គ្រប to cover; a cover, lid

គ្របដណ្ដប់ to cover over

គ្របនិប envelop, protect

គ្រប់ every, every one of

គ្រប់ imitative of the sound of a sudden fall

គ្រប់គ្រង to regulate, govern, administer

គ្រប់គ្រាន់ enough, plentiful

គ្រប់ចំនួន the full number

គ្រប់តែ every

គ្រប់តែមាតា every mother, all mothers

គ្រប់ទិសទី in all sectors

គ្រប់បែប of all kinds, of every variety

គ្រប់បែបយ៉ាង of all kinds

គ្រប់ប្រការ everything, every aspect

គ្រប់ផ្លូវ (in) every field

គ្រប់មាត់ (from) everyone (lit: every mouth)

គ្រប់មុខ all kinds, every kind

គ្រប់មួយសំរាប់ a complete set

គ្រប់រូប each and every one

គ្រប់លក្ខណ៍ virtuous, exemplary (of a woman)

គ្រលីងគ្រលោង a grey bird

គ្រលុក hole, cavity

គ្រលែងទើក a kind of bird

គ្រវាត់ to toss away

គ្រវី to swirl, fling in a circle, shake with a circular motion

គ្រវែង to toss away, throw away (a long object)

គ្រហឹម to roar (of an animal); to produce a throaty sound of displeasure or disapproval

គ្រហែម /krɔhɛɛm/ to clear one's throat
គ្រា time, occasion

គ្រា to support in walking, help along
គ្រាណា when

គ្រានោះ at that time, once upon a time
គ្រាន់ enough; pretty good, good enough; enough to, just for; for the purpose of, to serve as
គ្រាន់តែ only, just

គ្រាន់តែជាល្បែង just as a game, just for sport
គ្រាន់តែមាត់ enough to eat, enough to live on
គ្រាន់នឹង just to

គ្រាន់បើ quite, sufficient, so-so; recovered, better (of patient)
គ្រាន់បើដែរ not bad; pretty good

គ្រាប់ specifier for matches, grains, pellets, pills, etc.
គ្រាប់ឈើគូស a match

គ្រិស្តសករាជ /krɨhsaqkəraac/ Christian Era
គ្រឹកគ្រេង thunderous, clamorous, tumultuous
គ្រឹប sound of knocking together

គ្រឹហា /krɨhhiə/ house (Lit)

គ្រឹះស្ថាន firm, company, place of business; residence, home
គ្រុឌ /krut/ Garuda

គ្រុឌា (=គ្រុឌ) /krutdiə/ Garuda

គ្រុនចាញ់ malaria; to have malaria

គ្រូ teacher, master; mediating spirit, folk-doctor, medicine-man
គ្រូបង្រៀន school teacher

គ្រូបឋមសិក្សា primary school teacher

គ្រូបាធ្យាយ /kruu-baatyiəy/ teachers, mentors
គ្រូអាចារ្យ /kruu-qaacaa/ teachers

គ្រួ family

គ្រួសារ family

គ្រឿង spices, ingredients, things, accessories; specifier for machines, motors, etc.

គ្រឿងប្រដាប់ things, accessories, equipment
គ្រឿងប្រដាប់សម្រាប់អាត្មា clothing, jewelry
គ្រឿងមាសពេជ្រ jewelry

គ្រឿងសម្រាប់ពិជ័យយុទ្ធនា paraphernalia of battle
គ្រឿងអលង្ការ /-qalaŋkaa/ jewelry

គ្រឿងឧបភោគបរិភោគ /krɨəŋ-quppə-phook-bɑɑriphook/ commodities (lit: things to use and to eat)

គ្រឿយគ្រឿន slowly, gradually

គ្រេងគ្រឹក (=គគ្រឹកគគ្រេង) thunderously, tumultuously
គ្រែ bed

គ្រោង to plan

គ្រោងការណ៍ plan (n)

គ្រោងទុក to envisage, plan for

គ្រោតគ្រាត rough, ugly, crude

គ្រោះ accident, misfortune, (bad) fate, danger; dangerous
គ្រោះថ្នាក់ accident, danger; dangerous
គ្រោះនាម accident

គ្រំ a kind of shell fish

គ្រាំ to be damaged internally

គ្រាំគ្រា mauled, injured internally

គ្នាយ (=ក្តី) situation, case, affair (Thai)

ឃ

ឃាត់ to prevent, to stop (tv)

ឃាត់ខាំង to oppose, object

ឃាត់ឱ្យនៅក្នុងផ្ទះ required that [he] stay in the house
ឃាតកម្ម /khiəttəkam/ murder

ឃឹក ៗ sound of giggling, chuckling

ឃុន next to the lowest title of nobility
ឃុប snapping sound

ឃើញ to see, perceive

ឃើញចំនេញ (=ឃើញចំណេញ) anticipate a profit

ឃោរឃៅ cruel, harsh

ឃោរ ferocious

ឃោសៈ /khoosaq/ voiced; the 2nd series of Cambodian consonants

ឃុំ administrative unit composed of several villages

ឃុំ to put under guard, to imprison

ឃុំឃាំង to arrest, to detain, imprison

ឃុំថ្ម the <u>khum</u> of Thmâ

ឃុំពល to raise and command forces

ឃ្នង bar, pole (put across an opening)

ឃ្នង arrogant, wayward, wicked; savage, mean

ឃ្នាង pillory, stockade, device to hold a prisoner by the neck

ឃ្នាប pincers, press

ឃ្នើសចិត្ត to be displeased

ឃ្មាតខ្មី quickly, in a hurry

ឃ្មួស gong

ឃ្លា space; sentence, phrase; one phrase or line bounded by space

ឃ្លាឃ្លៃ exhausted and dejected

ឃ្លាត to be separated from

ឃ្លាតឃ្លា be separated from

ឃ្លាតឃ្លៀង be separated from

ឃ្លាតឃ្លៃ (= ឃ្លាតឃ្លា)

ឃ្លាន to be hungry

ឃ្លានរឹផុតខ្លោចផ្សា to have hunger pains, to suffer from hunger

ឃ្លៀងឃ្លាត to be absent, away from, separated from

ឃ្លៀងឃ្លាំ to watch, observe

ឃ្លេងឃ្លោង pitching and rolling (of a boat); tottering, staggering

ឃ្លោក gourd

ឃ្លោង to roll, pitch (of a boat)

ឃ្លាំ (=ឃ្លាំមើល) /kloə̆m/ to watch, check on, watch secretly

ឃ្វាល to herd, guard

ង

ង curved

ងក់ to nod, lower the head

ង៉ក់ abruptly, jerkily

ង៉ក់ ៗ descriptive of jerky or staccato motion

ងងឹត dark, dim

ងងឹតងងល់ ignorant; blind, heedless, insensitive

ងងឹតមុខ to be dizzy, feel faint

ងងុយដេក to be sleepy

ងងុះ to wheedle, entreat

ងប់ a kind of small tree

ងា to gesture with the arm, move the hand in an arc

ងាក to turn one's head, look around, turn aside

ងាកចិត្ត to switch one's loyalty or devotion

ងាប់ to die, be dead (Pej, or of animals)

ងាយ easy, simple (to do)

ងារ work, function, status, title

ងាវ a kind of clam

ង៉ាវ noise-maker

ងិល imitative of the sound of a roar of displeasure

ងីងើ lolling, nodding

ងុយដេក to be sleepy

ងូង ៗ sound of a beetle

ងូត to bathe (iv)

ងូតទឹក to bathe (iv)

ងើប to get up; to raise oneself up a bit; to lift (one's head, chin, etc.)

ងៀត dried and salted

ង៉េះ /ŋeh/ Ngeh (personal name)

ងោក to nod; to roll, rock

ងោកងោល to nod forward and back, rock back and forth

ង៉ោឌិនយៀម /ŋao-dɨn-yiəm/ Ngo Dinh Diem

ង៉ោះ /ŋɑh/ Ngah (personal name)

ច

ចក្ខុ /caqkhoq/ eye (Lit)

ចក្រ /caq/ a magical flying disc with jagged teeth

ចក្រពត្តិ /caqkrəpoət/ royal, imperial; empire, kingdom

ចក្រវាឡ /caqkrəwaal/ the mountains surrounding the Universe; limitless space

ចក្រវត្តិ (= ចក្កវត្តិ, ចក្រពត្តិ) king, emperor

ចក្រី /cɑkrəy/ king, prince

ចក្រី /cakrəy/ Minister of War and Land Transport

ចង to tie; be tied; to ensnare, catch up with, devolve on

ចង to compile, collect

ចងក្រង to compile, collect

ចងចិត្ត to be in love with, enamored of

ចងចាំ to retain, remember, hold on to

ចងជាឧបមា create a simile

ចងដៃ ceremonial binding of couple's wrists; give a wedding gift

ចងពៀរ to contemplate violence, plan villainy (thereby incurring guilt)

ចងបេតី have a love affair

ចងពន្ធ to connect, tie together

ចងមេត្រី to establish (friendly) relations; to make love

ចង់ to want (to)

ចង់បើ even if

ចង់ស្រី to desire, court, seduce a woman

ចង្កា chin

ចង្កឹះ chopsticks

ចង្កុលណី /cɑŋkollənəy/ an aquatic plant (same family as lotus, water lily)

ចង្កូត tiller, rudder, steering wheel

ចង្កូម long canine tooth, fang

ចង្កៀង lamp, lantern

ចង្កៀងប្រេងកាត kerosene lamp

ចង្កេះ the waist, hips

ចង្រៀក a kind of tree

ចង្រៃ harmful, detrimental; bothersome, annoying

ចង្វាភ្លៀង tiny minnow-like fish

ចង្វាឬស្សី a kind of small fish

ចង្វាក់ rhythm, gait

ចង្ហាន់ food (of clergy)

ចង្អូរ ditch, gully, small channel of water

ចង្អុល to point out

ចង្អូរ small ditch, channel, canal

ចង្អូរត្រាត a kind of tree

ចង្អៀត narrow, crowded

ចង្អេរ a wide flat basket

ចចក wolf

ចចិក to peck at repeatedly

ចចេស /cɑceh/ to persist (in), insist (on)

ចត to park, moor

ចតុ /cattoq-/ four (usually in compounds)

ចតុប្បាទ /cattobaat/ quadruped

ចតុមុខ /cattoq-muk/ Cattomuk (the site of the confluence of four rivers in Phnom-Penh; lit: the four faces)

ចតុរាបាយ /cattoraabaay/ the four levels (of hell)

ចន្ទន៍ /can/ sandalwood; a sweet-smelling fruit

ចន្ទបូរ (= ចាន់តាប៊ុន) Chantaburi (Thailand)

ចន្ទ្រា /cantriə/ moon (Lit)

ចន្លុះ torch (made of bark treated with resin)

ចន្លោះ intervening space; between

ចប blade, hoe

ចបកាប់ a hoe

ចប់ to finish, come to the end of; completion (of an action)
ចម summit, peak; highest, supreme

ចមទ្រិត appellation for a king

ចមពង្ស appellation for a king

ចម្ការ /cɑmkaa/ garden, plantation (other than rice)
ចម្ងាយ distance; to be distant (from)
ចម្ប៉ា fragrant red or white flower

ចម្បាំង war, battle

ចម្រឹង bar, slat, column, colonnade

ចម្រឹងជើងទៀន bars (shaped like) candle-holders
ចម្រុះ mixed

ចម្រូង a spike, sharpened stake

ចម្រើន to increase, prosper, progress; progress, success
ចម្រើនសួរព្រះរាជមេត្រីមក standard form of written salutation between kings: to (lit: [with] growing royal friendship to)
ចម្រើនព្រះបរិត្ត /-prĕəh-bɑrət/ to bless, hold a ceremony of benediction
ចម្រៀង song

ចម្រៀងប្រជាប្រិយ folk songs

ចម្លង take across, put across

ចម្លាក់ sculpture, frieze

ចម្លែក special, different

ចរ /cɑɑ/ to go (Lit)

ចរចា to negotiate; to converse, talk (Lit, Formal)
ចរចេញយាត្រា to go out (Lit)

ចរចេរ go, walk (Lit)

ចរចៅរ៉ៅ /cɑɑ caw-raw/ be kind, be gentle, be affable
ចរណៃ /cɑɑrənay/ cut glass, crystal

ចរិយាសម្បត្តិ /caqriyaa-sɑmbat/ personality, manner
ចលនា /cɑllənaa/ movement (political, literary, etc.)

ចលនាខ្លាំង violent action

ចលាចល /cəlaacɑl/ unrest, uprising, trouble
ច.ស. /colləsaqkəraac/ an era beginning 638 A.D.
ចា to inscribe

ចាក to leave, abandon

ចាកចេញ to leave, depart

ចាកចោល to leave, abandon

ចាកសិក្ខាបទ leave the priesthood

ចាកស្ថាន /caaq-thaan/ to die (Eleg)

ចាក់ to stab, insert, inject; to deposit; to pour; to crochet; to lock or unlock
ចាក់ពូន to pile up, make a mound or hillock
ចាក់រុក to sow discord, instigate trouble
ចាក់ឫស to take root, penetrate

ចាក់ឈាប to fence off

ចាគៈ /caakĕəq/ liberality, generosity, munificence
ចាគៈសម្បទា the possession of generosity
ចាងហ្វាង /caaŋ-waaŋ/ director, manager
ចាញ់ to lose (to), be defeated (by); be inferior to
ចាញ់កល to be deceived, fooled by a trick
ចាញ់ to be [easily] affected by (heat, diseases...)
ចាញ់កំដៅ to suffer from heat

ចាញ់ដាប់ to lose repeatedly

ចាត់ to organize; to employ, deploy, assign; undertake to
ចាត់ការ to prepare to

ចាត់ចែង to organize, plan, order, arrange
ចាត់ទុកជា to consider as

ចាត់សំបុត្រ to send a message or letter

ចាន plate, dish

ចានក្បាន dishes

ចាន់ sandalwood tree

ចាប sparrow

ចាប់ to get hold of, catch; begin, start
ចាប់ខ្យល់ to pinch the skin at various points (thought to have therapeutic value)
ចាប់ចិត្ត to like, be interested in

ចាប់ចុងចួន to make rhymes (in Cambodian sense); establish poetic relations between words
ចាប់ផ្ដើមកំណើត to originate, to come into existence
ចាប់ផ្ដើមតាំងពី beginning from, starting with
ចាប់រឹស្ហានគ្នាជាប្ដីប្រពន្ធ to take one another as husband and wife
ចាប់ផ្ដើម to commence, to begin

ចាប់ព្រះរាជហឫទ័យ to like, be attracted by (Roy)
ចាប់ទាយ to predict, foretell

ចាប់អារម្មណ៍ to be interested, intrigued
ចាប៉ី a stringed musical instrument

ចាម Cham (n, adj)

ចាយ to spend, disperse

ចាយវាយ to spend (Coll)

ចារ to put in stakes, branches (as a fence or barrier)
ចារ a kind of tree

ចារចែង say (Lit)

ចារឹក inscription; to inscribe

ចាលចិត្ត to learn (one's lesson), be reformed
ចាវ-តា-កួន Chou Ta-Kuan, a 13th century Chinese visitor to Angkor
ចាស់ old, second-hand, former

ចាស់ៗ elders, old people

ចាស់ជរា old and decrepit

ចាស់ទុំ elders; old

ចាស់ព្រឹទ្ធាចារ្យ /cah-prɨtthiəcaa/ old age, elders
ចាស់ព្រះវស្សា elderly, senior (Clergy)
ចា៎ះ /caah/ polite response particle used by women
ចិក Uncle (polite term of address to an older Chinese man)
ចិញ្ចឹម to care for, raise

ចិញ្ចើម eyebrow

ចិញ្ចើមថ្នល់ curb (of a street or road)

ចិញ្ចែង /cəñcaeŋ/ bright, gleaming

ចិញ្ច្រាំ to hack up in little pieces

ចិញ្ចៀន /cəñciən/ finger-ring

ចិត to slice, to cut up

ចិតសិប seventy

ចិត្ត /cət/ heart, mind, disposition

ចិត្តខ្មាំង malicious, characterized by enmity or ill-will
ចិត្តជា good-natured, patient

ចិត្តជ្រះថ្លា sincere, pure, unreserved

ចិត្តត្រង់ honest, faithful

ចិត្តត្រង់នឹង to be faithful to

ចិត្តថ្លើម disposition

ចិត្តទន់ tender-hearted

ចិត្តធំ to be bold, presumptuous

ចិត្តមុត daring, stout-hearted, resolute
ចិត្តលាមក dirty, crooked, vile-hearted
ចិត្តល្អ kind-hearted

ចិត្តស្នេហា love, affection

ចិត្រគុប្ត /cəttrəkup/ Citragupta

ចិន China; Chinese (n, adj)

ចិន្តា /cəndaa/ thoughts, thinking processes
ចីពរ /cəypɔɔ,cəpɔɔ/ monk's outer garment
ចីរកាល /ceirəkaal/ permanence, duration, long time
ចឹក to peck (of a bird), bite (of a snake)
ចុក to have a pain, a cramp

ចុក to fill, stuff into

ចុង end, point

ចុងចួន rhyme, rhyming

ចុងជើង at the foot

ចុងដង place name (lit: end of the handle)
ចុតហ្មាយ letter, message (Roy)

ចុះ to descend; to put down, work out, formalize; dated...
ចុះ hortatory final particle

ចុះកាសែត to put or to publish in the newspaper
ចុះចូល to surrender, submit, concede

ចុះញ៉ម to back down, surrender, give way
ចុះដី to go down (from the house)

ចុះបើ but if

ចុះប្រេង to rut; go wild, run amuck (Idiom)
ចុះហត្ថលេខា to sign

ចុះនរបៀប to fit in, conform, adapt (to prevailing conventions)
ចុះឡើង go back and forth

ចុះឡើងៗ back and forth

ចូក to shovel

ចូរ hortatory auxiliary: let us, go ahead and (Lit)
ចូល to enter

ចូលគ្នា to combine

ចូលចិត្ត to like (to); to understand (that), interpret (as)
ចូលឆ្នាំ the New Year (lit: enter year)
ចូលដៃ to side with, collaborate with
ចូលដំណេក to go to sleep

ចូលត្រណម follow a prescribed ritual

ចូលទូក to dock a boat

ចូលបុណ្យ to contribute (money) to a religious ceremony
ចូលមិនចុះ unable to approach

ចូលរៀន to begin studies, go back to school
ចួន euphony, poetic relationship between words
ចួនអក្សរសៀមញ្ញាគ alliteration

ចួបចួន to meet

ចើក wanton, sensuous

ចើស bulging, rotund; in an advanced stage (of pregnancy)
ចៀម sheep

ចៀវ name of a famous monk-politician
ចៀស to avoid; to pass by

ចៀសមិនរួច to be unable to avoid

ចេក banana

ចេករទេស a kind of flower (canna lily?)
ចេញ /cəñ/ to go out, exit; to come out for, take responsibility for, speak out
ចេញចូល to go out and in

ចេញដំណើរ departure; to depart, leave on a trip
ចេញថ្លៃ to pay

ចេញទូក to push off, embark

ចេញមុខ to dare, defy, stand up

ចេញរួច to be able to get out

ចេញលេង take a break (between classes, etc.)
ចេញស្ដី to speak

ចេតនា /caettənaa/ to like, desire

ចេតិយ /caetdəy/ reliquary monument, stupa
ចេស្ដា authority, power (Lit)

ចេស្ដាធិការានុភាព /ceisdaathikaareəq-nuphiəp/ great power
ចេះ to know how to, to be able to; to be learned
ចេះគិតគូរ to be wise, to know right from wrong
ចេះដឹង be learned, educated

ចេះតែ always, characteristically

ចែក to divide

ចែកចាយ to give out, distribute

ចែង to shine; to set out, inscribe, write, tell; to clarify
ចែងចង to compose

ចែងចងជានិទាន to compose in [the form of] discourse
ចែចង់ to court (a woman)

ចែចូវ to approach the parents of a

prospective bride (by a go-between)

ចេត្រ March-April (lunar system)

ចែវ to row (standing up) with a single oar fixed to the stern of a boat

ចៃ louse

ចៃដន្យ /cay-dɑn/ circumstance, chance

ចោត steep

ចោទ to warn, accuse; to raise an issue, pose a question

ចោទប្រកាន់ to accuse

ចោម to surround, crowd around

ចោមរោម to surround

ចោរ thief

ចោរកម្ម /caorəkam/ thievery

ចោល to throw away, abandon, give up; to throw something (at something)

ចោលកន្ទុយភ្នែក glance at, catch a glimpse of

ចោលទទេ uselessly, to no purpose

ចោលភ្នែកមើល glance at, look at

ចោលម្សៀត indigent, irresponsible

ចោលស្រុក to be exiled (lit: abandon the country)

ចៅ grandchild; general term for children of one's grandchildren's generation

ចៅ Young Mister..., Master...

ចៅ chief, head

ចៅក្រម /caw-krɑm/ judge, magistrate

ចៅក្រសួង department head

ចៅក្រុងយក្ស King of the ogres

ចៅប្រសា grandchild-in-law

ចៅពញា Chau Ponhea (a title meaning roughly 'Prince')

ចៅពញាចក្រី /caw-pəñiə-cəkrəy/ title (Arch)

ចៅពញាមហាទេព title (Arch)

ចៅពញារាជដេជៈ /caw-pəñiə-riəccə-daeçceəh/ title (Arch)

ចៅពញារាជាមេត្រី title (Arch)

ចៅពញាសេនាស្គ្រាម archaic military title (general?)

ចៅពញាស្រៃន្យសេនាបុទ្ធី title (Arch)

ចៅមហា male go-between in a marriage negotiation

ចៅសង្កាត់ chief of a (municipal) division

ចៅហ្វាទឡ្ហ /cawwaatəlaq/ Prime Minister (Arch)

ចៅហ្វាយ /cawwaay/ owner, master, headman

ចៅហ្វាយខេត្ត provincial governor

ចៅហ្វាយនាយ superior, owner, master, headman

ចៅហ្វាយស្រុក district-chief

ចៅអធិការ /caw-qathikaa/ abbot, head monk

ចំ right, exact; coincide with

ចំជា certainly, really, precisely

ចំមុខ just opposite, right in front of

ចំការ garden, plantation (other than rice)

ចំការកៅស៊ូ rubber plantation

ចំការមន Chamcar Mon (a section of Phnom Penh)

ចំការលើ Chamcar Leu (district)

ចំកួត idiot, crazy person; crazed, out of one's mind

ចំកោង to bend, arch (iv)

ចំងាយ distance

ចំណង knot, binding

ចំណត station, parking place

ចំណតអយស្ម័យយាន train station

ចំណតអាកាសយាន airport

ចំណាន good at, skilled in; special, of best quality

ចំណាន ៗ of the very best quality, outstanding

ចំណាប់ special, excellent; exceedingly, the most, in the extreme

ចំណាប់ (=ការចាប់) seizure, arrest

ចំណាយ to spend, expend, disburse

ចំណាយមាត់គេ be talked about, be the subject of rumors

ចំណារ inscription, character, marking; stake, marker
ចំណាស់ elderly, rather old; age

ចំណី dessert, sweets; food (Lit)

ចំណីចំណុក food, knick-knacks

ចំណីអាហារ various kinds of food

ចំណុច to stipple; a dot; point (of an argument)
ចំណុះ vassal, dependant; to be under the suzerainty of
ចំណុះ load, capacity

ចំណូល profit, revenue

ចំណេញ profit, proceeds

ចំណេរ future; afterward, henceforth
ចំណេរទៅលង់ in the future, later on

ចំណេះ knowledge

ចំណេះចេះតែឯង you're always right, you know everything
ចំណេះវិជ្ជា learning, education, knowledge
ចំណែក section, part; as for, on the part of
ចំណែកខាង as for

ចំណែក...វិញ as for...on the other hand
ចំណែកឯ as for

ចំណោទ question, problem

ចំណោម group, totality; encirclement
ចំណាំ to remember, keep in mind, keep account of; memory, recollection; used to, accustomed to
ចំនួន number, total

ចំបែង to brood, agonize, worry

ចំបាំងរាំងជល់ war, battle, confrontation
ចំប៉ី frangipani

ចំប្រប់ to shiver, tremble, shake

ចំពុះ beak, bill

ចំពូក category, kind, variety; chapter
ចំពើប newly encountered, just met

ចំពោះ toward, especially for

ចំពោះព្រះភក្ត្រ before the very eyes of, right in front of (Vessantara)
ចរិត following closely behind [?]

ចំរើន to advance, increase, prosper

ចំរើនកើន to increase

ចំរៀក strip, lengthwise piece

ចំហាយ steam

ចំឡែក extraordinary, special, different
ចំអក to taunt, mock, make fun of

ចំអិន to cook (until done)

ចំអើត to stretch up on the toes

ចំអៀក to dawdle, be a laggard, be sluggish
ចំអែត to fill, satisfy, satiate; a meal
ចាំ to wait for; to remember, recognize; to guard; just wait until I..., just let me...
ចាំ have to, be necessary to

ចាំចេះ to know, be informed

ចាំជម្ងឺ to minister to a sick person

ចាំនៅ remain with

ចាំបាច់ to be necessary, imperative (that)
ចាំបាច់...អ្វី why is it necessary to...?
ចាំអ្វីទៀត come on, what are we waiting for?
ចាំង to shine on, reflect, sparkle, refract light
ចេ្អះ (=ឆ្ងូចេ្អះ)

ចេ្អាះ (=ឆ្ងូចេ្អាះ)

ច្បង eldest

ច្បា an odorless flower

ច្បាប់ law; custom

ច្បាប់ issue, version, copy; specifier for stories, books, newspapers, etc.
ច្បាប់ក្រម /cbap krɑm/ 'Code of Conventions'
ច្បាប់ព្លុលច្បាប់ក្តាយច្បាប់ញា the law of the jungle

ច្បាប់ទម្លាប់ customs, law

ច្បាប់ណាណា prescribed law

ច្បាប់ស្រី feminine code (customary law for women)

ច្បារ garden, plot

ច្បារអំពៅ place name (lit: sugar cane field)

ច្បាស់ clear, plain, sharp (of sounds, images, speech, writing, but not of liquids or weather)

ច្បាស់ច្បង appellation for a king

ច្បាស់ជា surely, clearly

ច្បាស់លាស់ clearly, precisely

ច្យុត fall from heaven (both morally and physically)

ច្រក to force into, stuff into

ច្រកែង a kind of small fish

ច្រកែងទ្វយ a kind of tree

ច្រងាប់ច្រងិល falling and rolling, higgledy-piggledy

ច្រងូវ /crɑŋəw, cəŋəw/ sullen, subdued, still

ច្រត់ to lean on (with the hands), bear down on

ច្របាច់ to squeeze (with the hand)

ច្របូកច្របល់ mixed up, mixed together, fused, confused

ច្រម៉ក់ tiny; little one

ច្រមាយ a kind of tree

ច្រមុះ nose

ច្រវា a loose oar

ច្រវាក់ chain

ច្រវាត់ crisscrossing, helter-skelter, in or from all directions

ច្រវាត់ច្រវែង crisscrossing, helter-skelter, from all directions

ច្រស /crɑh/ imitative of the sound of hacking, slashing (with a knife)

ច្រហ to gape, be open, be gaping

ច្រហោង to sit on the haunches

ច្រឡាស to deviate, to go astray; to be recalcitrant, defiant

ច្រឡឹង petite, cute, cozy

ច្រឡឹង a kind of small fish

ច្រឡោត to jump up, leap up, burst out

ច្រឡំ confused, mistaken.

ច្រអូស lazy; dragging, drawn out

ច្រាង bristling, sticking up, brush-like

ច្រាន to push (with flat of hand)

ច្រាល to gleam; glowing red, gleaming

ច្រាវ ៗ imitative of crackling or rustling sound

ច្រាស against, in the wrong direction

ច្រាសច្រាល restless, agitated

ច្រាសទឹក upstream, against the current

ច្រុះច្រូង bristling, sticking up

ច្រើន many, much; mostly, usually

ច្រើនតែ usually, mostly

ច្រើនលើកច្រើនសា repeatedly, over and over

ច្រៀក to cut into strips, split

ច្រៀង to sing

ច្រៀវឡើច chattering and fluttering all around

ច្រេវច្រាវ with a clang, with a clash

ច្រេស mimosa tree

ច្រោក spurting out, surging forth

ច្រាំង river bank

ច្រះផុក name of a poetic style used in the Ream-Kei

ឆ

ឆ to lie, to deceive

ឆ six (in Pali and Sanskrit compounds)

ឆកាមា /chaa-kaamaa/ six-level heaven

ឆកាមាវចរសួគ៌ /chaa-kaamaawəcaa-suə/ six-level heaven of intangible beings

ឆន្ទៈ /chanteə̆q/ will, desire, wish

ឆវី /chaa-wii/ of (lovely) complexion

ឆស័ក /chaasaq/ 6th year (of the 10 year cycle)

ឆក់ to snatch, to pickpocket

ឆក់ឆួរ (= ឆក់)

ឆត្រ /chat/ umbrella

ឆរ imitative of the sound of gushing, pouring

ឆា to fry in oil; a fried mixture

ឆាសាច់គោ fried beef with vegetables

ឆាន់ to eat (Clergy)

ឆាប swoop down on and carry off (as a hawk); to reach, lick at (of flames)

ឆាបឆួរ (= ឆាប)

ឆាប់ fast, rapid; quick to...

ឆាយ to work up, to cultivate (ground)

ឆាយា shade, shadow

ឆី to eat (Arch)

ឆុត accurate, effective

ឆុតឆាប់ effective, efficacious

ឆុរ /chol/ to slash, hack, chop

ឆូត to slice, split, crease

ឆួល to burn, consume

ឆើតឆាយ attractive, pretty

ឆៀង to go off at an angle, turn aside

ឆៀង sash worn diagonally across the chest

ឆៀងខាងជើង toward the north

ឆៀងឆាប to make repeated passes (as if looking for prey)

ឆៀងមាល័យ sash of flowers, garland of flowers

ឆៀប scratchy, prickling (as a hair in a shirt)

ឆេះ to burn, be on fire

ឆែកឆេរ to search, investigate

ឆៃយ៉ាំ /chayyam ~ sayyam/ a form of dance accompanied by drum beats

ឆោង interval (rare)

ឆោត stupid, naive

ឆោម figure, body

ឆោមឆាយ beautiful

ឆោមឆ្លៅ [My] Beautiful One

ឆោមយង់ handsome, comely

ឆោមស្និទ្ធ [My] Beloved One

ឆោឡោ with a great hubbub and commotion; running around in fright and confusion

ឆៅ raw, uncooked

ឆាំង sound of breaking or crashing

ឆ្ការ to clear off, clear away (with a machete)

ឆ្កួត crazy, idiotic

ឆ្កួតនឹងស្រី crazy about women

ឆ្កួតលីលា deranged

ឆ្កែ dog

ឆ្កែស្រែង a kind of tree

ឆ្កោ a large fish

ឆ្គង clumsy, improper, incorrect

ឆ្គាំឆ្គង crude, improper, inappropriete

ឆ្ងក់ descriptive of rising suddenly, of snapping to a rigid position

ឆ្ងល់ to wonder, be surprised, be in doubt

ឆ្ងាញ់ delicious, tasty

ឆ្ងាយ far, by far

ឆ្នុក stopper, plug

ឆ្នើម above all else, supreme

ឆ្នៀរឆ្នេរ beach, shore

ឆ្នេរ beach

ឆ្នៃ to shape, cut (gems); to estimate, calculate, figure

ឆ្នោត ticket, vote

ឆ្នាំ year

ឆ្នាំកុរ /kao/ year of the Pig

ឆ្នាំក្រោយ the next year, the following year

ឆ្នាំខាល year of the Tiger

ឆ្នាំឆ្លូវ year of the Ox

ឆ្នាំជូត year of the Rat

ឆ្នាំថោះ year of the Hare

ឆ្នាំមមី year of the Horse

ឆ្នាំវកទោស័ក 2nd year of the Monkey (of the 60-year cycle)

ឆ្នាំង pot, pan, pottery

ឆ្មិន deceive the eyes

ឆ្មិន a kind of fish

ឆ្ពោះ toward, directly toward

ឆ្មប midwife

ឆ្មា cat

ឆ្មារ thin, fine, tiny; Fig: insignificant, unfortunate

ឆ្មើង be proud, haughty, stuck-up

ឆ្មៀង look sideways, scan one side

ឆ្មេរ in a dainty or mincing fashion

ឆ្មាំ guard (n)

ឆ្លក spotty, flawed (as an improperly dyed cloth)

ឆ្លកលេចក្ត incomplete, spotty, random

ឆ្លង to cross; across

ឆ្លង shoes (Roy)

ឆ្លងទន្លេ to give birth (Idiom)

ឆ្លា vigorous, energetic

ឆ្លាក់ to carve, sculpt

ឆ្លាត intelligent, clever

ឆ្លាតវៃ extremely intelligent

ឆ្លាម shark

ឆ្លាស់ to alternate, be in alternate order, appear alternately

ឆ្លាស់ឆ្លើយ to answer

ឆ្លាស់វៀង to alternate topics, be verbally nimble

ឆ្លុះ to shine, appear, give off (light)

ឆ្លុក to intersperse, appear among

ឆ្លុញ a small eel-like fish

ឆ្លើយ to answer; to resound, reverberate

ឆ្លើយកាត់ volunteer an answer, break in

ឆ្លើយរក to find an excuse

ឆ្លើយឆ្លង to spar, banter, exchange words, carry on a dialogue

ឆ្លើយដាក់ to implicate, put the blame on

ឆ្លើយឡើង answer, speak up

ឆ្លៀត to scheme, take advantage of the slightest opportunity, capitalize on any favorable situation, seize an opening (for one's own ends)

ឆ្លៀតវៃឆ្លាត smart, intelligent

ឆ្លេឆ្លា to cast about in a panic

ឆ្លៅ beautiful

ឆ្លាំង catfish

ឆ្វាក់ to tie around, make a double knot

ឆ្វៀលឆ្វាត់ circle around, go around crossing this way and that

ឆ្វៀលឆ្វាយ circling around

ឆ្វេង left (side)

ឆ្អន់ be tired (of), weary (of), disgusted (with)

ឆ្អិន cooked, done; deep, complete (intensifier for red, gold, etc.)

ឆ្អឹង bone

ឆ្អើម to be disgusted by, squeamish about (a smell, taste, etc.)

ឆ្អេះ to have a rancid, ammoniac smell

ឆ្អែត full, satisfied

ឆ្អៅ extremely (intensifier for red, gold, and certain other adjectives)

ជ

ជក់ to smoke, puff

ជង Chong (a tribal group)

ជជូរជជាយ hanging down almost to the ground

ជជូរជជាយកេសរ with flowing hair

ជជែក chatter; to argue, discuss, debate

ជញ្ជក់ to suck, to taste

ជញ្ជក់មាត់ to click the tongue: tsk tsk

ជញ្ជាប់ជញ្ជឹង pensive

ជញ្ជាប់ to suck

ជញ្ជឹង consider, think

ជញ្ជូន to carry; to transport

ជញ្ជាំ dark

ជញ្ជាំង wall, side

ជណ្ដើរ stairs

ជនក្បត់ /cŭən-kbαt/ traitor

ជន /cŭən/ people, populace

ជនជាតិ /cŭən-ciət/ people, nationality, race, tribe

ជនក /cŭənuĕəq/ father (Lit, Roy)

ជនានុជន /cŭənniənucŭən/ people, population

ជនី /cŭənii/ mother (Lit, Roy)

ជន់ to flood, inundate

ជន្ម /cuŏn/ life (Lit)

ជន្មជីព (=ជីពជន្ម) life

ជន្មា /cŭənnəmiə/ life (Lit)

ជន្លួញ walking stick, animal-prod

ជប /cup/ to conjure up, produce by magic

ជប់ to sip

ជប់លៀង to hold a feast, banquet

ជម្ងឺ disease, pain

ជម្ងឺមួយមកចាប់នាង she became ill, caught an illness

ជម្ពូ rose apple

ជម្រៅ depth

ជម្រុះ to clear off, scrape clean (with a hoe)

ជម្លោះ a quarrel

ជ័យ /cɨy/ victory; short for 'Thuon Chey'

ជ័យជេដ្ឋាទី ២ /cɨy ceetthaa tii-pii/ Chey Chettha II (King of Cambodia 1618-1624)

ជយភូមិ /cĕəqyĕəqphuum, cɨyyəphuum/ victorious site, auspicious site

ជយវរ្ម័ន /cɨyyəwαrəman/ Jayavarman

ជយវរ្ម័នទី ៥ Jayavarman V, King of Angkor 968-1001

ជយោ /cɨyyoo/ victory; interjection used as a cheer: success! victory!

ជរ /cɔɔ/ embroidery, lace

ជ័រ resin

ជរា senile, decrepit; old age, senility

ជល /cŭəl/ water (Lit)

ជលធី /cŭəlləthii/ ocean, body of water (Lit)

ជលនេត្រ /cŭəlləneet/ tears (Lit)

ជលបុរី Chonburi (Thailand)

ជលស័យ /cŭəlləsay/ ocean, sea, body of water (Lit)

ជល់ to collide; to butt

ជល់ to be effective, to cure

ជល់ភ្នាល់គ្នា to bet (in cockfighting)

ជហ្វា /cĕəqwiə, cəwiə/ curved extension of a temple roof; spire

ជា copulative relator with the meaning 'be, be the same as; being, serving as'

ជា relative conjunction: that

ជា to be well, free; good, proper

ជាការទ្រាំបាន is bearable, supportable

ជាការធម្មតា as usual

ជាការប្រសើរណាស់ is very fortunate; is a stroke of luck

ជាការពិតប្រាកដ obviously, manifestly

ជាធម្មតា as a rule

ជាចុងក្រោយគេ: finally, after all, in the end

ជាជាង... rather, instead

ជាដើម and so forth, as examples

ជាថ្មី again

ជាទម្ងន់ seriously

ជាទីគាប់ព្រះទ័យ satisfying, pleasing (Roy)

ជាទីបង្ការ as a precaution

ជាទីបង្អើយ finally

ជាទីបំផុត the very most, extremely; supreme, highest

ជានិច្ច always

ជានិច្ចកាល /ciə-nɨccəkaal/ continually, constantly

ជាបឋម /ciə pathɑm/ first of all, principally, especially; preliminary

ជាផ្លូវការ official, officially

ជាពិសេស especially

ជាមួយ with

ជាមួយនឹង along with, together with

ជាមេត្រី politely, cordially

ជារឿយៗ /ciə rɨəy-rɨəy/ often, continually

ជាលាយលក្ខណ៍អក្សរ in written form

ជាលំដាប់ gradually, little by little

ជាសង្កាត់ៗ in various sections

ជាសុខសាន្ត peacefully

ជាស្ថាពរ permanently, absolutely

ជាស្រឡះ be cleared up (of an illness), completely well

ជាស្រេច thorough, accomplished

ជាអនេកប្រការ in many ways

ជាអវសាន /ciə qawəsaan/ finally, in conclusion

ជាអវសានកាល /ciə qawəsaannəkaal/ in conclusion, finally

ជាក់ clear; clearly, truly, really; exactly, precisely

ជាក់ស្ដែង completely, without reservation

ជាង more, more than; better to, rather

ជាង artisan, craftsman

ជាងគេ most, most of all

ជាងទង jeweler

ជាងយន្ត mechanic

ជាងរ៉ាយ (=ឈៀងរ៉ាយ) Chiengrai (Thailand)

ជាងអ្វីទៅទៀត more than anything else

ជាញ to be skilled, expert

ជាតក /ciədɑq/ Jataka

ជាតិ /ciət/ nation, nationality; national

ជាតិ taste, flavor

ជាតិ life, existence, incarnation; nature (the intrinsic character of a person, animal, or thing)

ជាតិដី earth, soil

ជាន់ to step on, tread on

ជាន់ stage, era, floor (in a series)

ជាន់នេះ this time

ជាប់ to adhere, stick to; caught, attached; firmly, tenaciously

ជាប់ incessantly, constantly

ជាប់ចិត្ត attached (to), involved (with)

ជាប់ចោទ be accused

ជាប់ឆ្នោត to win an election

ជាប់ជាយូរខែ for many months

ជាប់ដៃ engaged, engrossed

ជាប់ទៅនឹង connects with

ជាប់នឹងដៃ in the hand

ជាប់ភ្នែកនឹង to be attracted by, notice

ជាប់រវល់ busy

ជាយ border, rim, edge

ជាយា wife (Roy)

ជាលី Jāli (name of Vessantara's son)

ជិត near, close to; closely, tightly; almost, nearly

ជិតខាង close by, nearby

ជិតជុំ all over, completely

ជិត ៗ នោះ close by, nearby

ជិតស្និត close, intimate

ជិនឆ្អន់ to be annoyed (with), tired (of)

ជិនណាយ to get tired of, jaded by, bored with

ជិនបុប្ផា /cɨnnəbopphaa/ name of Preah Chinavong's mother

ជិនស្រី /cɨnnəsrəy/ the victorious one (i.e. the Buddha)

ជិប to sip, to taste

ជិះ to ride, mount

ជិះជាន់ to transgress, break (the law); to oppress

ជី fertilizer, humus

ជី polite term of address

ជីជាតិ natural richness, fertility

ជីដូន grandmother

ជីដូនក្មេក grandmother-in-law

ជីក to dig

ជីកកកាយ to dig furiously, scratch about; to investigate, dig into

ជីពជន្ម /ciip-cŭən/ life (Lit)

ជីពុន /cipun, cəpun/ Japanese

ជីវភាព /ciiwəphiəp/ life, living, existence (Lit)

ជីវា (=ជីវិត) /ciiwaa/ life (Poet)

ជីវិត life

ជីវី (=ជីវិត) life (Poet)

ជីវំ (=ជីវិត) /ciiwĕəŋ/ life (Poet)

ជីវ្ហា /ciiwəhaa/ tongue (Roy, Lit)

ជុះ to defecate

ជូជក /cəcŭəq/ Jūjaka (name of the Brahman to whom Vessantara gave his two children)

ជូត to wipe, rub

ជូន to accompany

ជូន to give; to offer (Polite)

ជូនដំណើរ to accompany, go along with; to send off, see off

ជូរ sour

ជួ ill-bred, crude

ជួញ to do trade

ជួញ to draw oneself up, withdraw, shrink

ជួញជិត drawn up close to

ជួត to wear a turban

ជួន some, sometimes; it happened that, by chance; in case, if it should happen that

ជួនកាល sometimes

ជួនកាល...ក៏មាន it sometimes even happens that

ជួនជា it happened that

ជួប to meet, to encounter

ជួបជុំ to meet, come together, reunite

ជួបប្រទះ to meet, happen to meet

ជួបល្ពជាតិ be reunited in every reincarnation

ជួយ to help (to)

ជួយកម្លាំង to help out

ជួយជ្រោមជ្រែង to help, assist

ជួរ /cuə/ row, range, chain

ជួរភ្នំ chain of mountains

ជួល to rent, to hire

ជួស to replace; instead of, to substitute

ជួសជុល to repair

ជើង foot, leg, base

ជើងក្រាន stove; a fireplace composed fo three stones as a tripod for cooking

ជើងគោក by land; army

ជើងទឹក by water; navy

ជើងទៀន any slat or baluster used to support a railing

(lit: candleholder)

ជើងពាន a bowl with a pedestal as base

ជើងភ្នំ foot-hills, low-lying mountains

ជើងម៉ា bench, stool

ជើងសា messenger

ជើងសារជំនួញ dealer, agent (usually of foreign company)

ជើងវាំង immediate surroundings of the palace

ជើងឯក champion

ជើត name of a poetic style used in the Ream-Kei

ជឿ to believe

ជៀងជាក់ clear, precise, exact

ជៀបកប្រាល a kind of small sparrow

ជៀវ chattering, twittering

ជៀវជុំ chattering all around, talking all over the place

ជៀស avoid, stay away from

ជៀសឆ្លៀវ to go around, to bypass

ជៀសវាង ឬ ចៀសវាង to avoid, to shun

ជៀសឈ្មើយ supreme, highest; appellation for a king

ជេដ្ឋា older sibling (Roy)

ជេរ /cei/ to curse, swear at, scold

ជេស្ឋ /ceeh/ May-June (lunar system)

ជែង to struggle ahead, push ahead, make one's way (through a crowd); to compete

ជោក soaked

ជោគ luck

ជោគជ័យ victory; success

ជោរ susceptible to flattery

ជោរ to brim, well up (of tears); to rise, swell (of tide)

ជោរ too ripe (of a fruit)

ជោរជន់ to overflow, brim with

ជោរជល brim, overflow, swell (with water)

ជោះ to dig out, pry out, probe for (a thorn); to puncture (a blister)

ជុំ circle, revolution, circuit

ជុំជិត close around, round about

ជុំវិញ around

ជំទប់ one of the deputies of a /mee-khum/

ជំនាញ to be expert (in)

ជំនាន់ period, era

ជំនិត close, intimate, favorite

ជំនិះ vehicle, conveyance, thing to ride

ជំនូន gift, offering

ជំនួញ business, commerce; merchant

ជំនួស to substitute for; instead of

ជំនឿ belief

ជំនោរ a puff (of wind), light breeze

ជំនោរ vanity, gullibility, susceptibility to flattery

ជំនុំ to meet, confer, discuss

ជំនុំ used, somewhat worn

ជំនុំស្រាថា meet and decide that

ជំនុំជំរះកាត់សេចក្ដី to adjudicate a case, judge a case

ជំនុំពិចារណា to discuss, consider

ជ័យ victory, success

ជំពាក់ to owe somebody something; entangled (string, thread)

ជំពាក់គុណ to be indebted, obliged (by another's goodness)

ជំពូក ឬ ចំពូក way, type, sort; chapter, section

ជំរាប to inform (Formal)

ជំរាបសួរ greetings, hello; how are you; to greet

ជំរៅ (= ជម្រៅ) depth

ជំរះ to clear with a hoe, cut off at the roots

ជំរះ to resolve, to decide, judge (a case)

ជំរះកាយ to take a bath

ជំហរ /cumhɔɔ/ to brag, boast

ជំហរ /cumhɔɔ/ stance, stand, condition
ជំហាន /cumhiən/ step (n)

ជាំ bruised

ជាំព្រះភក្ត្រ have a darkened countenance
ជះ to throw water; to spend a big sum of money on something
ជ្រក to take shelter under

ជ្រកកោន take shelter, take refuge

ជ្រង sticking up, bristling, standing upright, cropped
ជ្រង to run the fingers through (hair, grass, etc.)
ជ្រងំ dead, complete (intensifier for quiet, calm, peaceful)
ជ្រប់ suddenly

ជ្រមុជ to submerge, duck, put under

ជ្រមូន to cower (?)

ជ្រាប to understand, to learn

ជ្រាល to slope gently

ជ្រាលជ្រៅ (= ជ្រៅ)

ជ្រុង corner

ជ្រុះ to fall; to shed (petals, hair, etc.)
ជ្រូក pig, pork

ជ្រួតជ្រាប to pervade, infiltrate, seep into
ជ្រួស to go beyond; overstep, make a mistake; to miss, pass
ជ្រើស to choose, pick out

ជ្រើសរើសតាំង to elect

ជ្រៀត to intrude, interfere, bother
ជ្រៀតជ្រែក to interfere

ជ្រែ a kind of palm tree

ជ្រែង to support, prop from an angle
ជ្រែងជាប់ខ្សៅ to be firm, stable

ជ្រែងដៃ to put hands on hips (as sign of authority); have the arms full
ជ្រៃ a kind of banian tree

ជ្រោមជ្រែង (= ជ្រែង) to stand with knees bent and arms spread (as if in readiness for attack)
ជ្រោយ cape, point (of land)

ជ្រោះ gorge, mountain stream, spring
ជ្រៅ deep

ជ្រៅជ្រះ deep, profound

ជ្រំ grove, cluster; to cluster, group (?)
ជ្រះ clear, clean

ជ្រះស្រឡះ clearly, completely

ជ្វា Malay, Cham, Indonesian (from Java)

ឈ

ឈប់ to stop, discontinue

ឈប់ឈរ to stop, cease (usually preceded by negative: unceasingly)
ឈប់សំរាក to take a vacation, be off (from work, etc.)
ឈមមុខ to face, face up to

ឈរ /chɔɔ/ to stand; to be stationed (at, in)
ឈរឈ្មោះ to be named as; to run (in an election for office)
ឈាន to step

ឈាម blood

ឈាមស្រស់ស្រគាំ healthy complexion, ruddy complexion
ឈឹង still, motionless, dead still

ឈឺ to be ill, to hurt, be in pain

ឈឺក្បាល to have a headache

ឈឺចាប់ sick, ill

ឈឺចិត្ត hurt and disappointed, heartbroken, humiliated
ឈឺឆ្អាល be involved, concerned, take an interest
ឈឺទាល់ any illness contracted by a new mother after childbirth (thought to result from breaking one of the restrictions of the post-partum period)
ឈុត classifier for sets (of dishes, etc.); act (of a performance)
ឈូរ imitative of the sound of rushing, gushing
ឈូរា noisily

ឈូក lotus

ឈូស to plane, to level

ឈួល feel a burning, biting sensation (as from horseradish)

ឈើ wood

ឈើខ្លឹម precious wood, hardwood

ឈើគូស matches

ឈើច្រត់ cane, walking stick

ឈើទាលព្រាញ់ a kind of extremely tall tree

ឈើរសាត់ driftwood

ឈៀងរ៉ាយ Chiengrai (Thailand)

ឈោង to reach for

ឈ្ងុយ fragrant (esp. aroma of roasted nuts or coffee)

ឈ្ងុយឆ្ងាញ់ fragrant, delectable, appealing

ឈ្ងុយឈ្ងប់ fragrant

ឈ្ងោក to look down

ឈ្ងោកមុខ to look down, be downcast, incline the head down

ឈ្នានីស /cniənih/ to have evil designs toward

ឈ្នួត scarf

ឈ្នួន slate

ឈ្នួល wages

ឈ្នះ to win, succeed, defeat

ឈ្មង handsome

ឈ្មួញ merchant

ឈ្មោល male (of animals)

ឈ្មោះ name; named; (someone) named, the named

ឈ្លក់ to choke, strangle

ឈ្លានពាន to invade, oppress, aggress

ឈ្លូស (small) deer

ឈ្លីយ odd, droll, not appropriate

ឈ្លើយ prisoner of war

ឈ្លេច to squeeze, to crush

ឈ្លោះ to quarrel

ឈ្លោះប្រកែក to quarrel, squabble

ឈ្វង to think, realize (Roy, Lit)

ញ

ញក់ញី to mangle, maul, crumple; to destroy, wreak havoc

ញញឹម to smile

ញញឹមញញែម to beam with joy

ញញឹមប៉ប្រិម to smile broadly, brightly

ញញឹមស្ងួតស្ងប់មុខ to smile wanly, smile dryly

ញញើត to be impressed by, stand in awe of, respect

ញត្តិ /ñatteq/ motion, proposal

ញ៉ម to be meek, submissive, subdued

ញយ often, repeatedly

ញ័រ /ñɔə/ to tremble, shake

ញ័រខ្លួន to tremble

ញាក់ to jerk, to shake

ញាក់សេះ to shake (the reins) of a horse (to make him go)

ញាណត្ថេរ /ñiənəthei/ ecclesiastical title

ញាតិ /ñiət/ relatives, family

ញាតិកា /ñiəteqkaa, ñiətəkaa/ relatives

ញាតិសន្តាន relatives

ញាន (=ញាណ) wisdom, intelligence, knowledge

ញាន (=ញៀន) to be addicted to

ញាប់ fast, quick

ញី female (of animals)

ញី to crumple (tv)

ញឹក often

ញឹកញយ often, repeatedly

ញឹកញាប់ often

ញើស perspiration

ញៀន to be addicted to

ញែក to divide, part with both hands (as hair, tall grass, etc.); to explain in detail

ញ៉ែងញ៉ង coquettishly, with exaggerated movements

ញោច to extend into, jut out

ញោម term of address used by a monk to his parents, or to a person of his parents' age and status

ញុំា /ñam/ to eat (Coll, Familiar)

ញុំាង to cause (to), compel (to), result (in)

ដ

ដ៏ /dαα/ attributive marker: which, which is, being

ដក pull out, extract

ដកឃ្លា to leave a space (in writing); to pause

ដកដង្ហើមធំ to heave a big sigh

ដកថយ to retract, pull back, retreat

ដកត a kind of tree

ដកពាយ a kind of vine with edible fruit

ដកទឹម៉ a kind of tree with fragrant flowers

ដកស្រង់ to extract, to excerpt, to take out (a passage from a book)

ដក់ contained, held in place (of water)

ដង time, occasion

ដង to dip up, draw up (water, etc.)

ដង range, chain

ដង handle (of a knife); tongue (of a plow)

ដងក្តារ eave board of a temple, frequently ornate and undulating like a Naga

ដងខ្លួន trunk (of the body)

ដងនោះ once upon a time; then, thereupon, at that time (a standard phrase used in the Ream-Kei to indicate a change in the action)

ដងព្រៃ expanse of forest, jungle

ដងរែក a shoulder pole; the Dang-Raek (Mountains)

ដង្កាប់ pliers

ដង្កោ a kind of tree

ដង្ខៅព្រែក Dangkhau Prêk (pl. n.)

ដង្គត់ stump

ដង្គុម bush, brush, underbrush

ដង្គួរ cluster, bunch

ដង្គោល in a big cloud, in a vague mass

ដង្វាយ (=តង្វាយ) offering, gift (Roy, Clergy)

ដង្ហើម breath

ដង្ហែ to parade, accompany in procession

ដង្ហោយ to call from afar

ដដែល same, the same

ដណ្តប់ cover oneself with

ដណ្តឹង to ask for one's hand in marriage; to ask, to inquire

ដណ្តឹងតាមច្បាប់ to ask for her hand in the traditional manner

ដណ្តើម to contest, dispute, fight over

ដណ្តាំ to cook (rice)

ដទៃ other, foreign

ដន្លង parents of one's son- or daughter-in-law

ដន្លងស្រី female parent of one's son- or daughter-in-law

ដន្លាប់ small round case or compact made of wood or metal, used to carry ointments

ដប bottle, jar

ដប់ ten

ដប់ប្រាំ fifteen

ដប់ប្រាំបួន nineteen

ដប់ពីរ twelve

ដម្បង stick, club

ដម្បូក hill, mound

ដម្រង់ to aim, direct toward

ដម្រឹម to trim, to make even, straighten

ដម្រេក sexual desire, lust

ដំឡើង to assemble, set up

ដរាប always, continuously; inevitably; until

ដរាបដល់ until, all the way to

ដរាបមក up to that point, so far

ដល់ to arrive (at), reach; when, at the time of; until; for, toward

ដល់កម្រិត to the utmost, extremely

ដល់ខ្នាតហើយ to the utmost, maximally, really

ដល់តិច at all, even a little

ដល់ទិវង្គត to die (Roy)

ដល់ទៅម្ល៉ោះ even to such an extent

ដល់ខ្នូវ to the extent of

ដល់ម្ល៉េះ like this, to this extent

ដាក់ to put, place, deposit; to use, put in (ingredients); to set (a trap); to subject someone to

ដាក់ក្ដោង to lower the sails

ដាក់ខ្លួន to stoop

ដាក់យាមល្បាត to post a watch, set sentries

ដាក់គ្នា back and forth, reciprocally, against each other

ដាក់ដៃ entrust to, turn over to

ដាក់ទឹកមុខ to adopt a fixed expression

ដាក់បិណ្ឌ ceremony of presentation of food to the monks

ដាក់ភ្នាល់ to put up as collateral for a wager

ដាក់មុខ to look down, to lower one's gaze respectfully

ដាច់ to break apart, break in two, separate (iv); extremely, incomparably, above all others; at the end of

ដាច់ខែ at the end of the month, after the month of...

ដាច់ដោច cut off, isolated; destitute; torn, ragged

ដាច់ពោះ to starve

ដាច់សាច់ sharp, wounding, cruel, (lit: tearing the flesh)

ដាច់ស្រយាល remote

ដាន path, furrow, trace; aisle, walkway

ដាប completely covered, soaked

ដាល to spread, extend

ដាល់ to punch with a fist

ដាវ a sword

ដាស spread all over, covered

ដាសដា all over the place

ដាសដាល all around, all over, thoroughly

ដាសដេរ (=ដេរដាស) full of, covered with; all over

ដាស់ to wake someone up

ដាស់តឿន to remind, admonish, instruct

ដាស់ទុំ deepest part of the night (about 1-3 a.m.)

ដិត to touch, be next to, be touching; stick to, cling to

ដិតដាន close(ly), intimate(ly)

ដី earth, ground

ដីទួល mound, elevated site

ដីល្បប់ alluvial soil

ដីស /dəy-sαα/ chalk

ដីឥដ្ឋ /dəy-qət/ clay

ដឹក to carry, transport, lead

ដឹកដៃ to lead by the hand

ដឹកនាំ to transport, to lead

ដឹង to know; to be aware of

ដឹងខ្លួន to be conscious, aware; regain consciousness

ដឹងខ្លួនមុន to know in advance, realize beforehand

ដឹងចាស់ទុំ to show respect toward one's elders

ដឹងដាន know the facts, know the story

ដឹងដែក a woodcutter's ax

ដឹងទុក្ខដឹងសុខា be understanding, cognizant of (another's feelings)

ដឹងទៅដល់ get to, spread to

ដឹងញាត់ដឹងគង់ frugal, shrewd (in household affairs)

ដឹងញូ woodcutter's ax

ដី fallow

ដុត to heat, burn, roast; to cremate
ដុតមិនឆេះ won't burn, invulnerable to fire
ដុន elephant command

ដុនដាប serious, severe; penniless, destitute
ដុល unit of weight: approximately 150 kg.(Arch); lump, block, mass
ដុស to rub, grate; scrub (to remove dirt)
ដុសថ្នាំ to prepare a medicinal solution by grating the medicine into water
ដុះ to grow, come up (iv)

ដុះដាល to flourish

ដុះលូតលាស់ to grow, increase, expand

ដូង coconut

ដូច like, as

ដូចកល /douc-kɑl/ just as (Lit)

ដូចគ្នា similar, same; also, likewise

ដូចជា such as; it seems that, it looks as if; (Coll) rather, sort of
ដូចដើម like new, as before

ដូចដែល as formerly

ដូចពោលមក as stated

ដូចម្ដេច how?, why?; however, in whatever way
ដូចម្ដេចបាន how would it be possible?

ដូចសព្វកាល as usual

ដូចស្រមោចរោមស្ករ all over the place (lit: like ants surrounding sugar)
ដូច្នេះ /douccneh/ therefore, thus

ដូច្នោះ /douccnɑh/ thus, therefore

ដូន old lady; female ancestor

ដូនតា ancestors; grandparents

ដូនអាវ Don Av (pl. n.)

ដូរ /dou/ to trade; to change, exchange
ដូរតន្ត្រី instrumental music

ដូររាជ in exchange for the throne, for power
ដួង essence, core, central part; circle, round object
ដួងចិត្ត heart

ដួងជីវិត the love of one's life, loved one
ដួងនេត្រទាំងគូ both eyes (Lit)

ដួងភក្ត្រ /duəŋ-phĕəq/ face (Lit)

ដួច high, remote, lofty

ដួចដល់ touch, reach, get on

ដួល to fall down, fall over

ដួលស្រុប to fall down in a slump

ដួស to ladle out, to spoon out

ដើម plant, stalk; head-word in compounds referring to plants
ដើម origin, beginning; original, first; cause, situation, origin of a problem; originally, in the beginning
ដើមកំណើត origin, beginning

ដើមចេក banana tree

ដើមឈើ tree, trees

ដើមដាន origin, beginning, original [facts]
ដើមដូង coconut palm

ដើមទង background, origin, cause

ដើមទុន capital, investment

ដើមទ្រូង chest

ដើមផ្កា flower, shrub

ដើមហេតុ origin, cause

ដើមឡើយ at first, first of all

ដើម្បី in order to

ដើរ to walk, to go

ដើរលេង to go about to amuse oneself, to go around for fun
ដើរលេងសើច to carouse, be happy-go-lucky
ដៀល to criticize, cast aspersions on, talk (disapprovingly) about
ដេក to recline, to sleep

ដេកពេទ្យ be hospitalized, stay in the hospital
ដេកលក់ to be asleep, go to sleep

ដេកសំរាក to rest in a reclining position; to take a nap
ដេញ to chase, pursue

ដេញដោល to pursue (a question), importune, press (for information), quiz
ដេរ to sew, to make by sewing

ដេរដាស /dei-daah/ all over, everywhere
ដែក iron, metal; piece of metal

ដែកគោល nail

ដែកដុល large lump of iron

ដែន land, country

ដែនដី territory

ដែរ /dae/ also, as well; nevertheless
ដែល relative pronoun: that, which, who; the fact that, the reason that
ដែល ever, to have ever + Verb

ដែលដែរ furthermore, likewise

ដៃ hand, arm, sleeve

ដៃដល់ to mean business, be direct (in one's actions)
ដៃទទេ empty-handed

ដៃបឹង branch or bay of a lake

ដោត to impale, stick through

ដោម peak, summit; tall, high; massive
ដោយ by, with; since, because; relating to, according to; along with
ដោយ to follow, obey, go along with, accept; to acquiesce, submit (of a woman)
ដោយខ្នាត with moderation, in proper proportion
ដោយខ្លួន each one, each on his own

ដោយខ្លួនឯង by himself, on his own accord
ដោយចិត្តនិងចិត្ត directly, on their own initiative, (without a go-between)
ដោយច្រើន many, in great number

ដោយសំណើរ by the act of; about the situation, relating to the case
ដោយគួរ in accordance with

ដោយបទ sensibly, carefully, with a sense of proportion
ដោយព្រះពុទ្ធាន as the Buddha instructed
ដោយព្រះសុវត្ថិភាព safely, safe and sound
ដោយយោបល់ល្អិត in great detail

ដោយរដូវ in season, by seasons; as needed, according to the circumstances
ដោយលាក់កំបាំង secretly, surreptitiously
ដោយសង្ខេប briefly, in summary

ដោយសព្វគ្រប់ completely

ដោយសារ to depend on, rely on

ដោយសារ to go along with, accompany; because, because of the fact that
ដោយសារគេ to depend on others

ដោយសារតែ because, only because

ដោយហេតុ because

ដោយហោចទៅ in short, to summarize, at least
ដោយឡែក individual, separate

ដោយអាល័យ affectionately (lit: missing [you])
ដោយឯកឯង by itself, by oneself

ដោះ to loosen, untie, take off; to resolve, solve; to avoid, stay clear of; (Arch) to wake up
ដោះ breast

ដោះខ្លួន to escape, to make a getaway
ដោះស្លល to serve, to spoon out

ដោះដៃ back out, abandon a commitment, go back on one's word; to get rid of
ដោះដៃលបអាល័យមិត្ត to forsake a friend

ដោះថយ to retreat

ដោះទុក្ខសត្វ /dɑh-tuk-sat/ to eliminate, relieve oneself (Euph)
ដោះប្រស្នា elucidate philosophical

problems

ដោះពាក្យបដិញ្ញា free oneself from a promise

ដោះលែង to set free

ដោះសា to make excuses, to justify

ដោះស្រាយ to solve, alleviate

ដុំ piece, lump

ដុំរទេះ cart wheel hub

ដំ to pound, beat

ដំកល់ to set up, put on a pedestal

ដំណក់ (=តំណក់) a drop (of water, rain, etc.)

ដំណាក់ stage, phase, stop; (Roy) residence

ដំណាង (=តំណាង) representative

ដំណាងរាស្ត្រ representative of the people, assemblyman

ដំណាល to relate, recite (events)

ដំណាលគ្នា at the same time

ដំណឹង news, information

ដំណូច (< តូច) smallness, (small) size

ដំណួច bubble, drop, globule

ដំណើប sticky, glutinous (of rice)

ដំណើរ situation, process, custom; travel, trip; gait, walk, manner of walking; account, sequence of events

ដំណៀល (< ដៀល) criticism, gossip, mockery, disapproval

ដំណេក sleep (n)

ដំណែងខ្លួន to change one's form, transform oneself

ដំណែល residue, vestige, left-over

ដំណំ serious

ដំណាំ plants, vegetables

ដំបង stick, club

ដំបន់ area, region, sector, zone

ដំបារ slab, block, surface

ដំបូក mound, hillock

ដំបូង first, original

ដំបូន្មាន /dαmboun-miən/ instruction, teaching

ដំបូល roof, top

ដំរិះ (=តម្រិះ) education, knowledge; to think, decide (Roy)

ដំរី elephant

ដំរីចងកូប elephant with howdah attached

ដំរីសារ adult elephant, full-grown elephant

ដំរួត (=តម្រួត) stacked up

ដំឡូង potato

ដំឡើង to raise, increase; to assemble, set up

ដំឡៃ (=តម្លៃ) value

ដំអក់ to be sluggish, to procrastinate

ដំអូញ to complain about petty matters, complain for effect only

ដាំ to plant

ដាំ to cook; to boil (water)

ដាំចុះ upside down

ដាំត្បូង inlaid with precious stones

ដ្បិត /tbət/ because; since

ឋ

ឋាន /thaan/ place, site

ឋានៈ /thaanaq/ position, status

ឋានន្តរស័ក្តិ /thaanαntəraqsaq/ rank, position

ឋិត (=ស្ថិត) to stand, be located

ឌ

ឌីប្លូម diploma (secondary school)

ឌុន alike

ធ

ធាល /thiəl/ a large drum; a shield
ធាលិន soldier armed with a shield

ណ

ណល់ desolate, sad

ណា which?, where?; any, some; whichever, wherever
ណា hortatory final particle

ណាខ្លះ which, where (plural)

ណា ១ /naa-muəy/ which one?; any particular one
ណាមួយ...ណាមួយ... for one thing... for another thing
ណាត់ to make an appointment, agree on a rendezvous
ណាត់សង្គ្រាម to declare war

ណាយ to be bored, tired of; to lag, be lax (in the observance of)
ណារ៉ាន់ Naran (pers. n.)

ណារិន /naarɨn/ Narin (pers. n.)

ណាស់ very, very much

ណាស់ណា (=ណាស់)

ណេះ /neh/ here; this (Coll)

ណែងណង a weight, encumbrance (attached to an animal to restrict his movement)
ណែន silver bar, ingot

ណែន tight, close, packed, full

ណែនណាន់ full, thick, dense

ណែនណាន់តាន់តាប់ crowded, in great crowds, packed together
ណែនាំ to lead, to guide

ណោះ /nɑh/ there; that (Coll)

ណ៎ះ, ណ៎, ណ៎ះ /nah!, nəh!/ hortatory final particle: go on!, come on!; you see?
ណ្ហើយ /nəhaəy!/ peremptory particle: there, that's enough, enough said!
ណ្ហើយចុះ oh, well, alright, that's enough

ត

ត to continue, extend; be continued

តទល់ to fight back

តតាំង to fight

តថ្លៃ to bargain

តនឹង to challenge

តពី continued from

តមក /tɑɑ mɔɔk/ afterward; then, later
តរៀងទៅ forever after

តវ៉ា /tɑɑ-waa/ to contest, protest

តស៊ូ /tɑɑ-suu/ to struggle, resist, bear up
តក់ ៗ sound of dripping, drop by drop
តក់ស្លុត stunned, stupified, overwhelmed
តក្កមា /tɑqkəmaa/ frightened, alarmed
តក្កសិលា Takkasila (pl. n.)

តង់ (Fr. tente) tent

តង្វាយ gift

តណ្ហា /tɑnnəhaa/ love, passion

តត្រុក [to wander] aimlessly

តថាគត /təthaakŭət/ general pronoun for the Buddha
តន់ precious, tender, beloved

តន់ name of the Cambodian author of Sabvasiddhi
តន្តី /tɑntəy/ classical (usually refers to texts in Sanskrit)
តន្ត្រី /dɑntrəy/ music; musical instrument
តប to respond, retaliate, answer

តបះ /tapaq/ discipline, self-control
តបះ /tapaq/ ascetic practice, discipline
តបតត to sass, talk back to

តប្តលក្ខសាមយ /taptəlaqkəsaamayaq/ Taptalâksâmaya (hell for arsonists and poisoners)
តម្កល់ to raise up, set on a pedestal; house, keep
តម្កល់ទុក to keep, to preserve

តំកើង /dɑmkaəŋ/ haughty, proud; to elevate
តម្បាញ weaving

តម្បារ slab, block; leaf, sheet, surface
តម្រង់ to aim, direct (at); directly, straightaway
តម្រា textbook, manual, text, formulae
តម្រាប់ example, model, sample

តម្រាយ swath, cleared area or path

តម្រិះ education; knowledge; to think, decide (Roy)
តម្រិះប្រាជ្ញា intelligence

តម្រិះវិជ្ជា /dɑmreh-wɨcciə/ education, knowledge
តម្រូវ /dɑmrəw/ to correct; to assign, require
តម្រូវចិត្ត to please, satisfy

តម្រួត stacked up, combined

តម្រួត police

តម្រៀប to arrange, put in order; to set, compose (movable type)
តម្រៀបអក្សរដាក់ពុម្ព compose type to put in the press
តម្លើង (=ដំឡើង) to assemble; set up; to raise, increase
តម្លៃ value

តរុណវេត young (Lit)

តា grandfather, old man

តាជី old man (Polite)

តាក់តែង to decorate, adorn; to settle, to establish
តាក់តែងដោយ is determined by, dependent on
តាង to replace, represent; in place of, instead of
តានតឹង constricted, choked up

តាម to follow; along, by, according to
តាមចិត្ត freely, as one wishes

តាមតែ according to, as

តាមតែកូនគិតចុះ whatever you (Child) think
តាមតែចិត្តនឹកចង់ according to one's whims
តាមត្រង់ honestly

តាមរបៀប in proper order, in sequence
តាមរយៈផ្លូវ by way of

តាមរាជការ officially

តាមវគ្គតាមឃ្លា point by point, by chapter and verse (lit: by stanza and phrase)
តាមហេតុគ្រប់ប្រការ concerning all the events, about the whole situation
តារា /daaraa/ star (Lit)

តារាង list, chart

តាវ៉ៅ starling

តិក្សាយស្កន្ធ /teqsaayeə̆hskɑntḕəq/ Tiksâyaskanda (hell for thieves of rice)
តិច little, few

តិចតួច few, small in quantity, insignificant
តិណជាតិ /tənnəciət/ herbs, grass

តិរច្ឆាន /deirəchaan/ animal (as opposed to human)
តិះដៀល to ridicule, make fun of, belittle, criticize
តឹង tight; of eyes: fixed, taut, bulging
តុ /tok/ table, desk

តុទូកៅអី furniture

តុក្កតត /tokkətɑɑt/ sound of clucking

តុលា October

តុលាការ court, justice

តុលាការមុខក្រសួង the court concerned

តូ To (given name of King Sri Dhammaraja)
តូច /touc, tuuc/ small

តូច ៗ small and numerous

តូចចិត្ត disappointed, angry

តូចតន់ [My] Precious Little [One]

តូចតាច little, small, insignificant (Coll)
តូចព្រះរាជហឫទ័យ disappointed, angry (Roy)
តូរតន្ត្រី /dou-dɑntrəy/ musical instruments; music
តួ body, form; specifier for let-

ters of the alphabet and certain animals; performer, actor

តួយ៉ាង example

តួអង្គ body, person (Roy); character (in a story, play, etc.)

តើ initial question particle; finally, then, after all, so that's it

តើជាគាប់ឯណា is that the proper thing to do? (Rhetorical)

តើអូនយល់ដូចម្ដេច ? what is your opinion, Dear?

តើន awaken, get up (Roy, Clergy)

តឿ dwarfed

តឿន to remind, nag, importune

តៀប a kind of bowl

តេជ /daec, daecə-, daecĕəq/ power (usually in compounds)

តេជរិទ្ធិ /daecĕəh-day/ prowess, auspicious power

តេជានុភាព /daeciənuphiəp/ power

តេជោ (= តេជះ) /daecoo/

តេជះ /daecĕəh/ power

តែ but, only; just, precisely; whenever, upon

តែ tea

តែខ្លួនទទេ only oneself (without any possessions)

តែថា but if

តែមាត់ in word only (but not in deed)

តែមួយប្រាណ alone, by himself

តែម្ដង all at once, in one operation

តែម្នាក់ឯង by oneself

តែយប់ only at night

តែរាល់គ្នា at all of them

តែសព្វខ្លួន everybody, respectively

តែសព្វថ្ងៃ everyday, incessantly

តែឯង alone

តែង usually, still, typically, continuing to, in the process of

តែង to write up, to draft, to compose; to adorn, prepare

តែងខ្លួន to get dressed, adorn oneself

តែងតួ to adorn oneself

តែង-តែ (= តែងតែ) usually, customarily

តែលតោល adrift, from pillar to post

តោ lion

តោក low altar

តោកយ៉ាក /taok-yaaq/ miserable, wretched, unfortunate

តោង must, necessary to

តោង to grasp, clutch

តោងតែ must, necessary to

តោន ton

តោមរ /taomαα/ scimitar, long-handled machete

តោះតើយ unconcerned, indifferent, cold

តៅ bushel

តំណ joint, juncture, knot; extension

តំណជីវិត generation

តំណាង representative

តំណាងរាស្ត្រ representative of the people, member of the parliament

តំណែង job, position, function; decoration; to decorate

តំនៀល criticism, disapproval, gossip; to criticize, gossip about

តំបន់ place, region; local department

តាំង to establish, to set up, to appropriate; to appoint; to begin to; since, beginning with

តាំងចិត្ត to resolve, intend, be determined to

តាំងតែង to institute, to erect

តាំងតែពី from, since

តាំងពី from, starting from, beginning with

តាំងពីកាលនោះមក ever since that time

តាំងពីផ្ទះ from home

តាំងសតិត្រង់ to think straight, deliberate, stop and think

តះ to wiggle

ត្នោត sugar palm

ត្បក to rap with the knuckles

ត្បាញ to weave; woven

ត្បិត (=ដ្បិត) /tbət/ since, because

ត្បិតថា since, because

ត្បិតយល់ឯកឯង seeing that [I'm] all alone

ត្បូង diamond, precious stone

ត្បូង head (Arch)

ត្បូងក្សាច់ sandbar, sand dune

ត្បូងពេជ្រ diamond

ត្មាត vulture

ត្មែរ staringly, wide-eyed

ត្មះ to be ashamed, shamed by

ត្មះតិះដៀល to ridicule, to scorn

ត្រកង to gather up in the arms; embrace with one arm

ត្រកាល precious, extraordinary

ត្រកូល race, lineage, tribe

ត្រកួន edible aquatic vine with leaves

ត្រកៀត an edible aquatic plant with straight stalks

ត្រង to catch, collect; to strain, filter

ត្រងត្រាប់ to follow, accept, imitate

ត្រង់ straight, exact; coincident with, at the point of

ត្រង់ខ្លួន straight (posture)

ត្រងោល bald

ត្រចង់ត្រចះ (=ត្រចះត្រចង់) brightly shining, brilliant

ត្រចើល protrude straight ahead, stand out

ត្រចៀក ear

ត្រចះ exquisite

ត្រចះត្រចង់ brilliant

ត្រជាក់ cool, refreshing

ត្រឈឹងត្រឈៃ cool and shady

ត្រឈៃ cool and shady

ត្រដរ persist (in), insist (on); to carry on, persevere

ត្រដាង to spread out, extend

ត្រដាប wide, expanded, spread out

ត្រដាបត្រដួស miserable, penniless

ត្រដឹង stick up high into the air, pierce the sky

ត្រដួច to loom, tower, rise above all else

ត្រដែត to tower, loom, stand out, rise above all else

ត្រណម regime, prescribed conduct

ត្រប់ eggplant

ត្របក petal

ត្របាក់ to snap

ត្របាញ់ to twist, spin

ត្របែក guava tree

ត្រពាំង a pond

ត្រពាំងស្នារ place name (lit: cross-bow pond)

ត្រពាំងឈូក Lotus Pond (pl. n.)

ត្រពាំងទុង place name (lit: pelican pond)

ត្រពាំងព្រលិត place name (lit: water-lily pond)

ត្រពាំងឫស្សី place name (lit: bamboo pond)

ត្រមោច /trɑmaoc, təmaoc/ lonely, desolate

ត្រយង stilt-walker (bird)

ត្រល់ a kind of plant

ត្រសក់ cucumber

ត្រសក់ផ្អែម name of a street (lit: sweet cucumber)

ត្រសង moving along leisurely in a group

ត្រសាក់ to spread, suffuse (?)

ត្រសាយ extended, spread out, branchy

ត្រសាយត្រសុំ (=ត្រសុំត្រសាយ) spread out, overhanging, providing deep shade

ត្រសិត a kind of bird (?)

ត្រសុក disappearing among, burrowing through

ត្រសៀក blowing gently, wafting

ត្រសេក a kind of tree

ត្រឡប់ to turn around, reverse direction

ត្រឡាច winter melon

ត្រអាល fun-loving, carefree

ត្រា to cease, die down, diminish

ត្រា seal, stamp

ត្រា to be kind, merciful, show mercy, have compassion for

ត្រា scattered around, spread over

ត្រាតែ until

ត្រាប្រណី to have compassion for

ត្រាក់ទ័រ /traqtɔə/ tractor

ត្រាច tree used for resin

ត្រាច់ go, proceed, walk (Lit)

ត្រាជូ balance, scales (for measuring weight)

ត្រាណត្រើយ support, comfort, refuge, consolation

ត្រាប់ to follow, imitate

ត្រាវ taro

ត្រាស់ /trah/ to say, decree (Roy); to attain enlightenment

ត្រិះរិះ to think, reason

ត្រី fish

ត្រី three (in compounds)

ត្រីកោណ triangle

ត្រីខរ kind of fish stew

ត្រីគុណ cube, cubic

ត្រីងៀត dried salted fish

ត្រីទឹកប្រៃ salt-water fish

ត្រីទឹកសាប fresh-water fish

ត្រីទូត 3rd-ranking diplomat

ត្រីបំពង deep-fried fish

ត្រីប្រាក់ silver goldfish

ត្រីពិធ /trəy-pɨt/ triple, three-sided

ត្រីពោ a kind of large fish

ត្រីមាស goldfish

ត្រីមុខ primary importance, supreme authority

ត្រីរ៉ស់ /trəy-rɑh/ a kind of fresh-water fish, trout

ត្រីស័ក 3rd (of the 10 year cycle)

ត្រីសូល៍ Siva's trident, three-pointed dagger

ត្រីអាំង barbecued fish

ត្រឹប to suck

ត្រឹម at, coincident with, as far as; correct, exact, proper

ត្រឹមតែ just, only, only so far as

ត្រឹមត្រូវ proper, good

ត្រឹមត្រូវតាមច្បាប់ lawful, legal

ត្រឹមនេះ right here, at this point

ត្រុក ៗ to be meek and unassuming, ostensibly stupid

ត្រុន ៗ in a subdued manner, bent over and inconspicuous

ត្រូវ /trəw/ must, have to; correct, exact; to hit, come in contact with; undergo, be subjected to

ត្រូវការ to need, want

ត្រូវចិត្ត to be satisfied with, to like

ត្រូវតែ absolutely must

ត្រូវនឹង consistent with

ត្រូវបានកំណត់ has been fixed, determined, set

ត្រូវបានអនុញ្ញាតឱ្យ have been granted permission to

ត្រូវអន្ទាក់ get caught in a trap

ត្រូវឱ្យ to require

ត្រួត stacked up, compounded

ត្រួតត្រា to supervise, oversee

ត្រួសត្រាយ to clear (jungle, forest, etc.), to prepare

ត្រើយ side, bank (of a river)

ត្រើយ (means of) support

ត្រើយត្រាណ (= ត្រើយ) support, sustenance

ត្រើយនាយ distant shore

ត្រើយម្ខាង the opposite bank

ត្រៀក a kind of palm tree

ត្រៀប to arrange, station, position (troops for battle)

ត្រៀបត្រា in a great crowd, spread around in great numbers

ត្រៀមខ្លួន to be ready, to be prepared

ត្រៀល a kind of vine

ត្រៀលស្វា monkey-vine

ត្រេក to indulge, gratify oneself; passionate

ត្រេកអរ /treik-qαα/ happy

ត្រែ bugle, trumpet

ត្រែង reed

ត្រៃត្រឹង្ស thirty-three (Skt)

ត្រៃបិដក /traybəydαq/ Tripitaka (the Three Baskets of Pali scripture)

ត្រៃបុរី a kingdom in the Himalayas (lit: three cities)

ត្រៃភព /tray-phup/ three stages of existence (i.e. desire, form, and formlessness)

ត្រុំ indigo

ត្រាំ to immerse, soak

ត្រាំទឹក to immerse, soak in water

ត្អូញ to complain about trifles, complain for effect

ត្អូញត្អែរ to complain

ថ

ថង់ pouch, purse

ថប់ to be stifled, out of breath; pent up, frustrated; have a negative premonition about

ថប់បារម្ភ to worry, be anxious

ថយ to back up, to withdraw

ថា to say; quotative conjunction which occurs after certain verbs of saying, thinking, etc.: that, as follows; if, given the fact that, since

ថា...ចុះ admittedly...but

ថាបើ if

ថាមពល /thaaməpŭəl/ energy, source of energy

ថាមភាព /thaaməphiəp/ strength, power

ថាវី /thaawii/ Thavi (pers. n.)

ថាស round tray; phonograph record

ថាឡៀរួបតែពីមាត់ to say without thinking

ឋិត to stand, be situated

ថុប to stop, quit (Lit)

ថុល្លា /thollaa/ personal name

ថូ vase

ថើប to kiss

ថេរ long period of time (Lit)

ថេរ (=ឋិតថេរ) firm, solid, permanent

ថេរនៅពុំបាត់ permanently (lit: stay without disappearing)

ថែ to take care of; to care, be concerned

ថែទាំ to take care of

ថែជួន care for

ថែន platform

ថែម to add, increase; in addition, more, also

ថែមទាំង while, in addition

ថែរក្សា /thae-rĕəqsaa/ to take care of

ថែវ corridor

ថៃ Thai

ថៃពាក់កណ្ដាល half-Thai

ថោ pottery urn

ថោក cheap; inexpensive

ថោកខ្លួន to debase oneself

ថោកជាងគេ the cheapest, least expensive

ថ្កាន toward, in the direction of

ថ្កើង great, illustrious

ថ្កើងថ្កាន great, illustrious, glorious

ថ្កើងថ្កែង (=ថ្កើងថ្កាន)

ថ្កៀប to grip with pincers

ថ្កុំថ្កើង big, important, impressive

ថ្ងាន់ a kind of tree with edible leaves

ថ្ងាស forehead

ថ្ងូរ to moan, groan

ថ្ងៃ day, sun

ថ្ងៃការ the wedding day

ថ្ងៃកំណត់ fixed date

ថ្ងៃខែ date

ថ្ងៃចន្ទ /tŋay-can/ Monday

ថ្ងៃត្រង់ noon, at noon

ថ្ងៃនេះ today

ថ្ងៃ ៥ កើត 5th day of the waxing moon

ថ្ងៃពុធ Wednesday

ថ្ងៃពេញបូណ៌មី /tŋay-pɨñ-bourəməy/ full-moon day

ថ្ងៃព្រហស្បតិ៍ /tŋay-prɑhŏəh/ Thursday

ថ្ងៃមិញ earlier today, previous part of the day

ថ្ងៃមុខថ្ងៃក្រោយ in the future

ថ្ងៃមុន previously, earlier

ថ្ងៃសុក្រ Friday

ថ្ងៃសៅរ៍ Saturday

ថ្ងៃអង្គារ Tuesday

ថ្ងៃអាទិត្យ Sunday

ថ្នម ៗ gently

ថ្នល់ street, route

ថ្នល់ជាតិលេខ ៦ National Route 6

ថ្នាក់ class, grade, stage, level

ថ្នាក់ចុងបំផុត final grade (13th year)

ថ្នាក់ថ្នម cherish, pamper, treat gently

ថ្នាក់ថ្នល់ terrace, bank, elevation

ថ្នាក់បណ្ឌិត /tnaq-bɑndɨt/ Doctorate

ថ្នោល boat-pole (for punting a boat)

ថ្នាំ tobacco; medicine, plant, herb

ថ្នាំពុល poison

ថ្នាំសង្កូវ medicine, drugs (Coll)

ថ្នះ in order to, with respect to

ថ្ពក់ to hook, catch at

ថ្ពាល់ cheek

ថ្ម stone

ថ្មកែវ marble

ថ្មបាយក្រៀម laterite, Bienhoa granite

ថ្មស /tmɑɑ-sɑɑ/ place name (lit: White Stone)

ថ្មារ (=ថ្មើរ) time, period (of the day)

ថ្មី new, recent, modern; again, over again

ថ្មីទៀត new, different, other

ថ្មី ៗ នេះ recently

ថ្មើរ time, period of the day

ថ្មើរនេះទៅហើយ at this late hour

ថ្មោងថ្មី (=ថ្មីថ្មោង) fresh, new

ថ្លស់ release, spring back

ថ្លា clear, transparent; (Lit) precious, excellent, perfect

ថ្លាឆ្វង crystal clear

ថ្លាថ្លែង to say, speak (Lit)

ថ្លាព្រថ្លា care-free, free of distractions, single-minded

ថ្លាង a large wide pot

ថ្លុក a water-filled hole; buffalo-wallow

ថ្លើម liver, heart, internal organ

ថ្លែង to say

ថ្លែង to shoot, fire (an arrow)

ថ្លែងកោតសរសើរ to praise, honor, respect

ថ្លែងព្រះសង្កថា to give an impromptu speech (Roy)
ថ្លែងសុន្ទរកថា to make a speech

ថ្លៃ price; expensive; priced; term of endearment: dear, precious one
ថ្លៃជាងគេ the most expensive

ថ្លៃថ្នូរ highly valued, prestigious

ថ្លៃថ្លា excellent, precious

ថ្លោះធ្លោយ to slip up, make a mistake
ថ្វាត់ frequent literary particle; sometimes has a perfective function
ថ្វាត់ថ្វាយ (=ថ្វាយ)

ថ្វាយ to give, present, make an offering to; for, toward (Eleg)
ថ្វាយជាព្រះរាជកិត្តិយសចំពោះ presented in royal honor of
ថ្វាយបង្គំ to greet respectfully, bow (with palms joined)
ថ្វាយសព្ទសាធុការ to bless, bestow a blessing
ថ្វី (=ហេតុអ្វី) why?, for what reason?; for any reason, at all
ថ្វីក៏ why, why is it that...?

ថ្វីដៃ outstanding achievement, meritorious result
ថ្វីបើ even though

ថ្វីមាត់ to have the power of magical speech

ទ

ទក odd (of numbers)

ទក់ wrinkled and worn (paper, cloth)
ទក្សិណ /teə̆qsən/ south (Lit)

ទង runner, tendril (of a vine)

ទង់ flag, banner

ទង់ដែង copper alloy

ទង់ទាញ (=ទាញទង់) pull this way and that
ទង់វ៉ា /tŭəŋwiə/ an alloy of red copper and gold, poor man's gold
ទង្គិច hit, strike against

ទង្គឹះ anxious, worried, feel anxiety about; emotion, grief
ទណ្ឌឃាត /tŏəndəkhjət/ to cancel; the symbol ̸

ទត to see, to look at, observe (Roy)
ទតឃើញ to see (Roy)

ទទា partridge

ទទាក់ទទាម be in the way, to interfere
ទទឹក wet, soaked

ទទឹង width; perpendicular, at right angles; opposed to
ទទឹងទាស់ to oppose, be opposed (to)

ទទុង large and indistinct, looming

ទទូរ to cover (part or all of the body) with a cloth
ទទួល to receive, accept, acknowledge; it happened that
ទទួលចាញ់ to concede defeat

ទទួលច្បាំង to accept the challenge (to fight)
ទទួលទាន to eat (referring to oneself)
ទទួលទានបាយ to have a meal

ទទួលបន្ទុក in charge of, responsible for
ទទួលពាក្យ to accept (criticism, orders, etc.) without question, to obey
ទទួលពេលនោះ it so happens that, it happened that
ទទួលព្រះរាជឱង្ការ undertake [to carry out] the king's words
ទទួលស្គាល់ជាផ្លូវការ to recognize officially
ទទួលអនិច្ចកម្ម to die (Formal)

ទទេ empty, void; free, gratis

ទទាំងទទាស to stagger, lurch from side to side
ទទះ to flap (the wings)

ទទ្រើក tremblingly

ទធាក់ដៃជើង to kick the arms and legs
ទន់ tender, soft

ទន់កាយា to feel weak (with fear), irresolute
ទន់ក្បាលជង្គង់ to be weak in the knees

ទន់ខ្លួន to go limp, become weak

ទន់ទាប low

ទន់ភ្លន់ soft, gentle, smooth

ទន្ទើន (=តន្ទើន) repeatedly (Roy)
ទន្ទាប to be low, flat
ទន្ទឹង to wait expectantly
ទន្ទឹងផ្លូវ to await impatiently
ទន្ទឹម to yoke, put side by side, pair off; side by side, abreast
ទន្ទេន gracefully, lithely
ទន្ទេង /tŭəntɛɛŋ/ gracefully, lithely (as a dancer)
ទន្ទេញ to memorize, repeat over and over
ទន្ទាំ to preen, throw out the chest, draw oneself up; gracefully
ទន្ទ្រំ to stomp the feet repeatedly, trample
ទន្លេ large river, waterway
ទន្លេចតុមុខ /tŭənlee-cattoq-muk/ the Four-Faced River (the intersection formed at Phnom Penh by four rivers: the Tonle Sap, the Upper Mekong, the Mekong, and the Bassac
ទន្លេធំ section of the Mekong River between Phnom Penh and Kampong Cham
ទន្លេបាសាក់ the Bassac River
ទន្លេមេគង្គ the Mekong River
ទន្លេសាប the Tonle Sap (the Sap River)
ទន្សាយ /tŭənsaay/ hare, rabbit
ទប់ to stop up, hold back
ទប់ទល់ to oppose, confront, face up to, resist
ទប់ទល់តនឹង opposing, against
ទប់មិនឈ្នះ unable to hold back, unable to stop
ទ័ព /toəp/ army
ទ័ពស្រួច vanguard, front-line forces
ទមិឡ Tamil (i.e. pagan, wicked person)
ទម្ងន់ weight
ទម្រង់ necessity [?]
ទម្រន់ to feign weakness, claim to be delicate
ទម្លាក់ to drop, cause to fall
ទម្លាប់ custom, tradition

ទ័យា (= ហឫទ័យ) /tɨyyiə/ heart, mind (Roy)
ទល់ opposed, opposite, at odds with; to prop, support laterally; to reach, touch, be against
ទល់ទុក្ខ facing grief, in misery
ទល់នឹង against, touching
ទល់ផ្លុក to get hurt (from falling)
ទល់មុខគ្នា face to face, opposite one another
ទល់មុខនឹងមាត់ face to face
ទស /tŭəh/ ten (Skt)
ទសពិធរាជធម៌ /tŭəhsəpɨttəriəccəthɔə/ the ten moral laws or standards for royalty
ទសមុខ the ten-headed one (i.e. Ravana)
ទសសហ័ស (=ទសសហស្ស) /tŭəhsəsahah/ 10,000 (P)
ទស្សនកិច្ច /tŭəhsənaqkəc/ visit, tour, observation tour
ទស្សនា /tŭəhsəniə/ to visit, tour, observe (Lit)
ទស្សនាវដ្ដី /tŭəhsənaawədəy/ journal, magazine
ទា duck
ទាក់ to trap
ទាក់ជើង to trip (iv)
ទាញ to pull, to draw out
ទាញទង់ to pull back and forth
ទាត់ to brush away, push away
ទាត់ទៀង (=ទៀងទាត់) true, exact
ទាន: /tiəneəq/ charity
ទាន់ while still, in time for; to catch up to, be in time for
ទាន់ចិត្ត to be quick (to satisfy someone's wishes)
ទាន់នេត្រា tangible, visible, immediate
ទាន gift; to give a gift; do the favor of
ទានព្រស formal response (inferior to superior)
ទាប low, short, flat
ទាបថោក cheap, lowly
ទាបនឹងដី flat on the ground

ទាយ to predict, foretell

ទាយលេខ to predict by numbers

ទាយក /tiəyŭəq/ Buddhist layman; the laity

ទារ to ask for; to reclaim

ទារក /tiəruəq/ baby (Lit)

ទាល់ until

ទាល់ក្រ destitute, poor

ទាល់ចំណេះ at wits' end, nonplussed

ទាល់តែ until

ទាល់តែសោះ at all, even a little

ទាស់ to be opposed, in opposition; to obstruct, block, prevent; to detract from, mar; to be stalled, stymied, stumped

ទាស់ទាល់ to oppose, be opposed to

ទាស់ទែង to have a dispute, have a disagreement, be at odds

ទាហាន /tiəhiən/ soldier

ទិញ to buy

ទិដ្ឋភាព /tɨttəphiəp/ aspect

ទិទៀន to criticize

ទិន day (Lit)

ទិនករ /tɨnnəkαα/ sun (Lit)

ទិប-ម៉ម Tip Mâm (pers. n.)

ទិព្វ /tɨp/ magic, magical, capable of being evoked by magic

ទិព្វចក្ខុ /tɨppəcaq, -caqkhoq/ magic eyes

ទិព្វសង្វារ Tip Sangvar, Hero of the poem of the same name (lit: Magic Sash)

ទិវង្គត /tiq-wŭəŋkŭət/ death; to die (Roy)

ទិវា day (Lit)

ទិស /tɨh/ direction (Lit)

ទិសទក្សិណ /tɨh-tĕəqsən/ the south (Lit)

ទិសនិរតី /tɨh-niərədəy/ the southwest (Lit)

ទិសបស្ចិម /tɨh-bahcəm, -baccəm/ the west (Lit)

ទិសបូព៌ /tɨh-bou/ the east (Lit)

ទិសប្រាំបី all around, everywhere (lit: in the eight directions)

ទិសពាយ័ព្យ /tɨh-piəyŏəp/ the northwest (Lit)

ទិសអាគ្នេយ៍ /tɨh-qaqknee/ the southeast (Lit)

ទិសឦសាន /tɨh-qəysaan/ the northeast (Lit)

ទិសឧត្តរ /tɨh-qotdαα/ the north (Lit)

ទិសា (=ទិស) direction

ទី place; having the status, title, or position of; ordinalizing prefix

ទីកន្លែង place, site

ទីកំសាន្ត amuse oneself, enjoy oneself (Roy)

ទីក្រមការជាន់កណ្ដាល middle level of the civil service

ទីក្រុង city

ទីក្រុងព្រះសីហនុ Sihanoukville

ទីគាប់ចិត្ត pleasing

ទីដប់ប្រាំ fifteenth

ទីដែន territory, land

ទីដៅ goal, objective, destination

ទីទួល mound, elevated site

ទីទែន bed (Roy)

ទីទៃ other, different, opposite, respective; separately, respectively

ទីទៃ ៗ separately; each to his own

ទីធ្លា courtyard, clearing

ទីនាំង royal conveyance

ទីបំផុត the extremities; extremely; the end

ទីប៉ុស្តិ៍ /tii-poh/ post office

ទីផ្ទាំងក្រោម base, platform, terrace

ទីពីរ second

ទីពឹង to stay, take refuge, take shelter; guardian, source of support, refuge

ទីពោព្រុយ a large fish

ទីព្រះលានស្ដេច the Royal Terrace

ទីភ្ជួយក្រសួងវិជ្ជ deputy minister

ទីមួយ first, number one

ទីស្នាក់នៅ abode, residence

ទីរួមខេត្ត provincial capital

ទីលាន yard, court, field

ទីលានជី terrace, pavilion

ទីលំនៅ address, residence

ទីវាល open space, field

ទីវិហារដ្ឋាន temple site

ទីស្នាក់ការ headquarters

ទីស្ដីការ administrative office

ទីស្ថាន /tii-sthaan, tii-thaan/ place, establishment

ទឹក water; head-word in compounds describing liquids

ទឹកកក ice; snow

ទឹកក្រូច orange juice

ទឹកខ្មៅ name of a former province (lit: black water)

ទឹកខ្មៅ ink

ទឹកគ្រឿង a spicy, pungent sauce

ទឹកឃ្មុំ honey

ទឹកចិត្ត morale, spirit

ទឹកឆៅ unboiled water

ទឹកជន់ flood, flood-water

ទឹកដោះ breast milk

ទឹកដោះគោ (cow's) milk

ទឹកព្រះនេត្រ tears (of clergy, royalty, or the Buddha)

ទឹកភ្នែក tears

ទឹកមាត់ saliva

ទឹកមុខ expression (on the face)

ទឹកអប់ perfume

ទឹម to yoke (to)

ទឹម to take an aggressive stance with hands on the hips

ទុក to put, keep, leave (aside)

ទុកកន្ទុយសំឡេង to emphasize a word by drawing it out

ទុកចិត្ត to trust, have confidence (in)

ទុកជា to consider as; although, even though

ទុកជាដូចម្ដេច somehow, one way or another

ទុកជាមុន beforehand

ទុកដាក់ to take care of

ទុកដាក់ផ្ញើ to entrust to, trust someone (with)

ទុក...ដូច to consider...as

ទុកយូរ...មិនបាន can't delay

ទុកឱ្យ for, on behalf of

ទុក្ខ to be unhappy, sad; sadness, grief

ទុក្ខទោស suffering, difficulty, problems, trouble

ទុក្ខវេទនា /tuk-weetənia/ misery, grief

ទុក្ខសោក grief

ទុក្ខា (=ទុក្ខ)

ទុគ៌ត /tuurəkŭət/ destitute, miserable

ទុគ៌ម /tuurəkum/ deep, remote, profound

ទុច្ចរិត /tuccərət/ dishonest, evil

ទុង pelican

ទុព្វល /tuppŭəl/ debilitated

ទុរជន (=ទុជ៌ន) /tuurəcŭən/ evil-hearted person

ទុរគត /tuurəkŭət/ destitute

ទុរន់ទុរា feeble, racked with illness

ទុរេន durian

ទូ cabinet, chest

ទូក boat

ទូកង long curved boat which carries two rows of rowers

ទូង to sound, to strike (gong, drum, etc.)

ទូច_គីម Touch Kim (pers. n.)

ទូទៅ (=ទូទៅ) all, in general, generally

ទូន្មាន /tuunmiən ~ tuulmiən/ to advise, instruct, teach, discipline

ទូន្មានអាត្មា discipline oneself, instruct oneself (morally)

ទូរ remote, distant

ទូរលេខ /tuurəleik/ telegram

ទូរេ far, distant

ទូល carry on the head

ទូល to tell, to inform (to clergy, or royalty)

ទូលទុក្ខ to undergo suffering, endure grief; recite one's woes

ទូលព្រះបង្គំ I (first person pronoun used in addressing royalty)

ទូលព្រះបង្គំជាខ្ញុំ I (addressing royalty)

ទូលាយ wide, spacious

ទូលំទូលាយ broad, spacious, vast

ទូ all, all of

ទួញ to lament, weep loudly

ទួល hillock, mound

ទើប then, only then; so, consequently

ទើបតែ to have just (+ Verb)

ទើបតែនឹង to have just (+ Verb)

ទើបតែនឹងរះលោះ has just risen (of the sun or moon)

ទើបនឹង (= ទើបតែនឹង)

ទើបនឹងកោរថ្មីៗ newly-shaven

ទើរ to catch, snag, hang up (as a raft against an overhanging limb)

ទើល to stand in the way, to block

ទើលទាក់ unpolished, inappropriate

ទើលទាល់ reluctantly

ទើលភ្នែក to distract, be conspicuous, offend the eyes; to bother

ទៀង precise, exact, straightforward, honest

ទៀង to continue

ទៀងត្រង់ honest, straightforward

ទៀងទាត់ precise, exact; really, truly

ទៀងទុក reliable, precise, dependable

ទៀត again, further, additional

ទៀន candle

ទៀប near, close to; nearly, almost

ទេ final negative particle; final emphatic particle; final question particle (in yes-or-no questions)

ទេដឹង perhaps

ទេតើ /tee-taə/ is a compound particle which always involves an element of disclaimer: 'contrary to what I thought, contrary to what was implied, contrary to appearances, etc.'; the best general translation might be 'on the contrary', but its specific translation will depend on the context: 'just, only, really only, really?, etc.'

ទេពតា /teepədaa/ god, angel

ទេពធីតា angel

ទេពប្រណម្យ /teep-prɑnɑm/ buttress in the form of a praying angel

ទេពមនោរម /teep-mənoorum/ Têp Monorom (name of a ballet)

ទេពសម្ភារ heavenly virtue

ទេព-ហ៊ុន Tep-Hun (pers. n.)

ទេពី (=ទេវី) queen, royal wife

ទេព្តា (=ទេពតា) gods, angels

ទេព្រក្ស guardian angels

ទេវកថា /teewĕəqkəthaa/ mythological epic, supernatural tale

ទេវង្ស angels, benevolent spirits

ទេវតា /teewədaa/ angel

ទេវតាឃ្វាលគោ devata who guards cattle

ទេវបុត្រ male divinity, god

ទេវរុក្ខ /teewəruk/ spirit of the forest

ទេវលោក /teewəlook/ realm of the gods, divine beings

ទេវវិទូ /teewĕəqwituu/ theologian

ទេល to drift about, look around prospectively

ទេសចរ /teehsəcɑɑ/ tourist, tourism;

to sightsee

ទេសនា /teehsənaa/ to recite the scriptures, give a sermon

ទេសភាព /teehsəphiəp/ view, landscape, nature, aspect

ទៃង clear, bright; extremely (intensifier for colors and certain other adjectives)

ទៃង to defend

ទៃន to sleep; bed, couch (Roy)

ទើ a long narrow sack tied at both ends and suspended from the shoulder

ទោ two (usually in compounds)

ទោង a swing

ទោមនស្ស /too-mənŏəh/ frustrated, disgusted with oneself

ទោស fault, wrong, guilt, culpability; punishment

ទោសៈ injurious effect of bad actions

ទោស័ក second (of the 10 year cycle)

ទោសោ (=ទោសៈ) anger

ទោះ although, even though; if

ទោះ...ក្តី...ក្តី whether...or

ទោះបី although

ទោះបី...ក៏ដោយ even though, no matter what

ទោះយ៉ាងណា...ក៏ no matter what, even though

ទោះយោបី if, even if, although, no matter

ទៅ to go; to, toward; orientation away from speaker in space or time (aspectual adverb)

ទៅក៏ទៅ fine, okay, let's go

ទៅកាត់ to pass by, go past or through

ទៅកាន់ toward

ទៅខាងក្រោយ backward, toward the back

ទៅចុះ go ahead, do

ទៅជា to become

ទៅដល់ to arrive at, to come upon

ទៅណាមកណា to go anywhere, to go around

ទៅតាម go looking for, go for

ទៅទល់នឹង up until

ទៅមក ៗ back and forth

ទៅមករកគ្នា to visit back and forth intimately; back and forth

ទៅមុខ in the future

ទៅលើ bring about, result in, involve

ទៅវិញទៅមក back and forth, reciprocally

ទុំ ripe; rich, deep, extremely (intensifier for red, yellow, gold)

ទុំទាវ Tum-Teav, Cambodia's best-known epic romance

ទំ /tum/ to perch

ទំនង way, manner, method; likely, credible

ទំនងការ procedure

ទំនងការកសាង method of construction

ទំនងជា looks as if, seems that

ទំនងទំនាយ fate, destiny

ទំនងភាព form, aspect, appearance

ទំនប់ dam, barrier

ទំនាយ prediction

ទំនិញ merchandise

ទំនុក poem, verse, song, composition

ទំនុកបំរុង provide assistance for, undertake (to), take responsibility for

ទំនូល words, message (Arch)

ទំនួញ a lament, wail, cry

ទំនួល ease, fluency, smoothness

ទំនើប modern, recent

ទំនៀមទំលាប់ (=ទំនៀមទម្លាប់) customs, culture

ទំនេរ /tumnee/ free, vacant

ទំនេរដៃ to have free time

ទំព័រ /tumpɔə/ page

ទំពា to chew

ទំពាអៀង to ruminate, chew the cud

ទំរង់ ring (Roy)

ទំរាំ until

ទំលាក់ to put down, set down, cause to fall

ទំលាយ to pierce, penetrate, traverse, push through

ទំហឹង effort

ទំហំ /tumhum/ size, dimension, area

ទំហផី surface area

ទំហផ្ទៃ surface, area

ទាំង all of, including, even to the extent of

ទាំង...ទាំង both...and

ទាំងថ្ងៃទាំងយប់ both day and night

ទាំងទើសទាំងទាល់ reluctantly

ទាំងទ្វេ both

ទាំងនេះ all these

ទាំងប៉ុន្មាន ៗ all that there was, all of it, however much

ទាំងពីរ both

ទាំងពួង all together, the whole group

ទាំងមូល all, altogether, the whole

ទាំងស្រុង completely, wholly, entirely

ទាំងហ្វូង ៗ /tĕəŋ-wouŋ, tĕəŋ-wouŋ/ in groups

ទាំងឡាយ all

ទាំងអស់ all, everything; all together

ទាំងអៀនអន់ shyly, diffidently

ទះ to slap, to beat

ទះដៃ clap the hands, to applaud

ទ្រ to support from underneath

ទ្រ a two-stringed musical instrument

ទ្រគោះ crude, improper, excessive, nasty, rude

ទ្រង់ shape, form

ទ្រង់ an auxiliary which precedes verbs describing royal action; also used as a royal 3rd person pronoun

ទ្រង់ to do; to put on; to hold (Roy, Clergy); to possess, embody (Lit)

ទ្រង់គ្រឿង to don one's regalia

ទ្រង់ទ្រាយ shape, form

ទ្រង់ព្រះចិន្តា to think, consider (Roy)

ទ្រង់ព្រះតំរិះ to think, decide (Roy)

ទ្រង់ព្រះមកុដ to put on a crown

ទ្រង់ព្រះរាជបញ្ជា to order, command (Roy)

ទ្រទូង to hold over the head

ទ្រទ្រង់ to support, enhance

ទ្រទ្រង់តួវ to represent, symbolize

ទ្រនុង fin

ទ្រនំ a perch; Fig: home

ទ្រនំអាស្ងួត cock-perch tree

ទ្រព្យ /trŏəp/ wealth, possessions, belongings

ទ្រព្យសម្បត្តិ /trŏəp-sɑmbat/ wealth, possessions, fortune

ទ្រព្យស្រមាល valuables, small belongings (i.e. which can be carried off)

ទ្រព្យា (=ទ្រព្យ) /trŏəpyiə/

ទ្រម beaten up

ទ្រមក់ sluggish, lazy, drugged with sleep

ទ្រយឹង a tree with edible fruit

ទ្រលោម forming a mass of flames; forming a great cloud

ទ្រវត្រ្តបុ /trɔwŏəttrəpoq/ Dravattrapu (hell for those who usurp the rights and property of others)

ទ្រហឹង /trɔhɨŋ/ deafening; clamorous (ly)

ទ្រហឹងអឹងកង /trɔhɨŋ-qəɨŋ-kɑɑŋ/ tumultuously, clamorously

ទ្រហោ to wail, moan loudly

ទ្រាប់ to put under, to cushion

ទ្រាប់អង្គុយ use as a seat

ទ្រាយ a kind of deer

ទ្រឹស្តី /trɨhsdəy/ theory

ទ្រុង cage

ទ្រូ a cylindrical fish-trap

ទ្រូង chest, breast

ទ្រើង frame, lattice, trellis

ទ្រើស to be slightly larger (than)

ទ្រើសឈ្លួង arrogant, wayward, mean

ទ្រហ៊ីងទ្រហោះ (=ទ្រហោះទ្រហ៊ីង) to cry, wail, screech (of animals)

ទ្រហោះទ្រហ៊ីង to cry, wail, screech (of animals)

ទ្រាំ to withstand, endure

ទ្រាំមិនបាន unable to stand (it)

ទ្រាំង name of a former province (now a /srok/ in Takaew)

ទ្វារ /twiə/ door, opening

ទ្វារកញ្ចក់ mirrored door

ទ្វារខ្មោច Spirit Gate

ទ្វារជ័យ Victory Gate

ទ្វី both

ទ្វីប continent (n)

ទ្វេ two, double

ទ្វេគុណ /twee-kun/ squared

ទ្វេតា (= ទ្វេតារ) both (lit: two persons)

ធ

ធន /thŭən/ wealth, possessions

ធនធាន /thŭən-thiən/ wealth, belongings; resources, funds

ធនាគារ /thəniəkiə/ bank (Lit)

ធនាគារជាតិនៃកម្ពុជា National Bank of Cambodia

ធម៌ /thɔə/ dharma: the law, the scriptures

ធម៌ when following a kinship term: adopted, foster

ធម៌មេត្តា compassion

ធម្មការ /thŏəmməkaa/ (Ministry of) Religion

ធម្មជាតិ /thŏəmməciət/ nature, natural environment

ធម្មតា /thŏəmmədaa/ usual, ordinary; usually

ធម្មនុញ្ញ /thŏəmmənuñ/ constitution

ធម្មរាជា Dharmaraja (King of Cambodia, 1473-1504, father of Chan Raja)

ធរណី /thɔɔrənii/ ground, earth (Lit)

ធាក់ to kick, pedal (with the sole of the foot)

ធាតុ /thiət/ nature, natural element

ធាតុ /thiət/ cremated remains, ashes

ធាតុអាកាស weather, climate

ធារ immense, huge

ធានា to assure, promise, undertake, guarantee

ធារធំ (=ធំធារ) huge, immense

ធារា pile, heap; Poetic: many, in great numbers

ធារាសាស្ត្រ hydraulics

ធីតា /thidaa/ girl, daughter (Lit)

ធុង barrel, cask

ធុញ to be bored

ធុញថប់ to be bored, discouraged

ធុន model, type

ធុន សែម Thun Sèm (pers. n.)

ធុរៈ affairs, duties; trouble

ធុលី (=ធូលី) dust, dirt (Lit)

ធូប incense, joss sticks

ធូរ lenient; not tight (rope, tire); relaxed, at ease

ធូរក្ដងចិត្ត relieved, relaxed

ធូលី dust, dirt

ធួ a Chinese game of chance

ធួក ប៊ិន Thuok Binn (pers. n.)

ធួន to pamper, take care of, be careful with; appropriate, fitting

ធៀប to compare

ធេង completely

ធេងធោង to feel dizzy, wobbly

ធុំ to smell (give off an odor)

ធំ /thom/ big, important

ធំ ៗ big, mature (plural)

ធំដុំ important; grand; serious

ធំទូលាយ spacious

ធំធេង spacious, vast (Eleg)

ធ្ងន់ heavy, serious

ធ្ងន់ធ្ងរ serious, heavy

ធ្នូ bow, crossbow; December

ធ្នុង pectoral fin

ធ្មេច to close the eyes

ធ្មេញ tooth

ធ្មេញត្រី a kind of small tree (lit: fish teeth)

ធ្យាន to meditate

ធ្យាន have the power to transport oneself magically

ធ្លា clearing, expanse

ធ្លាក់ to fall

ធ្លាក់ទឹកមុខ to adopt a sombre expression, to fall (of the face)

ធ្លាប់ used to; accustomed to

ធ្លាប់តែ used to, always used to

ធ្លាយ to be punctured, pierced

ធ្លុះ to pierce, penetrate

ធ្លុះធ្លាយ perforated, full of holes

ធ្លោយ to overstep, misstep, make a mistake (with unfortunate results)

ធ្លោយប្រាប់ to tell unintentionally, to let slip

ធ្វើ to do; to make; to build; to repair (cars, etc.); to clean (fish); to pretend; to curse

ធ្វើកសិកម្ម to farm, be a farmer

ធ្វើការ to work

ធ្វើកិច្ចមួយ perform an act

ធ្វើក្បាលងឺងើ ៗ to look perplexed, confused

ធ្វើខុសឆ្គង to make mistakes, misbehave, be in the wrong

ធ្វើឃាត to kill (Roy)

ធ្វើឃាតកម្មខ្លួនឯង to commit suicide

ធ្វើចិត្តជា to remain patient

ធ្វើជា to pretend (to), pretend (that)

ធ្វើដំណើរ to travel

ធ្វើតាម to follow, to imitate

ធ្វើត្លុកក្រមាច់ to act the clown

ធ្វើទុក្ខទោស to mistreat, to abuse

ធ្វើទុក្ខបុកម្នេញ to abuse, mistreat

ធ្វើបង្ខូច to ruin, destroy

ធ្វើបាប to do wrong, mistreat

ធ្វើបុណ្យ to hold a ceremony, celebration

ធ្វើ...បែក to be able to beat off, overcome

ធ្វើពី made of

ធ្វើពុតជា to pretend that, act as if

ធ្វើពើ to pretend (to)

ធ្វើព្រះរាជដំណើរ to make a trip, travel (Roy)

ធ្វើមុខ make a face

ធ្វើមុខភ្លឹះ ៗ with a stupified expression

ធ្វើលេង do for fun, do as a pastime

ធ្វើស្រើស្រោះ to sulk, be aloof

ធ្វើស្រែ to rice-farm (lit: make rice-fields)

ធ្វើស្លាប់ to play dead

ធ្វើឲ្យ to cause

ធ្វើអ្វី why, what for?

ធ្វេធ្វេស (=ធ្វេស) be careless, negligent

ធ្វេស to be careless

ធ្វេសធ្វេ (=ធ្វេសទ្វេ) to be doubly negligent, doubly neglectful

ធ្វេសប្រហែស to neglect, be careless

about

ធ្វេសប្រាណ be off guard, careless of one's safety

ន

នគរ /nɔkɔɔ/ alternative form of អង្គរ

នគរធំ Nokor Thom (pl. n.)

នគរបាល /nɔkɔɔbaal/ police, municipal police

នគររាជសីមា Nokor Raja Sima (the present Thai province of Nakorn Ratchasima)

នគរវត្ត name of a revolutionary newspaper in 1936; older name for Angkor Wat

នង្គ័ល /neǎŋkoǝl, nəŋkoǝl, ŋkoǝl/ plow (n)

នទី /nɔɔtii/ river, ocean (Lit)

នវៀល to twist and turn, roll about

ននោង a kind of rough-skinned squash, Chinese okra

នព្វស័ក /nuppəsaq/ 9th year (of the 10-year cycle)

នព្វគុណ /nuppəkun/ nine-tenths pure (of gold)

នភា sky, air (Lit)

នមស្ការ /neǎqmahsəkaa/ to pay homage, worship, bow before

នមោ beginning of a sacred incantation which prefaces the recitation of the Pali syllabary

ន័យ /nɨy/ meaning, content

នយោបាយ /nəyoobaay/ politics, policy; political

នរក /nɔruǝq, nəruǝq/ hell

នរណា /nɔnaa/ who?

នរនាថ /nɔɔniət/ king, protector

នរនោះ /nɔnuh/ that person

នរបតី /nɔruppədəy/ ruler, master; the king

នរលក្ខណ៍ /nɔɔreəq-leǝq/ human quality, characteristic

នរូ (=ជន, មនុស្ស) /nɔɔruu/

នរអ្នកណា whoever, anyone [who]

នរអ្នកផង whoever, anyone [who]

នរោត្តមបុប្ផានី /nərootdɑm-bopphaanii/ Norodom Bophani (pers. n.)

នា at, in, with regard to

នាក់ specifier for persons of ordinary estate

នាកាល circumstances, situation

នាគ dragon

នាគនាថ (=នាគនាថ) Naga Chief

នាគព័ន្ធ /nieq pŏən/ Neak Pean (lit: the encircling Naga)

នាគរាជ /nieqkəriəc/ King of the Nagas, Naga King

នាគា (=នាគ) Naga (as the traditional food for Garuda)

នាគេន្ទ្រា (=នាគ + ឥន្ទ្រា) (Indra's) elephant

នាង Miss; young lady (title or pronoun for women younger than speaker, or for young boys)

នាដើ ring finger

នាងឆោមឆាយ beautiful maiden

នាងម្អូក people of rank, nobility

នាថ master, chief

នាទី minute; duty, function

នាទីជា to have the duty of

នានា various, different

នា...នា whether...or

នានាប្រទេស foreign, abroad, various countries

នាបី even if; usually (Lit)

នាភី navel (Roy)

នាម name

នាម a small two-man fishing net

នាមា name (នាម + ា; a device frequently used for rhyming purposes)

នាយ chief, head (functions like នាក់); Mr. (Arch)

នាយ distant, yonder

នាយក /nieyuǝq/ chief, head, sovereign

នាយកចាត់ការ /nieyuǝq-cat-kaa/ chief, supervisor

នាយករដ្ឋមន្ត្រី /nieyuǝq-roǝt-mŭəntrəy/ prime minister

នាយកសាលារៀន principal, headmaster

នាយទ្វារ chief gatekeeper

នាយបំរើ male servant

នាយរដ្ឋករសាធារណការ chief of Public Works

នាយយក្ស ogre chief

នារទេស /niərəteeh/ to exile

នារាយណ៍ /niəriəy/ Narai (another name for Vishnu)

នារាយណ៍កាឡា the power to change one's form

នារាយណ៍រ័បឋភាគ the power to subdivide, multiply oneself

នារី young unmarried girl

នាលោកិយ /niəlookəy/ this life, this world (as opposed to the next world)

នាវា boat, ship

នាសា nose (Roy, Lit)

នាម៉ឺន /niəməɨn/ official, mandarin

នាម៉ឺនមន្ត្រី government officials

នាម៉ឺនសព្វមុខមន្ត្រី all the officials

នាឡិកា /niəlekaa/ watch, clock

និករ group, host (of stars, angels, etc.)

និគម /nikum/ group of villages, community

និគ្គហិត /niqkəhət/ the symbol ំ

និត្យ /nɨt/ closely

និទាន to tell, relate; a story, tale

និទ្រា /nɨntriə/ to sleep; sleep (Lit)

និទ្រាលក់ to sleep (Lit)

និន្ទា to criticize, gossip about

និពន្ធ /nipuə̆n/ to write, compose (Lit)

និព្វាន /nipiən/ Nirvana

និមន្ត /nimuə̆n/ to walk, to go; to invite (Clergy)

និម៌ល (=និម្មល) pure, faultless

និមួយ /nimuəy/ each

និមួយ ៗ each, the various

និម្មល /nimmuə̆l/ perfect, faultless

និយម /niyum/ to like, prefer; popular, preferred; suffix: -ism

និយាយ to speak

និយាយដើមគេ to make comments about people, make insinuations about others, to gossip

និរតណ្ហា /niərətannəhaa/ absence of passion

និរតី /niərədəy/ southwest (Lit)

និរទុក្ខា /niərətukkhaa/ absence of pain, lack of suffering

និរទោស /niərətooh/ blamelessness, innocence, absence of guilt

និរន្តរ៍ /niqrŏən/ all the time, always

និរាស to be separated

និរុច្ឆ្វាស /niruccwaasaq/ Nirucchvâsa (hell for violent people)

និរុត្តិសាស្ត្រ /niruttəsaah/ philology

និវត្ត /niwŏət/ to return

និស្សិត /nihsət/ student

នីតិកម្ម /niiteqkam, nəyteqkam/ jurisdiction, jurisprudence

នីតិកាល /niiteqkaal, nəyteqkaal/ legislature

នីតិក្រម /niiteqkrɑm, nəyteqkrɑm/ law, statute

និល /nɨl/ black diamond

នឹក to think of, miss

នឹកខឹង to become angry, get mad

នឹកខ្នាញ់ to be put off by, feel irritated or disgusted by

នឹកឃើញ to remember, realize

នឹកចង់ to desire, to covet

នឹកដើម to think about, call to mind, have occur to one

នឹកនា to miss, remember nostalgically

នឹកប្រួចថា to have a sudden inspiration that, to occur (to one) that

នឹកមមៃ to think continually about something

នឹករលឹក /nɨk-rɔlɨk/ to miss, long for, remember

នឹកសូត្រ to recite mentally

នឹកស្តាយក្រោយ to regret (afterward)

នឹកអស់សំណើច to feel like laughing

នឹង and, with; about, concerning

នឹង still, stationary, stable, steady
នឹង auxiliary of incipient action: will, about to, intend to
នឹងគេ like other people

នឹងធួន quiet, reserved, sedate; stable, steady
នឹម yoke; pair, team (of oxen, etc.)
នឹមនួនល្អង fair, beautiful (of complexion)
នុះ general demonstrative used to refer back to a previously expressed (or implied) action or idea

នុ៎ះ /nuh!/ there!

នុ៎ះន៎ /nuh-nɔɔ!/ there it is!

នុ៎ះហ្ន៎ /nuh-nɔɔ/ there!, there it is!

នូវ /nɨw/ according to, consisting of; with, at, and, including

នួត to massage (Thai)

នួន fair, beautiful (of complexion)

នួននាង girl, maiden

នួនស្រី a variety of jasmine

នឿយ to be burdened, overworked, tired; tiring
នឿយណាយ to tire, flag

នឿយហត់ to be tired; tiring

នេត្រ eye (Lit)

នេត្រា (=នេត្រ) eye (Lit)

នេន /neen/ novice, title for a novice monk
នេសាទ /nesaat/ to fish; fishing; fisherman
នេះ this, here

នេះឯង this (previously referred to)

នែ there, see there; hortatory particle used by an elder to a child or student
នែចៅ Now, child!; now listen to me, child
នែប near, close, intimate

នែបនិត្យ close, intimate

នៃ of (Formal)

នោះ that, there; the referred to

នៅ /nɨw/ to live, reside, remain, be situated (at); at, in; still, still in the process of, remain
នៅកំលោះ to be still a bachelor

នៅក្នុងចំណោម among

នៅក្នុងអំណាច be under the care of

នៅចាំ to wait (for), be waiting

នៅតែផ្ទះ just stay home

នៅថ្ងៃមុខ in the future

នៅទីបំផុត at the end, finally

នៅទីបញ្ចប់ in conclusion, finally

នៅផ្ទះគេ in one's home

នៅសងខាង at the sides

នៅឡើយ still, up to the present

នំ confection, anything made with flour
នំគម a sweet pastry

នំចំណី food, snack

នំនែក confections, cakes, sweets

នំអន្សម rice cake made of glutinous rice and pork or banana
នាំ to take, lead; cause, lead to

នាំគ្នា to go together, accompany each other
នាំពា to care, be concerned

នាំការពិភាក្សា to bring up for discussion
នាំពាក្យ to make insinuations, tattle-tale, incite trouble

ប

បក to peel; (Coll) to translate

បក់ to blow (of the wind); to fan (with a fan); to heat, flap, rustle (of leaves)
បក្សា /paqkhaa/ wings; birds

បក្ស /paq/ political party or camp

បក្សពួក party, group

បក្សសម្ព័ន្ធ allies

បក្សា /baqsaa/ (P. plural) birds; male bird

បក្សី /baqsəy/ birds, the bird kingdom

បង older sibling; older friend or relative of one's own generation; I (husband to wife, or older to younger sibling or friend; you (wife to husband, or younger to older sibling or friend)

បងជីដូនមួយ older cousin

បងថ្លៃ older in-law

បងធម្ម /baaŋ-thɔə/ foster brother

បងប្រុស older brother; older male friend or relative

បងប្អូន older and younger siblings, brothers and sisters

បងប្អូនញាតិសន្តាន relatives

បងស្រី older sister

បង់ to discard, abandon, waste, lose

បង់គំនិត to be fooled by, duped by

បង់ត្រី to cast (a net) for fish, to fish with a net

បង់បាត់ disappear, be abandoned

បង់ម្សៀត needlessly, to no good purpose

បង់សៀត worthless, good for nothing

បង្កង lobster, crayfish

បង្កាត់ start (a fire)

បង្កាត់ net (for catching animals)

បង្កាត់ភ្លើង to start a fire

បង្កាន់ដៃ receipt, deed, affidavit; railing, bannister

បង្ការ to prevent, to deter

បង្កើត to originate, establish, give birth to

បង្កើតរឿង to sow discord, instigate trouble, incite bad feeling

បង្កើន to increase (tv)

បង្កើយ very near

បង្កើល to run aground, beach (tv)

បង្ក្រាប to put down, quell

បង្ខិតបង្ខំ to force; to press (for)

បង្ខូង to inset, make a depression

បង្ខូច to ruin, destroy

បង្ខំ to force, to insist

បង្ខាំង to confine, to shut up

បង្គង bee-limb

បង្គន់ toilet

បង្គាប់ to order; to command

បង្គី a flat basket used to carry earth

បង្គោល pillar, support

បង្គៅ a kind of litchi

បង្រៀន to teach

បង្វិច bundle

បង្វិល to spin, to turn (something) around

បង្វែរ to offer, give

បង្ហាញ to show, point out

បង្ហាត់ to train, drill (tv)

បង្ហូត to draw out, let out on a string or pole

បង្ហួស to go beyond

បង្ហើរ to fly (something)

បង្ហើយ to finish, to complete

បង្ហោះ to fly (something), cause to fly, bear off into the air

បង្អង់ to delay, slow down

បង្អត់ to withhold (usually food), to starve (tv)

បង្អស់ most, last, most of all

បង្អាក់ to hinder

បង្អួច window

បង្អួត to show off

បង្អែម dessert, sweets

បច្ច័យ /paccay/ money (Clergy)

បច្ចាមិត្ត /paccaamɨt/ enemy

បច្ចុប្បន្ន /paccobɑn/ now, the present, modern times

បច្ចុប្បន្នកាល /paccəbɑnnəkaal/ the present

បច្ចេកទេស /paccaekəteeh/ technique; technical

បញ្ច /pañcaq/ five (in compounds)

បញ្ចសីលា /pañcaq-səylaa/ the Five Principles (refers only to the Five Principles of peaceful coexistence)

បញ្ចង់ fine, detailed, carefully done

បញ្ចប់ to end, bring to a close

បញ្ចិន្ទ្រិយ /pañcəntrii/ the five senses (Fig. consciousness, wisdom, intellect)

បញ្ចុក to feed by hand

បញ្ចុះ to reduce, lower, put down

បញ្ចុះខ្មោច to bury a corpse

បញ្ចុះបញ្ចូល to persuade, solicit, enlist (support)

បញ្ចុះបឋមសិលា to lay the corner stone (i.e. the first stone)

បញ្ចូល cause to enter, put into

បញ្ចូលអារក្ស instill a spirit (in a medium); cause (a medium) to be possessed by a spirit

បញ្ចើ to flaunt, show off

បញ្ចៀស indirectly (adv); to avoid (tv)

បញ្ចេញ express, issue, expel; to show off

បញ្ចេញបញ្ចូល to change, alter (lit: to invent and add)

បញ្ចេញរាង to show off (one's body)

បញ្ចេញសម្លេង to utter

បញ្ជោរ to curse, vilify

បញ្ជោរបញ្ចៀស to slander, malign, insinuate

បញ្ចាំ to pawn, pledge; prepared, made ready, put in place beforehand

បញ្ចាំចិត្ត to betroth, be betrothed

បញ្ឆិតបញ្ឆៀង to equivocate, allude to (indirectly)

បញ្ឆោត to deceive

បញ្ជា to order

បញ្ជាក់ to clarify, explain

បញ្ជាការ command (n)

បញ្ជី list, register, record, table (n)

បញ្ជីជាតិ birth certificate

បញ្ជូន to send

បញ្ជូនទៅនឹង to send to, on behalf of

បញ្ឆេះ to provoke, egg on, taunt

បញ្ឈប់ to bring to a stop, to stop (tv)

បញ្ឈរ to stand on end (tv); cause to stand

បញ្ឈរទ័ព arrange troops in formation

បញ្ញវ័ន្ត /paññəwan/ intellectual, educated person

បញ្ញា /paññaa/ intelligence, reason, wisdom, insight, knowledge

បញ្ញាធិការ superior intelligence, great intelligence

បញ្ញាសជាតក /paññaasaq-ciədɑq/ Fifty Jatakas (50 apocryphal birth stories not included in the Tripitaka, but very popular in Cambodia, Laos, and Thailand)

បញ្ញាសម្បទា the possession of wisdom

បញ្ញាក់ (=ពញ្ញាក់) /pəññĕəq/ to startle

បញ្ហា /paññəhaa/ problem, issue

បដិមា /patdemaa/ image, statue

បដិវត្តន៍ /paqdewŏət/ revolution, revolutionary

បដិសណ្ឋារៈ /padeqsɑnthaarĕəq/ greeting, welcome

បដិសណ្ឋារកិច្ច /pədeqsɑnthaarəkec/ greetings

បដិសន្ធិ /padeqsɑnthiq/ conception, rebirth, creation, ongoing cycle

បដិសេធ /patdesaet/ to cancel, kill; the symbol -

បណ្ឌវៈ /pandəwĕəq/ the Pandavas

បណ្ឌិត learned man, scholar

បណ្ណសាលា /pannasaalaa/ hermitage,

hut of leaves

បណ្ណាការ /pannaakaa/ provisions, equipment

បណ្ណាគារ /pannaakiə/ bookstore

បណ្ណាគារគិម-សេង Kim - Seng Bookstore

បណ្ណាល័យ /pannalay/ library

បណ្ដា among, including, various, all

បណ្ដាក់គ្នា to do in relay, pass the buck

បណ្ដាជន /bandaacuən/ people; population

បណ្ដារាស្ត្រ people

បណ្ដាល (= បណ្ដាលឲ្យ) to lead to, cause

បណ្ដុះ to raise, to cultivate

បណ្ដុះបណ្ដាល to nurture with care

បណ្ដូល core, heart (e.g. of an artichoke); Fig. ideal, essence, epitome

បណ្ដើរ to walk, parade (tv; as a hen her brood); simultaneously

បណ្ដើរគ្នា to walk together, accompany one another

បណ្ដើរ...បណ្ដើរ simultaneously, at the same time

បណ្ដេញ to drive out, expel

បណ្ដែត to float, to put afloat

បណ្ដែតបណ្ដោយ to procrastinate, be nonchalant

បណ្ដែរបណ្ដាំ to admonish, exhort, recommend

បណ្ដោយ length; along, along with

បណ្ដោយខ្លួនឲ្យ to allow oneself to

បណ្ដោយទឹក downstream, along with the current

បណ្ដោយឲ្យ to go along with, permit

បណ្ដោះ to spirit (something) away; to free, remove secretly

បណ្ដោះអាសន្ន temporarily

បណ្ដាំ order, instruction, message

បត់ to fold; to turn

បត់បន្ទាល crooked, twisted

បត់ចុះបត់ឡើង to zigzag

បត់ជើង to relieve oneself (lit: to fold the legs)

បឋម /patham/ first, primary; early

បឋមសិក្សា /pathammәsәksaa/ primary school, primary education

បថមោក្ខ (= បដិមោក្ខ) /patdəmaok/ remedy, solution (i.e. to life's suffering)

បទ /bat/ set, verse, song, composition; meter, rhyme pattern; path, way, behavior; because

បទកខ /bat kaa khaa/ Alphabetic Progression Style (Meter)

បទកង្កែបលោតកណ្ដាលស្រះ Style of a Frog Jumping into the Middle of the Pond

បទកង្កែបលោតស្លាក់ពេជ្រ Style of a Frog Choking on Jewels

បទកាកគតិ /bat kaaqkəteq/ Crow's Gait Meter

បទកែកវណ្ណក a poetic meter used in the Ream-kei

បទគួរសម /bat-kuə-sam/ appropriate behavior

បទគោព័ទ្ធស្លឹង Style of a Cow [wrapping his rope] around the Tether-stake

បទចក្រវាឡ Space-Binding Style (deriving from the fact that each line begins and ends with the same word, like book ends)

បទឆ័ត្របីជាន់ Three-Tiered Umbrella Style

បទជាប់ចង Intertwined Meter

បទត្រឡាចឡើងព្រឹង Style of Melons Climbing a Trellis

បទត្រីពិធព័ទ្ធ Triply Interrelated Style

បទថយក្រោយ Reverse [Word Order] Style

បទវិចារនយោបាយ political criticism

បទនមោ Namo Meter

បទនាគកៀវក្រវាត់ Encircling Naga Meter

បទនាគបរិព័ទ្ធ Encircling Naga Style

បទនាគរាជបំប្លែងឫទ្ធិ Style of Naga King Magically Transforming [Himself]

បទបន្ទោលកាក Frog's Gait Meter

បទផ្កាឈូករីក Blossoming Lotus Style

បទពំនោល Narrative Meter

បទព្រហ្មគីតិ /bat prummәkɨt/ Song of Brahma Meter

បទព្រះចន្ទ្រាំងឆ័ត្រ Style of the Moon Hidden by an Umbrella
បទភុជង្គលីលា Snake-Crawl Meter
បទមករខ្ជាក់កែវ Style of a Sea Monster Spewing Jewels
បទយតិភង្គ Hyphenated Style (deriving from the fact that each line ends with the first part of the word which is completed at the beginning of the next line)
បទរមាំងដើរព្រៃ Style of Deer Walking in the Forest
បទរលកខ្ទប់ច្រាំង Style of Waves Beating against the Shore
បទរវើង false charge, mistaken action
បទលទ្ធាបណ្ឌូល Mellifluous Conversation Style (?)
បទសារថីទាញរថ Style of the Driver Pulling a Cart
បទសិង្ហតោលេងកន្ទុយ Style of a Lion Playing with His Tail
បទស្ដេចផ្ទំ name of a wedding song (lit: Song of the Sleeping King)
បទអក្សរលួន Slithering Letters Styles
បទអក្សរសម្ពាស Related Letters Style
បទអញ្ជើញគ្រូ Chant for the Invocation of the Spirits
បទអាក្រក់ /bɑt qaakrɑɑ/ crime, scurrilous conduct
បទុម /patum, botum/ lotus
បទុមា (=បទុម) lotus flower
បន់ to pray; to petition
បន់ស្រន់ to pray, to petition
បន្ត /bɑntɑɑ/ to continue, extend
បន្ត ៗ /bɑntɑɑ-bɑntɑɑ/ successively, in turn
បន្តក់ to drip; the symbol ⏊
បន្តិច a little, rather; in a little while, a little later, soon, shortly; watch out or I'll...
បន្តិចទៀត a little later
បន្តិច...បន្តិច for awhile...then for awhile
បន្តិចបន្តួច just a little, somewhat
បន្តិចម្ដង ៗ /bɑntəc mədɑɑŋ, bɑntəc mədɑɑŋ/ a little at a time, little by little
បន្តិចម្នាក់ ៗ /bɑntəc mənĕəq, bɑntəc mənĕəq/ each for awhile

បន្តុះ /bɑntoh/ to criticize
បន្ដែ (=បណ្ដែ) /bɑndae/ pledge, promise
បន្ថយ to lessen, decrease (tv)
បន្ធើ to soften, to lighten
បន្ថែ to take constant care of
បន្ថែម to add, supplement, increase (tv)
បន្ថែមពាក្យថា added, said further
បន្ថំ to rush, hurry (tv)
បន្ទន់ to soften, to relax (tv)
បន្ទប់ room
បន្ទប់គេង bedroom
បន្ទប់ទទួលភ្ញៀវ living room (guest-receiving-room)
បន្ទប់ទឹក washroom
បន្ទប់បរិភោគបាយ dining room
បន្ទប់រៀន classroom
បន្ទរ to join in (in a song)
បន្ទាត់ rules, discipline; line, straightedge, rule
បន្ទាន់ urgent
បន្ទាប់ next, following
បន្ទាប់មក afterward, next (in succession)
បន្ទាយ fortress; military installation
បន្ទាយស្លាក a fortress with extended wings or parapets
បន្ទាយស្រី Banteay Srei (lit: women's fortress)
បន្ទាល់ witness, proof
បន្ទូល speech, words (Roy)
បន្ទោបង់ be relieved of, to ease (Polite)
បន្ទោស to scold
បន្ទំ to sleep (Roy)
បន្ទំ to cause to stand out in deep relief
បន្ទះ sheet, strip, plate
បន្ធូរ to relax, release, loosen

បន្ទួន to repeat, to do repeatedly

បន្លប់ to distract, confuse, trick

បន្លា thorn, sticker

បន្លាច to scare, frighten

បន្លាស់ a change, substitute, replacement; specifier for changes (of clothing, etc.)

បន្លឺ to make a sound, cause to be heard, utter; to sound

បន្លែ vegetable

បន្លែបង្កា vegetables (Coll)

បន្លែបន្លប់ to distract someone's attention, confuse, mislead

បន្លំ to trick, mislead; falsify; obtain under false pretenses

បន្សល់ទុក to leave (something) behind (a legacy, amount, etc.)

បន្សាប to weaken, dilute

បបរ rice soup, porridge

បបួល to agree; to persuade

បបែល ray fish

បព៌ត /bɑɑrəpoət/ mountain (Lit)

បពិត្រ /bɑpɨt/ Lord, Majesty, Excellency

បពិត្រគិបសី Your Highness

បុព្វកថា /boppəkəthaa/ introduction, foreword

បព្វជិត /boppəcɨt, bɑppəcɨt/ monk (Lit)

បព្វតា (=បុព្វតា) mountain, hill (Lit)

បម្រាស to struggle (to get away)

បម្រុង for, intended for; to intend, resolve, determine (to); to make preparations, be prepared

បម្រើ to serve

បម្រះ (=បម្រាស់) to struggle, to wiggle

បម្រះខ្លួន to escape, to free oneself

បរ /bɑɑ/ to drive, conduct (a car, etc.)

បរបាញ់ /bɑɑ-bañ/ to hunt (animals)

បរប៉ៃលិន /bɑɑ-paylɨn/ Bar Pailin (a town)

បរទារកម្ម /bɑɑrətiəkam/ adultery

បរទេស /bɑɑrəteeh/ foreign, foreign countries

បរម /bɑrommə-/ bound attribute: highest, best, most excellent

បរមបពិត្រ /bɑrommabɑpɨt/ title

បរមរាជវង្សានុវង្ស /bɑrommeriəccəwŭəŋ-sāanuwŭəŋ/ family (Roy)

បរមរាជវាំង /bɑrommeriəccəwĕəŋ/ palace, royal residence

បរមវិស្ណុលោក /bɑrommawihsnulook/ Paramavishnuloka (posthumous name for Suryavarman II)

បរមសុខ /bɑrommasok/ great joy, perfect peace of mind; to be well (Roy)

បរលោក /bɑɑrəlaok, bɑlaok/ the next world, the life beyond

បរាជ័យ /paraacɨy/ to be defeated

បរាសិត /paraasət/ parasitic

បរិក្ខារ /bɑɑrikhaa/ equipment, commodities

បរិច្ចាគ to contribute, sacrifice

បរិច្ចាគៈ /bɑɑricaakĕəq/ generosity

បរិបូណ៌ /bɑɑribou/ plentiful, full, complete (with)

បរិពារ /bɑɑripiə/ entourage

បរិភោគ /bɑɑriphook/ to eat (Eleg)

បរិយាយ to elaborate, to develop in detail

បរិវារ /bɑɑriwaa/ entourage

បរិវិតក្ក /pareqwitok/ thought, consideration; to ponder, consider (Roy)

បរិវេណ /pariween/ perimeter, confines

បរិសុទ្ធ /bɑɑrisot/ pure, unalloyed, perfect

បរិហារ to fulminate, to talk, rant, to comment

បរិទាហ៍ burning, fiery hot

បល្ល័ង្ក /ballaŋ/ pedestal, throne

បវរ /bɑɑ-wɔɔ/ excellent, superior

បស្ចិម /bahcəm~pachəm/ west (Lit)

បស្ចិមប្រទេស /pachəm-prɑteeh/ western countries, the West

បសាទ /pasaat/ sense, feeling

បសាទរូប /pasaattəruup/ the organs of perception

បា father (Arch); familiar 2nd person masculine pronoun: you; male (of animals)
បាក់ to break (iv); broken, irregular
បាក់ជើងម្ខាង have a broken leg
បាក់បែក broken up
បាក់ស្បាត terror-stricken
បាច to broadcast, to spread, to scatter; to splash, scoop (water)
បាត bottom
បាតដៃ palm of the hand
បាត់ to lose, disappear
បាត់ដាន to lose track, lose the trace
បាត់ដំបង Battambang (province)
បាត់ទ្រង់ to be ruined, destroyed (financially, socially, etc.)
បាត់បង់ disappear, be lost
បាត់ស្មារតី to lose consciousness
បាតុកម្ម demonstration
បាត្រ large spherical bowl (used by Buddhist monks)
បាទ polite response particle used by men; (in response to a yes-no question, it means 'yes')
បាទ an old monetary unit
បាទ line, phrase (of verse or scripture)
បាទ sole (of the foot), palm (of the hand)
បាធ្យាយ /baatyiəy/ teacher, master, preceptor, mentor
បាន to get, have, achieve, result (in); preceding a verb: to get to, have the opportunity to; following a verb: can, able, possible
បានការ to achieve, get results, be successful, amount to something
បានការពេល to be an opportune moment, to have an advantage
បានគ្នា to take each other (as husband and wife)
បានជា results in, is the reason that
បានជាគ្នាលេង as a playmate
បានទីង have an aptitute for, predilection for, natural ability in

បានផល to make a profit, obtain results, get a yield
បានឫក្ស propitious
បានសេចក្ដីថា this means that
បាប sin, immoral action
បាពួន Bapuon (an 11th-century temple inside Angkor Thom)
បាយ cooked rice, food; to eat, have a meal
បាយកក left over rice
បាយខុនគូ name of a traditional wedding composition
បាយព្រឹក breakfast
បាយម៉ាត a kind of small tree with aromatic foliage
បាយសី an ornamental offering made of the stalk and leaves of the banana tree
បាយ័ន /baayŏən/ The Bayon (central temple of Angkor Thom)
បារ to scrape up, dig out (with the hands)
បារមី /baarəməy/ excellence, perfection; power, virtue, chastity authority, status
បារមីតា /baarəməytaa/ greatness, excellence, authority
បារម្ភ /baarɑm/ to worry, be concerned
បារី cigarette
បារីស្លឹកសង្កែ local cigarettes (made with /slək sɑŋkae/)
បារាំង French, France; western, a westerner
បារាំងសែស French
បាល់ /bal/ ball
បាល់បោះ basketball
បាល័ត្ត (=បាឡាត់) /baalat/ a clerical title
បាល័ត្តស្រុក deputy district chief
បាលី Pali (language)
បាវ servant
បាវ bag
បាវព្រាវ servant
បាសក /baasɑq/ layman, laity
បាសាក់ Bassac (river); name of a former province

បាសាន name of a former province

បាស៊ូ bachot (French baccalaureate degree)

បាទ្បាត់ស្រុក assistant to the district chief

បាទ្បី (=បាលី) Pali (language)

បិណ្ឌ /bən/ food offering presented to the monks

បិណ្ឌបាត /bən-baat/ to go about accepting gifts of food (of monks)

បិត (=បិទ) to close

បិត to whittle

បិតា /bəydaa/ father (Eleg)

បិទ to close; to stick, attach (to)

បិសាច /bəysaac/ ghost, spirit

បី three

បី to cradle in the arms

បី adverbializing particle: of a... kind, in a...manner, as if (Lit)

បី ៗ by threes

បីដូច seem as if, just as if

បីបម to provide tender loving care

បីបាច់ to take care of

ប៊ីយែរ /biyɛə, byɛə/ (Fr. bière) beer

បឹង lake, pond

បឹងបួ lakes and ponds

បឹងរាំង Beng Rang (a section of Phnom Penh)

បុក to pound (with a pestle or stick)

បុកស្រូវ to husk rice (with a mortar and pestle)

បុគ្គល /bokkuəl/ person, individual

បុគ្គលិក /bokkəlɨk/ personnel, employee(s) (Lit)

បុច្ឆា /pocchaa/ to question (Lit)

បុញ្ញាភិសង្ខារ /paññaaphiqsaŋkhaa/ accumulation of merit

បុណ្យ /bon/ ceremony, celebration, feast; magical power, supernatural power, power of virtue

បុណ្យការងារ Labor Day

បុណ្យចូលឆ្នាំ New Year's Celebration

បុណ្យចូលវស្សា /bon-coul-wuəhsaa/ celebration of the beginning of the Buddhist Lenten period

បុណ្យចេញវស្សា /bon-cəñ-wuəhsaa/ celebration of the end of Buddhist Lent, or of rainy season

បុណ្យឆ្លង dedication ceremony (for a public or religious building)

បុណ្យតាំងតុ celebration of the reigning monarch's birthday (one facet of which is the erection of tableaux from each province in the palace grounds)

បុណ្យបារមី power

បុណ្យប្រកាសឲ្យប្រើរដ្ឋធម្មនុញ្ញ Constitution Day (ceremony [commemorating] the promulgation of the constitution)

បុណ្យផ្កា a fund raising ceremony in which contributions, usually in the form of paper money, are attached to an artificial tree)

បុណ្យភ្ជុំបិណ្ឌ /bon-pcum-bən/ ceremony of commemoration of one's ancestors

បុណ្យព្រេង fate

បុណ្យរំលាយសព cremation ceremony

បុណ្យស័ក្តិ status, rank, position

បុណ្យអង្គការសហប្រជាជាតិ United Nations Day

បុណ្យឯករាជ្យជាតិ National Independence Celebration

បុណ្យអុំទូក Water Festival (featuring longboat races)

ប៊ុត /but/ Bouth (pers. n.)

ប៊ុតខាង name of a bookstore in Phnom Penh

បុត្រ son (Eleg)

បុត្រី daughter (Eleg)

បុប្ផ flower (Eleg)

បុប្ផាទេវី /bopphaa teewii/ Boppha Devi (Sihanouk's daughter)

បុប្ផាវតី /bopphaawədəy/ Bopphavadi (pers. n.)

បុព្វកថា /boppəkəthaa/ introduction, foreword

បុព្វជាតិ /boppəciət/ past lives, former incarnations

បុព្វតា (=ភ្នំ) /boppətaa/ mountain, hill (Lit)

បុព្វសិទ្ធិ /boppəsətthiq/ prerogative

បុព្វេ /boppee/ past, former times

បុរស /borɑh/ man (Lit)

បុរសស្ត្រី /borɑh-satrəy/ ladies and gentlemen (Eleg, lit: man and woman)

បុរាណកាល /boraanəkaal/ ancient time, antiquity

បុរាណរាជ្យ earlier reigns

បុរាណសម័យ the old days, ancient times

បុរីរម្យ /boqriqrum/ delightful city

បុរិសទោស /borihsatooh/ human fault, mortal defect

បុរីរដ្ឋរាជធានី /borəy-roə̆t-riəccəthaan/ royal capital

បុរោហិត /boraohət/ Brahman priest

បុស្ប /bos, boh/ flower (Lit)

បុស្បនាគ /boh-niəq/ large hardwood tree

បុស្បបទុម /bohsəboŋ/ lotus (i.e. flower [which rises from the] mud)

បុស្បី (= បុស្ប) /bohsəbəy/ flower (Lit)

បូ bow (of ribbon or cloth)

បូក to add (of numbers, things)

បូកគោ Bokor (a resort area)

បូជា to offer, present

បូជាសព to cremate, hold a cremation

បូណ៌ /bou/ full (of the moon)

បូណ៌មី /bourəməy/ full-moon

បូបុស្ប bow-shaped blossom

បូព៌ /bou/ east (Lit)

បូព៌ទិស /bourətɨh/ east, eastern (Lit)

បូព៌ា /boupiə/ east (Lit)

បូយបូណ៌ហ្រទ /bouyeə̆qbourənahrəteə̆q/ Pûyapûrnahrada (hell for those who steal liquor, and for adulterers)

បូរាណ old, ancient, former; former times

ហ៊ូហ៊ុង Hou Hong (pers. n.)

បួង to put the hair up in a French roll; to gather hair in a bundle

បួងសួង to pray

បួន four

បួនជ្រុង quadrangle; square

បួនជ្រុងទ្រវែង rectangle

បួនជ្រុងស្មើ square

បួស to enter the monk-hood

បើ if

បើកាលណា whenever, if

បើកុំតែ if it weren't for, only (because)

បើកុំប៉ុណ្ណោះ if it weren't for that, otherwise

បើក្រៅតែអំពី apart from, excluding

បើដូច្នេះ in this case

បើដូច្នោះ in that case

បើទុកជា...ក្ដី even though; no matter what

បើនឹង whether, if

បើប្រសិនជា if, if perchance

បើមិនឆាប់ក៏នារាថ sooner or later

បើម្ល៉េះហើយ therefore, that being the case

បើម្ល៉ោះសម undoubtedly, inevitably

បើយ៉ាងយូរណាស់ at the longest

បើសិនជា if

បើសិនណាជា if perchance

បើអញ្ចឹង then, in that case, therefore

បើក to open

បើក to drive (used with vehicles)

បើកក្ដោង to sail

បើកពពារ to swell the neck or hood (of a snake)

បើកឲ្យ allow, permit

បៀ playing cards

បៀក to dip up and spread; to

prepare (a quid of betel)

បៀត close to, next to, to afflict, attain

បៀតបៀន to harm, afflict, oppress

បៀម to hold in the mouth

បៀវត្ស /biəwoət/ salary

បេក្ខជន /paekkəcŭən/ candidate

បេង a mahogany-like hardwood tree

បេតី /paetəy/ to love; love (Poetic)

បេឡា /peilaa/ fund (n)

បេឡាជាតិសម្រាប់បរិក្ខារ National Development Fund

បេះ to pick (flowers, fruits)

បេះដូង heart

បេះបិទ exactly, identically

បែក to break, divide (iv)

បែកខ្ញែក to be separated

បែកខ្ញែកខ្ចាត់ខ្ចាយ separated, dispersed

បែកបែក to divide

បែកញើស to break into sweat

បែកបាក់ to separate, break apart

បែកញាក់ to disperse, break up (iv)

បែកផ្កាប្រែង (Idiom) to break violently (of waves)

បែកផ្សែង to break into spray, throw up a mist

បែង to divide, share

បែប sort, type, kind

បែបបទ /baep-bɑt/ good manners, savoir-vivre, proper etiquette

បែបផែន overall plan; way, method

បែបយ៉ាង example, model, sample

បែរ to turn, turn aside

បែរជា change to, become; instead

បែលហ្ស៊ិក /baelzik/ Belgium (Fr. Belgique)

បោក to hit, to beat; to wash (clothes); to deceive

បោក្ខរណី /paokkhaarənəy/ lotus-pond

បោច to pluck, pull off (feathers, grass, etc.)

បោយដៃ to summon with the hand, to beckon

បោល to gallop, to run (of animals)

បោលពុំបេះទាន់ទៀយ run without ever catching up

បោស to sweep, to brush, to graze

បោសច្រាស់ to sweep, clean up

បោសអង្អែល to caress

បោះ to throw, pitch; to drive in (stakes, nails, etc.); to stamp, to print, to publish; to pitch (a tent); to encamp

បោះ(ទ័ព) to encamp, to pitch camp

បោះឆ្នោត to vote

បោះជំហាន to take steps, to make progress

បោះបង់ to abandon; to leave unfinished

បោះបង់ចោល to abandon

បោះបង្គោល drive a stake, put in a stake

បោះបរ to drive (Arch)

បោះបោក throw around, beat up, bang against (the ground, each other, etc.)

បោះពុម្ព /bɑh-pum/ to print, to publish

បោះពុម្ពលើកទី ៧ seventh edition

បោះពួយ to dive (from the sky), make a pass at

បោះយុថ្កា to drop anchor

បៅ to suck (teat or rubber nipple)

បំណង desire, intention; to intend

បំណាច់ since, because

បំណាច់ service (rendered)

បំណុល debt

បំបាក់ to cause to break

បំបាត់ cause to disappear; to trick, to swindle

បំបាត់ជីវិត to destroy life

បំបាត់មាត់ to shut someone up

បំបិទ to hide (tv)

បំបិទបំបាំង to hide, keep (something) secret

បំបួស to ordain, send [one's child] into the monk-hood

បំបែក to break (tv)

បំបែរ turn away, shunt aside, ward off

បំបោល to cause (animals) to run

បំបោល to cause (horse, ox, etc.) to run, to stampede

បំបៅ to nurse (offspring)

បំបាំង to hide (tv)

បំផាយ to cause to gallop

បំផឹក to give to drink, cause to drink

បំផុត most, last

បំផ្លាញ to destroy

បំផ្លិចបំផ្លាញ to destroy

បំពក់ to stoke, add fuel to (a fire)

បំពង to deep-fry in oil

បំពង់ pipe, tube; quiver, arrow-holder

បំពង់ក the throat

បំពាក់ clothing worn above the waist; to affix, attach (a decoration, medal, etc.)

បំពាន transgress, violate, infringe (intentionally or persistently)

បំពារ to push against

បំពុល to poison

បំពេ to lull by singing, to lullaby

បំពេញ to fill, fulfill

បំពេញព្រះផ្នួស to fulfill the rites of ordination

បំពេរ to sing a lullaby, to sing to sleep, to serenade

បំព្រង fresh and pretty

បំភាន់ to deceive, trick, fool

បំភ្លឺ to illuminate

បំភ្លូក to overturn, upset

បំភ្លេច to forget intentionally, to ignore

បំរុង in order to, with the intention of

បំរុងការណ៍ to be prepared for any eventuality

បំរើ to serve

បំរើសេះ messenger, circuit rider

បាំង to block, bar, shield, protect

បាំងថ្ងៃ to shade the eyes with the hand

បាំងស្កូល commemoration

បះ to raise up (iv)

បះ to strike (of workers)

បះបោរ to revolt

ប៉ក់ Pak (pers. n.)

ប៉ង to expect, intend, assume, hope

ប៉ប្រិប fresh and pretty

ប៉ផ្ទុរ soft, smooth

ប៉ផ្លូក shiny, glistening

ប៉ម watch-tower, guard tower

ប៉ា Father (term of address or reference)

ប៉ាឈឹម name of a Cambodian politician

ប៉ាន to cover, to plate

ប៉ាន Paan (pers. n.)

ប៉ារី /paarii/ Paris

ប៉ាហី charlatan, purveyor of folk remedies

ប៉ិច Pech (pers. n.)

ប៉ិន skillful, clever, adept

ប៉ិនប្រសប់ clever

ប៉ី /pəy/ flute, clarinet

ប៉ុណ្ណឹង only, that's all, only to that extent

ប៉ុណ្ណេះ only, that's all, this is all

ប៉ុណ្ណោះ only, that's all

ប៉ុន to equal, be the same as (in size, amount, degree, etc.)

ប៉ុណ្ណា to what extent, how much

ប៉ុន្តែ but

ប៉ុន្មាន how much, how many; however much, to whatever extent

ប៉ុស្តិ៍ /poh/ post-office

ប៉ែក part, section

ប៉ែតសិប eighty

ប៉ែន-នុត Penn Nouth (pers. n.)

ប៉ោ a Chinese game of chance

ប៉ោង swelled, inflated

ប៉ះ touch, come in contact with; to patch

ប្តី husband

ប្តឹង to bring a complaint, to sue

ប្តូរ to exchange

ប្តួល to knock over, cause to fall over

ផ្តើម to begin; to create

ប្តេជ្ញា /pdacñaa/ to swear (that), resolve (that)

ប្រក់ to roof, thatch; roofed with

ប្រកត់ឆ្លប ceremony for thanking the midwife and for naming and piercing the ears of the new baby

ប្រកប to combine, endow; to do, engage in, be involved in

ប្រកបដោយ combined with, provided with; consisting of

ប្រកបនឹងកិច្ច to fit the facts

ប្រកបរបរកសិកម្ម engaged in agriculture

ប្រកាច់ to twitch, to have muscular spasms

ប្រកាន់ to hold to, insist on; to object to; to reserve, preempt; to be conservative, stuffy

ប្រកាន់ដៃ (=បង្កាន់ដៃ) railing, handrail, bannister; receipt

ប្រកាប់ do battle, spar (with knives, swords, etc.)

ប្រការ way, kind, point

ប្រកាស to proclaim, announce

ប្រគូក to hail from afar; to play a wind instrument

ប្រគួត to compete

ប្រកែក to object, argue, refuse, quarrel

ប្រខាំ to bite each other

ប្រទង crisscrossing, lying across each other

ប្រគល់ to hand over

ប្រគេន to offer, to give (to clergy)

ប្រគំ to play (orchestra)

ប្រចណ្ឌ, ប្រច័ណ្ឌ /prαcan/ jealous (of one's spouse or lover)

ប្រចាប់ to blame, accuse, hold responsible; to wrestle back and forth, wrangle over

ប្រចាប់គ្នា to struggle, wrestle, grab each other

ប្រចឹក to peck at reciprocally

ប្រចាំ attached to, concerning; every

ប្រចាំ pass the buck (to), leave it up to

ប្រចាំការ full time (lit: to be on hand to watch over business)

ប្រឆាំង to oppose, resist, contest

ប្រជាជាតិ people, populace

ប្រជាធិបតេយ្យ /prαciəthɨppətay/ democracy

ប្រជាប្រិយ /prαciəprəy/ traditional, folk, of the people

ប្រជាពលរដ្ឋ /prαciə-pŭəlləroŏət/ citizens, populace

ប្រជាភិថុតិ /prαciəphithoqteq/ demagoguery

ប្រជារាស្ត្រ /prαciəriəh/ people, populace

ប្រជែង to dispute querulously

ប្រជុំ to gather, convene

ប្រជុំជន densely populated (area)

ប្រជ្រុយ mole, wart

ប្រញាយ scatter in all directions, pell-mell

ប្រញាប់ to hurry (to)

ប្រញាប់ប្រញាល់ to hurry

ប្រញឹបប្រញាប់ to hurry

ប្រដាប់ tool, utensil, instrument;

to fashion, work, adorn

ប្រដាប់ដោយ provided with, decorated with, dressed in

ប្រដាប់ប្រដា tools, instruments, provisions

ប្រដាល់ to hit each other, to box

ប្រដូច to compare

ប្រដៅ to advise, instruct, counsel

ប្រដៅដេរ (=ដេរប្រដៅ) to exhort, harangue, admonish

ប្រឌិត to create, to invent

ប្រឌិតញាណ /pradɨttañiən/ creativity, imagination

ប្រណម្យ /pranam/ to greet with hands together (to royalty)

ប្រណិធាន /pranethiən/ promise, intention, oath; to promise, swear

ប្រណិប័តន៍ /pranebat/ to respect, obey

ប្រណី to pity, be compassionate

ប្រណាំង to compete, to race

ប្រតិបត្តិ /pratebat/ to follow, carry out, execute (orders); behavior, conduct

ប្រតិព័ទ្ធ /pratəpoət/ to love, be involved with; relationship, involvement

ប្រត្យក្ស /pratyaq/ clear, obvious, evident

ប្រថពី /prathəpii/ earth (Lit)

ប្រថាប់ to stay, put up; to stamp (Roy)

ប្រថុយ have a go at it, try and see

ប្រទក្សិណ /prateəqsən/ to encircle clockwise

ប្រទាក់ connected, enmeshed, intersecting

ប្រទាក់ក្នាខ្វាត់ខ្វែង intersecting, crossing

ប្រទាន to give (Roy)

ប្រទីប /pratiip, pratɨp/ lantern; a miniature temple decorated with candles and set afloat

ប្រទូស្ត /pratuuh/ to argue, quarrel, be obstinate

ប្រទូស្តរឹងរូង to argue back, oppose, be obstinate

ប្រទេច to curse, slander, vilify

ប្រទេស country (head-word in names of countries)

ប្រទេសកម្ពុជា Cambodia

ប្រទេសក្រៅ abroad, foreign countries

ប្រទេសជាតិ nation, country

ប្រទះ to come upon, to meet

ប្រទះឃើញ to come upon

ប្រធាន president, chairman

ប្រធានអគ្គនាយក /prathiən qaqkeəq-niəyŭəq/ Presidential director

ប្រប stay close to, sidle along, keep next to; near

ប្របៀត to squeeze in, huddle together

ប្របែល (=បបែល) ray fish

ប្រញាំង to hide oneself, conceal oneself, cover oneself

ប្រផ្ទូរ fine, smooth, silky, powdery

ប្រផេញ a kind of fern

ប្រផេះ gray

ប្រពន្ធ /prapŭən/ wife, female companion

ប្រព័ន្ធ to intertwine

ប្រពាក់ to overlap, be superimposed

ប្រពាក់ប្រពួន piled up higgledy-piggledy

ប្រពាស to enjoy oneself, relax, go for an outing (Roy)

ប្រពៃ proper, correct

ប្រពៃណី customs, tradition; traditional

ប្រព្រឹត្ត /praprɨt/ to behave, act, follow

ប្រភេទ kind, variety, genre

ប្រមាណ to guess, estimate; about, approximately

ប្រមាត់ /pramat, pəpat/ gall-bladder

ប្រមាថ /pramaat, pəmaat/ to blaspheme, scorn, show disrespect for

ប្រមាថមើលងាយ to look down on, scorn, be disrespectful to

ប្រមុខ head, chief

ប្រមុខរដ្ឋ chief of state

ប្រមូល to gather, to find

ប្រមែប្រមូល /pramae-pramoul, pəmae-pəmoul/ to gather

ប្រយង្គុ /prayaŋ/ the plant Panicum Italicum
ប្រយ័ត្ន to be careful (to)
ប្រយ័ត្នការណ៍ be careful
ប្រយ័ត្នក្រែង in the event that, in case
ប្រយ័ត្នក្រោយ be careful (lit: keep a lookout behind)
ប្រយ័ត្នខ្លួន you be careful!
ប្រយ័ត្នប្រយែង be careful
ប្រយុទ្ធ to fight
ប្រយូរវង្ស royal lineage
ប្រយោគ complete sentence, statement
ប្រយោជន៍ /prayaoc/ useful; usefulness, purpose, importance; for the purpose of
ប្រយោជន៍ជាតិ national interest
ប្រយោជន៍នឹង for the purpose of
ប្រល័យ to ruin, destroy; to die; death, destruction, ruin
ប្រល័យ to kill
ប្រល័យជន្ម to kill; to commit suicide
ប្រលោម to soothe, comfort, cajole
ប្រលោមលោក novel
ប្រវត្តិ /prawŏət/ history (of a specific event, place, etc.)
ប្រវត្តិសាស្ត្រ /prawŏəttəsaah/ (the study of) history
ប្រវា to grab at, grasp, flail
ប្រវាល expanse, wide surface
ប្រវេណី (=ប្រពៃណី) custom, tradition
ប្រវែង to have the length of...
ប្រសប់ skilled, skillful, clever (at)
ប្រសា son- or daughter-in-law
ប្រសាសន៍ to say (Eleg)
ប្រសាសនោបាយ /prasahsnoubaay/ politics
ប្រសិទ្ធ /prasət/ to offer, wish, extend, endow
ប្រសិទ្ធពរជ័យ to extend wishes of success
ប្រសិទ្ធភាព /prasətthəphiəp/ effectiveness

ប្រសិន if perchance
ប្រសិនណាជា if
ប្រសិនបើ if
ប្រសូត name of a village
ប្រសូត្រ to give birth (Roy)
ប្រសើរ praiseworthy, extraordinary; good, proper
ប្រស្នា enigma, philosophical problem, abstract question
ប្រស្មា (=ស្មា) shoulder
ប្រស្រ័យ reminisce; to like, desire (Lit)
ប្រហារ to kill; (Skt. to beat, hit, kick)
ប្រហារជីវិត to kill (Lit)
ប្រហុក fermented fish, preserved salted fish
ប្រហើរ musky, having the odor of civet
ប្រហែល about, approximately; perhaps
ប្រហែស to be careless, neglectful
ប្រហោង vacant, empty; a void, a hole
ប្រហោងពោះ to have an empty or sinking feeling in the stomach
ប្រហោងពោះពុង to have an empty or sinking feeling in the stomach
ប្រឡង to take an examination; to compete
ប្រឡងជាប់ to pass an examination
ប្រឡងធ្លាក់ to fail an examination
ប្រឡាក់ to be soiled, stained, dirty
ប្រឡាយ ditch, canal, stream
ប្រឡូក to be entangled (in a fight, etc.)
ប្រឡេះ to shell (corn); shell out, rub off., gather
ប្រឡែង to tease, pick at playfully
ប្រអប់ box
ប្រឱបគ្នា to embrace each other
ប្រា a kind of fish
ប្រាក់ silver, money

ប្រាក់កាស /praq-kah/ money

ប្រាក់ខែ salary

ប្រាក់ចំណូលបុណ្យ contribution (to the ceremony)

ប្រាក់ជំនួយ supplementary allowance, subsidy

ប្រាកដ /praakɑt, pəkɑt/ exact, clear, definite

ប្រាកដបង្កើតកេរ្តិ៍ច្បាស់ it will surely redound to my honor

ប្រាកដប្រជា surely, truly, definitely

ប្រាក់បំណាច់ bonus, commission, allowance

ប្រាង្គណ៍, ប្រាង្គ /praaŋ/ prang, stupa, tapering monument; temple or palace with a tower

ប្រាជ្ញ /praac/ intelligent

ប្រាជ្ញប្រាយ intelligent, witty

ប្រាជ្ញា /praacñaa/ intelligence

ប្រាជ្ញាសារពេជ្ជតាញាណ /praacñaa-saarəpɨc-tañiən/ enlightenment

ប្រាណ body, self

ប្រាណប្រែ (= ប្រែប្រាណ) to change

ប្រាថ្នា /praatnaa/ to wish, intend; wishes, desire (n)

ប្រាប to subdue

ប្រាបប្រាម to subdue, to bring under subjection

ប្រាប់ to tell; to inform

ប្រាប់ប្រាយ (= ប្រាយប្រាប់)

ប្រាប់ផ្លូវ to give directions

ប្រាប់ឲ្យ to tell someone to do something

ប្រាម to warn

ប្រាយ to start, spurt, lunge (of a horse)

ប្រាយប្រាប់ to tell

ប្រារព្ធ /praarup/ to originate; to relate, to commemorate, to perform

ប្រាស away from, different from, separated; to run off, scurry away

ប្រាសចាក devoid of, separated from

ប្រាសយកតែអាយុ to run for one's life

ប្រាស់លះលែងទោសទុក្ខ to exonerate, excuse, exculpate

ប្រាសាទ /praasaat, prasaat/ palace; ancient monument, temple

ប្រាស្រ័យ (= ប្រស្រ័យ) to like, to respect; to talk, to reminisce

ប្រឹក្សា /prəksaa/ to advise, consult

ប្រិត economical, thrifty

ប្រិតប្រៀន to instruct rigorously; rigorous, careful

ប្រិមប្រិយ /prəm-prəy/ lovable, pleasing, smiling, happy

ប្រិយ pleasing, pleasant

ប្រី to persuade

ប្រឹង try to, make an effort (to); to feel like

ប្រឹងតែ persist in, keep trying

ប្រឹងប្រែង to try hard to, make a strong effort

ប្រឹថពី (= ប្រថពី) the earth (Lit)

ប្រុង to be on guard, ready to, intend to

ប្រុងនឹង to intend to, about to

ប្រុងប្រយ័ត្ន /proŋ-prɑyat, proŋ-pəyat/ to be careful

ប្រុងវិញ្ញាណ be alert, fully conscious; pay full attention

ប្រុស man; masculine

ប្រុសកំដរ groomsmen

ប្រូង with a splash (sound of falling into the water)

ប្រួញ to shrink up, draw up

ប្រួញប្រាណ draw oneself up, make oneself inconspicuous

ប្រើ to use; to send, commission

ប្រើការ to actually do, put into practice; to use, utilize

ប្រើប្រាស់ to use, make use of

ប្រើពុតជា to pretend that, act as if

ប្រើឲ្យ to charge, to entrust with a duty

ប្រើស /prəh/ a kind of deer

ប្រើស /prəh/ conical bamboo entry to a fishtrap

ប្រៀនប្រដៅ to educate, instruct, advise

ប្រៀប to compare

ប្រៀបធៀប to compare, consider

ប្រៀបបាននឹង like, can be compared with

ប្រេង oil

ប្រេងកាត kerosene; petroleum

ប្រេត /praet/ demon, ogre, monster, inhabitant of hell

ប្រែ to change, translate; to become

ប្រែក្រឡាប់ to turn around (and)

ប្រែខ្ញ (=ប្រែ)

ប្រែជា change to, become; to do instead

ប្រែប្រញ្ញា to scheme, look for excuses

ប្រែប្រាណ to change position, move one's body

ប្រែប្រឹង (=ប្រឹង) try hard to

ប្រែះៗ crackling sound

ប្រៃ salty

ប្រៃសណីយ៍ post office

ប្រោស to revive (tv)

ប្រោស to like, love, be pleased with

ប្រោសប្រណី to be compassionate, considerate

ប្រោះ to restore to life, resurrect (by magic); to keep alive in water

ប្រាំ five

ប្រាំង dry, hot and dry

ប្រាំបី eight

ប្រាំបីម៉ឺន eight 10,000's (80,000)

ប្រាំបួន nine

ប្រាំពីរ /prampii/(spoken /prampɨl/) seven

ប្រាំពីរចប់ seven times (completions)

ប្រាំពីររយ seven hundred

ប្រាំមួយ six

ប្រាំម៉ោងកន្លងមក five hours later

ប្រះ to bolt away, dash off; throw oneself down (as from fatigue, exhaustion)

ប្លន់ to rob, hold up

ប៉្លាម៉ា a kind of fish

ប៉្លាម៉ូ a kind of fish

ប៉្លាយ approximately

ប្លូច to slip into

ប្លោងប្លោង to bob, pitch and roll

ប្លែង to change, change form (by magic)

ប្លោត descriptive of a sudden jump or leap

ប្អូនថ្លៃ younger in-law

ប្អូន /pqoun/ younger sibling; younger friend or relative of one's own generation; I, me (wife to husband, or younger to older sibling or friend); you (husband to wife, or older to younger sibling or friend)

ប្អែក to lean against, put against

ផ

ផង too, in addition; mild imperative: please, will you?

ផង (=របស់) of, belonging to (Coll, rare)

ផងគ្នា together, respectively, each other

ផង់ fine, powdered

ផន់ស៊ី Phân-Si (pers. n.)

ផល /phɑl/ product, fruit, result

ផលកម្ម /phɑlləkam, phɑl-kam/ fate, destiny (karma)

ផលដំណាំ agricultural products

ផលប្រយោជន៍ importance, usefulness

ផលា /phɑllaa/ fruit

ផលានុផល /phɑllaanuphɑl/ crops, harvest, produce

ផលិត /phɑllɨt/ to produce

ផលិតកម្ម /phɑllɨttəkam/ production

ផលិតផល /phɑllɨttəphɑl/ products

ផល្គុន /phɑlkun, phəkun/ February-March (lunar system)

ផ្លា (=ផស)

ផស /phααh/ imitative of the sound of a dull thump or knock

ផាឈឺប broad-cloth

ផាមួង plain silk cloth

ផាមួងជរជើង sarong with an embroidered border

ផាហ៊ុម coverlet, spread, small blanket (Thai)

ផាត់ repay, redeem

ផាត់ to blow (of wind; Lit)

ផាត់ to powder, dab on powder

ផាត់ to brush back (the hair, etc.), brush aside, push aside

ផាត់ផាយ (= ផាយផាត់) to blow (Lit)

ផាត់ផើយ to blow (Poetic)

ផាយ at full speed

ផាយផាត់ to blow (of wind; Lit)

ផឹក to drink

ផុង to sink, go under, plunge, submerge

ផុត to escape, avoid, be free of; to come to the end of, pass out of; to barely miss, almost reach, be just out of reach

ផុតអំនួត be dead (lit: have nothing more to boast about)

ផុយ crumbly, ready to disintegrate

ផុល to boil up, roil

ផុស to emerge, spring up

ផុង ៗ sound of beating

ផូរផង់ soft, smooth, fine, beautiful (of complexion)

ភួយ blanket

ផើងផ្កា flower pot

ផើម to be pregnant (vulgar, condescending)

ផេះ ashes

ផែ pier, wharf, dock

ផែន sheet, disc, flat surface

ផែនការ plan, project

ផែនដី ground, territory; world; kingdom

ផែនថ្ម stone surface

ផែល to jump on (horse, bicycle, etc.), to jump astride

ផែល to float, drift from side to side

ផែល ៗ with a slow undulating movement, weakly

ផែះ (=ផេះ) /pheh/ ashes

ផ្កា flower

ផ្កាក្រពុំ name of a modern novel (lit: unopened flower)

ផ្កាមាស artificial flower made of gold and traditionally presented to an overlord as a symbol of vassalage

ផ្កាស្លា betel flower

ផ្កាប់ face down, on the stomach

ផ្កាប់ផ្ងារ turning over and over

ផ្កាយ star

ផ្កាយព្រឹក morning star

ផ្គង to devise a plan, figure a way to, effectuate (a plan, etc.)

ផ្គង to direct (something) toward, to aim; toward

ផ្គង (=ប្រុងប្រៀប) to crouch, steel oneself against attack

ផ្គង់ផ្គត់ (=ផ្គត់ផ្គង់) to support, contribute to, add to

ផ្គងផ្គុំ criss-crossed, crossed

ផ្គត់ to support, provide support

ផ្គត់ផ្គង់ to assist, support

ផ្គរ thunder

ផ្គាប់ to please

ផ្គាប់ផ្គុន to please, indulge the wishes of, cater to, curry favor with

ផ្ចុងផ្គង to provision thoughtfully, to solicitously provide with necessities

ផ្គាំ string of beads

ផ្ងារ face up, on the back

ផ្ងារពោះ stomach up

ផ្ងើយ to lift upward, incline upward

ផ្ងូត to bathe, give a bath to

ផ្ចង់ to satisfy, fulfill, gratify; concentrate on

ផ្ចង់ប្រុងអាត្មា be stoical, put up a brave front, steel oneself

ផ្ចាល to rebuke, reprove

ផ្ចិត to take great pains, do carefully

ផ្ចិតផ្ចង់ careful, diligent; to pursue diligently

ផ្ជាប់ attached to, against

ផ្ញើ to send; to consign (to), entrust (to), leave (with); for, on behalf of, for the purpose of

ផ្ញើជន្មផ្ញើខ្លួនប្រាណ to entrust [one's] life and limb (to)

ផ្ញើទុកនឹង to leave with, entrust to, consign to

ផ្ញើផ្សាំ to nest, build a nest (of bees)

ផ្ដន្ទា /pdɑntiə/ to curse, wish bad luck

ផ្ដន្ទាទោស to sentence, to fix punishment

ផ្ដល់ to provide

ផ្ដល់នឹង to happen to

ផ្ដាច់ to break (tv); cut off from, deprive of, separate from

ផ្ដាច់ better; to surpass

ផ្ដាច់ផ្ដិលជន្ម to kill (Lit)

ផ្ដាស lax, careless, foolish; indecorous, unseeming

ផ្ដាសា /pdahsaa/ to curse, put a curse on

ផ្ដិល /ptəl/ metal drinking bowl

ផ្ដួចផ្ដើមគំនិត to initiate, instigate

ផ្ដួល to overthrow, knock down, cause to fall over

ផ្ដើម to begin, originate

ផ្ដេក to lay, lay down, put to bed

ផ្ដេសផ្ដាស careless, irresponsible, nonchalant

ផ្ដែផ្ដាំ to admonish, counsel, leave final instructions

ផ្ដោះផ្ដង to hint, imply, express one's intentions indirectly

ផ្ដៅ rattan

ផ្ដាំ to warn, admonish; to delegate, leave instructions (with someone) to

ផ្ដាំប្រដៅ to advise, to instruct

ផ្ដាំផ្ញើ to have final words with, leave final instructions with

ផ្ដាំហើយផ្ដាំទៀត to instruct over and over

ផ្ទក់ a kind of small fish

ផ្ទញ់ផ្ទាល់ to embarrass, take advantage of, push to the wall

ផ្ទប់ from both sides

ផ្ទាត់ to thump

ផ្ទាត់ក្រចក to snap the fingernails

ផ្ទាន់ផ្ទញ្ញផ្ទាល់ to gloat, take pleasure in another's misfortune

ផ្ទាប់ next to; to put next to

ផ្ទាល់ next to, against; personally

ផ្ទាល់នឹង against

ផ្ទាល់ខ្លួន private, personal, one's own

ផ្ទាល់ដៃ with one's own hands

ផ្ទឹម to compare, put side by side

ផ្ទុក to load

ផ្ទញ្ញផ្ទាល់ to treat with contemptuous mirth

ផ្ទុយ contrary, opposite

ផ្ទុយគ្នាស្រឡះ completely different; contrarily

ផ្ទួន to repeat; again, over again

ផ្ទួន ៗ repeatedly

ផ្ទួនពាក្យ to repeat (in agreement)

ផ្ទៀង to give ear, pay strict attention

ផ្ទៃ surface

ផ្ទៃក្រឡា surface

ផ្ទៃដី area (of land)

ផ្ទៃរឿង theme

ផ្ទោង a small tubular fish

ផ្ទំ to sleep (Roy)

ផ្ទឹមខ្នើយ share the same pillow, be intimate

ផ្ទាំង slab, side, wall

ផ្ទះ house, home

ផ្ទះថ្ម masonry building

ផ្ទះទាម ground-level house with mortar walls

ផ្ទះបាយ kitchen

ផ្ទះពេទ្យ doctor's office

ផ្ទះធំទ្រនំខ្ពស់ a large and impressive house; Fig. wealth

ផ្ទះសំបែង home; house and property

ផ្នត់ fold, crease, line

ផ្នូក mound, hillock

ផ្នូកខ្សាច់ sand dune

ផ្នូរ grave, tomb

ផ្នួង knot (of hair), chignon

ផ្នួងសក់ chignon

ផ្នួស state of being a monk, entry into the monkhood

ផ្នែក part, section

ផ្លាញ (= បំផ្លាញ)

ផ្លាស់ to change, to transfer (tv)

ផ្លាស់គ្នាម្តងម្នាក់ to take turns

ផ្លាស់ប្តូរ to change, to exchange

ផ្លិត a hand fan

ផ្លុង ៗ to glow dimly

ផ្លូវ street, road, way

ផ្លូវការ official, officially sanctioned

ផ្លូវគោក land route

ផ្លូវថ្នល់ streets and roads

ផ្លូវទឹក water route

ផ្លូវធ្លា main street

ផ្លូវបែក crossroads

ផ្លូវរៀបថ្ម stone walkway

ផ្លូវលំ trail, path

ផ្លេក to flash

ផ្លេកផ្លោះ to jump up, leap over; dash, swoop

ផ្លេច quickly, with a dart, like a flash

ផ្លេចផ្លាញ to destroy

ផ្លែ fruit

ផ្លែឈើ fruit

ផ្លែក (= ប្លែក) different, strange

ផ្លែង to shoot an arrow (Roy)

ផ្លោះ to make a flying leap, to jump up, leap over

ផ្លោះផ្លើរ to jump, leap, dash, swoop

ផ្លោះផ្លេក (=ផ្លេកផ្លោះ)

ផ្លោះផ្លោង flying over, soaring over

ផ្លោង to throw over

ផ្លុំ to blow on

ផ្សង to venture, prospect, adventure; as a venture, prospectively; to invoke the aid of, rely on (supernatural forces)

ផ្សប់ផ្សាយ to disperse, spread around, diffuse

ផ្សព្វ to permeate, soak through

ផ្សព្វផ្សាយ to disperse, spread around, diffuse

ផ្សា to burn, sting, smart

ផ្សាខ្លោច (=ខ្លោចផ្សា) anguished; to suffer, feel mental pain

ផ្សាយ to spread, broadcast, scatter (tv)

ផ្សាយផ្សព្វ to diffuse, suffuse, spread

ផ្សារ market, shopping area

ផ្សារកណ្តាល name of a market near Wat Onalaom (lit: 'central market', but no longer central)

ផ្សារក្រោម the Lower Market

ផ្សារថ្មី Central Market (lit: new market)

ផ្សារធំ Central Market (lit: big market)

ផ្សារស៊ីទ្បឹប name of a section of P.P. (lit: hoaxing market)

ផ្សឹក to excommunicate (Clergy)

ផ្សូរផ្សង to hang back, hesitate, delay, wait around
ផ្សេង to be different

ផ្សេងៗ various, various other, different (plural)
ផ្សែផ្សំ to combine, scrape together

ផ្សែង smoke (n)

ផ្សែងផ្សា acrid smoke

ផ្សោត a kind of dolphin

ផ្សំ combine, put together, add to, accumulate
ផ្សំផ្គុំ match up, put together; marry off
ផ្សំដំណេក to sleep together, to consummate a marriage
ផ្អល់ stale

ផ្អុក to have something occur to one

ផ្អើល to be startled, surprised

ផ្អើលភ្ញាក់ be excited, alarmed

ផ្អៀង to incline to one side

ផ្អៀងផ្អង to incline, tilt (the head or body)
ផ្អេះ sad, listless, pathetic

ផ្អែក to depend on, lean against

ផ្អែម sweet (of taste)

ផ្អែមល្ហែម dulcet, sweet, gentle, melodious

ព

ព carry on one hip

ពក bump

ពង egg; to lay an egg; to blister

ពងទាប្រៃ salty duck-egg

ពងមាន់ (chicken) egg

ព្រង a kind of tree with edible fruit
ព្រត់ to abduct

ព្រីក to expand, increase (tv)

ពង្ស /pŭəŋ/ family (Lit)

ពង្សនរា /pŭəŋnəriə/ name of Bhiruna's faithful horse
ពង្សាវតារ chronicle, genealogy; Coll. history
ពញា /pŭəñiə, pəñiə/ title; replaced later by /qokñaa/
ពញាដីយ title

ពញាពិស្ណុលោក /pəñiə-pihsnulook/ a title
ពញារោង legendary Cambodian prince, builder of Sukhothai
ពញាល្វែក Chan Raja

ពញាសួគ៌ាលោក /pəñiə-suəkiə-look/ title
ពញាអុង cousin of Chan Raja, son of Sri Raja
ពញ្ញាក់ /pŭəññeəq/ to startle, surprise
ពណ្ណរាយ /pŭənnəriəy/ to shine, excel; brilliance, excellence (Lit)
ពណ៌ /pɔə/ color, complexion

ពណ៌នា /pɔənəniə, pɔərəniə/ to tell, explain, describe; description
ពត៌មាន /pɔədɑmiən/ news

ព័ទ្ធ /pŏət/ to surround, encircle

ព័ទ្ធព័ន្ធ /pŏət-pŏən/ entangled, enmeshed
ព័ទ្ធសីមា to establish a boundary (usually ceremonial, to ward off spirits)
ពន់ past, beyond (Arch)

ពន់ប្រមាណ extremely

ពន់ពេក extremely, very much, too much
ពន់ព្រលប់ late evening, twilight

ពនាល័យ forest, forest abode

ពនិតា /pŭənnitaa/ woman, wife (Poetic)
ពន្ធ /pŭən/ tax

ពន្ធប្រថាប់ត្រា stamp tax, seal tax

ព័ន្ធ /pŏən/ related, intertwined, tied together
ពន្យល់ to explain

ពន្លក shoot, sprout; tender one, infant
ពន្លត់ extinguish, shut off (a motor, etc.)
ពន្លឹក strong, loud, great; amazing, extreme
ពន្លឺ light, brightness

ពពក cloud

ពពា puffed up neck or hood of a snake such as the cobra, when it is about to strike

ពពាក់ in a huddle, piled up, overlapping one another

ពពាក់ពពូន in a huddle, piled up, overlapping one another

ពពាយ a kind of vine with edible fruit

ពពាយនាយ to advertize by shouting, to shout one's wares

ពពិល a leaf-shaped candle-holder used in ceremonies

ពពឹមពពើម gropingly, hesitantly (in the darkness)

ពពីរ rim of the lips, lips

ពពួល grey-green bird similar to a pigeon

ពពួក group; herd

ពពេច a small bird

ពពែ goat

ពភ្លើ (= ភ្លើ) stupid, slow-witted

ពម put into the mouth, take a bite

ពរ /pɔɔ/ blessing, good wishes, benediction

ពរសព្វសាធុការ every good wish

ព័រ /pɔə/ Pear (a tribal group)

ពល /pŭəl/ corps, group of people; strength

ពលក្ការ /pŭəlləkaa/ Puollakaa (pers. n.)

ពលទ័ពជើង army, ground forces

ពលភាព /pŭəlləphiəp/ power, strength

ពលរដ្ឋ /pŭəlləroŏət, pŭəl-roŏət/ citizenry, population

ពលរាជនិមន្ត /pŭəl-riəc-nimŭən/ royal messenger corps

ពលា /pŭəlliə/ force, strength

ពលាការ (=ពលិការ) offering, tribute; tax

ពស់ snake

ព.ស. (=ពុទ្ធសករាជ)/puttəsaqkəraac/ Buddhist Era (A.D.+543)

ពសុធា /poŏhsəthiə/ earth (Lit)

ព័ស្តុ (=វត្ថុ) /poŏh/ thing (Skt)

ពស្ត្រ /poŏh/ clothing

ពស្ត្រអម្ពរ (= អម្ពរពស្ត្រា) clothing

ពាក់ to put on, wear above the waist

ពាក់កណ្តាល center; half-way point, part, half

ពាក់កណ្តាលអធ្រាត្រ /pĕəq-kɑndaal qatriət/ middle of the night, midnight

ពាក់មុខខ្លា to glower, scowl (lit: wear a tiger's face)

ពាក្យ /piəq/ word, speech

ពាក្យកក្រងកែវ rhythmical prose (lit: style of interwoven jewels)

ពាក្យកាព្យ /piəq-kaap/ poetry, verse

ពាក្យតិះដៀល criticism, censure

ពាក្យទំនៀម proverb, proverbial saying

ពាក្យបណ្តាំ instruction, warning

ពាក្យបុរាណ old saying, proverb

ពាក្យប្តេជ្ញា promise, oath

ពាក្យពោលទាំងឆ្គាល damning talk

ពាក្យពេចន៍ words, wording

ពាក្យពេជ្ញាណ words of enlightenment (i.e. of the Buddha)

ពាក្យរាយ prose

ពាក្យសន្យា promise, covenant

ពាក្យសុំ application

ពាង /piəŋ/ a drum, kettle, large stone jar

ពាជី horse (Lit)

ពាណិជ្ជ /piənɨc/ commerce (Lit)

ពាណិជ្ជករ /piənɨccəkɑɑ/ merchant (Lit)

ពាធា to hurt, harm, do damage to (Lit)

ពាន to storm, go over (a wall, etc.)

ពានពារ to hit, strike, go against

ពាន់ thousand

ពានរ /piənɔɔ/ monkey (Lit)

ពានរិន្ទ /piənərɨn/ name of Bhiruna's faithful monkey

ពានរេន្ទ្រ (=ពានរ + ឥន្ទ្រ) /piənəreen/ King of the Monkeys (i.e. Hanuman)

ពាម (= ពាមកំពត) Kampot

ពាមកំពត name of a former province (now Kampot city)

ពាមឆ្កោត Peam Chhkaot (pl. n.)

ពាយឆាយ negligent, nonchalant, unconcerned

ពាយព្យ /piəyoə̆p/ northwest (Lit)

ពារ to go against, hit against

ពារាណសី Benares

ពាល young wicked person, ruffian; wicked, profligate, sinful; brash, immature, raw (of youth)

ពាល់ to touch

ពាលា (=ពាល) profligate, sinful

ពាលី Bâli, a monkey king

ពាស to spread over, cover

ពាសពេញ all over, completely covering

ពិការ wounded, incapacitated, have a physical defect

ពិឃាត to kill, execute, murder

ពិចារណា /picaarənaa/ to think, consider

ពិចិត្រ (=វិចិត្រ)

ពិចិត្ររេខា ogre queen, Preah Chinavong's mother-in-law

ពិជ័យ victory

ពិដោរ odor, aroma, fragrance; fragrant (Lit)

ពិត true, real

ពិត to tell, inform (to a monk)

ពិត ៗ really, truly, genuinely

ពិតរ៉ែមនរ៉ែត even though

ពិទូរ្យ title (lit: Lapis lazuli)

ពិធិ luck, destiny

ពិធី ceremony, celebration

ពិធីកាត់សក់ hair-cutting ceremony

ពិធីចូលព្រាណម ritual productive of magical power

ពិធីចម្រើនព្រះជន្ម Royal Birthday Ceremony

ពិធីច្រត់ព្រះនង្គ័ល Royal Plowing Ceremony

ពិធីបុណ្យ ceremony, festival, affair

ពិធីអាពាហ៍ពិពាហ៍ /pithii qapiə-pipiə/ wedding ceremony

ពិន highest point, pinnacle; Supreme One

ពិនរាជ /pɨnnəriəc/ father of /wɨy-roə̆t/ and king of the ogres

ពិនិត្យ to oversee, examine

ពិនិត្យពិច័យ /pinɨt-picay/ to audit, to check; carefully

ពិនិច្ឆ័យ to examine, observe carefully, consider carefully

ពិន្ទុង a kind of whale

ពិបាក difficult

ពិព័ណ៌ (=ពិព័រណ៌) /pipɔə/ to show, exhibit; exhibition, display

ពិពិធ various, different

ពិពិធពណ៌ multicolored

ពិភព /piphup/ world

ពិភាក្សា /piphiəqsaa/ to discuss

ពិភាល់ have misgivings, be puzzled, surprised, to wonder

ពិមាន dwelling of the gods, sumptuous building; conveyance for a god

ពិរុទ្ធ /pirut/ blame, wrong; to examine, verify

ពិរុណ God of Rain

ពិរោធ anger; to be angry (Roy)

ពិលាស charming, graceful

ពិស poison, venom

ពិសា , ពីសា to eat (polite, with reference to others); delicious

ពិសាខ April-May (lunar system)

ពិសិដ្ឋ sacred

ពិសី , ពីសី precious, special

ពិសេស /piseh/ special

ពិសាល (=ពិសេសពិសាល) excellent, special

ពិសី precious

ពិសុទ្ធ perfect, flawless

ពិសោធន៍ /pisaot/ to test, experiment; experienced

ពិស្ដារ /pɨhsdaa/ excellent; effective

ពិស្រុត famous, renowned

ពិស្ណុការ /pɨhsnaokaa/ Vishnu

ពី from, since

ពីកាលណា when, since when...

ពីដើម originally, from the beginning

ពីដៃ from the hands of, from the grasp of

ពីណា somebody, anybody, who, whom (Coll)

ពីព្រលឹម very early, at dawn

ពីព្រោះ because

ពីព្រោះតែ because of the fact of

ពីមុន before, formerly

ពី...មួយទៅ...មួយ from one...to another

ពីយប់ while dark, very early

ពីស្ថានព្រះឥន្ទ from the realm of Indra (i.e. magic, supernatural)

ពីអង្កាល when (in the past)

ពីគ្រោះ to discuss

ពីជនិយម /pɨccəniyum/ natural laws of vegetable life; vegetation

ពីរ two

ពីរបី two or three

ពីរោះ beautiful, sweet (to the ear)

ពីលាប (=ពិលាប) to lament, mourn and weep (Lit)

ពីសា (=ពិសា) to eat (Eleg); delicious (Lit)

ពីសី (=ពិសី) precious, special

ពឹង to solicit help from, to depend on

ពឹងពាក់ to depend on, solicit help from

ពឹតតែ keep on, persist (in)

ពុកចង្កា beard

ពុករលួយ corrupt, dishonest

ពុងពោះ (=ពោះពុង) stomach (Coll)

ពុត to bend, be devious; deviousness, weakness, fault

ពុតត្បុត pretense, hypocrisy (Coll)

ពុតរត្ន a kind of flower

ពុតធ្វើជា to pretend (to be)

ពុទ្ធ /put/ Buddha

ពុទ្ធង្កុល /putthuə̆ŋkoul/ Buddha's lineage (i.e. Preah Chinavong)

ពុទ្ធដីកា /putdəykaa/ speech; to say (of Buddha or Clergy)

ពុទ្ធរដ្ឋ /puttərŏət/ Buddhism

ពុទ្ធសាសនា /puttəsahsnaa/ Buddhism

ពុទ្ធសាសនបណ្ឌិត /puttəsaahsnaq-bandɨt/ Buddhist Institute

ពុទ្ធោ /putthoo!/ a mild oath: heaven!, oh my goodness!

ពុន to carry suspended from a pole across the shoulder

ពុម្ព the press; model, sample, figure, symbol

ពុរ /pul, poo/ bruised, pulpy

ពុល to be poisoned

ពុះ to boil, be boiling

ពុះពារ to overcome, surmount

ពូក mattress, cushion

ពូកែ clever, smart, skillful (at)

ពូជ seedlings; background, family, lineage

ពូជធារ stock, lineage (Coll)

ពូជពង្ស family, lineage

ពូជពង្សវង្សត្រកូល family background, pedigree

ពូជពង្សវង្សា /puuc-puə̆ŋ-wuə̆ŋsaa/ lineage, background, pedigree

ពូជសត្វ breeding animals (of pure strain or high quality)

ពូជស្រូវ seed rice

ពូត to wring, to twist; to mold into a ball

ពូន to hill up, mound

ពូនចុះពូនឡើង to crowd this way and that, push back and forth

ពួក group, category, people

ពួករាជនិយម royalists

ពួច small pitcher

ពួន to hide (iv)

ពួនទីង to hide from

ពួរ rope, cord

ពើ to feign, pretend, be affected

ពើប to meet

ពើបពះ to meet by accident

ពើបពះប្រទះ happen to meet, run into

ពៀង carry in the arms

ពៀប to be low in the water from a heavy load (of a boat)

ពៀរ retribution, painful consequences

ពេក extremely, very much, too much

ពេកពន់ (= ពន់ពេក)

ពេជ /pɨc/ precious stone, diamond

ពេជ-ហេង Pech Heng (pers. n.)

ពេជ្ឈឃាត (=ពេជ្ឈឃាដ) /pɨccəkhiət/ executioner

ពេជ្ជញាណ /pɨccəñiən/ precious, supreme, enlightened

ពេជ្រ /pɨc/ diamond

ពេញ full, complete

ពេញច្បាប់ legal, lawful

ពេញជំទង់ of marriageable age

ពេញទំហឹង to the fullest extent, to to the utmost, with all one's effort

ពេញបរិបូណ៌លក្ខណៈ legally, with full rights and attributes

ពេញបូរមី full moon

ពេញបេតី with all one's heart

ពេញពីពោះ whole-heartedly, from the bottom of my heart

ពេញព្រះរាជហឫទ័យ satisfied, happy (Roy)

ពេញមុខ overt, official, regular; be open, face up to

ពេញលេញ /pɨn-lɨñ/ fully, completely

ពេញអង្គ in full session

ពេញអំណាច in full force

ពេទ្យ /pɛɛt/ doctor; medical science

ពេទ្យចេះវិជ្ជាបារាំង western-educated doctor

ពេន to encircle, coil around

ពេប to pucker in anticipation of crying

ពេល time, period

ពេលឈប់សំរាក vacation

ពេលថ្ងៃត្រង់ noon, at noon

ពេលបុណ្យ festival-time

ពេលព្រលឹម at dawn, dawn

ពេលល្ងាច evening, at evening-time

ពេលា time

ពេលាបានហើយ the time is ripe, the auspicious moment has arrived

ពែង cup, glass

ពោត corn (maize)

ពោធិ៍ /poo/ banyan (tree)

ពោធិកំបោរ /poo-kɑmbao/ name of a rebel leader

ពោធិ៍ចិនតុង /poocəntoŋ/ Pochentong (name of a town)

ពោធិញ្ញាណ /poothiññiən/ enlightenment

ពោធិ៍ឫយ a kind of banyan tree

ពោធិសត្វ /poothisat/ Bodhisatva

ពោធិសាត់ /poosat/ Pursat (province)

ពោធី Bodhisatva

ពោរ full, overflowing, abundant

ពោល to say (Lit)

ពោះ stomach

ពោះពុង stomach (Coll)

ពោះម៉ាយ widower

ពោះវៀន intestines

ពោះវៀនបត់បន្ទាល intestines (Fig: crooked or dishonest person)

ពៅ youngest sibling

ពៅពន្លក [My] Tender Young [One] (lit: tender youngest sibling)

ពុំ negative auxiliary (Lit)

ពុំចេះ never

ពុំចាំគិត not concerned, doesn't matter, don't have to worry

ពុំ...ដល់ម្នាក់ទៀតណា not even one

ពុំឃ្លៀងឃ្លាត vigilantly

ពុំដឹងខ្លួនប្រាណ to be unconscious, unaware

ពុំដឹងសេចក្តី inexperienced, immature

ពុំដែល never

ពុំដែលធ្លះណា there's never been anything like this before

ពុំស្រាស្បើយ unabated

ពុំនោះ or rather (Lit)

ពុំនោះសោត if not that, then...; or else

ពុំមែន not really, not truly

ពុំរួច to be unable to

ពុំលង់ straightaway, without delay

ពុំលែង certainly, surely, inevitably

ពុំសូវ not very

ពុំឱ្យ in order not to (be)

ពុំហា term of endearment for a woman: darling, precious one

ពុំនៀវ (=ពៀវ)

ពុំនះ defiant(ly), in defiance of

ពំនាក់ care, protection, guardianship

ពាំ to carry in the mouth

ពាំង to shield, block

ពះ hey (Arch)

ព្នង the Pnong tribe; hill tribes in general

ព្ន័យ (=ពិន័យ) to fine, penalize

ព្នៅ a kind of tree whose edible fruit is used for glue

ព្យគ្ឃ /pyĕəq/ tiger (Lit)

ព្យគ្ឃឥន្ទ្រ King of the Tigers

ព្យាង្គ /pyieŋ/ syllable

ព្យាធិ /pyiəthiq/ disease

ព្យាបាទ malice; to intend harm, feel ill-will toward; to persecute, harass

ព្យាបាល to care for, tend, treat

ព្យាម fathom, distance across the outstretched arms, 4 cubits

ព្យាយាម to try, endure; effort, endurance

ព្យុះ a strong wind, storm

ព្យុហយាត្រា /pyuuhaqyiətraa/ to defile

ព្យួរ /pyuə/ to suspend, hang, be suspended

ព្រងើយ to be indifferent; blithely, imperturbably

ព្រ័ត rope made of plaited leather

ព្រ័ត (=ព្រាត់) to break, violate, transgress

ព្រនង់ a stick, club

ព្រនយន៍ eyes (Roy)

ព្រនាក់ to shoulder

ព្រម to agree (to); to accept; as well as, including, even

ព្រមគ្នា in unison, all together

ព្រម ៗ គ្នា all together

ព្រមទាំង along with, together with

ព្រមព្រៀង to agree

ព្រមមូលអស់ខ្លី finally decided

ព្រលប់ evening, twilight

ព្រលិត water-lily

ព្រលឹម dawn

ព្រលឹង soul

ព្រលូង a kind of fish

ព្រហាម dawn

ព្រហើន /prɔhəən/ arrogant, disrespectful

ព្រហ្មណ៍ /prum/ Brahma

ព្រហ្មញ្ញសាសនា /prummaññəsahsnaa/ Brahmanism

ព្រហ្មទណ្ឌ /prummətŏən/ penal, criminal (law, code)

ព្រហ្មស្ថាន /prumməthaan/ the realm of Brahma
ព្រហ្មិន្ទ /prummɨn/ Brahma + Indra

ព្រា a long-handled knife used for cutting bushes and small trees
ព្រាង to draft, compose; to probe, test (with words)
ព្រាត់ to be bereaved, deprived of; separated from
ព្រាត់ព្រាយ scattered

ព្រាត់ប្រាស់ to be bereaved, deprived of
ព្រាន hunter

ព្រានព្រៃ hunter

ព្រាយ demon, malevolent spirit

ព្រាល a kind of tree whose bark is used for rope
ព្រាវៗ impressionistically, by guesswork, vaguely
ព្រាហ្មណ៍ /priəm/ a Brahman

ព្រិប imitative of the sound of steps
ព្រីង a kind of tree with edible fruit
ព្រឹក morning

ព្រឹកមិញ this morning

ព្រឹកព្រាង (=ព្រឹក)

ព្រឹក្ស (=ព្រឹក្សា) tree, forest (Lit)

ព្រឹក្សា tree, forest (Lit)

ព្រឹក្សា (=ប្រឹក្សា) to advise, consult
ព្រឹត្តការណ៍ /prɨttəkaa/ situation, event
ព្រឹទ្ធា old (Lit)

ព្រឹទ្ធាចារ្យ /prɨtthiəcaa/ old age; elders
ព្រិលៗ hazy, obscure, vaguely, indistinctly
ព្រឺ to have goose-bumps, have one's hair stand on end (from fear)
ព្រឺព្រួច feel a chill of emotion

ព្រុស sound of falling or thrashing about
ព្រុសព្រាស sound of falling or thrashing about
ព្រូស a variety of mangosteen

ព្រួច to want, have a (sudden) desire for

ព្រួចព្រឺ to feel a thrill, have a sensation of excitement
ព្រួញ arrow

ព្រួត to join forces against, to gang up on
ព្រួតគ្នា to join together (to), to combine one's efforts (to)
ព្រួយ to worry, be anxious, sad

ព្រួយចិត្ត sad, worried, anxious

ព្រួយព្រួណ to be sad, worried

ព្រួយព្រះទ័យ to worry (Roy, Clergy)

ព្រួយរិះគិត hard to get along, difficult to manage
ព្រួល white fish

ព្រើត with a start, suddenly

ព្រើស to rejoice, be extremely happy
ព្រេង the past, ancient times, antiquity; ancient, former
ព្រេងនាយ former times, the old days

ព្រេងព្រឹទ្ធ the past, ancient times, antiquity; ancient, former
ព្រេងសំណាង fortune, luck, destiny

ព្រែ undyed silk

ព្រែក /prɛɛk/ canal, creek

ព្រែកក្តាម Prek Kdam (site of the ferry-crossing between Phnom Penh and Kampong Cham)
ព្រែកជីក man-made canal

ព្រែកតាឡៅ name of a village

ព្រែកអ្នកលឿង a town along the Mekong

ព្រៃ forest, jungle

ព្រៃតាហ៊ូ place name (lit: Grandfather Hu Forest)
ព្រៃនគរ /prɨy-nɔkɔɔ/ Saigon

ព្រៃព្រឹក្ស forest

ព្រៃព្រាល place name (lit: fibre-tree forest)
ព្រៃស្លា name of a village (lit: areca-palm forest)
ព្រៃស្វាយ name of a village

ព្រោង sparkling, gleaming (usually from many points)
ព្រោងព្រាត glimmering here and there

ព្រោងព្រាត shining from many points

ព្រោងព្រាយ gleaming here and there, sparkling from many points

ព្រោះ /pruə̆h/ because

ព្រោះតែ just because of

ព្រោះ to sow, scatter, broadcast

ព្រុំ-ធុស Prum Thos (pers. n.)

ព្រំដែន border

ព្រំបុរី border, territorial limit

ព្រំប្រទល់ border, territorial limit

ព្រះ the Buddha

ព្រះ /preə̆h/ prefix used before nouns of a sacred or esteemed nature, and before verbs whose subjects are persons of sacred or royal estate

ព្រះករុណា /preəh-kaqrunaa, preəh-konaa/ term of reference for a king; polite response part. (to clergy); you (to clergy)

ព្រះករុណាជាអម្ចាស់ជីវិតលើត្បូង King (lit: sacred one [who] is the lord of life over [our] heads)

ព្រះករុណាពិសេស the king

ព្រះកាណ៌ /preə̆h-kaa/ ear (Roy)

ព្រះកេស head (of royalty, clergy, or the Buddha)

ព្រះក្រយាស្ងោយ royal food

ព្រះខាន់ (=ខ័ន) Preah Khan (royal sword)

ព្រះខែ the moon

ព្រះគណ្ឌ cheek (Roy)

ព្រះចន្ទ /preə̆h-can/ moon (Lit)

ព្រះចន្ទចរត្រង់ the moon is directly overhead

ព្រះចន្ទរាជា /preə̆h-can-riəciə/ (King) Chan Raja (1516-1568)

ព្រះចមពល /preə̆h-cɑɑm-puə̆l/ the king (Lit)

ព្រះចិន្តា /preə̆h-cəndaa/ royal heart, mind; to think (Roy)

ព្រះចេស្តា /preə̆h-ceihsdaa/ the king

ព្រះចៅ the king

ព្រះចៅកំបង់ពិសី (King) Kambong Pisei

ព្រះចៅចក្រពត្រាធិរាជ /preə̆h-caw-caqkrəpoə̆traathiriəc/ title of Ramathibodi II

ព្រះចៅឡាន (King) Chao Lan

ព្រះចៅអធិរាជ /preə̆h-caw-qathiriəc/ emperor

ព្រះជន្ម /preə̆h-cuə̆n/ age (Roy)

ព្រះជន្មាយុ /preə̆h-cuə̆nnəmiəyuq/ age (Roy)

ព្រះជ័យអញ្ញាវ្យ name of a king (obscure; perhaps legendary)

ព្រះជាម្ចាស់ the Buddha

ព្រះជាយា royal wife

ព្រះជេដ្ឋា older brother (Roy)

ព្រះដំណាក់ royal residence

ព្រះតម្រាស់ royal speech

ព្រះតម្រិះ to think, decide (Roy)

ព្រះត្រពាំង name of a former province

ព្រះថន breast (Roy)

ព្រះតេជគុណ /preə̆h-daecəkun/ you (to priest or high official)

ព្រះតេជព្រះគុណ /preə̆h-daec-preə̆h-kun/ you (addressing a priest or high-ranking official)

ព្រះតរិះ to think, decide (Roy)

ព្រះទន្ត /preə̆h-toə̆n/ royal tooth

ព្រះទ័យ mind; heart (Roy)

ព្រះទិនករ /preə̆h-tɨnnəkɑɑ/ the sun (Lit)

ព្រះទីនាំង royal conveyance

ព្រះទីនាំងនាវា royal ship or barge

ព្រះទេវី wife (Roy)

ព្រះទំរង់ (finger) ring (Roy)

ព្រះទ្រង់រិទ្ធ /preə̆h-truə̆ŋ-rɨt/ he who has authority, i.e. the king

ព្រះធម៌ the holy law; the scripture; (Buddhist)law; Vrah Dharma (god of justice)

ព្រះធរណី /preə̆h-thɔɔrənii/ earth (Lit)

ព្រះនគរ royal city

ព្រះនាង princess, queen; she, her

(Roy)

ព្រះនាងចន្ទរដ្ឋា Queen Chan Rattha

ព្រះនាងចមព្រះញាតិ title of concubine

ព្រះនាងផៃសុមាលី Queen Phae Somali

ព្រះនាងមុនីមេខលា Princess Muni Mekhala

ព្រះនាម name; be named (Roy)

ព្រះនារាយណ៍ Lord Narai (Vishnu)

ព្រះនាសិក nose (Roy)

ព្រះនេត្រ /preə̆h-neet/ eyes (Roy, Clergy)

ព្រះនេត្រា eye (Roy)

ព្រះនេន្ទ /preə̆h-nee/ name of a god

ព្រះបញ្ជា to order, command (Roy)

ព្រះបន្ទូល royal speech; to say (Roy)

ព្រះបរមខត្តិយាមហាចន្ទរាជា Chan Raja

ព្រះបរមនាថ appellation for Rama

ព្រះបរមបពិត្រ /preə̆h-barommabaapɨt/ title for the king

ព្រះបរមរាជវាំង /preə̆h-barommariəc-cəwĕəŋ/ royal palace

ព្រះបរមរាជា (King) Boromaraja

ព្រះបរមវង្សា Royal Family

ព្រះបាទ title for a king; foot (Roy); response particle (inferior to superior)

ព្រះបាទត្រៃបុត្តិ King Traipotti

ព្រះបាទទសរថ /-tŭəhsarŏət/ King Dasaratha (Rama's father)

ព្រះបាទនរបតី King Mithila

ព្រះបាទនរោត្តម King Norodom (king of Cambodia 1860-1904, son of Ang Duong)

ព្រះបាទផៃសុរិយា King Phai Soriya

ព្រះបាទព្រហ្មទត្ត /-prummətŏət/ King Brahmadatta

ព្រះបាទម្ចាស់ response particle (to superior or a high-ranking official)

ព្រះបាទសម្តេចនរោត្តមសីហនុ King Norodom Sihanouk

ព្រះបាទសម្តេចព្រហ្មទត្ត King Brahmadatta

ព្រះបាទសម្តេចព្រះលំពង់រាជាធិបតី King Lampong Rajadhipati

ព្រះបាទអង្គឌួង King Ang Duong

ព្រះបាទអម្ចាស់ /preə̆h-baat qɑmməcah/ you (to royalty)

ព្រះបិតុលា /preə̆h-peqtolaa/ paternal uncle

ព្រះបីតិ to be delighted, ecstatic; delight, ecstasy

ព្រះបំរើ royal servant

ព្រះបួស ordination (as a monk)

ព្រះពន្លា royal camp

ព្រះពន្លាភាគ royal camp

ព្រះពលទេពសេនាបតី /preə̆h-pŭəl-teep-seenaapədəy/ military commander

ព្រះពាយ the wind (Lit)

ព្រះពិស្វាមិត្រ Visvamitra (the rishi companion and counsellor of Rama)

ព្រះពុទ្ធ the Buddha

ព្រះពុទ្ធដីកា [what] Buddha said; words of Buddha

ព្រះពុទ្ធបាទ /preə̆h-puttəbaat/ Buddha's foot

ព្រះពុទ្ធរូប /preə̆h-puttəruup/ image of the Buddha

ព្រះពុទ្ធរូបចូលនិព្វាន reclining Buddha

ព្រះពុទ្ធសាសនា /preə̆h-puttəsahsnaa/ Buddhism

ព្រះពុទ្ធអង្គ /preə̆h-puttəqɑŋ/ Buddha

ព្រះពោធិសត្វ /preə̆h-poothisat/ bodhisatva (reincarnation of the Buddha)

ព្រះភគវន្តមុនី /preə̆h-pheə̆qkəwŏəntaq-munii/ the Buddha

ព្រះភគិនេយ្យ /preə̆h-pheə̆qkinɨy/ niece (Roy)

ព្រះភិរុណសុរិយវង្ស Bhiruna

ព្រះភូបាល the king (Lit)

ព្រះភូសា clothing, costume (Roy)

ព្រះមកុដ /preə̆h-məkot/ royal crown

ព្រះមហាក្សត្រ /preə̆h-mɔhaa-ksat/ king

ព្រះមហាក្សត្រិយានី /preə̆h-mɔhaa-ksat-trəyaanii/ queen

ព្រះមហារាជ the king

ព្រះមហានគរ Angkor

ព្រះមហេសី /preə̆h-məhaesəy/ queen

ព្រះមុនីរាជ appellation for King Mithila

ព្រះរ័មប៉ូ official female representative of the royal household

ព្រះម្ចាស់ថ្លៃ the Buddha

ព្រះយម /preə̆h-yeə̆qmeə̆q, preə̆h-yum/ Vrah Yama (god of death)

ព្រះយមរាជ /preə̆h-yummәriәc/ Yama, God of Death

ព្រះរាជកិត្តិយស /preə̆h-riәccәkәttәyuə̆h/ honor, glory, greatness (of the king)

ព្រះរាជក្រម /preə̆h-riәccәkrɑm/ (royal) decree, law

ព្រះរាជដំណើរ royal journey

ព្រះរាជតំណាង royal representative

ព្រះរាជទាន /preə̆h-riәccәtiәn/ to give (Roy); royal gift

ព្រះរាជទីនាំង /preə̆h-riәc-tii-neə̆ŋ/ royal conveyance

ព្រះរាជទីនាំងនាវា royal barge

ព្រះរាជទ្រព្យ /preə̆h-riәccәtroə̆p/ royal wealth, possessions

ព្រះរាជធានី /preə̆h-riәccәthiәnii/ royal capital

ព្រះរាជនិពន្ធ royal author

ព្រះរាជបញ្ជា /preə̆h-riәccәbɑñciә/ royal command

ព្រះរាជបញ្ញត្ត /preə̆h-riәccәbɑññat/ to decree, order (Roy)

ព្រះរាជបរិពារ preə̆h-riәc-bɑɑripiә/ royal entourage

ព្រះរាជបុត្រ /preə̆h-riәccәbot/ prince

ព្រះរាជបំណង the king's wishes

ព្រះរាជពង្សាវតារ royal chronicle, royal genealogy

ព្រះរាជពិធី royal ceremony

ព្រះរាជមន្ទីរ royal offices

ព្រះរាជរោង royal reception hall

ព្រះរាជវង្សានុវង្ស /preə̆h-riәccәwuə̆ŋ-'saanuwuə̆ŋ/ royal family

ព្រះរាជវរានុកូល royal family

ព្រះរាជវិនិច្ឆ័យ /preə̆h-riәc-winɨcchay/ to decide, pass judgement, adjudicate (Roy); royal judgement

ព្រះរាជវាំង /preə̆h-riәccәweə̆ŋ/ royal palace

ព្រះរាជសារ royal letter, royal communication

ព្រះរាជហឫទ័យ /preə̆h-riәccәhaqrɨtɨy/ royal heart, mind

ព្រះរាជអាជ្ញា royal order; royal authority

ព្រះរាជអាណាចក្រ /preə̆h-riәc-qaanaacaq/ kingdom

ព្រះរាជឱង្ការ /preə̆h-riәccәqaoŋkaa/ to say (Roy); royal speech

ព្រះរាជា the king

ព្រះរាជាណាចក្រ /preə̆h-riәciәnaacaq/ kingdom

ព្រះរាជានុញ្ញាត /preə̆h-riәciәnuññaat/ royal permission

ព្រះរាជិនី /preə̆h-riәccinii/ queen

ព្រះរាជូបត្ថម្ភ /preə̆h-riәccuupәthɑm/ royal assistance

ព្រះរាជោវាទ /preə̆h-riәccoowiәt/ royal influence

ព្រះរាម Râma (husband of Sîtâ, and central figure of the Râmâyana epic)

ព្រះរាមា (= ព្រះរាម) Râma, hero of the Râmâyana

ព្រះរាមាធិបតី Rama Thibodi, king of Ayuthia 1350-1369

ព្រះរាមាសួរ (King) Ramesuen, son of Rama Thibodi

ព្រះរៀម elder brother (Roy)

ព្រះលោហិត blood (Roy)

ព្រះវរកាយ beautiful body (Roy)

ព្រះវររាជទេវី queen

ព្រះវស្សា year; rain (Roy, Clergy)

ព្រះវិតក្ក /preə̆h-witɑq/ to worry (Roy)

ព្រះវិស្ណុ Lord Vishnu

ព្រះវិហារ sacred temple

ព្រះសង្ឃ /preə̆h-sɑŋ/ Buddhist monk

ព្រះសណ្ដាប់ to listen (Roy)

ព្រះសម្មាសម្ពុទ្ធ /preə̆h-sammaasamput/ the Enlightened One (Buddha)

ព្រះសម្រួល to be at ease, composed, relaxed, to laugh (Roy)

ព្រះសវនីយ /-saqwәnәy/ to talk (Roy)

ព្រះស៊ីសុវត្ថិ /preə̆h-siisowat/ King Sisowath

ព្រះសីហនុ /preə̆h-siihanuq/ King Sihanouk

ព្រះសុដន់ breast (Roy)

ព្រះសុរាម្រឹត /preə̆h-soraamərɨt/ King Suramarith

ព្រះសុរិយ /-sourəy/ the sun (Lit)

ព្រះសុរិយា /preə̆h-souriyaa/ the sun (Lit)

ព្រះសុរិយោទ័យ (King) Soriyotey

ព្រះសុរិយោទ័យ name of a Prince

ព្រះសុរិយោវង្ស /preə̆h-souriyaowuə̆ŋ/ King Soriyovong(1416-25)

ព្រះសុវណ្ណកោច្ឆៈ /preə̆h-sowannəkaocchaq/ golden chair, royal chair

ព្រះសំរួល (=ព្រះសព្រួល) to laugh (Roy)

ព្រះទ័ស្តង term of address used by superior to inferior (Lit)

ព្រះស្នំក្រមការ /-krαmməkaa/ the king's concubines

ព្រះស្មារតី consciousness (Roy)

ព្រះស្រីរាជា Sri Raja (king of Cambodia 1459-1473)

ព្រះទ័ស្រឧជ័យ title

ព្រះហរី /preə̆h-haqrii/ appellation for Vishnu

ព្រះហស្ត /preə̆h-hoə̆h/ hand (Roy)

ព្រះអគ្គមហេសី /preə̆h-qakeə̆q-məhaesəy/ first or official queen

ព្រះអគ្គី God of Fire

ព្រះអង្គ 2nd and 3rd personal pronoun referring to royal or sacred persons; specifier for royal or sacred persons, and for Buddha images

ព្រះអង្គឌួង (King) Ang Duong (1847-1860)

ព្រះអង្គម្ចាស់ title of children of the king

ព្រះអង្គម្ចាស់ក្សត្រី /preə̆h-qαŋ-mcah-ksatrəy/ Princess

ព្រះអធិបតី /preə̆h-qathɨppədəy/ leader, ranking official, person in authority

ព្រះអនុជ /preə̆h-qanoc/ younger brother (Roy)

ព្រះអរិយគាមណី /preə̆h-qariyeə̆q-kɨəmənii/ ecclesiastical title

ព្រះអាទិត្យ the sun (Lit)

ព្រះឥន្ទ្រ /preə̆h-qən/ Indra

ព្រះឥសូរ /preə̆h-qəysou/ Siva

ព្រះឱស /preə̆h-qaoh/ mouth (Roy)

ព្រះឱស្ឋ /preə̆h-qaoh/ mouth (Roy)

ព្រះអើយ My God!, alas!

ព្រះអំណរ to be pleased, happy (Roy)

ភ

ភក់ mud

ភក្តីភាព /pheə̆qkdəyphiəp/ devotion, faithfulness

ភក្ត្រ /pheə̆q/ face (Lit)

ភក្ត្រា (=មុខ) /pheə̆qtraa/ face (Lit)

ភណ្ឌ /phoə̆n/ goods, treasures, wealth

ភ័ន្ត /phoə̆n/ to be mistaken, make a mistake

ភ័ន្តភាំង /phoə̆n-pheə̆ŋ/ bewildered, stunned, dazed

ភព /phup/ world

ភព្វវាសនា /phoə̆p-wiəhsnaa/ fortune, fate

ភ័ព្វ /phoə̆p/ luck, fate

ភមរី /phumməriː/ a shiny black beetle

ភ័យ /phɨy/ to fear, be afraid

ភ័យរន្ធត់ to be frightened, terrified

ភរ /phɔɔ/ to lie, prevaricate

ភរភូត (= ភូតភរ) to lie, prevaricate

ភរិយា /pheə̆qriyiə/ wife (Eleg)

ភស្តុតាង /phoə̆h-taaŋ/ proof, evidence, witness

ភស្តា /phoə̆hsdaa/ lord, master; husband

ភាគ section, part

ភាគច្រើន majority

ភាគរយ percent

ភាណ term of address, husband to wife (Arch)

ភាតរភាព /phiətəraqphiəp/ fraternity

ភាព form, aspect, quality

ភាពទំនង way, manner, likeness, aspect

ភាយ to spread, diffuse, suffuse

ភារា (= ព្រុង) captain of a ship

ភាសា language

ភិក្ខុ /phiqkhoq, phikhoq/ ordained priest

ភិក្ខុសង្ឃ /phikhoq-saŋ/ ordained priest

ភិតភ័យ to be frightened, in terror

ភិនភាគ region, area; appearance

ភិសម័យ /phihsəmay/ love, affection

ភីលៀង servant, companion, nanny (Roy)

ភឹស expulsion of breath (verbal specifier)

ភុជង្គ /phuucuŏəŋ/ snake (Lit)

ភុជង្គនាគ /phuucuŏəŋ-niəq/ Naga

ភូជង្គ (= ភុជង្គ) snake, serpent (Lit)

ភូជួយកុងស៊ី /phuu-chuəy-koŋsəy, phəchuəy-koŋsəy/ deputy minister

ភូត to lie, prevaricate

ភូតភរ to lie, prevaricate

ភូធរ king (Poetic)

ភូមា /phuumiə/ Burma, Burmese

ភូមិ /phuum/ village

ភូមិច្បារអំពៅ village of Chbar Ampouv

ភូមិថ្ម Phum Thmâ (pl. n.)

ភូមិភពលោកនេះ in this world

ភូមិភាគ /phuum-phiəq/ area, zone, region

ភូមិបត (= ភូមិន្ទ) king

ភូមិន្ទ /phuumɨn/ king; royal

ភូមិសាស្ត្រ /phuumisaah/ (the science of) geography

ភូមី king

ភូវនេយ្យ /phuuwənɨy/ master, lord

ភើប to lift or pull with a jerking motion

ភេត្រា seagoing sailing vessel

ភេទ aspect, genre, gender

ភេរី a kind of big drum

ភេសជ្ជៈ /pheesəceəq/ beverage, refreshment

ភោគទ្រព្យធម្មជាតិ natural resources

ភោគផល produce, products

ភោគសម្បត្តិ possessions, treasures, wealth

ភោក្តា to eat; food (Lit)

ភោជនីយដ្ឋាន /phoocəniiyəthaan/ restaurant (Lit)

ភោជន /phoocŭən/ food (Lit)

ភោជនាហារ /phoocəniəhaa/ food (Lit)

ភាំង have a mental lapse, go blank

ភាំងវិញ្ញាណ to have a lapse, blank out

ភ្ងា beloved

ភ្ជាប់ to attach, put together, stick together; stuck

ភ្ជួរ /pcuə ~ pyuə/ to plow

ភ្ជុំ to unite, bring together

ភ្ជុំបិណ្ឌ to commemorate one's ancestors

ភ្ញាក់ to wake up; to start, be startled, surprised

ភ្ញាក់ខ្លួន to become aware, realize, wake up (to a fact)

ភ្ញាក់ផ្អើល to be startled, taken aback, shocked

ភ្ញាក់រលឹក to wake up, become aware

ភ្ញាក់ស្មារតី to awaken, become aware

ភ្ញី entwined flowers, flowering vine

ភ្ញីផ្កា garland of flowers

ភ្ញៀវ guest

ភ្លក to have a sudden inspiration, have it occur to one to

ភ្លក់ bonfire, an outdoor fire

ភ្នាក់ងារ agent, person designated

ភ្នាក់ដៃ handrail

ភ្នាល់ to bet, wager

ភ្នៀង plow-base

ភ្នែក eye

ភ្នែកស to show fear, have a startled reaction

ភ្នែន crosslegged sitting position

ភ្នំ mountain, hill

ភ្នំក្រវាញ the Cardamom Mountains

ភ្នំគោវទ្ធន៍ /pnum-koowəthoən/ Mount Govadhana

ភ្នំដងរែក the Dang Raek Mountains

ភ្នំបាក់ខែង Mt. Bakheng (site of a 9th century Angkor temple)

ភ្នំពេញ Phnom Penh

ភ្នំព្រះសុមេរុ /-someeruq, -somae/ Mt. Meru (of Hindu mythology)

ភ្នំភ្នែង a small tree used for firewood

ភ្នំមន្ទរ /pnum-muəntəreəq/ Mount Mandara

ភ្នំសិវបទ /pnum səywəbat/ Mount Sivapada

ភ្នំសុមេរុ /pnum-somae, -someeruq/ Mount Meru

ភ្លង a kind of red hardwood tree

ភ្លាត់ to have a lapse, commit an unintentional act

ភ្លាត់ភ្លាំង shocked, speechless, dumb-founded, in a state of suspended consciousness

ភ្លាត់មាត់ to say in spite of oneself

ភ្លាម immediately

ភ្លាម...ភ្លាម as soon as...immediately

ភ្លឹង (straight) as a ramrod

ភ្លឺ light, bright

ភ្លឺស្រែ ricefield dike

ភ្លុក tusks

ភ្លូ a kind of tree

ភ្លូក to turn over, upset

ភ្លូញាត a tree with edible fruit

ភ្លើង fire; electricity

ភ្លើងអគ្គិសនី electricity; electric light

ភ្លៀង rain; to rain

ភ្លេង music, composition, song

ភ្លេច to forget

ភ្លេចត្រចៀក to forget oneself momentarily

ភ្លេចវិញ្ញាណ to lose one's senses, be in a fog

ភ្លេចស្មារតី be unaware, be oblivious (to), unmindful (of), become lax (in)

ភ្លែត quickly, immediately

ភ្លៅ thigh

ភ្លាំង a kind of tree

ម

ម. abbreviation for /maet/(meter)

មក /mɔɔk/; Coll. /mɔɔ/ to come; orientation toward speaker in space or time

មកលេង to visit, pay a visit

មកឃើញ to realize, come to see

មកអាយ come here (Arch)

ម័កប៉ែន a sweet-smelling fruit

មករ /məkɑɑ/ fish (Lit)

មករា /meəqkəraa ~ maqkəraa/ January

មកុដ /məkot/ crown

មគធភាសា /meəqkətheəq-phiəsaa/ Pali language (language of Magadha)

មង fishing net

មង្គល /muəŋkuəl/ success, good luck, happiness

មង្គលការ /muəŋkuəl-kaa/ wedding

មច្ឆា /macchaa/ fish (Lit)

មជ្ឈដ្ឋាន /macchəthaan/ milieu, circle

មជ្ឈមណ្ឌល /maccheəq-muənduəl/ center, base (Lit)

មឈូស coffin

ម៉ត់ម៉ង /mɑt-mɑɑŋ/ fine, smooth (of texture)

មណី /mənii/ jewel, precious stone (Lit)

មណីរតន៍ /məniiroət/ precious stone (Lit)

មណ្ឌប /muəndup/ small ornate pavilion, usually crown-shaped

មណ្ឌល /muənduəl/ circle, solar disk, center, district;

around, encircling

មណ្ឌលគិរី /mŭənduŏl-kirii/ Mondulkiri (Province)

មណ្ឌលគរុកោសល្យ Teacher Training Center

មណ្ឌលនីតិកម្មពាមជ្រលៃ Peam Chralay legal district [?]

មណ្ឌលសុខភាព health center

មត់ agree beforehand, prearrange

ម៉ត់ចត់ seriously, carefully

ម៉ត់ម៉ង (=ហ្មត់ហ្មង) clean (Lit)

មតិ /matteq/ opinion

មទ្ទវៈ /mattəweə̆q/ propriety, modesty

មធ្យ័ត /mattyat/ rigorous, careful, painstaking

មធ្យម /mattyum/ average; medium

មធ្យមសិក្សា secondary school

មធ្យោបាយ /mattyoobaay/ way, means

មន Mon (an ethnic group in Southeast Asia)

មនុស្ស /mənuh/ man, mankind, person

មនុស្សក្រៅ outsider, non-family

មនុស្សណា anyone; whoever

មនុស្សទាបថោក person of low character

មនុស្សទោស prisoner

មនុស្សធម៌ /mənuhsəthɔə/ humanity; humanism

មនុស្សផ្តេសផ្តាស vagabond, bum

មនុស្សមានពូជ person from a good family, person of good breeding

មនុស្សម្នា people

មនុស្សយើង we humans

មនុស្សលោក human world, human beings

មនុស្សល្បែង gambler

មនោរម្យ /mənoorum/ enchanting, delightful, idyllic, blissful

មន្ត /mŭən/ magical formula; scripture

មន្តវិជ្ជាការ magic formula

មន្ត្រី /mŭəntrəy/ government official

មន្ត្រីសង្កាត់ official of a municipal division

មន្ត្រីអ្នករាជការ (royal) government officials

មន្ទរ /mŭəntəreə̆q/ Mandara (name of the mountain with which Vishnu churned the milk ocean)

មន្ទិល /mŭəntɨl/ to doubt, suspect

មន្ទីរ /mŭəntii/ office, building

មន្ទីរក្រសួង ministry

មន្ទីរពេទ្យ /mŭəntii-pɛɛt/ hospital

មន្ទីរព្យាបាលរោគ hospital (Eleg)

មន្ទីររាជសហករណ៍ Royal Office of Cooperatives

ម.ម. (=មីលីម៉ែត្រ) millimeter

មមូរមមា in great numbers, in a crowd

មមោច gnat

មមៃ distracted, preoccupied

មយូរ peacock (Lit)

មរកត /mɔɔrəkɑt/ emerald

មរណៈ /mɔɔrənaq/ to die (Lit)

មរណកាល /mɔɔrənaqkaal/ death (Lit)

មរណភាព /mɔɔrənaqphiəp/ death; to die (Lit, Eleg)

មរណា /mɔɔrənaa/ death; to die (Lit)

មរតក /mɑɑrədɑq/ heritage

ម.ស. (=មហាសករាជ)/məhaasaqkəraac/ an era which began in 78 A.D.

មហា /mɔhaa, məhaa/ in compounds: big, great; Coll: really, immensely, extremely

មហា title of a learned monk, usually retained after having left the priesthood

មហាក្សត្រ /məhaa-ksat/ king

មហាក្សត្រិយ៍ /məhaa-ksatrəy/ king

មហាជន /məhaacŭən/ the general public

មហាតលិក /məhaa-tlək/ royal servant

មហាទូលាយ very large, vast

មហាធ្ងន់ extremely heavy, extremely

important

មហានគរ great city; Angkor

មហានិកាយ /məhaanikaay/ liberal sect of Buddhist priests in Cambodia (lit: large branch)

មហាភារត /məhaaphiərətaq/ Mahābhārata

មហាមន្ត្រី title for an official

មហាមាត្យ title for a palace official

មហាយាន /məhaayiən/ Mahāyāna

មហាវិថី /məhaa-withəy/ boulevard

មហាវិថីព្រះបាទនរោត្តម Boulevard Preah Bath Norodom

មហាវិថីព្រះសុរាម្រិត Boulevard Preah Suramarith

មហាវិទ្យាល័យ university, college

មហាវេស្សន្តរជាតក /məhaa-weesəndαα-ciədαq/ Mahā Vessantara Jātaka

មហាសេដ្ឋី /məhaa-saetthəy/ wealthy man, mandarin

មហាហង្ស a kind of tree

មហាហិង្គុ /məhaahɨŋ/ the plant asafetida

មហាឧត្តម /məhaa-qotdαm/ excellent, impressive

មហាឧបរាជ /məhaa-qupperaac/ Vice-King

មហិង្សា (= មហិសា) /məhəŋsaa/ male water buffalo (Lit)

មហិមា /məheqmiə/ extremely; gigantic, enormous, huge

មហិមានុភាព great power

មហិសា /məhəŋsaa/ water buffalo bull (Lit)

មហេសី /mɔhaesəy/ queen

មហោរី /məhaorii/ orchestra; stringed instrument (Lit)

មហោស្រព /məhaosrααp/ music (Lit)

មា uncle (younger brother of either parent)

មា in large numbers, many (Lit)

មាក់ងាយ to belittle, look down on, scorn

មាក់ប្រាត a kind of tree with edible fruit

មាក់ប្រាង (= ម៉ាក់ប្រាង) a golden plum

មាគ៌ា /miəkiə/ route, road; Fig: way, line, policy

មាឃ /miəq/ January-February (lunar system)

មាឃបូជា /miəq-boucie, miəqkəboucie/ Māgha Pūjā (a festival commemorating the last assembly of the Buddha with his disciples)

មាឃវ័ន /maqkəwan/ name of a street in Phnom Penh

មាណព /miənup/ a young unmarried man (Lit)

មាត់ edge, opening; mouth; voice; Coll: to talk, say, utter

មាត់ក to speak, utter, make oneself heard

មាត់ក្រសាល់ name of a village

មាត់តែថា just saying, saying insincerely

មាត់តែស្រដី just talking, just saying [that]; say one thing while doing another

មាត់ទន្លេ bank of the river, waterfront

មាត់របង gateway

ម៉ាត់ /mat/ mouthful, chew, plug; word, utterance

មាតា /miədaa/ mother (Lit)

មាតិកា important point; heading, title

មាត្រា part, section, division, article, point

មាឌ size, stature (of the body)

មាន to have, to exist; there is, there are; to be rich, have property

មានការ to have business

មានកាល sometimes, it happens that

មានកំណត់ cautiously, sparingly, keeping account

មានគំនិត thoughtful, conscientious

មានគំនិតគំនូរ to be thoughtful, circumspect, sensible

មាន...ចិត្តពីរ to be unfaithful, have divided loyalties

មានចិត្តល្អ to be kind-hearted

មានចិត្តប្រតិព័ទ្ធរវាងគ្នា to fall in love, be strongly attracted to each other

មានចិត្តលោភ greedy

មាន...ជាដើម such as...for example

មានសំណឹង let others know, inform those around you (hence: thoughtful)

មានតែ the only possibility is that, there's only that...
មានថែមទាំង even (to the extent of)

មានធម៌សប្បុរស good, kind, generous

មានបាន to happen to, to have occasion to
មានបើ perhaps

មានបើហេតុអី what happened?; how is it that...?
មានប្រសាសន៍ to say (Eleg)

មានប្រសិទ្ធិភាព effective

មានពាក្យ to criticize, have something [critical] to say
មានផ្ទៃ to be pregnant

មានផ្ទៃពោះ to be pregnant

មានពូជ to be of good breeding, be of respectable background
មានព្រះតម្រាស់ to say (Roy)

មានព្រះបន្ទូលថា to say (Roy)

មានភព្វវាសនា to be fortunate, lucky

មានមារយាទ to be of good character, to be worthy
មានមួយឆ្នាំនោះ there was a year

មានមេត្តា to have pity, compassion

មានលាភ to be lucky, fortunate

មានវិញ្ញាណ to be alive, have one's wits
មានវោតវត្ត well organized (of speech, writing, etc.)
មានសំដី to be voluble, talkative

មានអី why not?, of course! (Coll)

មាន់ chicken

មាន់គក a large rooster

មាន់ឈ្មោល rooster, cock

មាន់ញី hen

មាន់ទា chickens and ducks, poultry

មាន់ព្រៃ wild bantam

មានះ stubbornness, heedlessness, recalcitrance; stubborn, heedless, recalcitrant; to persist in
មាយា wiles, antics, affectation, pretension; to pretend, be affected, be coquettish
មាយើង name of the hero of the epic poem of the same name
មារ Māra, enemy of Buddha

មារយាទ /miəyiət/ conduct

មាល pure

មាលតី /miələdəy/ gardenia

មាលមាស pure gold

មាល័យ /miəlay/ garland of flowers

មាលី flower (Lit)

មាល្បាយ /miələbaay/ extremely (Poetic)
មាស gold, golden; precious, valuable
មាសម័យ pure gold

មាសស្នេហ៍ My Beloved

មាសា (= មាស) month (Lit)

ម៉ាស៊ីន /maasiin ~ masɨn/ engine, motor, machine
មិច to wink

មិញ /məñ, mɨñ/ past, just past, just referred to
មិត to try hard to, redouble one's efforts to
មិត្ត /mɨt/ friend (Lit)

មិត្តជិតខាង neighbor

មិត្តភក្តិ /mɨt-pheəq/ have intimate relations with
មិត្តភាព /mɨttəphiəp/ friendship

មិថិលា /miqthelaa/ Mithilā (a former kingdom in northeastern India)
មិថុនា June

មិន negative auxiliary: not

មិនកើតទេ inappropriate, not right, isn't done
មិនខាន without fail, surely

មិនគិតគន់ thoughtlessly, heedlessly, recklessly
មិនគិតប្រាណ heedless of one's own safety
មិនចង់រួច barely able to

មិនចេះ never, customarily don't

មិនចេះដាច់ពីមាត់ unceasingly (of speech, etc.)
មិនចេះអស់មិនចេះហើយ constantly, incessantly
មិនចំឈ្មោះ without specifying names
មិនជាយ៉ាប់ប៉ុន្មានទេ not so bad, fairly comfortable
មិនជាប់នៅ elusive, impermanent
មិនដាក់ភ្នែក fixedly (of staring)
មិនដាច់ endlessly
មិនដាច់ពីមាត់ unceasingly, incessantly, continually (of singing, speaking, eating, etc.)
មិនដឹងស័ព្ទសោច doesn't know what [he's] talking about
មិនដូចចិត្ត not satisfactory
មិនដែល never; customarily don't
មិនដែលខាន never failing
មិនដែលដាច់ incessantly
មិនដែលនឹងធុញ never tiring, never flagging; tirelessly, indefatigably
មិនដែលមាន it never happens that...
មិនតែប៉ុណ្ណោះ not only that, but...
មិនតែប៉ុណ្ណោះសោត not only that, but...
មិនតែម្ល៉ោះ not only that, furthermore
មិនត្រឹមតែ...ទេ not only...
មិនថាអញ្ចឹងឬ? isn't that right?
មិនទាន់ not yet
មិនទាន់ចាញ់ឈ្នះផង inconclusive, outcome (of a battle) not yet decided
មិន...ទេ discontinuous negative: not
មិនទំនង unlikely, doesn't make sense
មិនធ្វើដឹងមិនធ្វើឮ to ignore, not pay attention (to)
មិនបាច់ not necessary (to), no need (to)
មិន...ប៉ុន្មានទេ not...to any extent, not so very...
មិនមែន not really
មិនយូរប៉ុន្មាន not too long
មិនលស់ពេលណា all the time, incessantly

មិនលែងឡើយ unceasingly, inevitably
មិនសូវ hardly, not very
មិនសូវផ្លាស់ប្ដូរប៉ុន្មានទេ doesn't change very much
មិនស្កាំមាត់ hardly tasted it; hunger still not abated
មិនអីទេ don't mention it; it's nothing; don't worry
មិនា March
មិល្លីម៉ែត្រ /millimaet/ millimeter
មីង aunt, younger sister of either parent, or general term for women of parents' generation
មីមុត Mimot (name of a district)
មីរ in a great crowd, spread densely all over, stippled, teeming; cloudy, overcast, somber, dark
មីសួរ rice noodles
ម៉ឹងម៉ាត់ vigorously
ម៉ឹង tightly (Coll)
ម៉ឺន ten-thousand; title of nobility
មុខ face; front, in front of; kind, variety, dish
មុខកំពូល name of a district in Kandal Province
មុខក្រសួង status, function, duty; those in charge, those concerned
មុខការ duty, position
មុខជា probably, undoubtedly
មុខដាច់ upper gabled roof (of a temple or palace)
មុខមាត់ facial features
មុខរបរ trade, profession
មុខយ៉ាងមាំ serious face, stern face
មុង mosquito net
មុជ to dive, submerge oneself
មុត to cut, pierce, penetrate; sharp (of a knife)
មុតមាំ strongly, intensely, staunchly
មុន before
មុនក្រោយ one after the other

មុននឹង before (doing something)

មុនី scholar, learned person, sage

មុនីវង្ស /məniiwŭəŋ/ Monivong (King of Cambodia 1927-1941)

មុសា to lie, prevaricate; untrue, false

មុសាវាទ to lie, prevaricate

មូរ៉ូ sullen, rude

មូរ to roll up (tv)

មូល to be round; circle, group

មូលដ្ឋានសឹក military base

មូលមក to come together, convene

មូលមិត្តមេត្រី share [each other's] love

មូលមួយផងគ្នា unite, be united

មូលមេត្រី to love fully, to feel unreserved friendship

មូសិកទន្ត /museqkətoon/ the symbol ̇̄

មួន tight, steady, stable

មួម៉ង furious, irritated

មួយ one

មួយ ៗ slowly, deliberately; each one, the various

មួយខែពីរ one or two months

មួយចំណែក...មួយចំណែក on the one hand..., and on the other hand...

មួយឆ្នាំ ៗ /muəy cnam, muəy cnam/ each year

មួយដងមួយកាល once in a while

មួយថ្ងៃ ៗ /muəy tŋay, muəy tŋay/ each day, every day

មួយថ្ងៃមួយយប់ a full day, 24 hours

មួយថ្ងៃវាល់ល្ងាច all day long

មួយទៀត furthermore

មួយពាន់ one thousand

មួយភ្លែត /muəy-plɛɛt, məplɛɛt/ a moment, just a bit, awhile

មួយមុខ only, exclusively

មួយ...មួយ first...then

មួយយប់ទាល់ភ្លឺ all night long

មួយយប់មួយថ្ងៃ all day, 24 hours

មួយយ៉ូ shout used to mark a rowing cadence

មួយរយ one hundred

មួយរូប one person

មួយរំពេច immediately; for a moment, awhile

មួយសន្ទុះ for a moment, awhile

មួយសែន one hundred-thousand

មួយស្របក់ for a moment, awhile

មួយអង្គឯង alone (Roy)

មួល to turn, twist (a knob, etc.)

មើល /məəl/; Coll:/məə/ to look at; treat (an illness); after a verb: tentatively, and see how it works, give it a try

មើលងាយ to belittle, look down on, scorn

មើលទៅឃើញ to seem, appear

មើលចំណាំ to watch critically

មើលប្រមាណគ្រប់ស្ដីគ្នា take everybody into consideration

មើលផ្លូវ to await (lit: watch the road)

មើលពុំយល់ not recognize, not realize, not see (Fig)

មើលមុខ know the person, consider the merits of the individual

មើលមុខមើលក្រោយ look at [it] from every perspective

មើលយល់តែមុខឯង think only of oneself

មើលយាម to tell fortunes, predict destiny

មើលសព្វ ៗ ទៅ to consider various aspects

មើល...ឲ្យជា to cure

មើលឲ្យស្ដែង to look carefully, determine clearly

មើលអ្វីមិនឃើញ unable to see anything

មឿង (= ឃ្លាំងមឿង) a 16th century Cambodian hero

មៀងភ្នែក to glance sidelong, look out of the corner of one's eyes

មៀន a kind of small litchi

មេ female (of animals); bitch;

Arch: mother

មេ chief, head; headword in compounds

មេការ supervisor; head of provincial public works

មេកំណែន corvée chief

មេគណខេត្ត /mee-kŭən-khaet/ head priest of the province (ecclesiastic counterpart of the provincial governor)

មេឃុំ commune chief

មេចោរ leader of the bandits

មេជើង big toe

មេដឹកនាំ leader, chief

មេដែក magnet

មេដៃ thumb

មេទន្ទេញ lesson to be memorized and recited

មេទ័ពក្រោយ commander of the rear guard

មេទ័ពឆ្វេង commander of the left flank

មេទ័ពធំ commander of the main army

មេទ័ពមុខ commander of the vanguard

មេទ័ពស្តាំ commander of the right flank

មេបញ្ជាការ commander

មេបញ្ជាផ្នែកសឹករង adjutant commander

មេបា spirits of one's ancestors; Arch: parents, guardians

មេម៉ាយ widow

មេស្រុក chief of a <u>khum</u> (not of a <u>srok</u>)

មេរៀន lesson

មេអាហ៊ោង a kind of dice used for gambling

មេកុង Mekong (River)

មេឃ sky

មេឃា (= មេឃ) sky (Poetic)

មេច to pinch

ម៉េច /məc/ how?, why?

មេដាយ medal (Fr. médaille)

មេត្តា to pity; be good enough to

មេត្តាធម៌ compassion

មេត្តាប្រោស... please...

មេត្រី to like, to love; friendship, affection

មេត្រីភាព /meetrəy-phiəp/ friendship

មេទោទ្រហៈ /meetoorəteə̆q/ Medohrada (hell for wanton women)

មេសា April

ម៉ែ polite response particle used by women to royalty

ម៉ែ mother; term of address for woman of same age

ម៉ែ interjection of surprise

ម៉ែឪ father and mother, parents

មែក branch, limb

ម៉ែត្រ /maet/ meter

មែន to be right, true, correct

មែនទេ? right?

មែនទែន really, truly

មែនហើយ right, that's right, that's true

មែន ៗ constantly

ម៉ោក imitative of sound of rapping, knocking, thumping

ម៉ោង hour, time

ម៉ោងដប់ពីរព្រឹក twelve o'clock noon

ម៉ោងដប់ពីរភ្លឺ midnight

ម៉ោងដប់ពីរយប់ (= ម៉ោងដប់ពីរភ្លឺ) midnight

ម៉ោងប្រាំកន្លះ five-thirty o'clock

ម៉ោងមួយភ្លឺ one a.m.

មានី Moni (pers. n.)

មោហៈ /moohaq/ state of irrationality, insensitivity, moral blindness, numbness

មោហ៏ប៉ាំង /moo-baŋ/ in a blind rage

មោហ៏មិត in a rage, blind with anger

មោហោ (= មោហៈ) ignorance, blindness

មោះ it is, that is, being (Arch)

មោះ mistake, misfortune, problem

មោះមុត courageous

មំសី (= មំសៈ) /mĕəŋsəy/ flesh, meat (Roy, Clergy)

មាំ firm, strong, solid, sturdy

មាំទាំ firm, stable

មាំមួន firm, solid, permanent

ម្ករ /məkαα/ mythical sea monster

ម្ខាង on one side

ម្ង៉ែ if it happens that (Lit)

ម្ចាស់ lord, master, owner

ម្ចាស់ក្សត្រី queen

ម្ចាស់ថ្លៃ my lord, my good fellow

ម្ចាស់ផ្ទះ master or mistress of the house, owner

ម្ជុល needle

ម្ជូរ sour or pungent food

ម្ដង once; once and for all, definitively, for a change

ម្ដងៗ once in a while

ម្ដងទៀត once more, once again

ម្ដាយ mother

ម្ដាយធំ aunt (older sister of either parent)

ម្ដេច /mdəc/ why?, how?

ម្ដេចក៏ then why?, how is it that?

ម្ដេចក៏ទៅជា why is it that...?, why did you...?

ម្ដេចម្ដា whatever, whatever it may be

ម្ទេស chili pepper

ម្នាក់ one person

ម្នាក់ៗ each one, one after the other

ម្នាល term of address used by superior to inferior (Arch)

ម្នាស់ pineapple

ម្នីម្នា hurriedly

ម្នេញ to worry, be bothered, suffer (mental anguish)

ម្ភៃ /məphɨy, mphɨy/ twenty

ម្យ៉ាង /məyaaŋ/ one kind, one way

ម្រាក់ female friend (Arch)

ម្រាម finger, toe

ម្រឹគ four-legged wild animal (tiger, deer, etc.)

ម្រឹគា (=ម្រឹគ) four-legged wild animal

ម្រឹគីម្រឹគា female and male four-footed wild animals

ម្រេច (black) pepper

ម្លប់ shade

ម្លិះរួត a variety of jasmine

ម្លឹង so, such, to that extent

ម្ល៉ឹង so, such, to that extent

ម្លឹងៗ so, such, to such an extent

ម្លូ betel leaf

ម្ល៉េះ like this, in this way; so, to such an extent

ម្ល៉េះសម /mleh sɑm/ must, probably, undoubtedly

ម្ល៉ោះហើយ thus, therefore, in this way

ម្ល៉ោះ thus, therefore, like that

ម្សៅ flour

ម្ហូប food, a meal

ម្ហូបចំណី food, various kinds of food

យ

យ៉ porch, balcony

យក /yɔɔk/; Coll: /yɔɔ/ to take, to bring

យកចិត្តគេ to strive to please, to ingratiate oneself with another

យកចិត្តទុកដាក់ to pay attention, devote oneself to

យកជាការ to rely on, depend on, have confidence in, take seriously

យកជាគ្នា to associate with each other, be friends

យកជាបែបយ៉ាង take as an example

យកជីវិត to save one's (own) life

យកតែបុណ្យទៅចុះ for one's own good

យកលំនាំតាម to imitate, draw inspiration from

យកអាសា to help, assist, wait on; to protect, defend

យក្ខិណី /yeə̆qkhenəy/ female ogre

យក្ស /yeə̆q/ giant, ogre

យក្សា (= យក្ស) giant, ogre

យក្សាសូរ (= យក្ស + អសុរ) /yeəqsaasou/ giants, demons, ogres

យង់ intensifier for adjectives of clarity, brightness, etc.

យង់យល់ to see

យតិភង្គ /yattephŭəŋ/ hyphen

យន្ត /yŭən/ machine, engine (Lit)

យន្ត (= យ័ន្ត) /yoə̆n/ magical design

យន្តហោះ /yŭən-hɑh/ airplane

យប់ evening, night

យប់ទីមួយរនោច first night of the waning moon

យមបាល /yumməbaal/ Yamapāla, guardians of Hell

យមុនា Yamunā (the Jumnā river in northeastern India)

យប់មិញ last night

យប់យន់ evening (Poetic)

យមរាជ /yumməriəc/ Minister of Justice

យល់ to learn, to understand; to recognize, know; to see

យល់គុណ grateful; to feel gratitude

យល់ជា be considered to be

យល់ដោយមុខ selectively, on an individual basis, with discrimination

យល់ថា be considered that

យល់មុខ to show favoritism

យល់ទាស់ to oppose, disagree

យល់ព្រម to agree, consent

យល់យង់ bright, luminescent

យល់សប្តិ /yŭəl-sɑp/ to dream

យល់ស្រប to agree

យស /yŭəh/ honor, glory, fame, rank

យសសក្តា /yŭəh-saqkədaa/ high position or rank

យសោធរគិរី /yasaothəreə̆qkirii/ name for the Bayon

យសោធរបុរៈ /yasaothəreə̆qboraq/ Yasodharapura (original city of Angkor)

យសោធរេស្វរៈ /yasaothəreeswaraq/ Yasodharesvara (honorary name of King Yasovarman)

យសោវរ្ម័ន /yasaowɑɑrəman/ Yasovarman (King of Angkor 889-900)

យាង to go (Roy)

យាងយាល to go (Lit, Roy)

យ៉ាង kind, way; like, as

យ៉ាងខ្លី briefly

យ៉ាងណាក្តី whatever, whatever kind

យ៉ាងតិច at least

យ៉ាងតិចណាស់ at the very least

យ៉ាងធុំធ្ងឹង importantly, impressively

យ៉ាងមធ្យម on the average

យ៉ាងម៉េច how?

យ៉ាងមាំទាំ seriously, resolutely

យ៉ាងយូរបំផុត at the longest

យ៉ាងលាយឡំគ្នា mixed, intertwined; complex, subtle

យ៉ាងសម្បើម impressive, remarkable

យ៉ាងសម័យ modern, up-to-date

យ៉ាងស្មោះ sincerely

យ៉ាងហោចណាស់ at least, at the minimum

យ៉ាងហ្នឹងហើយ that's right, it's true

យាត (= យាត្រា) to go (Roy, Lit)

យាត្រា to go; trip (Roy, Lit)

យាត្រាមក to come (Roy)

យាន vehicle

យ៉ាប់ difficult, hard; slow, inept

យាប្លង Johnson grass (an aquatic grass)

យាម plow-handle

យាម prediction; auspices, signs of the future

យាម to guard

យាមល្បាត to patrol

យាយ grandmother; title of respect for old ladies

យាយជី nun

យាយី to harm, hurt

យារ to be drawn out, extended, delayed, drawled

យាវ a kind of vine used for string

យាល to cry, call (of animals)

យ៉ាះ /yah!/ ouch!

យី interjection of surprise, annoyance, or admiration (usually accompanied by rising intonation)

យឺត to stretch, draw out

យឺតយោង to help out

យឺត slow; slowly

យុគលពិន្ទុ /yukəleə̆qpɨntuq/ the symbol -:

យុត្តកា (= យុថ្កា) /yuttkaa/ anchor

យុត្តិធម៌ /yuttethɔə/ justice

យុថ្កា /yuttkaa/ anchor

យុថ្កា a kind of flower

យុទ្ធកថា /yuttheə̆qkəthaa, yuttəkəthaa/ epic, tale, narrative

យុទ្ធនា /yutthəniə/ war (Lit)

យុទ្ធភ័ណ្ឌ /yutthəphoə̆n/ paraphernalia of war

យុវជន /yuwwəcuə̆n/ youth, young people

យុវតី /yuwwətəy/ feminine youth, young women

យុវនារី /yuwwəniərii/ young lady (Eleg)

យុវ័ន /yuwan/ youth, young person (usually masculine); boy scout

យូរយារ /yuu-yiə/ sagging, protruding, hanging down

យូរ long (in time), late

យូរឆាប់ sooner or later

យូរណាស់មកហើយ for a long time now

យូរថ្ងៃ many days, a long time

យូរដល់ម្ល៉េះ this long, so long as this

យូរ ៗ ម្ដង once in a while, from time to time

យូរលង់ for an extremely long time

យូរអង្វែង for an extremely long time

យួ (= យួរ) to hold or carry in one hand

យួន Vietnam; Vietnamese (n, adj)

យួនអាណាម Annam

យើ exclamation of astonishment or disapproval (superior to inferior)

យើង we (among intimate friends, or by superior to inferior); I (between intimate friends, or by king to inferior)

យើរ to snatch, grab

យើះយើ interjection of surprise

យៀកកុង Viet Cong

យៀកណាម Vietnam

យ៉ែម សារុង Yêm Sarong (pers. n.)

យោគ to try, attempt, make an effort to

យោគយល់ to understand

យោង to pull up, pull along

យោជន៍ distance of approx. 1600 meters, a mile

យោធា army, military

យោនយោន hanging all around, suspended all over

យោបល់ idea, opinion

យោបំ wail, lamentation, cry

យោល to swing, cause to swing back and forth

យោល to refer to, base oneself on

យៅវមាន /yɨw-maan/ youth (Lit)

យំ to cry (humans, birds, animals)

យំរលាកឡាកខ្លួនប្រាណ to weep violently

រ

រក /rɔɔk/; Coll: /rɔɔ/ to search for, look for, seek

រកកលឈ្លោះ find a pretext to quarrel, pick a fight

រកឃើញ to search successfully, to find

រកក្តី to stir up trouble, look for an argument

រកផ្តឹង to search for (a mate)

រកទទួលទាន to make a living

រកបាន to gain, get, be able to get

រកមិនឃើញ to be unable to find

រករឿង to find fault, provoke; to research, get to the bottom of a matter

រកស៊ី to earn a living

រកអ្វីប្រៀបពុំបាន nothing can compare; incomparably, extremely

រ័ក /reə̆q/ lovely, beloved

រកា a thorny tree

រកាកោង Rokakong (a town on the Mekong)

រ័ក្សរួម (= រួមរ័ក្ស) live a conjugal life

រក្សា /reə̆qsaa/ to take care of

រក្សាព្រះទ័យ to comport oneself (Roy)

រខោក sound of rattling of loose boards or slats

រង second, assistant, under; to undergo, suffer; cushion, pillow

រង to defend, to protect, to ward off, block

រង settled, cleared up

រងកម្មវេទនា /rɔɔŋ kam-weetənie/ to suffer, undergo suffering

រងកាត់ to ward off (a blow, etc.)

រងគ្រោះ victimized

រងទុក្ខ grieved, subjected to grief

រង់ to wait

រង់ចាំ to wait for, await eagerly

រងា to be cold, unpleasantly cool

រងាវ to crow, cluck

រង៉ូវ to pester, annoy

រងំ droning, rumbling, indistinct

រង្គ /rŭəŋ/ war, battle

រង្គសាល theater

រង្គាត់ crisscrossing, doubling back, to and fro; to wander about, wander all over

រង្វង់ frame, shape, facing

រង្វាន់ reward, prize

រង្សី /reə̆ŋsəy/ brilliance, sparkle, ray

រចនា /raccənaa/ art, handicraft; to decorate, design, create

រជ្ជកាល /raccəkaal/ reign, dynasty

រញ្ជួយ to shake, tremble (iv)

រដិបរដុប rough, heterogeneous

រដូវ season; menstrual period

រដូវក្តៅ hot season

រដូវទឹកឡើង flood season

រដូវប្រាំង dry season

រដូវភ្លៀង rainy season

រដូវរងា cold season

រដូវរំហើយ cool season

រដូវរាំង drought

រដូវវស្សា rainy season

រដូវស្ទូង rice-planting season

រដែ Rhade (a tribal group)

រដោះ come untied, come loose; be separated

រដ្ឋ /rŏət/ state, country, political entity

រដ្ឋការ /rŏəttəkaa/ government, administration

រដ្ឋធម្មនុញ្ញ /rŏətthaqthŏəmmənuñ/ constitution

រដ្ឋមន្ត្រី /rŏət-mŭəntrəy/ government minister

រដ្ឋសភា /rŏət-saphiə/ national assembly

រដ្ឋាភិបាល /rŏətthaaphibaal/ government, administration

រដ្ឋាភិបាលចម្រុះ coalition government

រដ្ឋាភិបាលស្រោចស្រង់ជាតិ Government of National Salvation

រណសិរ្សជាតិ /rənaqsei-ciət/ national front

រណសិរ្សជាតិរំនសេរីការ National Liberation Front (of South Vietnam)

រណ្តាប់ provisions, prerequisites (for a ceremony)

រណ្តៅ ditch

រណ្តំ to rattle, bang together (iv)

រណ្តំទាំងធ្មេញ teeth even rattled

រត់ to run

រត់គយ (= រត់ពន្ធ) to smuggle

រត់ចូលគ្នា to run together, combine

រត់ប្រទាត់មក to come running from all directions

រត់ពន្ធ /rŭət-pŭən/ to smuggle

រត់រេរា to run haltingly

រតន៍ (= រ័តន៍) /roə̆t/ gem, precious stone

រ័តន៍ /roə̆t/ gem, precious stone

រតនគិរី /rattənaqkirii/ Ratanakiri (Province)

រតនា /roə̆ttənaa/ precious stone

រត្តិចរ /roə̆ttəcaa/ nocturnal

រត្ន /roə̆t/ jewel, precious stone

រ័ត្នន៍ (= រត្ន) gem, precious stone; precious, beloved

រថ /rŭət/ car, vehicle

រថភ្លើង train

រថយន្ត /rŭət-yŭən/ car, automobile

រថយាន carriage

រទេះ /roteh, rəteh, qatiəh/ cart, vehicle

រទេះកង់ bicycle

រទេះភ្លើង train

រទេះឡាន automobile

រទេះអូស rickshaw, hand-drawn cart

រនាបរនៀល falling down in piles

រនាបរនេល falling down in piles

រនាស់ harrow, rake (n)

រនុក bolt, lock (n)

រន្ទាន់ repeatedly, in rapid succession

រន្ទាល gleaming, sparkling

រន្ទឹ menacingly, threateningly

រន្ទះ lightning

រន្ធ /rŭən/ hole, opening, orifice

រន្ធច្រមុះ /rŭən-crɑmoh/ nostril(s)

រន្ធត់ frightened, shocked, agitated

របក to peel off, come off, fall away

របង fence, hedge

របប method, way, order; conduct

របបគ្រប់គ្រង system of government

របរ trade, profession

របរការ business, affair

របស់ thing; of, belonging to

របស់ទ្រព្យ possessions, wealth

របស់ធាតុ elements

របាត the symbol ៌

របូត to come loose, slip off, loosen

របូតរលូត to slip away, slip free, escape (Coll)

របួស wounded; a wound

របើក to have come open, to have been forced open, burst

របៀប style, way, method

របៀបតែង style of writing

របៀបរបប manner; manners

របៀបរៀបរាង style, organization, form

របៀបសិក្សា system of education

របេះ to come loose, crumble, shed

របេះរបក to fall off, come off, fall away

របោះ sparse, spaced

រប៉ាត់រប៉ាយ scattered

របាំ dance, dancing

របាំអប្សរា dance of Apsaras

របាំង a screen, shade

រពាក់ a kind of rattan

រពាយ scattering, dispersing

រពូន crowding together and piling up

រពើតរពើង rolling, undulating

រមាស rhinocerous

រមិល to look, see (Lit)

រមួល twisted

រមៀត tumeric

រមែង usually

រមែងតែងតែ inevitably, surely

រមាំង a kind of deer

រមាំងងាប់ place name (lit: dead deer)

រម្ងាប់ to appease, relieve, smother, extinguish

រម្យរ័តនី /rum-roə̆t/ pleasant, delightful

រយ hundred

រយៈ /rɔyeə̆q/ duration; period, interval

រយ៉ង Rayong (pl. n. in Thailand)

រយេងរយោង sagging, hanging down here and there

រទិយ៉ tattered

រលក a wave (of water, wind, etc.); to roll, churn (of water)

រលង់ shiny, glistening

រលត់ to go out, be extinguished

រលត់ស្ងាត់ស្ងៀង completely extinguished

រលាក់ to shake (tv)

រលាយ to melt, dissolve (iv)

រលាស់ to shake off (tv)

រលីក very, extremely (intensifier for black)

រលីង smooth; completely

រលីងរលោង to well up (of tears); to water (of eyes)

រលឹក (= រឭក) to miss, think about

រលុប to be erased, effaced

រលុះ to eat away, spread, consume (as a fire or cancer)

រលូត to slip out

រលូតកូន to have a miscarriage

រលើប shining, glistening, glowing

រលេមរលោង polished, shining

រលំ to fall down

រលំទាំងឈរ to fall down from a standing position; to have been overthrown, wiped out, reduced to nothing (suddenly)

រលះ to hurry away

រលះរលាំង to shuffle hurriedly along, to bustle

រឭក (= រលឹក) to remember, miss, think nostalgically about

រវល់ busy; concerned about, preoccupied with

រវល់រវែត preoccupied with

រវាង duration, interval; between, during

រវើរវាយ weak, confused, delirious

រវៀល to hurry, hasten

រវែង oblique, wrong, misguided

រវាត to deviate, stray from

រវាន rocky soil, sedimentary rock

រីវង្សគោវិទ /reə̆qwiwŭəŋ koowɨt/ R. Kovit (a contemporary author)

រវីមរវាម in crisscrossing helter-skelter lines

រវាំង to be on the lookout; be careful, watch out

រស /rŭəh/ taste, flavor, essence

រសជាតិ /rŭəh-ciət/ taste, flavor

រស់ to live, be alive

រស់នៅ to live, be alive, exist, survive; to live in

រស់រវើក vivid, realistic

រ៉ស់ a kind of fresh-water fish

រសាត់ to float along

រសាត់ចុះឡើង float back and forth

រសាយ to dissipate, slacken; be relaxed, relieved; lax, negligent

រសៀល afternoon, early afternoon

រស្មី /reə̆qsməy ~ reə̆hsməy/ light, brilliance

រហង់ in a docile group, by groups

រហ័ស fast, quick

រហាម destitute, penniless, miserable

រហាម brimming, flowing, drooling

រហឹតរហង់ (=រហង់)

រហូត until, up to, as far as

រហូតរ៉ែតមួង all the way (without stopping)

រហែក torn, worn out

រហោឋាន isolated, remote

រអាទ័ង weary

រអាក់រអួល be confronted with difficulties, have rough going; troubled, anguished

រអិល to slip, slide; slick, slippery

រអួប to move the lips silently (as if calculating half-aloud)

រា to reach out for

រា to hesitate, hold back; to back up

រាថយ to back up, retreat

រារង់ to hesitate, hold back

រារាំង to obstruct

រាក់ shallow

រាក់ a kind of small tree

រាក់ទាក់ intimate, tender, gentle

រាគ passion

រាគតណ្ហា sexual passion

រាគី appealing, seductive

រាង shape, form; seem, give the impression of

រាង to have learned one's lesson, be properly taught

រាងកាយ body, self

រាងចាល to be broken of, to have learned one's lesson, repent

រាងចាលចិត្ត to have a change of heart, mend one's ways

រាងរៅ figure, body

រាជ a large scaleless fish, royal fish

រាជការ /riəccəkaa/ government, civil service

រាជព្រឹក្ស a flowering tree, considered a royal tree

រាជទេយ្យ /riəccətɨy/ royal gift

រាជធានី /riəccəthiənii/ royal capital

រាជនិយម /riəccəniyum/ royalist(adj); monarchism

រាជនិវេសនដ្ឋាន /riəccəniweehsənatthaan/ royal residence

រាជបរិពារ /riəccəbɑɑripiə/ royal entourage

រាជបុត្រី /riəccəbottrəy/ princess, royal daughter

រាជបំរើ royal servants (i.e. any official under the monarchy)

រាជពិភព /riəccəpiphup/ throne, palace

រាជស័ព្ទ /riəccəsap/ royal vocabulary

រាជសម្បត្តិ /riəccəsɑmbat/ throne

រាជរដ្ឋាភិបាល /riəc-rŏətthaaphibaal/ royal government

រាជវ័តិ /riəccəwŏət/ fence, railing

រាជសីហ៍ /riəccəsəy/ lion (Lit)

រាជស្ថាន /riəccəthaan/ royal capital

រាជាគណៈ /riəciəkənaq/ Buddhist Council, Council of Priests

រាជាធិបតេយ្យ /riəciəthɨppətay/ monarchy

រាជានុញ្ញាត /riəciənuñaat/ to give permission; permission(Roy)

រាជាធិរាជ king

រាជាភិសេក /riəciəphisaek/ to be crowned as official king; coronation

រាជាមាត្យ /riəciəmaat/ royal servant, royal aide

រាជ្យ reign, kingdom

រាត់រាយ dispersed, disseminated;

all over the place, pell-mell

រាត្រី night, evening (Lit)

រាត្រីសិល្បៈ a cultural evening, soirée artistique

រាន platform, stage, tier

រាន ៧ ថ្នាក់ seven tiers

រានទេវតា altar

រានហាល porch, flat deck

រាប smooth, flat

រាបសា polite, circumspect, proper

រាបស្មើ even, flat

រាប់ to count, consider as

រាប់ជើងរាប់ដៃ to count on the fingers and toes

រាប់ថា...ពុំបាន cannot be considered as...

រាបទាប flat, level

រាប់ពាន់តោន by thousands of tons

រាប់មិនអស់ innumerable

រាប់រក consort with, associate with

រាប់រកយកជាគ្នា to cultivate each other's friendship

រាប់អាន to like, respect

រ៉ាប់រង to guarantee, assure

រ៉ាប់រ៉ាយ (= រ៉ាយរ៉ាប់) to tell, relate

រាពណ៍ (= រាពណា) Rāvana, a demonic giant

រាពណា Rāvana, the 10-headed ogre ruler of Lanka

រាមកេរ្តិ៍ /riəm-kei/ Ream-Kei (Cambodian version of the Rāmāyana)

រាមឥសូរ /riəm-qəysou/ a legendary ogre

រាមាជើងព្រៃ Rama Cheungprey, a 16th century Cambodian king at Lovek

រាមាយណ /riəmiəyanaq/ Rāyāyana

រាមាឫទ្ធិ /riəmiərɨt/ Rāmāriddhi (= Barommaraja, King of Cambodia 1566-1576)

រាយ to spread, scatter, distribute; to list, arrange in consecutive order; to relate, tell

រាយសំណើរ to relate the facts

រាយមាយ careless, negligent

រាយរង unimportant, insignificant

រាយរៀង arranged in consecutive order

រ៉ាយរ៉ាប់ to tell, relate, recount

រាល to spread, expand

រាល់ every (in a sequence)

រាល់គ្នា each of us, all tōgether

រាល់តែវេលា every time

រាល់ឡូញ (= រាល់រូប) every one

រាល់រួច (= រួចរាល់) all done, completely executed

រាវ to feel around for

រារី to harm, cause trouble

រាស់ to rake, harrow

រាស្ត្រ /riəh/ people, populace

រាហ៊ុ /riəhuu/ mythological monster having only the upper half of his body (thought to cause eclipses by swallowing the moon)

រាហូ a king of large fish

រិម_គិន /rɨm-kɨn/ Rim-Kin (author of Sophat)

រិះ to worry, ponder

រិះគិត to think, decide

រិះរក to search for, seek to; to do research

ឫទ្ធិអានុភាព /rɨtthii-qaanuphiəp/ power

រី as for, concerning

រីក to expand, bloom, flourish

រីកថ្លាមុខ to have a clear and happy expression

រីកមុខ to take on a happy expression

រីករាយ happy, joyful

រីង dry, dried up; to evaporate

រីងរៃ thin, wasted away

រឹរា (=រេរា) to hesitate, hold back

រឹង hard, stiff

រឹង increasingly

រឹងផា increasingly, all the more

រឹងជំហរ stable, in strong condition

រឹងតែ to insist on

រឹងទទឹង firm, unyielding; obstinate, dogged, stubborn

រឹងប៉ឹង strong, firm, stable

រឹងមាត់ to be stubborn

រឹងរឹតតែ increasingly

រឹត to tighten, constrict

រឹតតែ increasingly

រឹតតែ...ឡើង increasingly...

រឹតរូត to constrict, tighten, contract

រឹតឡើង tighter, worse (of an illness)

រិទ្ធា (= រិទ្ធិ)

រិទ្ធិ (= ឫទ្ធិ) /rɨt/ power, magical force, efficacy

រឹម ៗ (flow) gently

រុករក to search

រុករាន to invade, penetrate, disturb

រុក្ខ /rukkhaq/ trees, vegetation, forest

រុក្ខជាតិ /rukkhəciət/ trees, forest vegetation

រុក្ខទេវតា /rukkhaq-teewədaa/ spirit of the forest

រុក្ខវិថី /rukkhaq-withəy/ avenue

រុង high, excellent, successful, of high status

រុងរឿង high, glorious, excellent; success, increase

រុងរោចន៍ (= រុងរឿង) successful, respectable, well-to-do

រុញ to push

រុញរា to dilly-dally, to delay

រុត to fish with a conical basket

រុល to inch ahead, work one's way forward

រុះ to disassemble; to untie, undo, unfold; to fall, drop, sprinkle down

រុះរើ to tear down, dismantle

រូ (= ដូច) like, as (Arch)

រូមណ្ឌលចក្រ like a circle, like a wheel

រូរស់កបរកើត life-like, as if alive

រូង a hole; to make a hole

រូងរាម hole, nest, crevice (in underwater vegetation)

រ៉ូង rattling noise

រូតរះ to hurry

រូប representation, form, figure; specifier for persons, characters, mediums

រូបឆោម figure, appearance

រូបឆោមលោម /ruup-chaom-loom/ form, shape, figure

រូបរាង form, appearance

រូបរាងកាយ body, figure

រូបល្ខោន dancing figure(s)

រូបសម្បត្តិ /ruup-sɑmbat/ physique, looks, physical endowments

រូបលោក /ruupəlook/ materials things, visible things, tangible form

រូបិយប័ណ្ណ /ruupəyyəban/ currency, foreign exchange

រូបិយលក្ខណៈ /ruupəy-leəqkənaq/ physical characteristics, physiognomy

រូហាន like, similar to (Arch)

រូហាន brilliant; bold, brave

រួច then, and then; completed, already; to complete, get free from, escape; following a verb: can, able

រួចខ្លួន to escape

រួចជាស្រេច finished, completed

រួចជីវិត to survive, save one's life

រួចផុត to escape, avoid, get free

រួចពន្ធនិងអាករពល to be exempted from

taxes and customs duties

រួចមក afterward

រួចស្រេច completely, completely finished

រួចហើយ finished, already

រួញ kinky, coiled, curled

រួញខ្លួន to back down, withdraw (lit: to shrink back, to draw oneself up)

រួញរា to be reluctant, hang back, hesitate

រួតរឹត (=រឹតរួត) to constrict, tighten, contract

រួប to squeeze

រួបរឹត tight; to tighten, squeeze

រួបរួម to assemble, unite, put together, combine

រួម to combine, put together

រួមខ្នើយ to share a pillow, sleep together, make love

រួមប្រតិព័ទ្ធ be united in love, love reciprocally

រួមរ័ក to be united in love

រួមរ័កដោយលាក់កំបាំង to have an illicit love affair

រួមរក្សរស to make love

រួមល្បែង to play together

រួមរស to indulge in intimacy

រួមរសស្នេហ៍ស្និទ្ធ to make love

រួមស្លាបដួងជីវិត to be together, live together (of lovers)

រួមស្នេហ៍ស្នង become lovers, have sexual relations

រួស quickly, actively, alertly, vigilantly

រួសរង actively, alertly, vigilantly

រួសរាន់ to hurry, be quick; urgent

រួសរាយ genial and entertaining, expansive

រើ to pick out, to extract; to disarrange, take apart

រើខ្លួន to escape, get free, free oneself

រើស to pick up; to select; to gather

រើសបាន to find

រឿង story, subject, affair

រឿងកូរសមុទ្រទឹកដោះ the story of churning the milk ocean

រឿងដើម the story [from] the beginning, original story

រឿងប្រលោមលោក novel (n)

រឿងព្រេង folktale, traditional story

រឿងរង្សី brilliant, glorious

រឿងរ៉ាវ story, legend, history

រឿណរង្គ /rɨən-ruəŋ/ battlefield

រឿងល្ខោន drama

រឿងហេតុ reason, problem, situation

រឿយ ៗ often, continually

រៀង in order, consecutive

រៀង ៗ ខ្លួន each in turn, each on his own

រៀងទៅ continuously into the future, forever

រៀងមក continuously, up to the present

រៀងរាបដរាបមក continuously, up to the present

រៀងរាយ distributed here and there, spread around

រៀងរាល់ continuously, forever

រៀងរាល់ឆ្នាំ year after year

រៀន to study; to learn, learn how to; try to be

រៀនសូត្រ to study (Coll)

រៀប to arrange, prepare

រៀបការ to have a wedding ceremony, get married

រៀបខ្លួន to get ready

រៀបចំ to put in order, organize

រៀបនឹង nearly, almost, about to

រៀបពេលា to set the hour, determine the auspicious time

រៀបមង្គលការ to have a wedding ceremony

រៀបរាប់ to lay out, enumerate, recount

រៀបរៀង to be organized, systematized or coordinated; to prepare

រៀបអាហារ to prepare food, serve food

រៀម elder brother (Lit)

រៀមច្បង eldest brother (Lit)

រៀល riel (Cambodian monetary unit)

រៀវ narrow, slim, slender

រេ to change back and forth, to fluctuate

រេរា to be reluctant, hang back, hang around, loiter

រេរាំ to dance; sway back and forth

រេខា [forming a] design; ornate, superb

រេចរឹល /ric-ril/ worn out, deteriorated

រេល to collapse, to spread out (from a pile)

រេហ៍ពល /ree-puəl/ army (Arch)

រេះ to wear away, shave off, chip away

រ៉ែ mineral, ore

រែក to carry on a pole across the shoulder

រែង usually, used to, as a rule, generally; increasing(ly)

រៃកញ្ចឹង a large cicada

រោគ disease

រោគ a vine-like tree used in curing hemorrhoids

រោគា (= រោគ) disease

រោគាព្យាធិ /rookiəpyiəthiq/ illness, disease (Lit)

រោង hall, building; groom's temporary quarters

រោងកិនស្រូវ rice mill

រោងកុន movie-house

រោងចក្រ /rooŋ-caq/ factory

រោងចក្រស្រាបៀរ brewery

រោងដំរី elephant pavilion (pl. n.)

រោងថែវ hall, gallery

រោងពិធី ceremonial pavilion

រោងពុម្ព printing establishment, press

រោងភ្លើង sacred brazier

រោងមហោស្រព /rooŋ-məhaosrɑɑp/ place of entertainment

រោងរម្យ reception hall (of a palace)

រោងឧស្សាហកម្ម /rooŋ-quhsaahaqkam/ factory

រោច to wane (of the moon)

រោទ៍ to resound (music); to roar (lion); to moo (cow)

រោម body-hair, fur (except human head-hair)

រោម to encircle, to surround

រោយ to fall, drop, shed (petals, chaff, etc.)

រោយក្លិន to give off an odor, spread fragrance

រោល to scorch, singe

រោះរាយ (= រួសរាយ) /ruəh-riəy/ genial, cordial, expansive

រុំ to wrap, wind, roll

រំងាប់ to destroy, kill

រំងាប់ចេញ to exorcise, destroy

រំចេក a kind of cactus with fragrant blooms

រំជួល to shake, cause to tremble, agitate; agitated, moved

រំជររំជែង to break, crash together (of waves, Poetic)

រំដួល a flowering tree

រំដេង a plant similar to horseradish

រំដោះ to free, liberate, let loose

រំពង tumult; tumultuous

រំពត់ to follow, deviate, bend

រំពឹង to think, reflect

រំពឹងឃើញថា feel that, think that...

រំពឹងរំពៃ to consider, ponder, reflect

រំពើត graceful, lithesome (of gesture)

រំពេច moment, instant; suddenly, instantly

រំពៃ to picture, visualize, imagine; glance sidewise, steal glances

រំភាយ to float, soar

រំភើប excited, moved, impressed

រំភើយ fluttering, floating on the breeze

រំយោល tassel, pompon

រំលង to pass by; across, passing

over

រំលត់ to put out, extinguish; to calm down (tv)
រំលាង to destroy

រំលាយ to melt, dissolve (tv)

រំលឹក (=រំឭក) to remind, commemorate

រំលៀក to transfer (a load); to move away, move over
រំលេច to highlight, put in relief

រំសាយ to loosen, spread, distribute loosely
រំសេវ gunpowder

រំលោង (=រលោង) polished, shining

រំលោភ to violate, usurp

រំភើយ cool; to cool, fan

រំហែ to free, put at leisure, relieve (of work, duty, etc.)
រំហែកម្លាំង to assist, relieve, help

រំអិលខ្លួន to slide over, move over

រំឭក to remind, commemorate

រាំ to dance

រាំង dry; to dry up; to stop (of rain)
រាំង to bar, block, obstruct

រាំង small tree with edible leaves

រាំងខ្សែទ័ព to establish a defense line
រាំងផ្លូវ to obstruct one's way

រាំងរា to prevent, block, stop

រាំងភ្នំ a kind of tree

រះ to appear, come out, shine (of sun or moon); to dawn
រះមុខ the symbol - ះ (Skt. visarga)

ឫកពា /rɨk-piə/ attitude, conduct, character
ឫក្ស /rɨk/ propitious time (Astrology)
ឫទ្ធិ /rɨt, rɨtthiq/ power, magical force, efficacy
ឫទ្ធិតបៈ powerful magic

ឫទ្ធានុភាព /rɨtthiənuphiəp/ power, authority

ឫទ្ធិតបៈតេជៈ /rɨttəpaq-dacceəh/ magical power
ឫស /rɨh/ root

ឫសគល់ roots, origin

ឫសី /rɨhsəy/ hermit, holy man, rishi
ឫស្យា /rɨhsyaa/ covetous, begrudging; corrupt
ឫស្សី /rɨhsəy/ bamboo

ឫស្សីកែវ a section of Phnom Penh

ឬ /rɨɨ/ or; final question particle used in either-or questions
ឬក៏ or, or on the other hand

ឬទេ final question particle: or not?
ឬមួយ or, or perhaps, or rather

ឬអ្វី or what?

ល

ល to try, try out

។ល។ /laq/ et cetera

លក to groove, channel out

លក់ to sell

លក់ to fall asleep

លក់ to fine, penalize

លក់ដាច់ to sell (successfully), to move (of merchandise)
លក់ដូរ to trade, deal in

លក្ខណ៍ /leəq/ virtue, quality, principle
លក្ខណៈ /leəqkənaq/ characteristic, attribute
លក្ខណា (=លក្ខណ៍) quality, virtue

លក្ខន្តិកៈ /leəqkhanteqkaq/ official charter, body of rules
លក្ស្មណ៍ Lakshmana (Rama's younger brother)
ល័ខ /leəq/ gum lac

លង to try, test, experiment with

លង to appear, make an appearance (of ghosts, apparitions, etc.)
លង់ to sink, be submerged

លង់ (= យូរ) long (in time)

លង់ទឹក to sink in the water

លង់លក់ (= លក់លង់) to sleep soundly

លង់លុះ when

លង់លុះព្រឹកព្រាងឡើង when it was light, at daybreak

លង្កា /laŋkaa/ Langka (Ceylon)

លង្វែក Lovek, capital of Cambodia, 16th to 19th centuries

លង្វែក period, interval, age

លទ្ធផល /lattəphɑl/ result, yield (Lit)

លទ្ធិ /latthiq, ləthiq/ belief, faith, precept

លន painted, lacquered

លន់ extremely

លន់_នល់ Lon Nol (leader of 1970 coup d'état)

លន្តែ small plant with fragrant flowers

លន្លង់ desolate, melancholic, sad

លន្លង់លន្លាច lugubrious, solemn

លន្លាច sad, melancholic, plaintive

លប to sneak, creep, steal

លបលាក់ secretly, surreptitiously

លយ to float, set afloat

លលក dove

លលាដ៍ skull

លេលី stupid, dumb, naive

លវែល high in the air, towering

លលោលលាំ jumping, leaping (repeatedly)

លស់ to skip, miss; intermittently

លា to say goodby; to take leave

លា to spread out, unfold, unwrap (tv)

លា donkey

លាចាក to leave, abandon

លាចាកស្ថានលោកលើងទៅ to die (Lit)

លាក to leave; to turn away

លាកចិត្ត change one's idea, have a change of heart

លាក់ to hide (tv)

លាក់ធ្វើអី [why should I] hide anything?

លាង to wash (hands, dishes, etc.)

លាត to spread out, extend

លាតត្រដាង to spread out; extended

លាតសន្ធឹង to spread out, extend; spread out, extended

លាន million

លាន់ to crack, groan, make a noise (of inanimate objects); with a great hubbub, noisily

លាន់មាត់ to cry out, exclaim (involuntarily)

លាភ luck

លាភជ័យ good luck

លាម translator, interpreter (Arch)

លាមក /liəmŭəq/ excrement (Lit)

លាយ to mix; mixed

លាយឡំ mixed with, mixed together

លាវ Lao; Laos

លាវពោះខ្មៅ Lao of Chiengrai (lit: black-stomach Lao)

លាស់ to sprout, come out (of leaves)

លាស់លូត (= លូតលាស់) to expand, flourish

លិង្គ /lɨŋ/ linga, phallus

លិច to be submerged; to sink

លិច (= លេច) to leak

លិចក្បាល to have the head submerged

លិទ្ធ /lɨt/ to lick, lap up

លីត្រ /liit/ liter

លីលា to go, walk (Lit)

លីលា mentally disturbed

លីលាថ be careless, negligent, half-hearted; confused, dazed

លឹម ៗ barely visible

លុក to invade

លុកលុយ to invade

លុងលុះ until, to the point of

លុត to bend (the knees); to kneel

លុតជង្គង់ to kneel

លុប to erase; to wash (the face)

លុបចោល to take out, extract, excise, cut out (lit: erase out)

លុយ money

លុយ to cross water or mud on foot

លុះ when; until, to the point of; to attain, achieve

លុះដល់ even to the extent of

លុះដោយ... resulting from

លុះតែ only if, only when

លុះត្រាតែ unless, until; when, only when

លុះព្រឹកឡើង the next morning

លុះយូរ ៗ មក much later on

លូក to reach out, reach into

លូកដៃ to reach for

លូត to protrude, extrude, extend

លូតលាស់ to expand, increase, flourish

លូន to crawl (on the stomach, or as snakes)

លួង to soothe, comfort, cajole

លួងលោម to cajole, persuade, entice

លួច to steal; to sneak

លួចគេ to steal [from] others

លួចប្រតិព័ទ្ធ to have secret relations

លួចរត់ to run away, sneak away

លួសលេច to stand out, be sharply defined

លើ on, above

លើក to lift up, raise up (tv); to dispatch, deploy (troops); to give (a daughter in marriage)

លើក time, occasion

លើកករវន្ទាបង្គំ /ləək kaa wɔ̆ɔntiə baŋkum/ to salute, greet, pay homage

លើកខ្លួនជាកូន claim to be the child of

លើកគ្នា to join forces, cooperate

លើកដាក់ to carry (lit: to lift and put down)

លើកតែ except

លើកទ័ព to raise forces, raise troops; to move forces

លើកទុក to set aside; except

លើកលែងតែ except for, with the exception of

លើស to exceed, go beyond

លើសខ្វះពីគ្នា unequal, out of balance

លើសលន់ exceeding(ly)

លើសលុប to exceed, predominate over; exceedingly, predominantly

លើសលែង exceeding, beyond

លើសលែងនានា above everything else

លើសអំពី beyond, exceeding

លើសអំពីមុនទៀត even more than before

លឿន fast, rapid

លឿនលត់ extremely fast (Coll)

លៀង to fête, give a banquet for

លៀងភា a goat-antelope

លេខ /leik/ number, class

លេខទោ (ៗ) /leik too/ repetition sign

លេខាធិការ /leekhaathikaa/ executive secretary

លេខហារី clerk, messenger

លេង to play; to visit; after a verb: for fun, jokingly

លេងកំសាន្ត to relax, be at leisure

លេងគ្នា to fight (Idiom)

លេងជាល្បែង to make a game out of it

លេងស្រី to chase women

លេងស្រីប្រុស to be promiscuous

លេច to stick up, stand out, appear; exceedingly, surpassingly
លេច to leak

លេប to swallow

លេបទឹកភ្នែក to suffer, to endure (lit: swallow one's tears)
លេបលយ to glide, float

លេលាប់ be negligent, careless

លេស /leh/ pretext, excuse, reason

លែង to leave off, desist from, quit; to divorce
លែង (=ឡើង) to ascend (Arch)

លែងលះ to divorce, separate

លែងសូវហ៊ាន no longer dared, rather unwilling
លែបខាយ to extemporize appealingly and provocatively
លៃ to manage, find a way to, manipulate; to apportion; to figure, calculate, scheme
លៃញែក to divide

លៃលក /lɨy-lɔɔk/ to manage (to), find a way (to)
លោ to leap

លោ but, on the contrary, contrary to expectation
លោដូច as if

លោក polite title for a man: Mr.; respectful 2nd and 3rd person masc. pron.: you, he, they
លោក world

លោកគ្រូ teacher (masc); the venerable...
លោកគ្រូចៅអធិការ head priest of a temple, abbot
លោកគ្រូធំ head priest, abbot

លោកថា they say

លោកធាតុ (=ចក្រវាឡ) sphere, galaxy, unit of the universe
លោកធាតុវិទ្យា cosmology

លោកប្រុស he, the master; my husband (Polite, Formal)
លោកសង្ឃ /look-saŋ/ Buddhist monk; the clergy
លោកសង្ឃរាជ /look-saŋkəriəc/ chief priest, abbot of the monastery; also use to refer to the head of a sect
លោកសន្និវាស /look-sanniwiəh/ peoples of the world
លោកស្រី woman of higher rank, wife of government official
លោកស្រី- អ្នកស្រី higher- and lower-ranking women, women in general
លោកឧកញ៉ាព្រះស្តេច title (of high-ranking official)
លោកអ្នក you readers, you listeners

លោកា (= លោក)

លោកិយ /lookəy/ this world, the temporal world
លោកីយ៍ (= លោកិយ) this world, the temporal world
លោត to jump

លោត a kind of tree

លោតទឹកសម្លាប់ខ្លួន to drown oneself

លោភ greedy

លោម (= លួងលោម) to cajole, entice

លោហិត /loohət/ blood (Roy)

លោះ to redeem, buy back

លោះ to miss, skip, stop temporarily, suspend (activity)
លោះលាយ happy, contented, blissful

លំចង់ a kind of aquatic flower

លំញង graceful, supple, fluid (of motion)
លំដាប់ order, succession

លំដាប់នោះ at that time

លំដាប់ពីនោះ after that, following that
លំទោន to bow, bend over; to submit

លំនៅ address, residence

លំនៅរៀងខ្លួន one's own address

លំនាំ manner, gait, stylized movement, gesture, aspect
លំបាក difficult; difficulty, trouble

លំផាត់ Lomphat (capital of Ratanakiri Province)
លំពង់រាជា Lampong Raja (king of Angkor 1409-1416)
លំហើយ to cool, refresh (of wind)

លំហើយ to relieve, lessen, ease (tv)

លំអ beauty, embellishment

លំអង pollen

លំឱត /lumqaot/ be diligent (in), conscientious (about)

លំអោន to bow, bend over; obedient, submissive, polite

លាំងទីជ a kind of tree

លាំងលាត a variety of litchi

លះ to leave, abandon

លះបង់ to abandon, reject, discard

លះបង់ចោល to abandon

ល្ខោន theater, drama

ល្ខោនជាតិ National Theater

ល្ខោនបាសាក់ Khmer folk drama

ល្គឹកបើ if, whenever (Lit)

ល្ងង់ ignorant, stupid

ល្ងាច late afternoon, evening

ល្បង to test, try, experiment

ល្បងវាសនា to test one's luck, to tempt fate

ល្បប់ silt, alluvium

ល្បាត to patrol

ល្បាស់ tender, green

ល្បិចកិច្ចកល ruse, trick, artifice

ល្បី fame, renown

ល្បីឈ្មោះ fame; to be famous

ល្បីល្បាញ famous, well-known

ល្បើក improvisation, extemporaneous story

ល្បែង game

ល្បែងស៊ីសងល្បងវាសនា gambling

ល្បះ the symbol ។

ល្មម enough, adequate; rather, appropriately; just as, at the same time as; it's about time you...

ល្មមចិត្ត acceptable, agreeable

ល្មមតែ just enough to

ទីល្ម soft, pliant, supple

ល្មោភ overindulge in, be greedy for, crave; addicted to (doing something)

ល្មោភស៊ី to be gluttonous

ល្វន់ទីល្វ graceful, supple

ល្វា fig

ល្វាឯម Lovea Em (a village in Kandal Province)

ល្វាសល្វន់ graceful, willowy, supple

ល្វី-ហ្វីណូត /lwii fiinou/ Louis Finot

ល្វើយល្វេង vague, indistinct (of sound or smell)

ល្វេតល្វត delicate, soft, effeminate

ល្វែង compartment, section

ល្វែងពីរ place name (lit: two sections)

ល្ហាចល្ហឹម spread all over, continuous

ល្ហឹមល្ហែម tender, sweet

ល្ហុង papaya

ល្ហើយ to feel cool and comfortable

ល្ហែ to slack, let up, be at leisure, fritter

ល្ហែង flowing softly

ល្ហៅ glittering, sparkling (?)

ល្អ good, pretty

ល្អ ៗ very beautiful (intensification of /lqαα/)

ល្អាច់ pretty, attractive (Coll)

ល្អិត carefully, properly; pretty, attractive

ល្អសមសួន attractive

ល្អះ pretty, attractive (Coll)

ល្អស់អង្គ lovely in every detail (lit: the whole body is pretty)

ល្អក់ to be muddy

ល្អង powder, pollen, dust; beautiful

(of complexion)

ល្អាន disturbance, trace, mark

ល្អិត fine, in small pieces

ល្អី a tightly-woven basket

ល្វៀង to deviate, be different, go astray, diverge, equivocate

ឮ /lɨɨ/ to hear; to be heard

វ

វក year of the monkey (of the 12-year cycle)

វគ្គ /weəq/ chapter, part, section, paragraph; stanza (of longer poem)

វគ្គល្បា form, arrangement (of speech or writing)

វង់ a circle; around; specifier for rings

វង់ក្រចក parentheses

វង់ធំ the larger circuit

វង់ភក្ត្រ /wuəŋ-pheəq/ face, shape of the face (Lit)

វង្វេង to be lost, confused, muddled

វង្វេងបាត់ to get lost

វង្វេងស្មារតី confused, muddled, half-conscious

វង្ស /wuəŋ/ circle; family

វង្សសក្ដា /wuəŋsaqkədaa/ lineage, status, pedigree

វង្សា /wuəŋsaa/ family

វចនានុក្រម /waccənaanukrɑm/ dictionary

វដ្ដសង្សារ /woətdəsaŋsaa/ cycle of reincarnation

វ័ណ្ឌ /woən/ to encircle, tangle, enwrap

វណ្ណៈ /wannaq/ status, position, color, kind, caste

វណ្ណ-មូលីវណ្ណ /wan mouliiwan/ Vann Molyvan (pers. n.)

វណ្ណយុត្តិ /woənnəyut/ diacritic

វត្ត /woət/ temple, pagoda, temple compound

វត្ត propriety, respect, respectful behavior

វត្តកំពង់ត្រឡាចក្រោម Vat Kompong Tralach Krom

វត្តគោកកាក Vat Kok Kak

វត្តបទុមវត្តី /woət bɑtum-watdəy/ Vat Botum Vaddey (a monastery in Phnom Penh)

វត្តប្រតិបត្តិ propriety, respect

វត្តភ្នំ Vat Phnom (a monastery in Phnom Penh)

វត្តលង្កា Vat Langka

វត្តសិទ្ធបូរ /woət sətthəbou/ Vat Set Bo

វត្តអារាម wat, pagoda

វត្តឧណ្ណាលោម /woət qonaalaom/ Vat Onalaom (seat of the Mahanikay sect)

វត្ថុ /woətthoq/ thing, artifact

វត្ថុធាតុដើម /woətthoq-thiət-daəm/ raw materials

វឌ្ឍនភាព /wattənaqphiəp/ progress

វន្ទា /woəntiə/ to greet with palms joined

វ៉ត (=វាត់) /woət/ to slash, swish, lash

វ៉ត់វ៉ៃ to swish, beat, flail

វប្បធម៌ /wappəthɔə/ culture; cultural

វ័យ age (Lit)

វរ /wɔreəq/ beautiful, precious, desirable

វរជន /wɔɔrəcuən/ elite, upper class, important figures

វរមិត្ត /wɔɔ-mɨt/ esteemed friend

វររ័តន៍ /wɔreəqroət/ excellent

វរសីល /wɔɔleəq/ high virtue

វរសេនីយ៍ទោ /wɔreəqsenəy-too/ Lieutenant-Colonel

វរុណ /wərun/ Varuna (a Hindu god)

វល់ to revolve, whirl, eddy; confused, in a fog

វល់គំនិត confused, disoriented

វលាហក /wəliəhakaq/ horse (Lit)

វល្លិ /wɔə/ vine

វស្សា /wuəhsaa/ rain; rainy season; year; Buddhist lenten period

វា familiar or derogatory 3rd person pronoun, used to refer to animals, children, persons of low estate, or inanimate objects

វានេះ this person

វាង to go around, by-pass; indirectly
វាងវៃ keen, sharp
វាចា to say; speech (Lit)
វាត to turn a boat by paddling toward oneself
វាត់ to slash, swish, lash; to beat, smack, swat; to wield, brandish
វាតា wind (Lit)
វាទី the speaker, the one who spoke
វាយ /way/ to beat, hit, strike
វាយដំ (=វាយ) to beat, hit (Coll)
វាយបែក to sack, capture, defeat
វាយឫកខ្លា pretend to be ferocious (lit: act like a tiger)
វាយឫក (ដាក់) be affected, put on airs (toward)
វារ to crawl (on hands and knees)
វាល field, plain; cleared off, cleaned away
វាលហាល to be cleared off, cleaned away
វាលភ្នំ plateau
វាលយន្ត parking lot
វាលរាប a plain
វាលវង់ race track
វាលវង់ចាស់ place name (lit: former race track)
វាលស្រឡះ open field, plain
វាលស្រែ ricefield
វាល់ to measure
វាស់ to measure (lineally)
វាស to scribble, make marks; to gesture, wave, sweep
វាសនា fortune, destiny, fate
វាហើយ unconcerned, nonchalant, detached
វិចិត្រ /wicət/ nice, refined
វិចិត្រសិល្បៈ /wicət-səlləpaq/ fine arts
វិច្ឆិកា /wɨccəkaa/ November
វិជ្ជា /wɨcciə/ subject, study, field of learning
វិជ្ជាជាន់ខ្ពស់ higher education
វិជ្ជាពិសេស special trade, profession
វិជ្ជមាត្រ /wɨccəmaat/ diameter
វិញ again, on the other hand (contrastive particle)
វិញ្ញាណ /wiqñiən, wiñiən/ consciousness, essence of life, soul, spirit
វិញ្ញាណក្ខន្ធ /wiqñiənnəkhan/ soul, spirit
វិតក្ក /witαq/ worry, anxiety; to be worried, anxious
វិថី street, way
វិទ្យាស្ថាន /wɨttyiəthaan/ institute
វិទ្យាស្ថានជាតិគរុកោសល្យ National Pedagogical Institute
វិទ្យាល័យ /wɨttyiəlay, wɨttyaalay/ secondary school, lycée
វិទ្យុ /wɨttyuq/ radio
វិទ្យុជាតិ National Radio (Station)
វិធី way, method
វិន័យ /wiqnɨy/ Vinaya (discipline, rules of conduct for Sangha)
វិនាស to ruin, destroy
វិនាសសាបសូន្យ to disappear, become extinct
វិនិច្ឆ័យ /winɨcchay/ to justify, rationalize; to judge
វិបត្តិ /wibat/ crisis (Lit)
វិភាគទាន /wiphiəqkətiən/ contribution
វិមល /wiqmŭəl/ pure, clean (Lit)
វិមាន monument, mansion
វិមានរដ្ឋ state guest house
វិមានឯករាជ្យ Independence Monument
វិយោគ sad, desolate, bereaved
វីរបុរស /wireə̆qborαh/ hero
វិល to turn around, rotate (iv)
វិលចុះវិលឡើង back and forth, in circles, in flux
វិលត្រឡប់ to return, turn around
វិលវង់ to circle, encircle, orbit

វិលវិញ to return

វិលាស be coy, coquettish; to flirt

វិវត្តន៍ /wiwŏət/ to progress, develop, evolve

វិវេក sad, melancholy

វិសជ្ជនា /wihsaccənie/ to answer (Lit)

វិស័យ /wihsay/ feeling, mood, mind, heart; characteristic; field (of endeavor); chance, fate

វិសាខា (=ពិសាខ) April-May (lunar system)

វិសាល spacious; admirable, meritorious

វិសុទ្ធ (=ពិសុទ្ធ) perfect, flawless

វិសេស special, above all

វិស្ណុ /wihsnuq/ Vishnu

វិស្សមកាល /wihsəmaqkaal/ vacation, recess

វិហារ /wihie/ temple

វឺ (=វឺយ)

វីវក់ frantically, violently

វីវរ to be in trouble, have difficulties; to be in the way, get in the way; with a great commotion, with a hue and cry

វិរិយំ /wiiriyaŋ/ diligence, effort

វឹង right away, with a dash

វឹង (=វិញ) again, on the other hand (Arch)

វឺយ /wəɨy/ exclamation of surprise, or to attract attention (rather arrogant or impolite)

វៀរចាក to be free of, without

វៀច crooked, winding

វៀតណាម Vietnam

វៀរ to avoid, abstain from

វៀរលែងតែ except for, with the exception of

វៀរ (=ពៀរ) retribution

វេច to wrap up

វេទ Veda; magic formula

វេទនា misery, strife; sensation, feeling

វេទនាចិត្ត to suffer (mentally)

វេទិកា /weetikaa/ podium, platform, forum

វេរា predestined misfortune (caused by past actions)

វេរាកម្ម bad deeds, immoral acts

វេរី (=វេរា) trouble, misfortune, negative karma

វេលា time, period; when

វេហាស៍ air, space (Lit)

វេហាស (=វេហាស៍) air, space (Lit)

វេះ /weh/ to slip away, sneak away, avoid

វែកញែក to explain in detail, to detail, analyze

វែង long (space and time)

វែនតា eye glasses

វៃ keen, quick

វៃវាង (=វាងវៃ) sharp, quick

វ៉ៃ (= វាយ) to hit

វៃតរណីទនី /wɨytəraqnəytənii/ Vaitaranidani (hell for deceivers)

វោក (= វគ្គ) stanza, paragraph, clause

វោហារ /woohaa/ eloquence, wit

វាំង /weəŋ/ palace, enclosure, compound; to enclose, obstruct

វាំងចំណារ to fence off, surround with a stake fence

វាំងនន curtain

ស

ស white

ស៊ក to insert (into a pre-existing groove or hole)

សក់ hair (of the human head)

សក់ស្កូវ grayhaired

ស័ក /saq/ era

សកម្មភាព /saqkamməphiəp/ activities

សក្កវា /saqkəwaa/ title of a palace song

សកុណា /saqkomaa/ male bird (Lit)

សកុណី /saqkənəy/ female bird (Lit)

សក្ការៈ /saqkaaraq/ worship, homage; idol

ស័ក្តិ /saq/ rank, status, grade

សក្តិសម /saq-sam/ fitting, appropriate (Lit)

ស័ក្តិសិទ្ធិ /saq-sət/ efficacious

សង to repay, reimburse; back again, in return; to enhance, contribute to

សង two (Thai)

សងខាង the (two) sides, at the sides

សងសារ (=សារសង) to converse, answer reciprocally

សង់ to build

សង់ទីក្រាដ /santikraat/ centigrade

សង់ទីម៉ែត្រ /santimaet/ centimeter

សង្កត់ to press, to push down

សង្កត់សង្កិន to oppress, suppress

សង្កថា /sankəthaa/ a talk, impromptu speech

សង្កា doubt, suspicion; be suspicious, doubtful

សង្កាត់ division, sector, quarter, section

សង្កេត to observe; to consider

សង្កែ a plant whose leaves are used to roll local cigarettes

ស័ង្ខ spiral shell used as a trumpet

សង្ខរណ /sankəran/ building materials

សង្ខារ /sankhaa/ life, existence, cycle of rebirth (Lit)

សង្ខាង the sides, at the sides

សង្ខេប /sankhaep/ to abbreviate; abbreviated

សង្គម /sankum/ society

សង្គមកិច្ច /sankumməkəc/ welfare

សង្គមរាស្ត្រនិយម /sankum-riəh-niyum/ Sangkum Reastr Niyum (the Popular Socialist Community)

សង្កៀតធ្មេញ to grit the teeth, gnash the teeth

សង្គ្រាម war

សង្គ្រាមពិភពលោកលើកទី ២ World War II

សង្គ្រោះ to help, assist, support

សង្ឃ /san/ priesthood; the Sangha

សង្ឃកិច្ច /sankhəkəc/ religious ceremony

សង្ឃ័រ a thorny tree

សង្ឃឹម to hope, expect

សង្ឃឹមយ៉ាងមាំ to hope fervently

សង្រេង to grieve, suffer

សង្រេងស្រៀង to grieve

សង្រែក a truss for carrying a basket

សង្វាត work hard (at), try hard (to), be diligent (in)

សង្វារ chain or sash worn across both shoulders, crossing at the chest and fastened with a pin or brooch

សង្វាស union, relation

សង្វេគ grief, distress; sad, mournful

សង្ស័យ /sansay/ to doubt, suspect, wonder

សង្សារ reincarnation; Fig: sweetheart, beloved

សច្ចៈ /saccaq/ truth

សច្ចា /saccaa/ to swear, promise

សច្ចាប្រណិធាន oath of allegiance (to the king)

សច្ចំ /saccan/ truth, honesty, goodness

សញ្ជាប់ sad and pensive (of face)

សញ្ជាតិ /sañciət/ nationality, race

សញ្ជឹង to reflect, ponder, daydream

សញ្ជឹងសញ្ជាប់ to daydream, be in a reverie, be preoccupied with one's thoughts

សញ្ញា /saññaa/ sign, symbol; to promise

សញ្ញាបត្រ /saññaabat/ degree; diploma, certificate

សញ្ញាសង្ខារ /saññaa-sankhaa/ signs of life

សណ្ដ /sandaa/ edge, border

សណ្ដាន់ a tree with sour fruit used in cooking

សណ្ដាប់ custom, convention; order, sequence

សណ្ដាយ a kind of scaleless fish

សណ្ដូក to stretch out, lie down

សណ្ដែក bean(s)

សណ្ដែកដី peanut

សណ្ដោង to tow

សណ្ឋាគារ /sɑnthaakiə, sɑnthəkiə/ hotel, guesthouse

សណ្ឋាគារខេត្ត governor's mansion

សណ្ឋាន shape, aspect

សតវត្ស /sattəwŏət/ century

សតិ /satteq/ reason, memory, power of thought

សតិសម្បជញ្ញៈ /sətteqsampañcəññĕəq/ conscience

សត្តបង្គ័ជ (=សប្បង្គ័ជ) /sattəbaŋkac/ a variety of lotus

សត្បា /sattəbaa/ a kind of tree

សត្យ /sat/ truth; truthful

សត្យា (= ស័ត្យ, សត្យ) /satyaa/ truth

សត្រូវ /sattrəw/ enemy

សត្វ /sat/ animal, being (human or animal)

សត្វកំពូលអាចម៍ dung-beetle

សត្វនរក /sat-nɔrŭəq/ creatures of hell

សត្វនិងព្រៃព្រឹក្សា fauna and flora

សត្វបក្សី /sat-baqsəy/ birds, the bird kingdom

សត្វបំរើ beast of burden, domesticated animal

សត្វពាហន /sat-piəhanaq/ livestock

សត្វរត្តិចរ /sat-rattəcɑɑ/ nocturnal birds

សត្វលោក animal world; animals

សត្វវិស័យ living animal, real animal, living being

សទ្ធា /satthiə/ generosity; religious faith

សទ្ធាសម្បទា the possession of faith

សន្តាន /sɑndaan/ family, kind, lineage

សន្តានចិត្ត intention

សន្តិភាព /sɑnteqphiəp/ peace, tranquillity

សន្តិវិធី /sɑnteq-withii/ peaceful means

សន្តោស to support, help out, assist; support, assistance, kindness

សន្ថិត to stay, reside in

សន្ទនា /sɑntənia/ to converse

សន្ទភាព /sɑntĕəqphiəp, sɑntəphiəp/ density of population

សន្ទរ (=ពីរោះ) /sontərĕəq/ euphonious

សន្ទិះ to doubt, suspect, be suspicious

សន្ទុះ boom, leap, increase; burst (of flame)

សន្ទូច fish-hook

សន្ទែ a kind of vine with sour fruit

សន្ទុះទ្រូង sternum, chest

សន្ទប់ to close off, suppress

សន្ធរមុក Santhor Mok (usually considered the author of Tum-Teav)

សន្ធាប់ to shout loudly and menacingly (in order to intimidate or cause panic)

សន្ធិយា (=សាណិយា) /sɑnthiyaa/ curtain

សន្ធឹក many, a large number, in great numbers; thunderous, tumultuous

សន្ធឹកសន្ធែ dejected, weary

សន្ធឹង to spread out, extend (tv)

សន្ធែ (=សន្ធឹងសន្ធែ) to sprawl despondently, be enervated with despair, sulk

សន្ធែសន្ធឹក (=សន្ធឹកសន្ធែ) sprawled despondently, prostrate with dejection

សន្ធៅ fiercely, like an inferno

សន្ធ្យា /sɑntyiə/ dusk, twilight

សន្និសីទ /sɑnnisət/ conference

សន្មត់ /sɑnnəmɑt/ to agree, allow, promise; to presume

សន្យា /sɑnniyaa/ to promise

សន្លប់ to faint, lose consciousness

សន្លឹក specifier for pages, leaves, sheets

សន្លឹកបើកបញ្ចូល shutter, movable covering

សន្សឹម ៗ slowly, laboriously

សន្សើម dew

សន្សំ to save, accumulate

សន្សំសាងសីលា accumulate merit (i.e.by keeping the precepts)
សប្តាហ៍ /sappdaa/ week (Lit)

សប្បាយ /sapbaay, səbaay/ happy, pleasant, enjoyable
សប្បាយចិត្ត to be happy, content

សប្បុរស /sɑpborɑh/ kind, friendly; kindness, generosity
សប្បុរសជន /sɑpborɑh-cŭən/ generous people
សព /sɑp/ corpse

សរាង្គ /sarəpiəŋ/ body (Lit)

ស័ព្ទ /sap/ sound, word, speech

សព្វ /sɑp/ every

សព្វគ្រប់ all, entirely; every

សព្វគ្រប់ប្រការ in every detail, exhaustive
សព្វថ្ងៃនេះ nowadays, these days

សព្វបើ just, only (disparaging)

សព្វព្រះរាជហឫទ័យ /sɑp-prĕəh-riəccəhaqrɨtɨy/ to be willing (to), pleased (to); satisfied, pleased (Roy)
សព្វសាយ spreading all around; everywhere; everything
សព្វសារពើ (=ទាំងអស់) /sɑp-saarəpəə/ every, all; everything
សព្វសិទ្ធិ /sɑp sət/ Sabvasiddhi (name of one of the fifty apocryphal Jatakas popular in Cambodia, Thailand, and Laos)
សភា /saphiə/ house, parliament, assembly
សភាព /saphiəp/ atmosphere, attitude, aspect
សភាវៈ (=សភាព) /saphiəwĕəq/ condition, state
សភាវបញ្ញត្តិ /saphiəwappaññat/ state of the mind, intellect
សម /sɑm/ appropriate, fitting, becoming; to fit, go well with; then, accordingly; undoubtedly, obviously, likely that
សម /sɑɑm/ fork

សមគាត់នឹងនឹកខ្ញុំ she will surely miss me

សមគួរ /sɑm-kuə/ appropriate, proper

សមតែ it would be only appropriate that
សមនឹង plus the fact that; go well with, fit

សមជា surely, undoubtedly

សមភាព /sɑmməphiəp/ equality (Lit)

សមរម្យ /sɑm-rum/ appropriate

សមសក្តិ /sɑm-saq/ appropriate to one's rank
សមសព្វ /sɑm-sɑp/ comely in every respect
សមសួន /sɑm-suən/ proper, appropriate (to), consistent (with)
សមត្ថកិច្ច /samattəkəc/ responsibility

សមត្ថភាព /samattəphiəp/ ability, capability
សម័យ /samay/ period, era; modern, recent; information, matter, circumstance
សម័យថ្ងៃនោះ that day

សម័យថ្ងៃមួយនោះ one day

សម័យថ្មី modern times, recent times

សម័យដំបូង in the beginning, the earliest times
សម័យមុនអង្គរ pre-Angkorian period

សម័យមុនៗ earlier times, in the past

សម័យអង្គរ Angkor period

សម័យអាណាព្យាបាល the colonial period, the (French) protectorate period
សមរភូមិ /samɑɑrəphuum/ battlefield (Lit)
សមាគម /samaakum/ association, union
សមាជជាតិ /samaac-ciət/ National Congress
សមាជិក /samaacɨk/ member (of a club, society, etc.)
សមាទាន concentration, meditation

សមាធិ concentration, meditation

សមិទ្ធិ /samətthiq/ achievements, accomplishments
សមុទ្រ /səmot/ sea, ocean

សម្គម frail, skinny; skinny person

សម្គាល់ to point out, indicate; to understand (that), agree (that); sign, indication, symbol; knowledge, familiarity (with)
សម្ងាត់ secret, confidential

សម្ងំ (= ស្ងំ) be still, stay quiet

សម្តេច /samdac/ royal title: Prince

សម្តេចចៅហ្វា title for a high-ranking prince

សម្តេចព្រះបរមរាជារាមាធិបតី title for King Chan Raja

សម្តេចព្រះបិតុលា royal uncle

សម្តេចព្រះភាគិនេយ្យា /-pheəqkineeyoo/ royal nephew

សម្តេចព្រះមហាក្សត្រិយានីជាអម្ចាស់ជីវិតលើត្បូង Her Royal Highness the Queen

សម្តេចឈីលា name of a poetic style used in the Ream-kei

សម្តេចឪ Royal Father (term of affection for Prince Sihanouk)

សម្តែង to show, demonstrate; to perform, show off, posture; to say, declare

សម្មាយ /sammətiəy/ ordinary, common, general

សម្នាក់ (=សំណាក់)

សម្បក peel, skin, bark

សម្បត្តិ /sambat/ possessions, wealth

សម្បទា /sampatiə/ attribute, natural gift

សម្បុរ /sambao ~ sambol/ complexion, color

សម្បុរសម្បក color, complexion (Coll)

សម្បូរ, សម្បូណ៌, សម្បូរណ៌, សំបូរណ៌ /sambou/ complete, plentiful, full, rich

សម្បូរណ៌សប្បាយ affluent

សម្បូណ៌ាញ្ញាសិទ្ធិរាជ /sambourənaacñaa-sətthiriəc/ absolute monarchy

សម្បើម grand, awesome, impressive

សម្ពង្ស /sampuəŋ/ formula for predicting conjugal success

សម្ពន្ធ /sampoən/ tie, relationship, alliance

សម្ពាយ shoulder-bag

សម្ពោធ to dedicate, inaugurate

សម្ភារ /samphiə/ accumulation of merit; to accumulate merit

សម្ភារភ្លឹក /samphiə-plɨk/ magical formula

សម្ភារៈ /samphiəreəq/ things, goods, provisions, merchandise

សម្រប to reconcile, to agree

សម្រស់ charm

សម្រាក to rest, relax, take a break

សម្រាន្ត to sleep (Eleg)

សម្រាប់ for the purpose of

សម្រាប់ set, suit

សម្រាយ translated from Pali or Sanskrit, in the vernacular

សម្រាល to lighten, relieve

សម្រាលបានកូនប្រុស to give birth to a boy

សម្រិទ្ធិ (=សមិទ្ធិ) success, achievement

សម្រឹង to ponder in silence, be pensive

សម្រុះសម្រួល to conciliate, appease, reconcile

សម្រួល to ease, make easy, make comfortable, facilitate

សម្រេច /samrac/ to settle, decide, resolve; to achieve; to finish, fulfill

សម្រេចការ to be over, come to an end, conclude

សម្រេចព្រះនគរ gain accession to the throne (Arch)

សម្រេចសង្ខារ put an end to his life

សម្រែក yell, shout, scream (n)

សម្ល /samlaa/ stew, thick soup

សម្លម្ជូរ pungent stew

សម្លក់ to stare at, scowl at

សម្លប to fold, bring together

សម្លាញ់ friend

សម្លាញ់ beloved

សម្លាប់ to kill

សម្លាប់ខ្លួន to commit suicide

សម្លឹង to stare (at)

សម្លុត to threaten

សម្លៀក clothing worn below the waist

សម្លៀកបំពាក់ clothes, clothing

សម្លេង voice, sound

សម្អាត to clean (tv)

សយនដ្ឋាន /sayyαnnəthaan/ dormitory

សយនា /sayyənaa/ bed, sleeping place (Lit)

សរ /sαα/ arrow (Lit)

សរកាយសិទ្ធិ magical arrow

សរពេជ្ញ /sarəpɨc/ the one who knows all (i.e. the Buddha)

សរសើរ /sαsaə, təsaə/ to praise, flatter

សរសើរហេមន្តរាល 'In Praise of Winter', a romantic poem ascribed to King Sri Dhammaraja

សរសេរ /sαsei, təsei/ to write

សរសៃ /sαsay, təsay/ vein, thread; specifier for threads, strings, slender sticks

សរសៃ (=ត្រសៃ) a kind of turtle

សរសៃឡើង veins stick out, veins protrude

សរីរ /saqrəl/ body, oneself (Lit)

សរីរៈ /sərəyreəq/ body (Lit)

សល់ to remain, be left over; remains

សល់ many, in abundance, extremely

សល់ at, on, upon

សល់ស្រី exceeding all other women

សល់ស៊ល់ involved, attached (i.e. to this life, to worldly concerns)

សវនា /sawənia/ to listen; ears (Lit)

សសរ pillar, post, column

សសាត (=រសាត) to float along

សសិត to preen, to trim or dress the feathers with the beak

សសិត a kind of sharp-bladed grass

សសូល (=ត្រសូល) gently rounded

សសៀរ to skirt, go carefully along the edge, sidle along the edge of

សស្ត្រាវុធ /sattraawut/ weapons

សស្រាក់ to be dripping, soaked

សស្រាញ់ vigorously, with abandon

សរស្រាក profusely

សហករណ៍ /sahaqkaa/ cooperative (organization)

សហករណ៍សាខា branch cooperative

សហការី /səhaqkaarəy/ colleague, associate

សហជីវិន /səhaqciiwɨn/ comrade (a general title used especially with members of the Sangkum Reastr Niyum)

សហប្រជាជាតិ /səhaq-prαciəciət/ United Nations

សហប្រតិបត្តិការ /səhaq-prαtebat-kaa/ cooperation, cooperative effort

សហរដ្ឋ /sahaqroǝ̆t/ union; the United States

សហរដ្ឋអាមេរិក /sahaqroǝ̆t-qaamerɨc/ United States of America

សហស bold, fierce, savage

សហស្សកុមារ /sahahskomaa/ Sahassakumāra, Rāvana's youngest son

សហាយ lover; to have an affair

សា to retrace, redo, recommence, repeat; to tell one's story, recount past misfortunes

សាស័ព្ទ to speak, say (Lit)

សាជាថ្មី anew, again

សាកល្បង to test, try, experiment

សាកសួរ to inquire, ask, interrogate

សាកសួរសុខទុក្ខ to inquire about the wellbeing of

សាកល /saakαl/ universal, general

សាកលលោក /saakαl-look/ the world, universe

សាកលវិទ្យាល័យ /saakαl-wɨttyiəlay/ university

សាកលវិទ្យាល័យភូមិន្ទវិចិត្រសិល្បៈ Royal University of Fine Arts

សាខា spread out, bushy; branch, limb, division

សាគរ ocean, sea (Lit)

សាង to build (Lit)

សាង...ទុកនៅ established, set down, prescribed

សាងវេរា create negative karma

សាច់ flesh, meat; texture; kin

សាច់ក្រក sausage

សាច់គោ beef

សាច់ជ្រូក pork

សាច់ជ្រូកខ្វៃ roast pork

សាច់ឈាម complexion (lit: flesh and blood)

សាច់ឈើ inner flesh, core (of a tree)

សាច់ដុំ muscle

សាច់ទា duck meat

សាច់មាន់ chicken meat

សាច់រឿង facts, plot, subject matter

សាត់ (=រសាត់) to drift off, float away

សាទរ to empathize with, rejoice with

សាធារណ /saathiərənaq/ public

សាធារណការ /saathiərənaqkaa/ public works

សាធារណរដ្ឋ /saathiərənaqroŏət/ republic

សាធារណរដ្ឋនិយម republicanism

សាធុ /saathuq, saathuup/ fine, so be it, amen (Buddhism)

សាធុការ blessing, good wishes

សាធុជន /saathucŭən/ good people

សាន់វ៉ាន់ (=សាន់វ៉ាន់) /san-wan/ to be in the way, to impede

សាន្ត peaceful, tranquil, quiet

ស៊ាន buzzing, humming

សាប to broadcast, spread, sow

សាប bland; fresh (not salty); weak, diluted

សាប sable

សាបព្រោះ to spread, broadcast

សាបសូន្យ to die out, become extinct, disappear, be eliminated

សាប៊ូ soap

សាមគ្គី /saaməkii/ unity, togetherness, affection; to unite

សាមគ្គីសាមគ្គា /saaməkii-saaməkiə/ unity, togetherness, affection; to unite

សាមញ្ញ /saamañ/ common, ordinary

សាមណេរ /saamənei/ novice monk, student monk

សាមសិប thirty

សាមាន្យ (=សាមញ្ញ) low, evil, common

សាមីខ្លួន /saaməy-kluən/ the person in question; himself, herself, themselves

សាមីខ្លួនខាងស្រី bride (lit: female member of the bridal couple)

សាយ to spread, diffuse, suffuse

សារ letter, message (Roy)

សារ /saareəq/ cause, basis, reason

សារថី driver (of a carriage)

សារផាត់ /saarəphat/ all kinds, everything

សារពត៌មាន /saa-pɔədamiən/ news, newspaper; the press

សារពើ (=ទាំងអស់) /saarəpəə/ all, everything

សារពើភាពផង the whole scene, panoply

សារពេជ្ញ (=សព្វេជ្ញ) /saarəpɨc/ the enlightened one (Buddha)

សារភាព /saarəphiəp/ to confess

សារសង /saa-sɑɑŋ/ to converse; to answer

សារ-សរ Sar Sor (pers. n.)

សារៈសំខាន់ /saareəq-sɑmkhan/ importance, matters of importance

សារាចរ /saraacɑɑ/ circular, memo

សារាយ seaweed

សារិកា blackbird

សាល hall (Fr. salle)

សាលសន្និសីទចតុមុខ Cattomuk Conference Hall

សាលា school, hall, pavilion

សាលាជំនុំ court

សាលាដំបូង provincial supreme court

សាលាទេវរុក្ខ a small square pavilion built for the forest spirit

សាលាព្រះជ័យចេស្ដា Preah Chey Chesda School

សាលារៀន school

សាលាវត្ត pagoda-school

សាលាសិក្សាវត្ត pagoda schools

សាលាសំណាក់ resting place; public hall

សាលាស្រុក district office

សាវ young unmarried girl (Lao)

សាវតារ /saawədaa/ history, record

សាវា irresolute, fickle

សាសន៍ /saah, sah/ nationality, race

សាសនា /sahsnaa/ religion

សាសនាព្រាហ្មណ៍ /sahsnaa-priəm/ Brahmanism

សាសនាឥស្លាម /sahsnaa-qihslaam/ Islam, the Moslem religion

សាស្ត្រា /sahstraa ~ satraa/ palmleaf manuscript (usually religious)

សាស្ត្រាចារ្យ /sahstraacaa/ professor

សាហស /sahah/ wicked, mean

សាហាវ vicious, mean

សាឡាង ferryboat (Fr. chaland)

សិក្ខាបទ /səkkhaabɑt/ precepts (of the Buddha)

សិក្សា to study, do research; education

សិក្សាធិការ /səksaathikaa/ education (administration)

សិង្ហ /səŋ/ lion

សិត to pour out from a jar

សិតសក់ to comb the hair

សិតា /seedaa/ Sita (Rama's mate)

សិទ្ធិ /sətthiq, səthiq/ right, privilege

សិទ្ធិមនុស្ស human rights

សិន first, before (polite hortatory final particle)

សិន(=២០ ព្យាម) a distance of about 40 meters

ស៊ិនក្យាង /sɨŋkyaaŋ/ Singkiang

សិនេរុរាជ /səneeruriəc/ (Mt.) Meru

សិរ /sei/ head (Roy)

សិរសា (=សិរសី) /seirəsaa/ head (Roy)

សិរសី /seirəsəy/ head (Roy)

សិរី /serəy/ beauty, charm, power (an element frequently found in place names)

សិរីវឌ្ឍ /seriiwŏət/ Sirivath (pers. n.)

សិរីសួស្តី /serəy-suəsdəy/ blessing, good fortune

សិរីសោភ័ណ /serəy-saophŏən, siisəphon/ Sisophon (a district in Battambang Province)

សិលា /səylaa/ stone, slab

សិលាចារឹក /səylaa-caarək/ stone inscription

សិល្ប /səl/ magic, having magic power

សិល្បៈ /səlləpaq/ art, arts

សិល្បករ /səlləpaqkɑɑ/ artist

សិល្បសាស្ត្រ /səl-saah/ science of magic

សិវ /səywĕəq/ Siva

សិវលិង្គ /səywəlɨŋ/ Siva linga

សិស្ស /səh/ student

សិស្សានុសិស្ស /səhsaanusəh/ students

ស៊ី /sii/ to eat (familiar, or of animals); to use, consume

ស៊ី to win (of the dealer in a card game)

ស៊ីការ attend a wedding banquet

ស៊ីផឹក to eat and drink, to feast

ស៊ីសងគ្នា to contest, challenge, compete (with)

ស៊ីកុងទី Sei Kong Ti (pers. n.)

ស៊ីក្លូ cyclo, pedicab

សីតា (=សិតា, សេតា) Sita, Rama's mate

ស៊ីបេរី /siibeirii/ Siberia

ស៊ីម៉ង់ត៍ cement

សីមា boundary, border

សីរមាន់ /sei-mŏən/ a variety of rambutan

ស៊ីរ៉ូ syrup (Fr. sirop)

ស៊ីវិល /siiwɨl/ civil, civilian (Fr. civil)

សីល /səl/ precept, principle

សីល /səylaq/ virtue, moral excellence

សីលទាន /səl-tiən/ morality (lit: precepts of charity)

សីលប្រាំ the first five principles (of Buddhist disciples)

សីលសិក្ខា /səl-sekkhaa/ pursuit of virtue

ស៊ីសុវត្ថិ /siisowat/ auspicious, felicitous

ស៊ីសុវត្ថិ Sisovath (king of Cambodia 1904-1927)

សីហ /səyhaq/ lion (Lit)

សឹក war, army; military

សឹក to leave the monkhood

សឹង almost, almost all; surely, almost certainly, precisely, just having, being

សឹងកើតមាន is possible, can happen

សឹងចុះចូលគេច្រើន subjugated in considerable numbers

សឹងតែ almost, on the point of

សឺងង៉ុកថាញ់ /səɨŋ-ŋok-than/ Son Ngoc Than (a politician)

សិង្ហ (= សីង្ហ) /səŋ/ lion (Lit)

សឹត (= សិត) to pour

សឹម then, and then

សឹម ៗ slowly

ស៊ឹម - វ៉ា Sim Var (a former Prime Minister of Cambodia)

សុ prefix: good, excellent

ស៊ុកគ្រលុក be involved, implicated; disorganized, involved, haphazard

សុកល /sokal/ happy, cheerful

សុក្រទិន /sokkrətɨn/ Friday; Venus

សុក្រិតភាព /sokrəttəphiəp/ perfection, flawlessness, ideal appearance

សុខ to be healthy, happy; good health, happiness

សុខចិត្ត to be willing (to), agree (to)

សុខទុក្ខ good [luck] and bad, happiness and sorrow; fate, life

សុខភាព /sokkəphiəp/ health

សុខសប្បាយ to be well and happy

សុខសាន្តត្រាណ peaceful, quiet, at peace

សុខា health, wellbeing

សុខាភិបាល health (administration)

សុខោទ័យ /sokhaotɨy/ Sukhothai

សុគត /sokŭət/ to die (Roy, Clergy)

សុគ្រីព /sukrɨp/ Sugriva, a monkey king

សុចរិត /soccərət/ honest, moral, just

សុជាតា name of one of Indra's wives

សុដន់ breast (Roy)

សុទ្ធ /sot/ pure; all, completely; exactly, just like

សុទ្ធតែ exclusively, all without exception

សុទ្ធសាធ /sot-saat/ pure, unmitigated; really, truly

សុន្ទរ good, excellent, pleasing to the ear

សុន្ទរទាន /son-tiən/ willing charity, unbegrudged gift

សុន្ទរកថា /sontəreə̆qkəthaa/ speech, address

សុបិន dream (n., Lit)

សុបិនកុមារ main character of the story of the same name

សុពណ៌ /sopɔə/ gold (Lit)

សុភមង្គល /sopheə̆q-mŭəŋkŭəl/ good fortune, prosperity and happiness

សុភា sage, wiseman, magistrate

សុភាទន្សាយ The Wise Hare

សុភាព polite, kind, gentle, good

សុភាពរាបសារ polite, gentle, well-mannered

សុមេរុ (Mt.) Meru

សុរង់ neck (Roy)

សុរភី fragrance, perfume

សុរា liquor

សុរាគារ distillery

សុរិយា /soriyaa/ sun (Lit)

សុរិល (= សរិល) body (Roy)

សុរិលភក្ត្រពិនរកត extremely fair of face and form

សុរ្យកាន្ត /sourəkaan/ sunstone

សុវណ្ណ /sowan/ gold (Lit)

សុវណ្ណគត /sowannəkŭət/ to die (Roy)

សុវណ្ណបុប្ផា (=ផ្កាមាស) /sowannəbopphaa/ gold flower tribute

សុវណ្ណភូមិ /sowannəphuum/ Suvarnabhumi (Golden Land; ancient name of Indianized Southeast Asia)

សុវណ្ណរេខា one of Preah Chinavong's wives

សុវណ្ណវង្ស /sowannəwŭəŋ/ name of Preah Chinavong's father

សុវណ្ណហង្ស /sowannəhɑŋ/ golden swan

សុវត្ថិភាព /sowattəphiəp/ safety, good health

សុសសព្វសាយ all over, everywhere

សុទ្យាទេវ្យ (=សុរាល័យ) heaven, abode of the angels

ស៊ូ to be determined, persistent; would rather, would sooner

ស៊ូស្លាប់ would rather die

សូក to bribe, entice with gifts

សូគ្រីព (=សុគ្រីព) Sugriva, a monkey king

សូត្រ /sout/ to recite; the Sutra (a section of the Tripitaka)

សូត្រ /sout/ silk

សូត្រមន្ត /sout-mŭən/ to say prayers, recite scriptures, recite incantations

សូន to mold, shape

សូន្យ /soun/ zero; absent, lacking

សូន្យសព្វ (=សព្វសូន្យ) /sɑp-soun/ to die out, be extinguished, completely silent

សូន្យសុង completely (disappeared), completely (gone out)

សូន្យសោះ (=សោះសូន្យ) to die out

សូផាត /souphaat, sophaat/ Sophat, hero of the novel by the same name, by Rim-Kin

សូភាព (=សុភាព) gentle, polite

សូភាពរាបទាប meek, polite, gentle

សូម polite auxiliary: to beg to; please...

សូមឆុតផ្ទួចសច្ចា please answer my prayers, fulfill my request

សូមជំរាប [I] beg to inform..., Dear...

សូមជំរាបមក...សូមទានជ្រាប Dear... (stylized salutation used in formal letters)

សូមជ្រាបថា bear in mind that (lit: please understand that)

សូមទានជ្រាប please be advised

សូមទានមេត្តាប្រោស please be good enough to, do [me] the favor of

សូមទោស to ask forgiveness; I'm sorry, excuse me

សូមទ្រង់ជ្រាប please know, please be advised (to royalty)

សូមទ្រង់ព្រះមេត្តាប្រោស polite formula used in addressing royalty: If it please your Majesty

សូមលា goodby

សូមស្លះត្រឹមនេះសិន let me digress for a moment

សូម្បី although, even if, if; to the extent of, to the extent that

សូម្បីតែ even

សូយ៉ា Soya (Sophat's mother)

សូរ noise, sound

សូរសព្ទ /sou-sap/ noise, sound; to make a noise

សូរសម្លេង voice, noise, sound (of a voice)

សូរង /souruŏəŋ/ neck (Roy)

សូរភី (=សោភី) beautiful

សូរេច /sorac/ to conclude, bring to a close

សូរ្យ /sou, souriyeəq/ Surya (a Hindu god); the sun (Lit)

សូវ rather, it is better to

សូវ...កុំឱ្យ... rather...than...

សូវស្ដួចកុំឱ្យដាច់ it's better to have a little than nothing at all

សួ to walk (a rope, wire, branch, etc.)

សួគ៌ /suə/ heaven

សួគ៌នាយ heaven, the world beyond

សួគ៌ា (=សួគ៌) /suəkiə/ heaven

សួគ៌ាល័យ /suəkiəlay/ heaven

សួន garden

សួន Suon (name of Sophat's father)

សួនកុមារ playground, children's park

សួនច្បារ yard, decorative garden

សួនសត្វ /suən-sat/ zoo

សួយ tribute (material)

សួយសារ tribute (material)

សួយសារអាករ financial or material tribute

សួរ to ask, inquire; to visit

សួរសំណាយរាប់អាន to inquire politely

សួរឈ្លួច to press for an answer

សួរលង to ask again

សួរសៀតឆឹក to interrogate, pry into

សួស Suos (pers. n.)

សួស្ដិ៍ (= សួស្ដី) /suə/ blessed, felicitous (having those qualities which produce health, happiness, and prosperity)

សួស្ដី /suə-sdəy/ greetings, salutations (Formal); to prosper, have health, happiness, and prosperity

សើច to laugh

ស៊ើប to investigate

ស៊ើបសួរ to investigate, to inquire around

សើរើ to probe deeply, get to the bottom (of something)

សៀង sound, voice

សៀត to insert, stick in, wedge apart, pry apart

សៀម Thailand; Thai

សៀមរាប Siemreap (Province)

សៀវ to proceed cautiously or stealthily, to skirt quietly

សៀវសៀត slide by, slide around, skirt

សៀវភៅ book(s)

សៀវភៅមើល books to read

សៀវភៅសរសេរ notebook

សេក parrot

សេចក្ដី /səc-kdəy/ subject, affair, composition; matter of, quality of (forms abstract noun compounds with verbs)

សេចក្ដីក្នុងសំបុត្រ contents of the letter

សេចក្ដីគោរពខ្លាច respect, veneration

សេចក្ដីខិតខំ hard work, effort

សេចក្ដីខ្វះខាត lack, need, deficiency

សេចក្ដីគោរព respect, honor

សេចក្ដីចំរើន prosperity, success

សេចក្ដីព្យាបាទ malice, evil intentions, ill-wishing

សេចក្ដីតប revenge, retaliation, response

សេចក្ដីទាល់ក្រ poverty, misery

សេចក្ដីទាល់ objectionable or inappropriate things

សេចក្ដីទុកចិត្ត confidence, consent

សេចក្ដីនាំផ្លូវ guide, manual

សេចក្ដីប្រាថ្នា desire, wish; intention, design

សេចក្ដីពិត truth

សេចក្ដីព្យាយាម effort, endurance, perseverance

សេចក្ដីព្រហើនក្លើន disrespect, arrogance

សេចក្ដីរាយការណ៍ report (n)

សេចក្ដីសុខចម្រើន success, prosperity

សេចក្ដីរំភើប emotion, excitement

សេចក្ដីសង្កេត observation, opinion

សេចក្ដីសង្ស័យ doubt, suspicion

សេចក្ដីសុខ peace, tranquillity

សេចក្ដីស្លាប់ death

សេចក្ដីអធិប្បាយ composition, elaboration, development (of theme)

សេចក្រេប substance, essence, hidden meaning

សេដា (= ដើមសេដា) persimmon tree

សេដ្ឋកិច្ច /saettəkəc/ economics, economy

សេដ្ឋា /setthaa/ extraordinary, great

សេដ្ឋី /saetthəy/ wealthy merchant, mandarin, person of high estate

សេន cent

សេនា commander, officer; army, military

សេនាធិបតី commander (higher than /seinaa/)

សេនាបតីទាំង ៤ ក្រសួង commander of all four ministries: Army, Navy, Interior, and Justice

សេនាយោធាមាត្យ /seinaayoothiəmiət/

king's commanders and officials

សេនីយ៍ /seinəy/ troops, army

សេពសេពប្រាយ partake of [carnal] pleasure

សេព /saep/ to partake of, indulge in; associate with

សេពគប់ /saep-kup/ associate with, hang around with

សេពចំណង់ to gratify desire

សេពកាមា to have sex, to fornicate

សេយ្យាសន៍ /sayyiəh/ sleep (n., Roy)

សេរី /seirəy/ free

សេរីការ /seirəykaa/ liberation

សេរីភាព /seirəyphiəp/ freedom

សេសសល់ /saeh-sαl/ remaining, left-over

សេះ /seh/ horse

សេះចងអាន horse with saddle

សែ patronym, lineage (Chinese)

សែស្រឡាយ lineage

សែក to recite (a magic formula), to incant

សែង to carry between two persons

សែង ray, gleam, light (of the sun) (Lit)

សែន 100,000

សែន extremely, highly

សែន to make a propitiatory offer-in to spirits

សែនព្រេន to make an offering to spirits, to make a propitiatory offering

សែនមនោរម្យ /saen mənoorum/ Sen Monorom (capital of Mondulkiri Province)

សែម to put a decorative border on, embellish around the edges

សែសិប forty

សៃយ៉ាំ /sayyam/ dancing in time to drum beats

សោក to grieve, mourn

សោកសៅ to grieve

សោកាល័យ (=សោក + អាល័យ) to grieve bitterly

សោច rationality, sense, reason

សោត whereas, while

សោតសល់ however, to whatever extent

សោតសឹង inevitably

សោភ័ណ /saophoən/ beautiful; beauty

សោភ័ណភាព /saophoənnəphiəp/ beauty

សោភា beautiful (Lit)

សោភី beautiful (Lit)

សោមនស្ស /saomənoəh/ pleased, delighted; pleasure, delight

សោយ to eat (Roy)

សោយរាជ្យ to reign, to rule

សោយសោក to grieve

សោយអារម្មណ៍ /saoy-qaarαm/ to enjoy feelings, have conscious experiences

សោរ lock (n)

សោរទិន /saorətɨn/ Saturday; Saturn (?)

សោហ៊ុយ money to defray expenses (of travel, etc.)

សោឡស /saolαh/ sixteen (Lit)

សោះ after negatives: (not) at all

សោះ so as not to have to, to get rid of, obviate the necessity of; finally: not at all

សោះតែមាន minimally, just as a formality

សោះសឹង so not to

សោះសោ completely, all over the place

សោះសូន្យ in vain, futile, to no purpose

សោះទទ្រើយ (not) at all (after negatives)

សៅហ្មង /sao-mααŋ/ unclean, impure, offensive

សុំ to ask for, request

សុំខ្លួន to volunteer

សុំតថ្លៃ to bargain

សំកាំង to float, glide, soar

សំខាន់ important, crucial

សំខាន់បំផុត the most important; most importantly

សំគម (= ស្គម) frail, skinny; skinny person

សំគាល់ to point out, indicate; to understand (that), agree (that); sign, symbol, indication; knowledge, familiarity (with)

សំងំ be still, stay quiet (neither speaking nor moving)

សំច័យ (= សំចៃ) to save, be frugal

សំចៃ to save, be frugal

សំញែង to show off (one's power, wealth, etc.)

សំដី speech, words

សំដីសំដៅ speech, manner of speech (Coll)

សំដែង to show, demonstrate; to perform, display; to show off, posture; to say, declare

សំដែងគំនិត to express one's ideas

សំដៅ toward, directly toward

សំណង recompense, repayment

សំណាក់ to rest, stay temporarily, stay over; refuge, shelter, place to stay

សំណាក់អាស្រ័យ to stay temporarily

សំណាខម a style of poetic meter used in the Ream-Kei

សំណាង luck, fortune, chance

សំណាញ់ a conical fishing net

សំណាត់ driftwood

សំណឹករបើ if, in the event that

សំណើច laughter

សំណេះ to reminisce, exchange fond memories

សំណេះសំណាល to exchange fond memories, reminisce

សំណៅ printer's proofs

សំណុំ small wrapped package

សំទៀរ (= សំទារ) to scream, yell, roar (Arch)

សំនួន model, figure, sculpture

សំនៀង sound, acoustic impression

សំបក bark, skin, peel, shell

សំបុក nest

សំបុត្រ /sɑmbot/ letter, ticket

សំបុត្រសំគាល់ identification card

សំបូងសង្រួង to conjure, summon

សំបូរណ៌ (= សម្បូរណ៍) /sɑmbou/ complete, plentiful, full, rich

សំប៉ាន sampan, skiff

សំបើម grand, awesome, impressive

សំពង to club, beat with a club

សំពត់ Cambodian-style sarong; cloth, dry goods

សំពត់ចងក្បិន sarong caught up in a roll at the back

សំពត់ផាមួង plain (unpatterned) silk sarong

សំពត់ហូល a variegated silk sarong

សំពៅ sailing vessel (sea-going)

សំពះ to greet, salute with palms together

សំពះព្រះខែ Salutation to the Moon (a ceremony)

សំពះលា to bow out, bow and take leave

សំពះសួរ to greet (with palms joined)

សំយុង hang down, point down; downward

សំយ៉ែ name of a former province

សំយោគសញ្ញា /sɑnyook-saññaa/ the symbol ៈ

សំរាក (= សម្រាក) to rest, relax, take a break

សំរាកកំលាំង to rest, recuperate

សំរាន្ត (= សម្រាន្ត) to sleep (Eleg)

សំរុក to thrust

សំរើប to excite sexually (tv)

សំរេច (= សម្រេច) /sɑmrac/ to settle, decide, resolve; to succeed, achieve; complete

សំរែ Samré (a tribal group)

សំរែក (= សម្រែក) cry, shout, scream (n)

សំរោងទង a former province

សំលៀក (=សម្លៀក) clothing worn below the waist
សំលៀកបំពាក់ clothing
សំស្ក្រឹត /sɑŋskrət/ Sanskrit
សំឡក់ (=សម្លក់) to look sternly at, scowl at
សំឡាញ់ (=សម្លាញ់) friend
សំឡាប់ (=សម្លាប់) to kill
សំឡឹង (=សម្លឹង) to stare
សំឡុត (=សម្លុត) to threaten
សំឡេង (=សម្លេង) sound, voice
សំអាង to decorate, adorn; embellishment, decoration
សំអាង to rely on, count on, depend on; model, proof, evidence
សំអាត to clean (tv)
សាំ riddled with marks, slashes, or cuts
ស៊ាំ over and over, repeatedly
ស៊ាំសួរ to nag, ask repeatedly
សះ to heal, recover (iv)
សះស្បើយ to heal, get better, recover
ស្កក stunted, underdeveloped
ស្កន្ទ /skan/ Skanda (a Hindu god)
ស្កប់ satiated, content (with food or sleep); to have slept well, be well-rested
ស្កប់ស្កល់ satiated, content; prosperous, having enough of everything
ស្ករ sugar
ស្ករក្រហម brown sugar
ស្ករគ្រាប់ candies
ស្ករស white sugar, processed sugar
ស្កល់ satiated, content, satisfied
ស្កា a kind of chess game
ស្កាត់ to intercept
ស្កាត់មុខ across the path of, cutting off the advance of
ស្កឹមស្កៃ (=ស្គឹមស្គៃ) huge, immense
ស្កុងស្កល់ bright, white
ស្កូវ to be gray (of hair)
ស្កាំ to be satisfied, sated, fulfilled
ស្គន់ a kind of waterlily
ស្គម thin, slender, skinny
ស្គាល់ to know, be acquainted with, recognize
ស្គុះ a kind of waterlily
ស្គោក pithy, dried out, dessicated
ស្គាំងស្គម thin, emaciated
ស្ងប់ calm, becalmed
ស្ងាច intensifier for white
ស្ងាត់ quiet, calm; isolated, lonely (because no one around to make noise)
ស្ងួត dry (of a surface not normally wet)
ស្ងួន to pamper, treat tenderly, caress; pampered, innocent; My Beloved, My Innocent One
ស្ងួន parsimonious, stingy
ស្ងួនភ្ងា to pamper, indulge, adulate
ស្ងួនវរល័ក្ខណ៍ My Innocent One
ស្ងើច to wonder at, admire, be impressed by
ស្ងៀម quiet (of both sound and motion)
ស្ងោរ to boil (usually with meat); boiled (meat) soup
ស្ញប់ស្ញែង astonished, awed
ស្ញាញ bared, exposed, gleaming
ស្ញិញ with lips drawn back showing the teeth
ស្ញិញស្ញាញ grimacing with the teeth bared
ស្ញេញ /sñəñ/ to grimace, draw the lips back
ស្ញែង to fear, stand in awe of, dread
ស្តម្ភ /sdɑm/ pillar (Lit)
ស្តាប់ to listen, obey
ស្តាប់ការ to scout, spy, eavesdrop
ស្តាយ to regret, be sorry for

ស្ដាយក្រោយ to regret afterwards

ស្ដាយជីវិត regret the loss of life

ស្ដាយតែ [I] especially regret [that]

ស្ដី to say, to speak; to blame, criticize, scold

ស្ដី a kind of large tree

ស្ដីបន្ទោស to scold, blame

ស្ដីទី acting, temporary

ស្ដីលើ to blame, criticize

ស្ដីឲ្យ to scold, blame

ស្ដឹងស្ដូក (= ស្ដូកស្ដឹង) to lie motionless

ស្ដុកស្ដម /sdok-sdɑm/ impressive, grand

ស្ដុកស្ដៅ /sdok-sdao/ a kind of large tree

ស្ដូក extended, stretched out

ស្ដួច thin; worn, tattered

ស្ដួចស្ដើង minute, very little, insignificant

ស្ដើង thin, slight

ស្ដេច /sdac/ king; frequently precedes verbs describing royal action, in which use it is not clear whether it is an auxiliary or a royal pronoun

ស្ដេចកន a usurper, king of Cambodia 1512-1525

ស្ដេចស្រី queen (Coll)

ស្ដែង clearly; clear; real, essential, important; power

ស្ដែងស្ដេច the king, the person of the king, the king himself

ស្ដៅ a tree with edible leaves

ស្ដ្រី /sətrəy/ lady (Eleg)

ស្ថាន /sthaan, thaan/ place, stage

ស្ថាននរក /thaan-noruěq/ hell

ស្ថានភាព /sthaan-phiəp/ situation

ស្ថានលោក this world, the temporal world

ស្ថានសួគ៌ /thaan-suə/ heaven, paradise

ស្ថានីយ /sthaanii/ station

ស្ថាបនា /sthaapənaa/ to build, establish

ស្ថាពរ /sthaapɔɔ/ solid, firm, permanent

ស្ថិត /sthət, thət/ to place; be situated; to last, stay, endure

ស្ថិតស្ថេរ /thət-thei/ stable, durable, lasting

ស្ថិតស្ថេរចីរកាល permanent, stable, lasting

ស្ទក់ swollen and lifeless

ស្ទា to sidle back and forth evasively, dodge back and forth

ស្ទាស្ទប់ to crouch and move from side to side in anticipation of an attack

ស្ទាក់ to intercept, interrupt

ស្ទាក់ស្ទើរ barely, almost, not quite, semi-

ស្ទាញស្ទុះ (= ស្ទុះ) to jump up, bound

ស្ទាត់ skilled (at)

ស្ទាប to touch, caress

ស្ទឹង river, tributary, stream

ស្ទុះ to jump up

ស្ទុះលេបលរ to leap and feint

ស្ទុយ everted, pouting, turned outward

ស្ទូង to transplant, set out (rice)

ស្ទូច to fish (with a hook and line)

ស្ទួយ to hold aloft on the palm of the hand

ស្ទើត curved upward, protruding upward, up-thrust, thrusting upward (of breasts, buttucks, etc.)

ស្ទើរ insufficient, incomplete, not quite enough

ស្ទើរ (= ស្ទើរស្ទាក់) to hesitate

ស្ទើរតែ on the point of, almost

ស្ទើរតែនឹងស្លាប់ on the point of dying

ស្ទៀង Stieng (name of a tribal group)

ស្ទះ to block, obstruct, close off

ស្នង replacement, succession; replacing, in place of

ស្នង back, reciprocally, in reply

ស្នា crossbow

ស្នាក់ to stay, stop over

ស្នាច a hollowed-out log or bamboo, used for scooping water, feeding pigs, etc.

ស្នាដៃ work, product, accomplishment (of a given person)

ស្នាព្រះហស្ត /snaa-preăh-hoăh/ royal work, royal achievement

ស្នាម trace, mark, print

ស្នាលស្និទ្ធ (=ស្និទ្ធស្នាល)

ស្និទ្ធស្នាល /snət-snaal/ close, intimate

ស្នឹង tether-stake

ស្នូក turtle-shell

ស្នូល axle

ស្នៀត trick, strategem; wedge, insert

ស្នេហ៍ /snae/ love

ស្នេហ៍ស្នង be deeply in love

ស្នេហ៍ស្នាល to love (Poetic)

ស្នេហ៍ស្និទ្ធ to be deeply in love

ស្នេហា /snaehaa/ to love; love

ស្នែង horn (of an animal); wind instrument made of animal horn

ស្នែង a carrying pole for two people

ស្នំ concubine, female royal attendant

ស្នំឯក ranking concubine

ស្បង់ monk's robes

ស្បង្កិជ /sbaŋkac/ an aquatic plant

ស្បថ /sbat/ to swear, promise

ស្បាត់ clearly, obviously, plainly (usually occurs as an intensifier)

ស្បិត care to, concerned with, take an interest in

ស្បូវ thatching grass

ស្បើម to be amazed at, impressed by, stand in awe of, intimidated by

ស្បើយ to abate, slacken, subside, diminish

ស្បៀង provisions, food, stores

ស្បៃ loosely-woven cloth, diaphanous cloth, muslin

ស្បែក skin; leather

ស្បែកជើង shoes

ស្ពាន bridge

ស្ពានមេត្រី to form an alliance, ally with

ស្ពានយមរាជ /spiən-yumməriəc/ name of a bridge

ស្ពាយ to carry suspended from the shoulder

ស្ម័គ្រ /smaq/ to be devoted or attached (to); to volunteer

ស្ម័គ្រចិត្ត to volunteer

ស្មគ្របក្សពួក /smaq-paq-puəq/ supporter, partisan

ស្ម័គ្រស្មាន willingly, voluntarily

ស្ម័គ្រស្មោះ sincere, devoted; to love, accept, be amenable to

ស្មសាន jungle, deep forest

ស្មា shoulder

ស្មាច់ a tree whose resin is used for torches

ស្មាន to guess, assume, consider

ស្មាន់ a kind of deer

ស្មារតី /smaarədəy/ attention, consciousness, presence of mind

ស្មី a kind of tree with edible leaves

ស្មឹង hermit; spiritual medium

ស្មុគស្មាញ complex, confused

ស្មូត្រ to chant, sing (religious texts)

ស្មូម beggar

ស្មើ to be equal, even

ស្មៀន clerk, secretary

ស្មោញ a kind of fishing bird

ស្មែ a tree whose roots attract sea-crabs

ស្មោះ honest, sincere

ស្មោះចំពោះ directly, implicitly; faithfully

ស្មោះត្រង់ honest, sincere, faithful

ស្មោះស្ម័គ្រ sincere, heartfelt

ស្មោះសរ sincere pleasure, genuine cordiality; sincerely, genuinely

ស្មោះស្មាន ready, willing, agreeable (to)

ស្មៅ grass, hay

ស្មៅព្រៅ a kind of grass

សៀមប្រទេស Siam

ស្រៈ /sraq/ vowel

ស្រក to recede (of water)

ស្រក់ to drip

ស្រក់ទឹកភ្នែកព្រោក to burst into tears

ស្រកា scales (of a fish); to scale (a fish)

ស្រកី gill

ស្រគំ a tree with edible fruit

ស្រគាំ dark brown

ស្រង់ to taste, hear, smell, partake of; to take out, extract; to bathe (Roy, Clergy)

ស្រងាក supine, motionless, in suspended animation

ស្រងាត់ quiet, tranquil; deep, rich (of color)

ស្រងូត sad, solemn

ស្រងូតស្រងាត់ sad, solemn, melancholic

ស្រដី (=ស្តី) to say, speak (Lit)

ស្រដី (=ស្រដីឱ្យ, ស្តីឱ្យ) to blame, to scold

ស្រដីដើម (=និយាយដើម) to talk about (critically), to ridicule

ស្រដីឱ្យស្រួលស្រប speak moderately, be soft-spoken, reserved in one's speech

ស្រដៀងនឹង just like

ស្រណុក comfortable, convenient, easy

ស្រណោះ to miss, remember nostalgically

ស្រណោះពេកណាស់ how amusing!, how interesting! (Idiom)

ស្រទប bark (of the banana tree)

ស្រទាង to stretch out, extend, spread

ស្រទាប់ petal; layer, stratum

ស្រទំ dark, overcast

ស្រប parallel (with), in agreement (with)

ស្រប់ to soak

ស្រប់ (=ស្រព) to sprinkle or splash water on the body

ស្របក់ moment, instant

ស្របាល same, equal (with regard to time or age)

ស្របាលគ្នានឹង same age as

ស្រប៉ាប flat, prostrate

ស្រពោន wilted, withered

ស្រមុក to snore

ស្រមូវ bushy

ស្រមេះៗ dejected, resigned

ស្រមៃ to recall to mind, visualize a previous experience

ស្រមៃឃើញ to see as in a dream, see a mirage, have a hallucination

ស្រមោច (small red) ant

ស្រមោល shadow

ស្រយង់ to be numb, asleep (of a limb)

ស្រយាល late; distant, remote

ស្រយុត to sag, droop, collapse, feel enervated

ស្រល់ pine tree, conifer

ស្រឡូន slim, slender

ស្រលៀង cross-eyed

ស្រវឹង drunk, dizzy, intoxicated

ស្រវឹងមួន really drunk

ស្រស់ fresh; charming, attractive

ស្រស់ស្រូប to eat something, have a snack

ស្រស់ស្រី beautiful

ស្រឡប់ (=សន្លប់) to faint

ស្រឡប់ dusk, twilight

ស្រឡាញ់ to love, to like

ស្រឡាញ់ស្ងួនភ្ងា to cherish, love tenderly

ស្រឡិត dwarf fig tree

ស្រឡី a kind of tree

ស្រឡៀង cross-eyed

ស្រឡៅ a hardwood tree

ស្រឡះ clear, cleared up; completely

ស្រា whisky, alcohol, alcoholic beverage

ស្រាតំណើបខ្មៅ black-rice whisky

ស្រាទឹកត្នោត palm-sugar beer

ស្រាក to slacken, slow down, lessen, abate

ស្រាកស្រាន្ត to be abated, relieved

ស្រាង opaque

ស្រាងសុរិយា to be just light, light as at pre-dawn

ស្រាត to take off the clothes

ស្រាន្ត to get better, improve

ស្រាប់ /srap/ is a final adverbial whose translation, depending on context, is 'obviously, already, as a matter of fact, since the foregoing is true'; all its meanings include an element of 'obviousness'

ស្រាប់ provisions, accessories

ស្រាប់តែ suddenly, unexpectedly, just

ស្រាយ to untie, unwrap, undo

ស្រាល to be light (in weight, intensity, or seriousness)

ស្រាវ to pull up, draw up

ស្រាស់ to patch, cover, block (with branches

ស្រី woman; feminine, female

ស្រី ៗ girls, women

ស្រីកំដរ bridesmaid

ស្រីក្រមុំ young girl, virgin

ស្រីទេពអប្សរ /srəy-teep-qapsɑɑ/ Apsara, heavenly maiden

ស្រីធម្មរាជា Sri Dhammaraja, king of Cambodia 1627-30

ស្រីបម្រើ female servant

ស្រីពិរាស្ត្រ (Kingdom of) Srībirāstra

ស្រីសុគន្ធបទ /srəy sokŭənthəbɑt/ Srey Sokonthor Bat (king of Cambodia 1504-1508)

ស្រីសួស្តី /srəy-suəsdəy/ wellbeing

ស្រុក country, district, village; headword in compounds referring to countries or districts

ស្រុកកំណើត hometown, native village

ស្រុកខ្មែរ Cambodia

ស្រុកស្រែ the country, rural area

ស្រុត to descend, fall from heaven (both morally and physically)

ស្រុប to take cover, go under a tree (of elephants)

ស្រ៊ុប descriptive of a sudden slump

ស្រុះស្រួល to agree

ស្រូត to hurry (Coll)

ស្រូតរូត to hurry (Coll)

ស្រូប to absorb, suck

ស្រូវ paddy, unhusked rice

ស្រូវប្រាំង dry-season rice

ស្រូវវស្សា rainy-season rice

ស្រូវសាលី wheat

ស្រូវសំណាប rice sprouts, seedlings

ស្រួច pointed, sharp

ស្រួយស្រិប crisp, well-articulated

ស្រួល easy, pleasant, comfortable; well (physically)

ស្រួលខ្លួន to be well, feel well

ស្រួលបួល comfortable, pleasant

ស្រើប to become sexually excited, to lust, desire

ស្រៀប pleasing, comely, prepossessing

ស្រៀវ to fill a chill of fear, to shiver

ស្រេក to be thirsty, to thirst for

ស្រេច /srac/ to finish, complete

ស្រែ ricefield

ស្រែចំការ land, farmland

ស្រែក to yell, shout

ស្រែកទារ to cry out for, clamor for

ស្រែកយកជ័យ to exhort to victory

ស្រែកហៅ to call out loud

ស្រែកអំពាវនាវលក់ to shout one's wares, peddle by shouting

ស្រែង a skin disease

ស្រោង straight, erect, pointing straight up

ស្រោច to water, sprinkle

ស្រោចស្រង់ to save, salvage

ស្រោប to enclose, envelop

ស្រោម sheath, envelop (n)

ស្រះ man-made pond, moat

ស្រះកែវ Glass Pond

ស្ល to cook, stew, boil (usually meat and/or vegetables)

ស្លកកូរ to make a kind of vegetable soup

ស្លស្លុក to cook, stew

ស្លក់ to be pale

ស្លន់ to panic, be terrified

ស្លា areca-nut

ស្លាពាន areca bowl

ស្លាកស្នាម trace, mark, scar (n)

ស្លាក់ to choke on something, have something caught in the throat

ស្លាត a flat fish used in making fish-balls

ស្លាប wing

ស្លាបច្រវ៉ា an aquatic plant (lit: oar blades)

ស្លាបទា an aquatic plant (lit: duck feathers)

ស្លាបប៉ាកកា fountain pen

ស្លាបព្រា spoon

ស្លាប់ to die

ស្លាប់ចោលឆ្អឹង to die in exile (lit: to die and have one's bones discarded)

ស្លឹក leaf

ស្លឹកគ្រៃ lemon grass, citronella

ស្លឹករឹត palm-leaf manuscript, palm leaves

ស្លឹង an old coin worth about 25 cents

ស្លឹង wide-eyed, staring

ស្លុង fully, completely, wholeheartedly; speedily

ស្លុត stunned, shocked, terrified

ស្លូត good, polite, gentle

ស្លូតបូត modest, polite, proper

ស្លៀក to put on, to wear below the waist

ស្លៀកពាក់ to wear; to dress

ស្លេះ to digress, change the subject

ស្លេះរំខាន for a change, as a change of routine, take a rest

ស្លោម to fold, retract (the wings); dense, crowded together

ស្លាំង pale, drained of blood

ស្លាំងកាំង stupified, stunned

ស្វ័យភាព /swayyəphiəp/ autonomy

ស្វា monkey

ស្វាង cleared up (of weather or drowsiness)

ស្វាញស្វិត (= ស្វិតស្វាញ) stingy, miserly

ស្វាត a thorny vine

ស្វាមី husband (Eleg)

ស្វាមីភក្តិ loyalty

ស្វាយ mango; purple; venereal disease

ស្វាយរៀង Svay Rieng (Province)

ស្វាស male sexual organ (Lit)

ស្វែង to seek after, search for

ស្វែងសម្បត្តិ /swaeŋ sɑmbat/ to seek after the rewards, attainments (of the Path to Nirvana)

ស្វះស្វែង to seek, search diligently

ស្អប់ to hate, detest, despise

ស្អាង to decorate, embellish

ស្អាង to do, commit

ស្អាត clean; attractive, pretty

ស្អាត ៗ very neat and attractive (intensification of /sqaat/)
ស្អាតបាត clean, neat, attractive

ស្អាតស្អំ clean

ស្អារ to irritate, bother (the throat)
ស្អិត sticky, adhesive; Fig: addictive, capable of ensnaring, pernicious

ស្អិតស្អាង to beautify, decorate

ស្អី what?, whatever

ស្អី (= ធ្វើស្អី) what?; what are you doing?
ស្អីទៀង whatever comes up, in every case, invariably
ស្អុយ foul-smelling, stinking, rotten

ស្អូច Saoch (a tribal group)

ស្អែក tomorrow

ស្អំ to apply a heating pad or warm cloth to the skin

ហ

ហក់ to jump at, to lunge

ហង្ស /haŋ/ Hamsa, a mythological swan (Brahma's mount)
ហង្សយន្ត /haŋ yŭən/ Mechanized Swan (lit: motorized Hamsa)
ហត់ to be exhausted

ហត្ថ /hat/ cubit (distance from elbow to fingertips); hand (Lit)
ហត្ថកម្ម /hattəkam/ manual labor

ហត្ថករ /hattəkaa/worker, laborer (Lit)
ហត្ថលេខា /hatthəleikhaa/ signature

ហត្ថី /hatthəy/ bull elephant

ហ៊ន-ហេ៊វ Hon-Hew (pers. n.)

ហនុមាន /haqnumaan/ Hanumān (chief of the monkey army)
ហប to puff, pant with the mouth open
ហប់ stuffy (of air); suffocated

ហរិរាជរតនីក្រៃកែវវា /haqririəc-roəttəniy-kray-kaew-waa/ title

ហឫទ័យ /haqrɨtɨy/ heart, mind (Clergy, Roy, Lit)

ហា to open (the mouth)

ហាក់ as if; almost; perhaps

ហាក់កាន់តែ increasingly

ហាក់ដូចជា as if, perhaps

ហាក់ដូចស្រួល become pleasant, act agreeable
ហាក់នឹង as if to

ហាក់បី (= ហាក់ដូច)

ហាង shop, store

ហាងជំនួញ store, business office, commercial firm
ហាងបាយ restaurant

ហាងលក់ដូរ shops, stores

ហ៊ាន to dare (to); be brave

ហាណូយ Hanoi

ហាប unit of weight and volume: approx. 60 kg.
ហាប់ firm

ហាម to prohibit

ហាម brim (of a hat)

ហាមប្រាម to prohibit, forbid

ហាល to expose to the sun

ហាលថ្ងៃ exposed to the sun, in the sun
ហាស to laugh; laughter (Arch)

ហាសិប fifty

ហិកតា /həctaa/ hectare (10,000 square meters)
ហិកតូលីត្រ /həctouliit/ hectoliter

ហិង្សា to harm, bother, mistreat

ហិចហើរ (=ហើរ) to fly (Poetic)

ហិចហែល to swim (Poetic)

ហិត to sniff, smell, inhale

ហិនហោច ruined, destroyed, obliterated, in ruins
ហិប box, chest, trunk

ហិបសង្គមកិច្ច welfare fund

ហិមគ្រិ golden mountain (Lit)

ហិមពាន្ត (=ហេមពាន្ត) the Himalayas

ហិរញ្ញវត្ថុ /heqraññəwoətthoq/ finance (n)

ហិរិ /heqreq/ (feeling of) guilt

ហិល dull, blunt

ហ៊ឹង (= ហ៊ីង) a kind of toad

ហីនយាន /hənnəyiən, hɨnnəyiən/ Hinayāna (Buddhism)

ហឹរ /haə, həl/ hot (spicy)

ហ៊ឹះ /hɨh/ interjection of frustration, sigh of relief

ហ៊ឺហា ostentatious, extravagant (Coll)

ហុកសិប sixty

ហុងកុង Hongkong

ហុច to hand, pass

ហុត to sip noisily (from a bowl)

ហុយ to rise, puff (of smoke, steam, etc.)

ហូត withdraw, pull out, extract (from a sheath, socket, etc.)

ហូតជីវិត to kill (Eleg)

ហូបបាយ to eat, have a meal (Rural)

ហូរ to flow

ហូរធ្លាក់ទឹកភ្នែក to shed tears

ហូរហែ continually, in a continuous stream

ហូល patterned silk

ហូលផរ an embroidered silk sarong

ហួត to evaporate

ហួស to surpass, exceed, go beyond

ហួសល្បួន excessive, exaggerated

ហួសពី beyond, exceeding

ហួសសម័យ outdated, obsolete

ហើប to open; to be slightly open, ajar

ហើម swollen

ហើយ and, and then, then; perfective particle: already, finished; to finish

ហើយនឹង and

ហើយឬនៅ yet?, yet or not?

ហើរ /haə/ to fly

ហៀបតែនឹង just about to

ហៀបនឹង just about to, almost, nearly

ហៀរហោះ to fly (Poetic)

ហេ Hey! (interjection to attract attention or express surprise)

ហេតុ /haet/ reason, cause, motive

ហេតុដូច្នេះហើយ for this reason, therefore

ហេតុដ្បិត since, because

ហេតុតែ since, because

ហេតុនេះហើយបានជា this is the reason that...

ហេតុផល /haet-phɑl/ reason, cause, justification

ហេតុហ្នឹងហើយបានជា this is the reason why...

ហេតុអ្វីបានជា why is it that...?

ហេមន្តមាស /heimɑn-miəh/ winter months, cool season (Lit)

ហេមពាន្ត /haeməpiən/ the Himalayas

ហេមស្រិង្គេស /haemsrəŋkeeh/ name of a Brahman devata

ហេរញ្ញិក (= ហិរញ្ញិក) /heiraññək/ treasurer

ហេរហោះ (= ហោះ) to fly, soar (Poetic)

ហែ to parade, accompany in procession; in succession, one after the other

ហែហម to follow along in procession

ហែក to tear open, tear a hole in

ហែង parched

ហែល to swim

ហែលចុះហែលឡើង swim back and forth

ហែលភ្នាល់ to race

ហៃ hortatory particle: Hey!, hey there!, now listen!, now hear this!

ហ៊ោ to yell, cheer

ហ៊ោហា to shout, roar, cheer

ហោង /haaŋ/ euphonic final particle widely used in verse

ហោច scarce, minimum

ហោជាង eaves, lintel

ហោតិល /haotəl/ hotel

ហោប៉ៅ /hao-paw/ pocket

ហោរ fortune-teller, astrologer

ហោរា (= ហោរ) /haoraa/ astrologer

ហោរាធិបតី /haoraathɨppədəy/ chief astrologer

ហោរាសាស្ត្រ /haoraasaah/ astrology

ហោះ /hαh/ to fly (by mechanical or supernatural means)

ហៅ to call, to name, to invite; called, named; before a verb: really, extremely

ហៅថា be called, is called; be considered as

ហៅពេញជាមានលាភ this is what you call luck

ហៅយក to order, have brought

ហៅរហ៊ាន really brave

ហោះ /hαh/ to fly (by mechanical or supernatural means)

ហ៎ះ /qəh/ Coll. final question particle

ហ្ន៎ /nɔɔ!, nαα!/ there!, look there!

ហ្ន៎ /nah, nəh/ hortatory final particle soliciting agreement or compliance

ហ្ន៎ះ /nah!, nəh!/ hortatory final particle

ហ្នឹង /nɨŋ, nəŋ/ right now, right there, there

ហ្នឹងហើយ that's right, you've got it

ហ្នឹងឯង that same thing, that same one

ហ្មង trouble, blemish, disgrace, compromise

ហ្មងសៅ (= សៅហ្មង) unclean, impure, offensive

ហ្មត់ /mαt/ fine, powdered

ហ្មត់ចត់ thorough(ly), careful(ly)

ហ្មបហាយ to prostrate oneself in an attitude of obeisance

ហ្មឺន /məɨn/ 10,000; the lowest title of nobility

ហ្មឺនភក្តីអក្សរ /məɨn-pheăqkdəy-qaqsαα/ royal title for a scholar

ហ្លួង /luəŋ/ king; royal; a royal or conferred title

ហ្វង់ /wαŋ/ extremely (clear, bright, fragrant)

ហ្វីលីពីន /fiilipiin/ the Philippines

ហ្វីស៊ិក /fiizik/ physics

ហ្វឹកហ្វឺន /wək-wəɨn/ to train, drill, discipline

ហ្វូង /wouŋ/ flock, herd, group

ហ្វូងហ្វាយ flock, herd

ហ្សឺណែវ /zəɨnaew/ Geneva (Fr. Genève)

អ៊ែង (= ឯង) you (Pej)

ឡ

ឡូ loud, clear, sharp (of a shout or cry)

ឡូក to dance and posture playfully, to clown

ឡាន car, cart, vehicle

ឡានសម្រាប់ស្ទូច tow-truck

ឡារ៉េស្ពូក name of a theater

ឡាវី Lavi (Saphay's daughter)

ឡឹនឡង់ wide-eyed (with fear or surprise)

ឡឺរេស៊ីដង់ /ləɨ-reiziidαŋ/ governor (Fr. le résident)

ឡូឡា loudly, noisily

ឡើង to ascend, go up, come up; after av: increasingly, more

ឡើងក្រហម to flush, blush, become red

ឡើងថ្នាក់ to be promoted, to advance one grade

ឡើងយសស័ក្តិ to advance in rank, be promoted

ឡើងស្តាប់បង្គាប់ come under the control (of)

ឡើយ always; after a negative:(not) at all

ឡៀ to carve, cut designs on

ឡៀ balcony

ឡៀ (= ឡៀតង) second floor, upper floor

ឡាំង crate (n)

អ

អក to eat (dry food) by handfuls

អកប្បិយ /qaqkappəy/ improper, impure, inappropriate (in a religious sense)

អកុសល /qaqkosal/ past mideeds, negative merit, misfortune

អកោធនៈ /qaqkaothəneəq/ consideration, thoughtfulness

អក្ខរា /qaqkəraa/ letter, missive

អក្សរ /qaqsaa/ letters, writing

អក្សរខម a style of Cambodian script

អក្សរទ្រៀង slanted letters, oblique script

អក្សរឈរ standing letters, vertical script

អក្សរមូល round script (decorative style of script used for names, titles, and religious texts)

អក្សរសាស្ត្រ /qaqsaasaah/ literature; the study of letters

អក្សរសាស្ត្រខ្មែរ Khmer literature

អគារ building (Lit)

អគ្គនាយក /qaqkeəq-niəyuəq/ managing director

អគ្គមគ្គុទ្ទេសក៍ /qaqkeəq-meəqkutteeh/ guide, leader

អគ្គមហាសេនា /qaqkeəq-məhaa-seinaa/ very high-ranking military officer (higher than /seinaapədəy/)

អគ្គមហេសី /qaqkeəq-məhaesəy/ first queen

អគ្គរាជទូត /qaqkeəq-riəccətuut/ ambassador (of a kingdom)

អគ្គសាវ័ក /qaqkeəqsaawaq/ first disciple

អគ្គិសនី /qaqkihsənii/ electricity; electric

អគ្គី /qaqkii/ fire (Lit)

អគ្គីភ័យ fire (Lit)

អគ្នេយ៍ (=អាគ្នេយ៍) southeast (Lit)

អឃោសៈ /qaqkhoosaq/ voiceless; the 1st series of Khmer consonants

អង់គ្លេស /qaŋkleeh, qaŋglee/ English; England

អង់អាច determined, persistent; courageous, valorous

អង្ករ uncooked rice

អង្កាញ់ a large tree with bitter fruit

អង្កាល់ when? (in the future); whenever

អង្កោល a large thorny tree

អង្កាំ beads

អង្គ /qaŋ/ body (Lit., complimentary); specifier for sacred persons and Buddhist images

អង្គការ /qaŋ-kaa/ organization

អង្គការសហប្រជាជាតិ United Nations Organization

អង្គការឥណទាន credit organization

អង្គចន្ទ /qaŋ-can/ moon (Lit)

អង្គឌួង /qaŋ-duəŋ/ Ang Duong (King of Cambodia 1841-1860)

អង្គប្រជុំ quorum; meeting, assembly

អង្គព្រះចក្រី the king

អង្គសេចក្តី topic, theme

អង្គអញ /qaŋ qañ/ I, myself, oneself (Roy, Lit)

អង្គរ /qaŋkɔɔ/ Angkor

អង្គរធំ Angkor Thom

អង្គរវត្ត /qaŋkɔɔ-wŏət/ Angkor Wat

អង្គា (=អង្គ)

អង្គា themselves (P. pl.)

អង្គី so that not... (Arch)

អង្គុយ to sit

អង្គុយក្រសោបក្បាលជង្គង់ to sit and hug one's knees in an attitude of dejection

អង្គុយបត់ជើង to sit with legs folded to one side

អង្គ្រង a vine-like tree

អង្រឹង /qaŋrɨŋ/ hammock

អង្រឹងស្នែង a hammock suspended from a carrying pole

អង្រុត /qaŋrut/ a conical fishing basket

អង្រួន to shake, rock

អង្វរ /qaŋwaa/ to beg, plead, implore

អង្វរចិត្ត to plead (with)

អង្សា degree (of temperature)

អង្អែល to caress

អច្ឆរិយៈ /qacchariyeə̆q/ supernatural

អចិន្ត្រៃយ៍ /qaccəntray/ permanent

អជនេយ្យ (= អាជនេយ្យ) /qacənɨy/ horse (Lit)

អញ /qañ/ I (first person pronoun used among intimates, or by a superior to an inferior)

អញ្ញុំ (= ខ្ញុំ; អញ was once more deferential than it is today)

អញដឹងឯណា how do I know?

អញស្មានមកថា I had assumed that

អញអំពល់អី why should I bother?, what do I care?

អញ្ចាញ a plant with edible fruit

អញ្ចាញធ្មេញ gums (of the mouth)

អញ្ចឹង /qañcəŋ, ñcəŋ/ in that case, then, therefore

អញ្ចឹងឬ is that so?, really?

អញ្ជលី (= អញ្ជលិ) the joined palms

អញ្ជាល (= ម្ជុល) needle

អញ្ជើញ to invite, invoke, summon; to take, carry; before a verb: please, go ahead and... (word of polite invitation)

អដ្ឋស័ក /qattəsaq/ 8th year (of the 10-year cycle)

អដ្ឋា (= អដ្ឋ) /qatthaq/ eight (Skt)

អណ្តាត tongue; wick

អណ្តូង a well, mine

អណ្តូងរ៉ែ a mine, ore mine

អណ្តើក turtle

អណ្តែង walking catfish

អណ្តែត to float (iv)

អណ្តែតត្រសែត to float

អត់ to withstand, resist, bear; to do without, be without, lack

អត់ឃ្លាន to be hungry, be without food

អត់ចង្ហាន់ល្ងាច to fast in the afternoon

អត់ដង្ហើម to hold one's breath

អត់ទោស to excuse, forgive; pardon me, I'm sorry

អត់ទ្រាំ to withstand, endure, hold up

អត់ធន់ to endure, withstand

អត់ពី without

អត់មិនបាន unable to resist

អត់អាហារ to fast, refuse food; without food

អត់ឱ្យម្តង I'll forget it this time

អតិត /qadɨt/ formerly, in the past

អតិបរមា /qateq-parəmaa/ extreme, maximum, highest degree

អតិផរណា /qateq-phaqrənaa/ inflation

អតិរេក /qateqraek/ supreme, extreme

អតីត /qaqtəytaq, qadɨt/ past, the past

អតីតកាល /qadɨttəkaal/ the past

អតីតជាតិ /qadɨttəciət/ former life, former incarnation

អត្តៈ /qattaq/ magical mathematical formula

អត្តឃាតកម្ម /qattaqkhiətəkam/ suicide (Lit)

អត្ថ /qatthaq/ meaning, significance, value

អត្ថន័យ /qatthənɨy/ meaning, significance

អត្ថបទ /qattəbɑt/ article, composition, text

អត្ថប្រយោជន៍ /qatthaq-prɑyaoc/ usefulness

អត្ថាធិប្បាយ /qatthaathibaay/ commentary, explanation; to explain, describe

អទិស្សភាព invisibility

អធិក great, extreme, many

អធិកអធម /qathɨk-qathɔɔm/ grand, festive, gay

អធិការ /qathikaa/ supervisor, head, one in authority

អធិការកិច្ច administration, direction

អធិដ្ឋាន /qathithaan/ recite, invoke, swear by

អធិបតីភាព /qathɨppədəy-phiəp/ power, authority; presidency, leadership, direction

អធិបតីសេនា /qathɨppədəy-seinaa/ high-ranking official

អធិបតេយ្យ /qathɨppətay/ power

អធិប្បាយ /qathibaay/ to explain, describe
អធិស្ឋាន (=អធិដ្ឋាន) to swear by, invoke, recite
អធ្យាស្រ័យ /qattyiəsray/ tolerance, lenience
អធ្យោគ /qaqtyook/ to persevere
អធ្រាត្រ /qatriət/ midnight (Lit)
អធ្រាត្រផាល់ទុំ in the depth of night
អធ្វា /qaqtwiə/ way, road; forest, woods (Lit)
អន់ to be disappointed, downcast; mediocre
អន់ចិត្ត to have hurt feelings
អន់អៀន shy, bashful, embarrassed
អនាគត /qanaakŭət/ future (n)
អនាថា derelict, vagabond, destitute (adj)
អនិច្ចកម្ម /qanɨccəkam/ death; to die (Eleg)
អនិច្ចា /qanɨccaa/ to pity, be compassionate toward
អនីតិភាព /qanəytephiəp/ minority (of legal age)
អនុ (=អន្ធ /qɑntheə̆q/) blind (with passion, desire, etc.)
អនុគណស្រុក /qanuqkŭən-srok/ ecclesiastical head of a district
អនុជ /qanoc/ younger sibling (Roy)
អនុញ្ញាត /qaqnuññaat/ to permit; permission
អនុពាល unenlightened, worldly, wicked (from the standpoint of Buddhist ethics); worldliness, wickedness
អនុម័ត /qaqnumat/ to approve, adopt, agree to
អនុលោម /qanulaom/ to conform, go along with
អនុវត្ត /qanuwŏət/ to comply with, accord with, conform to; practical, applied
អនុវិទ្យាល័យ /qanuq-wɨttyiəlay/ junior high school, academy
អនុស្សាវរីយ /qanuhsaawərii/souvenir, remembrance
អនេក /qanaek/ extremely, especially
អនេកអនន្ត /qanaek-qanɑn/ great, extreme
អនេកអនន្តគណនា indescribable, boggles the mind
អន្តរជាតិ /qɑntəraq-ciət/ international
អន្តរាយ /qɑntəraay/ danger; dangerous
អន្ទង់ eel
អន្ទាក់ a trap, a snare
អន្ទោល to follow (through transmigration)
អន្ទះអន្ទែង restless, impatient, agitated
អន្ធពាល /qɑntəpiəl/ foolhardy, foolish
អន្លើ /qɑnləə/ place, location; phase, stage (of a journey, etc.)
អន្សម rice-cake
អប់ to perfume, imbue with fragrance
អប់រំ to train, discipline, educate
អបុញ្ញាភិសង្ខារ /qaqpoññaaphiqsɑŋkhaa/ accumulation of negative karma, demerit
អបាយមុខ /qabaayəmuk/ vice
អប្បភាគ /qappəphiəq/ minority (in number or size)
អប្រិយ /qaprəy/ morally bad, disgusting, shameful, despicable (Lit)
អប្សរា /qapsaraa/ Apsara, heavenly maiden
អផ្សុក /qɑpsok/ to be bored; boredom
អ័ព្ទនភី /qap nəphii/ darkening the sky, producing a fog, air heavy (with noise)
អព្យាក្រឹត /qapyiəkrət/ neutral; neutrality
អភ័ព្វ /qaqphŏəp/ unlucky, unfortunate
អភ័យ /qaqphɨy/ fearless
អភ័យទោស to forgive; forgive [me]
អភិបាល /qaphibaal/ administrator; to administer, govern, regulate
អភិបាលខេត្ត governor (of a province)
អភិបាលស្រុក district-chief
អភិប្រាយ to talk, converse (Lit)
អភិធម្ម /qaphiqthɔə/ Abhidhamma (metaphysics, highest law of Buddhism, in the form of questions and answers)
អភិរូឍី /qaqphiruu/ advancement, improvement, benefit
អភិវន្ទន /qaqphiwŏən/ respect, veneration; to venerate

អភិសេក /qaqphisaek/ to anoint, confer, consecrate; to crown (a king)

អម to flank, accompany, surround

អមនុស្ស /qaqmənuh/ supernatural

អមរ /qamaraq/ god, angel; holy, sacred

អរោមាក្យ sad, disconsolate

អម្ចាស់ /qαmməcah/ lord, master, ruler

អម្ចាស់ផែនដី the king (lit: owner of the land)

អរម្មញ /qαmmənɨñ/ to suffer (mental anguish)

អម្បាញ់មិញ a moment ago, just now

អម្បាល degree, extent, amount

អម្បូរ lineage, family, origin

អម្ពរ /qαmpɔɔ/ space, air, sky (Lit)

អម្ពរ cloth, clothing

អម្រស់អម្រម occupation, trade

អម្រាម (= ម្រាម) finger (Arch)

អម្រឹក (= ម្រឹគ) fourfooted wild animal (Lit)

អង្រែក a shoulder-pole with two suspended baskets

អម្លុង period of time, lapse of time

អយស្ម័យយាន /qayeə̆hsmaayiən/ train (Lit)

អរ /qαα/ happy

អរគុណ to thank; in isolation: thank you

អរិន្ទ /qaqrɨn/ principal enemy

អរុណ /qaqrun/ dawn (Lit)

អរូបព្រហ្មស្ថាន /qaqruuppəprumməthaan/ intangible realm of Brahma

អលង្ការ /qalaŋkaa/ jewelry, regalia

អវលោកិតេស្វរៈ /qawəlookəteeswaraq/ Avalokitesvara

អវសាន /qawəsaan/ last, final

អវសានកាល /qawəsaanəkaal/ end, conclusion

អវៈយវៈ /qaweə̆q-yəweə̆q/ limbs, appendages (Lit)

អវិចី /qawəcəy/ hell of ceaseless fire

អវិរោធៈ /qaqwirootheə̆q/ respect for the law

អវិហឹសា /qaqwihəŋsaa/ nonviolence, kindness

អវីចិ /qawəcəy/ Avīcī (hell for wealthy sinners)

អវីតិក្កមីយភាព /qawəyteqkəməyyəphiəp/ inviolability, integrity

អវុធា (= អាវុធ) weapon (Lit)

អស់ /qαh/ to use up; entirely, all of

អស់កម្លាំង tired, exhausted

អស់កាលជាយូរអង្វែង for an extremely long time

អស់ចិត្ត to be satisfied

អស់ចិត្តពី to get over, forget about

អស់តម្លៃ at a cost of

អស់ទិសា in every direction, all around (Poetic)

អស់ទាំងក្មេង all the children

អស់ទាំងខ្លួន all over the body

អស់បើគិត perplexed, nonplussed, bewildered

អស់មិនសល់ all of it, every bit of it

អស់មួយយប់មួយថ្ងៃ for a full 24 hours

អស់មួយរាជ្យ throughout the reign (of)

អស់លោកអ្នកស្រុក all you villagers

អស់សំណើច to break out in laughter

អស់អង្គប្រេច all over the body, the whole body (Lit)

អស់អម្បាល entirely, all, to any extent

អស់អ្នករាល់គ្នា all of you, every one of you

អស់អាយុ to come to the end of one's days, to die

អសារ uselessly, needlessly, futilely

អសារបង់ futile, useless

អសារឥតការ needlessly, uselessly, in vain

អសុរ /qasoraq/ ogre, giant, demon (Lit)

អសុរកាយ /qasoraqkaay/ demon, ogre, inhabitants of hell

អសុរា (= អសុរ) demon, giant

អសុរី (= អសុរ) ogre

អសុរោះ crude, rude, nasty

អសោច /qasaoc/ to smell bad, stinking, disgusting

អសោជ (= អសោច) stinking, disgusting

អសោចកេរ្តិ៍ to be compromised, have a damaged reputation

អស្ចារ្យ /qahcaa/ extraordinary, marvelous; the marvelous, the supernatural (n)

អស្តង្គត /qahsdaŋkuǝt/ dusk, twilight, sunset; to set (of the sun, Lit)

អស្ថិភង្គ /qahstiphuǝŋ/ Asthibhanga (hell for those who destroy the property of others)

អស្មិមានះ /qahsmeqmiǝneǝh/ conceit

អស្រិកបូរណ៌ហ្រទ /qasreqkǝbourǝnahrǝteǝq/ Asrikpūrnahrada (hell for adulterers)

អស្សុជ /qasoc/ September-October (lunar system)

អស្សតរ /qahsǝdaa/ horse (Lit)

អស្សពាហ៍ /qahsǝpiǝ/ horse (Lit)

អស្សពាហនី (= អស្សពាហ៍) horse (Lit)

អស្សា /qahsaa/ horse (Lit)

អា derogatory or diminutive prefix; nominalizing prefix: the one which; you (Pej. before man's name, affectionate before girl's)

អាក្មេង kid (disrespectful)

អាខ្វាក់ the blind one, a blind person

អាខ្វិន the lame one, a lame person

អាចំកួតហ្លួង you idiot, that idiot (lit: that crazy king)

អាជ័យ that (rascal) Chey

អាវីង Pej. term of address or reference: you there; that bastard; those guys; you guys

អានាង my boy, my dear young fellow (condescending)

អាមុខខៀវ the green-faced one (some ogres are traditionally thought to have green skin)

អាម្នាក់ one (of them)

អាសុខ Asok (pers. n. with diminutive prefix)

អាឡេវ /qaaleiw, qaleiw/ Alev (name of the principle character of a famous Cambodian folktale)

អាអន្តរធាន /qaa-qandaa-thiǝn/ you idiot!, damn you! (lit: may you be ruined)

អាឯង you (disrespectful, condescending)

អាក់ខាន to fail (to do something), not fulfill (an intention or promise)

អាក់អន់ downhearted, disappointed

អាក់អន់ចិត្ត to have hurt feelings, be displeased, disappointed

អាក់អួល to stammer, stutter

អាកប្បកិរិយា /qaakappǝkeriyaa/ characteristic, behavior, conduct

អាករ duty, tax, tariff

អាការ action, situation, condition

អាកាស air; atmosphere

អាកាសចរ /qaakahsǝcaa/ air travel; airline

អាកាសចរភូមិនកម្ពុជា /qaakahsǝcaa phuumin kampucciǝ/ Royal Cambodian Airways

អាកាសយាន /qaakahsǝyiǝn/ airplane (Lit)

អាក្រក់ bad, wicked, dirty

អាក្រាត naked

អាក្រាតសំពត់ divested of clothing, naked

អាក្រោស to revile, repudiate aloud; coarse, crude, loud

អាគម /qaakum/ magical formula, incantation, magic

អាគមវិជ្ជាការ /qaakum-wicciǝkaa/ science of magic

អាគ្នេយ៍ /qaqknee/ southeast (Lit)

អាឃ៌ /qaakheǝq/ valuable, precious

អាង to depend on, rely on, refer to (as a basis or proof)

អាង wide stone basin

អាងថា rely on the fact that

អាងអួត (= អួតអាង) to boast, brag, be arrogant

អាច to be able to, likely to, might; dare to, have the courage to

អាចក្តី I, me, my (Clergy)

អាចម៍ /qac/ excrement, dung; secretion

អាចម៍ច្រមុះ nasal secretion; speck

អាចម៍ត្រចៀក ear wax

អាចម៍ភ្នែក eye secretion, sand (of the eyes)

អាចម៍រុយ freckles (lit: fly-specks)

អាចរិយា (= អចរិយ = អាចារ្យ) /qaacaqriyaa/ teacher, master

អាចារ្យ (= អាចារ្យ) /qaacaa/ teacher, sage (Religious); head layman of a pagoda

អាចារ្យលោក leader of an Anti-French movement

អាចារ្យហែម-ចៀវ name of a monk, scholar, and politician who died in exile on the island of Puolo Condore

អាជានេយ្យ /qaacənɨy/ horse (Lit)

អាជីវៈ /qaaciweə̆q/ livelihood, profession, occupation

អាជ្ញា /qaac-ñaa/ order, command

អាណត្តិ /qaanat/ mandate

អាណានិគម /qaanaanikum/ colony

អាណានិគមកិច្ច colonization

អាណានិគមនិយម colonialism

អាណាព្យាបាល /qanaapyiəbaal/ protector; protectorate

អាណាម Annam

អាណិត to pity, take pity on

អាណោចអាធ័ម sad, pathetic, pitiable; feel great compassion for

អាត្មា self, I (Clergy)

អាត្មានិយម /qaatmaaniyum/ selfishness

អាទិ៍ /qaat/ hidden meaning, subtlety; substance; beginning; to begin

អាទិត្យ /qaatɨt/ week; Sunday; sun

អាទិត្យក្រោយ next week, the following week

អាទិត្យមុន last week, the week before

អាទិត្យវង្សា /qaatɨt-wuə̆ŋsaa/ name of a mythological king

អាទិទេព /qaatiteep/ god (Lit)

អាន saddle

អាន to read, to pronounce

អានិសង្ស blessing, benefit

អានុភាព /qaanuphiəp/ power, force, influence

អាប់ to dim, tarnish, compromise; foggy, dense, dim

អាប់ឱន to degrade, compromise

អាប្រិយ (= អប្រិយ) /qaaprəy/ morally bad, disgusting, shameful, despicable (Lit)

អាពាហ៍ពិពាហ៍ /qapiə-pipiə/ marriage, wedding

អាពុក (= ឪពុក) father (Coll)

អាព្យាក្រឹត /qaapyiəkrət/ neutralism; neutralist

អាមាត្យ companion (Roy)

អាម៉ាស់មុខ to be ashamed, lose face

អាមេរិក /qaamerɨc/ America

អាមេរិកាំង /qaamerikaŋ/ American (n, adj)

អាយ nearby

អាយនាយ here and there

អាយ័ត to give strict orders to, to instruct

អាយុ /qaayuq/ age; to have the age of

អាយុជីវិត vital, a matter of life or death

អាយ៉ៃ a kind of folk music involving a musical dialogue between a man and a woman

អារ to saw (wood, etc.)

អារក្ខ /qaareə̆q/ capricious spirit, demon

អារម្មណ៍ /qaarɑm/ cause, condition (esp. of life); senses, feelings; mood, attitude

អារាម /qaaraam/ wat, pagoda

អារ្យធម៌ /qaarəyeə̆qthɔə/ culture, civilization

អារីក្សត្រ a village across the Mekong from Phnom Penh

អាលក្ស /qaalaq/ Palace officials in charge of inventory and royal treasury

អាល័យ to miss, think affectionately of

អាល័យរ៉ែត preoccupied with (Coll)

អាណោះអាល័យ to grieve for, to miss desperately

អាល្លឺម៉ង់ /qaaləmɑŋ/ German; Germany (Fr. Allemand)
អាវ shirt, coat
អាវកក្រត់ straight-collared jacket
អាវងូតទឹក bathing suit
អាវដៃខ្លី short-sleeve shirt
អាវដៃវែង long-sleeve shirt
អាវភ្លៀង raincoat
អាវរងា sweater, heavy coat
អាវុធ /qaawut/ weapon (Lit)
អាវុធយុទ្ធភ័ណ្ឌ /qaawut-yuttəphoən/ weapons and paraphernalia of war
អាស shameless
អាសន្ន /qaasɑn/ trouble, problem
អាសាឍ (=អាសាធ) /qaasaat/ June-July (lunar system)
អាសិរ /qaasei/ fangs
អាសិរពិស /qaaseirəpɨh/ poison fangs
អាស៊ី /qaasii, qaazii/ Asia
អាស៊ីប៉ែកអាគ្នេយ៍ Southeast Asia
អាសូរ have compassion for
អាសៅ to degrade, to smear, tarnish
អាស្រម /qaasrɑm/ hermitage, forest retreat
អាស្រ័យ to eat (Polite, Rural); to take shelter, depend on
អាស្រូវ blemished, tarnished, compromised, diminished, ruined (reputation, character, etc.)
អាហារ food
អាហារូបករណ៍ /qahaaruupəkaa/ scholarship, subvention
អាហារភោជន៍ /qahaa-phoocuən/ food (Lit)
អាឡោះអាល័យ to grieve for, miss desperately
ឥដ្ឋ /qət/ brick
ឥណទាន /qənnətiən/ credit
ឥណ្ឌូចិន /qəndoucən/ Indochina
ឥណ្ឌៀ /qəndiə/ India; Indian

ឥត negative auxiliary: not; to be without, to lack
ឥតការ futile, to no specific purpose
ឥតគណនា /qət kuənnəniə/ infinite(ly)
ឥតគេលម nobody will be sympathetic
ឥតល្មើស flawless
ឥតត្រាប្រណី mercilessly
ឥតនឹងថ្លឹងថ្លាថ្លែង inestimable, immeasurable
ឥតពី (= ឥត) without
ឥតពី (= ឥតពីឧបមា) extremely
ឥតបើគិត heedlessly, thoughtlessly
ឥតផ្ទឹម with no equal, without equalling
ឥតពី (= អត់ពី) without
ឥតមានរុញរា without delay, immediately
ឥតល្ហើយ relentlessly, without respite, unrelievedly
ឥតសំចៃដៃ vigorously, with all one's force (lit: without sparing the hands)
ឥតស្បើ beyond compare, extremely
ឥតឧបមា incomparably
ឥតឯគណនា immeasurable, inestimable
ឥតឯមានទាស់ nothing detracts from; unmarred, flawless
ឥតឯមានហ្មង nothing detracts from; perfect, flawless
ឥតអំពើ needless(ly), useless(ly), pointless(ly)
ឥទ្ធិពល /qətthipuəl/ influence
ឥន្ទ /qən/ In (a famous Khmer author and scholar)
ឥន្ទធនូ /qəntənuu/ rainbow (Indra's crossbow)
ឥន្ទ្រជិត /qəntrəcɨt/ Indrajita, Rāvana's eldest son
ឥន្ទ្រាធិរាជ /qəntriəthiriəc/ Indra
ឥន្ទ្រី mythological eagle, Indra's bird
ឥន្ទ្រិយ /qəntrii/ self, body (Lit)
ឥន្ទ្រាទ្រិ /qəntriət/ Indra's mountain
ឥរិយាបថ /qəqriyaabɑt/ attitude, demeanor, conduct
ឥសី /qəysəy/ hermit, sage

ឥសូរ /qəysəw/ Siva; top, highest, foremost
ឥសូរមិថិលា King Mithila

ឥស្លាម /qihslaam, qehslaam/ Islam, Moslem
ឥស្សរៈ /qihsəraq, qehsəraq/ independent
ឥស្សរជន /qehsəraqcuən/ dignitary, high official
ឥស្សរភាព /qehsəraqphiəp/ freedom

ឥស្សរោ /qehsarou/ Essaro (pers. n.)

ឥស្សរា /qehsəraa/ free; omnipotent

ឥស្សរាពង្ស Siva

ឥឡូវ /qəyləw/ now

ឥឡូវនេះ now; nowadays

ឥឡូវហ្នឹង right this minute

អី what?; anything (Coll. variant of /qwəy/)
អីក៏...ម្ល៉េះ why so...?

អីចឹង (= អញ្ចឹង) therefore, like that (Coll)
អីចេះ (= ដូច្នេះ) therefore, like that (Coll)
អីយ៉ូយ exclamation of pain or despair

អីវ៉ាន់ things, baggage, merchandise

អ៊ី, អុី /qii!/ interjection of surprise

ឦសាន /qəysaan/ northeast (Lit)

ឦសូរ /qəysou/ Siva

អឹកធឹក /qɨkkəthɨk/ grandiose, festive

អឹមសុខ Im Sok (pers. n.)

អឺ /qəɨ/ hey!; yes, right (Impolite, condescending)
អឺងកង tumultuous

អឺងអាប់ tumultuously, clamorously

អឺ /qɨɨ/ yes, right (Impolite, condescending)
អឺរ៉ុប /qəɨrop/ Europe; European

អុកឡុក confused, mixed up

ឧកញ៉ា /qokñaa/ title for official of ministerial rank
ឧកញ៉ាកោសាធិបតីកៅ Oknha Kosadhipati Kao, author of the story King Subhamitra

ឧកញ៉ាក្រឡាហោម title, Minister of the Navy and of Water Transport
ឧកញ៉ាចក្រី Minister of the Army and of Land Transport
ឧកញ៉ាជ័យទេវាធារាសង្គ្រាម title

ឧកញ៉ាតេជោ /qokñaa-daccoo/ title

ឧកញ៉ាធម្មតេជោ /qokñaa-thoəmmədaccoo/ title
ឧកញ៉ាបវរនាយក /qokñaa-bɑwɔɔniəyuəq/ title
ឧកញ៉ាពិភក្តិទេពរាជ /-pipheəqkdəy-tɨpperiəc/ title
ឧកញ៉ាពិស្ណុលោក /-pihsnulook/ title

ឧកញ៉ារាជាមន្ត្រី title

ឧកញ៉ាវង្សាអគ្គរាជ title

ឧកញ៉ាវិបុលរាជ title

ឧកញ៉ាវាំងវរវៀងជ័យ title

ឧកញ៉ាសុត្តន្តប្រីជា /qokñaa-sottɑn-prəyciə/ title
ឧកញ៉ាស្រីធរទូល title

ឧកញ៉ាអរជូន title

ឧកញ៉ាអាទិច្ចគាមវ័នសេនា /-qaatɨccəkiəmmə-woən-seinaa/ title
ឧកញ៉ាឥស្សរៈអក្ខរា /-qehsəraq-qaqkhəraa/ title
ឧកញ៉ាឥស្សរាពាណិជ title

ឧក្រិដ្ឋ /qokrət/ criminal

អុង basin similar to /qaaŋ/

អុង ស៊ីម Ong Sim (pers. n.)

ឧច្ចវាស /quccəwaasaq/ Ucchvāsa (hell for murderers and those who eat impure meat)
អុជ to ignite, to light

ឧណ្ហ (= ឧណ្ហ) /qunnəhaq/ heat; to heat; hot (Lit)
ឧតុនិយម /qotoq-niyum/ natural law of the physical universe; physical elements
ឧត្តម /qotdɑm, qutdɑm/ high, excellent

ឧត្តមគតិ /qutdɑmkəteq/ ideal, principle

ឧត្តមសេនីយ៍ /qutdɑm-seinəy/ General (military rank)

ឧត្តរ /qutdɑɑ/ north (Lit)

ឧត្តរា (= ឧត្តរ) north (Lit)

ឧត្តុង្គ /qutdoŋ/ Oudong (capital of Cambodia 1620-1867)

ឧត្តុង្គមានជ័យ Oudong the Victorious

ឧត្តុង្គឧត្តម /qutdoŋ-qutdɑm/ high, glorious, excellent, illustrious

ឧត្បាត /qottəbaat/ harmful influence

ឧទរ /quttɔɔ/ stomach (Roy)

ឧទារ awesome, huge

ឧទាហរណ៍ /quttiəhɑɑ/ example

ឧទ្ទិស /quttɨh/ to dedicate, devote

ឧទ្យាន /qutyiən/ park, garden (Lit)

ឧបការ to provide assistance, render a service to (Lit)

ឧបត្ថម្ភ /qoppəthɑm/ to assist

ឧបទូត deputy ambassador

ឧបនាយករដ្ឋមន្ត្រីទី ២ /qoppaq-niəyŭəq-rŏət-mŭəntrəy tii-pii/ second vice-prime minister

ឧបបាតិកៈ /quppəbaatekaq/ spontaneous rebirth, self-generation

ឧបភោគ /quppəphook/ to use, consume (Lit)

ឧបមា /quppəmaa, qoppəmaa/ to compare with, draw an analogy between; example; like, such as

ឧបមាដូចជា like, as if, such as

ឧបមេយ្យ /quppəmay/ comparison, simile

ឧបរាជ /quppəraac/ vice-king

ឧបសគ្គ /quppəsaq, qoppəsaq/ obstacle, impediment, problem

ឧបាយ trick, stratagem, device

ឧបាយកល /qobaayyəkɑl, qobaay-kɑl/ trick, devious strategy

ឧបាសក /qobaasɑq, qaobaasɑq/ Buddhist layman; the laity

ឧបាសិកា /qobaasikaa/ female members of the laity

ឧរា /qaoraa/ chest, breast (Roy)

ឧរី /qaorii/ chest, breast (Roy)

ឧរូ /qaoruu/ chest, breast (Roy)

ឧស (= អុស) /qoh/ logs, firewood

អុស firewood

ឧសភ /quhsəphĕəq/ bull (Siva's mount)

ឧសភរាជ /quhsəphĕəq-riəc/ royal ox(en)

ឧសភា /quhsəphiə/ May

ឧស្សាហ៍ /quhsaa/ diligent, industrious; often

ឧស្សាហកម្ម /quhsaahaqkam/ industry

ឧឡារិក /qolaarɨk/ gay, splendid, grandiose, boisterous

អ៊ុះ ! interjection of surprise

ឪ /qəw/ father (familiar or affectionate term)

ឪរម៉ា name of a former province

ឪពុក /qəwpuk/ father (Formal)

ឪពុកក្មេក father-in-law

ឪពុកចិញ្ចឹម foster father

ឪពុកធម៌ foster father

ឪពុកធំ uncle (older brother of either parent)

ឪពុកមា uncle (younger brother of either parent)

ឪពុកម្ដាយ father and mother, parents

ឪពុកម្ដាយចិញ្ចឹម foster parents

ឱ oh! (interjection)

អូន I (wife to husband, or younger to older sibling); you (husband to wife, or older to younger sibling or friend)

អូរ seasonal stream; marshy pond

អូរក្រឡាញ name of a village

អូររំដេង place name (lit: horse-radish pond)

អូរសេកពង O Sek Pong (place name; lit: swamp [where] the parrot laid an egg)

អ៊ូរី /quurii/ Uri (pers. n.)

អ៊ូរអរ noisy, boisterous

អូស to drag; to take back, reclaim

ឩន /quun/ deficient

អួត to brag, to boast; to draw oneself up
អួតខ្លួន to brag, to boast
អួល to choke, have something stuck in the throat
អួលអាក់ to have a lump in one's throat (from fear or grief)
អើ /qaə/ (Coll. or informal response particle indicating agreement)
អើត to crane the neck
អើយ Oh! (emphatic particle)
អ៊ើយ (conciliatory final particle)
អៀងសាយ Ieng Say (pers. n.)
អៀន embarrassed, ashamed, shy
អៀនប្រៀន shy, timid
អៀនប្រៀន to be bashful, embarrassed
អៀនអស់ក្នុងចិត្ត ashamed, embarrassed
អៀវកើស Iev Koeus (famous Cambodian politician)
អេត្យូពី /qeityoupii/ Ethiopia
អេងសុត Eng Sot (pers. n.; editor of a Cambodian chronicle)
អេះ (final hortatory particle; Coll. equivalent of /rɨɨ/)
ឯ /qae/ at; as for, regarding
ឯណា where?; somewhere, anywhere
ឯណាបាន where can one...?
ឯទៀត other, different
ឯទៀតៗ various other
ឯ...វិញ as for...on the other hand
ឯក /qaek/ one, first, alone
ឯកធីតា the only daughter
ឯកស័ក /qaekkəsaq/ first year (of the 10-year cycle)
ឯកសណ្ឋាន uniform (n); to be uniform
ឯកសារ /qaekkəsaa/ document, chronicle
ឯកា /qaekaa/ alone
ឯករាជ្យ /qaekkəriəc/ independent; independence
ឯកអគ្គរាជទូត /qaek-qakeəq-riəccətuut/ ambassador plenipotentiary
ឯកឧត្តម /qaek-qutdɑm/ His Excellency
ឯង /qaeŋ/ reflexive pronoun: yourself, oneself, itself; familiar 2nd person pronoun
ឯងនេះ you (condescending)
ឯប /qaep/ to stay close to, get alongside
អ៊ែម Ahem!
ឯ.ឧ. (=ឯកឧត្តម) His Excellency
ឰ /qay/ in, at (Lit)
ឰដ៏ (=ឯ) at (Lit)
ឰយុធ្យា /qayyutyiə/ Ayuthia
ឰរាវ័ណ /qayrəwoən/ Erawan, the tricephalic elephant (Indra's mount)
ឱ /qao!/ interjection of surprise or excitement
ឱកាស /qaokaah, qokaah/ chance, opportunity, occasion
ឱកាសល្អហុចឱ្យ a good opportunity was presented
ឱជ /qot/ intelligence, facility of speech
ឱត្តប្បៈ /qaotəpaq/ fear of evil
ឱទ្យាន (=ឧទ្យាន) park, garden
ឱន to bend, bow
ឱនអង្គ to bow the body; Fig: humble
អោប (=ឱប) to hug, embrace
ឱប /qaop/ to hug, embrace
ឱបបាទជើង to embrace the feet (of)
ឱភាស light, bright (Lit)
ឱយ (= ឲ្យ)
ឱ្យ /qaoy/ to give; to let, allow, cause; following a verb: for, on behalf of
ឱ្យខាងតែ to insure that
ឱ្យខ្ជាប់ tenaciously, firmly
ឱ្យឆេះឯណាបាន how can it burn?
ឱ្យស្គាល់ថ្វីដៃ to show one's power, let [them] know who's boss
ឱ្យតែ just for; provided that
ឱ្យតែច្រើន just so it's a lot

ឲ្យទាន as a favor

ឲ្យជាប់ទាក់ in order to involve [others]

ឲ្យឆាប់រួសរាន់ quickly, immediately

ឲ្យពរ to bless

ឲ្យរុងរឿង to enhance, elevate, brighten

ឲ្យល្អមើល really make a spectacle (Idiom)

ឲ្យសំគាល់ដឹងថា indicating that

ឲ្យអន្តរាយ to violate, transgress, do violence to, harm

ឲ្យអស់ដៃ with all one's strength

ឲ្យអស់សង្ស័យ to dispel one's doubts

ឲ្យអស់សេចក្ដី thoroughly, completely

ឱរ /qao/ to rain hard

ឱរស /qoruəh/ child, offspring (Lit)

ឱរា (= ឧរា) chest, breast (Roy)

ឱរ៉ែ gold

ឱវាទ /qaowiət/ advice, instruction, admonition

ឱសថ /qaosot/ medicine, cure, solution

ឱសាហ៍ (= ឧស្សាហ៍) diligent, conscientious; often

ឱះឱ /qah-qao/ Oh! (Lit. interjection)

ឱះឱអនិច្ចា Oh, woe is me!

អុំ to paddle with a loose oar

អ៊ំ uncle, aunt (older sister or brother of either parent)

អំណត់ endurance, patience

អំណរ happiness, gratitude

អំណរគុណ gratitude, show of gratitude

អំណាច power, control

អំណាចផ្ដាច់ការ absolute power, dictatorial power

អំនួត a boast

អំណោយ gift

អំបាយ (=អម្បាយ) so, such, to such an extent; extremely (Arch)

អំបាល among

អំបែងថ្ង a kind of tree

អំបោះ cotton, cotton thread

អំបោះសេរ thread

អំពល់ to trouble, bother; to concern oneself with, go to the trouble

អំពាវ to call out, summon

អំពាវនាវ to plead, beseech, appeal

អំពិល tamarind tree

អំពី of, about, from

អំពីថ្ងៃនេះទៅ from this day on

អំពើ conduct, actions

អំពៅ sugarcane

អាំង to roast, barbecue

អាំងភ្លើង to warm in front of a fire

អះ (interjection of surprise)

អះអញ (= អញ)

អះអាង to guarantee; to claim

អ្នក /neəq/ person; headword in compounds referring to persons

អ្នក /neəq/ you (between intimates, or superior to inferior); he, she, they (definite)

អ្នកកាច់ចង្កូត pilot, navigator

អ្នកក្រុង urbanite, city-dweller

អ្នកខ្ពស់ upperclass person, member of the elite

អ្នកគ្រប់គ្រង overseer, supervisor

អ្នកគ្រូ teacher (fem)

អ្នកចេះដឹង learned person, scholar

អ្នកចៅ term of address for one's grandchildren, or children of one's grandchildren's generation (Polite)

អ្នកចំណូល newcomer

អ្នកជំងឺ patient, sick person

អ្នកជា respectable people, free men (as opposed to slaves)

អ្នកជាតិនិយម nationalist (n, adj)

អ្នកជិតខាង neighbor

អ្នកជំនាញ expert

អ្នកជំនួញ businessman, merchant

អ្នកដទៃ other people, stranger(s)

អ្នកដើមចោទ plaintiff

អ្នកដំណើរ traveler, passenger

អ្នកតា guardian spirit

អ្នកតែងខ្លួន dressing-maid, bride's dressing assistant

អ្នកថ្មើរជើង pedestrian

អ្នកថ្លៃ My Dear One

អ្នកទូក river people, boatmen

អ្នកទេសចរ /neə̆q-teehsəcɑɑ/ tourist, sightseer

អ្នកទោស prisoner

អ្នកធំ important person(s)

អ្នកធ្វើចំការ gardener

អ្នកធ្វើម្ហូប cook, chef

អ្នកធ្វើស្រែ rice-farmer

អ្នកនគរ townspeople

អ្នកនិពន្ធ /neə̆q-nipuə̆n/ writer, author

អ្នកនិរុត្តិសាស្ត្រ /neə̆q-niruttisaah/ philologist

អ្នកនេសាទ fisherman

អ្នកនាំផ្លូវ guide, leader

អ្នកបង you (respectful title, wife to husband or younger to older sibling or friend)

អ្នកបំរើ servant, waiter

អ្នកប្រាជ្ញ sage, wiseman

អ្នកប្រុស respectful 2nd or 3rd pers. masc. pron.: you, he, him; man, young man

អ្នកផង people, others, the public

អ្នកផ្លូវ female go-between in a marriage negotiation

អ្នកផ្សារ townspeople

អ្នកភ្នំពេញ resident of Phnom Penh

អ្នកម៉ាក់ Mother (snobbish, rare)

អ្នកមាន wealthy person

អ្នកមានគុណ benefactor (i.e. parents or teachers)

អ្នកមានពូជ person of good breeding, from a good family

អ្នកមីង Aunt (Polite); title of respect for women of one's parents' generation

អ្នកមេនាង (= អ្នកម្នាង) concubine or unofficial wife

អ្នកម៉ែ /neə̆q-mae/ Mother (respectful, rare)

អ្នកមុំ young lady (sarcastic)

អ្នកម្ដាយ Mother (respectful)

អ្នកយាយកោមលធិរាជ /-kaomuə̆l-thiriəc/ title for palace women

អ្នកយាយចិត្តាភិសេក /-cəttaaphisaek/ title for palace women

អ្នកយាយទេពយុរយា /-teepəyuurəyiə/ title for palace women

អ្នកយាយឯកអគ្គវង្សា /-qaek-qakeə̆q-wuə̆ŋsaa/ title for palace women

អ្នករត់កាសែត paperboy

អ្នករាជការ civil servant, government employee

អ្នករាំ dancer

អ្នកលក់ salesman, merchant

អ្នកលក់ទំនិញ salesman, merchant

អ្នកសីល wiseman, sage

អ្នកសីលធម៌និយម moralist, preceptor

អ្នកលើ uplander, highlander, hill people

អ្នកលេង gambler, playboy, rogue

អ្នកលួង the king

អ្នកស្រី title or term of address for women of ordinary rank

អ្នកស្រុក rural people; inhabitants

អ្នកស្រុកស្រីប្រុស the villagers, both men and women

អ្នកស្រុកអាយ local residents

អ្នកស្រែ rice-farmer

អ្នកស្រែចំការ farmer

អ្នកអក title for older women in the palace

អ្នកអកមង្គលនារី /-muə̆ŋkuə̆l-niərii/ title

អ្នកអកវរៈរាជវង្សា /-wɔreə̆q-riəc-wuə̆ŋsaa/ title

អ្នកអកស្រឹង្គានុរក្ស /-srəŋkiənureə̆q/ title

អ្នកអកអង្គអគ្គកញ្ញា /-qɑŋ-qakeə̆q-kaññaa/ title for women

អ្នកអង្គម្ចាស់ /neə̆q-qɑŋ-mcah/ title for offspring of a prince and a non-royal wife

អ្នកអង្គម្ចាស់ក្សត្រី /-ksatrəy/ Princess (daughter of a Prince and a non-royal wife)

អ្នកអើយ you, you there (Coll)

អ្នកឯង you (familiar or condescending)

អ្វី /qwəy/ what?; something, anything; whatever

អ្វីខ្លះ what? (pl.), what (specific) things?

អ្វីនោះទៅហ្ន៎! what's that?

ហ៎ះ /hah!/ derisive final particle

អ៎ា /qaa!/ really?

www.ingramcontent.com/pod-product-compliance
Lightning Source LLC
Chambersburg PA
CBHW081139020726
47504CB00009B/1919
* 9 7 8 0 8 7 7 2 7 5 2 3 7 *